해설이 있는 **미시경제학**

해설이 있는 미시경제학

03
third edition

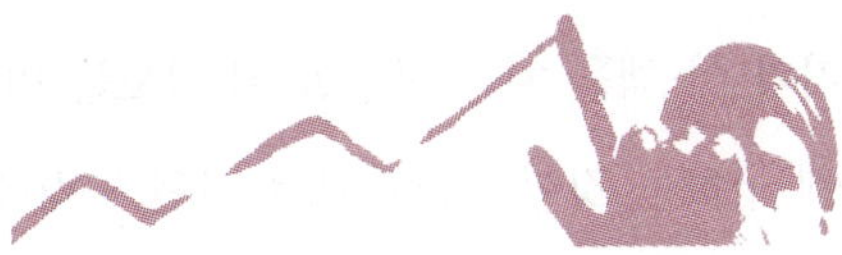

Microeconomics with Solutions

이영환 지음

율곡출판사

제3판 들어가는 글

저자가 이 책의 개정판을 낸 지도 벌써 4년이 지났다. 책은 저자에게 분신과도 같다. 책의 내용이나 수준과는 상관없이 거기에는 저자의 땀과 열정이 녹아 있기 때문이다. 그런 자신의 분신이 점점 세상에서 잊혀져 가는 모습을 바라보아야 하는 저자의 마음은 왠지 허전했다. 그래서 저자는 마지막이라는 각오로 이번 개정판을 준비하게 되었다.

저자가 이 책을 처음 구상할 때 의도는 미시경제학의 특성상 문제에 대한 답을 정확하게 구하는 것이 중요하므로 이런 능력을 배양할 수 있는 책을 만드는 것이었다. 당시에 이런 유형의 책이 없었으므로 각종 국가고시를 준비하는 학생들이나 미시경제학을 제대로 공부하고 싶은 학생들에게 나름대로 도움을 줄 수 있다고 생각했다. 그리고 이런 저자의 생각은 어느 정도 확인할 수 있었다. 그동안 적지 않은 학생들이 저자에게 메일을 통해 감사의 말과 함께 여러 가지 질문을 해준 것이 그런 증거라고 생각한다.

그래서 그동안 부족한 이 책에 독자들이 보내준 성원에 감사하는 마음으로 다음과 같은 몇 가지 사항에 중점을 두고 개정판을 준비하게 되었다.

첫째, 이 책의 본문 설명 가운데 불필요하거나 잘못 표현된 부분을 모두 바로잡아 읽기 수월하게 수정했다. 물론 전반적으로 수정한 것은 아니지만 일부 내용의 경우에는 빠진 부분을 보완하기도 했다.

둘째, 각 장마다 새롭게 문제를 추가하면서 가급적 기존 문제와 중복되지 않도록 주의했다. 새로운 문제들은 그간 저자가 각 대학에서 특강을 할 때 출제했던 모의고사 문제들을 위시해 저자가 직접 만든 것들이다. 따라서 이 책에 수록된 문제들은 모두 저자의 창작물로서 나름대로 고유한 가치를 가지고 있다. 이 책에 수록된 문제가 많아짐에 따라 학생들은 다양한 연습을 할 수 있으므로 각종 국가고시를 준비하는 경우 적지 않은 도움을 얻을 수 있다고 생각한다.

셋째, 과거에는 각 장에 수록된 문제들을 단순히 나열하는 데 그쳤지만 이번에는 각 장의 주제별로 문제를 분류해 이 책을 가지고 공부하는 학생들이 자신이 어떤 주제를 연습하고 있는지 확실하게 인식할 수 있도록 했다. 이것 자체는 특별히 강조할 사항은 아니지만 저자로서는 책의 완성도를 높이는 데 필요하다고 생각한다.

저자는 특히 이 책에 많은 애정을 가지고 있다. 그 이유는 무엇보다도 그동안 저자가 새로운 문제를 만드느라 많은 시간을 투입했고 좋은 문제를 만들어내려 노력했기 때문이다. 이 책은 저자가 그만큼 공을 들인 책이다. 따라서 단순히 여기저기서 내용을 발췌해 만든 책과는 차원이 다르다는 사실을 알리고 싶다. 그렇지만 저자의 눈에는 여전히 미흡한 책이다. 더 좋은 문제를 만들고 이에 대한 깔끔한 해설을 제공하지 못한 부분들이 여전히 눈에 띈다는 점이 마음에 걸린다. 이것이 저자의 한계임을 인정하지 않을 수 없다. 독자 여러분들이 널리 양해해 주기를 바랄 뿐이다. 그리고 항상 어려운 출판 여건에서도 개정판의 출간을 흔쾌히 수락해 주신 율곡출판사의 박기남 사장님에게 감사의 말씀을 전한다. 또한 이 책의 편집을 맡아 끝까지 최선을 다해준 방조일 주간과 신재혁 과장에게도 지면을 빌어 감사의 말을 전하고 싶다.

2011년 4월
남산 자락의 연구실에서
이 영 환

차 례

CHAPTER 03 비대칭정보의 문제와 대응방안

CHAPTER 04 기업이론과 응용

CHAPTER 05 완전경쟁시장의 균형과 후생분석

CHAPTER 06 독점시장과 독점적 경쟁시장의 균형과 후생분석

CHAPTER 07 비협조적 게임이론과 과점시장

CHAPTER 08 요소시장의 균형

CHAPTER 09 시장경제의 일반균형과 후생경제학

CHAPTER 10 시장실패와 대응방안

CHAPTER 01

미시경제학의 기초, 확실성하 소비자선택이론과 응용

CHAPTER 01

01 미시경제학의 개요

1.1 미시경제학의 의의

미시경제학은 경제이론의 핵심분야로서 시장경제의 작동원리를 이해하기 위한 이론체계를 제공하는 데 그 의의가 있다. 미시경제학을 제대로 이해하기 위해서는 중요한 개념에 대한 정확한 이해가 우선되어야 한다. 이러한 개념들로는 수요, 공급, 가격체계, 기회비용, 제한된 최적화, 비교정학분석, 시장균형, 자원배분의 효율성 등을 들 수 있다. 미시경제학은 이것을 바탕으로 개별 경제주체의 의사결정을 분석한다. 그리고 나서 이들의 의사결정에 기초한 계획들이 시장과정을 통해 어떻게 조정되는지 분석한다. 그리고 시장의 성과를 분석함으로써 다양한 자원을 배분하는 기구로서 시장의 장점과 한계를 분석한다. 이와 같이 미시경제학은 의사결정의 메커니즘을 이해하고 시장경제의 성과를 평가하는 데 필요한 이론적 기초를 제공한다.

개별 경제주체는 주어진 경제적 여건하에서 최적의 의사결정을 내리고, 경제여건이 변화하면 이에 따라 자신의 의사결정을 변경한다. 이 점은 소비자나 기업 나아가서 정부를 막론하고 마찬가지이다. 이렇게 해서 수요와 공급이 형성되고, 이를 바탕으로 시장이 작동한다. 여기서 주의할 점은 우리가 알고 있는 수요와 공급의 법칙은 모두 완전한 정보의 가정하에서만 성립한다는 사실이다. 만약 이 가정이 성립하지 않는다면 수요와 공급의 법칙은 물론이고 시장균형이론의 상당부분이 수정되어야 한다는 사실을 유의하기 바란다.[1]

시장경제는 서로 관련된 수많은 시장들로 구성되어 있는 분권화된 경제이다. 여기에는 사전에 잘 조정된 어떤 계획도 존재하지 않는다. 개별 경제주체는 각자 자신의 책임과 판단하에 의사결정을 내리고 실행할 뿐이다. 이러한 시장경제를 분석하는 데 가장 중요한 개념이 바로 시장균형이다. 시장균형—개별 시장이든 시장경제 전체든—이 존재하지 않는다면 시장에 관한 분석은 더 이상 진행될 수 없기 때문이다. 따라서 시장균형의 존재 여부는 미시경제학에서 가장 중요한 문제 가운데 하나이다.

시장경제에 균형이 존재한다는 것이 확인되면 우리는 이를 바탕으로 시장경제의 성과를 분석할 수 있는데, 그 기준은 간단하다. 왜냐하면 자원배분의 효율성만이 유일한 기준이기 때문이다. 소득분배의 평등과 같은 가치는 시장이라는 자원배분 메커니즘에서 기대할 수 있는 것이 아니다. 그런데 시장만이 유일한 자원배분의 메커니즘이 아니기 때문에 만약 시장을 통한 자원배분이 비효율적이라면 시장경제는 그 의의를 상당히 상실하게 된다. 자원배분의 효율성, 이것이야말로 시장경제의 금과옥조(金科玉條)인 것이다. 일찍이 애덤 스미스가 보이지 않는 손(invisible hand)을 강조한 것은 시장에서는 보이지 않는 경쟁질서에 의해 자원의 효율적인 배분이 가능하다고 믿었기 때문이었다. 그러나 오늘날 이러한 이상적인 경우보다는 시장이 다양한 자원을 효율적으로 배분하지 못하게 만드는 여러 가지 현실적인 요인들이 강조되고 있다. 이른바 보이지 않는 손이 마비된 손(palsied hand)으로 대체되었다는 것이다.[2] 이에 대한 해결방안을 제시하는 것이 오늘날 미시경제학의 당면과제이다.

요컨대 미시경제학은 개별 경제주체의 의사결정에 대한 체계적인 분석에서부

---

1. 전통적인 미시경제학에서는 완전한 정보(perfect information)를 가정하고 있는데, 이것은 또한 대칭정보(symmetric information)를 의미한다. 그러나 현실에서는 이와 반대로 불완전한 정보(imperfect information) 및 비대칭정보(asymmetric information)가 지배적이다. 여기서 완전한 정보란 어떤 불확실한 상태가 실현될 것인지 확실하게 알려주는 정보를 말한다. 대칭정보란 모든 경제주체들이 동일한 정보를 가지고 경제활동에 임한다는 것을 의미한다. 따라서 불완전한 정보란 어떤 불확실한 상태가 실현될지 정확하게 알지 못하는 경우를 말한다. 나아가서 비대칭정보란 경제주체들이 정보적 측면에서 우열이 있는 경우를 가리킨다. 이에 대해서는 뒤에서 다시 설명할 것이다.
2. "마비된 손"이란 노벨 경제학상을 수상한 바 있는 스티글리츠(J.E. Stiglitz)가 사용한 표현이다. 필자는 이 표현이 보이지 않는 손에 대비해 시장의 자원배분 기능이 제대로 작동하지 않는 상황을 묘사한 적절한 용어라고 생각한다. 스티글리츠는 시장이 마비된 손으로 전락하게 만드는 주요한 요인으로 특별히 불완전한 정보를 강조했다.

터 출발한다. 이런 의미에서 경제문제를 '작게' 본다는 뜻이 깔려 있지만, 사실 이보다는 철저하게 분석적이라는 표현이 더 적절할 것이다. 그 다음 시장의 균형이 존재하는지 검토한 후 균형상태를 통해 시장의 성과를 분석하는 데 초점을 맞추고 있다. 시장이 효율적인 자원배분에 실패할 경우 이를 극복할 수 있는 해결방안을 제시하는 것도 미시경제학의 중요한 과제이다.

1.2 주요 개념

제한된 최적화(constrained optimization)

자원의 희소성으로 인해 어떤 경제주체든 일정한 제약하에서 자신의 목적함수의 극대화 또는 극소화를 추구한다. 소비자의 경우 소득제약하에서 효용극대화를 추구한다. 때로는 재산제약하에서 효용극대화를 추구한다. 기업의 경우 기술적 제약하에서 이윤의 극대화를 추구하는데, 때로는 비용이 제약이 될 수도 있고 유동성이 제약이 될 수도 있다. 정부도 예산제약하에서 국민후생의 극대화를 추구해야 하므로 예외일 수 없다. 이것이 바로 제한된 최적화이다. 최적화란 주어진 여건하에서 경제주체가 설정한 목적함수에 비추어 최선의 가치를 추구한다는 것을 의미한다. 합리적인 주체라면 당연히 이러한 행동을 한다고 간주한다. 이러한 행동으로부터 개별 수요와 개별 공급이 유도되며, 이를 모두 더하면 시장수요와 시장공급이 형성된다. 이런 의미에서 제한된 최적화의 의의를 이해하는 것은 곧 시장경제를 이해하기 위한 첫걸음이다.

가격체계(price system)

시장경제에서 수요와 공급행위는 가격체계의 움직임에 따라 영향을 받는다. 가격체계란 수많은 상품가격들의 모음을 말한다. 미시경제학에서는 절대가격체계가 중요한 것이 아니라 상대가격체계가 중요하다. 절대가격이 변하더라도 상대가격이 불변이라면 수요와 공급행위에는 아무런 영향을 미치지 않는다고 본다. 이런 의미에서 가격체계는 항해하는 선박들에게 수로를 안내해 주는 등대와 같은 역할을 한다. 모든 경제주체들은 가격체계의 움직임을 예의 주시하면서 이에 적절하게 대응하는 가운데 경제활동을 영위한다. 이것은 가계의 작은 소비결정에서부터 대기업의 대규모 투자결정에 이르기까지 동일하게 적용되는 원칙이다.

가격체계의 역할과 관련해 최근에 강조되고 있는 것은 가격체계의 정보전달 기능이다. 경제주체들은 자신이 관심 있는 상품과 관련된 모든 정보를 다 알 수 없다. 그렇지만 그들은 가격이 어떻게 변동하는가를 관찰함으로써 필요한 정보 가운데 상당부분을 얻을 수 있다. 예를 들어 아파트 가격이 상승하고 있다는 것은 무슨 이유에서든 아파트에 대한 초과수요가 존재한다는 증거이므로 그들은 이를 감안해 자신의 행동을 결정하려 할 것이다. 주식에 투자하는 사람의 경우, 자신이 보유한 정보에 의하면 어떤 기업의 실적이 평범하여 주가가 오를 이유가 없는데 갑자기 폭등하는 경우 그 기업과 관련되어 자신이 모르는 좋은 소식이 있는 것으로 간주할 수 있다. 이와 같이 가격체계는 경제주체들에게 경제 전반의 상황에 관해 끊임없이 정보를 제공해 주고 있다. 이런 의미에서 정부가 원칙 없이 시장에 개입해 가격체계를 왜곡시키는 것은 결코 바람직하지 않다. 왜냐하면 왜곡된 가격체계는 경제주체들에게 경제상황에 대한 잘못된 정보를 제공하기 때문이다.

기회비용(opportunity cost)

기회비용은 간단히 「포기한 차선의 기회의 가치」로 정의된다. 이것은 기본적으로 자원은 유한한데 그 용도는 다양하기 때문에 발생하는 비용이다. 희소한 자원의 예로는 천연자원, 자금, 시간 등 유한하기만 하면 어떤 것도 들 수 있다. 모든 의사결정은 선택을 전제로 한다. 선택이란 최선을 택하고 차선 이하의 다른 기회를 포기하는 것을 의미한다. 따라서 모든 의사결정에는 항상 기회비용이 수반되기 마련이다. 단, 자원이 무한히 많거나 오직 한 가지 용도에만 사용할 수밖에 없는 경우에는 기회비용이 0이다. 그 밖의 경우에는 항상 0보다 큰 기회비용이 발생한다. 이것은 실제로 돈을 지출하지 않더라도 기회비용은 항상 발생한다는 것을 의미한다. 서양에 "공짜 점심은 없다" 는 격언은 바로 항상 기회비용이 발생한다는 것을 시사하는 말이다.[3]

---

3. "공짜 점심은 없다" 에 해당하는 영어 표현은 "There is no free lunch" 이다. 이것과 유사한 의미로 사용되는 다른 표현으로는 "There is no fast bucks" 가 있다. 이것은 주로 금융행위와 관련해 아무런 위험을 부담하지 않으면서 항상 이익을 얻을 수는 없다는 의미를 담고 있다.

또한 기회비용은 고정된 값이 아니라 시간의 경과에 따라 역동적으로 변하는 값이다. 이것은 시장의 상황에 따라 똑같은 자원의 기회비용이 달라질 수 있다는 것을 의미한다. 예를 들어 PC 제조에 사용되는 256메가 디램(DRAM)과 같은 반도체 가격은 시장에서 끊임없이 변하고 있다. 이것은 PC를 만드는 기업이 보유하고 있는 디램의 기회비용도 이에 따라 변하고 있다는 것을 의미한다. 이 기업은 기회비용의 이러한 특성을 감안해 의사결정을 내려야 합리적이다. 따라서 시장 상황을 정확하게 이해하지 못하면 각종 자원의 기회비용을 정확하게 측정할 수 없게 된다. 기회비용의 정의는 간단하지만, 실제로 이것을 측정하는 데는 세심한 주의가 필요하다.

시장균형(market equilibrium)

시장의 성과는 희소한 자원을 효율적으로 배분하는 기능을 제대로 수행하는가에 따라 평가된다. 이를 위해서는 반드시 시장균형이 존재해야 한다. 왜냐하면 시장의 성과는 균형상태를 통해서만 평가될 수 있기 때문이다. 시장균형이 존재하지 않는다는 것은 시장이 끊임없이 불안정한 상태에서 변동하고 있다는 것을 의미한다. 이러한 상태가 지속된다면 시장이 자원을 효율적으로 배분하는 기능을 수행하기는커녕 시장경제 자체가 붕괴될 수도 있다.

균형 개념은 하나의 독립된 시스템의 안정적인 상태를 묘사하는 용어로 알게 모르게 우리 주변에 자리잡고 있다. 예를 들어 우리가 살고 있는 태양계는 태양을 중심으로 9개의 행성들이 중력에 의해 절묘하게 균형을 취하고 있기 때문에 현재와 같은 공전궤도를 유지하고 있는 것이다. 만약 혜성이 나타나 중력계에 이상이 발생한다면 현재의 균형상태는 붕괴되고, 지구는 우주공간 속으로 사라져 버릴 것이다. 또한 균형이라는 용어는 현실에서는 '보합'이라는 표현으로 나타나기도 한다. 흔히 아파트 가격이 상승세를 유지하다가 현재 보합상태에 있다는 표현을 자주 접할 수 있다. 이것은 아파트에 대한 수요와 공급이 현재의 가격에서 균형을 취하고 있기 때문에 더 이상 가격의 등락이 없다는 것을 의미한다. 그리고 인간관계에도 균형이라는 용어를 적용시킬 수 있다. 누구나 다른 사람들과 교류하면서 살아가고 있다. 자신이 교류하고 있는 친구들이 바뀌고 있다면, 이것은 인간관계의 불균형에 해당한다. 반면 일정한 친구들과 안정적으로 교류하고 있다면, 이것은 인간관계의 균형에 해당한다고 말할 수 있다.

여기서 균형이란 사후적인 의미의 균형이 아니라 사전적인 의미에서 계획의 균형(equilibrium of plans)임을 유의하기 바란다. 이것은 개별 소비자나 기업 나아가서 개별 시장 및 시장 전반의 균형을 다루는 경우에도 마찬가지이다. 모든 경제주체들은 각각 독립적으로 자신에게 가장 유리한 방향으로 계획(수요 또는 공급 계획)을 수립한다. 사전에 서로 조정되지 않은 이러한 계획들이 가격체계의 움직임을 통해 적절하게 조정되는 가운데 모두가 만족한 상태가 존재한다면 이것이 균형이다. 따라서 시장에 일정한 힘이 적절하게 작용한다면 지금은 수요계획과 공급계획이 일치하지 않더라도 궁극적으로는 이러한 균형으로 수렴해 갈 것으로 예상할 수 있다.

다시 한 번 강조하지만 균형이란 어려운 개념이 아니다. 현재의 상태에 만족하기 때문에 외부로부터 충격이 없는 한 자신의 결정을 번복하고 싶어하지 않는다면 이것이 바로 균형이다. 이 개념을 한 개인에게만 적용하면 개별 균형(individual equilibrium)이요, 특정한 시장에만 적용한다면 부분균형(partial equilibrium)이며, 시장경제 전반에 적용하면 일반균형(general equilibrium)인 것이다.

02 확실성하 소비자선택이론과 응용

2.1 소비자선택이론의 의의

미시경제학에 관한 모든 논의는 소비자의 행동에 관한 분석으로부터 시작한다. 이것은 소비가 중요한 경제행위일 뿐만 아니라 소비행위에 대한 분석의 틀이 미시경제학 전반에 걸쳐 널리 응용되기 때문이다.[4] 사실 인간의 모든 경제활동은 궁극

4. 어떤 나라를 막론하고 소비는 GDP 가운데 약 70% 안팎을 차지할 정도로 비중이 높다. 따라서 소비가 위축되거나 지나치게 과열되는 경우 국민경제 전반에 걸쳐 문제가 된다. 대부분의 경기침체는 소비위축에서 비롯된다. 이것이 바로 케인스(J.M. Keynes)가 유효수요이론을 주장했던 근거이기도 하

적으로 보다 나은 소비를 추구한다. 생산활동을 포함한 일체의 다른 경제활동은 보다 나은 소비를 하기 위한 우회적인 방법에 불과하며, 생산 자체가 경제활동의 궁극적인 목적이 될 수 없음은 자명하다. 그리고 소비의 목적은 주어진 경제여건하에서 효용을 극대화하는 데 있다. 이것은 누구나 항상 효용극대화를 위해 꼼꼼하게 계산한다는 것을 의미하기보다는 합리적이라면 이러한 방향으로 행동할 것이라는 의미를 담고 있다.

미시경제학에서 소비자는 항상 합리적인 소비행위를 한다고 가정한다. 물론 이것은 이상적인 가정이지만, 이것을 전제해야만 체계적인 분석이 가능하다. 합리적인 소비행위를 뒷받침하기 위해 소비자들은 합리적인 선호서열을 가지고 있으며, 자신이 직면한 예산제약을 정확하게 인식한 상태에서 효용극대화를 추구한다고 가정한다. 따라서 이러한 소비행위를 분석하기 위해서는 합리적인 선호서열이 무엇을 의미하는지, 예산제약의 성격은 무엇인지, 나아가서 효용극대화는 어떻게 달성되는지 살펴보아야 한다.

그런데 소비자의 행동을 분석하는 과정에서 어떤 경제적 여건을 가정하는가에 따라 문제의 난이도가 달라진다. 보통은 개별 소비자를 둘러싼 경제여건(가격체계, 소득 등)에 아무런 불확실성이 없다는 가정에서부터 출발한다. 이것이 가장 간단한 가정이다. 이 경우 소비자들은 단일한 예산제약에 직면하면서 자신의 효용을 극대화하는 상품묶음을 단 한 번 선택하면 된다. 그러나 이것은 우리가 현실에서 직면하는 것과는 다르다. 왜냐하면 경제주체들은 복잡한 현실 속에서 여러 기간에 걸쳐, 그것도 미래가 불확실한 상태에서 소비선택을 하게 된다. 이 모든 내용을 다 고려하면 소비자의 선택문제는 매우 복잡해진다. 우선 고려해야 하는 상품의 성격에 변화가 있기 때문에(시간과 불확실성을 고려하므로) 효용함수 자체가 복잡해진다. 그리고 소비자가 직면하는 예산제약의 성격도 달라진다. 이 경우 일반적으로 소비자는 여러 개의 예산제약에 직면하게 된다. 따라서 예산제약의 성격을 정확하게 이해하는 것이 중요하다. 또한 소비선택은 한 번만 이루어지는 것이 아니라 여러 번에 걸쳐 이루어지게 된다. 따라서 확실성하에서 소비자선택이론을 다루는 것은 여러 기

다. 또한 소비행위를 분석하는 과정에 적용되는 효용극대화의 원리는 다른 문제의 분석에도 거의 그대로 적용된다. 이런 이유로 소비에 관한 분석은 미시경제이론에서 항상 앞자리를 차지하고 있다.

간이나 불확실성을 고려해야 하는 보다 현실적인 경우를 분석하기 위한 기초를 마련하기 위해서임을 유의해야 한다.

미시경제학에서 소비자는 가계(household)로서 합리적인 행동을 한다고 가정한다. 여기서 합리적인 행동이란 자신의 예산제약의 범위 내에서 일관성 있게 행동하면서 자신의 목적을 추구한다는 것을 의미한다. 그런데 가계는 재화시장에서는 소비의 주체이지만, 요소시장에서는 요소의 공급자이다. 가계가 재화를 수요하는 것만이 아니라 노동을 공급하거나 자금을 공급하는 것도 자신의 효용극대화를 전제로 한다. 따라서 가계의 행동에 대한 완전한 분석은 이 두 가지를 모두 망라해야 한다. 그렇지만 요소의 공급자로서 가계의 행동은 요소시장에서 다루는 것이 일반적인 관례이므로 여기서도 이를 준수할 것이다.

2.2 선호서열, 효용함수 및 무차별곡선

이 세 가지 개념은 기본적으로 동등하다는 사실을 인식해야 한다. 고급이론에서는 선호서열(preference ordering)이란 개념을 이용하고, 여러 가지 응용에서는 효용함수(utility function)를 많이 이용하며, 그림을 이용한 쉬운 설명을 위해서는 무차별곡선(indifference curve)의 개념이 주로 이용된다고 생각하면 된다. 무차별곡선의 개념은 보통 두 개의 재화를 전제로 하는데, 재화가 세 개 이상인 경우로도 일반화될 수 있음은 물론이다.

2.2.1 선호서열

선호서열이란 소비선택의 대상인 다양한 상품묶음에 대해 합리적인 소비자가 보유하고 있는 선호의 정도를 나타내는 체계로 이해하면 된다. 여기서 "합리적"이란 일정한 공리(axiom)를 만족한다는 것을 의미하며, 흔히 완비성(completeness), 이행성(transitivity), 연속성(continuity), 단조성(monotonicity) 및 볼록성(convexity)을 말한다. 단, 볼록성은 합리적 선호서열을 위한 필요조건이라기보다는 바람직한 선호서열의 특성에 해당한다고 이해하면 된다. 이런 의미에서 특정 재화를 일정 수량 이상 소비하는 경우를 우선시하는 사전편찬식 선호(lexicographic preference)는 연속성의 공리를 위반하는 선호서열에 해당한다. 여기서 특히 선호서열의 볼록성은 "극단적인 소비보다는 평균적인 소비를 선호한다"는 사실을 압축한 표현으로 이해하면 된다.

선호서열은 말 그대로 임의의 두 상품묶음을 비교하는 경우 어느 것을 더 좋아하는지 덜 좋아하는지, 아니면 무차별적인지 하는 상대적인 서열을 의미하는 것이지 그 절대적인 차이는 전혀 의미가 없다. 이것이 바로 서수적 효용의 정당성의 근거가 되며, 사람들 간에 효용을 비교하는 데는 한계가 있음을 시사한다.

2.2.2 효용함수

여러 가지 재화들의 소비량의 함수로서 상품묶음과 효용수준 간의 체계적인 관계를 나타내는 것이 바로 효용함수이다. 이것은 추상적인 선호서열의 수치 표현에 해당한다. 따라서 효용함수의 형태는 바로 선호서열의 특징을 그대로 반영한다. 두 재화 X, Y를 소비하는 경우 대표적인 효용함수로는 다음과 같은 것들이 있다. 여기서 한 가지 유의할 점은 하나의 선호서열을 나타내는 효용함수는 유일하지 않고 매우 다양하다는 사실이다.[5]

콥-더글라스 효용함수

이것은 $U(X, Y) = X^a Y^b$와 같은 형태를 갖는 효용함수로, 가장 널리 사용되고 있는 형태이다. 이 효용함수는 동차효용함수로, 무차별곡선이 특별한 성질을 만족한다.[6] 여기서 지수 a, b는 각 재화가 소비자의 효용에 기여하는 정도를 나타낸다. 예를 들어 $a = b$라면 두 재화는 동일하게 효용에 기여한다는 것을 의미한다.

5. 이것은 하나의 선호서열을 반영한 효용함수가 존재한다면 이 효용함수의 단조변환(monotonic transformation)에 해당하는 모든 효용함수들은 동일한 선호서열을 반영하고 있다는 것을 의미한다. 예를 들어 $U(X, Y) = XY$와 여기에 제곱근을 한 $U(X, Y) = X^{0.5}Y^{0.5}$와 제곱을 한 $U(X, Y) = X^2Y^2$는 동일한 선호서열을 나타내는 효용함수들이다.

6. 여기서 특별한 성질이란 원점에서 출발하는 직선이 무차별곡선들과 만나는 점에서 평가한 한계대체율은 모두 동일하다는 것을 의미한다.

이 효용함수는 두 재화를 불완전한 대체관계로 간주하는 선호의 특징을 반영하고 있다. 따라서 여기서 유도되는 무차별곡선은 원점에 대해 볼록한 형태를 갖는다.

레온티에프 효용함수

이것은 $U(X, Y) = min\ \{\frac{X}{a}, \frac{Y}{b}\}$와 같은 형태를 갖는 효용함수로 $\frac{X}{a} = \frac{Y}{b}$, 즉 $Y = \left(\frac{b}{a}\right)X$의 비율로 소비될 때가 가장 효율적임을 보여준다. 예를 들어 $a = b$라면 두 재화를 1 대 1로 결합하여 소비하는 것이 가장 효율적임을 의미한다. 따라서 이것은 두 재화를 완전한 보완관계로 간주하는 선호의 특징을 반영하고 있다. 여기서 유도되는 무차별곡선은 L자형을 갖는다.

선형 효용함수

이것은 $U(X, Y) = aX + bY$와 같은 형태를 갖는 효용함수로, 두 재화를 항상 일정한 비율로 대체해서 소비할 수 있는 경우를 나타낸다. 예를 들어 $a = b$라면 두 재화를 항상 1 대 1로 대체해서 사용할 수 있다는 것을 의미한다. 이 경우 두 재화는 이름만 다를 뿐이지 사실상 구별할 필요가 없는 재화이다. 따라서 이 효용함수는 두 재화를 완전한 대체관계로 간주하는 선호의 특징을 반영한다. 여기서 유도되는 무차별곡선은 우하향하는 직선의 형태를 갖는다.

준선형 효용함수

이것은 $U(X, Y) = V(X) + Y$와 같은 형태를 갖는 효용함수로, 두 재화를 불완전한 대체관계로 간주하되 추가적으로 특수한 성질을 갖는 효용함수의 예이다.[7]

이 경우 소득이 변하더라도 X재에 대한 수요는 변하지 않는다. 즉, X재의 경우 소득효과는 0이다. 그리고 여기서 유도되는 무차별곡선은 보통 원점에 대해 볼록할 뿐만 아니라 서로 평행하다는 특징을 가지고 있다.

효용함수와 관련해 한 가지 유의할 사항은 총효용, 한계효용 및 한계효용의 변화율 등은 모두 효용함수로부터 유도된다는 사실이다. 따라서 자신이 보유한 효용

---

7. 마찬가지 이유로 $U(X, Y) = X + V(Y)$와 같은 형태도 준선형 효용함수에 해당한다. 보통 $V'(Y) > 0$, $V''(Y) < 0$을 가정한다. 즉, Y재로부터의 한계효용은 체감한다.

함수가 어떤 형태를 갖는지 확인이 되면 이로부터 한계효용의 변화와 관련된 모든 내용을 확인할 수 있다. 예를 들어 두 재화 X, Y를 소비하는 경우 MU_X, MU_Y, MU_{XX}, MU_{YY}, $MU_{XY}(=MU_{YX})$와 같은 개념들을 유도할 수 있다. MU_X, MU_Y는 X, Y재의 한계효용이고, MU_{XX}, MU_{YY}는 각 재화의 한계효용의 변화율이다. 그리고 $MU_{XY}(=MU_{YX})$는 Y재의 소비량의 변화가 X재의 한계효용에 미치는 효과를 측정하는 변화율이다. MU_{YX}는 반대로 해석하면 된다.[8] 물론 이 모든 것은 효용함수가 미분 가능하다는 조건을 전제로 한다. 따라서 레온티에프 효용함수와 같이 미분 가능하지 않은 경우에는 이런 개념들이 잘 정의되지 않는다.

2.2.3 무차별곡선

소비자 선호의 특징을 가장 쉽게 이해할 수 있는 방법은 무차별곡선을 이용하는 것이다. 동일한 효용을 주는 재화들의 조합의 궤적으로 정의되는 무차별곡선은 편의상 두 재화가 있는 경우를 중심으로 이용되지만, 이 개념은 재화의 종류가 여럿인 경우로도 일반화될 수 있다. 무차별곡선을 이용해도 가능한 모든 소비선택들에 서열을 매길 수 있음을 유의해야 한다. 이것은 무차별곡선에 소비자의 선호에 관한 모든 정보가 다 포함되어 있음을 의미한다.

무차별곡선의 형태는 두 재화에 대한 소비자의 선호나 태도를 정확하게 반영하고 있다. 예를 들어 원점에 대해 볼록한 무차별곡선은 선호의 볼록성을 달리 표현한 것으로, 극단적인 소비보다 평균적인 소비를 더 선호한다는 것을 나타낸다. 또한 이것은 소비자가 두 재화를 불완전한 대체재로 간주하고 있음을 나타낸다. 여기서 불완전한 대체재란 소비자의 효용에 기여하는 과정에서 서로 대체 가능한 재화이지만 그 정도가 불완전하다는 것을 의미한다. 따라서 무차별곡선이 원점에 대해 볼록할수록 그만큼 더 대체가 불완전하다는 것을 의미한다. 반대로 덜 볼록할수록

---

8. $MU_{XY}=MU_{YX}$는 영의 정리(Young's theorem)에 의한 것이다. 이 정리에 의하면 $\frac{\partial^2 U(X,\ Y)}{\partial X \partial Y} = \frac{\partial^2 U(X,\ Y)}{\partial Y \partial X}$가 성립하기 때문이다. 효용함수를 각 재화에 대해 두 번 미분하는 경우 순서를 바꾸더라도 변화율에는 차이가 없다는 것을 보여준다.

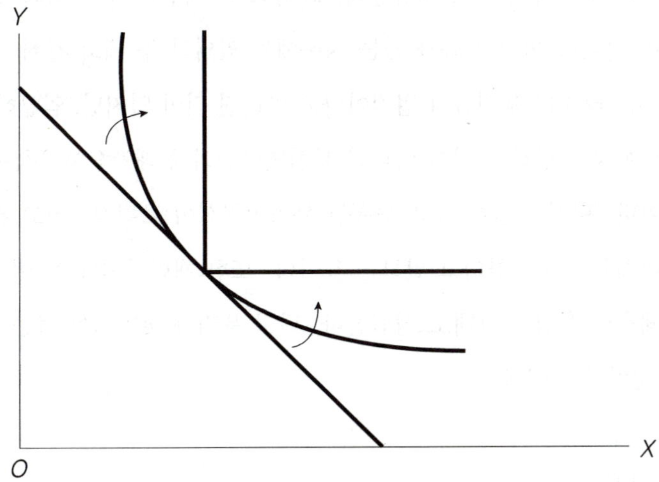

그림 1-1
무차별곡선의 볼록한 정도

두 재화 간의 대체가 점점 더 용이해진다는 것을 의미한다. 따라서 무차별곡선이 L자형이라면 두 재화는 더 이상 대체 가능한 재화가 아니라 완전 보완적인 재화라는 것을 의미한다. 이러한 세 가지 대표적인 무차별곡선들을 함께 정리한 [그림 1-1]을 보면 그 의미가 더 분명해질 것이다.

앞에서 지적했듯이 효용함수의 특징은 자연스럽게 무차별곡선의 형태에 반영된다. 대표적인 몇몇 경우를 정리하면 다음과 같다.

- 콥-더글라스 효용함수 ➡ 원점에 대해 볼록한 무차별곡선
- 레온티에프 효용함수 ➡ L자형의 무차별곡선
- 선형 효용함수 ➡ 우하향하는 직선의 무차별곡선
- 준선형 효용함수 ➡ 원점에 대해 볼록하며, 평행이동하는 무차별곡선

한계대체율(*MRS*)

두 재화 *X*, *Y*의 경우 한계대체율 $MRS_{XY} = -\frac{\triangle Y}{\triangle X} = \frac{MU_X}{MU_Y}$는 동일한 효용수준을 유지한다는 전제하에서 *X*재 한 단위를 더 소비하기 위해 기꺼이 포기할 의사가

있는 Y재의 수량으로 정의된다. 이것은 곧 현재의 소비수준에서 측정한 두 재화에 대한 소비자의 주관적 평가에 해당한다. 그리고 이 개념은 두 재화의 경우에만 성립하는 것이 아니라 여러 재화가 있는 경우에도 임의의 두 재화 간에 성립하는 개념이다. 흔히 한계대체율체감의 법칙이라고 알려진 것이 있지만, 엄밀히 말하면 한계대체율은 항상 체감하는 것이 아니라 무차별곡선의 형태, 즉 효용함수의 성질을 반영할 뿐이다. 단지 원점에 대해 볼록한 무차별곡선이 보편적이라고 간주되기 때문에 한계대체율이 체감한다고 말하는 것이다. 또한 재화의 종류가 여럿인 경우에도 한계대체율의 개념은 그대로 성립한다. 단지 우리가 파악해야 하는 한계대체율의 종류가 많아질 뿐이다.

2.3 예산제약

2.3.1 예산제약의 의의

실현 가능한 소비선택의 범위를 결정해 주는 예산제약은 보통 가격과 소득에 따라 그 범위가 달라지게 된다. 예산제약의 범위, 즉 예산집합이 커지는 것은 일반적으로 소비자에게 유리하며, 작아지는 것은 일반적으로 소비자에게 불리하다. 여기서 "일반적"이란 표현에 유의하기 바란다. 이것은 반드시 그런 것은 아님을 의미한다. 예산제약은 경제주체가 직면하는 다양한 제약의 대표적인 예로, 제한된 범위 내에서 최적화를 추구하는 경제행위에서 중요한 의의를 갖는다. 여기서 한 가지 유의할 점은 주어진 시장여건과 고려하는 효용극대화 문제의 성격에 따라 예산제약의 숫자가 달라진다는 것이다. 가장 이상적인 경우는 예산제약이 하나만 존재하는 것이지만, 일반적으로는 여러 개가 존재하게 된다.

2.3.2 단일한 예산제약

가장 간단한 경제적 상황인 확실성하 1기간만 고려하는 경우에는 단일한 예산제약이 적용된다. 그러나 이것은 현실적이 아니며, 복잡한 경우를 이해하기 위한 출

그림 1-2 예산선의 이동

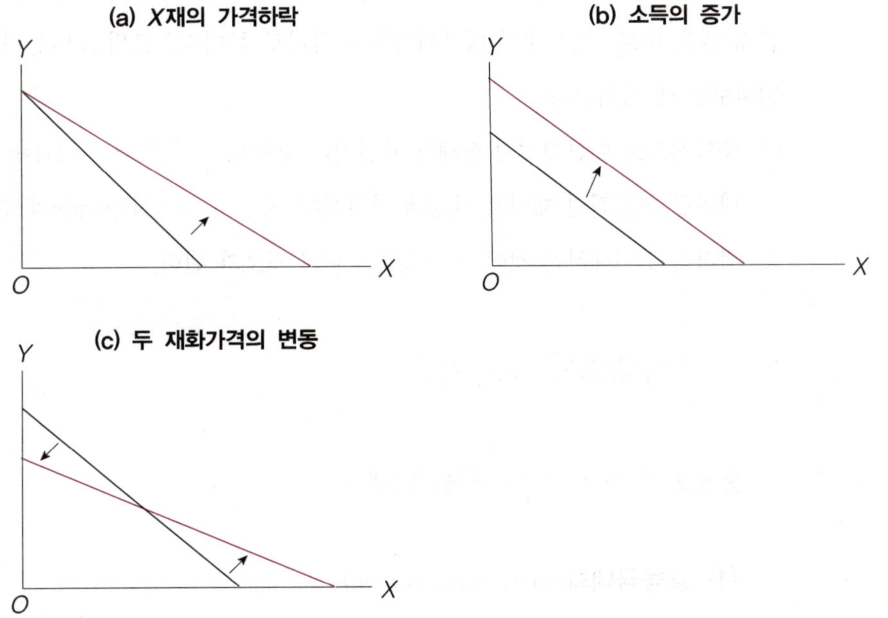

발점에 불과하다. 이 경우 그림을 이용해 예산선의 기울기의 변동, 예산선의 평행 이동 등을 나타낼 수 있는 장점이 있다. 몇 가지 대표적인 경우를 나타내면 다음과 같다. [그림 1-2(a)]와 [그림 1-2(b)]의 경우 예산집합은 넓어지지만, [그림 1-2(c)]의 경우는 비교할 수 없다.

2.3.3 여러 개의 예산제약

여러 기간에 걸친 소비선택의 경우나 미래의 불확실성을 고려하는 경우 일반적으로 예산제약은 여러 개가 된다. 예를 들어 두 기간, 현재($t = 0$)와 미래($t = 1$)를 고려하는 경우 일반적으로 두 개의 예산제약이 존재한다. 그렇지만 현재와 미래를 연결시켜 주는 금융수단(예를 들면 채권)이 존재한다면 두 개의 예산제약을 하나로 통합시킬 수 있다. 이것은 두 개의 예산제약이 존재하는 경우에 비해 예산집합이 넓어질 수 있다는 것을 의미한다.

▬ 예산제약이 많아진다는 것은 그만큼 소비선택의 기회가 줄어든다는 것을 의미하므로 소비자에게는 불리하다. 여러 가지 경제적 수단(예 : 각종 금융자산이나 실물자산 등)들은 바로 여러 개의 예산제약들을 하나로 묶어줌으로써 소비선택의 범위를 넓혀주는 데 기여한다.

➡ 종합적으로 예산제약의 형태는 가격이나 소득으로 인한 제약 이외에 여러 가지 다양한 현실적인 제약을 반영해 결정되며, 자신이 직면하는 예산제약의 성격을 정확하게 이해하는 것이 모든 경제행위의 기초가 된다.

2.4 효용극대화와 수요이론

2.4.1 효용극대화와 지출극소화

(1) 효용극대화(utility maximization)

▬ 효용극대화는 예산제약하에서 효용을 극대화하는 상품묶음을 찾는 작업을 말한다. 이렇게 구한 상품묶음이 바로 보통수요(ordinary demand)로, 가격과 소득의 함수이다. 그렇기 때문에 (보통)수요함수라는 개념이 등장하게 된다.

예 두 재화 X, Y의 경우 보편적으로 $X^* = f_X(P_X, P_Y, M)$, $Y^* = f_Y(P_X, P_Y, M)$로 표현되며, 효용함수가 $u = U(X, Y) = XY$인 경우 $X^* = \frac{M}{2P_X}$, $Y^* = \frac{M}{2P_Y}$가 이에 해당한다.

▬ 수요와 관련해서는 다음 사항을 특히 유의해야 한다. 첫째, 정보적 관점에서 본 수요의 특성을 이해해야 한다. 보통 언급되는 수요의 법칙은 모두 완전한 정보를 가정한 것이다. 그렇지만 불완전한 정보가 현실적인 상황에서는 수요의 법칙이 성립하지 않을 수도 있다. 그 대표적인 예가 수요곡선은 우하향한다는 것이다. 불완전한 정보하에서는 수요곡선이 우하향하지 않는 경우도 있기 때문이다. 여기서 불완전한 정보란 재화의 가격과 품질에 대한 정보가 불완전한 경우를 말한다. 둘째, 개별 수요와 시장수요 간의 관계를 정확하게 이해해야 한다. 셋째, 재화의 성격에 따른 수요의 특성을 이해해야 한다. 예를 들면 내구재와 소비재의 경우의 차이점이라

그림 1-3 극단적인 선택의 경우

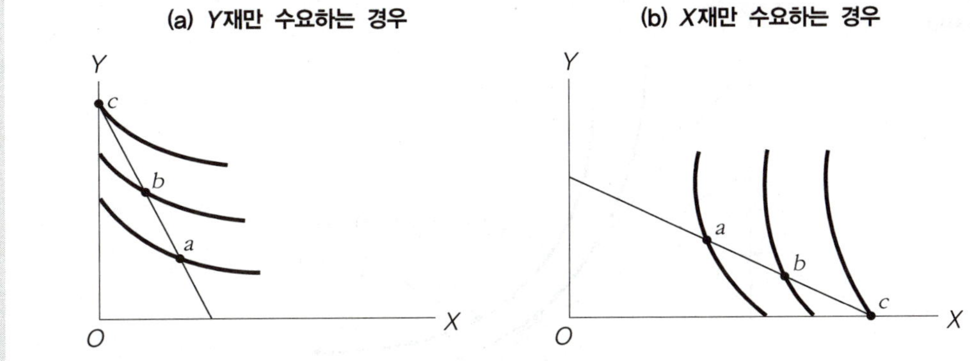

든가 재화와 서비스의 경우의 차이점 등을 이해해야 한다.

■ 두 재화를 가정하는 경우 효용극대화의 조건으로서 $MRS_{XY}=\frac{P_X}{P_Y}$의 의의를 정확하게 이해해야 한다. 이것이 효용극대화의 필요조건 및 충분조건이 되기 위해서는 반드시 무차별곡선이 원점에 대해 볼록해야 하고, 내부해(interior solution)가 항상 존재해야 한다. 무차별곡선이 원점에 대해 볼록하더라도 $MRS_{XY}>\frac{P_X}{P_Y}$ 또는 $MRS_{XY}<\frac{P_X}{P_Y}$인 상태에서도 효용극대화를 달성하는 경우가 존재하기 때문이다. 예를 들어 X재의 가격이 지나치게 높은 경우 효용극대화를 위해서는 어쩔 수 없이 Y재만 수요하는 경우가 발생할 수 있다. [그림 1-3(a)]는 이런 경우를 보여준다. 여기서 효용극대화를 달성하는 점은 c이다. 이 점에서는 $MRS_{XY}<\frac{P_X}{P_Y}$이다. 반면 [그림 1-3(b)]는 반대의 경우를 보여준다. 이 경우 Y재의 가격이 너무 높기 때문에 효용극대화를 위해서는 X재만 수요하게 된다. 여기서 효용극대화를 달성하는 점은 c로, 이 점에서는 $MRS_{XY}>\frac{P_X}{P_Y}$가 성립한다.

■ 효용함수 및 수요함수의 성질은 가격소비곡선(PCC)과 소득소비곡선(ICC)의 형태에 반영된다. 예를 들어 콥-더글라스 효용함수의 경우 X재의 가격이 하락할 때 가격소비곡선은 수평선이며, 소득소비곡선은 원점에서 출발하는 직선의 형태를 갖는다. 그리고 이 두 곡선은 서로 일치하지 않는 것이 일반적이지만, 예외적으로

그림 1-4

힉스와 슬러츠키의 차이

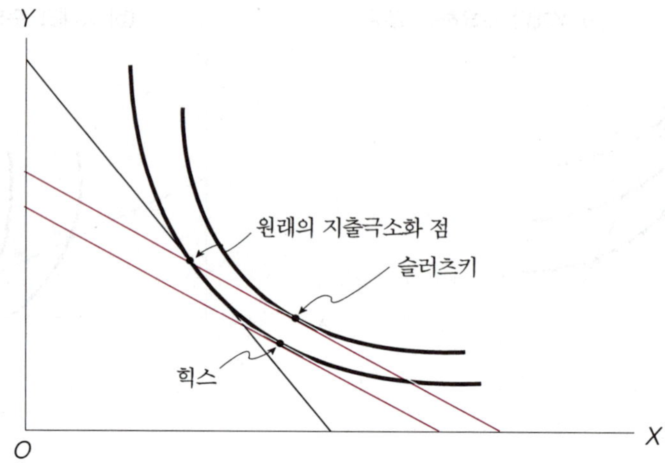

레온티에프 효용함수의 경우에는 두 곡선이 일치한다.

수요함수의 중요한 성질인 영차 동차성(homogeneity of degree 0)은 예산제약과 밀접하게 관련되어 있다. 이것은 모든 효용함수 및 수요함수의 경우에 성립하는 성질이다. 왜냐하면 가격과 소득이 같은 비율로 변하는 경우 예산제약식에는 아무런 변화가 없기 때문에 당연히 수요에도 변화가 없다. 이것이 바로 영차 동차성이다.

(2) 지출극소화(expenditure minimization)

이것은 일정한 효용수준을 달성한다는 제약하에서 지출을 최소화하는 상품묶음을 찾는 문제를 말한다. 이렇게 구한 상품묶음이 바로 보상수요(compensated demand) 또는 힉스의 수요(Hicksian demand)라 불리는 것이다. 이것과 슬러츠키(Slutsky)가 말하는 수요 개념과의 차이는 실질소득의 정의와 관련되어 있다. 힉스는 효용수준을 실질소득으로 간주한 반면, 슬러츠키는 가격변화 이전의 수요를 실질소득으로 간주하였다. 이 두 수요 개념 간의 차이는 [그림 1-4]에 나타나 있다. 가격변화가 작은 경우 두 수요는 일치하게 된다. 이런 이유로 힉스와 슬러츠키가 제안한 수요 개념은 동일한 것으로 간주되고 있다.

그림 1-5 보상수요곡선의 특징

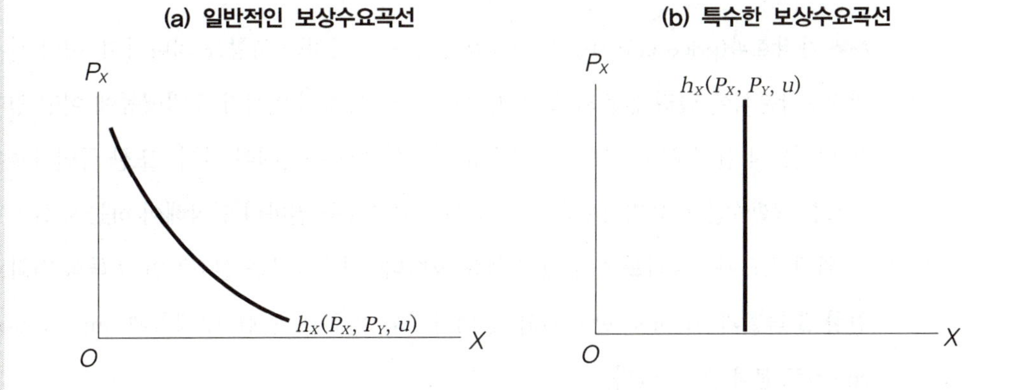

보상수요는 가격변화시 소득효과는 배제하고 오직 대체효과만을 고려한 수요 개념이다. 따라서 보상수요곡선은 결코 우상향할 수 없다. 단지 대체효과가 0인 경우 보상수요곡선은 수직선의 형태를 갖는다. 이에 해당하는 효용함수는 레온티에프 효용함수이다. [그림 1-5]는 보상수요곡선의 형태를 보여준다.

보상수요는 가상적인 수요 개념으로서 현실적으로 관찰할 수 없지만, 보통수요와 밀접하게 관련되어 있으면서 소비자의 후생수준을 비교·평가하는 데 이론적으로 중요한 의의를 갖는다. 뒤에서 언급할 소비자잉여, 보상변화 및 동등변화라는 개념은 모두 보상수요의 개념에 기초하고 있다. 또한 이상적인 생계비지수의 개념도 보상수요에 기초하고 있다.

효용극대화와 지출극소화 간의 쌍대성(雙對性, duality)을 이해해야 한다. 이것은 동일한 현상을 반대의 관점에서 접근해 분석하는 것으로 이해하면 된다. 쌍대성은 효용극대화의 조건인 $MRS_{XY} = \frac{P_X}{P_Y}$는 동시에 지출극소화의 조건이라는 사실을 통해 확인할 수 있다. 미시경제학에서 쌍대성을 이용하는 경우가 자주 있다. A라는 방법으로 문제의 해를 찾는 것이 현실적으로 어려운 경우 관점을 바꾸어 B라는 방법으로 접근하면 문제의 해를 찾을 수 있기 때문이다. 발상의 전환, 바로 이것이 쌍대성의 에센스이다.[9]

2.4.2 가격효과의 의의와 분석

가격효과(price effect)란 가격변화가 수요에 미치는 영향을 의미하며, 여러 가지 비교정학분석에 널리 응용되고 있다. 예를 들어 특소세 인하가 소비행동에 어떤 영향을 미치는지 살펴보기 위해서는 가격효과를 이용해 분석해야 한다. 또한 극빈자들이 일정한 생활수준을 유지하도록 하기 위해서 보조금을 얼마나 인상해야 하는지 살펴보기 위해서도 가격효과를 이용해 분석해야 한다. 가격효과는 실질적인 소득의 변화로 인한 소득효과(income effect)와 상대가격의 변화로 인한 대체효과(substitution effect)로 분해할 수 있다.

대체효과는 항상 일정한 방향으로 작용하는데, 상대적으로 저렴해진 재화를 더 수요하는 방향으로 작용한다. 이 경우 항상 일정한 수준의 효용이 전제가 된다. 소득효과는 재화의 성격(열등재 여부)에 따라 양(陽)이나 음(陰)이 될 수 있다. 가격효과를 측정할 때 문제를 복잡하게 만드는 것은 음의 소득효과가 발생하는 경우이다.

가격효과를 소득효과와 대체효과로 분해해 정확하게 나타내 주는 것이 슬러츠키 방정식(Slutsky equation)이다. 두 재화 X, Y를 고려할 경우 X재의 가격이 변한다면 다음과 같이 두 개의 슬러츠키 방정식이 유도된다.

$$\frac{\triangle X}{\triangle P_X} = \frac{\triangle X_U}{\triangle P_X} - \left(\frac{\triangle X_M}{\triangle M}\right)X^*$$

$$\frac{\triangle Y}{\triangle P_X} = \frac{\triangle Y_U}{\triangle P_X} - \left(\frac{\triangle Y_M}{\triangle M}\right)X^*$$

첫 번째는 X재의 가격이 변하는 경우 X재에 대한 수요가 대체효과와 소득효과에 의해 궁극적으로 어떻게 변하는지 나타내는 방정식이다. 두 번째는 X재의 가격이 변하는 경우 Y재에 대한 수요가 대체효과와 소득효과에 의해 어떻게 변하는지 나

9. 예를 들어 우리나라의 교육문제에 쌍대성을 응용할 수 있다고 본다. 정부는 지금까지 오직 사교육비의 경감이라는 목적을 설정하고 이를 달성하기 위한 정책을 다양하게 실시하였지만, 효과는 별로 없었다. 이 경우 현행 교육제도의 틀을 제약조건으로 설정하였다고 본다. 만약 이 문제를 반대의 각도에서 접근한다면 일정한 사교육비는 불가피하므로 이것을 제약으로 놓고 고등학교의 교육의 질을 극대화하는 목적을 추구하면 보다 바람직한 결과를 얻을 수 있을 것이다.

타내는 방정식이다. 각 방정식의 첫째 항은 대체효과로 인한 수요의 변화를 나타내고, 둘째 항은 소득효과로 인한 수요의 변화를 나타낸다. 물론 모두 가격이 1원 변하는 경우의 변화율을 의미한다. 예를 들어 첫 번째 방정식에서 $\frac{\triangle X_U}{\triangle P_X} = -0.05$이고, $(\frac{\triangle X_M}{\triangle M})X^* = 0.08$이라면 $\frac{\triangle X}{\triangle P_X} = -0.05 - 0.08 = -0.13$인데, 이것은 X재의 가격이 1원 하락하는 경우 수요는 0.13단위 증가한다는 것을 의미한다. 그런데 대체효과에 의한 변화율은 항상 음이므로 소득효과가 양인지 아니면 음인지에 따라 최종적인 변화의 방향이 결정된다. 소득효과가 양이라면 X재에 대한 수요곡선은 항상 우하향하는 기울기(음의 기울기)를 갖지만, 소득효과가 음인 경우에는 수요곡선이 우하향하지 않을 수도 있다. 예를 들어 $(\frac{\triangle X_M}{\triangle M})X^* = -0.08$이라면 $\frac{\triangle X}{\triangle P_X} = -0.05 + 0.08 = 0.03$이 되므로 수요곡선의 기울기는 양이 된다. 이것은 X가 기펜재(Giffen good)임을 의미한다. 물론 소득효과가 음이라도 대체효과를 능가하지 않는다면 수요곡선은 여전히 우하향하게 된다. 예를 들어 $(\frac{\triangle X_M}{\triangle M})X^* = -0.04$인 경우 $\frac{\triangle X}{\triangle P_X} = -0.05 + 0.04 = -0.01$로서, 여전히 수요곡선의 기울기는 음이다.

두 번째 방정식에서 소득효과는 두 재화 간의 관계를 분명하게 보여준다. 먼저 소득효과가 음인 경우, 즉 열등재인 경우에는 $\frac{\triangle Y}{\triangle P_X} > 0$이다. 이것은 X재의 가격이 하락하면 Y재에 대한 수요도 감소한다는 것을 의미한다. 따라서 이 경우 두 재화는 조대체관계에 있다. 반면 소득효과가 양인 경우에는 대체효과와 비교해 어느 쪽이 더 큰가에 따라 조대체관계일 수도 있고, 조보완관계 또는 독립관계일 수도 있다. 예를 들어 $\frac{\triangle Y_U}{\triangle P_X} = 0.06$이고, $(\frac{\triangle Y_M}{\triangle M})X^* = 0.04$라고 하자. 그러면 $\frac{\triangle Y}{\triangle P_X} = 0.02$이므로 여전히 두 재화는 조대체관계이다. 그런데 만약 $(\frac{\triangle Y_M}{\triangle M})X^* = 0.08$이라면 $\frac{\triangle Y_U}{\triangle P_X} = -0.02$이며, 이것은 두 재화가 조보완관계라는 것을 의미한다. 그리고 극단적이지만 $(\frac{\triangle Y_M}{\triangle M})X^* = 0.06$이라면 $\frac{\triangle Y}{\triangle P_X} = 0$인데, 이것은 두 재화가 독립관계라는 것을 의미한다. 이와 같이 슬러츠키 방정식을 이용하면 수요행위에 관한 모든 정보를 얻을 수 있다.

보통수요는 가격변화에 따른 소득효과와 대체효과를 모두 반영하는 반면, 보상수요는 오직 대체효과만을 반영한다. 따라서 두 가지 수요곡선의 차이는 오직 소득효과로 인한 것이다. 소득효과가 양인 정상재의 경우 보통수요곡선은 보상수요곡선보다 기울기가 완만하며, 소득효과가 음인 열등재의 경우에는 그 반대이다. 그리고 소득효과가 0인 경우에는 두 곡선이 일치한다.

2.5 소비자이론의 응용

2.5.1 소비자 후생변화의 측정

소비자 후생변화를 측정하는 가장 간단한 개념은 소비자잉여(consumer surplus)이다. 이것은 간단히 「최대지불의사 - 시장가격」으로 정의된다. 그런데 소비자잉여는 소비자 후생변화를 화폐가치로 측정하는 개념으로서의 한계를 가지고 있다. 왜냐하면 개별 소비자의 후생이 얼마나 변하였는가를 화폐가치로 측정해 비교한다는 것은 결국 소비자들 간의 효용수준을 비교하는 것과 마찬가지인데, 소비자들 간의 효용은 비교하기 어려운 대상이기 때문이다. 나아가서 개별 소비자잉여를 집계해 시장 소비자잉여를 측정하는 것도 동일한 문제를 안고 있다. 그 외에 여러 가지 재화의 가격이 변하는 경우 어떤 가격변화를 먼저 고려하는가에 따라 소비자잉여의 크기가 달라질 수 있다. 이것을 경로의존 문제(path-dependency problem)라 하며, 소득효과가 0인 경우에만 이 문제가 발생하지 않는다. 마지막으로 소비자잉여를 측정하는 데 적절한 수요 개념은 보상수요지만, 현실적으로는 소득효과가 매우 작다는 가정하에서 보통수요가 이용된다.

보상변화(compensating variation ; *CV*)와 동등변화(equivalent variation ; *EV*)도 소비자의 후생변화를 측정하는 데 사용되는 개념으로, 모두 보상수요에 기초하고 있으며, 소비자잉여와 밀접하게 관련되어 있다.

- 보상변화는 "원래의 효용수준과 변화 후의 가격"에 초점을 맞추고 있고, 동등변화는 "변화된 효용수준과 원래의 가격"에 초점을 맞추고 있다. 이 두 개념은 서로 "대칭"임을 유의할 필요가 있다.
- 소득효과가 0이 아닌 경우 이들 간의 관계는 다음과 같이 정리된다.

정상재인 경우 : 가격상승시 ➡ 보상변화 > 소비자잉여 > 동등변화
가격하락시 ➡ 동등변화 > 소비자잉여 > 보상변화

열등재인 경우 : 가격상승시 ➡ 동등변화 > 소비자잉여 > 보상변화
가격하락시 ➡ 보상변화 > 소비자잉여 > 동등변화

- 소득효과가 0인 경우에는 「보상변화 = 소비자잉여 = 동등변화」가 성립한다.

2.5.2 현시선호이론(revealed preference theory)

현시선호이론은 전통적인 소비자선택이론과 정반대의 관점에서 수요행위를 분석하면서 전통적인 수요이론과 마찬가지로 수요행위에 관한 모든 정보를 얻을 수 있는 귀납적 이론이다. 현시선호이론은 약공리(weak axiom)와 강공리(strong axiom)에 기초하고 있는데, 왜 이 두 가지 공리가 필요한지 이해해야 한다.

- 먼저 약공리는 소비행위가 일관되지 않는 경우를 배제하기 위해 필요한 최소한의 공리이다. 만약 두 소비선택을 Q^0, Q^1으로 나타낼 때 약공리는 "만약 Q^0가 Q^1보다 현시적으로 선호된다면 Q^1은 결코 Q^0보다 현시적으로 선호될 수 없다"는 것을 의미한다. 이것은 일관된 소비선택을 위해서는 당연한 조건이다. 그런데 약공리가 성립하더라도 소비행위가 일관되지 않는 경우가 발생할 수 있는데, 이를 막기 위해 강공리가 요구된다고 이해하면 된다.

- 강공리의 예로 다음과 같은 경우를 생각해 보자. 한 소비자가 세 가지 소비선택 Q^0, Q^1, Q^2를 비교해 보니 Q^0를 Q^1보다 선호하고, Q^1을 Q^2보다 현시적으로 선호하였다고 하자. 그러면 소비선택이 일관성을 갖기 위해서는 Q^0가 Q^2보다 현시적으로 선호되며, Q^2는 결코 Q^0보다 현시적으로 선호될 수 없어야 한다. 재화의 종류가 두 개인 경우에는 여러 가지 소비선택을 비교하더라도 약공리로 충분하다. 그렇지만 재화의 종류가 세 개 이상인 경우에는 약공리가 충족되더라도 소비행위에 일관성이 결여될 수 있다. 이러한 문제를 해결하기 위해 강공리가 필요한 것이다. 강공리가 성립한다면 세 가지 소비선택을 비교한 앞의 예에서 Q^2는 결코 Q^0보다 현시적으로 선호될 수 없다는

결과를 얻게 된다.

현시선호이론은 각종 지수를 이용해 후생수준을 비교하는 경우 이론적 근거를 제공한다. 뒤에서 다룰 지수를 이용한 후생수준의 비교는 기본적으로 현시선호이론을 바탕에 깔고 있다.

2.5.3 가격효과의 응용

각종 조세정책이나 보조정책이 소비자 후생에 미치는 효과를 분석하는 경우 소득효과와 대체효과를 응용하면 소비자의 입장에서 어떤 정책이 더 바람직한지 판단할 수 있다. 이 경우 소비자가 어떤 선호서열(즉, 어떤 타입의 무차별곡선)을 가지고 있는가에 유의해야 한다. 예를 들어 정부의 조세수입이 동일하다는 전제하에서 소득세(직접세)와 물품세(간접세)가 소비자 후생에 미치는 효과를 분석하는 경우 보통 소득세가 유리하지만, 소비자가 레온티에프 효용함수를 가진 경우 양자는 차이가 없다. 이것은 현금으로 보조하는 경우와 가격을 보조하는 경우를 비교해도 마찬가지이다. 한마디로 가격상승(물품세의 경우)이나 가격하락(가격보조의 경우)에 따른 대체효과가 0인 경우 보조방법 간에는 차이가 없다. 그렇지만 소득효과가 0인 경우에는 여전히 물품세보다는 소득세가 유리하고, 가격보조보다는 소득보조가 유리하다.

그 외에도 정부는 다양한 조세정책이나 보조정책을 통해 소비자들의 후생수준에 영향을 미칠 수 있다. 어떤 경우든지 가격효과를 응용함으로써 소비자의 입장에서는 어떤 정책이 더 바람직한지 평가할 수 있다. 물론 어떤 정책을 실시하든 정부의 재정부담은 동일하다는 것이 전제가 된다. 이것은 가격효과가 단지 이론적인 개념이 아니라 정책 입안자들이 정확하게 이해하고 있어야 하는 개념임을 시사한다.

2.5.4 지수 문제(Index problem)

지수란 기준연도를 100으로 할 때 비교연도의 값을 측정해 기준연도와 비교해

그림 1-6

이상적인 생계비지수

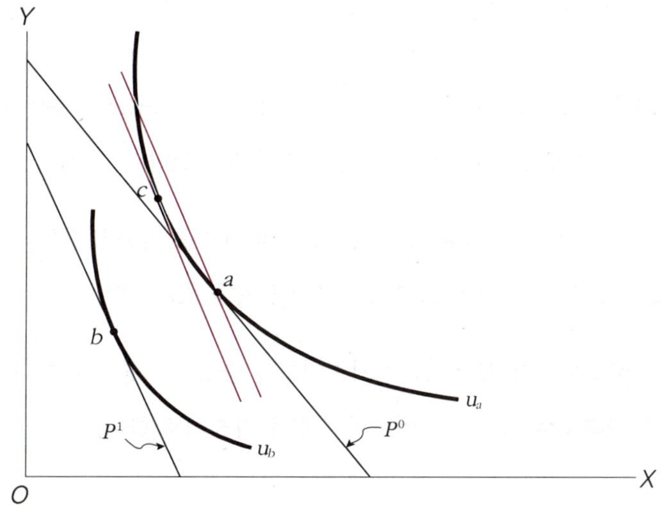

서 비교연도의 경제적 상황이 어떻게 변했는지 평가하는 데 사용되는 평균적인 값이다. 이러한 목적에 사용되는 이상적인 생계비지수는 힉스의 보상변화에 근거하고 있다. 그렇지만 보상수요는 측정 가능한 개념이 아니기 때문에 현실에 응용할 수 없다는 한계가 있다. 이상적인 생계비지수의 의의를 이해하기 위해 [그림 1-6]을 살펴보자.

이 그림에서 정부로부터 일정액의 소득보조를 받는 소비자 갑의 경우 a는 기준연도($t=0$)의 소비수준을 나타내고, b는 동일한 보조액으로 가능한 비교연도인 올해($t=1$)의 소비수준을 나타낸다. P^0, P^1은 각각 기준연도와 비교연도의 가격체계를 나타낸다. 따라서 갑의 경우 후생수준은 u_a에서 u_b로 하락하였다. 그러므로 갑이 적어도 기준연도의 후생수준을 유지하도록 하기 위해서는 소득보조액을 늘려야 한다. 기준연도의 소득을 100으로 할 때 과연 갑의 소득을 얼마로 늘려야 할 것인가? 이에 대한 기준이 힉스의 보상변화에 근거한 이상적인 생계비지수이다. P^1과 동일한 가격체계에서 기준연도와 같은 후생수준 u_a를 최소한의 지출로 달성할 수 있는 것은 c이다. 이때 c에 해당하는 지출액이 150으로 평가된다면 이상적인 생계비지수는 150이 된다. 즉, 기준연도에 비해 50% 소득보조액을 늘려야만 기준연도의 후생수준을 유지할 수 있다. 그러나 c는 실제로 관찰할 수 있는 소비가 아니기 때문에 이상적인 생계비지수라고 불린다.

이에 대한 현실적인 대안으로 제시된 것이 라스파이레스 지수와 파셰 지수인데, 무엇을 가중치로 하는가에 따라 다음과 같이 분류된다.

- 라스파이레스 수량지수(L_q) : 기준연도의 가격을 가중치로 한다.
  파셰 수량지수(P_q) : 비교연도의 가격을 가중치로 한다.
- 라스파이레스 가격지수(L_p) : 기준연도의 수량을 가중치로 한다.
  파셰 가격지수(P_p) : 비교연도의 수량을 가중치로 한다.

보통 기준연도와 비교연도의 가격과 소비에 관한 자료를 이용해 이러한 지수를 구한 후 현시선호이론의 아이디어를 이용하면 기준연도와 비교연도의 후생수준을 상호 비교 · 평가할 수 있으며, 다음과 같은 4가지 경우를 예상할 수 있다.

- $L_q \leq 1$이고 $P_q < 1$인 경우 : 비교연도보다 기준연도의 후생수준이 높다.
- $L_q > 1$이고 $P_q \geq 1$인 경우 : 기준연도보다 비교연도의 후생수준이 높다.
- $L_q > 1$이고 $P_q < 1$인 경우 : 비교할 수 없다.
- $L_q < 1$이고 $P_q > 1$인 경우 : 일관성이 없다.

가격지수를 이용해 후생수준을 비교하는 경우에도 수량지수와 아무런 차이가 없다. 단지 이 경우에는 별도로 지출지수(E)를 도입해야 하는 번거로움이 따를 뿐이다.

- 가격지수에도 라스파이레스 가격지수(L_p)와 파셰 가격지수(P_p)가 있다. 가중치가 수량이라는 점만 차이가 있지 수량지수와 동일한 방법으로 정의된다. 지출지수(E)는 단순히 기준연도의 지출액과 비교연도의 지출액의 비율을 말한다. 예를 들어 지출지수를 E라고 할 때 $L_p,\ P_p > E$라면 이것은 기준연도의 후생수준이 더 높았다는 것을 의미하고, 반대로 $L_p,\ P_p < E$라면 비교연

도의 후생수준이 더 높았다고 말할 수 있다.

극빈자들에 대한 정부의 보조금을 결정할 때 라스파이레스 가격지수나 파셰 가격지수를 이용할 수 있는데, 이상적인 생계비지수에 비해 라스파이레스 가격지수는 과잉보조를 초래한다. 이것은 대체편이(substitution bias) 때문이다.

- 흔히 사용되는 소비자물가지수(*CPI*)는 라스파이레스 가격지수이다. 예를 들어 작년에는 극빈자들에게 월 100만원씩을 보조하였다고 하자. 라스파이레스 가격지수를 계산했더니 150(또는 1.5)이라고 하자. 이것은 평균적으로 물가가 50% 상승하였으므로 소득을 50% 더 보조해 주어야 물가상승률을 상쇄시키고 실질 생활수준을 유지할 수 있다는 것을 의미한다. 따라서 이 지수에 의하면 올해의 소득보조는 150만원이 되어야 한다. 그러나 이것은 물가상승만 고려한 것이고, 상대가격의 변화는 고려하지 않은 것이다. 이상적인 생계비지수는 이것을 고려해 최소한의 소득을 구한 후 작년의 소득과의 격차를 보조할 것을 제시하는 것이다. 따라서 이 경우 이상적인 생계비지수를 구한다면 150보다 작은 결과(예를 들면 130)가 발생하게 된다. 이런 의미에서 소비자물가지수에 기초한 보조는 과대평가되는 경향이 있다. 물론 모든 재화의 가격이 동일한 비율로 변하는 경우에는 이러한 왜곡이 발생하지 않는다. 그 이유는 대체효과가 발생하지 않기 때문이다.

CHAPTER 01

03 응용문제와 해설

3.1 효용극대화와 응용

Question
문제 01

두 재화 X(식료품), Y(에너지)를 소비하는 갑의 효용함수가 다음과 같다고 하자.

$$u = U(X, Y) = V(X) + Y, \quad V'(X) > 0, \quad V''(X) < 0$$

따라서 X재의 한계효용은 체감하는 반면, Y재의 한계효용은 일정하다는 특징을 보인다. 이제 두 재화의 가격이 $P_X = 1$만원, $P_Y = 5$천원이고, 소득이 $M = 10$만원인 경우 갑의 수요는 $(X^*, Y^*) = (5, 10)$이라 하자.

1) 갑의 소득이 20만원으로 증가하는 경우 갑의 수요는 어떻게 변하겠는가?
2) 정부는 갑에게 X재 한 단위당 2천원을 보조하려고 한다. 이때 필요한 보조금과 같은 액수를 갑에게 소득으로 보조해 주는 경우와 비교할 때 갑의 입장에서는 어떤 보조방법이 유리하겠는가? 설명하라.

Answer
해설

이 문제의 핵심은 갑의 효용함수가 준선형 효용함수로서 X재의 경우 소득효과가 0이라는 데 있다. 즉, 소득이 변하더라도 X재에 대한 수요는 변화가 없다.

준선형 효용함수인 경우 소득효과가 0인 이유는 다음과 같이 설명할 수 있다.

효용극대화의 조건 : $MRS_{XY} = \dfrac{P_X}{P_Y} \Rightarrow V'(X) = \dfrac{P_X}{P_Y}$

이 조건식에 의하면 X재에 대한 수요는 오직 가격에 의해서만 영향을 받는다. 왜냐하면 이 조건식에는 소득을 나타내는 변수 M이 포함되지 않기 때문이다. 따라서 X재의 경우 소득효과는 0이다. 물론 Y재의 경우 소득효과는 0이 아니다.

그림 **1-7**

가격보조와 소득보조의 비교

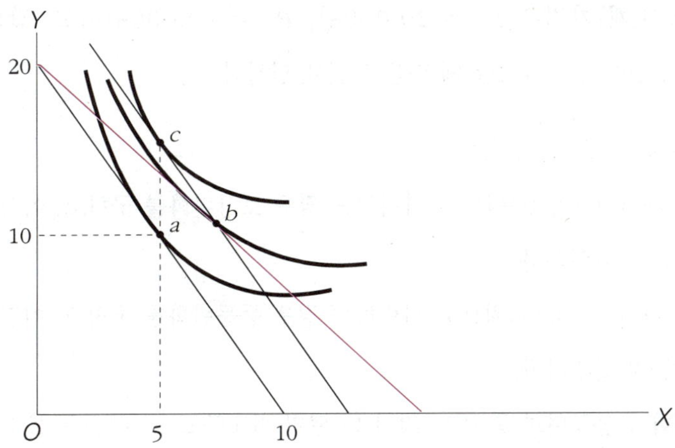

1) 소득이 현재 10만원에서 20만원으로 증가하는 경우 X재에 대한 수요에는 변화가 없고, 증가한 소득은 모두 Y재의 구입에 지출될 것이므로 갑의 수요는 $X^* = 5$, $Y^* = 30$으로 변할 것이다.

2) X재에 대해 2,000원의 보조금이 지급되는 경우 갑이 직면하는 상대가격은 $\frac{P_X}{P_Y} = 2$에서 $\frac{P_X}{P_Y} = 1.6$으로 하락한다. 이 경우 X재와 Y재에 대한 수요는 모두 변하게 된다. 여기서 핵심은 가격하락시 대체효과와 소득효과가 어떻게 작용하는가에 있다. 가격을 보조해 주는 재화의 경우 대체효과가 0이라면 가격보조와 소득보조는 차이가 없다. 레온티에프 효용함수의 경우가 여기에 해당한다. 그렇지만 여기서 소득효과는 0이지만 대체효과는 0이 아니다. 따라서 이 경우 [그림 1-7]에 나타나 있듯이 가격보조보다는 동일한 액수를 소득으로 보조하는 경우가 더 유리하다. 왜냐하면 갑의 효용수준은 가격보조시에는 b이지만, 소득보조시에는 c로 더 높기 때문이다.

Question

문제 02

두 재화 X(식료품), Y(의복)를 소비하는 갑의 효용함수가 다음과 같다고 하자.

$$u = U(X, Y) = min\ \{X, Y\}$$

그리고 현재 가격은 $P_X = 20{,}000$원, $P_Y = 30{,}000$원이고, 갑의 소득은 $M = 100$만원이라고 가정할 때 다음 질문에 답하라.

1) 갑의 보통수요를 구하라.
2) X재의 가격이 10,000원으로 하락하는 경우 보상변화를 구하고, 이것이 무엇을 의미하는지 설명하라.
3) X재의 가격이 10,000원으로 하락하는 경우 동등변화를 구하고, 이것이 무엇을 의미하는지 설명하라.
4) 보상변화와 동등변화 중 어느 것이 더 큰지 비교하고, 그 이유를 설명하라.

Answer 해설

이 문제의 핵심은 대체효과가 0인 레온티에프 효용함수의 성질과 보상변화 및 동등변화의 의미를 정확하게 이해하는 데 있다.

1) 효율적 소비의 조건이 항상 X재와 Y재를 동일하게 소비하는 것이라는 점과 예산제약을 만족해야 한다는 사실로부터 다음과 같은 두 개의 방정식을 구할 수 있다.

$$X = Y,\quad 20{,}000X + 30{,}000Y = 100\text{만원}$$

이 두 식을 동시에 만족시키는 해인 보통수요는 $X^* = Y^* = 20$임을 알 수 있다.

2) 보상변화란 원래의 효용수준을 변화된 가격으로 소비하는 경우 필요한 소득과 원래의 소득 간의 격차로 정의되므로, 원래의 소비 (20, 20)을 변화된 가격으로 소비하는 데 필요한 지출은 다음과 같다.

$$20 \times 10{,}000 + 20 \times 30{,}000 = 800{,}000\text{원}$$

따라서 「100만원 - 80만원」 = 20만원이 바로 보상변화에 해당한다. 즉, 갑은 가격이 하락하는 경우 소득 20만원을 징수하더라도 원래의 효용수준을 유지할 수 있다. 이것은 [그림 1-8]을 통해 확인할 수 있다.

3) 동등변화는 새로운 효용수준을 원래의 가격으로 달성하는 데 필요한 소득과 원

그림 1-8

보상변화의 측정

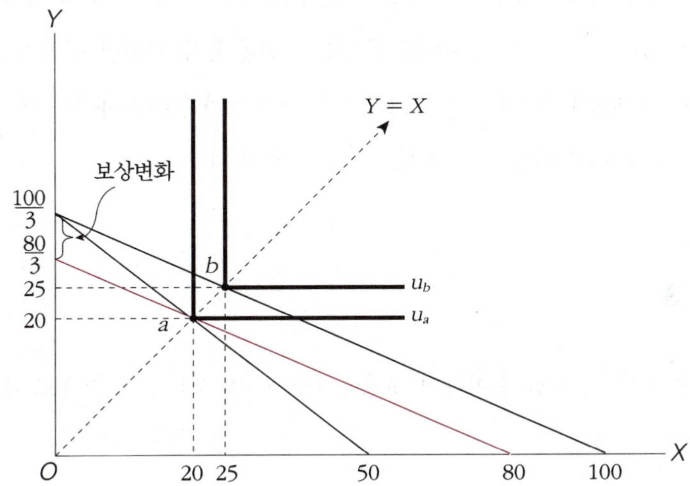

그림 1-9

동등변화의 측정

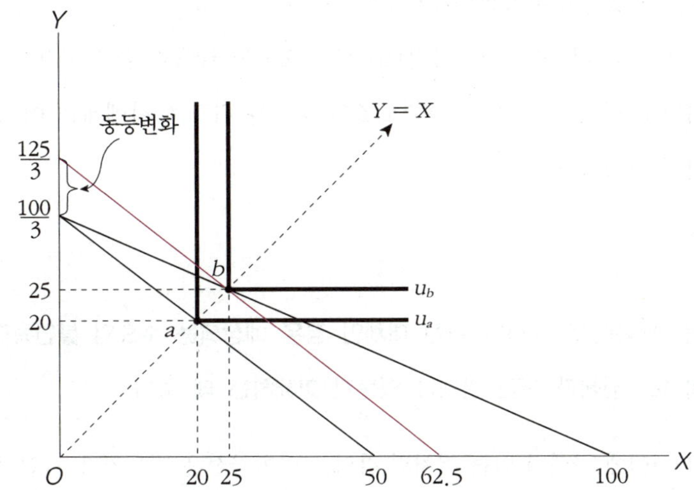

래의 소득 간의 격차로 정의되므로, 새로운 소비 (25, 25)를 원래의 가격으로 소비하는 데 필요한 지출은 다음과 같다.

$25 \times 20{,}000 + 25 \times 30{,}000 = 125$만원

따라서 「125만원 - 100만원」 = 25만원이 바로 동등변화에 해당한다. 즉, 갑의 경우 가격이 하락하지 않는다면 25만원의 소득을 보조함으로써 가격하락시와 같은 효용을 얻을 수 있다. 이것은 [그림 1-9]를 통해 확인할 수 있다.

4) 동등변화가 보상변화보다 크다. 그 이유는 소득효과가 0이 아니기 때문이다. 만약 소득효과가 0이라면 두 변화의 크기는 같아진다.

Question 문제 03

갑은 두 재화 X, Y를 소비하며, 효용함수는 $U(X, Y) = X + Y$로 표현된다고 하자.

1) 갑의 소득은 90만원이고, X와 Y재의 가격은 각각 $P_X = 20{,}000$원, $P_Y = 18{,}000$원인 경우 갑은 어떻게 소비하겠는가?

2) 정부는 X재의 소비에 대해 단위당 5,000원씩 가격을 보조하기로 하였다고 하자. 갑은 어떻게 소비하겠는가?

3) 정부는 방침을 바꾸어 앞의 가격보조시 소요되는 금액과 같은 금액을 소득으로 보조하기로 하였다고 하자. 가격보조의 경우와 비교해 갑에게는 어느 쪽이 더 유리한지 설명하라.

Answer 해설

이 문제의 핵심은 두 재화가 완전 대체인 경우 예상되는 수요의 불연속적인 변화가 정부의 보조정책과 어떤 관계가 있는지 이해하는 데 있다.

1) [그림 1-10]에 나타나 있는 것처럼 갑의 무차별곡선은 기울기가 -1인 직선이다. 그리고 가격선의 기울기는 $-\frac{10}{9}$이므로 갑은 자신의 소득을 모두 Y재에 소비하는 경우 효용이 극대화된다. 따라서 갑의 소비는 $X^* = 0$, $Y^* = 50$단위이다.

2) X재 한 단위당 5,000원의 가격보조가 있는 경우 갑이 직면하는 가격선의 기울기는 [그림 1-11]에서와 같이 $-\frac{5}{6}$로 완만해진다.

이 경우 갑의 무차별곡선의 기울기는 여전히 -1이므로 갑은 자신의 소득을 모두

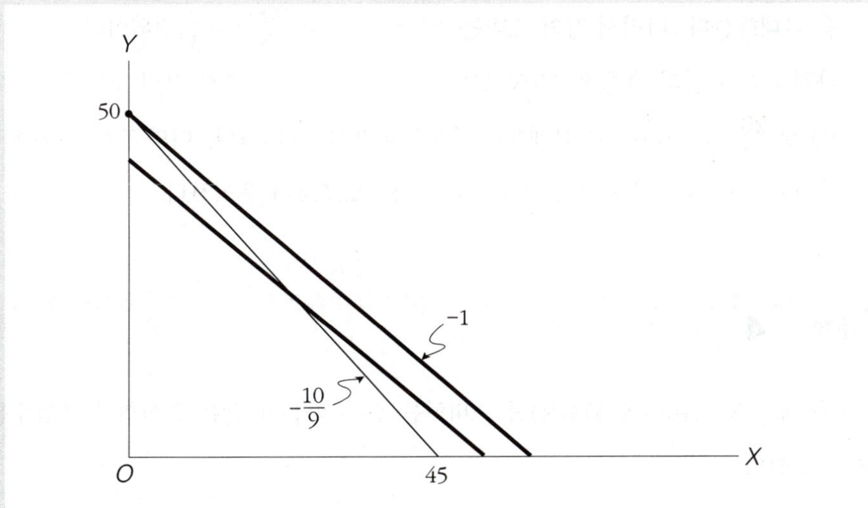

그림 1-10
효용극대화

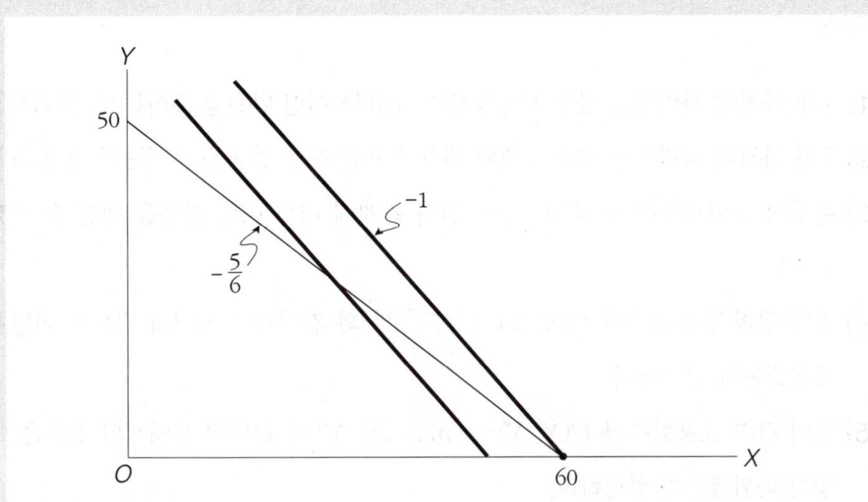

그림 1-11
효용극대화

X재에 소비할 때 효용이 극대화된다. 따라서 갑의 소비는 $X^* = 60$단위, $Y^* = 0$이 된다.

3) 가격보조시 갑은 총 5,000원 × 60 = 300,000원의 보조를 받게 된다. 이 금액만큼을 소득으로 보조해 주는 경우 갑의 소득은 120만원이 된다. 가격선의 기울

기는 종전과 같이 $-\frac{10}{9}$이므로 갑은 자신의 소득을 모두 Y재에 소비함으로써 효용을 극대화한다. 따라서 갑의 소비는 $X^* = 0$, $Y^* = \frac{200}{3}\left(66\frac{2}{3}\right)$단위이다.

가격보조시 갑의 효용은 $U(X, Y) = 60$이고, 소득보조시 갑의 효용은 $U(X, Y) = \frac{200}{3} > 60$이므로 갑에게는 소득보조가 더 유리하다. 이와 같이 대체효과가 0이 아닌 경우에는 항상 소득보조가 가격보조보다 유리하다.

Question 문제 04

두 재화 X(식료품)와 Y(의복)를 소비하는 갑은 다음과 같은 준선형 효용함수를 가지고 있다.

$$U(X, Y) = \ln X + Y$$

X재와 Y재의 가격은 각각 P_X, P_Y로 나타내고, 갑의 소득은 M으로 나타내기로 하자.

1) X재 가격이 하락하는 경우 Y재에 대한 수요는 어떤 반응을 보이는지 설명하라.
2) Y재 가격이 하락하는 경우 X재에 대한 수요는 어떤 반응을 보이는지 설명하라.
3) 이상의 논의로부터 두 재화 X, Y 간의 관계에 대해 어떤 결론을 내릴 수 있겠는가?
4) 만약 갑의 효용함수가 $U(X, Y) = X^{0.5}Y^{0.5}$와 같다면 3)에서의 결론은 어떻게 바뀌겠는지 설명하라.
5) 만약 갑의 효용함수가 $U(X, Y) = \min\{X, Y\}$와 같다면 3)에서의 결론은 어떻게 바뀌겠는지 설명하라.

Answer 해설

이 문제의 핵심은 준선형 효용함수의 특성을 정확하게 이해하는 데 있다.

1) 먼저 효용극대화 조건과 예산제약조건으로부터 두 재화에 대한 수요함수를 유도하면 다음과 같다.

$$MRS_{XY} = \frac{MU_X}{MU_Y} = \frac{P_X}{P_Y} \Rightarrow \frac{1}{X} = \frac{P_X}{P_Y} \Rightarrow X^* = \frac{P_Y}{P_X}$$

$$P_X X + P_Y Y = M \Rightarrow P_Y(1 + Y) = M \Rightarrow Y^* = \frac{M}{P_Y} - 1$$

여기서 $\frac{dY}{dP_X} = 0$이므로 Y재에 대한 수요는 X재의 가격과 독립적임을 알 수 있다.

2) 한편 $\frac{dX}{dP_Y} = \frac{1}{P_X} > 0$이므로 Y재의 가격이 하락하는 경우 X재에 대한 수요는 감소한다. 이것은 두 재화가 조대체관계(gross substitutes)에 있음을 의미한다.

3) 이상의 논의에 의할 때 두 재화 간의 관계는 비대칭적임을 알 수 있다. Y재의 가격이 변하는 경우 두 재화는 조대체관계를 보이지만, X재의 가격이 변하는 경우 두 재화는 독립적인 관계를 보인다. 일반적으로 두 재화 간의 관계는 대칭적이어야 한다. 그렇지만 준선형 효용함수의 경우 X재에 대한 소득효과가 0이기 때문에 비대칭적인 결과를 얻게 된다.

4) 갑이 콥-더글라스 효용함수를 가진 경우 각 재화에 대한 수요함수는 다음과 같다.

$$X^* = \frac{M}{2P_X},\ Y^* = \frac{M}{2P_Y}$$

따라서 $\frac{dX}{dP_Y} = \frac{dY}{dP_X} = 0$이므로 두 재화 간의 관계는 대칭적이다. 즉, 어떤 재화를 기준으로 평가하더라도 두 재화는 독립적이다.

5) 갑이 레온티에프 효용함수를 가진 경우 각 재화의 수요함수는 다음과 같다.

$$X^* = \frac{M}{(P_X + P_Y)},\ Y^* = \frac{M}{(P_X + P_Y)}$$

이 경우에도 $\frac{dX}{dP_Y} = \frac{dY}{dP_X} = -\frac{M}{(P_X + P_Y)^2}$로, 두 재화 간의 관계는 대칭적이다. 이와 같이 대체효과가 0인 경우에도 두 재화 간의 관계가 대칭적이라는 것은 오직 소득효과가 0인 경우에만 두 재화 간의 관계가 대칭적이 아니라는 것을 의미한다.

[보론 1] 슬러츠키 방정식을 이용한 분석

두 재화 X, Y에 대한 보통수요를 X^*, Y^*라고 할 때 다른 재화의 가격이 변하는 경우 슬러츠키 방정식은 다음과 같다. 여기서 dX_u는 대체효과로 인한 수요량의 변화를, dX_M은 소득효과로 인한 수요량의 변화를 나타낸다. dY_u와 dY_M도 마찬가지이다.

$$\frac{dX}{dP_Y} = \frac{dX_U}{dP_Y} - \left(\frac{dX_M}{dM}\right)Y^*$$
$$\frac{dY}{dP_X} = \frac{dY_U}{dP_X} - \left(\frac{dY_M}{dM}\right)X^*$$

이 두 방정식을 대체효과를 나타내는 항을 이용해 정리하면 다음과 같은 관계식을 얻는다.

$$\frac{dX_U}{dP_Y} = \frac{dX}{dP_Y} + \left(\frac{dX_M}{dM}\right)Y^*$$
$$\frac{dY_U}{dP_X} = \frac{dY}{dP_X} + \left(\frac{dY_M}{dM}\right)X^*$$

그런데 영의 정리(Young's theorem)에 의하면 항상 $\frac{dX_U}{dP_Y} = \frac{dY_U}{dP_X}$가 성립한다. 따라서 다음과 같은 관계가 성립한다.

$$\frac{dX}{dP_Y} + \left(\frac{dX_M}{dM}\right)Y^* = \frac{dY}{dP_X} + \left(\frac{dY_M}{dM}\right)X^*$$

따라서 X재의 경우 소득효과가 0이라면 $\frac{dX}{dP_Y} = \frac{dY}{dP_X} + \left(\frac{dY_M}{dM}\right)X^*$이므로 $\frac{dX}{dP_Y} > \frac{dY}{dP_X}$가 성립한다. 반대로 Y재의 경우 소득효과가 0이라면 $\frac{dX}{dP_Y} < \frac{dY}{dP_X}$가 성립한다.

한편 대체효과가 0인 경우에도 영의 정리가 성립한다. 그런데 이 경우 소득효과는 결코 0이 될 수 없기 때문에 $\frac{dX}{dP_Y}$와 $\frac{dY}{P_X}$는 같은 방향으로 움직인다. 그렇지만 그 크기가 반드시 같아야 하는 것은 아니다. 왜냐하면 $\left(\frac{dX_M}{dM}\right)Y^*$와 $\left(\frac{dY_M}{dM}\right)X^*$가 반드시 일치하지는 않기 때문이다.

Question
문제 05

소비자 갑은 휴대폰을 이용한 통화(X)와 기타소비(Y)로부터 만족을 얻는다. 현행 요금제도에 의하면 갑이 10만원의 기본요금을 내면 100통화까지는 무료이고, 그 다음부터는 통화당 $P_X = 2{,}000$원의 가격을 지불해야 한다. 통화의 기본 단위는 10분이다. 기타소비는 화폐량으로 측정하므로 가격은 $P_Y = 1$원으로 간주하면 된다. 갑의 소득은 100만원이라고 가정한다.

1) 갑의 효용함수는 $U(X, Y) = X^4Y$와 같다고 할 때 두 재화에 대한 갑의 수요 (X^*, Y^*)를 구하라.

2) 이제 이동통신회사에서는 요금제도를 변경해 기본료로 20만원을 내면 100통화까지는 무료이고, 통화당 $P_X = 1{,}000$원만 내면 된다고 하자. 갑은 어느 요금제도를 선호할지 평가하라.

Answer
해설

이 문제의 핵심은 예산제약의 의의를 정확하게 이해하고, 이를 바탕으로 현시선호이론의 핵심적인 내용을 이해하는 데 있다.

1) 먼저 갑이 직면하는 예산제약식을 그림으로 나타내면 [그림 1-12]와 같다.

그림 **1-12**

예산제약과 효용극대화

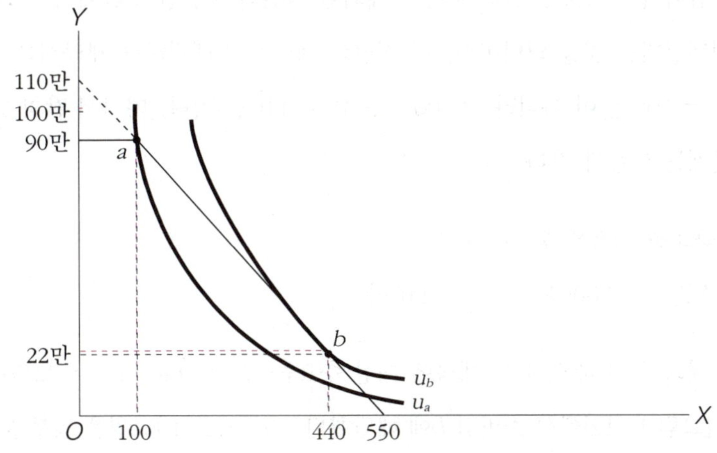

갑은 실제로는 검정색 실선으로 표현된 예산제약에 직면해 있다. 그렇지만 갑의 수요를 구하는 과정에서 갑이 직면하는 예산제약은 다른 방법으로 묘사해야 한다. 이 그림의 소비점 a에서 평가한 갑의 한계대체율과 가격이 $MRS_{XY}{}^a > \frac{P_X}{P_Y} = 2{,}000$를 만족한다면 갑은 예산제약식의 직선구간상에서 자신의 수요를 선택할 것이다. 실제로 계산하면 $MRS_{XY}{}^a = 36{,}000$으로, 앞의 부등식을 만족한다. 이

그림 1-13

예산제약의 비교

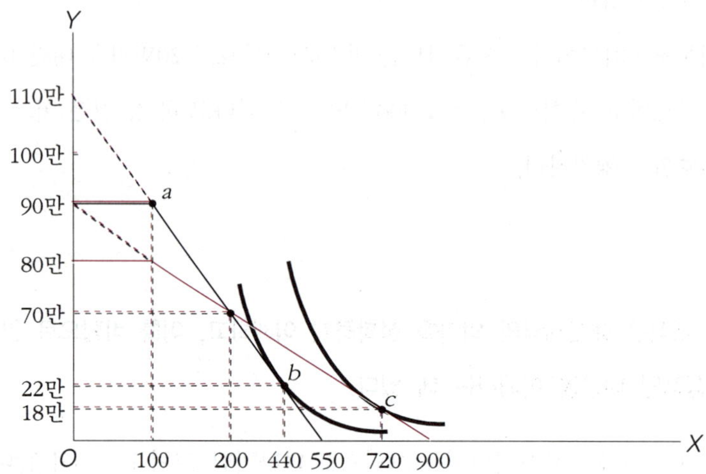

것은 갑이 점선으로 표현된 부분을 제외한 직선의 예산선 구간에서 자신의 수요를 선택한다는 것을 의미한다. 이 직선의 예산선에 해당하는 제약식은 「$2{,}000X + Y = 100$만」이 아니라 「$2{,}000X + Y = 110$만」이다. 따라서 갑의 효용극대화 문제는 다음과 같다.

효용극대화 : $U(X, Y) = X^4 Y$

제약조건 : $2{,}000X + Y = 110$만

이 문제의 최적 해로서 두 재화에 대한 수요는 $X^* = 440$, $Y^* = 22$만이다. 이것은 [그림 1-12]에서 소비점 b에 해당한다. 기본료로 10만원을 납부한 갑은 이 가운데 22만원을 Y재에 지출하고, 나머지 68만원을 X재에 지출한다. X재는 단위당 2,000원이므로 갑은 340단위를 소비할 수 있다. 따라서 무료통화 100단위를 합한다면 갑의 최종소비는 440단위이다.

2) 먼저 바뀐 요금제도에 따라 갑이 직면하게 될 예산제약을 기존의 예산제약과 함께 그림으로 나타내면 [그림 1-13]과 같다. 여기서 검정색 실선은 기존의 예산제약을, 적색 실선은 새로운 예산제약을 나타낸다.

이 경우 앞의 경우와 마찬가지로 갑이 직면하는 직선의 예산선에 해당하는 제약식은 $1{,}000X + Y = 100$만이 아니라 $1{,}000X + Y = 90$만이다. 따라서 갑은 다음과 같은 효용극대화 문제에 직면한다.

효용극대화 : $U(X, Y) = X^4Y$

제약조건 : $1{,}000X + Y = 90$만

이 문제의 최적 해로서 두 재화에 대한 수요는 $X^* = 720$, $Y^* = 18$만이다. 이것은 [그림 1-13]에서 소비점 c에 해당한다. 그리고 기존의 요금제도하에서 최적 소비에 해당하는 b는 새로운 예산제약의 내부에 있다. 이것은 갑이 새로운 예산제약하에서 소비점 b를 선택할 수 있지만 선택하지 않고 대신 소비점 c를 선택할 것임을 의미한다. 따라서 갑에게는 새로운 요금제도가 더 바람직하다.

Question 문제 06

두 재화 X, Y를 소비하는 병의 효용함수가 다음과 같다고 할 때 질문에 답하라.

$U(X, Y) = 2X + Y$

1) X재의 가격이 $P_X = 7{,}500$원, Y재의 가격이 $P_Y = 5{,}000$원, 병의 소득이 $M =$ 150만원인 경우 두 재화에 대한 병의 수요 (X^*, Y^*)를 구하라.
2) Y재는 필수품이므로 정부는 Y재 단위당 2,000원의 보조금을 지급하려 한다. 이때 두 재화에 대한 병의 수요 (X^*, Y^*)를 구하라.
3) 정부는 보조정책을 바꾸어 가격보조에 필요한 것과 같은 금액을 소득으로 보조하려 한다. 병의 경우 어떤 보조정책이 더 유리한가?
4) $U(X, Y) = 400$인 경우 두 재화 X, Y에 대한 보상수요곡선을 그림으로 나타내라.

Answer 해설

이 문제의 핵심은 선형 효용함수의 특징을 정확하게 이해하는 데 있다.

1) 병은 선형 효용함수를 가지고 있으므로 특별한 방법으로 그의 수요를 구해야 한다. 여기서 중요한 것은 무차별곡선의 기울기와 예산선의 기울기 간의 관계이

그림 1-14

무차별곡선 기울기(절대값)> **가격선 기울기**(절대값) **인 경우**

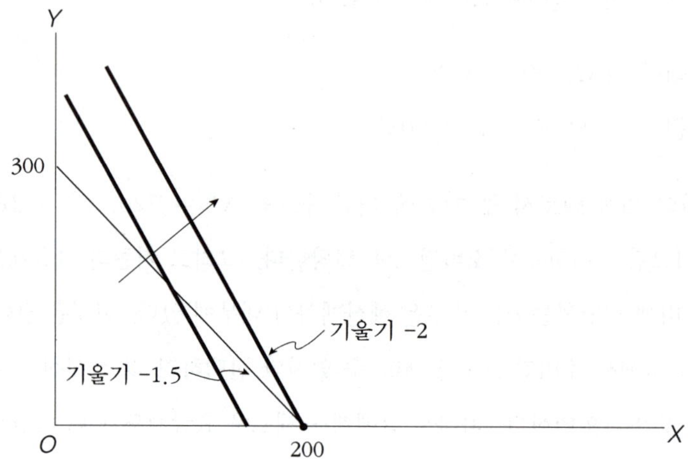

그림 1-15

가격선 기울기(절대값)> **무차별곡선 기울기**(절대값) **인 경우**

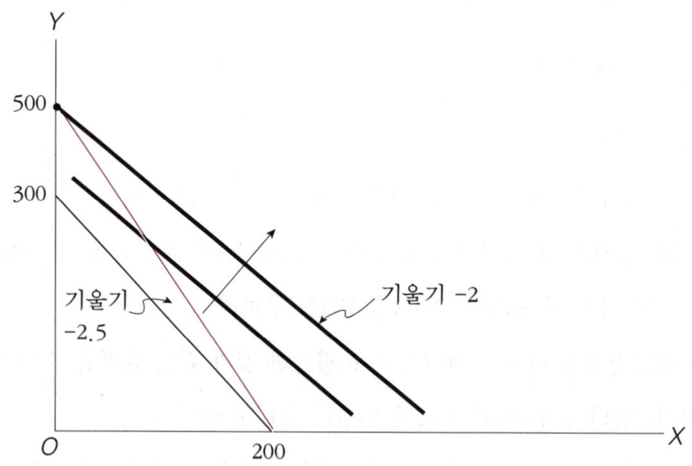

다. [그림 1-14]에서 알 수 있듯이 예산선의 기울기(절대값)는 1.5이고 무차별곡선의 기울기는 2이므로 병은 오직 X재만 수요한다. 따라서 병의 수요는 $X^* = 200$, $Y^* = 0$이다

2) Y재에 대해 단위당 2,000원의 보조금이 지급되는 경우 병이 직면하는 예산선의

그림 **1-16**

가격보조보다 소득보조가 유리한 경우

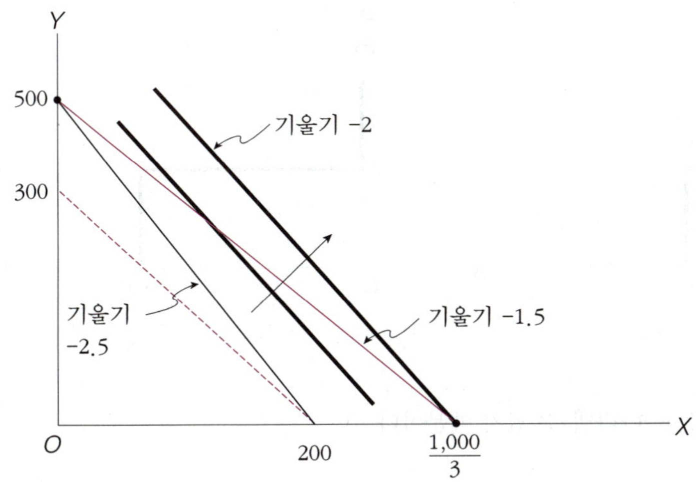

기울기는 절대값으로 2.5가 된다. 이 경우 [그림 1-15]에서와 같이 예산선의 기울기가 무차별곡선의 기울기보다 더 크기 때문에 병은 오직 Y재만 수요한다. 따라서 병의 수요는 $X^* = 0$, $Y^* = 500$이다.

3) 병에게 가격보조를 실시하는 경우 보조금은 총 100만원이다. 이 금액을 소득으로 보조한다면 병의 소득은 250만원이 된다. 따라서 가격보조시의 예산선과 소득보조시의 예산선을 함께 그리면 [그림 1-16]과 같다. 이 경우에도 가격보조시의 최적 소비는 소득보조시의 예산선상에 있다는 일반 원칙이 그대로 적용된다. 따라서 소득보조시 병의 효용을 극대화하는 수요는 $X^* = \frac{1{,}000}{3}$, $Y^* = 0$으로서 이때의 효용수준은 $\frac{2{,}000}{3}$으로 가격보조시의 효용수준 500보다 높다. 병의 경우 소득보조가 여전히 더 유리하다.

4) 효용수준이 $U(X, Y) = 400$으로 주어진 경우 병의 보상수요곡선은 지출극소화 과정을 통해 구할 수 있다. 이 경우에도 보상수요곡선은 항상 우하향한다는 원칙이 그대로 성립한다. [그림 1-17]은 두 재화 X, Y에 대한 병의 보상수요곡선을 보여준다. 여기서 한 가지 주목할 점은 X재에 대한 보상수요곡선을 도출하는 경우 가격축은 $\frac{P_X}{P_Y}$로 나타내며, Y재에 대한 보상수요곡선을 도출하는 경우 가격축은 $\frac{P_Y}{P_X}$로 나타낸다는 사실이다. 그래야만 일관성 있게 두 재화에 대한 보상수

그림 1-17 두 재화에 대한 보상수요곡선

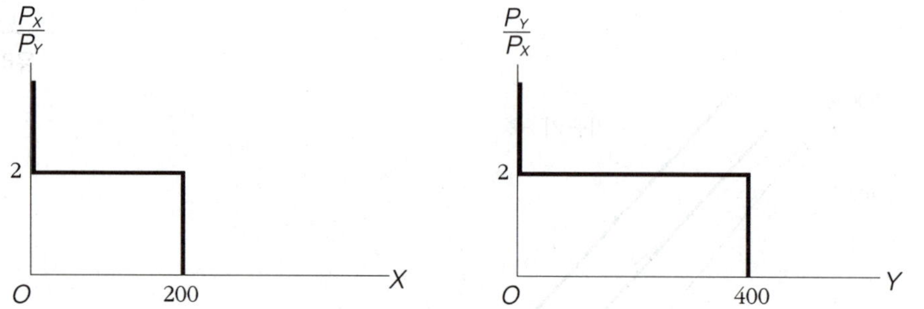

요곡선을 나타낼 수 있기 때문이다.

Question 문제 07

다음과 같은 간접효용함수 V가 주어져 있다. M은 소득 P_1, P_2는 두 재화 1, 2의 가격을 나타낸다.

$$V(P, M) = \frac{M}{2P_1 + P_2}$$

1) 각 재화에 대한 보통수요함수를 구하라.

2) 지출함수 $E(P, u)$를 구하라.

3) 각 재화에 대한 보상수요함수를 구하라.

4) 재화 1에 대한 보통수요곡선과 보상수요곡선을 그래프로 나타내라.

Answer 해설

이 문제의 핵심은 간접효용함수와 지출함수 간의 관계를 정확하게 이해하는 데 있다.

1) 간접효용함수는 효용극대화를 통해 얻은 최적해를 원래의 효용함수에 대입해서 얻은 가치함수(value function)의 일종이다. 로이의 항등식(Roy's identity)에 의해 각 재화에 대한 보통수요함수를 구할 수 있다.

$$X_1^* = -\frac{\frac{\partial V(P,\ M)}{\partial P_1}}{\frac{\partial V(P,\ M)}{\partial M}} = \frac{2M}{2P_1 + P_2}$$

$$X_2^* = -\frac{\frac{\partial V(P,\ M)}{\partial P_2}}{\frac{\partial V(P,\ M)}{\partial M}} = \frac{M}{2P_1 + P_2}$$

2) 지출함수와 간접효용함수 간에는 쌍대성(duality)이 성립한다. 즉, 주어진 소득 M의 제약하에서 달성한 최대의 효용수준 $V(P,\ M)$를 u라 하면 이것을 달성하는데 필요한 최소의 지출액은 $E(P,\ u)$이므로 $V(P,\ M) = u$이고 $E(P,\ u) = M$인 관계가 성립한다. 따라서 지출함수는 다음과 같다.

$$E(P,\ u) = (2P_1 + P_2)u$$

3) 보상수요함수는 지출함수를 각 재화의 가격으로 미분해서 얻는다. 따라서 각 재화에 대한 보상수요함수는 다음과 같다.

$$h_1(P,\ u) = \frac{\partial E(P,\ u)}{\partial P_1} = 2u$$

$$h_2(P,\ u) = \frac{\partial E(P,\ u)}{\partial P_2} = u$$

4) 앞의 보상수요함수를 통해 두 재화의 보상수요는 가격과 독립적임을 알 수 있다. 따라서 보상수요곡선은 수직선이다. 이것은 대체효과가 모두 0임을 의미한다. 이런 결과를 얻을 수 있는 것은 오직 레온티에프 효용함수인 경우이다. 이 경우 효용함수는 $U(X_1,\ X_2) = min\ \{\frac{X_1}{2},\ X_2\}$이다. 그리고 재화 1에 대한 보통수요곡선과 보상수요곡선은 [그림 1-18]과 같다.

그림 1-18

대체효과가 0인 경우 보상수요곡선과 보통수요곡선

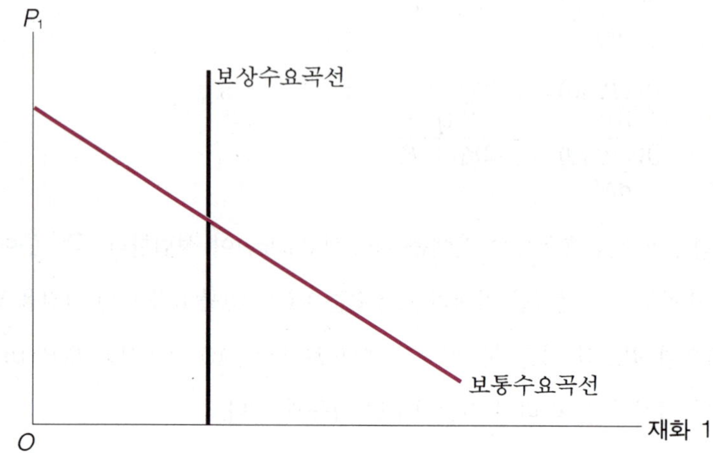

3.2 가격효과와 보조정책 비교

Question
문제 08

갑은 한 달 소득 100만원을 식료품(X)과 의복(Y) 소비에 지출한다. 현재 각각의 가격은 $P_X = 10{,}000$원, $P_Y = 20{,}000$원이라고 하자. 정부는 소득 100만원 이하인 사람들을 대상으로 보조해 주는 계획을 구상 중이다. 한 가지 방법은 소득을 보조해 주는 것이고, 다른 방법은 쿠폰(coupon)을 지급하는 것이다. 이제 정부에서는 50만원을 현금으로 보조하는 방법과 식료품만을 구입할 수 있는 쿠폰을 50만원어치 지급하는 방법을 검토하고 있다고 하자. 단, 갑은 원점에 대해 볼록한 무차별곡선을 가지고 있다고 가정한다.

1) 각각의 보조방법에 따라 갑의 예산선에는 어떤 변화가 있는지 그림으로 나타내라.
2) 두 가지 보조방법 가운데 갑은 어느 것을 선호하겠는가? 그리고 이것을 판단하는 기준은 무엇인지 설명하라.

그림 1-19

예산선의 비교

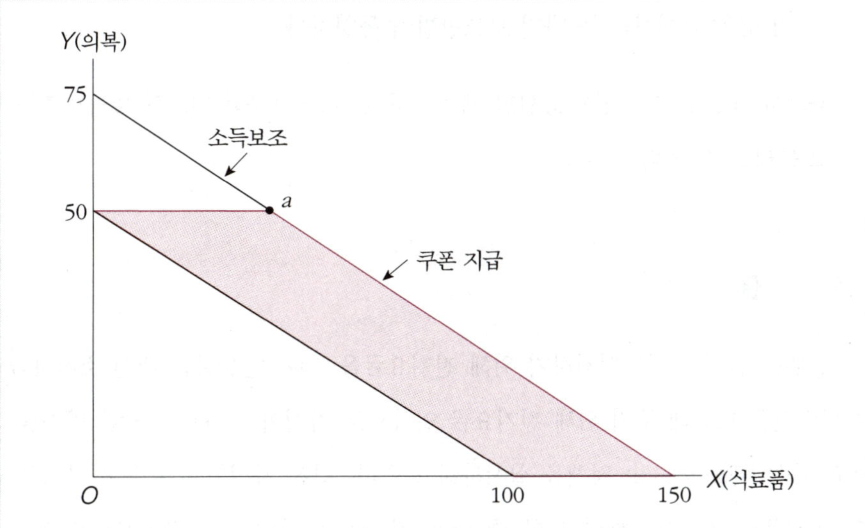

Answer
해설

이 문제의 핵심은 소득을 보조하는 경우와 쿠폰을 지급하는 경우, 원래의 예산선에 어떤 영향을 미치는지 파악한 후 소비자의 입장에서는 어느 방법이 더 유리한지 비교하는 데 있다.

1) 각각의 보조방법에 따른 예산선의 변화를 그림으로 나타내면 [그림 1-19]와 같다.

2) 두 가지 보조방법 가운데 어느 쪽이 갑에게 유리한지 판단하게 해주는 기준은 [그림 1-19]의 a에서 평가한 갑의 한계대체율(MRS_{XY})과 예산선의 기울기인 $\frac{P_X}{P_Y}$를 비교하는 것이다. 이 두 값을 a에서 비교 · 평가하는 경우 다음 세 가지 중의 하나가 성립한다.

i) $MRS_{XY}^{a} > \frac{P_X}{P_Y}$인 경우

이 경우 갑에게 소득보조와 쿠폰을 이용한 보조는 차이가 없다.

ii) $MRS_{XY}^{a} < \frac{P_X}{P_Y}$인 경우

이 경우 갑에게는 쿠폰을 이용한 보조보다 소득보조가 더 유리하다.

iii) $MRS_{XY}{}^{a} = \frac{P_X}{P_Y}$인 경우

이 경우 갑에게는 두 가지 보조방법이 동일하다.

따라서 이 모든 가능성을 종합할 때 쿠폰을 이용한 보조와 비교해 소득보조는 결코 불리할 수 없다.

Question 문제 09

정부는 전기소비를 억제하기 위해 전기요금을 30% 인상하는 대신 소비자들의 후생손실을 보전해 주기 위해 전기요금 인상으로 자신이 추가로 부담한 만큼을 되돌려 주는 환불(rebate) 정책을 실시하려고 한다. 갑은 자신의 소득을 전기소비(X)와 식료품(Y)에 지출한다고 할 때 다음 질문에 답하라. 단, 갑은 $U(X, Y) = 10X^{0.5}Y^{0.5}$와 같은 효용함수를 가지고 있다.

1) 가격인상 전과 비교할 때 갑의 전기소비는 어떻게 변하겠는가? 무차별곡선을 이용해 설명하라.
2) 가격인상 전과 비교할 때 갑의 후생수준은 어떻게 변하겠는가? 무차별곡선을 이용해 설명하라.
3) 다른 소비자 을의 효용함수는 $u = U(X, Y) = min\ \{X, Y\}$와 같다면 을의 후생수준은 어떻게 변하겠는가? 설명하라.

Answer 해설

이 문제의 핵심은 환불 정책에 따라 형성되는 새로운 예산선과 원래의 예산선 간의 관계를 정확하게 이해하는 데 있다.

문제에서 주어진 조건에 따라 예산선들을 표시하면 [그림 1-20]과 같다. 이 그림에서 ℓ_1은 원래의 예산선을 나타내고, ℓ_2는 가격인상 후의 예산선을 나타내며, ℓ_3는 환불 후의 예산선을 나타낸다. a는 가격인상 전의 최적 소비를 나타내며, b는 가격인상 후의 최적 소비를 나타낸다. 여기서 핵심은 [그림 1-20]에서와 같이 ℓ_3가 왜 이 위치에 있어야 하는지 분명히 밝히는 것이다.

그림 1-20

예산선의 비교

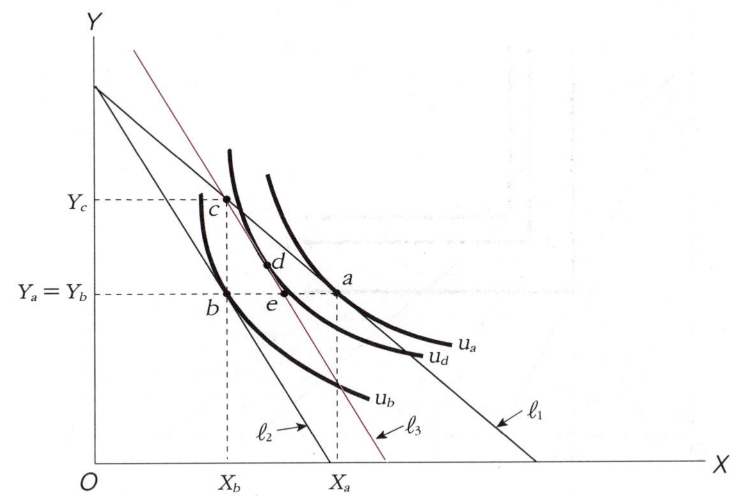

이를 위해서는 [그림 1-20]에서 소비점 a, b, c를 통과하는 예산선들을 비교할 필요가 있다. 다음 3개의 예산제약식에서 M은 원래의 소득을 나타낸다.

$$P_X X_a + P_Y Y_a = M \quad \cdots\cdots (1)$$

$$1.3P_X X_b + P_Y Y_b = M \quad \cdots\cdots (2)$$

$$P_X X_b + P_Y Y_c = M \quad \cdots\cdots (3)$$

전기요금 인상으로 인해 갑이 추가로 부담한 금액은 $0.3P_X X_b$이므로 갑은 이 금액만큼을 환불받게 된다. 이 경우 예산제약식은 다음과 같다.

$$1.3P_X X + P_Y Y = M + 0.3P_X X_b = M + \Delta M = M' \quad \cdots\cdots (4)$$

이제 $Y_a = Y_b$임을 감안해 (1)과 (2)를 비교하면 $0.3P_X X_b = P_X(X_a - X_b) = P_X \Delta X$임을 알 수 있다. 그리고 (2)와 (3)으로부터 $0.3P_X X_b = P_Y(Y_c - Y_b) = P_Y \Delta Y$임을 알 수 있다. 따라서 다음과 같은 관계식을 얻는다.

$$0.3P_X X_b = P_X \Delta X = P_Y \Delta Y \quad \cdots\cdots (5)$$

(5)는 환불 금액을 가지고 소비점 b에 추가해 구입할 수 있는 X재의 수량이나

그림 1-21

후생수준의 비교

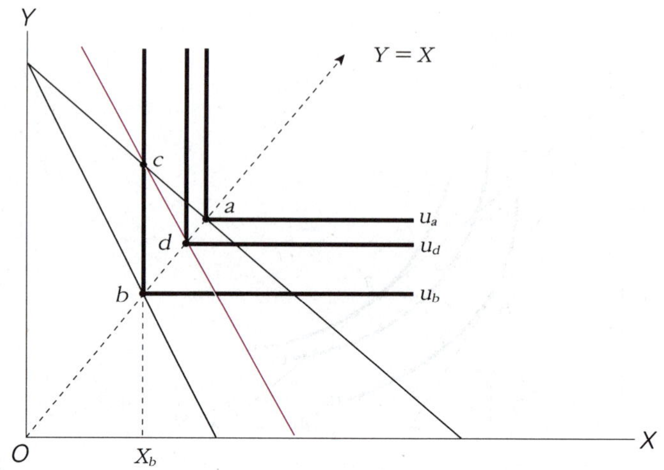

Y재의 수량을 보여준다. Y재의 수량은 ΔY로, 이에 해당하는 소비점은 c이다. 한편 추가로 구입할 수 있는 X재의 수량은 $\frac{\Delta X}{1.3}$로, 이에 해당하는 소비점은 e이다. 이런 이유로 환불 후의 예산선 (4)는 a를 통과하지 않고 c와 e를 통과하는 것이다. 이 문제에서 핵심은 환불 후의 예산선의 위치를 확정하는 것이다. 따라서 다음과 같은 결론을 얻을 수 있다.

1) 두 재화 모두 정상재이므로 가격인상 전과 비교해 환불 후 갑의 전기소비는 감소한다.
2) 가격인상 전과 비교할 때 환불 후 갑의 후생수준은 u_a에서 u_d로 감소한다. 환불 후 갑의 최적 소비는 d로서 a보다 낮은 효용수준을 나타낸다.
3) [그림 1-21]에서 알 수 있듯이 을의 경우에도 가격인상 전과 비교해 환불 후 후생수준은 u_a에서 u_d로 감소한다.

Question

문제 10

식료품에 대한 갑의 수요의 소득탄력성은 0.5, 가격탄력성은 -1이라고 하자. 그리고 갑은 현재 연간 1,000만원을 식료품 소비에 지출한다. 식료품의 가격은 2,000

원이고, 갑의 연간소득은 2,500만원이다. 그리고 갑은 원점에 대해 볼록한 무차별 곡선을 가지고 있다고 가정한다.

1) 식료품에 2,000원의 판매세가 부과되어 식료품 가격이 두 배가 된다면 갑은 식료품을 얼마나 소비할 것인가? (단, 여기서는 점 탄력성보다는 호 탄력성을 사용할 것)
2) 세금으로 지불한 금액과 똑같은 크기의 금액이 환불된다면 갑은 세금이 부과되기 전과 비교해 더 나은 상태에 있는지, 아니면 더 못한 상태에 있는지 설명하라.

Answer
해설

이 문제의 핵심은 소득탄력성과 가격탄력성의 정확한 이해를 바탕으로 조세 부과시 소비자의 소비수준을 밝혀내고, 이를 기준으로 후생의 변화를 측정하는 데 있다.

1) 호 탄력성을 구하는 식으로부터 소비량의 변화를 측정하면 다음과 같다.

$$\varepsilon_P = \frac{\frac{\Delta Q}{\bar{Q}}}{\frac{\Delta P}{\bar{P}}} = \frac{\Delta Q}{\Delta P} \times \frac{\bar{P}}{\bar{Q}} = -1 = \frac{\Delta Q}{2{,}000} \times \frac{3{,}000}{5{,}000 + \frac{\Delta Q}{2}}$$

$\therefore\ \Delta Q = -2{,}500$

따라서 갑은 식료품을 판매세가 부과되기 이전 가격에서의 소비량 5,000단위보다 2,500단위가 줄어든 2,500단위의 식료품을 소비하게 된다.

2) 2,500단위를 소비하므로 갑은 세금으로 500만원을 납부한 셈이다. 따라서 환불받게 되면 500만원의 소득이 증가하게 된다.
그러므로 소득증가로 인한 갑의 소비량의 변화를 다음과 같이 측정할 수 있다.

$$\varepsilon_I = \frac{\frac{\Delta Q}{Q}}{\frac{\Delta I}{I}} = \frac{\Delta Q}{\Delta I} \times \frac{I}{Q} = 0.5 = \frac{\Delta Q}{5{,}000{,}000} \times \frac{25{,}000{,}000}{2{,}500}$$

$\therefore\ \Delta Q = 250$

갑은 식료품의 판매세를 환불받은 후 250단위가 증가한 2,750단위를 소비할 것이다. 갑은 4,000원에 2,750단위를 소비하므로 1,100만원을 식료품에 소비하고, 나머지 금액인 1,900만원을 다른 재화에 소비하게 된다. 이러한 소비의 조합점은 [그림 1-22]에서 c에 해당한다. 식료품의 소득탄력성이 0.5이므로 다른

그림 1-22

소비의 비교

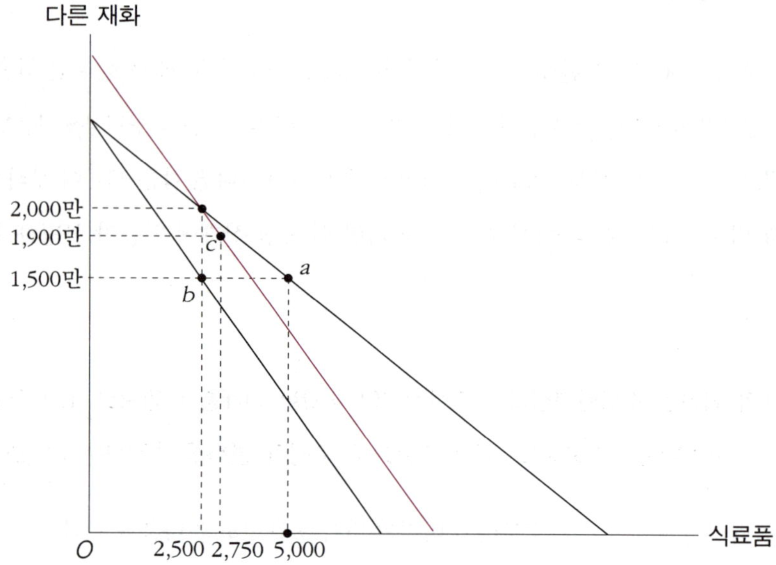

재화의 소득탄력성은 1보다 크다. 그렇지만 환불받은 후의 소비 c는 판매세가 부과된 후의 소비인 b와 마찬가지로 조세가 부과되기 전의 원래의 예산선 안에 위치하지 않으면 안 된다. [그림 1-22]에서 다른 재화는 곧 다른 재화에 대한 지출로 해석해도 무방하다.

그런데 원래의 소비점인 a를 판매세가 부과된 이후의 가격으로 소비하기 위해서는 $5{,}000 \times 4{,}000 + 15{,}000{,}000 = 3{,}500$만원이 필요하다. 그리고 c는 판매세가 부과되기 전의 소득으로 소비 가능한 점이지만 선택하지 않은 셈이다. 따라서 현시선호의 논리에 의할 때 갑은 세금이 부과되기 전과 비교해 더 나빠진 상태에 있는 셈이다.

Question 문제 11

가솔린(G)과 다른 재화(Y)를 소비하는 갑은 가솔린 가격이 리터당 1,000원일 때 연간 1,000리터를 소비한다. 가솔린 가격이 1,250원으로 상승하자 정부는 갑의 부

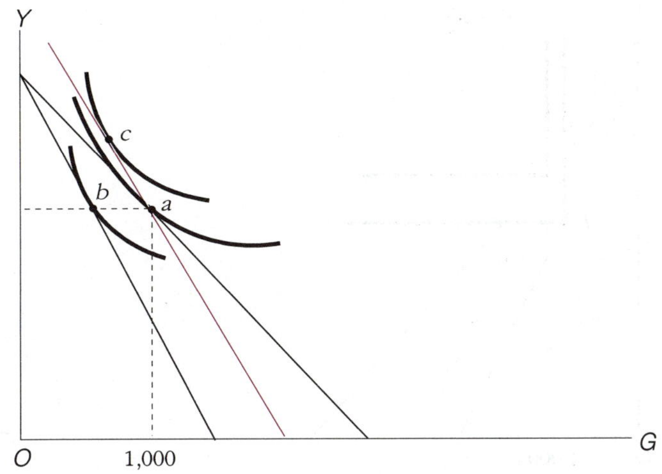

그림 1-23 예산선의 이동과 효용극대화

담을 경감시키기 위해 갑에게 연간 25만원의 현금을 보조하기로 결정하였다. 다른 재화는 복합재로서 단위당 가격을 1원으로 정규화하였다고 가정한다. 갑이 다음과 같은 효용함수를 가진 경우 가솔린 가격상승 전과 비교해 갑의 소비에는 어떤 변화가 있으며, 후생수준에는 어떤 변화가 있는지 설명하라.

1) 콥-더글라스 효용함수 : $U(G, Y) = G^{0.5}Y^{0.5}$

2) 레온티에프 효용함수 : $U(G, Y) = min\ \{2G, Y\}$

3) 준선형 효용함수 : $U(G, Y) = V(G) + Y,\ V'(G) > 0,\ V''(G) < 0$

Answer
해설

이 문제의 핵심은 정부의 보조와 조세제도가 소비자의 후생수준에 미치는 영향과 효용함수 간의 관계를 이해하는 데 있다.

1) 가격인상 전 갑의 효용극대화 점은 [그림 1-23]에서 a이고, 가격인상 후 효용극대화 점은 b이다. Y재의 소비에 아무런 변화가 없는 것은 콥-더글라스 효용함수의 특징 때문이다. 그런데 연간 25만원의 현금보조를 해주면 갑은 가솔린 가격 인상 후에도 종전의 소비를 할 수 있다. 이것은 가격인상과 소득보조 후의 예

그림 **1-24**

예산선의 이동과 효용극대화

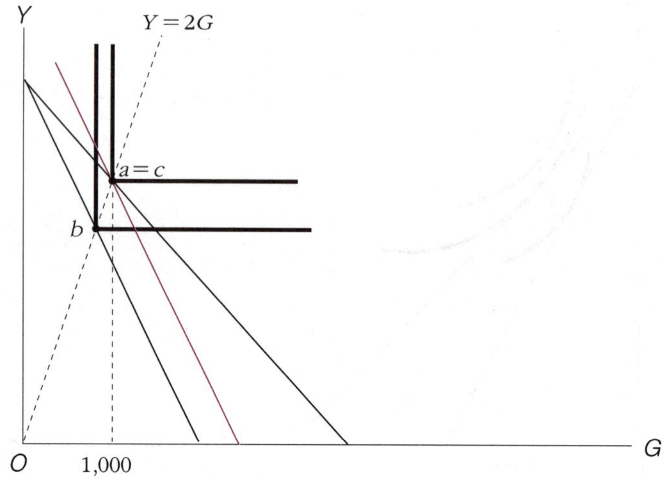

그림 **1-25**

예산선의 이동과 효용극대화

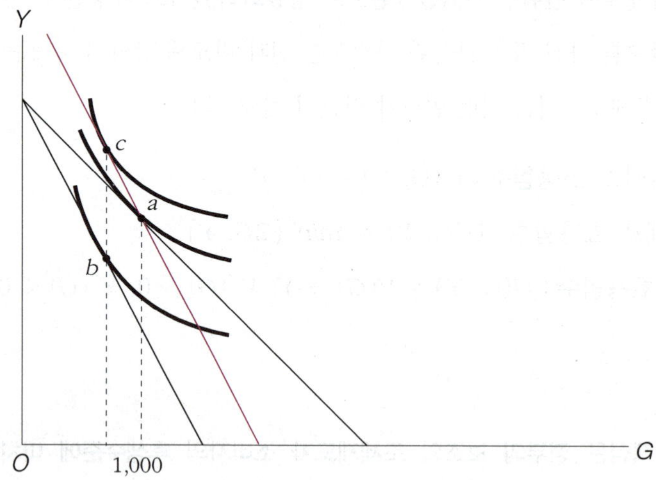

산선이 원래의 효용극대화 소비 a를 통과한다는 것을 의미한다. 콥-더글라스 효용함수를 가진 갑은 원점에 대해 볼록한 무차별곡선을 가지고 있기 때문에 새로운 균형점은 c로 이동한다. 따라서 갑은 가격인상과 소득보조 후 후생수준이

상승한다. 그리고 가솔린의 소비는 인상 전보다 감소하지만, 다른 재화에 대한 소비는 증가한다.

2) 마찬가지로 가격인상 전 갑의 효용극대화 점은 [그림 1-24]에서 a이고, 가격인상 후 효용극대화 점은 b이다. 여기에도 레온티에프 효용함수의 특징이 반영되어 있다. 앞에서와 마찬가지로 연간 25만원을 보조해 주면 종전의 소비를 할 수 있다. 따라서 새로운 예산선은 a를 통과할 뿐만 아니라, 이 경우 효용극대화 점 또한 a이다. 그러므로 갑은 가격인상과 소득보조 후 후생수준뿐만 아니라 소비에도 아무런 변화가 없다.

3) 이 경우 가격인상 전의 효용극대화 점은 [그림 1-25]에서 a이고, 가격인상 후의 효용극대화 점은 b이다. 앞에서와 마찬가지로 연간 25만원을 보조해 주면 종전의 소비를 할 수 있다. 따라서 새로운 예산선은 a를 통과한다. 이 경우 갑의 효용극대화 점은 준선형 효용함수의 특징을 반영한 c에 해당한다. 왜냐하면 소득이 증가하더라도 가솔린의 소비에는 변화가 없기 때문이다. 따라서 갑의 후생수준은 가격인상 전보다 증가하고, 가솔린의 소비는 감소하지만 Y재의 소비는 증가한다.

Question 문제 12

두 재화 X, Y를 소비하는 소비자의 효용함수가 다음과 같다고 할 때 질문에 답하라.

$$U(X, Y) = X + Y^{0.5}$$

1) 모든 소비자들이 이런 효용함수를 가지고 있는 경우 두 재화는 어떤 관계에 있는지 설명하라.

2) 정부는 소비자들에게 소득보조와 가격보조를 고려하고 있다. 정부의 보조금액이 동일하다는 조건하에서 X재 가격의 20%를 보조해 주는 가격보조와 소득보조 가운데 소비자에게는 어떤 방법이 유리한지 설명하라.

3) 만약 효용함수가 $U(X, Y) = X^{0.5} + Y$로 바뀐다면 2)에서의 결론이 어떻게 바뀌는지 설명하라.

그림 1-26

Y재의 소득효과가 0인 경우

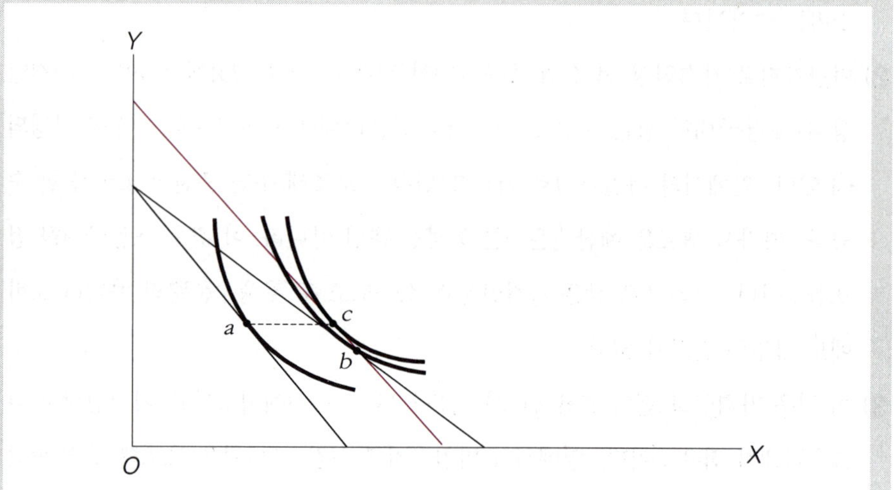

Answer
해설

이 문제의 핵심은 소득효과가 0인 준선형 효용함수의 특징을 정확하게 이해하는 데 있다.

1) 두 재화에 대한 보통수요를 구하면 다음과 같다.

$$X^* = \frac{M}{P_X} - \frac{P_X}{4P_Y}$$
$$Y^* = \frac{P_X^2}{4P_Y^2}$$

두 재화 간의 관계는 다음과 같은 수요의 변화율을 통해 파악할 수 있다.

$$\frac{dX^*}{dP_Y} = \frac{P_X}{4P_Y^2} > 0$$
$$\frac{dY^*}{dP_X} = \frac{P_X}{2P_Y^2} > 0$$

두 변화율의 부호가 모두 양이므로 두 재화는 대체관계(대체재)에 있다.

2) 보조방식의 후생효과를 비교하는 경우 핵심은 가격보조시 최적 소비는 반드시 소득보조시 예산선상에 있다는 사실이다. 이것은 보조금액이 동일하다는 조건으로 인해 항상 충족되며 효용함수의 성질과는 무관하다. 그런데 [그림 1-26]에

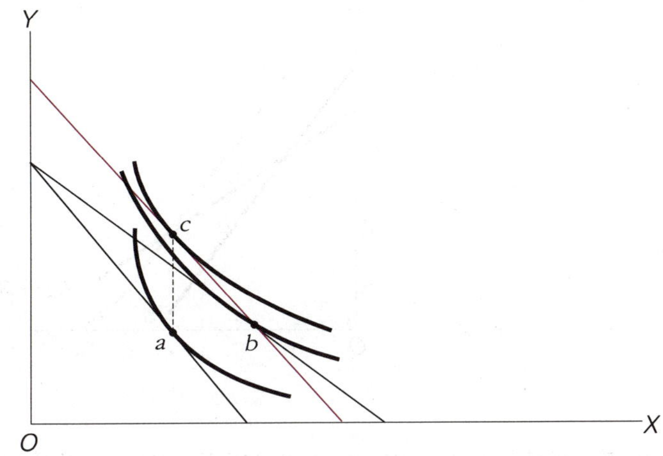

그림 1-27 X재의 소득효과가 0인 경우

서 알 수 있듯이 가격보조시 최적 소비(b)는 소득보조시 최적 소비(c)가 아니다. 원래의 최적 소비는 a이다. 따라서 소득보조시 효용수준은 반드시 가격보조시 효용수준보다 높아야 한다. 그리고 a와 c에서 Y재에 대한 수요가 같은 이유는 소득효과가 0이기 때문이다.

3) 문제와 같이 효용함수가 바뀌는 경우 소득이 증가해도 X재에 대한 수요는 변하지 않는다. 그렇지만 이 경우에도 소득보조가 가격보조보다 유리하다는 사실에는 변함이 없다. 단지, [그림 1-27]에서와 같이 최적 소비가 달라질 뿐이다. 이 경우 a와 c에서 X재에 대한 수요가 같은 것은 소득효과가 0이기 때문이다.

Question 문제 13

두 재화 X, Y를 소비하는 갑은 원점에 대해 볼록한 무차별곡선을 가지고 있으며 X재는 정상재이지만 Y재는 열등재이다. X재의 가격이 P_X^0에서 P_X^1으로 하락하는 경우 다음 질문에 답하라.

1) 소득효과와 대체효과를 이용해 두 재화는 어떤 관계에 있는지 설명하라.
2) 가격변동으로 인한 소비자 후생변화를 측정하는 개념인 소비자잉여(CS), 보상변

그림 1-28 가격 하락시 보상변화 < 소비자잉여 < 동등변화

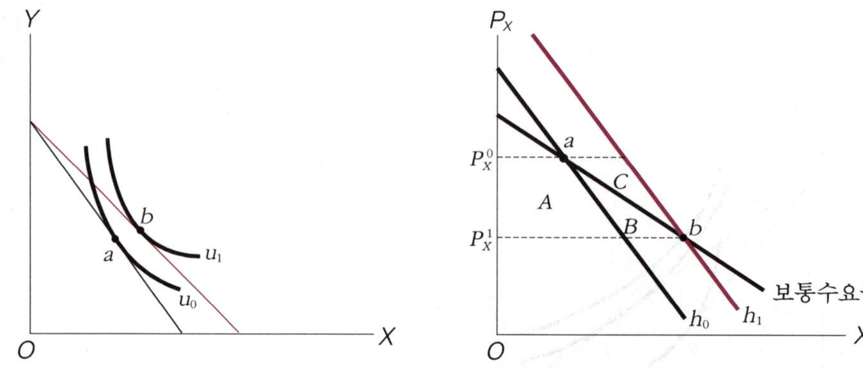

화(*CV*) 및 동등변화(*EV*)의 크기는 항상 일치하지는 않는다. 갑의 경우 *CS*, *CV* 및 *EV* 간의 크기를 비교하라.

3) *X*재의 가격이 P_X^0에서 P_X^2로 상승하는 경우 2)에서의 답이 어떻게 변하는지 설명하라.

Answer
해설

이 문제의 핵심은 후생변화를 측정하는 소비자잉여, 보상변화 및 동등변화 간의 관계를 정확하게 이해하는 데 있다.

1) *X*재의 가격이 하락하면 대체효과에 의해 *X*재에 대한 수요는 증가하는 반면 *Y*재에 대한 수요는 감소한다. 그리고 소득효과에 의해 가처분소득이 증가하므로 *X*재에 대한 수요는 증가하고 열등재인 *Y*재에 대한 수요는 감소한다. 종합적으로 *X*재에 대한 수요는 증가하고 *Y*재에 대한 수요는 감소한다. *X*재 가격이 하락하면 궁극적으로 *Y*재에 대한 수요가 감소하므로 두 재화는 대체재(substitutes)이다. 이 경우 갑의 가격-소비곡선(*PCC*)은 우하향하는 형태를 갖는다.

2) *X*재는 정상재이므로 갑의 보통수요곡선과 보상수요곡선은 [그림 1-28]과 같다. 여기서 u_0는 원래의 효용수준, u_1은 새로운 효용수준을 나타내며 보상수요곡선 h_0와 h_1은 각각의 효용수준에 대응한다.

여기서 소비자잉여는 보통수요곡선을 이용해 측정하고, 보상변화는 원래의 효용

그림 1-29 가격 상승시 동등변화 < 소비자잉여 < 보상변화

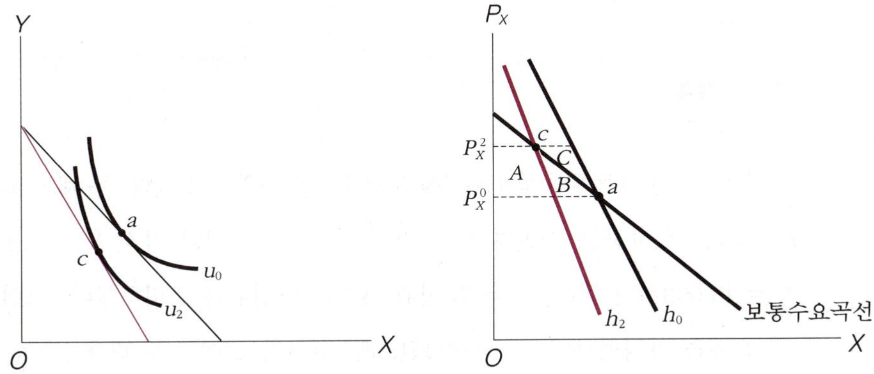

수준 u_0를 기준으로 측정하며, 동등변화는 새로운 효용수준 u_1을 기준으로 측정한다는 사실을 이용하면 된다. 따라서 가격 하락시 소비자잉여의 증가는 면적 $(A + B)$, 보상변화는 면적 A, 동등변화는 면적 $(A + B + C)$에 해당한다. 그러므로 보상변화 < 소비자잉여 < 동등변화의 관계가 성립한다. 이것은 가격 하락으로 인한 소비자의 후생 증가를 동등변화가 가장 크게 측정한다는 것을 의미한다.

3) 가격 상승시 갑의 보통수요곡선과 보상수요곡선은 [그림 1-29]와 같다. 여기서 u_0는 원래의 효용수준, u_2는 새로운 효용수준을 나타내며 보상수요곡선 h_0와 h_2는 각각의 효용수준에 대응한다.

2)에서와 마찬가지 논리로 보상변화는 원래의 효용수준 u_0를 기준으로 측정하고, 동등변화는 새로운 효용수준 u_2를 기준으로 측정한다는 사실을 이용하면 된다. 따라서 가격 상승시 소비자잉여의 감소는 면적 $(A + B)$, 보상변화는 면적 $(A + B + C)$, 동등변화는 면적 A에 해당한다. 그러므로 동등변화 < 소비자잉여 < 보상변화의 관계가 성립한다. 이것은 가격 상승으로 인한 소비자의 후생손실을 보상변화가 가장 크게 측정한다는 것을 의미한다. 그리고 가격 하락시와 상승시 보상변화와 동등변화의 관계가 역전되는 것은 두 개념의 대칭성으로 인한 것이다.

3.3 지수와 후생비교

Question
문제 14

정부는 극빈자들에게 월 100만원씩 생계비를 지원하고 있다. 두 재화 X(식료품), Y(의복)를 소비하는 극빈자 갑은 작년($t=0$)에 가격이 각각 $P_X = 20,000$원, $P_Y = 40,000$원인 경우 $X^* = 20$단위, $Y^* = 15$단위를 소비하였다. 그런데 올해($t=1$)에는 가격이 $P_X^* = 30,000$원, $P_Y^* = 40,000$원으로 변해 $X^* = 16$단위, $Y^* = 13$단위를 소비하였다. 그리고 갑에게 올해의 가격으로 작년과 같은 후생수준을 유지하기 위한 최소한의 소비를 물었더니 $X^* = 16$단위, $Y^* = 17.5$단위라고 대답했다고 하자. 갑은 원점에 대해 볼록한 무차별곡선을 가지고 있다고 가정한다.

1) 이상적인 생계비지수를 구하라. 이 지수에 의할 경우 갑이 작년과 같은 생활수준(후생수준)을 유지하기 위해서는 정부의 보조금이 얼마가 되어야 하는가?
2) 라스파이레스 가격지수를 구하라. 이 지수에 의할 경우 갑에게 올해에는 얼마의 보조금을 지불해야 하는가?
3) 이상에서 어떤 결론을 유도할 수 있는가?
4) 만약 올해의 가격이 $P_X = 30,000$원, $P_Y = 70,000$원이었다면 3)의 결론은 어떻게 바뀌겠는가? 설명하라.

Answer
해설

이 문제의 핵심은 힉스의 보상변화의 개념에 근거한 이상적인 생계비지수와는 달리 다른 지수들은 소비자가 일정한 수준의 효용을 유지하도록 보조할 때 과잉보상을 하는 경향이 있다는 점을 밝히는 것이다.

1) 이상적인 생계비지수 $= \dfrac{(30,000 \times 16 + 40,000 \times 17.5)}{100\text{만}} \times 100 = 118$

따라서 정부의 보조금이 118만원으로 인상되어야 갑은 작년도의 후생수준을 유지할 수 있다.

2) 라스파이레스 가격지수 $= \dfrac{(30,000 \times 20 + 40,000 \times 15)}{100\text{만}} \times 100 = 120$

이 지수에 의하면 정부는 갑에게 120만원을 보조해 주어야 한다.

3) 이상으로부터 이상적인 생계비지수에 비해 라스파이레스 가격지수는 과잉보상의 성격을 갖는다는 것을 알 수 있다.

4) 이 경우에도 앞의 결론은 영향을 받지 않는다. 왜냐하면 이상적인 생계비지수는 힉스의 보상변화에 근거한 것이므로 항상 일정한 수준의 효용을 최소한의 비용으로 달성하는 것을 전제로 하므로 어떤 지수보다 작은 보상을 필요로 하기 때문이다.

Question
문제 15

소비자 갑이 식료품(F)과 옷(C)을 소비함으로써 얻는 효용은 $U(F, C) = FC$로 표현된다. 갑의 1990년 소득은 1,200만원이고, 식료품과 옷의 가격은 각각 단위당 1만원이라 하자. 그런데 2000년에 식료품 가격은 2만원, 옷 가격은 3만원으로 상승하였다. 이에 근거해 다음 질문에 답하라.

1) 1990년의 생계비지수를 100이라고 할 때 갑의 2000년의 이상적 생계비지수와 라스파이레스 가격지수를 구하라.

2) 1)의 결과로부터 그 의의를 설명하라.

Answer
해설

이 문제의 핵심은 효용극대화 문제의 해를 구하고, 이를 바탕으로 이상적 생계비지수와 라스파이레스 가격지수의 의의 및 문제점을 정확하게 이해하는 데 있다.

1) 각 지수를 구하기 위해서는 1990년의 소비수준과 2000년의 소비수준을 구해야 한다. 따라서 주어진 효용함수와 예산제약을 가지고 최적화 문제를 풀어보면 다음과 같다.

그림 1-30

효용극대화와 지출극소화

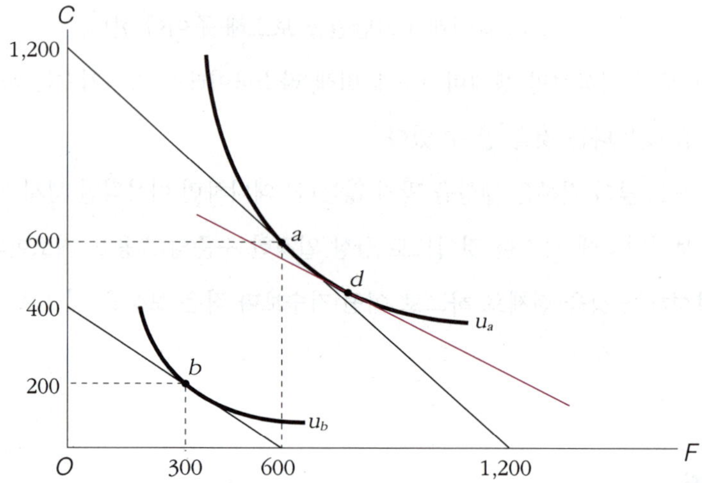

〈1990년 소비수준〉

효용극대화 : $U = FC$

제약조건 : $F + C = 1{,}200$

➡ 극대화의 최적 해 : $C_{1990} = F_{1990} = 600$

〈2000년 소비수준〉

효용극대화 : $U = FC$

제약조건 : $2F + 3C = 1{,}200$

➡ 극대화의 최적 해 : $C_{2000} = 200$, $F_{2000} = 300$

이 두 개의 소비점은 [그림 1-30]에서 a와 b에 해당한다. 이제 이상적인 생계비지수를 구하기 위해서는 u_a에 해당하는 효용수준을 최소한의 지출로 달성하게 해주는 소비를 구해야 한다. 이것은 지출극소화 문제를 통해 구할 수 있으며, [그림 1-30]에서 d에 해당한다.

d에 해당하는 수요는 다음과 같다.

$$C = 200\sqrt{6},\ F = 300\sqrt{6}$$

따라서 이상적인 생계비지수는 다음과 같다.

$$2000\text{년도의 이상적 생계비지수} = \frac{1{,}200\sqrt{6}}{1{,}200} \times 100 = 100\sqrt{6} \fallingdotseq 245$$

그리고 라스파이레스 가격지수를 구하는 공식은 다음과 같다.

라스파이레스 가격지수 :

$$L_P = \frac{P_{F_{2000}} \times F_{1990} + P_{C_{2000}} \times C_{1990}}{P_{F_{1990}} \times F_{1990} + P_{C_{1990}} \times C_{1990}} \times 100$$

여기에 앞에서 구한 수요를 대입해 정리하면 다음과 같다.

$$L_P = \frac{3 \times 600 + 2 \times 600}{600 + 600} \times 100 = 250$$

2) 1)에서의 결과에 의하면 라스파이레스 가격지수가 이상적인 생계비지수보다 크다. 이것은 라스파이레스 가격지수에 근거해 소득을 보조하는 경우 과잉보조의 경향이 있다는 것을 의미한다. 이 예의 경우 1990년의 소득보조가 100만원이었다면 2000년에 1990년의 생활수준을 유지하도록 해주기 위해서는 이상적인 생계비지수에 근거해 245만원을 보조해 주면 되는데, 실제로는 라스파이레스 가격지수를 이용할 수밖에 없기 때문에 250만원을 보조해 주는 결과를 초래한다. 만약 이런 방식으로 모든 분야에서 소득을 보조해 준다면 과잉보조에 따른 재정적 부담이 가중될 것이다. 그러므로 단순히 라스파이레스 가격지수를 적용하는 대신 이를 보완하는 방법을 강구해야 할 것이다. 실제로 미국에서는 이러한 방안을 실행해 재정부담을 경감시키고 있다.

[보론 2] 소비자물가지수(*CPI*)의 문제점

여기서 구한 라스파이레스 가격지수는 실제로 활용되고 있는 소비자물가지수를 의미한다. 소비자물가지수는 평균적인 물가수준의 변화를 측정하는 데 사용된다. 예를 들어 기준연도를 100으로 할 때 올해의 소비자물가지수가 150이라면, 이것은 평균적으로 물가가 50% 상승하였음을 의미한다. 이렇게 구한 소비자물가지수는 소비자들이 기준연도의 후생수준을 유지하도록 정부가 보조금을 지급하는 기준이 된다.

그런데 라스파이레스 가격지수의 정의에서 알 수 있듯이 이 지수를 구하는 데는 기준연도에 소비한 상품들의 바스켓(consumption basket)이 적용된다. 이것을 고정 바스켓(fixed basket)이라 부른다. 바로 이런 이유 때문에 소비자물가지수는 항상 이상적인 생계비지수보다 크게 되며, 이것을 근거로 소비자들을 보조하는 경우에는 과잉보조의 문제를 야기시킨다. 그 이유는 소비자물가지수가 내포하고 있는 대체편이(substitution bias) 때문이다. 기준연도에 비해 비교연도의 상대가격은 일반적으로 변하기 마련이다. 그러나 소비자물가지수를 구하는 과정에서는 이러한 차이가 반영되지 않는다. 이것은 곧 상대가격의 변화에 따른 대체효과를 반영하지 않는다는 것을 의미한다. 이런 이유로 대체편이라고 부른다.

미국의 경우 1990년대 균형예산을 달성하기 위해 이 문제가 집중적인 관심의 대상이었다. 1995년 당시 미국의 연방준비은행 이사장이었던 그린스펀(A. Greenspan)은 의회에서 소비자물가지수가 이상적인 생계비지수에 비해 0.5% 내지 1.5%를 과잉 보조해 주는 경향이 있음을 보고하였다. 의회의 재정위원회는 이 문제를 검토한 결과 1.1%의 과잉보조가 있다는 결론을 내렸다. 따라서 물가지수에 연동해 보조해 주는 프로그램을 1% 삭감하면 5년 후에는 연방정부의 예산적자를 550억 달러 줄일 수 있다고 추정하였다. 이와 같이 과잉보조의 문제는 결코 사소하지 않다. 따라서 소비자물가지수를 계산하는 과정에서 고정 바스켓을 그대로 유지할 것이 아니라 주기적으로 변경할 필요가 있다. 실제로 미국에서는 매 10년을 주기로 이 고정 바스켓을 변경하고 있다. 우리 정부도 이러한 사실을 유의할 필요가 있다.

Question
문제 16

기준연도($t = 0$)에는 가격이 $P^0 = (P_X^0,\ P_Y^0) = (200,\ 300)$일 때 두 재화 X, Y에 대한 수요가 $Q^0 = (X^0,\ Y^0) = (30,\ 40)$인 소비자가 비교연도($t = 1$)에는 $P^1 = (P_X^1,\ P_Y^1) = (250,\ 250)$일 때 $Q^1 = (X^1,\ Y^1) = (40,\ 30)$을 소비하였다고 하자.

1) 라스파이레스 수량지수(L_q)와 파셰 수량지수(P_q)를 구하고, 그 경제적 의의를 설명하라.

2) 라스파이레스 가격지수(L_p)와 파셰 가격지수(P_p)를 구하고, 그 경제적 의의를 설명하라.

3) 이상으로부터 어떤 결론을 유도할 수 있는지 설명하라.

Answer
해설

이 문제의 핵심은 라스파이레스 지수와 파셰 지수의 차이를 이해하고, 현시선호이론의 아이디어를 응용해 소비자의 후생수준의 변화를 측정하는 데 있다.

1) 수량지수의 정의에 의하면 두 수량지수의 차이는 기준연도의 가격과 비교연도의 가격 가운데 어느 것을 가중치로 이용하는가에 있다. 어느 경우든 소비자의 평균적인 소비수준의 변화를 측정한다는 점에서는 차이가 없다.

$$L_q = \frac{P_X^0 X^1 + P_Y^0 Y^1}{P_X^0 X^0 + P_Y^0 Y^0} = \frac{17{,}000}{18{,}000} < 1$$

$$P_q = \frac{P_X^1 X^1 + P_Y^1 Y^1}{P_X^1 X^0 + P_Y^1 Y^0} = \frac{17{,}500}{17{,}500} = 1$$

L_q에 의하면 $P_X^0 X^0 + P_Y^0 Y^0 > P_X^0 X^1 + P_Y^0 Y^1$이므로 현시선호이론에 의하면 Q^0가 Q^1보다 선호된다. 즉, 기준연도의 후생수준이 비교연도의 후생수준보다 높다. 반면 P_q에 의하면 $P_X^1 X^1 + P_Y^1 Y^1 = P_X^1 X^0 + P_Y^1 Y^0$이므로 비교연도의 가격으로 기준연도의 소비($Q^0$)가 가능함에도 불구하고 비교연도의 소비 Q^1을 선택하였다. 현시선호이론에 의하면 이것은 비교연도의 후생수준이 더 높다는 것을 의미한다. 이와 같이 L_q와 P_q에 따라 선호의 서열이 달라진다는 것은 소비자의 행동이 일관성이 없다는 것을 의미한다. 이런 일이 발생하는 이유는 현시선호의 약공리(weak axiom)를 위반했기 때문이다.

2) 가격지수의 경우도 마찬가지로 기준연도의 소비량과 비교연도의 소비량 가운데 어느 것을 가중치로 이용하는가에 따라 두 지수가 구별된다. 그렇지만 어느 경우든 평균적인 물가수준의 변화를 측정한다는 점에서는 차이가 없다. 실제로 사용되는 소비자물가지수는 라스파이레스 가격지수에 해당한다. 이 두 지수를 구하면 다음과 같다.

$$L_p = \frac{P_X^1X^0 + P_Y^1Y^0}{P_X^0X^0 + P_Y^0Y^0} = \frac{17,500}{18,000} < 1$$

$$P_p = \frac{P_X^1X^1 + P_Y^1Y^1}{P_X^0X^1 + P_Y^0Y^1} = \frac{17,500}{17,000} > 1$$

L_p에 의하면 $P_X^0X^0 + P_Y^0Y^0 > P_X^1X^0 + P_Y^1Y^0$이고, P_p에 의하면 $P_X^1X^1 + P_Y^1Y^1 > P_X^0X^1 + P_Y^0Y^1$이다. 그런데 이것만으로는 현시선호이론을 적용시킬 수 없다. 따라서 보조지표로 필요한 것이 지출지수(E)이다. 이것은 간단히 다음과 같이 측정된다.

$$E = \frac{P_X^1X^1 + P_Y^1Y^1}{P_X^0X^0 + P_Y^0Y^0} = \frac{17,500}{18,000} < 1$$

이 세 가지 지수를 비교하면 $P_p > E$이고, $L_p = E$가 성립한다. 먼저 $L_p = E$라는 것은 $P_X^1X^1 + P_Y^1Y^1 = P_X^1X^0 + P_Y^1Y^0$임을 의미한다. 현시선호이론에 의하면 이것은 비교연도의 소비(Q^1)가 더 좋았다는 것을 의미한다. 한편 $P_p > E$라는 것은 $P_X^0X^0 + P_Y^0Y^0 > P_X^0X^1 + P_Y^0Y^1$임을 의미한다. 현시선호이론에 의하면 이것은 기준연도의 소비(Q^0)가 더 좋았다는 것을 의미한다. 따라서 수량지수와 마찬가지로 어느 해의 소비가 더 좋았는지 일관성 있는 결론을 내릴 수 없다. 그 이유는 이 소비자가 약공리를 위반했기 때문이다.

3) 이상에서 검토한 것과 같이 수량지수를 이용하든 가격지수를 이용하든 소비자의 후생수준과 관련해 항상 동일한 결론에 도달하게 된다. 이것은 비단 여기서와 같이 일관성이 없는 경우만이 아니라 어떤 결과가 유도되더라도 마찬가지이다. 즉, 소비자의 후생수준에 관해 수량지수를 이용해서 얻은 결론과 가격지수를 이용해서 얻은 결론은 항상 동일하다.

Question 문제 17

두 재화 X, Y를 소비하는 극빈자들에게 매달 200만원의 보조금이 지급되고 있다고 하자. 작년의 가격은 $P_X^0 = 10,000$원, $P_Y^0 = 5,000$원이었는데 올해는 $P_X^1 = 12,500$원, $P_Y^1 = 10,000$원으로 상승했다고 하자. 그리고 이들은 모두 다음과 같은 효용함수를 가지고 있다고 가정할 때 다음 질문에 답하라.

$U(X, Y) = XY$

1) 극빈자들이 작년과 같은 후생수준을 누리기 위해서는 올해 보조금이 얼마가 되어야 하는가? 단, 보조금을 조정하는 경우 라스파이레스 가격지수가 이용된다.
2) 1)에서와 같이 보조금을 지불하는 경우 과잉 보조액은 얼마인가?
3) 극빈자들의 효용함수가 $U(X, Y) = min\ \{X, Y\}$로 바뀐다면 과잉 보조액은 얼마인가?

Answer
해설

이 문제의 핵심은 가격효과와 과잉보조 간의 관계를 정확하게 이해하는 데 있다.

1) 콥-더글라스 효용함수를 가진 극빈자의 효용극대화조건은 다음과 같다.

$$MRS_{XY} = \frac{MU_X}{MU_Y} = \frac{Y}{X} = \frac{P_X^0}{P_Y^0} = 2$$

$$10{,}000X + 5{,}000Y = 200\text{만}$$

이 두 조건을 이용해 작년의 소비를 구하면 $X^0 = 100$, $Y^0 = 200$이다. 따라서 이것을 라스파이레스 가격지수 공식에 대입해 구하면 다음과 같다.

$$L_P = \frac{P_X^1X^0 + P_Y^1Y^0}{P_X^0X^0 + P_Y^0Y^0} = 1.625$$

따라서 올해의 보조금은 200만 × 1.625 = 325만원이 되어야 한다.

2) $P^1 = (P_X^1, P_Y^1) = (12{,}500, 10{,}000)$의 조건에서 $U(X^0, Y^0) = 100 \times 200 = 20{,}000$의 효용수준을 최소의 지출로 달성하기 위한 조건은 다음과 같다.

$$MRS_{XY} = \frac{MU_X}{MU_Y} = \frac{Y}{X} = \frac{P_X^1}{P_Y^1} = 1.25$$

$$XY = 20{,}000$$

이 두 조건을 이용해 지출을 극소화하는 소비를 구하면 $X^* = 40\sqrt{10}$, $Y^* = 50\sqrt{10}$이다. 그리고 이때 필요한 지출액은 100만 × $\sqrt{10}$이다. 따라서 과잉 보조액은

「325만 – 100만 × $\sqrt{10}$」이다.

3) 레온티에프 효용함수의 경우 가격변화로 인한 대체효과가 발생하지 않으므로 과잉보조는 없다. 왜냐하면 과잉보조 문제가 발생하는 이유는 대체효과 때문이다. 따라서 과잉 보조액 = 0이다.

01 기초 개념

02 위험에 대한 태도

03 위험과 보험

04 응용문제와 해설

CHAPTER 02

불확실성하 소비자선택이론과 응용

CHAPTER 02

01 기초 개념

불확실성과 위험

불확실성을 나타내는 기본 단위로서 불확실한 상태 및 선험적 확률분포, 그리고 불확실성과 위험과의 관계 등을 이해해야 한다. 불확실성은 측정 가능한 불확실성(measurable uncertainty)과 측정 불가능한 불확실성(unmeasurable uncertainty)으로 구분된다.[1] 이 가운데 측정 가능한 불확실성이 바로 위험(risk)에 해당한다고 보는 것이 양자 간의 관계에 대한 가장 간단한 해석이다.

위험과 정보

오늘날 정보화시대를 맞이하여 정보라는 용어는 일상생활에서 광범위하게 사용되고 있다. 특히 정보통신기술의 발달로 인해 정보를 생산, 가공 및 유통시키는 속도가 엄청나게 빨라졌을 뿐만 아니라 정보의 양 또한 방대해졌다. 그렇지만 궁극적으로 중요한 것은 정보의 질 또는 가치이다. 미시경제학에서는 위험이 존재할 때 비로소 정보의 필요성이 대두된다고 해석한다. 이것은 위험이 지배하는 상황에서 의사결정을 내려야 할 때 정보의 역할이 중요해진다고 이해하면 된다. 따라서 미시경제학에서는 정보를 좁은 의미로 해석해 의사결정 과정에서 위험을 축소시키거나

1. 이러한 구분은 나이트(F. Knight)에 따른 것이다. 그는 일찍이 불확실성을 이와 같이 구분하고 측정 가능한 불확실성이 바로 위험이라고 정의하였다. 단, 그가 염두에 둔 것은 객관적인 확률뿐인데, 그후 주관적 확률을 부여할 수 있는 경우도 측정 가능한 불확실성으로 간주되고 있는 실정이다.

제거하는 데 기여하는 일체의 메시지(또는 정보신호)를 정보라고 정의한다. 이러한 정보가 경제주체의 의사결정 과정에 반영되어 궁극적으로 효용극대화 또는 이윤극대화에 기여하는 과정을 다음과 같이 요약할 수 있다.

불확실한 상태에 대한 선험적 확률 ➪ 특정한 메시지(정보신호)를 입수 ➪ 이에 조건부로 사후적 확률을 형성 ➪ 최적 계획을 수립하기 위한 의사결정 ➪ 불확실한 상태의 실현 ➪ 사전에 수립한 계획에 따라 실행

여기서 선험적 확률이란 경제주체가 불확실한 상태가 실현될 가능성과 관련해 과거의 자료에 의거해 형성한 원래의 확률을 말한다. 그리고 사후적 확률이란 경제주체가 입수한 특정한 메시지에 조건부로 새롭게 형성한 확률을 말한다. 어떤 메시지를 입수하게 될지 미리 알 수 없기 때문에 가능한 하나하나의 메시지에 조건부로 사후적 확률을 형성한다고 본다.

한 가지 주의할 점은 사전에는 어떤 메시지를 입수할지 모르는 상태에서 각각의 가능한 메시지에 조건부로 최적 계획을 수립한다는 사실이다. 따라서 특정한 불확실한 상태가 실현되면, 이에 따라 자신이 이미 수립한 계획에 맞춰 소비나 투자를 실행하면 된다.

복권과 조건부 상품

위험하에서 거래되는 상품 또는 기회로서 복권이나 조건부 상품의 개념 및 이들 간의 관계를 이해해야 한다. 위험이 존재하는 상황에서 하나하나의 위험한 기회를 요약해 주는 상품 개념이 바로 복권(lottery)과 조건부 상품(contingent commodity)이다. 먼저 실현 가능한 결과로서 경품들(prizes)과 그 확률이 잘 정의된 경우 위험한 기회는 복권의 개념으로 요약된다. 이것은 위험한 기회들을 서로 비교할 수 있다는 것을 의미한다. 그리고 조건부 상품이란 특정한 상태가 실현되는 경우에만 인도(引渡)되는 상품으로 복권과 밀접하게 관련되어 있다. 예를 들어 보험은 사고발생이라는 특정한 상태가 실현되는 경우에만 보험금이 지급되는 전형적인 조건부 상품에 해당한다. 조건부 상품이 복권의 개념과 밀접하게 관련되어 있다는 의미

는 복권을 조건부 상품의 묶음으로 해석할 수 있다는 말이다. 예를 들어 동전을 던져 앞면이 나오면 10,000원을 따고, 뒷면이 나오면 10,000원을 잃는 게임에 참여한다면, 이것은 복권을 구입하는 것으로 간주할 수 있다. 또한 이것은 앞면이라는 특정한 상태가 실현되는 경우에만 10,000원을 얻는 조건부 상품을 구입하고, 동시에 뒷면이 나오면 10,000원을 지불하는 조건부 상품을 판매하는 행위를 결합시켜 놓은 것으로 해석할 수 있다.

불확실성하 예산제약의 의의

불확실성하 예산제약은 확실성하 예산제약의 연장으로, 여러 개의 예산제약으로 표현되는 것이 일반적이다. 이것은 불확실성이 보통 미래에 실현될 여러 기간을 전제로 한다는 점을 감안하면 충분히 수긍이 갈 것이다. 그렇지만 불확실성의 성격과 시장구조에 따라 예산제약의 성격이 달라진다. 예를 들어 재무이론에서와 같이 모든 위험자산들의 수익률이 정규분포를 하는 경우 자신의 투자자금을 여기에 배분하는 포트폴리오 이론에 의하면 예산제약식은 한 개다. 그리고 예외적이지만 조건부 상품시장이 완벽하게 갖추어진 경우 —이것을 완비된 시장(complete markets)이라 한다—에는 모든 경제주체들이 한 개의 예산제약에 직면하게 된다. 따라서 이 경우는 확실성을 불확실성으로 확대시킨 데 불과하다. 그렇지만 시장구조에 따라 경제주체들은 일반적으로 여러 개의 예산제약에 직면하게 된다. 예산제약식이 많아진다는 것은 그만큼 경제주체의 기회집합이 줄어들어 후생에 부정적인 영향을 미친다는 것을 의미한다.

기대효용이론의 의의와 한계

기대효용이론은 베르누이(D. Bernoulli)가 창안해 폰-노이만과 모겐슈테른(Von-Neumann and O. Morgenstern)에 의해 체계화된 이론으로, 가장 간단하면서도 일반적인 선호서열의 수치 표현방법이다. 기대효용함수는 확률의 일차함수라는 특성으로 인해 편리하므로 여러 가지 분석에 널리 이용되고 있다. 그런데 기대효용이론이 성립하기 위해서는 독립성 공리(independence axiom)가 반드시 성립해야 한다.[2] 알레의 역설(Allais paradox)은 독립성 공리가 일반적으로 성립하지 않는다는 것을 보여줌으로써 기대효용이론이 내포하고 있는 문제점을 지적하였다. 그럼에도 불구하고 기대효용이론은 그 단순명료함으로 인해 여전히 널리 사용되고 있다.

02 위험에 대한 태도

위험에 대한 태도와 공정한 도박

경제주체들이 위험하에서 의사결정을 내리는 경우 결정적으로 중요한 역할을 하는 것이 바로 위험에 대한 태도이다. 전통적으로 위험에 대한 태도는 크게 세 가지로 분류되어 왔다. 위험 기피적 태도, 위험 중립적 태도 및 위험 애호적 태도가 그것이다. 물론 현실적으로는 이 세 가지 태도를 절충한 형태를 예상할 수 있다.

공정한 도박(fair gamble)이란 위험한 기회로부터 예상되는 순기대치(net expected value)가 0인 도박을 말한다. 예를 들어 현재 10만원을 가지고 있는 사람이 동전맞히기 게임에 참여하려 할 경우, 앞면이 나오면 1만원을 얻고 뒷면이 나오면 1만원을 잃는다면 공정한 도박에 참여하는 셈이다. 왜냐하면 0.5 × 11만원 + 0.5 × 9만원 = 10만원으로 원래 가지고 있는 금액과 같기 때문이다. 공정한 도박에 참여하는지 여부에 따라 위험에 대한 세 가지 태도가 구분된다. 이것은 위험에 대한 태도를 구분하는 가장 간단한 기준이지만 유일한 기준은 아니다.

위험 기피적 태도

대부분의 경제주체들은 위험을 기피한다고 가정하는 것이 일반적이다. 그래야

---

2. 독립성 공리는 다음과 같다.

임의의 두 개의 복권 L_1, L_2에 대해 $L_1 \succ L_2$가 성립한다고 하자. 즉, L_2보다 L_1을 선호한다고 하자. 그러면 임의의 복권 L_3에 대해서도 다음과 같은 관계가 성립한다.

$\alpha L_1 \oplus (1-\alpha)L_3 \succ \alpha L_2 \oplus (1-\alpha)L_3,\ 0 < \alpha < 1$

이것은 L_1과 L_3를 결합해 만든 새로운 복권이 L_2와 L_3를 결합해 만든 복권보다 선호된다는 것을 의미한다.

만 왜 수많은 사람들이 다양한 금융상품들을 이용해 포트폴리오를 구성하려는지 설명할 수 있다. 위험을 기피하는 사람들은 공정한 도박의 기회가 있더라도 참여하지 않는 사람으로, 다음과 같은 관계가 성립한다.

공정한 도박에 참여하지 않음 ⇔ 소득의 한계효용이 체감함 ⇔ 원점에 대해 볼록한 무차별곡선을 가지고 있음 ⇔ 위험 프리미엄 > 0

이것은 위험을 기피하는 사람인지 판단하는 기준이 여러 개 있으면서 모두 동일하다는 것을 의미한다. 그리고 이러한 사실은 다른 태도의 경우에도 마찬가지이다.

위험 중립적 태도

경제주체들 가운데는 위험 중립적인 사람도 예상할 수 있다. 이런 타입의 사람은 공정한 도박의 기회에 참여하거나 하지 않는 데 대해 무차별적이다. 그 이유는 위험 중립적인 사람들은 오직 위험한 기회로부터 예상되는 기대치에만 관심이 있기 때문이다. 이 경우에도 다음과 같은 관계가 성립한다.

공정한 도박에 참여하거나 참여하지 않는 데 대해 무차별적임 ⇔ 소득의 한계효용이 일정함 ⇔ 우하향하는 직선의 무차별곡선을 가지고 있음 ⇔ 위험 프리미엄 = 0

위험 애호적인 태도

예외적이지만 경제주체들 가운데는 위험을 애호하는 사람들도 있다. 이들은 공정한 도박이라면 무조건 참여한다. 위험을 무릅쓰고 험한 산에 도전하는 사람들, 모험가들, 그리고 공격적으로 투자하는 사람들은 대부분 위험 애호적이라고 분류할 수 있다. 이들의 경우에도 다음과 같은 관계가 성립한다.

공정한 도박에 참여함 ⇔ 소득의 한계효용이 체증함 ⇔ 원점에 대해 오목한 무차별곡선을 가지고 있음 ⇔ 위험 프리미엄 < 0

그림 2-1

무차별곡선과 위험기피의 정도

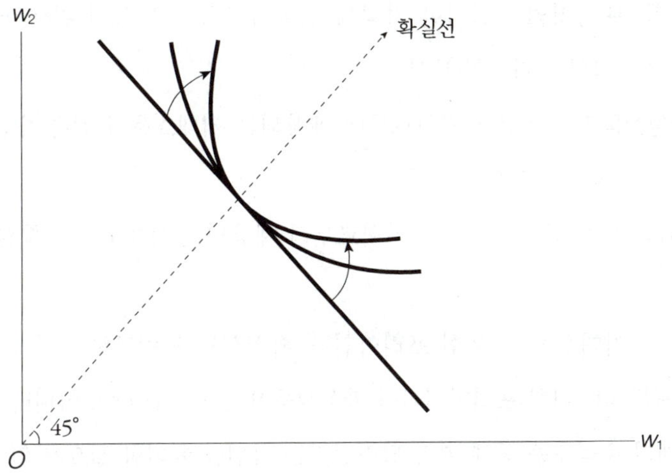

위험기피의 정도

위험 기피적인 사람들의 경우 누가 더 위험을 기피하는가 하는 문제를 생각할 수 있다. 왜냐하면 위험을 기피하는 정도는 사람마다 다르기 때문이다. 그리고 이런 이유로 위험 기피적인 사람들만으로 구성된 사회에서도 위험이 거래될 수 있는 것이다. 여기서 위험을 거래한다는 것은 자신이 감당할 위험을 적절한 대가를 지불하고 다른 사람에게 전가시키는 것을 말한다. 위험기피의 정도와 관련된 가장 간단한 기준은 무차별곡선의 볼록한 정도를 가지고 평가하는 것이다. [그림 2-1]에 나타나 있듯이 원점에 대해 볼록할수록 위험을 더 기피한다고 본다. 따라서 직선의 경우가 가장 위험을 덜 기피하는 셈이며, 이것이 바로 위험 중립적인 경우에 해당한다. 그러므로 위험 중립적 태도는 위험 기피적 태도의 극단적인 형태에 해당한다.

여기서 w_1, w_2는 불확실한 상태에 따라 실현되는 소득을 나타낸다. 따라서 사람들은 위험에 직면해 있다.

위험 프리미엄과 확실성등가

위험을 기피하는 정도를 측정하는 다른 개념으로 위험 프리미엄(risk premium)과 확실성등가(certainty equivalent)가 있다. 이 두 개념은 항상 반대로 움직이며, 다음과 같이 정의된다.

- 위험 프리미엄 : 위험한 기회에 참여하도록 유도하기 위해 지불해야 하는 최소한의 추가적인 보상
- 확실성등가 : 위험한 기회로부터 예상되는 기대효용과 같은 수준의 효용을 얻도록 해주는 확실한 소득

⇨ 위험 프리미엄 = 위험한 기회로부터 예상되는 기대소득 - 확실성등가

따라서 「기대소득 = 위험 프리미엄 + 확실성등가」이므로 이 두 개념은 항상 반대로 움직인다. 위험 프리미엄이나 확실성등가는 고정된 값이 아니라 위험기피의 정도, 현재의 소득수준 등에 따라 달라진다는 사실을 유의할 필요가 있다.

위험 프리미엄과 위험의 거래

위험 프리미엄은 위험의 가격이라고 해석해도 무방하다.[3] 위험의 크기에 따라 적절한 위험 프리미엄이 형성되는 가운데 각종 위험이 시장에서 거래되고 있다. 특히 증권시장은 위험 프리미엄이 반영된 상태에서 각종 주식이나 채권, 선물 또는 옵션 등이 거래되는 대표적인 예이다. 여기서 위험을 거래한다는 것은 곧 위험에 대해 다양한 태도를 가진 경제주체들 간에 위험분담(risk-sharing)이 이루어지고 있다는 것을 의미한다. 위험하에서 자원을 효율적으로 배분한다는 것은 위험분담이 효율적으로 이루어지고 있다는 것을 의미한다. 이를 위해서는 무엇보다도 위험분담의 기회가 넓어져야 한다. 흔히 금융시장이 발달한 선진국일수록 위험분담의 기회가 충분히 제공되고 있다고 보면 된다. 효율적인 위험분담은 최적 위험분담(optimal risk-sharing)이라고도 불린다. 위험하에서 시장경제가 달성해야 할 궁극적인 목표는 최적 위험분담을 실현하는 것이다. 이것은 모든 경제주체들이 동일한 정보(즉, 대칭정보)를 보유한 상태에서 시장이 완비되어 있는 경우 가능하다. 예를 들어 조건부 청구권시장이 형성되어 있다면 시장을 통한 최적 위험분담이 가능하다. 그렇지 않은 경우 위험분담은 일반적으로 비효율적이다. 예를 들어 선물시장(futures markets)

3. 엄밀히 말하면 위험 프리미엄 = 위험의 크기 × 위험의 가격으로 해석하는 것이 옳다.

이 존재한다면 어느 정도 위험분담이 가능하지만, 비효율적인 경우가 일반적이다. 증권시장을 통한 위험분담 또한 일반적으로 비효율적이다. 따라서 시장을 보완하여 완비되도록 한다면 효율적인 위험분담을 통해 모든 경제주체들의 기대효용을 증가시킬 수 있다.

03 위험과 보험

보험

보험은 위험 기피적인 경제주체들이 위험에 대처하도록 해주는 수단으로, 조건부 상품의 대표적인 예이다. 보험의 기능은 보험회사와 보험가입자들 간에 위험분담이 이루어지도록 기회를 제공하는 데 있다. 보통 경쟁적인 보험시장을 다루는 경우 완전한 정보 및 대칭정보를 전제로 한다. 따라서 이러한 보험시장을 통한 위험분담은 효율적이다. 그렇지만 현실적으로는 보험가입자가 자신의 상태에 대해 우월한 정보를 가지고 있는 비대칭정보의 상황이 일반적이다. 이 경우 보험시장을 통해 효율적인 위험분담이 이루어지기 어렵다. 보험시장이 불완전경쟁적인 경우에도 효율적인 위험분담이 이루어지기 어렵다.

공정한 보험과 불공정한 보험

공정한 보험은 보험회사에게 정상이윤(기대이윤 = 0)을 가져다 주는 보험으로, 보험료와 보험금이 일정한 조건(보험료 = 사고확률 × 보험금)을 만족하는 보험을 말한다. 보험의 종류－자동차 보험, 의료보험 및 화재보험－를 막론하고 이 조건이 충족되는 보험은 모두 공정한 보험이다. 경쟁적인 보험시장에서는 궁극적으로 공정한 보험만이 거래된다. 이것은 경쟁시장의 장기균형상태에서 기업은 정상이윤만을 얻는다는 사실과 같다. 그렇지만 일시적으로는 불공정한 보험이 거래될 수도 있다. 이 경우 효율적인 위험분담은 이루어지지만 보험가입자가 어느 정도 위험을 감수해야 하는 것이 차이점이다. [그림 2－2]는 이 두 가지 경우를 비교해 준다.

그림 2-2

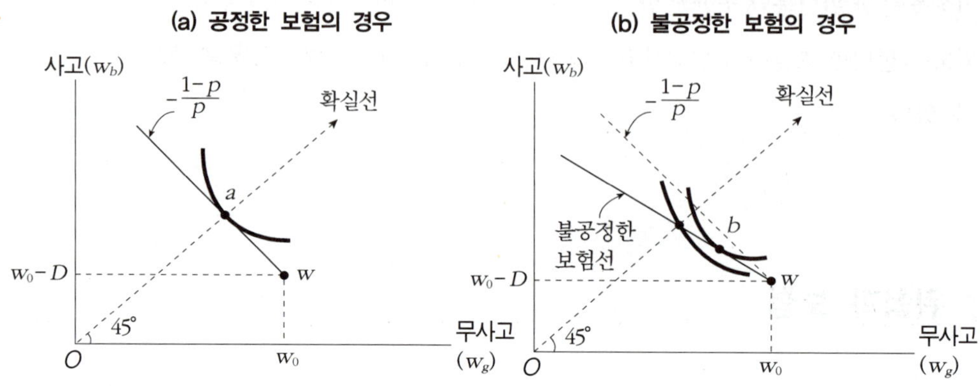

여기서 w_g는 무사고시의 소득을, w_b는 사고시의 소득을 나타낸다. 보험가입 이전의 상태는 w로 나타나 있다. 공정한 보험의 경우 보험가입자의 예산선(공정한 보험선)의 기울기는 $-\frac{1-p}{p}$로서, p는 사고확률을 나타낸다. 불공정한 보험의 경우 예산선의 기울기는 이것보다 완만하다. 공정한 보험의 경우 보험시장의 균형은 a에 해당한다. 이것은 보험회사와 보험가입자 간에 최적 위험분담이 이루어지고 있으며, 동시에 보험가입자는 아무런 위험을 부담하지 않는다는 것을 의미한다. 이것을 완전한 보험(full insurance)이라 부른다. 반면 불공정한 보험의 경우 보험회사와 보험가입자 간에 여전히 최적 위험분담이 이루어지고 있지만, 보험가입자는 완전한 보험에 가입하지 않는 것이 유리하므로 보험시장의 균형은 b에서 이루어진다.[4] 이것은 보험가입자가 어느 정도 위험을 감수하려 한다는 것을 의미한다.

공정한 보험과 위험에 대한 태도

위험 기피적인 사람이라면 그 기피 정도를 막론하고 모두 완전한 보험에 가입하는 가운데 보험시장의 균형이 성립한다. 반면 위험 중립적인 사람은 이러한 보험

---

4. 불공정한 보험의 경우에도 최적 위험분담이 이루어지고 있다는 것은 불공정한 보험선과 무차별곡선이 접하고 있다는 사실로 확인할 수 있다. 주어진 보험조건하에서 보험회사와 보험가입자를 망라해서 한쪽을 희생시키지 않고서는 다른 쪽이 좋아질 수 없다면 최적 위험분담이 이루어지고 있다고 말한다.

에 가입하든 안하든 차이가 없다. 그리고 위험 애호적인 사람은 공정한 보험이라도 전혀 가입하지 않는다. 불공정한 보험의 경우 위험 기피적인 사람은 그 기피의 정도에 따라 일정한 보험에 가입하는 가운데 보험시장의 균형이 성립한다. 물론 매우 불공정한 보험의 경우에는 아무도 보험에 가입하지 않을 수 있다. 위험 중립적인 사람은 불공정한 보험이 주어지면 보험에 가입하지 않는 것이 유리하다. 위험 애호적인 사람은 당연히 보험에 가입하지 않는다.

[보론 1] 국지적 위험기피와 전반적 위험기피

경제주체들은 일반적으로 위험을 기피한다고 가정한다. 그런데 누구나 위험을 기피하더라도 이들 간에 위험의 거래가 가능하다. 그 이유는 경제주체들 간에 위험을 기피하는 정도가 다르기 때문이다. 바로 이러한 차이로 인해 자본시장에서 다양한 위험자산들이 거래되고, 위험분담이 이루어질 수 있는 것이다. 이런 의미에서 위험기피의 정도를 조금 더 상세하게 이해할 필요가 있다.

위험기피는 국지적 위험기피(local risk aversion)와 전반적 위험기피(global risk aversion)로 나누어 살펴볼 필요가 있다. 간단히 말해, 국지적 위험기피는 투자할 수 있는 소득에 작은 변화가 있는 경우 경제주체의 위험기피 행위에 국지적으로 어떤 변화가 있는지 살펴보기 위해 고안된 개념이다. 반면 전반적 위험기피는 경제주체들 간에 누가 더 전반적으로 위험을 기피하는지 파악하기 위해 고안된 개념이다. 따라서 이 두 가지 개념은 상호 보완적이라고 이해하면 된다.

1. 국지적 위험기피

이것은 간단히 말해 소득에 작은 변화가 있을 때 위험을 기피하는 사람들이 보이는 반응을 분석하는 데 적용되는 개념이다. 애로(K. Arrow)와 프랫(J. Pratt)은 독자적으로 국지적 위험기피를 측정하기 위해 절대 위험기피(absolute risk aversion)와 상대 위험기피(relative risk aversion)라는 두 가지 개념을 고안했다.

1) 절대 위험기피

이 개념은 한마디로 자신의 소득을 위험자산(risky asset)과 무위험자산(riskless asset)에 분산투자하는 사람이 소득이 증가하는 경우 위험자산에 투자하는 금액을 증가시키는지 여부에 따라 위험기피의 정도를 측정하려는 것이다. 이를 위해 애로와 프랫은 다음과 같은 절대 위험기피 척도(measure)를 고안했다.

$$R_A(w)^{5} = -\frac{U''(w)}{U'(w)}$$

$R_A(w)$는 소득 w가 증가할 때 증가할 수도 있으며, 감소할 수도 있고 변하지 않을 수도 있다. 그런데 $R_A(w)$가 증가한다는 것은 위험자산에 대한 투자금액이 감소한다는 것을 의미하며, $R_A(w)$가 감소한다는 것은 위험자산에 대한 투자금액이 증가한다는 것을 의미한다. 예를 들어 현재 소득 1,000만원을 위험자산과 무위험자산에 분산투자하고 있는 사람을 생각해 보자. 이 사람은 현재 위험자산에 300만원을 투자하고 있다고 하자. 그런데 소득이 1,100만원으로 증가하는 경우 위험자산에 대한 투자액을 400만원으로 증가시킨다면 이 사람의 절대 위험기피는 감소한다고 말한다. 만약 위험자산에 대한 투자액을 200만원으로 줄인다면 절대 위험기피는 증가한다고 말한다. 절대 위험기피의 정도가 반드시 증가하거나 아니면 감소해야 한다는 법칙은 없다. 이것은 단지 소득이 조금 변하는 경우 위험 기피적인 경제주체의 행동을 예측하는 데 도움을 줄 뿐이다.

2) 상대 위험기피

이 개념은 한마디로 소득에 작은 변화가 있을 때 위험자산에 대한 투자비율이 어떻게 변하는가를 측정함으로써 경제주체의 위험기피 행위를 분석하려는 것이다. 이를 위해 애로와 프랫은 다음과 같은 상대 위험기피 척도를 고안했다.

$$R_R(w)^{6} = -\frac{wU''(w)}{U'(w)}$$

---

5. 절대 위험기피 척도는 소득의 한계효용 변화율을 한계효용으로 나눈 값에 "−"를 붙인 것이다. 따라서 이것은 한계효용의 변화율을 정규화(normalization)한 것이다.

6. 상대 위험기피 척도는 절대 위험기피 척도에 소득 w를 곱한 값이다. 이 척도를 변형시키면 "한계효용의 소득탄력성"이라는 해석이 가능하다. 즉, 이 척도는 소득이 변할 때 한계효용이 얼마나 빨리 변하는

소득 w가 증가할 때 $R_R(w)$가 증가한다는 것은 위험자산에 대한 투자비율이 감소한다는 것을 의미하며, $R_R(w)$가 하락한다는 것은 위험자산에 대한 투자비율이 증가한다는 것을 의미한다. 예를 들어 앞에서와 같이 현재 소득 1,000만원을 위험자산에 300만원, 무위험자산에 700만원 투자한 사람이 소득이 1,100만원으로 증가할 때 위험자산에 400만원, 무위험자산에 700만원을 투자한다면 $R_A(w)$와 $R_R(w)$ 모두 감소한다. 왜냐하면 위험자산에 대한 투자비율이 종전의 30%에서 36.4%로 증가하기 때문이다. 만약 위험자산에 대한 투자액이 200만원으로 감소한다면 $R_A(w)$와 $R_R(w)$ 모두 증가한다. 왜냐하면 위험자산에 대한 투자비율이 30%에서 18.2%로 감소하기 때문이다. 그렇지만 이 두 가지 척도가 항상 같은 방향으로 움직이는 것은 아니다. 예를 들어 위험자산에 대한 투자액이 310만원으로 증가한다면 $R_A(w)$는 감소하지만 $R_R(w)$는 증가한다. 왜냐하면 위험자산에 대한 투자비율이 30%에서 28.2%로 감소하기 때문이다. 이와 같이 절대 위험기피와 상대 위험기피는 모두 소득에 작은 변화가 있는 경우 위험을 기피하는 경제주체의 행동에 어떤 변화가 발생하는지를 측정해 준다는 의미에서 국지적 위험기피를 측정하는 데 적용된다.

2. 전반적 위험기피

위험을 기피하는 경제주체들의 경우 어느 한 사람은 다른 사람보다 어떤 경우에는 위험을 더 기피하지만, 다른 경우에는 덜 기피할 수도 있다. 이런 경우에는 앞에서 설명한 국지적 위험기피의 개념이 적용된다. 그렇지만 어느 한 사람이 어떤 경우에나 다른 사람보다 더 위험을 기피할 수 있다. 이것은 어떤 종류의 위험에 직면하든, 그리고 어떤 소득수준에서 측정하든 항상 성립할 수 있다. 이 경우 우리는 전반적 위험기피의 개념을 적용할 수 있다. 예를 들어 두 명의 경제주체 1, 2가 있는데 어떤 종류의 위험에 노출되더라도, 그리고 어떤 소득수준에서 측정하더라도 경제주체 1이 경제주체 2보다 위험을 더 기피한다면 경제주체 1이 전반적으로 위험을 더 기피한다고 말할 수 있다. 여기서 중요한 것은, 그러면 과연 어떤 조건이 충족되는

가를 측정해 준다.

경우 한 사람이 다른 사람보다 전반적으로 위험을 더 기피한다고 평가할 수 있는지 정확하게 정의하는 것이다. 다음의 3가지 조건은 동일하다는 것이 입증되었다.

1) 모든 소득수준 w에서 $R_A^1(w) \geq R_A^2(w)$가 성립하면 경제주체 1이 전반적으로 위험을 더 기피한다.
2) 모든 소득수준과 위험에 대해 각 경제주체의 위험 프리미엄(RP)을 비교하는 경우 $RP_1(w) \geq RP_2(w)$이면 경제주체 1이 전반적으로 위험을 더 기피한다.
3) 경제주체 1의 효용함수가 $U_1(w)$이고, 경제주체 2의 효용함수가 $U_2(w)$인 경우 $U_1(w) = f(U_2(w))$를 만족하는 오목한 함수 $f(\cdot)$가 존재한다면 경제주체 1이 전반적으로 더 위험을 기피한다.

먼저 조건 1)은 국지적 위험기피와 전반적 위험기피가 밀접하게 관련되어 있음을 말해준다. 어떤 소득수준에서 평가하더라도 절대 위험기피 척도가 항상 큰 사람이 전반적으로 위험을 더 기피한다고 말할 수 있다. 만약 소득수준에 따라 때로는 경제주체 1의 절대 위험기피 척도가 더 크고, 때로는 경제주체 2의 척도가 더 크다면 전반적으로 누가 더 위험을 기피하는지 평가할 수 없다. 2)의 조건도 마찬가지이다. 어떤 소득수준에서 비교하든, 그리고 어떤 종류의 위험에 직면하든 항상 더 큰 위험 프리미엄을 요구한다면 전반적으로 위험을 더 기피한다고 말할 수 있다. 3)의 경우는 간단히 말해 소득의 한계효용이 더 빠른 속도로 체감하는 사람이 위험을 더 기피한다고 이해하면 된다. 이 조건에 맞는 예로 다음과 같은 두 가지 효용함수를 생각해 보자.

$$U_1(w) = w^{0.25},\ U_2(w) = w^{0.5}$$

이 두 효용함수는 밀접하게 관련되어 있음을 알 수 있다. 왜냐하면 $U_1(w) = f(U_2(w)) = [U_2(w)]^{0.5} = w^{0.25}$이기 때문이다. 따라서 $U_1(w)$가 $U_2(w)$보다 더 오목한 효용함수이다. [그림 2-3]은 위험한 기회에 대해 이 두 가지 효용함수를 가지고 기대효용을 측정하는 경우를 보여주고 있다. 편의상 현재 w_0의 소득을 투자하는 경제주체 1, 2는 w_1이나 w_2의 결과를 예상하고 있다고 하자. $E(w)$는 기대치를 나타낸다.

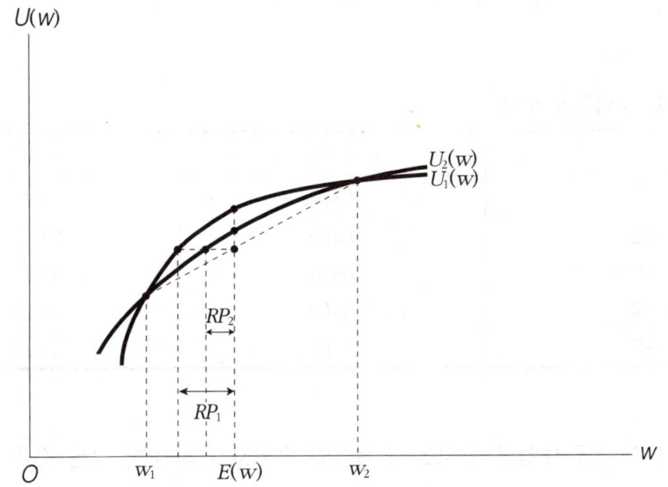

그림 2-3 전반적 위험기피의 비교

이 그림에서 알 수 있듯이 경제주체 1의 경우 위험 프리미엄은 RP_1이고, 경제주체 2의 경우 위험 프리미엄은 RP_2로서, $RP_1 > RP_2$이다. 그리고 이런 관계는 어떤 종류의 위험에 직면하는 경우에도 성립한다. 그래서 조건 1)과 조건 3)은 동일하다고 말하는 것이다.

[보론 2] 위험과 정보 : 정보의 가치

앞에서 간단히 언급했듯이 위험이 존재하는 경우에만 정보가 가치를 갖는다. 이 경우 문제는 정보의 가치를 어떻게 측정하는가에 있다. 여기서는 다음과 같은 간단한 모형을 이용해 정보의 가치를 측정하는 방법을 살펴보고자 한다.

신규사업에 투자하려는 기업을 생각해 보자. 미래가 불확실한 상태에서 이 기업에게 중요한 것은 미래의 환율이다. 이 기업은 환율의 상승(r) 또는 하락(f)에 관심이 있다. 따라서 이 기업은 두 개의 불확실한 상태(s)에 직면해 있는 셈이다. 그리고 현재 환율이 상승 또는 하락할 확률이 각각 $p(r) = 0.6$, $p(f) = 0.4$로 예상되고 있다고 하자. 이것을 선험적 확률(prior probability) 또는 선험적 정보(prior information)라 부른다. 현재 이 기업은 일정한 자금을 투자할 대상으로 5가지 신규사업을 비교하고 있다고 하자. 각 신규사업으로부터 예상되는 수익은 다음의 표에서와 같이 미래의 환율에 영향을 받는다고 가정한다.

■ **신규사업의 수익구조 비교**

	$s = r$	$s = f$
$P1$	$R1(r)$	$R1(f)$
$P2$	$R2(r)$	$R2(f)$
$P3$	$R3(r)$	$R3(f)$
$P4$	$R4(r)$	$R4(f)$
$P5$	$R5(r)$	$R5(f)$

여기서 각 신규사업의 수익을 구체적인 수치로 나타내지 않은 것은 문제를 단순화하기 위한 것으로 이해하기 바란다. 이제 더 이상 추가정보가 없다면 이 기업은 주어진 자료에 근거해 자신의 기대효용(또는 기대이윤)을 극대화하는 신규사업에 투자할 것이다. 편의상 이 사업은 $P1$임이 확인되었다고 하자. 이 경우 이 기업의 기대효용은 다음과 같이 측정된다.

$$V(0) = p(r) \times U(R1(r)) + p(f)U(R1(f))$$

따라서 더 이상의 정보가 없다면 이 기업은 신규사업 $P1$에 투자하는 것으로 결론을 내리고 말 것이다.

이제 이 기업이 신규사업을 선정하기 전에 세계적으로 명성이 있는 환율 예측기관에 미래의 환율에 대한 예측을 의뢰하고자 한다고 하자. 이 기업은 이 예측기관이 제공하는 정보(신호)에 따라 신규사업을 선정하려고 한다. 이 예측기관은 한 달 후에 환율에 대한 예측결과(정보)를 제공할 예정인데, 그 내용은 환율상승(y_r)이거나 환율하락(y_f)이라는 메시지(또는 정보신호)로 요약된다. 그런데 이 예측기관이 제공하는 정보의 질은 다음과 같은 행렬로 요약된다고 하자.

$$\begin{bmatrix} p(y_r/r) & p(y_f/r) \\ p(y_r/f) & p(y_f/f) \end{bmatrix} = \begin{bmatrix} 0.9 & 0.1 \\ 0.1 & 0.9 \end{bmatrix}$$

문헌에서는 이 행렬을 우도행렬(likelihood matrix)이라 부른다. 이 행렬의 의미는 간단하다. 예를 들어 $p(y_r/r) = 0.9$라는 것은 실제로 환율이 상승하는 경우 이 예측기관이 정확하게 상승할 것이라는 정보신호를 제공할 확률이 0.9임을 나타낸다. 이것은 10번 중 9번은 정확하게 맞추는 수준의 정보임을 의미한다. $p(y_f/r) = 0.1$은 실제로는 환율이 상승할 것인데 반대로 하락할 것으로 잘못 예측할 확률이 0.1임을 의미한다. 즉, 10번 중 1번은 실수한다는 뜻이다. 나머지의 경우도 마찬가지 방법으로 해석된다. 만약 이 우도행렬이 다음과 같이 단위행렬(identity matrix)의 형태를 갖는다면 이 예측기관은 완전한 정보를 제공한다고 말한다.

$$\begin{bmatrix} p(y_r/r) & p(y_f/r) \\ p(y_r/f) & p(y_f/f) \end{bmatrix} = \begin{bmatrix} 1 & 0 \\ 0 & 1 \end{bmatrix}$$

따라서 여기서 환율에 관해 이 예측기관이 제공하는 정보는 완전한 정보는 아니고 불완전한 정보에 해당한다.

이제 우리는 원래 주어진 선험적 확률과 우도행렬을 이용해 기업이 의사결정을 내리기 위해 필요한 사후적 확률(posterior probability)을 계산할 수 있다. 이 과정에서 조건부 확률(conditional probability)과 베이즈 법칙(Bayes' rule)이 응용된다. 기업의 입장에서는 한 달 후 예측기관에서 어떤 메시지를 보낼지 모르는 상태에서 환율예측을 의뢰해야 한다. 따라서 이 기업은 모든 가능한 경우를 감안해 의사결정을 해야 한다. 먼저 예측기관에서 y_r(상승)이라는 메시지를 보내는 경우와 y_f(하락)라는 메시지를 보내는 경우를 구별해 계획을 수립해야 한다. 따라서 우리는 기업의 의사결정 과정을 다음과 같이 나누어 살펴보아야 한다.

1) $y = y_r$인 경우

이 경우 기업이 의사결정 과정에서 고려해야 하는 사후적 확률은 다음과 같이 수정된다.

$$p(r/y_r) = \frac{p(y_r, r)}{p(y_r)}$$
$$= \frac{p(y_r/r)p(r)}{p(y_r, r) + p(y_f, f)}$$
$$= \frac{p(y_r/r)p(r)}{p(y_r/r)p(r) + p(y_r/f)p(f)}$$

$$p(f/y_r) = \frac{p(y_r, f)}{p(y_r)}$$
$$= \frac{p(y_r/f)p(f)}{p(y_r, r) + p(y_f, f)}$$
$$= \frac{p(y_r/f)p(f)}{p(y_r/r)p(r) + p(y_r/f)p(f)}$$

이 예에서는 $p(r) = 0.6$, $p(f) = 0.4$로 주어졌고, 우도행렬에 의하면 $p(y_r/r) = 0.9$, $p(y_r/f) = 0.1$이므로 이들을 대입해 사후적 확률을 구하면 $p(r/y_r) = \frac{27}{29}$, $p(f/y_r) = \frac{2}{29}$이다.

이 사후적 확률에 근거해 5개의 신규사업을 비교해 보니 $P2$가 기대효용을 극대화한다고 하자. 이 경우 기대효용은 다음과 같이 측정된다.

$$V(y_r) = p(r/y_r) \times U(R2(r)) + p(f/y_r) \times U(R2(f))$$
$$= \frac{27}{29} \times U(R2(r)) + \frac{2}{29} \times U(R2(f))$$

2) $y = y_f$인 경우

이 경우 기업이 의사결정 과정에서 고려해야 하는 사후적 확률은 다음과 같이 수정된다.

$$p(r/y_f) = \frac{p(y_f, r)}{p(y_f)}$$
$$= \frac{p(y_f/r)p(r)}{p(y_f, r) + p(y_f, f)}$$
$$= \frac{p(y_f/r)p(r)}{p(y_f/r)p(r) + p(y_f/f)p(f)}$$

$$p(f/y_f) = \frac{p(y_f, f)}{p(y_f)}$$
$$= \frac{p(y_f/f)p(f)}{p(y_f, r) + p(y_f, f)}$$
$$= \frac{p(y_r/f)p(f)}{p(y_f/r)p(r) + p(y_f/f)p(f)}$$

앞에서와 마찬가지 방법으로 사후적 확률을 구하면 $p(r/y_f) = \frac{1}{7}$, $p(f/y_f) = \frac{6}{7}$이다. 이 사후적 확률에 근거해 5개의 신규사업을 비교해 보니 $P3$가 기대효용을 극대화한다고 하자. 이 경우 기대효용은 다음과 같이 측정된다.

$$V(y_f) = p(r/y_f)U(R3(r)) + p(f/y_f)U(R3(f))$$
$$= \frac{1}{7} \times U(R3(r)) + \frac{6}{7} \times U(R3(f))$$

그런데 이 기업은 예측기관이 어떤 메시지를 보낼지 모르는 상태에서 신규사업을 선정해야 한다. 따라서 이 기업에게 정보의 가치는 다음과 같이 측정되어야 한다.

$$V(y) = p(y_r) \times V(y_r) + p(y_f) \times V(y_f)$$
$$= p(y_r) \times [\frac{27}{29} \times U(R2(r)) + \frac{2}{29} \times U(R2(f))]$$
$$+ p(y_f) \times [\frac{1}{7} \times U(R3(r)) + \frac{6}{7} \times U(R3(f))]$$

그러면 여기서 예측기관이 y_r 또는 y_f라는 메시지를 보낼 확률, $p(y_r)$과 $p(y_f)$는 어떻게 구할 수 있는가? 우리는 앞에서 사후적 확률을 구하는 과정에서 $p(y_r) = p(y_r/r)p(r) + p(y_r/f)p(f)$, $p(y_f) = p(y_f/r)p(r) + p(y_f/f)p(f)$가 성립한다는 것을 알고 있다. 따라서 여기에 선험적 확률과 우도행렬의 확률을 대입하면 $p(y_r)$과 $p(y_f)$를 구할 수 있다. 여기서는 $p(y_r) = 0.58$, $p(y_f) = 0.42$이다. 그러므로 이 예에서 정보의 가치는 다음과 같다.[7]

---

7. 이 예에서는 불완전한 정보를 가정했기 때문에 정보의 가치를 계산하는 과정이 다소 복잡하다. 현실적으로 얻을 수 있는 정보는 불완전한 경우가 일반적이므로 이런 경우를 분석할 필요가 있기 때문에 여기서는 일부러 이러한 예를 선택했다. 만약 정보가 완전하다면 모든 계산과정은 간단해진다. 먼저 $y = y_r$이 주어지는 경우 사후적 확률은 $p(r/y_r) = 1$, $p(f/y_r) = 0$이다. 그리고 $y = y_f$가 주어지는 경우 사후적 확률은 $p(r/y_f) = 0$, $p(f/y_f) = 1$이다. 나아가서 $p(y_r) = p(r) = 0.6$, $p(y_f) = p(f) = 0.4$로 간단히 구할 수 있다. 즉, 완전한 정보의 경우 각각의 메시지(정보신호)를 얻을 확률은 선험적 확률과 일치한다. 이것이 바로 완전한 정보를 가정하는 경우의 편리함이다. 그렇지만 일반적인 경우를 알아두면 더 편리하다.

$$
\begin{aligned}
V(y) &= p(y_r) \times V(y_r) + p(y_f) \times V(y_f) \\
&= 0.58 \times [\frac{27}{29} \times U(R2(r)) + \frac{2}{29} \times U(R2(f))] \\
&\quad + 0.42 \times [\frac{1}{7} \times U(R3(r)) + \frac{6}{7} \times U(R3(f))]
\end{aligned}
$$

이것이 바로 사전적 관점에서 정보를 이용하는 경우 예상되는 기대효용이다. 따라서 기업의 입장에서는 정보를 이용하지 않는 경우와 비교해 충분히 가치가 있다고 판단되는 경우에는 일정한 정보비용을 지불하고라도 정보를 이용하는 것이 바람직하다. 즉, $V(y) > V(0)$인 경우에 한해 정보를 이용하는 것이 바람직하다. 이 경우에만 정보가 일정한 가치를 갖는다고 말한다. 예를 들어 이 경우 어떤 메시지가 주어지더라도 기업의 입장에서는 신규사업 1을 선정하는 것이 가장 바람직하다고 하자. 그러면 정보를 이용하는 경우와 그렇지 않은 경우에 아무런 차이가 없다. 이 경우 $V(y) = V(0)$이다. 따라서 정보를 이용하지 않는 경우와 비교해 의사결정에 변화가 있다면 정보는 반드시 일정한 가치를 갖는다는 사실을 알 수 있다.

CHAPTER 02

04 응용문제와 해설

4.1 위험에 대한 태도와 의사결정

Question
문제 01

갑이 소득으로부터 얻는 효용이 $U(w) = w^{0.5}$와 같이 측정된다고 하자.

1) 갑은 위험에 대해 어떤 태도를 보이겠는가? 그리고 그 이유는 무엇인가?
2) 갑은 친구의 권유로 4억원을 주식에 투자하려고 한다. 성공하는 경우에는 9억원을 회수할 수 있고, 실패하는 경우에는 2억 2천 5백만원만 회수할 수 있을 것으로 예상된다. 그리고 성공확률은 0.3이라 하자. 갑이 주식에 투자하겠는지 설명하라.

3) 을이 소득으로부터 얻는 효용이 $U(w) = 10 + 2w^{0.5}$와 같이 측정된다고 할 때 2)와 같은 제안을 받으면 어떻게 행동하겠는지 설명하라.

Answer
해설

이 문제의 핵심은 위험 기피적인 사람의 행동을 이해하는 데 있다.

1) 갑의 효용함수에 의하면 소득의 한계효용이 체감한다. 따라서 갑은 위험 기피적인 태도를 가진다.
2) 주식에 투자하는 경우의 기대효용과 그렇지 않은 경우의 기대효용을 비교하면 된다.

 주식에 투자하는 경우의 기대효용 :

 $EU = 0.3 \times 9^{0.5} + 0.7 \times 2.25^{0.5} = 1.95$

 그대로 있는 경우의 기대효용 :

 $U(4) = 4^{0.5} = 2$

 ⇨ $1.95 < 2$이므로 갑은 주식에 투자하지 않는다.

3) 을의 경우 갑과는 다른 효용함수를 가지고 있는 것처럼 보이지만 사실상 차이가 없다. 즉, 위험을 기피하는 정도 면에서 갑과 을은 전적으로 동일하다. 그러므로 을도 주식에 투자하지 않는다.

Question
문제 02

외국의 도시에서는 도로에 주차미터기를 설치해 운영하고 있다. 시 당국은 이것을 점검하는 사람을 고용하기 위해 얼마를 지출해야 하는지 살펴보고 있다. 다음과 같은 정보가 시장에 주어져 있다고 하자.

- 주차미터기를 점검하는 관리인 한 사람당 소요되는 비용은 연간 1,000만원이다.
- 한 사람의 관리인을 채용하는 경우 운전자가 불법주차로 딱지를 받을 확률은

0.25이다.

- 두 사람의 관리인을 채용하는 경우 운전자가 불법주차로 딱지를 받을 확률은 0.5, 세 사람의 관리인을 채용할 경우에는 불법주차 딱지를 받을 확률이 0.75, 그리고 네 사람의 관리인을 채용할 경우에 딱지를 받을 확률은 1이다.
- 두 사람의 관리인이 채용될 경우 주차위반에 대한 벌금은 20,000원이다.

1) 모든 운전자가 위험 중립적이라고 하자. 시 당국에서는 주차관리에서 항상 손익을 맞추고자 한다. 즉, 「주차관리에 소요되는 비용 = 벌금징수 수입」이 유지되기를 원한다. 이 경우 운전자의 입장에서는 몇 명의 관리인이 고용되는 것이 가장 바람직하겠는지 설명하라.

2) 운전자들이 위험 기피적이라고 하면 1)에서의 당신의 답은 어떻게 변하는지 설명하라.

3) 운전자들이 주차위반 벌금에 대해 보험에 가입하기를 원한다면 당신은 어떻게 하겠는가? 그러한 보험을 허용하는 것이 좋은 정책인지 설명하라.

Answer
해설

이 문제의 핵심은 위험에 대한 태도가 시사하는 바를 정확하게 이해하는 데 있다.

1) 먼저 우리는 문제에서 주어진 정보로부터 전체 불법주차 운전자의 수(N)를 찾아야 한다. 이것은 비용과 수익이 같다는 것을 이용해 풀면 되는데, 두 사람의 관리인을 고용할 때의 비용은 20,000,000원이고, 두 사람의 관리인이 불법주차를 적발함으로써 예상되는 기대수입은 전체 불법주차 운전자 수의 50%에 20,000원의 벌금(F)을 부과해 징수하는 총액이다.

$$20{,}000{,}000 = N \times 0.5 \times 20{,}000$$

따라서 전체 불법주차 운전자의 수는 2,000명이다.
이것을 기초로 하여 관리인 수에 따른 벌금의 크기를 계산해 보면 다음과 같다.

i) 1명의 관리인을 고용하는 경우

적발되는 불법주차 운전자의 수 : $N_1 = 2{,}000 \times 0.25 = 500$명

벌금 : $500 \times F_1 = 10{,}000{,}000$ ➡ $F_1 = 20{,}000$원

ii) 2명의 관리인을 고용하는 경우

적발되는 불법주차 운전자의 수 : $N_2 = 2{,}000 \times 0.5 = 1{,}000$명

벌금 : $1{,}000 \times F_2 = 20{,}000{,}00$ ➡ $F_2 = 20{,}000$원

iii) 3명의 관리인을 고용하는 경우

적발되는 불법주차 운전자의 수 : $N_3 = 2{,}000 \times 0.75 = 1{,}500$명

벌금 : $1{,}500 \times F_3 = 30{,}000{,}000$ ➡ $F_3 = 20{,}000$원

iv) 4명의 관리인을 고용하는 경우

적발되는 불법주차 운전자의 수 : $N_4 = 2{,}000 \times 1 = 2{,}000$명

벌금 : $2{,}000 \times F_4 = 40{,}000{,}000$ ➡ $F_4 = 20{,}000$원

운전자들이 위험 중립적이기 때문에 예상되는 벌금의 크기가 그들의 관심사가 될 것이다. 예상되는 벌금이란「벌금 × 적발확률」이다. 따라서 관리인을 1명만 고용하는 경우에는 5,000원, 2명을 고용하는 경우에는 10,000원, 3명을 고용하는 경우에는 15,000원, 4명을 고용하는 경우에는 20,000원이다. 그러므로 위험 중립적인 운전자의 입장에서는 1명의 관리인이 고용되는 것이 최선이다.

2) 관리인의 숫자가 달라짐에 따라 운전자들이 예상할 수 있는 상황은 다음과 같이 복권으로 나타낼 수 있다.

$L_1 = [-20{,}000\text{원}, 0\ ;\ 0.25, 0.75]$

$L_2 = [-20{,}000\text{원}, 0\ ;\ 0.5, 0.5]$

$L_3 = [-20{,}000\text{원}, 0\ ;\ 0.75, 0.25]$

$L_4 = [-20{,}000\text{원}, 0\ ;\ 1.0, 0]$

이 네 개의 복권에서 경품은 모두 동일하고 확률만 다르다. 나쁜 결과가 발생할 확률은 L_1이 가장 낮으므로 위험 기피적인 운전자는 여전히 L_1을 가장 선호한다. 즉, 그는 주차관리인을 1명만 고용하는 경우를 가장 선호한다.

3) 주차위반으로 적발되어 벌금을 내는 것은 사고에 해당한다. 따라서 만약 공정한 보험이 제공된다면 위험을 기피하는 경우에는 가입하는 것이 유리하며, 위험 중립적인 경우에는 무차별적이다. 예를 들어 2명의 관리인이 고용되는 경우 사고

액은 20,000원이고 공정한 보험의 조건에 의해「보험료 = 사고확률 × 보험금」이므로 10,000원의 보험료를 내는 보험이 제시되면 당연히 가입하는 것이 유리하다. 위험 중립적이라면 이러한 보험에 대해 무차별적이다. 따라서 공정한 보험이 제공되는 한 운전자들에게는 이 보험에 가입하는 것이 유리하다. 물론 불공정한 보험이 제시되는 경우에는 운전자의 위험기피의 정도에 따라 가입하는 것이 유리할 수도 있고 불리할 수도 있다.

Question 문제 03

갑의 효용함수가 다음과 같다고 하자.

$U(w) = 10w^{0.5} + 1{,}000$

여기서 w는 소득을 나타낸다고 할 때 다음 질문에 답하라.

1) 갑의 위험에 대한 태도에 대해 설명하라.
2) 갑은 현재의 직장에서 매월 100만원을 받고 있는데, 새로운 일자리를 제안받았다. 그런데 이 일자리를 택하는 경우 호황시에는 169만원의 보수를 받고, 불황시에는 81만원의 보수를 받는다고 하자. 그리고 호황일 확률은 0.7, 불황일 확률은 0.3으로 예상된다고 하자. 갑은 과연 이 일자리를 선택할 것인지 설명하라.
3) 만약 갑이 새로운 일자리를 택하는 경우 예상되는 소득 위험에 대비해 보험에 가입할 의사가 있는가? 만약 보험에 가입한다면 얼마의 보험료를 내려고 하겠는지 설명하라. 단, 공정한 보험이 제공된다고 가정한다.

Answer 해설

이 문제의 핵심은 위험 기피적인 경제주체의 의사결정에 관해 정확하게 이해하는 데 있다.

1) 주어진 효용함수의 특징은 소득의 한계효용이 체감한다는 것이다. 이것은 갑이 위험을 기피한다는 것을 의미한다.

그림 **2-4**

공정한 보험하에서 최적 보험

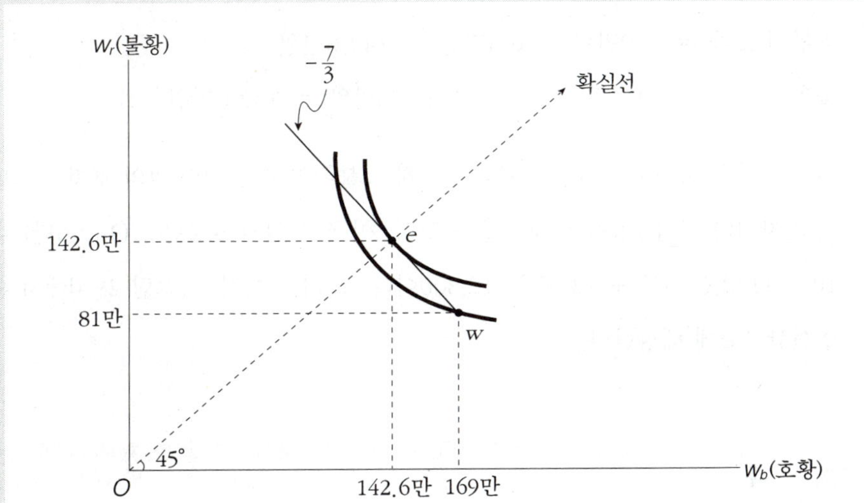

2) 갑의 효용함수에 대입하면 확실하게 100만원을 받는 경우의 효용은 U(100만) = 10,000 + 1,000 = 11,000이다. 반면 불확실한 소득으로부터의 기대효용은 $EU = 0.7 \times 14{,}000 + 0.3 \times 10{,}000 = 12{,}800$이다. 따라서 새로운 일자리로부터의 기대효용이 더 크므로 갑은 이 일자리를 택할 것이다.

3) 새로운 일자리를 선택하는 경우 갑이 예상하는 소득은 조건부 소득으로 다음과 같이 나타낼 수 있다.

$w = (w_b,\ w_r) = $ (169만, 81만)

여기서 w_b는 호황시의 소득, w_r은 불황시의 소득을 의미한다.
이때 공정한 보험이 제공되므로 갑은 모든 위험을 제거하는 보험에 가입하는 것이 최선이다. 이 경우 보험료와 보험금은 다음과 같이 계산된다. 먼저 소득의 차이를 구하면 88만원이다. 그리고 여기서 사고확률은 불황일 확률이므로 0.3이다. 따라서 공정한 보험의 조건에 대입하면 보험료는 다음과 같다.

보험료 = 0.3 × 88만원 = 26.4만원

이만큼의 보험료를 지불하고 보험에 가입하는 경우 예상되는 소득의 조합은 다음과 같다.

호황시 소득 = 169만원 - 26.4만원 = 142.6만원

불황시 소득 = 81만원 - 26.4만원 + 88만원 = 142.6만원

따라서 갑은 보험료로 26.4만원을 지불하고 불황인 경우 88만원의 보험금을 탄다면 자신의 기대효용을 극대화할 수 있다. 이 경우 갑의 효용은 U(142.6만) = 10 × (142.6만)$^{0.5}$ + 1,000 > 12,800이다. 그리고 이것은 [그림 2-4]에서 확실선상의 e에 해당한다.

Question 문제 04

한 투자가 갑이 1억원의 자금을 투자하는 경우 성공하면 4억원을 벌고 실패하면 0.36억원만을 회수할 수 있다고 할 때 다음 질문에 답하라. 단, 성공할 확률은 0.3, 실패할 확률은 0.7로 예상된다고 하자.

1) 갑은 $U(w) = w^{0.5}$와 같은 효용함수를 가지고 있다고 할 때 이 위험한 투자의 확실성등가와 위험 프리미엄은 얼마인가? 여기서 w는 소득을 나타낸다.
2) 갑은 이 위험한 기회에 투자하겠는지 설명하라.
3) 만약 다른 사람 을의 효용함수가 $V(w) = w^{0.25}$와 같다면 갑과 비교해 을의 확실성등가와 위험 프리미엄은 어떻게 바뀌겠는가? 그리고 을은 어떻게 행동하겠는지 설명하라.

Answer 해설

이 문제의 핵심은 위험한 기회에 투자하는 경우 이와 관련된 위험 프리미엄과 확실성등가를 정확하게 이해하는 데 있다.

1) 확실성등가의 정의에 의하면 이것은 위험한 기회로부터 예상되는 기대효용과 동일한 효용을 가져다 주는 확실한 소득이다. 따라서 갑의 확실성등가를 w_a라 할 때 이것은 다음의 관계를 만족하는 값이다.

$$U(w_a) = 0.3 \times (4억)^{0.5} + 0.7 \times (0.36억)^{0.5}$$
$$= 0.3 \times 20{,}000 + 0.7 \times 6{,}000 = 10{,}200$$

따라서 확실성등가는 $w_a = (10{,}200)^2 \fallingdotseq 1.04$억원이다. 한편 위험 프리미엄은 「위험한 기회의 기대소득 - 확실성등가」이므로 「1.452억원 - 1.04억원」 = 0.412억원이다.

2) 위험한 기회의 확실성등가는 1.04억원인데, 갑은 현재 1억원을 투자해야 한다. 따라서 갑의 경우 투자하는 것이 더 유리하므로 투자한다. 즉, 위험한 기회로부터의 기대효용이 투자하지 않는 경우의 효용보다 크기 때문에 투자하는 것이 유리하다.

3) 을의 효용함수와 갑의 효용함수를 비교하면 $V(w) = w^{0.25} = (w^{0.5})^{0.5} = [U(w)]^{0.5}$이다. 이것은 을이 갑보다 더 위험을 기피한다는 것을 의미한다. 따라서 을의 확실성등가는 갑의 확실성등가보다 작고 위험 프리미엄은 증가한다. 을의 확실성등가를 w_b라 하고 구체적으로 계산하면 다음과 같다.

$$V(w_b) = 0.3 \times (20{,}000)^{0.5} + 0.7 \times (6{,}000)^{0.5}$$
$$\fallingdotseq 0.3 \times 141.4 + 0.7 \times 77.46 = 96.64$$

따라서 $w_b = (96.64)^4 \fallingdotseq 0.872$억원이다. 그러므로 을의 위험 프리미엄은 「1.452억원 - 0.872억원」 = 0.58억원이다. 확실성등가가 1억원보다 작기 때문에 을은 이 위험한 기회에 투자하지 않는 것이 유리하다.

Question
문제 05

내기에 관심 있는 인호의 효용함수는 $U(w) = w^{0.5}$이다. w는 소득을 나타낸다. 인호는 현재 10만원을 갖고 있는데 두 개의 주사위를 던져 나오는 숫자의 합이 6 이하이면 내기에 건 돈만큼을 상금으로 받고 7 이상이면 내기에 건 돈의 절반을 잃는 게임에 참여하려 한다.

1) 이 게임은 공정한 게임인지 아니면 불공정한 게임인지 설명하라.

2) 인호가 6만원을 내기에 건다면 기대효용은 얼마인가?

3) 인호가 10만원을 모두 내기에 건다면 기대효용은 얼마인가?

4) 인호는 이 두 개의 위험한 기회와 내기에 참여하지 않는 것 가운데 어느 쪽을 선호하겠는가?

5) 인호는 10만원 중 얼마를 내기에 거는 것이 가장 유리한가?

Answer
해설

이 문제의 핵심은 게임의 공정성 여부와 기대효용극대화 간의 관계를 정확하게 이해하는 데 있다.

1) 인호가 내기에 거는 돈을 x라 하자. 물론 $0 \leq x \leq 10$만원이다. 이 경우 인호의 순기대치는 다음과 같다.

$$\frac{5x}{12} - \frac{7x}{24} = \frac{3x}{24} > 0$$

x가 얼마든 순기대치가 0보다 크므로 이것은 유리한 게임이다.

2) 두 개의 주사위를 던져 숫자의 합이 6 이하일 확률은 $\frac{5}{12}$이고, 7 이상일 확률은 $\frac{7}{12}$이므로 인호가 6만원을 내기에 거는 경우 예상되는 결과는 다음과 같이 복권 L_1으로 나타낼 수 있다.

$$L_1 = [16\text{만}(\tfrac{5}{12}),\ 7\text{만}(\tfrac{7}{12})]$$

따라서 인호의 기대효용 $V(L_1)$은 다음과 같다.

$$V(L_1) = \frac{5}{12} \times (16\text{만})^{0.5} + \frac{7}{12} \times (7\text{만})^{0.5}$$

3) 앞에서와 마찬가지 방법으로 내기의 결과를 복권 L_2로 나타내면 다음과 같다.

$$L_2 = [20\text{만}(\tfrac{5}{12}),\ 5\text{만}(\tfrac{7}{12})]$$

따라서 인호의 기대효용은 다음과 같다.

$$V(L_2) = \frac{5}{12} \times (20\text{만})^{0.5} + \frac{7}{12} \times (5\text{만})^{0.5}$$

4) 세 가지 경우의 기대효용을 구해 비교하면 다음과 같다. 여기서 $V(0)$는 내기에 참여하지 않는 경우의 효용을 나타낸다.

$$V(0) = (10만)^{0.5} \fallingdotseq 316$$
$$V(L_1) = \frac{5}{12} \times (16만)^{0.5} + \frac{7}{12} \times (7만)^{0.5} \fallingdotseq \frac{5}{12} \times 400 + \frac{7}{12} \times 265 \fallingdotseq 321$$
$$V(L_2) = \frac{5}{12} \times (20만)^{0.5} + \frac{7}{12} \times (5만)^{0.5} \fallingdotseq \frac{5}{12} \times 447 + \frac{7}{12} \times 224 \fallingdotseq 317$$

기대효용의 크기를 비교하면 $V(L_1) > V(L_2) > V(0)$이므로 인호는 내기에 참여하는데 10만원보다는 6만원을 내기에 거는 쪽을 선호한다.

5) 인호가 내기에 거는 금액을 x라 하자. 그러면 인호의 기대효용은 다음과 같이 x의 함수로 나타낼 수 있다.

$$V(x) = \frac{5}{12} \times (10만 + x)^{0.5} + \frac{7}{12} \times (10만 - 0.5x)^{0.5}$$

여기서 $y = 10만 + x$, $z = 10만 - 0.5x$로 치환한 후 $V(x)$의 값을 극대화하는 조건을 구하면 다음과 같다.

$$\frac{dV(x)}{dx} = 0.5 \times \frac{5}{12} \times y^{-0.5} + (-0.5) \times 0.5 \times \frac{7}{12} \times z^{-0.5} = 0$$
$$\Rightarrow\ y^{0.5} = \frac{10}{7} \times z^{0.5}$$

여기에 다시 x를 대입해 정리하면 $x^* \fallingdotseq 51,515$원을 얻는다. 따라서 이 금액까지는 기대효용이 증가하지만 이 금액을 초과한 다음에는 기대효용이 점점 감소한다.

4.2 위험과 정보

Question 문제 06

미래의 경기가 호황인지(b) 또는 불황인지(r)에 따라 기업 A가 고려하고 있는 세 가지 신규사업의 성과가 달라진다고 하자. 현재 특별히 새로운 정보가 없는 상태에서 호황일 확률은 0.4, 불황일 확률은 0.6으로 예상되고 있다. 모든 신규사업에는 동일한 액수가 투자되는데, 다음과 같은 수익을 예상하고 있다고 하자.

	b	*r*
신규사업 1	40억원	20억원
신규사업 2	50억원	10억원
신규사업 3	60억원	5억원

1) 기업 *A*가 오직 기대이윤에만 관심이 있고 더 이상 추가 정보가 없다면 어떤 사업에 투자하겠는가?
2) 이제 기업 *A*는 신규사업을 선택하기 전에 세계적으로 유명한 자문회사 *B*에 자문을 의뢰하려고 한다. 이 회사는 완전한 정보를 제공하는 것으로 유명하다. 즉, 이 회사에서 미래에 호황일 것으로 예측하는 경우 반드시 호황이 왔으며, 불황이라고 예측하는 경우에는 반드시 불황이 왔었다. 기업 *A*는 이 정보를 어떻게 이용하겠는가?
3) 앞에서 기업 *A*가 정보를 이용한 결과 예상되는 기대이윤을 구하라.
4) 이상의 결과에 의할 때 기업 *A*는 자문회사 *B*에 자문료로 얼마까지 제공할 의사가 있겠는가? 설명하라.

Answer
해설

이 문제의 핵심은 위험에 직면한 경우 정보가 갖는 가치를 판단하는 기준이 무엇인지 알아보는 것이다.

1) 이 기업이 기대이윤에만 관심이 있다는 것은 위험 중립적임을 의미한다. 각 신규사업으로부터 예상되는 기대이윤을 계산하면 신규사업 1이 28억원으로 가장 많으므로 여기 투자한다.
2) 정보란 정보신호의 형태로 의사결정 과정에서 불확실한 상태가 실현될 확률을 수정하도록 해준다. 그렇지만 불확실성 그 자체에 영향을 미치는 것은 아니다. 따라서 어떤 정보신호를 제공할지 예상해 자신에게 가장 유리한 계획을 선정한다. 그 절차는 다음과 같다.

호황이라는 정보를 주는 경우 : 이것은 호황이 발생할 확률이 1, 불황이 발생할 확률이 0임을 의미한다. 따라서 호황을 전제로 세 개의 신규사업의 수익을 비교해 결정하면 된다. 이 경우 신규사업 3이 가장 많은 수익을 주므로 이것을 선택하면 된다.

불황이라는 정보를 주는 경우 : 이것은 불황이 발생할 확률이 1, 호황이 발생할 확률이 0임을 의미한다. 따라서 불황을 전제로 세 개의 신규사업의 수익을 비교해 선택하면 된다. 이 경우 신규사업 1이 가장 많은 수익을 주므로 이것을 선택하면 된다.

3) 앞에서 분석하였듯이 완전한 정보를 전제로 이 기업은 호황이라는 정보가 주어지면 신규사업 3, 불황이라는 정보가 주어지면 신규사업 1을 선택할 것이다. 여기서 중요한 것은 자문회사가 호황이라는 정보를 제공할 가능성(확률)과 불황이라는 정보를 제공할 가능성을 추정하는 것인데, 완전한 정보의 경우는 간단해서 원래 각 불확실한 상태가 실현될 확률과 동일하다. 따라서 이 경우 이 기업이 예상하는 기대이윤은 다음과 같다.

기대이윤 = 호황이라는 정보를 얻을 확률 × 60억원
+ 불황이라는 정보를 얻을 확률 × 20억원
= 0.4 × 60억원 + 0.6 × 20억원
= 36억원

4) 1)에서 이 기업은 정보가 없는 경우 신규사업 1에 투자하면 28억원의 기대이윤을 예상할 수 있다. 그런데 완전한 정보를 이용하는 경우에는 36억원의 기대이윤을 예상하므로 그 차액에 해당하는 8억원까지는 자문료로 제공할 수 있다.

Question 문제 07

위험을 기피하는 사업가인 갑은 다음과 같은 효용함수를 가지고 있다.

$u = U(w) = w^{0.5}$

여기서 w는 소득을 나타낸다. 그는 현재 10억원의 자금을 가지고 있으며, 다음과 같은 몇 가지 프로젝트에 투자 여부를 검토하고 있다. 각 프로젝트의 성과는 환율과 밀접하게 관련되어 있으며, 갑에게 중요한 것은 현재의 환율시세보다 환율의 상승(r) 또는 하락(f) 여부라고 가정하자. 환율의 상승 또는 하락 확률은 각각 0.5로 예상되고 있다고 할 때 다음 질문에 답하라.

	상승(r)	하락(f)
프로젝트 1	25억원	9억원
프로젝트 2	16억원	12.25억원
프로젝트 3	36억원	6.25억원

1) 갑이 더 이상의 정보 없이 의사결정을 내린다면 어떻게 행동하겠는지 설명하라.

2) 갑은 투자 결정을 내리기 전에 환율예측으로 유명한 기관 A에 의뢰해 환율에 대한 정보를 얻으려 한다. 이 기관은 환율에 관해 완전한 정보(perfect information)를 제공하는 것으로 유명하다고 하자. 갑이 정보를 얻으려면 비용을 미리 지불해야 한다고 할 때 갑은 이 기관에 정보사용료로 얼마까지 제공할 의사가 있겠는가? 정보사용료를 C라고 할 때 C가 충족해야 하는 조건을 구하라.

Answer
해설

이 문제의 핵심은 위험 기피적인 사람이 정보에 대해 어떻게 가치를 부여하는가를 이해하는 데 있다.

먼저 주어진 조건하에서 갑의 기대효용은 다음과 같이 측정된다.

$$EU = 0.5 \times w_r^{0.5} + 0.5 \times w_f^{0.5}$$

여기서 w_r = 환율상승시 소득, w_f = 환율하락시 소득을 나타낸다.

1) 각 프로젝트로부터의 기대효용을 구하면 다음과 같다.

$$EU_1 = 0.5 \times (25억)^{0.5} + 0.5 \times (9억)^{0.5} = 0.5 \times 5만 + 0.5 \times 3만 = 4만$$

$$EU_2 = 0.5 \times (16억)^{0.5} + 0.5 \times (12.25억)^{0.5}$$

$= 0.5 \times 4$만 $+ 0.5 \times 3$만 $5{,}000 = 3$만 $7{,}500$

$EU_3 = 0.5 \times (36억)^{0.5} + 0.5 \times (6.25억)^{0.5}$

$= 0.5 \times 6$만 $+ 0.5 \times 2$만 $5{,}000 = 4$만 $2{,}500$

➡ 따라서 갑은 프로젝트 3에 투자할 것이다.

2) 완전한 정보를 얻는 경우 갑은 다음과 같이 의사결정을 할 것이다.

A가 환율상승이라는 정보를 제공하는 경우

➡ 갑은 세 가지 프로젝트 가운데 프로젝트 3에 투자할 것이다. 이 경우 예상수익은 $w = 36$억원이다.

A가 환율하락이라는 정보를 제공하는 경우

➡ 갑은 세 가지 프로젝트 가운데 프로젝트 2에 투자할 것이다. 이 경우 예상수익은 $w = 12.25$억원이다.

➡ 따라서 완전한 정보에 대해 갑이 부여하는 가치는 다음과 같이 결정된다.

정보의 가치

갑이 완전한 정보를 이용하는 경우 예상되는 기대효용은 다음과 같다. 갑의 입장에서는 A가 어떤 정보를 제공할지 미리 알 수 없기 때문에 가능한 모든 경우를 다 고려해 기대효용을 측정해야 한다. 따라서 정보를 이용하는 경우 갑의 기대효용은 다음과 같다. 이것을 정보의 가치라 부른다.

➡ $EU = 0.5 \times (36억)^{0.5} + 0.5 \times (12.25억)^{0.5}$

$= 4$만 $7{,}500$

그런데 정보사용료 C는 사전에 미리 약정한 것이므로 갑이 정보의 가치를 측정하는 경우 이 비용을 감안해야 한다. 따라서 이 비용을 지불하더라도 정보를 이용하지 않고 투자하는 경우보다 기대효용이 작아져서는 안 된다. 그러므로 갑이 지불할 수 있는 최대한의 C는 다음 조건을 만족해야 한다.

$0.5 \times (36억 - C)^{0.5} + 0.5 \times (12.25억 - C)^{0.5}$

= 4만 2,500(정보 없이 프로젝트 3에 투자할 경우의 기대효용)

➡ 갑은 이 조건을 만족하는 C보다 작은 금액의 범위 안에서라면 A에게 정보사용료를 제공하고 완전한 정보를 이용하는 것이 유리하다. 즉, $0.5 \times (36억 - C)^{0.5} + 0.5 \times (12.25억 - C)^{0.5} \geq 4만\ 2{,}500$을 만족하는 범위 내에서만 C를 지불하는 것이 유리하다. 그렇지 않다면 정보를 이용할 이유가 없다.

Question 문제 08

기업 A의 경우 신규사업을 추진할지 여부는 미래의 환율에 크게 의존한다. 이 기업에게 중요한 것은 환율이 현재보다 상승(r)할 것인가, 아니면 하락(f)할 것인가이다. 현재 환율이 상승 또는 하락할 확률(이것을 선험적 확률이라고 한다)은 각각 0.5로 알려져 있다고 하자. 만약 이 기업이 신규사업을 추진할 경우 환율이 상승하면 10억, 환율이 하락하면 20억의 이익을 예상하고 있다고 하자. 그리고 이 기업은 위험 중립적이라고 가정하자.

1) 기업 A는 신규사업을 추진하기 전에 미래의 환율을 정확하게 예측하는 기관 B에게 환율예측을 의뢰할 수 있다. 이것은 기관 B가 완전한 정보를 제공한다는 것을 의미한다. 기업 A가 일정한 비용을 지불하고 기관 B에게 환율예측을 의뢰할 것인지 논하라.
2) 이제 기업 A의 상황에 약간의 변화가 있다고 하자. 기업 A는 두 개의 신규사업을 고려하고 있는데, 미래의 환율에 따라 각각 다음과 같이 수익을 가져다 줄 것으로 예상된다.

신규사업 1 : 환율 상승시 10억
환율 하락시 20억
신규사업 2 : 환율 상승시 14억
환율 하락시 14억

기업 A는 두 개의 신규사업 가운데 하나를 추진할 수도 있고, 아무것도 추진하지 않을 수도 있다. 이 기업은 환율 예측기관 B에게 일정한 비용을 지불할 용의가 있는지 설명하라.

3) 다시 기업의 상황에 약간의 변화가 있어 두 개의 신규사업으로부터 예상되는 수익이 각각 다음과 같다고 하자.

신규사업 1 : 환율 상승시 10억
환율 하락시 16억
신규사업 2 : 환율 상승시 14억
환율 하락시 20억

이 경우 기업 A는 기관 B에게 일정한 비용을 지불할 용의가 있는지 설명하라.

4) 이상의 논의에 의할 때 기업이 정보를 이용하기 위해 비용을 지불하는 기준은 무엇인지 간단히 설명하라.

Answer
해설

이 문제의 핵심은 정보가 가치를 갖기 위한 조건을 정확하게 이해하는 데 있다.

1) 기업 A가 신규사업을 추진하는 경우 기대수익은 15억원이다. 반면 다른 대안은 신규사업을 추진하지 않는 것이므로 이 경우 수익은 0이다. 그런데 기업 A가 완전한 정보를 얻을 수 있고, 이것을 의사결정에 반영한다면 다음과 같은 결과가 예상된다.

환율이 상승할 것이라는 정보 : 신규사업에 투자해 20억원의 이익 실현
환율이 하락할 것이라는 정보 : 신규사업에 투자해 10억원의 이익 실현

따라서 기업 A는 완전한 정보를 이용해 의사결정을 내리는 경우와 그렇지 않은 경우 모두 신규사업에 투자해 15억원의 기대수익을 얻으므로 차이가 없다. 이것은 기업 A가 비용을 지불하고 완전한 정보를 이용할 가치가 없다는 것을 의미한다.

2) 먼저 정보를 이용하지 않는 경우 기업 A의 기대수익은 다음과 같다.

신규사업 1의 기대수익 : 15억
신규사업 2의 기대수익 : 14억
투자하지 않는 경우 : 0원

➡ 따라서 기업 A는 신규사업 1에 투자해 15억원의 기대수익을 얻을 것이다.

다음 완전한 정보를 이용하는 경우 기업의 기대수익은 다음과 같다.

환율이 상승할 것이라는 정보 : 신규사업 2에 투자해 14억원의 수익 실현
환율이 하락할 것이라는 정보 : 신규사업 1에 투자해 20억원의 수익 실현

➡ 따라서 완전한 정보를 이용하면 17억원의 기대수익을 예상할 수 있다. 정보를 이용하지 않는 경우에 비해 기대수익이 2억원 증가하므로 기업 A는 이 범위 안에서 정보비용을 지불할 용의가 있다.

3) 먼저 정보를 이용하지 않는 경우 기업 A는 신규사업 1과 2의 기대수익을 비교한 후 기대수익이 17억원인 신규사업 2에 투자할 것이다. 다음으로 완전한 정보를 이용할 수 있는 경우에는 다음과 같이 결정할 것이다.

환율이 상승할 것이라는 정보 : 신규사업 2에 투자해 14억의 수익 실현
환율이 하락할 것이라는 정보 : 신규사업 2에 투자해 20억의 수익 실현

➡ 기관 B가 어떤 정보를 제공하든 기업 A의 결정은 항상 신규사업 2에 투자하는 것이고, 기대수익은 17억원이다. 따라서 정보를 이용하더라도 기업 A의 기대수익에는 아무런 차이가 없다. 그러므로 기업 A는 비용을 지불하고 정보를 이용할 이유가 없다.

4) 이상의 논의를 통해 정보를 이용하는 것이 가치가 있는 경우가 언제인지는 분명하다. 한마디로 정보를 이용하지 않는 경우와 정보를 이용하는 경우 기업의 의사결정에 차이가 발생한다면 정보를 이용할 만한 가치가 있다. 기업의 의사결정에 차이가 없다면 어떤 정보라도 비용을 지불하고 이용할 가치가 없다. 이 문제에서 1)과 3)의 경우에는 기업의 의사결정에 차이가 없다. 따라서 기업은 비용을 지불하고 정보를 이용할 이유가 없다. 반면 2)의 경우 정보를 이용하지 않는

경우에는 신규사업 1에 투자하겠지만, 정보를 이용하는 경우에는 어떤 정보인가에 따라 의사결정이 달라진다. 이것은 정보가 가치 있다는 것을 의미한다.

4.3 위험과 시장

Question

문제 09

불확실성하에서의 자원배분은 어떤 시장이 형성되어 있는가에 따라 영향을 받는다. 불확실성하 대표적인 시장인 조건부 시장(contingent markets)과 선물시장(futures markets)의 1) 경제적 기능, 그리고 2) 공통점과 차이점을 설명하라.

Answer

해설

이 문제의 핵심은 유사하게 보이는 두 가지 타입 시장의 특성을 정확하게 이해하는 데 있다.

1) 조건부 시장은 미래에 실현될 상태에 조건부로 상품을 거래하는 시장을 말한다. 이 시장이 형성되어 있다면 사람들은 불확실성이 실현되기 전에 조건부 가격을 지불하고 조건부 상품을 계약한다. 따라서 가격은 현재 지불되고, 상품은 불확실한 상태가 드러난 이후에 인도된다. 보험의 경우가 그 대표적인 예이다. 만약 사람들이 관심있는 모든 상품을 미래에 실현될 불확실한 상태에 조건부로 거래할 수 있다면 이러한 시장은 완비된 시장이다. 이것은 사람들이 이러한 시장을 이용해 가장 이상적인 방법으로 위험을 분담할 수 있게 된다는 것을 의미하며, 그 결과 시장을 통한 자원배분은 항상 파레토 최적을 만족한다. 여기서 파레토 최적이란 최적의 위험분담을 의미한다.

한편 선물시장이란 미래의 가격위험(price risk)에 대비해 미래의 일정 시점(만기)에 거래할 상품과 관련된 계약조건(가격, 수량, 품질 등)을 결정하는 시장을 말한다. 따라서 현재의 시점에서는 가격의 지불이나 상품의 인도 등 아무런 계약이 행도 이루어지지 않으며, 미래의 일정 시점이 도래한 경우 약속한 대로 거래를 수행하면 된다. 이 경우 어떤 불확실한 상태가 실현되는가는 전혀 고려의 대상이 아니다. 왜냐하면 선물시장에서의 계약은 미래의 일정 시점에서 거래할 것을 약속한 것이지, 특정한 불확실한 상태가 실현되는 것을 조건부로 한 것이 아니기 때문이다.

경제주체들은 선물시장을 이용해 위험을 분담하게 된다. 흔히 선물시장에 참여하는 대표적인 주체들은 헷저(hedgers)와 투기자(speculators)로 분류된다. 헷저들은 위험부담을 줄이기 위해 선물시장에서 거래를 하며, 투기자들은 높은 기대이익을 얻기 위해 거래를 한다. 이것도 위험분담의 한 유형에 속한다. 그런데 선물거래를 통해 위험을 분담할 수 있는 기회는 상대적으로 제한적일 수밖에 없다. 왜냐하면 미래에 어떤 상태가 실현될 것인가를 감안해 선물거래의 규모를 조절할 수 있는 기능이 제한적이기 때문이다.

2) 이 두 시장은 위험분담과 거래방식이라는 관점에서 공통점과 차이점을 발견할 수 있다. 먼저 위험분담이라는 측면에서 조건부 시장과 선물시장은 모두 미래의 위험에 대비할 수 있는 기회를 제공한다는 점에서는 공통적이다. 반면 선물시장보다는 조건부 시장이 더 이상적인 위험분담의 기회를 제공한다는 점에서는 차이가 있다. 아무리 선물시장이 발달하더라도 이상적인 조건부 시장의 경제적 기능을 능가할 수는 없다. 그럼에도 현실적으로 선물시장이 더 활발한 이유는 조건부 시장은 이상적인 시장의 형태로서 현실화하는 데는 어려움이 많은 시장인 반면, 선물시장은 비교적 그 설립이 용이하기 때문이다.

둘째, 선물시장과 조건부 시장은 현물시장(spot market)과 구별된다는 점에서는 공통적이다. 현물시장이란 매 시점마다 열리는 통상적인 의미의 시장을 말한다. 그렇지만 이미 앞에서 간단히 언급했듯이 이 두 시장에서의 거래방식은 뚜렷이 구별된다. 무엇보다도 선물시장에서는 미래에 실현될 불확실한 상태에 조건부로 계약이 체결되지 않는다는 점에서 조건부 시장과 근본적으로 다르다. 이 두 시장에서 계약이 체결되고 상품이 인도되는 과정을 요약하면 다음과 같다.

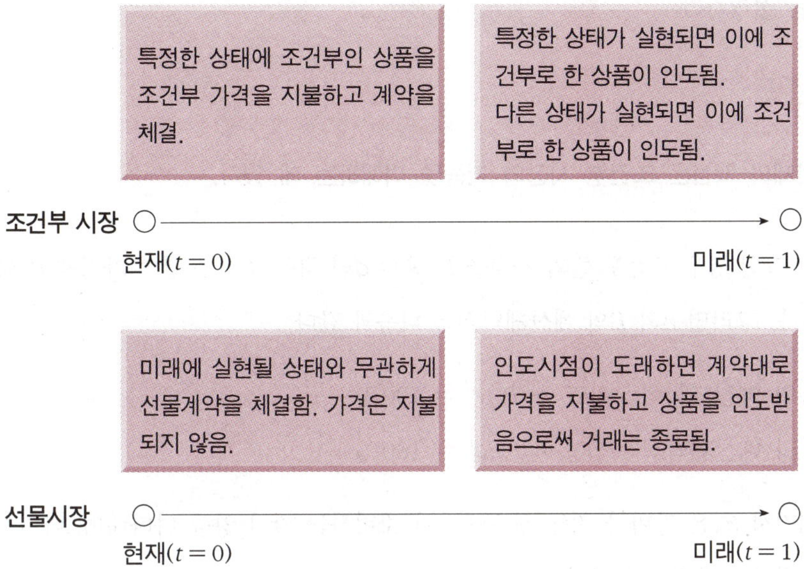

Question 문제 10

두 명의 농부 A, B가 자신의 경작지에서 쌀의 수확을 예상하고 있는데, 수확기의 날씨에 따라 수확량이 달라진다고 한다. 그리고 수확량은 날씨에만 의존한다고 가정한다. 수확기의 날씨로는 장마(r) 또는 가뭄(d)이 예상된다고 하자. A는 고지대에 논을 가지고 있어 장마가 지는 경우에는 영향을 안 받지만 가뭄이 드는 경우에는 문제가 심각하고, B는 그 반대이다. 이제 A와 B의 불확실한 수확량이 다음과 같이 예상된다고 하자. 앞의 숫자는 장마가 지는 경우의 수확량이고, 뒤의 숫자는 가뭄이 드는 경우의 수확량이다.

A의 수확량 = (100, 0)

B의 수확량 = (0, 100)

1) A와 B는 모두 위험을 기피한다고 하자. 이제 수확기의 날씨에 조건부로 쌀을 거래할 수 있다면 시장균형에서 A와 B는 어떤 자원배분의 상태에 있게 되는가? 단, 장마가 질 확률은 0.3으로 예상된다고 하자.
2) A와 B가 모두 위험 중립적이라면 1)의 결과는 어떻게 달라지겠는가? 설명하라.
3) A는 위험 중립적이고 B는 위험 기피적이라면 1)의 결과는 어떻게 달라지겠는

가? 설명하라.

Answer
해설

이 문제의 핵심은 조건부 시장의 기능을 이해하는 데 있다.

1) $s = r$인 경우 조건부 쌀의 가격을 P_r, $s = d$인 경우 조건부 쌀의 가격을 P_d라고 하자. 그러면 A와 B의 예산제약식은 다음과 같다.

A의 예산제약식 : $P_r R_A^r + P_d R_A^d = 100P_r$

B의 예산제약식 : $P_r R_B^r + P_d R_B^d = 100P_d$

여기서 R_A^r은 장마가 지는 경우에 A가 소비하는 쌀의 양을 나타내며, 나머지도 마찬가지 방법으로 정의된다.

이러한 예산제약하에서 A와 B는 자신의 기대효용을 극대화하는 조건부 쌀에 대한 수요를 결정한다.

A의 기대효용 극대화 : $0.3 \times U_A(R_A^r) + 0.7 \times U_A(R_A^d)$

B의 기대효용 극대화 : $0.3 \times U_B(R_B^r) + 0.7 \times U_B(R_B^d)$

두 사람 모두 위험 기피적이어서 원점에 대해 볼록한 무차별곡선을 가지고 있으므로 [그림 2-5]의 에지워스 상자에서와 같이 조건부 가격이 주어진 경우 두 사람의 무차별곡선이 접하는 점에서 각각의 기대효용이 극대화되며, 동시에 조건부 시장의 균형이 성립한다.

[그림 2-5]에서 e가 바로 시장균형에 해당하며, 균형상태에서 조건부 가격은 $\frac{P_r}{P_d} = \frac{0.3}{0.7} = \frac{3}{7}$이다. 그리고 A와 B는 다음과 같이 소비하게 된다.

A의 소비 : (30, 30)

B의 소비 : (70, 70)

2) A와 B가 모두 위험 중립적이라면 [그림 2-6]의 에지워스 상자에서와 같이 두 사람의 무차별곡선은 기울기가 $-\frac{3}{7}$인 직선으로 예산선의 기울기와 일치하므로 이 선상에 있는 모든 자원배분이 시장균형에 해당한다. 예를 들면 e뿐만이 아니라

그림 **2-5**

조건부 시장의 균형

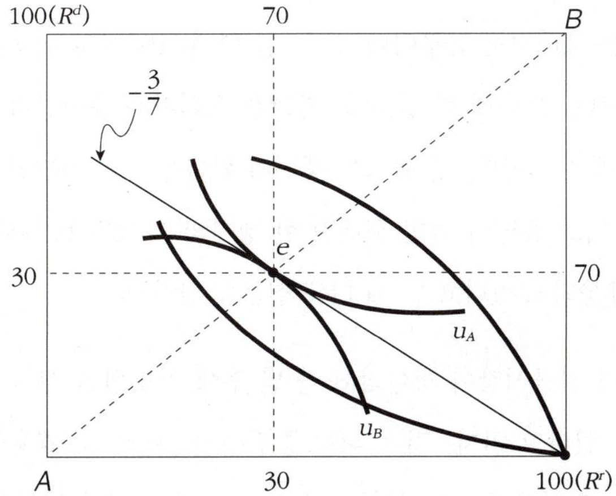

그림 **2-6**

조건부 시장의 균형 : 특수한 경우

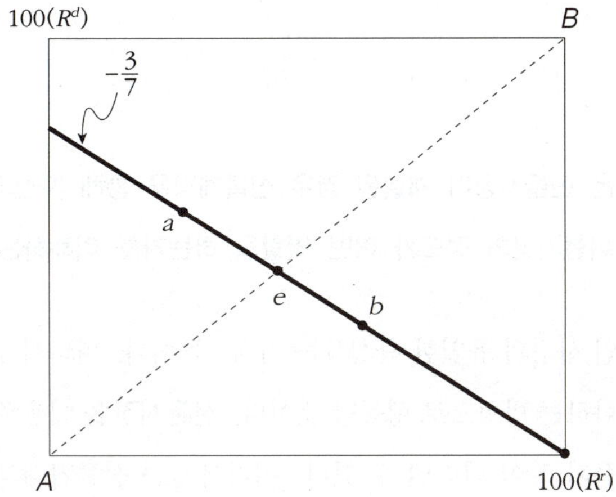

a나 b도 균형에 해당한다. 따라서 균형 조건부 가격은 $\frac{P_r}{P_d} = \frac{0.3}{0.7} = \frac{3}{7}$으로 앞의 경우와 일치하지만 균형자원배분은 무수히 많게 된다.

3) 이 경우 A는 모든 위험을 부담할 수 있는 반면, B는 모든 위험을 상대방에게 전가하려 하므로 시장균형은 1)의 경우와 마찬가지로 e에서 결정된다.

Question
문제 11

갑은 오렌지를 재배하는 농부이다. 그는 한 달 후 100상자의 오렌지를 수확할 것으로 기대하고 있다. 그런데 한 달 후의 가격은 오렌지가 풍년인지 아니면 흉년인지에 따라 변동이 매우 심하다. 현재 그는 풍년일 확률을 0.5, 흉년일 확률을 0.5로 예상하고 있다. 그리고 풍년이 들면 오렌지 한 상자의 가격은 10,000원, 흉년이 들면 22,500원으로 예상되고 있다고 할 때 다음 질문에 답하라.

1) 현재 오렌지의 선물시장이 개설되어 한 달 후에 인도될 오렌지에 대한 선물계약을 체결할 수 있다고 하자. 갑은 위험 중립적인 사람으로 효용함수가 $U(w) = 10w$와 같다. 오렌지의 선물가격 P_f에 따라 갑이 어떻게 행동할 것인지 설명하라.
2) 똑같은 조건하에 있는 을은 위험 기피적인 사람으로 효용함수가 $U(w) = w^{0.5}$와 같다고 하자. 선물가격이 $P_f = 14,400$원인 경우 그는 어떻게 행동하겠는지 설명하라.

Answer
해설

이 문제의 핵심은 선물시장이 개설된 경우 선물계약을 통해 자신의 기대효용을 극대화하는 경우 위험기피의 정도가 어떤 역할을 하는가를 이해하는 데 있다.

1) 위험 중립적인 사람의 유일한 관심사는 기대소득이다. 따라서 갑은 자신의 기대소득을 극대화하는 방향으로 행동할 것이다. 선물시장을 이용하는 경우 갑의 기대소득은 다음과 같이 나타낼 수 있다. 여기서 q는 선물거래의 규모로, $q > 0$인 경우는 선물의 매도, $q < 0$인 경우는 선물의 매입을 의미한다.

$$\text{기대소득 } E(w) = 0.5 \times (100 - q) \times 10,000 + 0.5 \times (100 - q) \times 22,500 + P_f \times q = (P_f - 16,250) \times q + 1,625,000$$

따라서 갑은 다음과 같이 행동하는 것이 자신의 기대소득을 극대화한다.

$P_f > 16,250$원 ➪ $q = 100$으로 자신의 예상 수확량 전부를 선물시장에서 매도하는 것이 최선이다.

$P_f = 16,250$원 ➪ 갑이 선물시장에서 매도하는 것과 한 달 후 현물시장에서 매도하는 것에는 아무런 차이가 없다.

$P_f < 16,250$원 ➪ 선물을 매입하면($q < 0$) 갑의 기대소득은 점점 증가하므로 자신이 매입할 수 있는 최대한의 수량을 선물시장에서 매입하는 것이 최선이다. 물론 매입한 오렌지 선물은 한 달 후 현물시장에서 매도할 것이다.

2) 위험 기피적인 을이 선물시장을 이용하지 않고 한 달 후 현물시장에서 거래한다면, 풍년시의 소득은 100만원이고 흉년시의 소득은 225만원이므로 기대효용은 다음과 같이 계산된다.

을의 기대효용 $EU_1 = 0.5 \times (100만)^{0.5} + 0.5 \times (225만)^{0.5}$
$= 0.5 \times 1{,}000 + 0.5 \times 1{,}500 = 1{,}250$

반면 선물시장에서 모두 매도하면 을의 소득에는 아무런 불확실성이 없으므로 그의 효용은 다음과 같다.

을의 효용 $= (144만)^{0.5} = 1{,}200$

따라서 선물가격이 14,400원인 경우 을은 선물시장에서 매도할 이유가 없다. 을이 선물시장에서 매도하려면 이 경우 효용이 적어도 한 달 후 현물시장에서 매도하는 경우의 기대효용과 같아야 한다. 이것은 을의 확실성등가를 구하는 문제로, 이에 해당하는 선물가격은 다음과 같이 구한다.

$w_c^{0.5} = 1{,}250$

따라서 확실성등가는 $w_c = 1{,}562{,}500$원이므로 한 상자의 선물가격이 $P_f = 15{,}625$원인 경우 을은 선물시장에서 매도하는 것과 한 달 후 현물시장에서 매도하는 것에 대해 무차별적이다. 그러므로 $P_f > 15{,}625$원이면 선물시장에서 전량 매도하는 것이 유리하고, $P_f < 15{,}625$원이면 한 달 후 현물시장에서 전량 매도

하는 것이 유리하다. 현재는 P_f = 14,400원이므로 한 달 후 현물시장에서 전량 매도하는 것이 유리하다. 한 달 후 현물가격의 기대치는 16,250원이므로 「16,250원 - 15,625원」 = 625원이 바로 을이 모든 위험을 제거하기 위해 지불할 수 있는 최대치인 위험 프리미엄이다. 즉, 을은 자신의 위험을 다른 사람에게 전가하는 경우 최대한 상자당 625원까지 지불할 의사가 있다. 그런데 현재의 선물가격은 14,400원으로 상자당 기대가격인 16,250원과 비교해 1,850원의 차이가 난다. 그러므로 을은 과도한 위험 프리미엄을 지불하면서까지 선물시장에서 매도할 이유가 없다.

[보론 3] 선물시장에서의 위험의 성격

여기서는 앞에서 간단하게 다룬 선물시장의 특징에 대해 보완 설명을 하고자 한다. 선물시장은 미래에 예상되는 가격위험에 대비해 미리 미래(만기)에 거래될 상품의 가격, 품질 및 수량 등 제반 조건을 약정하는 거래방식이다. 여기에는 실질적인 상품이 거래되는 상품선물시장(commodity futures market)과 금융상품이 거래되는 금융선물시장(financial futures market)이 있다. 상품선물시장에서 거래되는 대표적인 상품으로는 원유, 금, 은, 구리, 밀 및 오렌지 등 각종 자원과 농산물을 들 수 있다. 반면 금융선물시장에서 거래되는 대표적인 상품으로는 채권, 통화, 주식, 옵션 및 주가지수 등 다양한 금융상품들이 있다. 어떤 경우든 선물시장이 존재하는 이유는 미래의 가격위험 때문이다. 이것은 생산량의 변동과 같은 실질적인 위험에 대비해 선물거래가 이루어지는 것이 아님을 의미한다.

선물시장을 분석하는 경우 함께 고려해야 하는 시장이 현재의 현물시장과 미래(만기)의 현물시장이다. 앞에서와 같이 오렌지시장을 예로 든다면 현재의 오렌지 현물시장과 오렌지 선물시장은 현재 개설된 시장이고, 만기의 현물시장은 아직은 개설되지 않았기 때문에 가격이 불확실하며 여기에 가격위험이 존재한다. 예를 들어 오렌지의 현재가격은 P_0, 선물가격은 P_f, 미래의 현물가격은 P_1이라고 할 때 P_0와 P_f에는 아무런 불확실한 요인이 없지만, 미래에 형성될 가격인 P_1은 불확실하고 여기에 바로 가격위험이 존재한다. 선물시장에 참여하는 사람들은 이 세 가지 시장에서 형성되는 가격을 감안해 자신에게 최적의 행동을 한다.

선물시장에 참여하는 사람들의 타입은 크게 세 가지로 분류된다. 헷저(hedger), 투기자(speculator) 및 차익거래자(arbitrageur)가 그들이다. 헷저는 미래의 가격위험에 대비해 선물거래를 추구하는 사람이다. 경우에 따라서는 매도할 수도 있고 매입할 수도 있다. 전자를 매도헷저, 후자를 매입헷저라 한다. 어떤 방식으로 거래하든 자신이 직면할 가격위험을 전부 선물거래를 통해 제거하는 경우 완전한 헷징(perfect hedging)이라 하며, 그렇지 않은 경우는 부분적 헷징(partial hedging)이라 한다. 반면 투기자는 위험을 감수하며 미래에 초과수익을 기대하는 사람을 말한다. 선물시장에서 매도하거나 매입하면서 미래에 초과수익을 기대하므로 주로 선물시장만을 이용한다. 한편 차익거래자는 현재의 현물시장과 선물시장을 이용해 무위험 수익을 추구하는 사람을 말한다. 이들은 현물가격과 선물가격 간의 비정상적인 차이를 이용해 적절한 포트폴리오를 구성해 아무런 위험을 부담하지 않은 상태에서 수익을 추구한다. 따라서 시장이 효율적이라면 차익거래의 기회는 오랫동안 지속될 수 없다. 어쨌든 이와 같이 다양한 목적을 가지고 참여하는 사람들로 인해 선물시장이 성립하고 거래가 활발하게 이루어진다. 우리나라의 경우 가장 활발한 선물시장은 주가지수선물(stock price index futures)이다. 주가지수라고 하는 추상적인 상품을 선물시장에서 매입하고 매도함으로써 거래가 이루어지며, 여기에는 헷징이나 투기적 목적 및 차익거래의 목적으로 수많은 사람들이 참여한다.

Question

문제 12

오렌지를 재배하는 농장 B가 q단위의 오렌지를 생산할 때의 비용은 $C(q) = 1{,}000 + q^2$으로 측정된다. 이 농장은 6개월 후 오렌지를 수확하는데, 그때의 시장가격(P)은 풍작(b)인 경우에는 P_b, 흉작(r)인 경우에는 P_r로 예상되고 있다. 그리고 풍작과 흉작의 확률은 각각 0.5로 추정된다. 이 농장은 미래의 가격위험에 대비해 오렌지 선물시장에서 오렌지 선물을 P_f의 가격에 매매할 수 있다. X는 오렌지 선물의 매매규모를 나타내는데, $X > 0$는 선물매도(short position), $X < 0$는 선물매입(long position)을 나타낸다고 하자. 그리고 이 농장의 주인은 위험 중립적이라고 가정하자.

1) 선물시장을 이용하는 경우 농장 B의 기대이윤(EP)을 P_b, P_r, P_f, X, q를 이용해서 나타내라.
2) 이 농장이 선물을 매입하거나 매도하도록 하는 조건은 무엇인지 설명하라.
3) 이 농장이 기대이윤을 극대화하는 조건은 무엇인가? 그리고 이것은 무엇을 시사하는가?

Answer
해설

이 문제의 핵심은 생산경제에서 선물시장의 역할을 이해하는 데 있다.

1) 농장 B의 기대이윤은 다음과 같이 나타낼 수 있다.

$$EP = 0.5 \times P_b(q - X) + 0.5 \times P_r(q - X) + P_f X - C(q)$$
$$= 0.5 \times (P_b + P_r)q + (P_f - 0.5 \times (P_b + P_r))X - 1{,}000 - q^2$$

2) 농장 B가 선물을 매입할지 아니면 매도할지 여부는 전적으로 P_f, P_b, P_r 간의 관계에 의존하며, 다음과 같이 정리할 수 있다.

$P_f > 0.5 \times (P_b + P_r)$ ⇨ 선물을 매도하면 기대이윤이 증가한다.
$P_f < 0.5 \times (P_b + P_r)$ ⇨ 선물을 매입하면 기대이윤이 증가한다.
$P_f = 0.5 \times (P_b + P_r)$ ⇨ 선물 매입과 매도는 기대이윤에 영향을 미치지 않는다.

3) 농장 B의 선택변수는 q와 X이다. 따라서 기대이윤을 극대화하려면 다음과 같은 1계 조건들이 모두 충족되어야 한다.

$$\frac{\partial EP}{\partial q} = 0.5 \times (P_b + P_r) - C'(q) = 0.5 \times (P_b + P_r) - 2q = 0 \cdots\cdots (1)$$
$$\frac{\partial EP}{\partial X} = P_f - 0.5 \times (P_b + P_r) = 0 \cdots\cdots (2)$$

⇨ (1)과 (2)에서 다음 관계를 얻는다.

$$P_f = 0.5 \times (P_b + P_r) = C'(q) = 2q$$

따라서 농장 B는 $q^* = \frac{P_f}{2}$만큼 생산하면 기대이윤을 극대화할 수 있다. 이것은 다음과 같은 점들을 시사한다.

첫째, 선물시장의 균형가격은 $P_f^* = 0.5 \times (P_b + P_r)$이다. 이것은 경제주체들이 위험 중립적인 경우 선물가격은 미래의 현물가격의 기대치와 일치해야 한다는 것을 의미한다. 또한 이것은 차익거래이익이 발생하지 않도록 하는 조건이다.
둘째, 농장 B는 위험 중립적이기 때문에 선물시장을 이용하든 하지 않든 기대이윤에는 차이가 없다. 즉, 선물가격 P_f와 미래의 현물가격 P_b, P_r 간의 관계가 여기서와 같이 형성될 수밖에 없기 때문에 이 농장은 현물시장을 이용하든 하지 않든 기대이윤의 관점에서는 차이가 없다.
셋째, 농장 B의 생산결정은 오직 선물가격에 의해 결정된다. 이것은, 선물시장이 존재함으로써 농장은 마치 확실성의 세계에서 생산결정을 하듯이, 오직 선물가격만을 감안해 생산결정을 하면 된다는 것을 의미한다.

Question 문제 13

두 명의 농부 A, B가 있는 경제를 생각해 보자. 이들은 모두 쌀을 경작하는데 수확기의 날씨에 따라 쌀의 수확량이 달라진다. 수확량에 영향을 미치는 날씨(s)는 $s = r$(우기), d(건기)로 구분된다. $s = r$일 확률은 π_r, $s = d$일 확률은 π_d로 나타낸다. 그리고 우기에 소비하는 쌀을 R^r, 건기에 소비하는 쌀을 R^d로 나타내기로 하자. 그러면 A, B의 기대효용은 다음과 같이 측정된다.

$$EU_A = \pi_r \times (R_A^r)^{0.5} + \pi_d \times (R_A^d)^{0.5}$$
$$EU_B = \pi_r \times (R_B^r)^{0.5} + \pi_d \times (R_B^d)^{0.5}$$

1) 각 농부는 날씨에 따라 다음과 같이 수확량을 예상하고 있다고 하자.

A의 수확량 : $s = r$인 경우 200단위, $s = d$인 경우 100단위
B의 수확량 : $s = r$인 경우 100단위, $s = d$인 경우 200단위

이제 수확기의 날씨에 조건부로 쌀을 거래할 수 있는 경쟁적인 조건부 시장이 형성되었다고 하자. P_r은 $s = r$인 경우에 인도되는 쌀 한 단위의 가격이다. P_d도

마찬가지로 정의된다. $\pi_r = \pi_d = 0.5$인 경우 조건부 시장의 균형가격과 균형 자원배분을 구하라.

2) $\pi_r = 0.4$, $\pi_d = 0.6$으로 바뀐다면 1)에서 구한 시장균형은 어떻게 달라지겠는가? 그리고 이것은 누구에게 유리하며 그 이유는 무엇인가? 후생의 관점에서 평가하라.

3) A, B의 효용함수가 달라져 기대효용이 다음과 같이 측정된다고 하자.

$$EU_A = \pi_r \times (R_A^r)^{0.25} + \pi_d \times (R_A^d)^{0.25}$$

$$EU_B = \pi_r \times (R_B^r)^{0.25} + \pi_d \times (R_B^d)^{0.25}$$

이 경우 1)에서의 시장균형에는 어떤 변화가 있는가? 변화가 있다면 그 이유는 무엇인가?

4) 이제 두 농부는 조건부 시장에서 거래하기 전에 수확기의 날씨에 대해 완전한 정보를 제공해 주는 일기예보 서비스를 무료로 받을 수 있게 되었다고 하자. 이런 경우 예상되는 시장균형과 그 특징을 설명하라.

Answer 해설

이 문제의 핵심은 조건부 시장에서 위험기피의 정도의 역할을 정확하게 이해하는 데 있다.

1) 두 농부가 조건부 시장을 이용해 거래하기 전 초기 부존상태를 에지워스 상자에 나타내면 [그림 2-7]의 e와 같다.

이 문제에서 미래에 어떤 상태가 실현되든 사회적으로는 항상 300단위의 수확을 예상한다. 이것은 곧 사회적 위험이 없다는 것을 의미하며 이 경우 위험 기피적인 두 농부가 거래를 통해 시장균형을 달성하려면 균형가격은 반드시 다음 조건을 만족해야 한다.

$$\frac{P_r}{P_d} = \frac{\pi_r}{\pi_d}$$

이것은 조건부 시장에서 형성되는 상대가격은 반드시 확률의 비율과 일치해야 한다는 것을 의미한다. 만약 사회적 위험이 존재한다면 이 조건은 성립하지 않

그림 2-7

조건부 시장의 균형

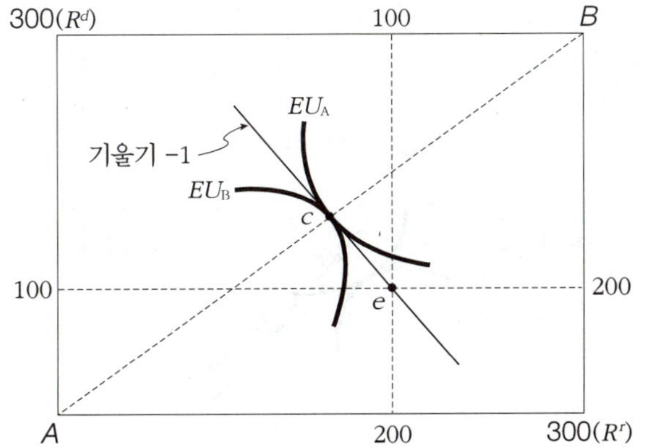

는다. 여기서 $\pi_r = \pi_d = 0.5$이므로 균형가격은 $\frac{P_r}{P_d} = 1$을 만족해야 한다. 즉, 조건부 가격은 서로 같아야 한다. 그러므로 이 균형가격에서 기대효용을 극대화하면서 시장수요 = 시장공급을 달성하는 균형자원배분을 구하면 앞의 에지워스 상자에서 c에 해당하는데 구체적으로는 다음과 같다.

$A : (R_A^r,\ R_A^d) = (150,\ 150)$

$B : (R_B^r,\ R_B^d) = (150,\ 150)$

이것은 수확기에 비가 온다면 A는 B에게 쌀 50단위를 제공하는 반면, 수확기에 가뭄이 든다면 B는 A에게 쌀 50단위를 제공하기로 계약했다는 것을 의미한다.

2) 확률이 $\pi_r = 0.4$로 하락하고 $\pi_d = 0.6$으로 상승한다면 이것은 가뭄이 드는 경우 상대적으로 많은 수확을 예상하는 B가 유리하다. 이 경우 균형가격은 $\frac{P_r}{P_d} = \frac{\pi_r}{\pi_d} = \frac{2}{3}$로 하락하므로 균형자원배분은 B에게 유리하게 다음과 같이 달라진다.

$A : (R_A^r,\ R_A^d) = (140,\ 140)$

$B : (R_B^r,\ R_B^d) = (160,\ 160)$

이 균형자원배분은 [그림 2-8]의 f에 해당하며 1)의 균형자원배분 c와 비교할 때 B의 기대효용은 증가한 반면 A의 기대효용은 감소한다는 것을 알 수 있다.

3) 두 농부의 효용함수가 이와 같이 변한다는 것은 곧 두 사람 모두 더 위험 기피적

그림 2-8

확률과 조건부 시장의 균형 간의 관계

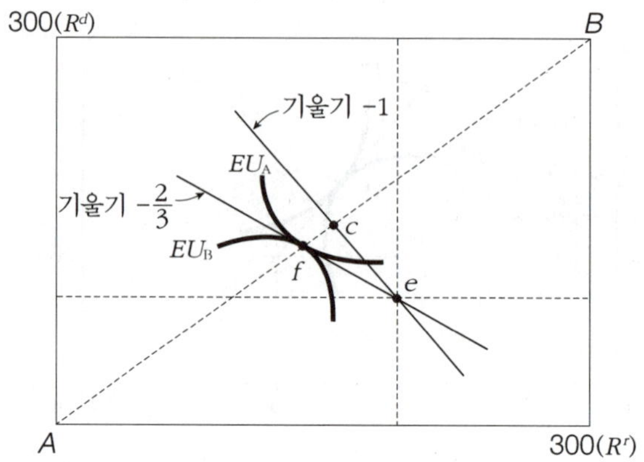

으로 변했다는 것을 의미한다. 그런데 위험기피의 정도가 어떻게 달라지든 확실선(무위험선)상에서 측정한 한계대체율(MRS_{rd})은 항상 확률의 비율 $\frac{\pi_r}{\pi_d}$와 일치한다. 이것은 조건부 시장의 균형가격과 균형자원배분에는 아무런 변화가 없다는 것을 의미한다.

4) 조건부 시장에서 거래하기 전 두 농부가 수확기의 날씨에 대한 완전한 정보를 얻을 수 있다면 두 사람은 더 이상 조건부 시장을 이용해 위험을 분담할 이유가 사라진다. 만약 수확기에 $s = r$이 실현될 것이라는 완전한 정보가 제공된다면 A는 $s = d$가 실현될 것에 대비해 B와 거래할 이유가 사라진다. 마찬가지로 만약 수확기에 $s = d$가 실현될 것이라는 완전한 정보가 제공된다면 B는 $s = r$이 실현될 것에 대비해 A와 거래할 이유가 사라진다. 따라서 어떤 정보를 얻게 되더라도 두 사람 간에 거래가 이루어지지 않는다. 즉, 원래의 초기 부존상태가 바로 균형이 된다. 이와 같이 완전한 정보로 인해 조건부 시장을 이용한 위험분담의 기회가 사라지는 것을 분배적 위험(distributive risk)이라 한다. 이것은 정보로 인해 새롭게 발생하는 위험이다.

Question
문제 14

1개월 후 밀을 수확할 예정인 농장의 경우 밀의 생산비용이 다음과 같다고 하자.

$$C(q) = 2{,}000 + \frac{q^2}{4}$$

여기서 q는 밀의 수량을 나타낸다. 그런데 1개월 후 밀 가격 P는 지금으로는 알 수 없다. 1개월 후 밀이 풍작인 경우에는 P_g, 흉작인 경우에는 P_b로 예상되고 있다. 그리고 현재 풍작일 확률은 0.3, 흉작일 확률은 0.7로 예상되고 있다. 농장주 A는 가격위험에 대비하기 위해 밀 선물시장(futures market)을 이용하는 것을 고려하고 있다. 현재 시장에서 거래되는 밀 가격은 P_0, 선물가격은 P_f로 나타낸다. 그리고 X는 선물거래 규모를 나타내는데, $X > 0$이면 선물매도(short position), $X < 0$이면 선물매입(long position)을 의미한다고 하자. 이 농장주 A가 위험 중립적이라고 가정할 때 다음 질문에 답하라.

1) 농장주 A가 선물시장을 이용하지 않는 경우와 이용하는 경우 기대이윤을 극대화하는 조건을 구한 후 양자 간의 차이가 의미하는 바를 간단히 설명하라.
2) 농장주 A가 위험 기피적이라면 1)에서의 답은 어떻게 변하는지 설명하라.
3) 현재 밀 가격은 $P_0 = 5{,}000$원, 선물가격은 $P_f = 5{,}200$원으로 형성되어 있다고 하자. 1개월간 이자율이 2%이고 밀의 보관비용은 없다고 할 때 농장주 A는 현재 밀 시장과 선물시장을 이용해 어떻게 거래하겠는지 설명하라.

Answer
해설

이 문제의 핵심은 생산경제에서 선물시장의 역할을 정확하게 이해하는 데 있다.

1) 선물시장을 이용하지 않는 경우 기대이윤을 EP_0, 선물시장을 이용하는 경우의 기대이윤을 EP_f라면 이것은 다음과 같이 나타낼 수 있다.

$$EP_0 = 0.3 \times P_g q + 0.7 \times P_b q - (2{,}000 + \frac{q^2}{4})$$

$$\Rightarrow \frac{dEP_0}{dq} = 0.3P_g + 0.7P_b - \frac{q}{2} = 0$$

$$\Rightarrow q^* = 2 \times (0.3P_g + 0.7P_b)$$

$$EP_f = 0.3 \times P_g(q - X) + 0.7 \times P_b(q - X) + P_f X - (2{,}000 + \frac{q^2}{4})$$

$$\Rightarrow \frac{dEP_f}{dq} = 0.3P_g + 0.7P_b - \frac{q}{2} = 0$$

$$\frac{dEP_f}{dX} = -0.3P_g - 0.7P_b + P_f = 0$$

$$\Rightarrow P_f = 0.3P_g + 0.7P_b = \frac{q}{2}$$

$$\Rightarrow q^* = 2P_f$$

따라서 선물시장을 이용하지 않는 경우 기대이윤을 극대화하는 생산량은 미래의 불확실한 가격과 확률에 의존하는 반면 선물시장을 이용하는 경우 기대이윤을 극대화하는 생산량은 오직 현재 형성되어 있는 선물가격에 의해 결정되므로 농장주 A는 확실한 상황에서 생산량을 결정하는 것과 차이가 없다.

2) 농장주가 위험 기피적인 경우 그의 기대효용은 선물시장에 참여 여부에 따라 다음과 같다. 먼저 선물시장에 참여하지 않는 경우 기대효용(EU_1)은 다음과 같다.

$$EU_1 = 0.3 \times U(P_g q - 2{,}000 - \frac{q^2}{4}) + 0.7 \times U(P_b q - 2{,}000 - \frac{q^2}{4})$$

여기서 $w_g = P_g q - 2{,}000 - \frac{q^2}{4}$, $w_b = P_b q - 2{,}000 - \frac{q^2}{4}$로 나타내자. 그러면 기대효용극대화 조건은 다음과 같다.

$$\frac{dEU_1}{dq} = 0.3 \times (\frac{dU(w_g)}{dw_g})(\frac{dw_g}{dq}) + 0.7 \times (\frac{dU(w_b)}{dw_b})(\frac{dw_b}{dq})$$

$$= 0.3 \times U'(w_g)(P_g - \frac{q}{2}) + 0.7 \times U'(w_b)(P_b - \frac{q}{2}) = 0$$

$$\Rightarrow q^* = \frac{0.3 \times P_g U'(w_g) + 0.7 \times P_b U'(w_b)}{0.15 \times U'(w_g) + 0.35 \times U'(w_b)}$$

이것은 이윤을 극대화하는 생산량이 미래의 불확실한 가격과 확률에 의존한다는 것을 의미한다. 따라서 이 경우 농장주는 미래의 불확실한 가격과 확률에 대한 정보가 필요하다.

다음, 선물시장을 이용하는 경우 기대효용(EU_2)은 다음과 같다.

$$EU_2 = 0.3 \times U(P_g(q - X) + P_f X - 2{,}000 - \frac{q^2}{4}) + 0.7 \times U(P_b(q - X) + P_f X - 2{,}000 - \frac{q^2}{4})$$

여기서 $y_g = P_g(q - X) + P_f X - 2{,}000 - \frac{q^2}{4}$, $y_b = P_b(q - X) + P_f X - 2{,}000 - \frac{q^2}{4}$로 나타내자. 그러면 기대효용극대화 조건은 다음과 같다.

$$\frac{\partial EU_2}{\partial q} = 0.3 \times (\frac{dU(y_g)}{dy_g})(\frac{dy_g}{dq}) + 0.7 \times (\frac{dU(y_b)}{dy_b})(\frac{dy_b}{dq})$$

$$= 0.3 \times U'(y_g)(P_g - \frac{q}{2}) + 0.7 \times U'(y_b)(P_b - \frac{q}{2}) = 0$$

$$\Rightarrow q^{**} = \frac{0.3 \times P_g U'(y_g) + 0.7 \times P_b U'(y_b)}{0.15 \times U'(y_g) + 0.35 \times U'(y_b)} \quad \cdots\cdots (a)$$

$$\frac{\partial EU_2}{\partial X} = 0.3 \times (\frac{dU(y_g)}{dy_g})(\frac{dy_g}{dX}) + 0.7 \times (\frac{dU(y_b)}{dy_b})(\frac{dy_b}{dX})$$

$$= 0.3 \times U'(y_g)(P_f - P_g) + 0.7 \times U'(y_b)(P_f - P_b) = 0$$

$$\Rightarrow P_f = \frac{0.3 \times P_g U'(y_g) + 0.7 \times P_b U'(y_b)}{0.3 \times U'(y_g) + 0.7 \times U'(y_b)} \quad \cdots\cdots (b)$$

그러면 (a)와 (b)로부터 다음과 같은 관계를 얻는다.

$$q^{**} = 2P_f$$

이것은 농장주 A가 위험 기피적이더라도 이윤을 극대화하는 생산량은 오직 현재 형성된 선물가격인 P_f에만 의존한다는 것을 의미한다. 즉, 생산량은 미래의 불확실한 가격이나 확률과 무관하므로 농장주 A는 확실한 상황에서 생산량을 결정하는 것과 마찬가지다. 따라서 경제주체가 위험 중립적이든 위험 기피적이든 선물시장으로 인해 확실한 상황에서 생산량을 결정하는 것과 다를 바 없다.

3) 1개월 후 밀 한 단위를 확보하는 방법은 두 가지이다. 하나는 선물시장에서 밀 선물을 매입하는 것이고, 다른 하나는 현재 밀을 구입해 1개월 간 보관하는 것이다. 그런데 이 두 방법 간에는 비용에 차이가 있을 수 있다. 이런 경우 싸게 매입해 비싸게 매도함으로써 위험 없이 이익을 얻을 수 있다. 이것이 차익거래(arbitrage)의 핵심이다. 여기서 주어진 자료에 의하면 다음 관계가 성립한다.

$$P_f = 5{,}200\text{원} > P_0(1 + i) = 5{,}100\text{원}$$

따라서 2%의 이자율로 자금을 차입해 현재 밀을 매입하는 한편 밀 선물시장에서는 밀 선물을 매도한다. 그러면 1개월 후 밀 단위당 100원의 이익을 얻을 수 있으며 거래 규모를 늘리면 이에 비례해 이익이 늘어난다.

Question 문제 15

수출 기업인 A사의 주가는 3개월 후 환율이 현재보다 상승(r) 또는 하락(f)하는가에 따라 크게 달라진다고 하자. 환율이 상승 또는 하락할 확률은 각각 0.5로 예상된다고 하자. 현재 A사의 주식 1주는 10만원인데 3개월 후 환율이 상승하면 20만원으로 상승하고, 환율이 하락하면 5만원으로 하락할 것으로 예상된다고 하자. 그런데 금융시장에서는 현재 q_r원을 지불하면 3개월 후 환율 상승시 1원을 받고, 그렇지 않은 경우에는 아무것도 받지 못하는 조건부 상품이 거래되고 있다. 누구든 이런 조건부 상품을 매입할 수도 있고 매도할 수도 있다. 마찬가지로 현재 q_f원을 지불하면 3개월 후 환율 하락시 1원을 받고, 그렇지 않은 경우에는 아무것도 받지 못하는 조건부 상품이 거래되고 있다고 하자.

1) 현재 금융시장에서 $q_r = 0.5$원, $q_f = 0.5$원에 조건부 금융상품이 거래되고 있다고 하자. 이것은 투자자에게 어떤 의미가 있는지 설명하라.
2) 현재 금융시장에서 $q_r = 0.3$원, $q_f = 0.6$원에 거래되고 있다고 하자. 이것은 투자자에게 어떤 의미가 있는지 설명하라.

Answer 해설

이 문제의 핵심은 불확실성하의 금융시장에서 차익거래의 의의를 정확하게 이해하는 데 있다.

1) 일정한 가격을 지불하면 특정한 상태가 실현되는 경우에는 1원을 받고, 그렇지 않은 경우에는 아무것도 받지 못하는 금융상품을 애로 증권(Arrow security)이라 한다. 이 문제를 통해 복권과 애로 증권 간의 관계를 이해할 수 있다. A사의 주식 1주를 구입하는 것은 10만원을 지불하고 복권 $L = [20만(0.5), 5만(0.5)]$을 구입하는 것과 같다. 그런데 애로 증권을 이용하면 이 복권과 똑같은 결과를 확보할 수 있다. 즉, $q_r = 0.5$원을 지불하고 애로 증권 20만 단위를 매입함과 동

시에 $q_f = 0.5$를 지불하고 애로 증권 5만 단위를 매입하면 복권 L과 동일한 결과를 얻는다. 그런데 이런 거래에 필요한 비용은 12만 5천원으로서 현재 A사의 주가 10만원보다 높다. 이것은 차익거래를 통해 무위험이익을 얻을 수 있다는 것을 의미한다. 즉, 투자자는 상대적으로 비싼 애로 증권을 매도해 확보한 자금으로 A사의 주식을 매입한다면 3개월 후 무위험이익을 얻게 된다. 예를 들어 투자자가 단위당 $q_r = 0.5$원을 받고 애로 증권 20만 단위를 매도하고, 또한 단위당 $q_f = 0.5$원을 받고 애로 증권 5만 단위를 매도하면 12만 5천원을 확보할 수 있다. 이 금액 가운데 10만원을 지불하고 A사의 주식 1주를 매입한다. 그러면 3개월 후 환율이 상승하든 하락하든 A사의 주식을 매도해 확보한 자금으로 애로 증권을 매입한 사람에게 대금을 지불하면 2만 5천원의 무위험이익을 얻는다. 따라서 이런 방식으로 거래규모를 확대하면 무위험이익은 계속 증가한다.

2) 이 경우에도 1)에서의 논리가 그대로 적용된다. 단지, 거래 방향이 반대일 뿐이다. A사의 주식 1주와 같은 복권에 해당되는 결과를 확보하기 위해서 필요한 비용은 0.3×20만 $+ 0.6 \times 5$만 $= 9$만원이다. 따라서 애로 증권을 매입하면 현재 A사의 주가 10만원보다 저렴한 비용으로 같은 결과를 확보할 수 있다. 투자자는 현재 A사의 주식 1주를 10만원에 공매도(short sale)하면 10만원을 확보할 수 있다. 그리고 이 자금 가운데 9만원으로 단위당 $q_r = 0.3$원을 지불하고 애로 증권 20만 단위를 매입하고, 또한 동시에 단위당 $q_f = 0.6$원을 지불하고 애로 증권 5만 단위를 매입한다. 그러면 3개월 후 환율이 상승하든 하락하든 투자자는 애로 증권을 이용해 확보한 자금으로 다시 A사의 주식 1주를 매입해 공매도한 주식을 상환하면 된다. 그 결과 투자자는 1만원의 무위험이익을 확보하게 된다. 따라서 이런 방식으로 거래규모를 확대하면 무위험이익은 계속 증가한다.

4.4 위험과 보험

Question
문제 16

위험을 기피하는 갑은 화재에 대비해 화재보험에 가입하려고 한다. 그의 집값은 2억원으로 평가되고 있는데 토지가 1억원, 건물이 1억원이라고 하자. 갑은 화재가 발생하는 경우 건물의 가치에 해당하는 손실을 볼 수 있기 때문에 건물에 대한 화재보험을 들고자 한다. 그리고 화재가 발생할 확률은 2%로 추정된다고 하자. 또한 보험회사와 갑은 동일한 정보를 공유한다고 가정한다.

1) 갑은 보험금이 5,000만원인 화재보험에 가입하려고 한다. 보험료가 얼마인 경우에 이 보험은 공정하겠는가?
2) 갑은 1)의 보험에 가입하는 경우 기대효용을 극대화하겠는가? 그렇지 않다면 어떤 보험에 가입해야 하겠는가? 단, 항상 공정한 보험이 제공된다고 가정한다.
3) 갑이 화재보험에 가입하지 않는 경우가 있다면 그 이유는 무엇이겠는가? 필요하면 무차별곡선을 이용해 설명하라.

Answer
해설

이 문제의 핵심은 공정한 보험의 조건과 최적 위험분담의 아이디어를 이해하는 데 있다.

1) 공정한 보험의 조건이란 「보험료 = 사고확률 × 보험금」이다. 따라서 보험금이 5,000만원이고 사고확률이 0.02(2%)로 예상되는 경우에는 보험료 = 100만원이어야 공정한 보험에 해당한다.
2) 위험 기피적인 갑의 경우 공정한 보험이 제공된다면 [그림 2-9]의 a와 같이 모든 위험을 제거할 수 있는 보험에 가입하는 것이 기대효용을 극대화하며, 최적 위험분담에 해당한다. 따라서 보험료 200만원을 내고 보험금이 1억원인 보험에 가입하는 것이 최선이다.

그림 2-9

공정한 보험의 경우

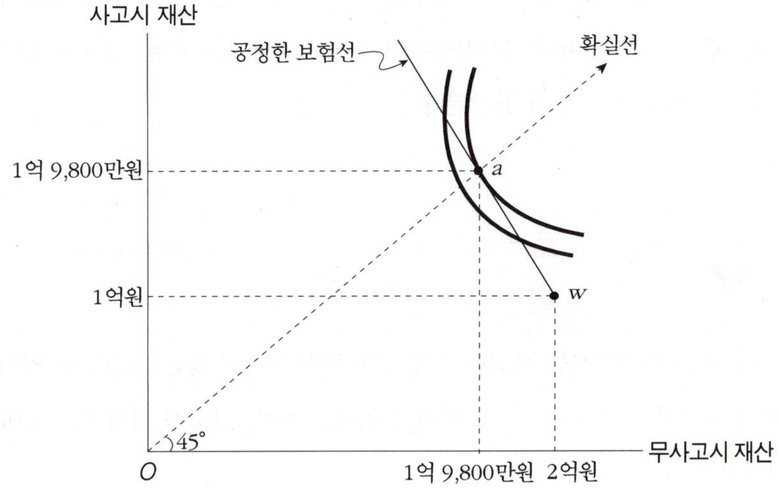

그림 2-10

불리한 보험의 경우

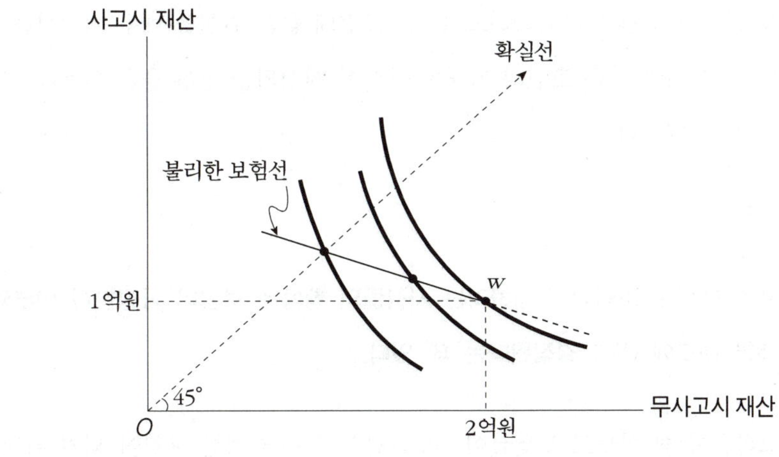

3) 위험 기피적인 갑이 보험에 가입하지 않는다면 이것은 매우 불리한 보험이 제공되는 경우이다. [그림 2-10]과 같은 경우 갑은 보험에 가입하지 않는 것이 최선이다. 물론 불리한 보험이 제공되는 경우 보험에 가입하지 않는 것이 최선인지 여부는 위험기피의 정도와 밀접하게 관련되어 있다. 예를 들어 위험을 조금 기

피하는 경우에는 조금 불리한 보험이 제공되더라도 보험에 가입하지 않을 것이다. 반면 위험을 매우 기피하는 경우에는 어느 정도 불리한 보험이 제공되더라도 보험에 가입할 것이다. 그러므로 이 문제는 보험의 불리한 정도와 위험기피의 정도 간의 관계를 통해 결정된다.

Question 문제 17

자동차 보험에 가입하는 사람들이 있는가 하면 그렇지 않은 사람들도 있다. 현재 자동차 사고가 날 확률은 3%로 알려져 있다고 하자. 사고시 피해액은 최대 500만원이라고 하자.

1) 갑은 자동차 보험에 가입하려고 하는데, 10만원의 보험료를 내면 사고시 300만원의 보험금을 탈 수 있다. 만약 갑이 위험 중립적이라면 어떻게 행동하겠는가? 설명하라.
2) 을도 자동차 보험에 가입하려고 한다. 그런데 을은 위험을 매우 기피하는 타입이다. 앞에서와 같은 조건의 자동차 보험이 제시되는 경우 을은 어떻게 행동하겠는가? 설명하라.

Answer 해설

이 문제의 핵심은 보험에 가입하려는 사람들의 행동은 보험이 공정한지 여부와 위험에 대한 태도에 의해 결정된다는 데 있다.

1) 사고확률이 3%이므로 보험금이 300만원인 경우 공정한 보험이 되기 위해서는 보험료가 0.03 × 300만원 = 9만원이어야 한다. 그런데 여기서는 보험료가 10만원이므로 불공정한 보험이다. 그런데 갑은 위험 중립적이므로 불공정한 보험에 가입하지 않는 것이 유리하다. 위험 중립적인 사람은 어떤 경우에도 불공정한 보험에 가입하지 않는 것이 유리하다.
2) 을은 위험을 매우 기피하는 타입이므로 약간 불공정한 보험인 경우에는 보험에

가입하지만, 이 경우에도 모든 위험을 제거해 주는 완전한 보험에는 가입하지 않는다. 따라서 300만원의 보험금을 타는 보험은 완전한 보험이 아니므로 가입하는 것이 유리하다. 그렇지만 이것이 매우 불공정한 보험이라면 가입하지 않는 것이 유리할 수도 있다. 이와 관련해서는 을이 얼마나 위험을 기피하는지가 중요한 변수가 된다.

4.5 위험과 포트폴리오

Question
문제 18

투자가 갑은 현재 w_0의 현금을 보유하고 있다. 그는 이것을 은행에 예금하거나 주식에 투자할 것을 고려하고 있다. 은행에 예금하는 경우 한 달간 이자율은 i로 일정한 반면, 주식에 투자하는 경우 목표기간인 한 달 후 수익률은 환율과 밀접하게 관련되어 있다. 한 달 후 환율이 현재에 비해 상승(r), 하락(f) 가운데 어떤 상태를 실현하는가가 중요하다. 따라서 주식에 투자하는 경우 순수익률은 확률변수로서 R_r, R_f 가운데 하나이다. 각 상태가 실현될 확률은 p_r, p_f로 예상되고 있다. 갑은 한 달 후 자신의 기대효용을 극대화하고자 한다. 은행예금을 S, 주식에 투자하는 금액을 X로 나타낼 때 다음 질문에 답하라.

1) 갑이 위험 기피적이라고 할 때 어떻게 최적 포트폴리오(optimal portfolio)를 구성하겠는지 설명하라.
2) 갑이 위험 중립적이라면 1)에서의 결과는 어떻게 달라지는지 설명하라.

Answer
해설

이 문제의 핵심은 최적 포트폴리오를 구하는 방법을 이해하는 데 있다.

1) 갑은 자신의 소득 M을 이용해 은행예금과 주식의 포트폴리오를 형성할 수 있다. 우선 그는 다음과 같은 예산제약을 충족해야 한다.

$S + X = w_0$

그러면 한 달 후 갑의 소득은 (S, X)의 조합이 결정되더라도 고정된 값이 아니라 환율에 따라 달라진다. 한 달 후 그의 소득을 w_T로 나타낼 때 앞의 예산제약을 이용하면 w_T는 다음과 같이 나타낼 수 있다.

환율이 상승하는 경우 : $w_T^r = (1 + i)w_0 + (R_r - i)X$
환율이 하락하는 경우 : $w_T^f = (1 + i)w_0 + (R_f - i)X$

따라서 위험 기피적인 갑은 다음과 같이 기대효용을 극대화하는 X를 구해야 한다.

기대효용 극대화 :

$$EU = p_rU(w_T^r) + p_fU(w_T^f)$$
$$= p_rU((1 + i)w_0 + (R_r - i)X) + p_fU((1 + i)w_0 + (R_f - i)X)$$

➡ 1계 조건 : $\frac{dEU}{dX} = p_rU'((1 + i)w_0 + (R_r - i)X)(R_r - i) + p_fU'((1 + i)w_0 + (R_f - i)X)(R_f - i) = 0$

그런데 이 문제의 최적 해인 최적 포트폴리오는 단순히 1계 조건을 통해서가 아니라 다음과 같은 방법으로 구해야 한다.
갑의 기대효용은 주식에 투자한 금액 X의 함수이다. 따라서 그의 기대효용을 다음과 같이 나타낼 수 있다.

$$EU = V(X) = p_rU((1 + i)w_0 + (R_r - i)X) + p_fU((1 + i)w_0 + (R_f - i)X)$$

여기서 중요한 것은 $X = 0$인 경우 기대효용의 변화율이다. 먼저 이 변화율을 구하면 다음과 같다.

$$\frac{dV(0)}{dX} = p_rU'((1 + i)w_0)(R_r - i) + p_fU'((1 + i)w_0)(R_f - i)$$
$$= U'((1 + i)w_0)(p_rR_r + p_fR_f - i)$$

이 변화율의 크기를 결정하는 것은 $(p_rR_r + p_fR_f - i)$의 부호이다. 여기서 세 가지 경우를 고려할 수 있다.

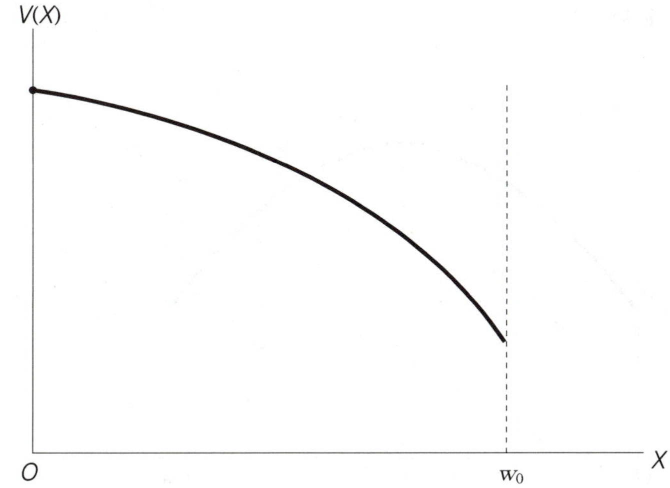

그림 2-11
극단적인 최적 포트폴리오의 예

i) $p_r R_r + p_f R_f < i$ 인 경우

$\frac{dV(0)}{dX} < 0$이므로 주식에 투자하지 않고 소득 w_0 전액을 은행에 예금하는 것이 최선이다. 따라서 이 경우 최적 포트폴리오는 $(S^*, X^*) = (w_0, 0)$이다. 이 경우에 해당하는 기대효용은 X의 값에 따라 [그림 2-11]에서와 같은 움직임을 보인다.

ii) $p_r R_r + p_f R_f > i$ 인 경우

$\frac{dV(0)}{dX} > 0$이므로 기대효용을 극대화하려면 소득 w_0의 일부를 주식에 투자해야 한다. 이 경우에 해당하는 기대효용은 X의 값에 따라 [그림 2-12]에서와 같은 움직임을 보인다.

iii) $p_r R_r + p_f R_f > i$ 이고, $R_r, R_f > i$ 인 경우

이 경우에는 소득 w_0 전액을 주식에 투자하는 것이 기대효용을 극대화한다. 따라서 이 경우 최적 포트폴리오는 $(S^*, X^*) = (0, w_0)$로, X의 값에 따라 기대효용은 [그림 2-13]에서와 같은 움직임을 보인다. 이 경우 무제한 차입(unlimited borrowing)이 가능하다면 같은 은행이자율로 계속 차입해 주식에 투자하면 기대효용이 증가한다. 이 경우 차익거래가 가능하다. 따라서 시장이 효율적이라면 이런 경우는 발생할 수 없다.

그림 2-12

통상적인 최적 포트폴리오의 예

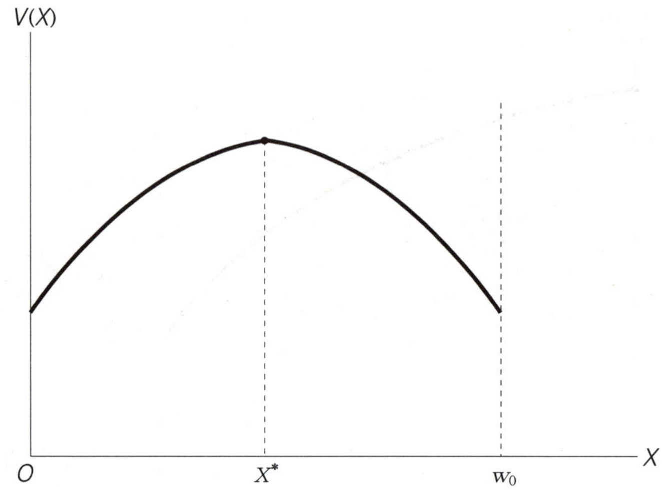

그림 2-13

극단적인 최적 포트폴리오의 예

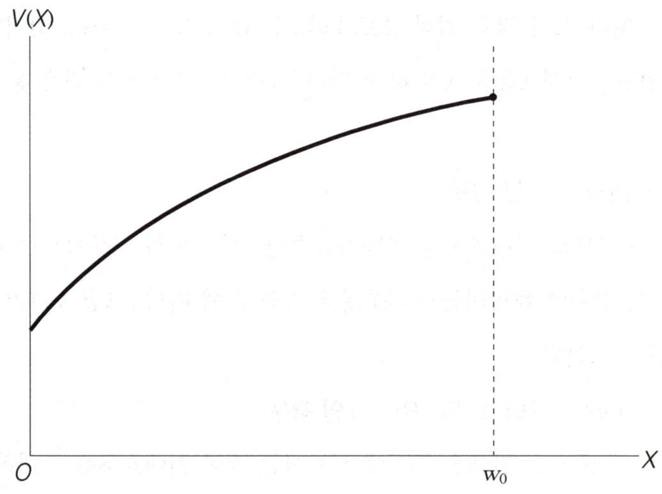

2) 위험 중립적인 투자가는 오직 기대소득에만 관심이 있다. 앞에서와 같은 기호를 사용할 때 갑의 기대효용은 소득의 일차함수로서 다음과 같이 나타낼 수 있다.

$$EU = p_r U(w_T^f) + p_f U(w_T^f)$$

$= p_r[(1 + i)w_0 + (R_r - i)X] + p_f[(1 + i)w_0 + (R_f - i)X]$

$= (1 + i)w_0 + (p_rR_r + p_fR_f - i)X$

따라서 갑의 최적 포트폴리오는 다음과 같은 특징을 갖는다.

i) $p_rR_r + p_fR_f > i$ 인 경우

소득 w_0를 모두 주식에 투자하는 것이 기대효용을 극대화한다. 따라서 최적 포트폴리오는 $(S^*, X^*) = (0, w_0)$이다.

ii) $p_rR_r + p_fR_f < i$ 인 경우

소득 w_0를 모두 은행에 예금하는 것이 기대효용을 극대화한다. 따라서 최적 포트폴리오는 $(S^*, X^*) = (w_0, 0)$이다.

iii) $p_rR_r + p_fR_f = i$ 인 경우

소득 w_0를 S와 X에 어떻게 배분하든 기대효용은 항상 $EU = (1 + i)w_0$로 일정하다. 그렇지만 이 경우는 거의 기대하기 어렵다.

➡ 위험 중립적인 경우에는 주식의 수익률과 이자율 간의 관계에 따라 극단적인 경우만이 최적 포트폴리오에 해당한다. 반면 위험 기피적인 경우에는 일부를 주식에 투자하고, 나머지는 은행에 예금하는 경우가 가장 일반적인 최적 포트폴리오의 특성에 해당한다. 따라서 위험기피 여부에 따라 최적 포트폴리오의 특성이 크게 영향을 받는다.

Question 문제 19

우리나라의 기업 A사는 인근의 무인도에서 제2차 세계대전 당시 일본군이 버리고 간 100억원 상당의 금괴를 발견했다. 이제 이 금괴를 국내로 반입하려 한다. A사는 배를 이용해 금괴를 운반하려는데, 배가 침몰하면 금괴를 모두 잃는다. 그런데 배가 침몰할 확률은 20%로 알려져 있다 하자. A사는 금괴를 배 한 척에 모두 운반할 수도 있고 여러 척으로 나누어 운반할 수도 있다. 그리고 여러 척으로 나누어 운반하는 경우 배의 운명은 서로 독립적이라 하자. 운반비는 무시할 만하다고 할 때 다음 질문에 답하라.

1) 금괴를 운반하는 과정에서 예상되는 위험의 성질은 무엇인가?
2) 배를 한 척만 이용하는 경우, 두 척을 이용하는 경우, 세 척을 이용하는 경우 A사가 예상하는 기대수익과 위험의 크기는 얼마인지 비교하라.
3) 앞에서의 결과에 의할 때 금괴를 운반하는 배를 늘릴수록 어떤 결과가 예상되는지 논평하라.

Answer
해설

이 문제의 핵심은 포트폴리오를 이용해 비체계적 위험을 줄이는 과정을 정확하게 이해하는 데 있다.

1) 금괴를 운반하는 과정에서 예상되는 위험은 분산 가능한 위험 또는 비체계적 위험이다. 왜냐하면 여러 척의 배를 이용할수록 A사가 직면하는 위험, 즉 금괴를 잃어버릴 위험이 작아지기 때문이다.
2) A사의 기대수익은 금괴의 가치와 무사히 운반할 확률에 의해 결정된다. 그리고 A사의 위험은 금괴를 확보하는 데 관련된 분산(variance)의 제곱근, 즉 표준편차(standard deviation)에 의해 측정된다. 이것을 측정하면 다음과 같다.

한 척을 이용하는 경우

기대수익 $= 0.8 \times 100$억 $+ 0.2 \times 0 = 80$억

분산 $= 0.8 \times (100억 - 80억)^2 + 0.2 \times (0 - 80억)^2 = 16 \times 10^{18}$

⇨ 표준편차 = 40억

두 척을 이용하는 경우

기대수익 $= 0.64 \times 100$억 $+ 0.32 \times 50 + 0.04 \times 0 = 80$억

분산 $= 0.64 \times (100억 - 80억)^2 + 0.32 \times (50억 - 80억)^2 + 0.04 \times (0 - 80억)^2 = 8 \times 10^{18}$

⇨ 표준편차 = 28.28억

세 척을 이용하는 경우

기대수익 $= 0.512 \times 100억 + 0.384 \times \frac{200억}{3} + 0.096 \times \frac{100억}{3} + 0.008$

$\times 0 = 80$억

분산 $= 0.512 \times (100억 - 80억)^2 + 0.384 \times (\frac{200억}{3} - 80억)^2 + 0.096 \times (\frac{100억}{3} - 80억)^2 + 0.008 \times (0 - 80억)^2 = 5.334 \times 10^{18}$

⇨ 표준편차 = 23.1억

3) 이상의 계산으로부터 우리는 운반하는 배의 숫자를 늘리더라도 기대수익에는 차이가 없는 반면 표준편차로 측정한 비체계적 위험은 점점 감소한다는 것을 알 수 있다. 이것이 바로 분산 가능한 위험의 특징이다. 따라서 운반하는 배의 숫자를 늘리면 표준편차는 점점 더 작아질 것으로 예상할 수 있다. 극단적으로 배의 숫자가 무한대로 많아진다면 표준편차는 0으로 수렴할 것이다. 이것은 금괴를 분산해서 운반할수록 비체계적 위험이 점점 작아진다는 것을 의미한다. 이것이 바로 포트폴리오의 본질적인 특징이다.

Question 문제 20

무위험자산 1과 위험자산 2에 투자하려는 사람이 있다. 무위험자산은 1원을 투자하면 미래에 1원을 지급해 주며 위험자산의 경우 1원을 투자하면 확률 p로 a원을, 그리고 확률 $1-p$로 b원을 얻을 수 있다고 하자. 이 사람의 소득을 1로 정규화하고 각 자산에 대한 수요를 x_1, x_2로 나타낼 때 예산제약은 다음과 같다.

$$x_1 + x_2 = 1$$

이 사람은 위험기피자로서 기대효용이론을 만족하는 선호체계를 가지고 있다고 하자.

1) 무위험자산에 대한 수요가 0보다 크기 위한 필요조건을 a, b만을 이용해서 나타내라.

2) 위험자산에 대한 수요가 0보다 크기 위한 필요조건을 a, b만을 이용해서 나타내라.

3) 이 모형에서 기대효용극대화를 위한 1계 조건(first-order condition)을 구하라.

4) $a < 1$이라고 가정하자. 이때 1계 조건을 이용해서 $\frac{dx_1}{da} \leq 0$임을 보여라.

Answer
해설

이 문제의 핵심은 최적 포트폴리오의 의의를 정확하게 이해하는 데 있다.

1) 기대효용극대화 문제는 다음과 같다.

기대효용 극대화 : $V = pU(w_a) + (1-p)U(w_b)$

제약조건 : $x_1 + x_2 = 1$

$w_a = x_1 + ax_2$

$w_b = x_1 + bx_2$

제약조건에서 $x_2 = 1 - x_1$을 이용해 정리하면 이 문제는 다음과 같이 제약조건 없는 극대화문제가 된다.

기대효용 극대화 : $V = pU((1-a)x_1 + a) + (1-p)U((1-b)x_1 + b)$

이 문제의 최적해는 다음의 1계 조건을 만족해야 한다.

$$\frac{dV}{dx_1} = pU'((1-a)x_1 + a)(1-a) + (1-p)U'((1-b)x_1 + b)(1-b) = 0$$

(여기서 $U'(\cdot) = \frac{dU(\cdot)}{dx_1}$을 나타낸다)

이제 무위험자산에 대한 수요 $x_1^* > 0$이 되기 위해서는 $x_1 = 0$에서 측정한 기울기가 $\frac{dV}{dx_1} > 0$을 만족해야 한다. 이 기울기를 구하면 다음과 같다.

$$\frac{dV}{dx_1} = pU'(a)(1-a) + (1-p)U'(b)(1-b) > 0$$

즉, 파라미터 a, b가 이 조건을 만족한다면 무위험자산에 대한 수요는 0보다 클 것이다.

2) 마찬가지 방법으로 $x_1 = 1 - x_2$를 이용해 목적함수를 정리한 후 $x_2 = 0$에서 측정한 기울기가 $\frac{dV}{dx_2} > 0$을 만족하기 위한 조건을 구하면 다음과 같다.

➡ $$\frac{dV}{dx_2} = pU'(1)(a-1) + (1-p)U'(1)(b-1) > 0$$

따라서 파라미터 a, b가 이 부등식을 만족한다면 위험자산에 대한 수요는 0보다 클 것이다.

3) 기대효용을 x_1의 함수로 나타내면 다음과 같다.

$$V = pU((1-a)x_1 + a) + (1-p)U((1-b)x_1 + b)$$

따라서 1계 조건은 다음과 같다.

$$\frac{dV}{dx_1} = pU'((1-a)x_1 + a)(1-a) + (1-p)U'((1-b)x_1 + b)(1-b) = 0$$

4) 1계 조건을 다음과 같이 나타내자.

$$\Pi(a, x_1(a)) = pU'((1-a)x_1 + a)(1-a) + (1-p)U'((1-b)x_1 + b)(1-b) = 0$$

이 조건을 a에 대해 미분하면 다음과 같은 식을 얻는다.

$$\frac{\partial \Pi}{\partial a} + \left(\frac{\partial \Pi}{\partial x_1}\right)\left(\frac{dx_1}{da}\right) = 0$$

이 식을 정리하면 다음과 같은 결과를 얻는다.

$$\frac{dx_1}{da} = -\frac{\left(\frac{\partial \Pi}{\partial a}\right)}{\left(\frac{\partial \Pi}{\partial x_1}\right)}$$

그런데 $\frac{\partial \Pi}{\partial a}$와 $\frac{\partial \Pi}{\partial x_1}$의 부호는 다음과 같다.

$$\frac{\partial \Pi}{\partial a} = p[U''(\cdot)(1-a)(1-x_1) - U'(\cdot)] < 0$$
$$\frac{\partial \Pi}{\partial x_1} = pU''(\cdot)(1-a)^2 + (1-p)U''(\cdot)(1-b)^2 < 0$$

(왜냐하면 위험기피자이므로 $U'(\cdot) > 0$, $U''(\cdot) < 0$이고 a, $x_1 < 1$이기 때문이다)

따라서 $\frac{dx_1}{da} \leq 0$이 성립한다.

CHAPTER 03

비대칭정보의 문제와 대응방안

CHAPTER 03

01 비대칭정보의 의의와 원인

정보의 의의

불확실한 상태가 실현될 확률이 잘 정의된 경우 불확실성의 문제는 위험으로 변형된다. 위험이 존재하는 경우 정보의 필요성이 대두된다. 경제학의 관점에서 정보란 무작위적인 정보신호들의 모음(collection of random signals)으로 이해해야 한다. 이것은 자신에게 어떤 정보신호가 주어질지 모르는 상태에서 정보를 이용할 것인지를 결정해야 한다는 것을 의미한다. 예를 들어 자신의 건강상태가 불확실하여 의사의 진료를 받을 것인지 검토하고 있는 갑이라는 사람을 생각해 보자. 이 경우 의사가 제공하는 의료 서비스는 갑의 건강상태에 관한 정보이다. 그런데 갑은 의사가 어떤 진단결과를 얘기할지 모르는 상태에서 의사에게 갈 것인지 여부를 결정해야 한다. 다른 예로 환율이 투자결정에 매우 중요한 요인인 기업을 생각해 보자. 이 기업은 투자결정을 내리기 전에 명성이 높은 기관에 환율예측을 의뢰할 것인지 여부를 검토하고 있다고 하자. 검토 결과 이 기관에 의뢰하기로 하였다면, 이것은 이 기관이 제공하는 정보를 이용하기로 결정한 것이다. 그렇지만 이 기관이 환율에 대해 구체적으로 어떤 정보를 제공할지 모르는 상태에서 이용하기로 결정한 것이다. 이와 같이 어떤 정보신호가 주어질지 모르는 상태에서 정보를 이용하기로 결정한다는 의미에서 무작위적이라고 말하는 것이다. 따라서 어떤 정보신호가 주어지는가에 따라 불확실한 상태가 실현될 확률이 영향을 받게 되며, 이것을 감안해 의사결정을 내리게 된다.

대칭정보와 비대칭정보

- 대칭정보(symmetric information)의 상황은 모든 경제주체들이 동일한 정보를 가지고 시장에 참여하는 경우로, 보통 완전한 정보를 가정한다.
- 비대칭정보(asymmetric information)의 상황은 거래 쌍방 가운데 어느 한쪽이 다른 쪽보다 우월한 정보를 가지고 있는 경우를 말한다. 보통 한쪽은 완전한 정보, 다른 쪽은 무정보(no information)의 경우를 가정한다. 따라서 흔히 다루는 비대칭정보의 상황은 일반적인 경우라기보다는 특수한 경우에 해당한다.
- 일반적으로 불확실성은 기술적 불확실성(technological uncertainty)과 시장 불확실성(market uncertainty)으로 분류되는데, 비대칭정보의 상황은 바로 시장 불확실성으로 인해 발생하게 된다고 생각하면 된다. 시장 불확실성이란 바로 거래 상대방이 어떤 행동을 취할지 또는 어떤 거래조건을 제시할지 모르기 때문에 야기되는 불확실성을 말한다. 즉, 상대방의 타입, 의도, 행동, 전략 등을 모르기 때문에 발생하는 불확실성이다.

비대칭정보의 상황을 초래하는 원인

이것은 크게 세 가지로 분류된다. 감춰진 속성(hidden characteristic), 감춰진 행동(hidden action) 및 감춰진 정보(hidden information)가 바로 그것이다.

i) **감춰진 속성** : 거래 상대방이 어떤 타입 또는 속성을 가지고 있는지 모르기 때문에 역선택(adverse selection) 문제가 발생한다. 대표적인 예로 보험가입자의 사고확률, 근로자의 생산성, 상품의 품질 등은 본인만이 알고 있는 속성으로, 비대칭정보의 상황을 초래한다. 그리고 이러한 속성은 계약을 체결하기 이전에 이미 결정되어 있기 때문에 보통 계약 이전의 비대칭(precontract asymmetry)을 초래한다고 말한다.

ii) **감춰진 행동** : 상대방이 어떤 행동을 취하는지 완벽하게 감시할 수 없기 때문에 도덕적 해이(moral hazard) 또는 포괄적으로 주인-대리인 문제(principal-agent problem)가 발생하게 된다. 대표적인 예로 주주와 전문경영자 간의 관계에서 주주는 전문경영자의 행동을 완벽하게 감시할 수 없다. 또한 보험회사와 보험가입자 간의 관계에서 보험회사는 보험가입자의 행동을 완벽하게 감시할 수 없다. 만약 완벽한 감시(perfect monitoring)가 가능하다면 주인-대리인 문제는 발생하지 않는다. 이것은 계약을 체결한 이후에 발생하는 문제이기 때문에 보통 계약 이후의 비대칭(postcontract asymmetry)을 초래한다고 말한다.

iii) **감춰진 정보** : 자신이 취할 행동과 관련해 상대방이 모르는 정보를 가지고 있기 때문에 넓은 의미에서 주인-대리인 문제가 발생하게 된다. 예를 들어 주주와 전문경영자 간의 관계에서 기업의 이윤기회에 대해 전문경영자는 주주보다 많은 정보를 갖고 있다. 이러한 사적 정보를 대리인 자신을 위해 사용하는 경우 비대칭정보의 문제가 발생한다. 이 경우도 계약 이후의 비대칭을 초래한다.

➡ 어떤 원인에 의해 비대칭정보의 상황이 발생하게 되든지 간에 공통된 사항은 거래(또는 계약)의 결과가 비효율적이라는 것이다. 이런 의미에서 비대칭정보로 인해 시장실패가 발생한다고 말한다.

CHAPTER 03

02 역선택과 대응방안

2.1 역선택의 의의

역선택은 거래 상대방의 감춰진 속성(또는 타입)으로 인해 시장에서 거래되는 상품 가운데 상대적으로 좋은 품질을 가진 상품은 시장에서 퇴거하고, 나쁜 품질을 가진 상품만 시장에 남아 거래되는 현상을 말한다. 즉, 정보가 없는 쪽에서 결코 상대하고 싶지 않은 쪽과 거래할 수밖에 없는 상황을 말한다.

역선택으로 인해 예상되는 상황은 시장이 위축되거나 극단적인 경우에는 시장이 폐쇄될 수도 있다는 것이다. 그 결과 시장균형이 존재하지 않을 수도 있으며, 존재한다고 하더라도 비효율적인 결과를 초래하게 된다. 비대칭정보로 인해 시장실패가 발생하는 대표적인 경우에 해당한다.

2.2 역선택의 예

중고차시장 : 레몬시장(lemon market)의 대표적인 예이다. 구매자들이 중고차의 평균품질만을 알고 있다고 가정할 때 구매자들은 평균품질 이상의 가격을 지불할 의사가 없다. 따라서 평균품질 이상의 중고차를 보유한 판매자는 시장에서 퇴거하게 된다. 그 결과 다시 나머지 중고차들의 평균품질은 하락하게 될 것이고, 구매자들은 다시 평균품질에 해당하는 가격 이상을 지불할 의사가 없으므로 그 이상의 품질의 중고차를 보유한 판매자들은 시장에서 퇴거하게 된다. 이러한 과정이 되풀이된다면 궁극적으로는 시장이 폐쇄된다. 이것은 지나치게 극단적인 상황이지만, 어떤 과정을 통해 역선택이 발생하게 되는지를 잘 보여주는 고전적인 예이다.

보험시장 : 자동차 보험을 예로 들 경우 마찬가지 현상이 발생할 수 있다. 자동차 보험에 신규로 가입하려는 사람들은 사고확률이 높은 타입과 낮은 타입으로 분류된다고 하자. 그런데 보험회사는 단지 이들의 평균 사고확률만을 알고 있는 상태에서 공정한 보험을 제공한다고 하자. 그러면 사고확률이 높은 사람들만 보험에 가입하고 낮은 사람들은 보험에 가입하지 않는 것이 유리한 상황이 발생할 수 있다. 그러면 보험회사는 사고확률이 높은 사람들에게만 보험상품을 판매하게 되는 역선택이 발생하게 된다. 사람들의 사고확률이 다양한 경우에도 앞의 중고차시장의 경우와 똑같은 논리에 의해 보험시장이 위축된다.

- 그 외에도 은행과 기업 간에 자금을 거래하는 대부시장(loan market), 근로자들의 취업시장(job market) 등에서도 같은 현상이 발생하게 된다. 이와 같이 수많은 시장에서 감춰진 속성으로 인해 시장이 위축되거나 극단적인 경우에는 폐쇄되는 현상이 발생할 수 있다.

2.3 대응방안

감춰진 속성으로 인한 비대칭정보의 상황을 극복하려는 시도는 정보가 없는 쪽(uninformed)과 정보가 있는 쪽(informed) 가운데 어느 한쪽에서 먼저 이루어질 수 있다. 어느 쪽이 먼저 시도하는가는 간단한 차이처럼 보이지만 시장균형의 관점에서는 상당한 차이가 있다는 사실을 주목할 필요가 있다.

정보가 없는 쪽에서 먼저 움직이는 경우에 성립하는 시장균형을 선별균형(screening equilibrium)이라 부르는데, 이것은 항상 존재하는 것이 아니다. 나아가서 비록 이러한 시장균형이 존재한다 하더라도 파레토 효율의 관점에서 볼 때 비효율적인 결과가 발생하게 된다.

반면 정보가 있는 쪽에서 먼저 움직이는 경우에 성립하는 시장균형을 신호발송균형(signalling equilibrium)이라 부르는데, 이것은 무수히 많이 존재하는 것이 일반적이다. 그렇지만 어떤 신호발송균형이라도 파레토 효율의 관점에서 볼 때 비효율적인 결과를 초래한다는 점에서는 마찬가지이다.

2.3.1 자기선택장치

자기선택장치(self-selection mechanism)란 정보가 없는 쪽에서 상대방이 감춰진 속성을 드러내도록 유도하기 위해 고안한 장치를 말한다. 이것은 한마디로 차별화된 상품들을 제공함으로써 정보를 가지고 있는 쪽에서 자신에게 가장 유리한 상품을 선택하는 과정에서 감춰진 속성을 드러내도록 하려는 시도이다. 이러한 장치가 그 역할을 제대로 수행하기 위해서는 차별화된 상품들이 일정한 조건을 만족해야 한다. 예를 들면 보험의 경우 사고확률이 높은 타입(H-타입)과 낮은 타입(L-타입)이 있다고 하자. 보험회사는 각 타입의 사람들이 선택하리라고 예상되는 두 가지 타입의 차별화된 상품을 제공하려 한다. 이 경우 H-타입은 보험회사가 L-타입을 염두에 두고 고안한 상품을 구입하는 것이 오히려 자신에게 불리해야 하며, L-타입의 경우도 마찬가지여야 한다. 이것을 자기선택제약(self-selection constraint)이라 부른다.

이렇게 고안된 차별화된 상품들이 자기선택장치로서 제 기능을 수행하는가는 시장균형의 관점에서 평가하지 않으면 안 된다. 보험회사가 공급하는 차별화된 보험상품이 시장에서 계속 거래되기 위해서는 정상이윤을 얻게 해준다는 제약을 만족해야 하기 때문이다. 따라서 비록 한 보험회사가 차별화된 보험상품을 제공하고, 이것들이 자기선택제약을 만족한다고 해서 문제가 다 해결되는 것은 아니다. 만약 다른 보험회사가 새로운 보험상품을 제공하는 경우 원래의 보험상품으로는 더 이상 정상이윤을 얻을 수 없다면, 그러한 차별화된 보험상품들은 시장에서 존속할 수 없기 때문이다.

이러한 상황에서 고려할 수 있는 선별균형의 종류로는 공동균형(pooling equilibrium)과 분리균형(separation equilibrium)이 있다. 공동균형이란 단일한 상품이 제공된 상태에서 성립하는 선별균형을 말하며, 분리균형이란 차별화된 상품들이 제공된 상태에서 성립하는 선별균형을 말한다. 일반적으로 공동균형은 존재할 수 없으며, 분리균형은 일정한 조건이 충족되는 경우에만 존재한다는 것이 입증되었다.

요약하면 자기선택장치가 유효하여 보험시장의 균형을 가져오기 위해서는 세 가지 제약조건, 즉 자기선택제약, 참여제약(participation constraint) 및 정상이윤의 제약을 만족하지 않으면 안 된다. 여기서 참여제약이란 보험에 가입하는 것이 가입하지 않는 것과 비교해 유리해야 한다는 제약을 말한다. 그런데 이러한 제약조건들을 모두 만족시키면서 시장균형이 성립하는 것을 기대하기 어렵다. 이것이 바로 자기선택장치를 이용해 역선택의 상황을 극복하려고 하는 시도가 갖는 한계이다.

2.3.2 신호발송

정보가 있는 쪽에서 적극적으로 자신의 속성을 알리려는 시도를 신호발송(signalling)이라 한다. 때로는 이러한 관점에서 역선택의 문제를 극복하려는 것이 자연스러운 경우가 있다. 취업시장(노동시장)에서 생산성이 높은 취업희망자들이 자신의 능력을 알리기 위해 각종 자격증을 취득하거나 높은 수준의 교육을 받는 행위가 여기에 해당한다. 또한 자신의 제품의 품질이 우수하다고 믿는 기업들이 획기적인 보증제도나 광범위한 A/S 프로그램을 제시하는 것도 이러한 예에 해당한다.

신호발송행위 자체는 매우 간단한 현상이지만, 이것을 시장균형의 관점에서 볼 때 어떤 조건이 충족되는 경우 신호발송균형이 존재하는가, 그렇다면 어떤 특징을 갖는가 하는 문제를 생각해 볼 수 있다. 한마디로 신호발송이 의미를 갖기 위해서는 좋은 속성을 가진 쪽이 나쁜 속성을 가진 쪽보다 적은 비용으로 신호발송을 할 수 있어야 한다. 이 조건이 충족된다면 일반적으로 공동균형이든 분리균형이든 신호발송균형은 무수히 많이 존재하는 것으로 알려져 있다.

신호발송균형이 이와 같이 많이 존재한다는 것은 바람직한 성질이 아니다. 이러한 결과를 초래하는 이유는 신호발송균형의 성격 때문이다. 정보가 없는 쪽에서는 정보가 있는 쪽의 신호발송행위에 대해 일정한 믿음을 형성하며, 그들에게 자신의 계획을 알린다. 정보를 가진 쪽에서는 이러한 믿음을 예상하면서 자신의 신호발송수준을 결정한다. 그 결과 서로에 대한 예상이 일치할 때 신호발송균형이 존재하게 되지만, 정보가 없는 쪽이 형성하는 믿음은 일정하지 않다. 이로 인해 다양한 신호발송균형이 존재한다.

2.3.3 기타 대응방안

비대칭정보의 상황에서 은행이 기업을 상대로 자금을 대부해 주는 경우 어떻게 행동하는 것이 최선이겠는가? 이 경우 감춰진 속성은 바로 기업의 채무불이행 위험(default risk)이다. 채무불이행 위험이 큰 기업은 높은 이자율을 지불하고서라도 자금을 빌리고자 할 것이다. 따라서 만약 은행이 이러한 자금수요에 부응해 이자율을 인상한다면 위험이 큰 기업만을 상대로 자금을 대부해야 하는 역선택의 상황에 처하게 될 것이다. 이것을 극복하기 위해 은행이 취할 수 있는 행동이 바로 신용할당(credit rationing)이다. 이것은 자금에 대한 초과수요가 있더라도 은행은 이자율을 인상하는 대신 기업들이 원하는 자금의 일부만 대부해 줌으로써 채무불이행의 위험이 큰 기업들만 대부를 받는 상황을 피하려는 시도이다.

고용된 근로자들에게 시장에서 형성된 임금보다 높은 임금을 줌으로써 높은 생산성을 가진 사람들이 다른 직장으로 옮기지 않고 계속 일할 수 있게 하는 것도 낮은 생산성을 가진 사람들만을 고용할지 모르는 상황을 피하기 위한 수단이다. 이런 목적으로 지급되는 임금을 효율성 임금(efficiency wage)이라 한다.[1]

그 외에도 국가 공인 자격증 발급, 기업의 허위 · 과장광고에 대해 무거운 형벌을 부과하는 것, 기업이 알고 있는 중요한 사실에 대한 공시(公示)를 강화하는 것 등도 역선택의 상황에 대처할 수 있는 방법이다.

03 주인-대리인 문제와 대응방안

3.1 주인-대리인 문제의 본질

수많은 계약관계는 기본적으로 주인(principal)이 대리인(agent)에게 자신의 권리의 일부를 위임하는 가운데 성립된다. 이때 계약의 성격상 주인은 대리인이 어떤 행동을 취하는지 또는 얼마만큼 노력하는지 정확하게 알 수 없다. 즉, 완벽한 감시가 불가능하다. 따라서 대리인은 원래 계약체결시의 약속과는 달리 주인보다 자신을 위해 행동할 가능성이 크다. 이렇게 해서 발생하는 문제가 바로 주인-대리인 문제 또는 간단히 대리문제(agency problem)라고 하는 것으로, 전통적으로 보험시장에서 제기되었던 도덕적 해이 문제를 일반화시킨 것으로 이해하면 된다. 예를 들어 주주와 전문경영자, 지주와 소작인, 보험회사와 보험가입자, 변호사와 의뢰인, 국민과 공무원, 제조회사와 판매대리점 간의 관계를 비롯한 대부분의 계약관계가 이 문제를 내포하고 있다.

---

1. 실제로 1920년대 미국의 자동차 왕이었던 헨리 포드는 근로자들에게 시장 임금보다 높은 임금을 지불했다. 이를 통해 그는 유능한 직원이 다른 곳으로 이동하는 것을 막을 수 있었다. 이것이 바로 효율성 임금의 예이다.

주인-대리인 문제가 발생하는 경우 최대의 관심사는 계약의 결과가 효율적인가 하는 것이다. 만약 그것이 효율적이라면 최선의 해결책(first best solution)이라 부른다. 그러나 이 문제의 성격으로 인해 일반적으로 최선이 아닌 차선의 해결책(second best solution)을 얻을 수 있을 뿐이다. 이것도 쉽게 성취될 수 있는 것이 아니라 주인이 대리인에게 잘 고안된 보상계획(전문경영자에 대한 보상을 생각하면 됨)을 제시하는 경우에만 가능하다. 예를 들어 요즈음 자주 사용되는 스톡옵션(stock option)제도도 적절하게 시행되는 경우에만 주인-대리인 문제에 대한 해결방안으로서 의의를 갖는다.

많은 계약관계에서 일반적으로 주인은 위험 중립적, 대리인은 위험 기피적이라고 가정해도 무방하다. 주인이 위험 기피적인 경우도 있지만 본질적으로는 차이가 없다. 따라서 전형적인 상황은 주인은 위험 중립적이고, 대리인은 위험 기피적인 경우이다. 이러한 상황은 많은 계약이 보험계약으로서의 성격을 가지고 있다는 것을 전제로 한다. 위험분담의 관점에서 볼 때 위험 중립적인 주인이 모든 위험을 다 감수하고, 대리인은 아무런 위험을 부담하지 않는 것이 효율적이다. 그러나 대리인이 아무런 위험을 감수하지 않게 된다면 최선의 노력(행동)을 할 이유가 사라지게 된다. 화재보험 가입자가 보험가입 전보다 화재예방의 노력을 게을리하는 경우를 생각해 보라. 이것은 위험분담과 인센티브 간의 상충관계(trade-off between risk-sharing and incentive)가 존재한다는 것을 의미한다. 즉, 위험분담이 잘 될수록 최선의 행동을 할 유인(誘因)은 작아진다. 최적 위험분담이란 위험 기피적인 대리인이 아무런 위험을 부담하지 않도록 하는 것이다. 그런데 이 경우 대리인은 최선의 행동을 할 유인이 없다. 따라서 대리인이 주인을 위해 최선의 행동을 하도록 유도하기 위해서는 그 자신이 어느 정도 위험을 감수하게 해야 한다. 이런 이유로 인해 주인-대리인 문제가 존재하는 경우 최선의 해결책을 구하기 어려운 것이다.

3.2 대응방안

주인-대리인 문제에 대한 대응방안은 주인이 모색하게 된다. 주인은 대리인에게 노력의 대가로 보상계획(compensation scheme)을 제시할 때, 즉 유인설계(incentive design)를 할 때 다음과 같은 두 가지 제약을 고려해야 한다.

- **참여제약**(participation constraint) : 주인이 제시하는 보상계획은 대리인이 다른 기회에 얻을 수 있는 만큼의 효용을 보장해 주어야 한다는 제약으로, 개인적 합리성 제약(individual rationality constraint)이라고도 부른다.
- **유인성립제약**(incentive-compatible constraint) : 주인이 제시하는 보상계획은 대리인이 주인을 위해 최선의 행동을 하는 경우 다른 임의의 행동을 하는 경우보다 항상 대리인에게 높은 효용을 가져다 줄 수 있어야 한다는 제약이다.

이 두 가지 제약을 모두 만족하는 보상계획은 적어도 대리인으로 하여금 자신을 위해서가 아니라 주인을 위해서 최선의 행동을 하도록 유도할 수 있다. 문제는 과연 이 제약들을 만족하는 보상계획이 항상 가능한가, 만약 가능하다면 이 가운데 어떤 계획이 주인의 입장에서 가장 유리한가 하는 점이다. 이에 대한 대답은 첫째, 이 두 가지 제약을 모두 만족하는 보상계획이 일반적으로 존재한다는 것이다. 그러나 예외적이지만 이러한 계획이 가능하지 않은 경우도 있다. 둘째, 주인의 입장에서 가장 유리한 계획을 선택하는 것이 주인-대리인 문제에 대한 해결방안이다. 일반적으로 이러한 계획은 최선의 해결책이 아니라 차선의 해결책으로서 의의를 갖는다. 차선의 해결책으로 그치는 이유는 이 해결책이 유인성립제약이라는 추가적인 제약을 만족해야 하는데, 바로 이 제약이 위험분담과 인센티브 간의 상충관계를 감안한 제약이기 때문이다. 만약 이 제약이 구속력을 갖지 않는다면 최선의 해결책이 가능하다.

04 감춰진 정보의 문제와 대응방안

4.1 감춰진 정보의 문제의 본질

이 문제는 주인-대리인 문제와 유사하기 때문에 과거에는 주인-대리인 문제의 틀에서 다루어졌다. 그러나 문제의 해결방안이 다르기 때문에 구분해서 다루는 것이 바람직하다. 그렇지만 감춰진 정보를 가진 사람을 대리인이라고 부르며, 그는 항상 자신의 사적 정보(private information)를 주인보다는 자신을 위해 사용하려고 한다는 의미에서 전통적인 주인-대리인 문제와 매우 유사한 구조를 가지고 있다.

감춰진 정보의 문제의 핵심은 대리인이 보유한 사적 정보를 자신이 아니라 주인을 위해 사용하도록 유도한다는 데 있다. 먼저 대리인이 보유한 사적 정보의 성격을 정확하게 이해해야 한다. 여기서 사적 정보란 주인의 후생에 영향을 미칠 수 있는 불확실한 상태에 대해 주인은 정보가 없지만 대리인은 정보를 가지고 있는 경우를 말한다. 예를 들어 기업의 주주보다 전문경영자가 어떤 기회가 더 많은 이윤을 가져다 주는지에 대해 사적 정보를 더 많이 가지고 있는 것이 일반적이다. 또한 영업사원은 자신이 상대하는 고객의 타입에 대해 회사보다 더 많은 정보를 가지고 있다. 기업은 일 년간의 경영활동의 결과 얼마만큼의 이익이 발생했는지에 대해 은행보다 더 많은 정보를 가지고 있는 것이 일반적이다.

대리인이 자신만 알고 있는 사적 정보를 주인을 위해서가 아니라 자신의 후생을 위해 사용하면 주인-대리인 문제가 발생하며, 그 결과는 항상 비효율적일 수밖에 없다. 여기서 비효율적이라는 것은 감춰진 정보의 문제가 없다면 주인과 대리인 가운데 어느 한쪽의 효용을 감소시키지 않는 가운데 다른 한쪽의 효용을 증가시킬 수 있다는 것을 의미한다.

4.2 대응방안

감춰진 정보의 문제에 대한 대응방안은 간단하다. 이것은 대리인으로 하여금 자신이 알고 있는 사적 정보를 주인을 위해 사용하는 것이 자신에게도 유리하다고 인식하도록 주인이 적절한 보상체계를 제시하는 것이다.

문제는 이러한 보상체계를 어떻게 발견하는가에 있다. 주인이 대리인에게 제시할 수 있는 보상체계는 무수히 많다. 이 가운데 대리인이 자신이 보유한 사적 정보를 진실되게 사실대로 주인에게 알리는 것이 자신에게도 유리한 보상체계로 그 범위를 축소시킬 수 있다. 이것을 현시원리(revelation principle)라 부른다. 일반적으로 대리인이 보유한 정보를 보고하도록 하고, 이에 따라 일정한 보상체계를 제시하는 계약을 현시장치(revelation mechanism)라 한다. 이 가운데 대리인이 항상 진실하게 보고하는 것이 자신에게도 유리한 현시장치에만 초점을 맞추는 것이 바로 현시원리이다. 이 원리에 입각해 대리인에게 보상체계를 제시하는 것이 이 문제를 어느 정도 극복할 수 있는 방안이다.

[보론 1] 기업과 은행 간의 관계를 통해 본 비대칭정보의 예

기업과 은행 간에는 차입과 대출이라는 행위가 이루어진다. 이 경우 지금까지 지적한 세 가지 유형의 비대칭정보의 상황이 다 발생할 수 있다. 먼저 기업의 타입을 두 가지라 하자. 타입 1은 안정적인 사업에 투자하는 기업이고, 타입 2는 위험한 사업에 과감하게 투자하는 기업이라 하자. 만약 은행이 어떤 타입의 기업인지 모르는 상태에서 대출을 해주어야 하는 입장에 있다면 이것은 감춰진 속성의 문제에 해당한다.

다음으로 은행은 자신이 거래하는 기업이 어떤 타입인지는 알고 있다고 하자. 그런데 이 기업이 대출해 간 자금을 약속했던 사업에 투자할지 아니면 부동산투기에 사용할지 정확하게 알 수 없다고 하자. 그러면 이것은 감춰진 행동의 문제에 해당한다. 마지막으로 은행은 자신이 거래하는 기업의 타입만이 아니라 전문경영자가 약속한 바와 같이 최선을 다해 기업을 경영한다는 것을 알고 있다고 하자. 그렇지만 1년간의 경영실적을 결산한 결산서의 내용이 정확한지 알기 어렵다면 이것은 감춰진 정보의 문제에 해당한다. 왜냐하면 전문경영자는 기업이 결산한 결과 얼마만큼의 이익이 발생했는지 정확하게 알 수 있지만 은행은 단지 서류를 통해 알 수 있을 뿐인데, 이것이 정확하지 않을 수도 있기 때문이다.

이와 같이 비대칭정보의 상황을 초래하는 원인에 따라 이에 대한 해결방안도 달라질 수밖에 없다. 여기서 중요한 것은 어떤 것이 원인이든 비대칭정보를 극복하기 위해 노력하는 과정에서 어느 정도의 비효율이 불가피하다는 사실이다. 따라서 완전한 정보의 경우를 최선의 결과라 부른다면 비대칭정보의 상황에서는 기껏해야 차선의 결과를 추구할 뿐이다. 그렇더라도 비대칭정보로 인해 시장이 붕괴되는 것보다는 효율적인 결과를 달성할 수 있다.

05 응용문제와 해설

5.1 감춰진 속성과 해결방안

Question
문제 01

화재보험에 가입하려는 사람들을 생각해 보자. 편의상 이 사람들은 모두 2억원 상당의 주택을 보유하고 있다고 가정하자. 그리고 화재시에는 1억원의 손실이 발생한다고 가정하자. 현재 파악된 바로는 화재확률이 높은 타입(H-타입)과 화재확률이 낮은 타입(L-타입)의 두 가지 타입의 사람들이 절반씩 존재한다. 또한 H-타입의 화재확률은 5%(0.05), L-타입의 화재확률은 3%(0.03)로 파악되고 있다. 화재보험시장은 경쟁적이며, 모든 사람들은 위험 기피적인데, $U(w) = w^{0.5}$와 같은 효용함수를 가지고 있다고 하자. 여기서 w는 재산의 규모를 나타낸다.

1) 보험회사는 보험에 가입하려는 사람들의 타입에 대해 완전한 정보를 가지고 있

다고 하자. 화재발생시 1억원의 보험금을 받는 보험에 가입하려는 경우 공정한 보험이 되기 위해서는 각각 얼마의 보험료가 책정되어야 하는가? 그리고 이 경우 보험시장의 균형이 성립하는지 설명하라.

2) 이제 보험가입자들은 자신의 타입을 알지만, 보험회사는 단지 평균 화재확률만을 알 수 있다고 하자. 이 경우 공정한 보험이 되기 위해서는 보험료가 얼마가 되어야 하는가? 그리고 이 경우 보험시장의 균형이 성립하는지 설명하라.

3) H-타입과 L-타입을 구분할 수 없는 보험회사의 입장에서는 다음과 같은 두 가지 보험상품을 제공하려고 한다.

a-타입 보험 : 기초 공제액 D원
b-타입 보험 : 기초 공제액 0원

그리고 보험회사는 각각의 보험으로부터 정상이윤을 기대하고 있다고 하자. 그러면 보험회사가 의도한 대로 보험가입자들을 차별화하기 위해서는 어떤 조건이 충족되어야 하는지, 그리고 이것이 항상 보험시장의 균형을 달성할 수 있는지 설명하라.

Answer
해설

이 문제의 핵심은 역선택을 방지하기 위해 정보가 없는 보험회사가 고안한 차별화된 상품이 자기선택장치로서 역할을 하는지, 나아가서 이 상품들이 시장에서 존속할 수 있는지 살펴보는 데 있다.

1) 공정한 보험이 되기 위한 조건은 「보험료 = 화재확률 × 보험금」이다. 따라서 완전한 정보하에서 보험료는 각각 다음과 같다.

H-타입에게 적용되는 보험료 = 0.05 × 1억원 = 500만원
L-타입에게 적용되는 보험료 = 0.03 × 1억원 = 300만원

공정한 보험이란 보험회사의 기대이윤을 0으로 하는 보험을 말한다. 이것은 보험회사가 정상이윤을 얻을 수 있다는 것을 의미하며, 경쟁시장의 논리에 의해 기존의 보험회사는 시장을 떠날 이유가 없고 신규 보험회사의 진입도 없다. 따라서

보험시장에서는 균형이 성립한다. 여기서 균형의 성립 여부가 중요한 이유는 보험회사가 아무리 적절한 보험을 제공한다 하더라도 시장에서 존속할 수 없다면 이것은 시장의 균형이 성립하지 않는다는 것을 의미하며, 이러한 보험시장은 위험분담의 관점에서 바람직하지 않기 때문이다.

2) 각 타입의 사람들이 절반씩 존재하므로 평균 화재확률은 4%이다. 따라서 공정한 보험의 공식에 의하면 보험료는 0.04×1억원 $= 400$만원이 되어야 한다. 여기서 문제는 이와 같이 단일한 보험이 제공되었을 때 시장의 균형이 성립하는가 하는 점이다. 먼저 시장의 균형이 성립하려면 다른 보험상품이 제공되더라도 보험회사는 정상이윤을 얻을 수 있어야 한다. 만약 다른 보험상품이 제공되지 않는다면 이러한 보험상품을 제공하는 보험회사의 기대이윤은 다음과 같다.

$$\begin{aligned}\text{기대이윤} &= 0.5 \times [0.95 \times (400\text{만원} - 0) + 0.05 \times (400\text{만원} - 1\text{억원})] \\ &\quad + 0.5 \times [0.97 \times (400\text{만원} - 0) + 0.03 \times (400\text{만원} - 1\text{억원})] \\ &= 0\end{aligned}$$

따라서 이 보험회사는 정상이윤을 얻고 있으므로 시장균형이 성립할 수 있다. 그런데 완전한 정보의 경우와 비교하면 쉽게 알 수 있듯이 L-타입은 H-타입과 구분되지 않기 때문에 부당하게 높은 보험료를 부담해야 하는 입장에 있다. 따라서 L-타입은 이것보다 자신에게 조금이라도 유리한 보험이 제공되면 이 보험에 가입할 이유가 없다. 예를 들어 다른 보험회사가 L-타입을 겨냥해 보험금 1억원에 350만원의 보험료를 부담하는 보험을 제시한다면 L-타입은 당연히 이 보험에 가입하려 할 것이다. 따라서 원래의 보험상품은 더 이상 시장의 균형을 달성하지 못한다. 그리고 이러한 논리는 새로운 보험을 제공한 회사의 경우에도 적용되어 또 다른 보험회사가 이것보다 유리한 보험을 제공하면 보험가입자는 새로운 보험으로 이동하게 된다. 결론적으로 단일한 보험을 통해 비대칭정보의 상황을 극복하고 보험시장의 균형을 달성하는 것은 불가능하다. 이와 같이 단일한 보험을 통해 시장균형이 성립하는 것을 공동균형이라 부르는데, 이것은 일반적으로 불가능하다는 것이 입증되었다.

3) 역선택의 상황을 극복하기 위해 보험회사가 고안할 수 있는 현실적인 방법은 차

별화된 보험상품을 제공하는 것이다. 누가 어떤 타입인지 모르는 상태에서 스스로 자신에게 유리한 보험을 선택하려는데 결과적으로 보험회사가 의도한 대로 실현될 수 있다면, 이러한 차별화는 성공할 수 있으며 나아가서 보험시장의 균형을 달성할 가능성이 있다. 여기서 기초 공제액이 있는 a-타입의 보험은 화재확률이 낮은 L-타입을 겨냥한 것이고, 기초 공제액이 없는 b-타입의 보험은 화재확률이 높은 H-타입을 겨냥한 것이다. 왜냐하면 기초 공제액은 화재가 발생하더라도 본인이 부담해야 하는 금액을 의미하기 때문이다. 따라서 이 두 상품이 각 타입에게 차별화된 상품으로서의 의의를 갖는지 검토해야 한다. 이것을 자기선택제약이라 부르며, 다음과 같은 조건이 충족되어야 함을 의미한다.

H-타입의 경우 : b-타입의 보험에 가입하는 경우의 기대효용 $>$ a-타입의 보험에 가입하는 경우의 기대효용

L-타입의 경우 : a-타입의 보험에 가입하는 경우의 기대효용 $>$ b-타입의 보험에 가입하는 경우의 기대효용

- 이러한 조건을 충족하도록 기초 공제액 D를 결정할 수 있다면 보험회사는 두 타입의 보험가입자들을 성공적으로 차별화하고 적절한 보험료를 책정해 정상이윤을 얻을 수 있다. 그렇지만 이것이 곧 보험시장에서 차별화를 통한 균형, 즉 분리균형이 성립한다는 것을 의미하지는 않는다. 왜냐하면 만약 다른 보험회사가 두 타입의 보험가입자들에게 더 유리한 보험을 제공할 수 있다면 원래의 균형은 성립하지 않기 때문이다. 이와 같이 자기선택장치의 기능을 하는 차별화된 보험을 제공할 수 있다 하더라도 시장의 여건에 따라 균형이 성립할 수도 있고 그렇지 않을 수도 있다. 이것은 그만큼 역선택의 문제를 극복하면서 시장균형을 달성하기가 용이하지 않다는 것을 의미한다.

Question 문제 02

현대자동차가 미국에 진출한 지는 상당히 오래 되었지만 자동차의 판매가 크게 증가하지는 않았다. 그나마도 저가 자동차만이 미국시장에서 판매되는 정도였다.

그러다가 몇 년 전 현대자동차가 10만 마일 또는 10년간 무상수리라는 보증제도를 실시한 이후 판매가 급속히 증가했다. 이러한 전략을 신호발송모형의 관점에서 설명하라. 그리고 신호발송모형이 의미를 갖기 위해서는 어떤 요인이 가장 중요한지 설명하고, 이 모형의 경제적 의의를 논하라.

Answer
해설

이 문제의 핵심은 신호발송을 통해 비대칭정보의 상황을 극복하고, 시장균형이 성립하기 위해서는 어떤 조건이 충족되어야 하는지를 이해하는 데 있다.

현대자동차는 미국시장에서 소비자들로부터 오랫동안 인정받지 못했는데, 그 주된 이유는 품질을 믿을 수 없기 때문이었다. 이런 이유로 품질이 안 좋은 차를 공급하는 다른 회사와 구별이 안 되는 상태에서 판매가 부진할 수밖에 없었다. 이것은 소비자들이 어떤 자동차가 품질이 좋은지 모르는 상태에서 구매하는 경우에 발생하는 문제이다. 이런 가운데 현대자동차가 자사 제품의 품질이 우수하다는 것을 알리기 위해 10만 마일 또는 10년간 무상보증수리라는 정책을 통해 자신의 품질에 대한 신호발송을 시작했다. 그 결과 이러한 신호발송이 성공해 품질에 대한 인지도를 높여 미국시장에서 성공할 수 있었다. 따라서 현대자동차의 정책은 신호발송모형의 관점에서 해석할 수 있다.

편의상 현대자동차를 H로 나타내고, 다른 자동차회사를 L로 나타내자. L사는 현대자동차와 마찬가지로 미국시장에서 그다지 평판이 좋지 않은 자동차회사라 하자. 그리고 q는 무상보증수리의 규모를 나타낸다고 하자. q가 증가할수록 무상보증수리의 범위가 증가한다. 예를 들어 여기서 제시한 10만 마일 또는 10년간 무상보증수리도 q의 한 예이다. 이제 두 회사가 무상보증수리로 인해 감당해야 하는 비용을 각각 $C_H(q)$, $C_L(q)$로 나타내자. 현대자동차가 이 회사와는 달리 품질이 우수한 차를 공급하고 있다는 신호발송이 효력을 갖기 위해서는 무엇보다도 다음과 같은 조건이 성립해야 한다.

$$C_H(q) < C_L(q), \quad C_H'(q) < C_L'(q)$$

이것은 특정한 수준의 q에서가 아니라 모든 수준의 q에서 성립해야 한다. 이것은 현대자동차가 다른 회사보다 신호발송비용이 항상 저렴하며, 추가 비용도 저렴하다는 것을 의미한다. 이러한 비용조건이 성립한다면, 그리고 소비자들이 품질에 따라 적절한 가격을 지불할 용의가 있다면 그들의 기대가 충족되는 가운데 현대자동차와 다른 자동차 회사가 차별화되는 상태에서 시장균형이 성립할 수 있다. 이것은 전형적인 신호발송균형의 예에 해당한다.

여기서 한 가지 유의할 점은 신호발송균형을 달성하는 신호발송의 수준이 유일하지 않다는 사실이다. 예를 들어 현대자동차가 9만 마일 또는 9년간 무상보증수리라는 정책을 실시하였더라도 효과적으로 다른 회사와 구분될 수 있었을 것이다. 신호발송비용 간의 격차가 어떠한가에 따라 다양한 신호발송의 수준에서 시장균형이 성립할 수 있다.

만약 소비자들이 현대자동차의 품질에 대해 완전한 정보를 가지고 있었다면 현대자동차는 굳이 많은 비용을 들여 신호를 발송하지 않아도 된다. 10만 마일 또는 10년간 무상보증수리라는 정책이 현대자동차의 품질을 향상시킴으로써 현대자동차의 이윤을 증가시키거나 소비자의 후생을 증가시키는 것이 아니다. 이것은 단지 현대자동차가 우수한 품질의 차를 공급한다는 것을 효과적으로 알리기 위한 수단에 불과하다. 이런 의미에서 신호발송비용은 사회적으로 낭비이다. 따라서 이 모형이 시사하는 것은 신호발송균형이 결코 완전한 정보하의 경우처럼 파레토 효율적인 결과를 달성하지는 못한다는 점이다. 그렇지만 신호발송을 하지 않는 경우보다는 효율적인 결과를 달성한다. 이런 의미에서 이것도 차선의 결과를 달성한다고 해석할 수 있다.

Question
문제 03

두 중고차 판매상이 인접하여 중고차를 팔고 있다. 이 중 한 사람 갑은 높은 질의 중고차를 팔며, 중고차를 수리하는 데 평균 80만원이 든다. 다른 사람 을은 낮은 질의 중고차를 팔며, 중고차를 수리하는 데 평균 50만원이 든다. 만약 소비자들이 중고차의 질에 대해 잘 안다면 갑으로부터 중고차를 구입할 때는 평균 100만원을, 을로부터 중고차를 구입할 때는 평균 70만원을 지급할 의사가 있다. 그런데 소비자들은 이들이 파는 중고차의 질에 대해 모른다. 소비자들이 높은 질의 중고차를 살 확률과 낮은 질의 중고차를 살 확률은 각각 0.5라고 가정하자. 따라서 소비자들은 중고차에 대해 평균적으로 85만원을 지불할 용의를 갖고 있다.

갑은 자신이 판매하는 중고차에 대해서는 모든 부품을 보증해 주려고 한다. 갑은 보증기간이 t년인 경우 (5만원 × t)의 비용이 발생할 것으로 예상하고 있다. 을도 자신의 차에 대해 갑과 똑같은 보증을 한다면 비용이 (10만원 × t)가 될 것을 알고 있다.

1) 갑이 자신의 모든 차에 대해 1년간의 보증을 해준다면 자신이 파는 중고차의 질에 대해 믿을 만한 신호를 보내는 것인가? 을도 그러한 보증을 할 것인가, 아니면 그러한 보증을 하지 않아 소비자들이 보증을 해주는 갑의 중고차가 더 높은 질을 갖는 것으로 판단해 갑이 파는 중고차에 대해 평균 100만원을 지불할 것인가? 설명하라.
2) 만약 갑이 2년간의 보증을 해준다면 자신이 파는 중고차의 질에 대해 믿을 만한 신호를 보내는 것인가? 3년간의 보증은 어떤가? 설명하라.
3) 만약 당신이 갑을 위해 광고를 한다면, 어느 정도의 기간을 보증기간으로 설정하도록 추천할 것인가? 설명하라.

Answer
해설

이 문제의 핵심은 자기 제품의 품질이 우수하다는 것을 알리고자 신호를 발송하는 것이 효과가 있기 위해서는 어떤 조건이 충족되어야 하는가를 이해하는 데 있다.

1) 신호발송균형이 성립하기 위한 전제조건은 신호발송비용에 차이가 있어야 한다는 것이다. 그러면 신호를 보내는 쪽과 신호를 받는 쪽이 상대방에 대해 갖는 기대(expectation)가 서로 일치하는 가운데 신호발송균형이 성립할 수 있다. 선별균형과 마찬가지로 신호발송균형에도 공동균형과 분리균형이 있다.
   이 문제에서 갑과 을 모두 1년 보증이라는 신호를 보내지 않으면 비용을 절감하므로 유리하지만, 누군가 신호를 보내면 보내지 않은 사람은 나쁜 차를 판매하는 것으로 간주되어 70만원밖에 받을 수 없다. 따라서 기본비용으로 80만원이 소요되는 갑의 입장에서는 1년 보증이라는 신호를 보내 좋은 차임을 알리는 것이 유리하다. 한편 을의 입장에서는 1년 보증이라는 신호를 보내지 않으면 기본비용 50만원이 소요되는 차를 적어도 70만원에 팔 수 있으므로 20만원의 이익을 얻는다. 그런데 을이 1년 보증을 해준다면 적어도 85만원을 받을 수 있다. 만약 갑이 1년 보증을 하지 않는다면 100만원까지 받게 된다. 따라서 이 경우 1년 보증비용을 감안해도 을의 이익은 최소한 25만원이다. 그러므로 갑과 을 모두 1년 보증을 실시할 것이고, 누구 차가 좋은 차인지 구별하지 못하는 소비자들은 85만원을 지불할 것이므로 갑은 0원의 이익을 얻고, 을은 25만원의 이익을 얻는 상태에서 신호발송균형이 성립한다. 이것은 갑과 을의 차의 품질을 구별할 수 없는 상태에서 성립하는 균형이므로 공동균형에 해당한다.

2) 갑이 2년 보증을 실시하는 것이 과연 분리균형이 성립하기 위한 조건이 되는지 검토해야 한다. 갑의 경우 2년 보증을 실시하면 총비용이 90만원이다. 을이 2년 보증을 실시하지 않는다면 갑은 100만원을 받게 되므로 10만원의 이익을 얻는다. 반면 을도 2년 보증을 실시한다면 총비용이 70만원이다. 그러면 갑과 을 모두 2년 보증을 실시하므로 을의 이익은 15만원이 된다. 이것은 을이 전혀 보증을 않는 경우의 이익 20만원보다 작다. 따라서 을은 아무런 보증을 실시하지 않는 것이 유리하다. 반면 갑은 2년 보증을 실시하는 것이 유리하므로 분리균형이 성립한다. 이 경우 갑의 이익은 10만원이고, 을의 이익은 20만원이다.

   한편 갑이 3년 보증을 실시하는 경우 총비용은 95만원이므로, 을이 보증을 실시하지 않는다면 갑의 이익은 5만원이다. 물론 을은 3년 보증을 실시하지 않는 것이 유리하다. 따라서 이 경우에도 분리균형이 성립한다. 갑의 이익은 5만원이고, 을의 이익은 20만원이다.

3) 이 경우 갑과 을이 분리되어 분리균형이 성립할 수 있는 보증기간에 대해 검토해야 한다. 편의상 이러한 조건을 만족하는 보증기간을 y년이라고 하자. 그러면 갑과 을이 효과적으로 분리되어 갑은 보증을 실시하고 을은 보증을 실시하지 않아 분리균형이 성립하는 y의 범위를 구해야 한다. 이를 위해서는 다음 조건을 만족하는 y의 범위를 구하면 된다.

갑이 보증을 하기 위한 조건 : 100만 − 80만 − 5만 × $y \geq 0$ ……………… (1)

을이 보증을 하지 않을 조건 : 85만 − 50만 − 10만 × $y <$ 70만 − 50만 …(2)

(1)은 갑이 보증을 실시하는 경우 이익이 적어도 0보다 커야 한다는 것을 나타낸다. 갑이 보증을 실시하지 않는 경우 을이 보증을 실시하면 갑의 차는 나쁜 차로 분류되어 70만원을 받게 되므로 갑은 손해를 보게 된다. 따라서 갑의 입장에서는 손실을 피하기 위해 어쩔 수 없이 이익이 0보다 작아지지 않는 범위 내에서 보증을 실시해야 한다. 반면 을은 보증을 실시하지 않아도 20만원의 이익은 확보할 수 있다. 따라서 보증을 실시해 이익이 20만원 이하로 감소한다면 보증을 실시하지 않는 것이 유리하다. (2)는 이것을 나타내고 있다. 따라서 이 두 개의 부등식을 동시에 만족하는 y의 범위를 구하면, 이것이 바로 분리균형이 성립할 수 있는 보증기간의 구간에 해당한다. 이를 만족하는 y의 범위는 $1.5 < y \leq 4$이다. $y = 1.5$인 경우 을이 보증을 실시한다면, 이익은 20만원으로 보증을 실시하지 않는 경우와 같다. 따라서 $y > 1.5$인 경우 을은 보증을 실시하지 않는 것이 유리하다. 한편 $y = 4$인 경우 갑의 이익은 0이다. 그렇다면 갑과 을이 모두 보증을 실시하지 않으면 갑의 이익은 5만원이므로 갑은 4년이라는 보증을 할 이유가 없는 것처럼 보인다. 그러나 이 경우 을이 얼마간의 보증을 실시하면, 을의 차가 좋은 차로 분류되고 갑의 차는 나쁜 차로 분류되어 갑은 10만원의 손실을 보게 된다. 따라서 갑의 입장에서는 4년까지는 보증을 하는 것이 유리하다. 이 상태에서 보증기간이 1.5년에 근접할수록 갑의 이익은 증가하고, 을의 이익은 20만원으로 고정된다. 따라서 갑에게 이런 원칙에 따라 적어도 1.5년보다는 조금 더 보증해 주도록(예를 들면 1년 7개월) 조언하면 된다. 이것이 무수히 많은 분리균형 가운데 가장 효율적인 신호발송균형이다.

Question 문제 04

두 타입의 대학 졸업생들이 직장을 구하려고 한다. 이들은 생산성이 높은 사람(H-타입)과 생산성이 낮은 사람(L-타입)으로 구성되어 있다. 이들을 채용하려는 기업들은 누가 생산성이 높은지 구별할 수 없다고 하자. 그런데 기업들은 토익점수가 생산성과 직접 관련되지는 않지만, 생산성에 관해 일정한 정보를 제공해 주는 것으로 간주하고 있다. 따라서 이들이 직장을 구하는 데 가장 중요하게 인식하고 있는 것이 토익점수이다. 왜냐하면 토익점수가 일정한 수준을 넘지 못하면 생산성이 낮은 사람으로 간주되어 낮은 연봉을 감수해야 하는 반면, 토익점수가 일정한 수준을 넘으면 생산성이 높은 사람으로 간주되어 높은 연봉을 받을 수 있기 때문이다. 생산성이 높은 사람의 생산성은 $MP_H = 2$, 생산성이 낮은 사람의 생산성은 $MP_L = 1$로 나타내기로 하자. 이것은 한계생산물의 가치에 해당하는데, 생산성이 높은 사람은 연간 2억원, 생산성이 낮은 사람은 1억원의 가치를 창출하는 것으로 해석하면 된다. 졸업생 가운데 H-타입과 L-타입의 비율은 각각 절반씩이라고 하자. 그리고 기업들은 경쟁시장에서 이들을 고용하려 하고 있다.

이제 토익공부에 투입하는 기간을 e로 나타내기로 하자. 토익점수는 공부에 투입한 기간에 비례하는 것으로 가정한다. 그러면 각 타입이 토익공부를 위해 부담하는 비용은 다음과 같이 측정된다고 하자.

$$C_H(e) = 0.2e$$
$$C_L(e) = 0.4e$$

이것은 동일한 노력을 하는 경우 H-타입은 L-타입에 비해 절반의 비용만을 감당하면 된다는 것을 의미한다. 한편 이들이 받는 보수는 w로 나타내기로 하자. 만약 H-타입으로 간주되어 높은 보수를 받으면 w_H, 그렇지 않은 경우에는 w_L을 받는 것으로 해석하면 된다. 이제 두 타입의 사람들의 효용함수가 다음과 같다고 할 때 질문에 답하라.

$$U_H(w, e) = w - 0.2e$$
$$U_L(w, e) = w - 0.4e$$

1) 이와 같은 비대칭정보의 상황에서 기업이 먼저 보수(w)와 토익공부수준(e)을 이용해 조치를 취한다면 어떻게 해야 하겠는가? 그리고 이 경우 선별균형이 성립한다면 그 특징은 무엇인지 설명하라.

2) 이제 대학 졸업자들이 먼저 토익공부의 수준을 선택함으로써 기업들에게 자신의

생산성을 알리려 한다고 하자. 이 경우 성립하는 신호발송균형의 특징은 무엇이며, 기업들의 믿음(belief)과 어떤 관련이 있는지 설명하라.

3) 이상으로 두 가지 균형의 관계에 대해 어떤 결론을 내릴 수 있는지 설명하라.

Answer
해설

이 문제의 핵심은 감춰진 속성으로 인한 비대칭정보의 문제를 해결하는 방안들이 시장균형의 관점에서 어떤 차이가 있는가를 이해하는 데 있다.

1) 정보가 없는 쪽에서 먼저 움직이는 경우 성립하는 균형을 선별균형이라 부른다. 선별균형에는 공동균형과 분리균형이 있다. 여기서 공동균형은 기업이 일자리를 구하는 졸업생들에게 단일한 제안을 하는 경우 성립하는 균형을 말하며, 어떤 경우에도 선별균형으로서 공동균형은 성립하지 않는다는 것이 입증되었다. 따라서 관심사는 차별화된 제안을 이용한 분리균형이 성립하는지 여부이다. 결론부터 말하자면 분리균형은 일정한 조건이 충족되는 경우에만 성립한다. 여기서는 분리균형이 유일하게 존재한다. 분리균형이 되기 위해서는 다음과 같은 네 가지 조건이 충족되어야 한다.

i) 참여제약

ii) 자기선택제약

iii) 손익분기조건

iv) 경쟁시장조건

이 가운데 핵심은 자기선택제약이다. 기업이 제시하는 차별화된 제안들이 자기선택장치로서의 역할을 해야만 이 제약이 성립한다. 이제 기업이 제시하는 두 개의 제안 $a = (w_H, e_H)$, $b = (w_L, e_L)$이 다음의 부등식을 만족할 때 차별화된 제안들이 자기선택장치로서 역할을 할 수 있다.

$U_H(a) \geq U_H(b)$

$U_L(b) \geq U_L(a)$

그림 3-1
선별균형 : 분리균형의 예

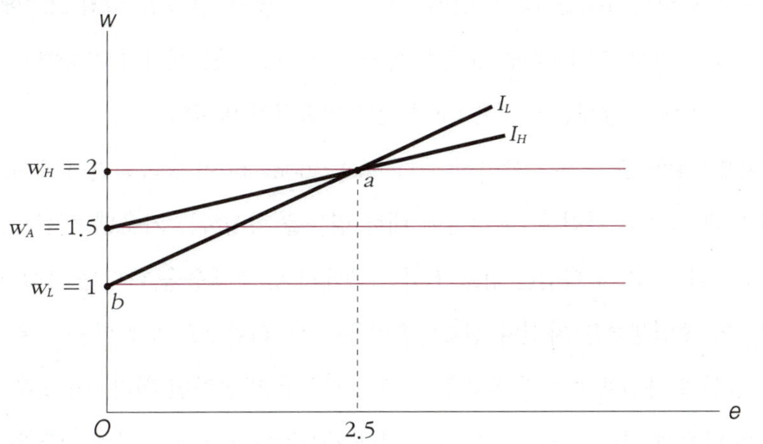

이 기업은 H-타입은 a, L-타입은 b를 선택할 것을 기대하고 있다. 그래야만 이 기업은 정상이윤을 얻을 수 있기 때문이다. 나아가서 참여제약은 물론이고 경쟁시장조건도 충족될 수 있기 때문이다. 다음은 자기선택장치로서 역할을 할 수 있는 유일한 제안에 해당한다.

$$a = (w_H, e_H) = (2, 2.5)$$
$$b = (w_L, e_L) = (1, 0)$$

왜냐하면 다음과 같이 자기선택제약이 성립하기 때문이다.

$$U_H(a) = 1.5 > U_H(b) = 1$$
$$U_L(b) = 1 = U_L(a) = 1$$

이것은 두 개의 제안 (a, b)가 자기선택장치로서 역할을 한다는 것을 의미한다. 나아가서 이 제안만이 나머지 세 조건을 모두 만족한다는 것을 쉽게 확인할 수 있다. 따라서 이 경우 분리균형은 유일하게 존재한다. 이것을 그림으로 나타내면 [그림 3-1]과 같다. I_H, I_L은 각 타입의 무차별곡선을 나타낸다.

여기서 한 가지 유의할 점은 두 타입의 졸업생들의 비율에 따라 분리균형이 존재하지 않을 수도 있다는 사실이다. 예를 들어 H-타입의 비율이 80%라면 평균

생산성은 1.8이다. 이 경우에는 분리균형이 존재하지 않게 된다. 왜냐하면 분리균형의 유일한 후보는 (a, b)인데, 이 경우에는 H-타입과 L-타입 모두에게 a보다 유리하면서 기업에게는 초정상이윤을 가져다 주는 제안이 가능하기 때문이다. 이에 대한 상세한 설명은 [보론 2]를 참고하기 바란다.

2) 신호발송균형은 순차적 합리성(sequential rationality)이 충족되면서 베이즈 법칙에 따라 정보를 가진 쪽의 타입에 대한 믿음을 형성하는 가운데 성립하는 균형개념이다. 여기서 핵심은 정보가 있는 쪽에서 먼저 행동을 한다는 사실이다. 두 타입의 졸업생들은 자신의 신호발송비용과 H-타입으로 분류되는 경우의 이익을 감안해 자신에게 가장 유리한 수준의 신호를 발송하면 된다. 이 경우 졸업생들은 나중에 행동을 하는 기업이 이러한 자신들의 행동을 감안해 임금을 제안하리라는 것을 예상하고 있다. 이 경우 나중에 행동을 결정하는 기업들은 순차적 합리성과 베이즈 법칙을 만족하면서 행동한다고 가정한다. 다음과 같은 조건을 만족하는 e의 수준은 신호발송균형을 달성할 수 있다.

$$c_H(e) \leq w_H - w_L < c_L(e) \Rightarrow 0.2e \leq 1 < 0.4e \Rightarrow 2.5 < e \leq 5$$

따라서 $2.5 < e^* \leq 5$의 범위에 있는 임의의 e^*를 발송하는 사람에게는 $w_H = 2$를 지급하고, 그렇지 않은 사람에게는 $w_L = 1$을 지급하겠다는 기업의 제안은 신호발송균형을 달성한다. 이것은 분리균형에 해당한다. 이 경우 e^*의 수준에 따라 분리균형은 무수히 많이 존재한다. [그림 3-2]는 신호발송균형을 달성하는 e^*의 구간을 보여주고 있다.

다음으로 공동균형이 가능한지 여부도 살펴보아야 한다. 결론적으로 말하자면 신호발송균형으로서 공동균형도 성립한다. 이것은 기업의 믿음과 밀접하게 관련되어 있다. 예를 들어 기업이 앞에서 분리균형을 달성했던 경우와는 달리 다음과 같은 믿음을 가지고 있으면서 임금을 제시한다고 가정해 보자.

만약 사람들이 $e^* = 1.25$에 해당하는 신호를 보내면 평균에 해당하는 임금 1.5를 지급하고, 그 이하의 신호를 보내는 경우에는 L-타입으로 간주해 1의 임금만을 제공하려고 한다.

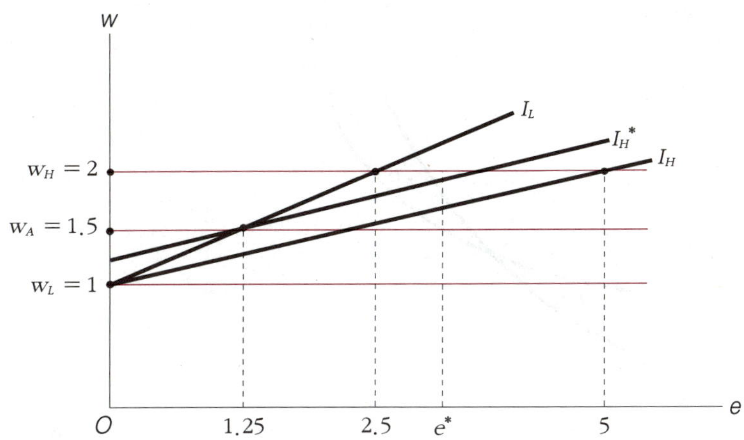

그림 **3-2**

신호발송균형 : 분리균형의 예

이 경우 모든 타입의 사람들은 $e^* = 1.25$의 신호를 보내면서 1.5의 임금을 받는 것이 최선이다. 따라서 이 경우에는 사람들을 분리하지 않는 가운데 신호발송균형이 성립한다. 이것은 공동균형에 해당한다. 나아가서 $e = 1.25$보다 작은 경우에도 공동균형이 성립한다는 것을 쉽게 확인할 수 있다. 이와 같이 신호발송균형에는 분리균형과 공동균형이 존재할 뿐만 아니라 무수히 많다는 약점이 있다.

3) 이상에서 논하였듯이 누가 먼저 움직이는가는 단순한 문제가 아니라 비대칭정보의 상황에서 시장균형의 존재 여부 및 균형의 특징을 결정짓는 중요한 요소이다. 일반적으로 선별균형은 오직 분리균형의 형태로만 존재할 수 있으며, 그것도 일정한 조건이 충족되는 경우에만 가능하다. 반면 신호발송균형은 분리균형이든 공동균형이든 일반적으로 모두 존재할 뿐만 아니라 무수히 많다는 특징을 보여준다. 따라서 이 경우 관심사는 균형으로서의 바람직한 성질을 추가적으로 만족하도록 함으로써 균형의 수를 제한하는 데 있다. 어쨌든 선별균형은 신호발송균형의 부분집합을 형성한다고 말할 수 있다.

[보론 2] 단일교차 특성(single crossing property)

감춰진 속성(또는 타입)으로 인한 역선택의 상황에 대한 시장의 대응은 선별균형이나 신호발송균형으로 요약된다. 앞의 문제를 통해 선별균형과 신호발송균형의 본

그림 3-3

단일교차 특성의 예

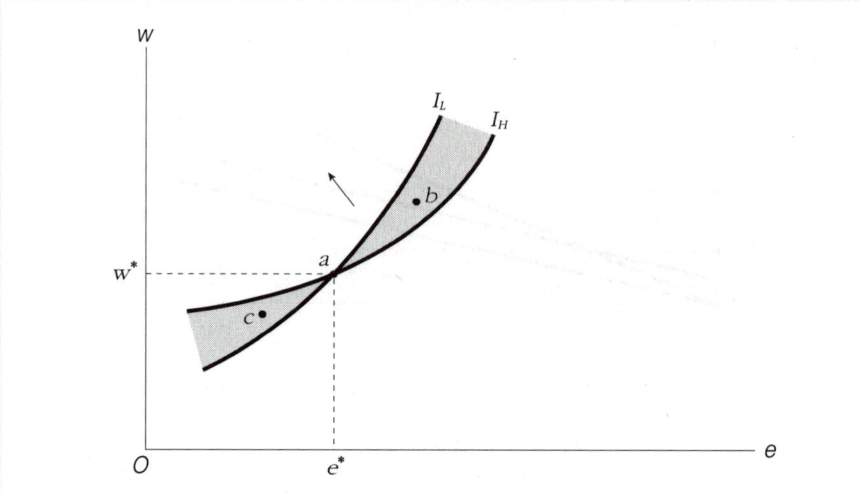

질과 이들 간의 관계를 간단히 살펴보았다. 여기서는 선별균형과 신호발송균형이 성립하는 데 반드시 필요한 조건인 단일교차 특성에 대해 간략하게 살펴보고자 한다. 이를 위해 앞의 문제에서 사용했던 모형을 이용하고자 한다. H-타입과 L-타입의 사람들의 효용함수는 일반적으로 다음과 같은 형태를 갖는다.

$$U_H(w, e) = w - C_H(e)$$
$$U_L(w, e) = w - C_L(e)$$

그리고 $C_H(e)$와 $C_L(e)$는 다음 조건을 만족한다.

$$C_H'(e),\ C_L'(e) > 0,\ C_H''(e),\ C_L''(e) \geq 0 \quad \cdots\cdots (1)$$
$$C_H(e) < C_L(e),\ C_H'(e) < C_L'(e) \quad \cdots\cdots (2)$$

조건 (1)은 교육에 따른 한계비용이 0보다 클 뿐만 아니라 체증한다는 것을 나타낸다. 조건 (2)는 생산성이 높은 H-타입의 경우 교육비가 적게 들 뿐만 아니라 추가 교육에 따른 한계비용이 적게 소요된다는 것을 나타낸다.

이제 이러한 조건을 반영해 임의의 (w^*, e^*) 수준에서 각 타입의 무차별곡선을 그리면 [그림 3-3]과 같다. 이 그림에서 각 타입의 무차별곡선은 우상향한다. 그 이유는 이 모형에서 e가 비재화(bad)로 간주되기 때문이다. 그리고 H-타입의 무차별

그림 3-4

단일교차 특성의 응용

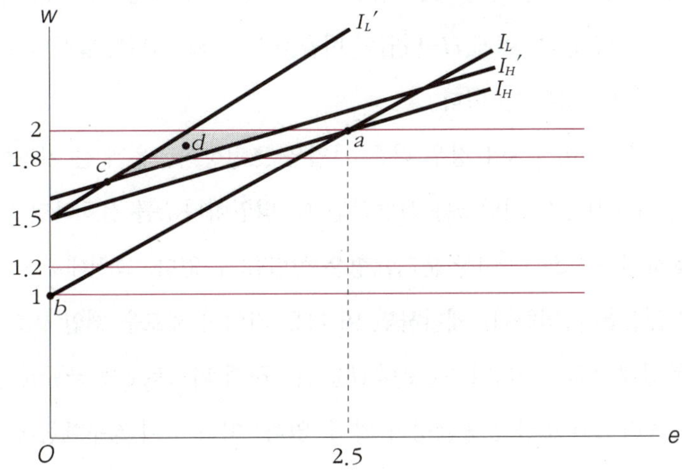

곡선이 더 완만한 이유는 조건 (2) 때문이다. 앞의 문제에서는 비용함수가 1차식이므로 무차별곡선이 우상향하는 직선의 형태를 보였다. 이것은 어디까지나 문제를 단순화하기 위한 것이었다. 이와 같이 두 타입의 무차별곡선이 한 점에서 교차하는 것을 문헌에서는 단일교차 특성이라 부른다. 이제 기존의 제안 a와 다른 두 가지 제안 b, c에 대한 두 타입의 반응을 비교해 보자. 이 무차별곡선들은 좌측으로 이동할수록 효용수준이 증가하는 경우에 해당한다. 교육수준 e가 비재화와 같은 역할을 하기 때문이다. 따라서 H-타입은 a보다 b를 선호하지만, L-타입은 b보다는 a를 더 선호한다는 것을 알 수 있다. 반면 H-타입은 c보다는 기존의 제안 a를 선호하지만, L-타입은 a보다는 c를 더 선호한다. 바로 이런 이유로 정보가 없는 쪽(예를 들면 기업)에서는 차별화된 제안을 할 수 있는 것이다. 반면 정보가 있는 쪽에서는 이러한 사실을 이용해 자신을 다른 타입과 차별화할 수 있는 것이다. 앞의 문제에서는 간단한 비교를 위해 무차별곡선이 직선인 경우를 이용했지만, 본질적으로는 마찬가지이다. 독자들은 어떤 경우에나 이와 같은 단일교차 특성으로 인해 선별균형이나 신호발송균형이 성립할 수 있다는 점을 기억하기 바란다.

이제 앞의 문제에서 다룬 예를 통해 이 특성의 의의를 살펴보자. 기업은 토익공부에 투입하는 기간 e에 따라 차별화된 제안을 할 수 있다. 이러한 차별화된 제안이 자기선택장치로서의 역할을 할 때 선별균형이 성립할 수 있다. 이미 언급했듯이 H-타입과 L-타입이 절반씩일 때 [그림 3-4]에서 a, b에 해당하는 제안을 하는 경우 분리균형이 성립한다. 이제 H-타입의 비율을 달리 해 80%에 달한다고 하자. 이 경우 기대 한계생산성은 1.8이다.

기대 한계생산성이 1.8인 경우 다른 기업은 초정상이윤을 얻는 가운데 새로운 제안 c를 할 수 있다. 그러면 a를 선호하던 H-타입이나 b를 선호하던 L-타입 모두 c를 선호하게 되므로 더 이상 분리균형은 성립할 수 없다. 그런데 c 또한 공동균형이 될 수 없음은 자명하다. 왜냐하면 또 다른 기업이 새로운 제안 d를 제공하면 단일교차 특성에 의해 H-타입은 c보다 d를 선호하게 되므로 c는 공동균형이 될 수 없다. 같은 논리로 d 또한 공동균형이 될 수 없다. 따라서 이 경우에는 공동균형도 분리균형도 성립하지 않는다.

이제 H-타입의 비율이 20%에 불과해 기대 한계생산성이 1.2라 하자. 이 경우에는 기존의 (a, b)제안에 대항해 H-타입이나 L-타입을 유인할 수 있는 어떤 제안도 불가능하다. 이와 같이 H-타입의 비율이 50% 이하인 경우에는 항상 분리균형이 존재한다. 이 모든 것이 단일교차 특성에 근거를 두고 있다.

한편 이 특성은 우리가 더 익숙한 보험시장모형을 통해서도 확인할 수 있다. 여기서는 H-타입이 사고확률이 높은 타입이고, L-타입이 사고확률이 낮은 타입으로, 각각의 사고확률은 p_H, p_L이라 하자. 따라서 $p_L < p_H$이다. 이제 각 타입이 동일하게 $\alpha = (I, C)$와 같은 보험에 가입하는 경우를 생각해 보자. 여기서 I = 보험료, C = 보험금을 나타내며, $w = (w_g, w_b) = (w_0, w_0 - D)$는 원래의 소득을 나타낸다. D는 사고에 따른 피해액을 나타낸다. 따라서 보험가입 후 각 타입의 기대효용은 다음과 같다.

$$V_H(w, \alpha) = p_H \times U(w_0 - D - I + C) + (1 - p_H) \times U(w_0 - I)$$

$$V_L(w, \alpha) = p_L \times U(w_0 - D - I + C) + (1 - p_L) \times U(w_0 - I)$$

$$\Rightarrow MRS_{gb}^{H} = -\frac{\Delta w_b}{\Delta w_g} = \frac{(1 - p_H) \times U'(w_0 - I)}{p_H \times U'(w_0 - D - I + C)}$$

그림 3-5

보험시장에서 단일교차 특성의 예

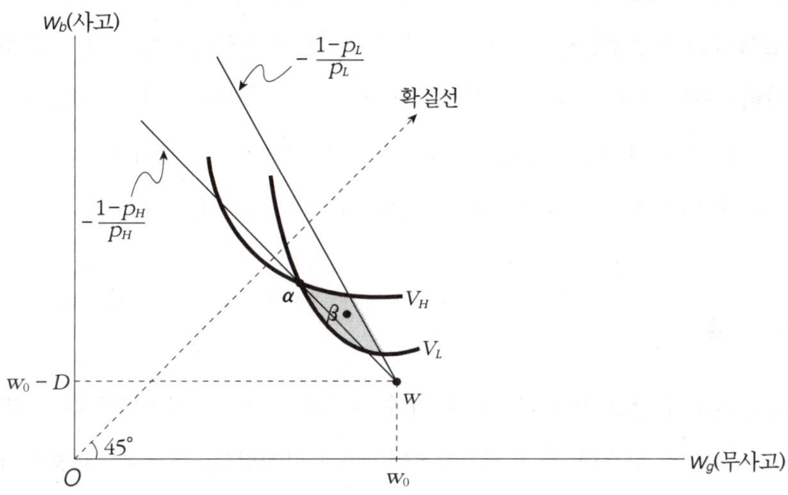

$$MRS_{gb}^{L} = -\frac{\Delta w_b}{\Delta w_g} = \frac{(1-p_L) \times U'(w_0 - I)}{p_L \times U'(w_0 - D - I + C)}$$

➡ $p_L < p_H$이므로 어떤 경우에도 $MRS_{gb}^{H} < MRS_{gb}^{L}$이 성립한다. 따라서 이러한 사실을 반영한 무차별곡선은 [그림 3-5]와 같이 L-타입의 무차별곡선의 기울기가 더 가파른 상태에서 단일교차 특성을 만족한다.

[그림 3-5]에서 α는 보험회사가 제공하는 기존의 보험을 나타낸다고 하자. 이제 다른 보험회사가 새로운 보험 β를 제안한다고 하자. 그러면 무차별곡선의 특성상 H-타입은 기존의 보험 α를 더 선호하겠지만, L-타입은 새로운 보험 β를 더 선호한다. 만약 기존의 보험 α가 두 타입의 평균 사고확률에 기초한 공정한 보험이라면, 이제 L-타입이 새로운 보험 β로 이동함에 따라 기존의 보험 α는 더 이상 시장에서 존속할 수 없게 된다. 왜냐하면 이 상품을 제공하는 보험회사는 적자를 볼 것이기 때문이다. 이것이 바로 보험회사가 보험가입자들의 사고확률을 모르는 경우 단일한 보험을 제공하면서 시장균형을 달성하는 공동균형이 불가능한 이유이다. 하나의 보험에 대해서는 반드시 L-타입을 유인할 수 있는 다른 보험을 제공할 수 있기 때문이다. 이것은 보험가입자들의 무차별곡선이 단일교차 특성을 충족하기 때문

이다.

이상에서 살펴본 바와 같이 감춰진 속성이 문제가 되는 경우 선별균형이든 신호발송균형이든 시장균형이 성립하기 위해서는 단일교차 특성이 반드시 성립해야 한다. 선별균형의 경우 이 특성은 정보가 없는 쪽에서 차별화된 상품을 제공할 수 있는 근거가 된다. 그리고 신호발송균형의 경우 이것은 신호발송비용에 차이가 있다는 것을 의미하므로 신호발송균형이 성립할 수 있는 근거를 제공한다.

Question 문제 05

1,000가구가 살고 있는 아파트 단지를 가정하자. 이 단지는 모두 같은 평의 아파트로 형성되어 있으며, 모두 시가가 5억이라고 가정한다. 또한 1,000명의 세대주들 가운데 절반은 똑같이 위험 중립적이고, 나머지 절반은 똑같이 위험 기피적이라고 가정한다. 그리고 위험 중립적인 세대주들은 타입 I, 위험 기피적인 세대주들은 타입 II로 부르기로 한다. 아파트는 화재위험에 직면해 있는데, 타입 II는 화재확률이 낮은 타입으로 3%로 추정된다. 반면 타입 I은 화재확률이 높은 타입으로 6%로 추정된다. 편의상 화재시에는 아파트 가격이 3억으로 감소한다고 가정하자. 여러 보험회사들이 경쟁적으로 보험상품을 판매하고 있는데, 보험회사는 누가 어떤 타입인지 모르고 단지 각 타입이 절반씩이라는 것만 알고 있다.

1) 보험회사가 단일한 보험상품을 제시하는 가운데 시장균형이 성립할 수 있는지 논평하라.
2) 보험회사가 차별화된 보험상품을 제시하는 가운데 시장균형이 성립할 수 있는지 논평하라.
3) 타입 I의 사고확률이 0.03(3%), 타입 II의 사고확률이 0.06(6%)으로 바뀌는 경우 2)의 답은 어떻게 달라지는가?
4) 이상의 논의에 의할 때 위험에 대한 태도는 보험시장의 균형에 어떤 영향을 미치는지 논평하라.

그림 3-6

분리균형이 성립하지 않는 경우

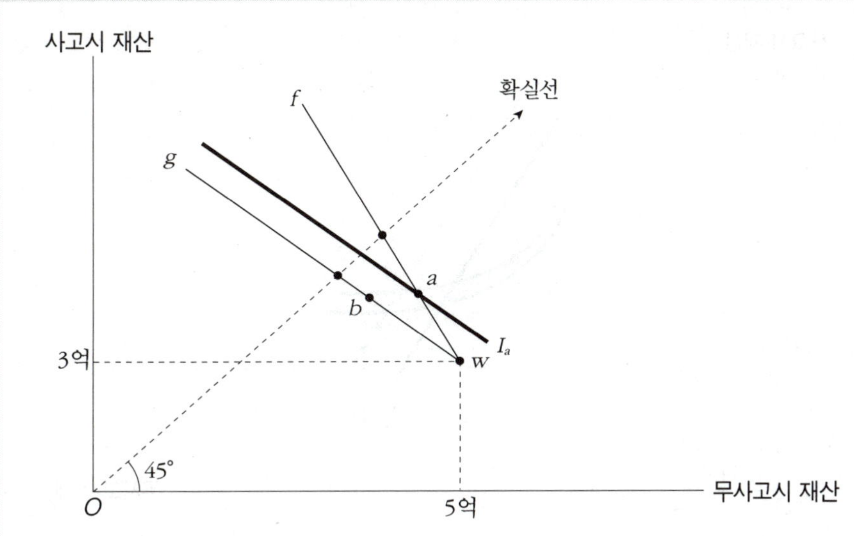

Answer
해설

이 문제의 핵심은 위험에 대한 태도가 보험시장에서 선별균형의 존재와 관련해 중요한 의미를 갖는다는 것을 이해하는 데 있다.

1) 이 문제에서 두 타입의 사람들의 무차별곡선의 기울기는 사고확률과 위험에 대한 태도의 차이에 의해서 다르다. 구체적으로 타입 II의 무차별곡선이 더 가파르다. 이로 인해 단일교차 특성(single crossing property)이 성립한다. 이로 인해 단일한 보험상품으로 시장균형을 달성하는 공동균형은 불가능하다. 왜냐하면 이 성질로 인해 기존의 단일한 보험상품을 시장에서 퇴출시키는 새로운 보험상품이 항상 존재하기 때문이다.

2) 차별화된 보험상품을 이용해 성립하는 시장균형을 분리균형이라 하는데, 이것은 항상 자기선택장치로서의 역할을 할 수 있는 차별화된 보험상품의 공급이 가능할 때 성립한다. 그런데 여기서는 자기선택장치로서의 역할을 하는 차별화된 보험상품을 공급할 수 없다. 이것은 [그림 3-6]에 나타나 있다.

이 그림에서 타입 II에게 공정한 보험에 해당하는 보험선 wf선상의 임의의 보험

그림 3-7

분리균형이 성립하는 경우

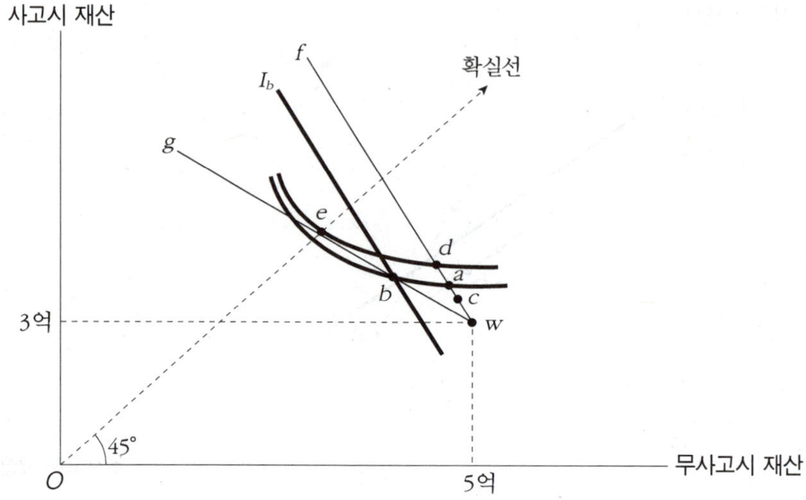

에 해당하는 a는 위험 중립적인 타입 I에게는 wg선상에 있는 임의의 보험 b보다 항상 유리하다. a를 통과하는 타입 I의 무차별곡선(I_a)과 b를 통과하는 타입 I의 무차별곡선(wg)을 비교하면 쉽게 확인할 수 있다. 따라서 타입 II를 대상으로 어떤 보험을 제공하더라도 타입 I은 이것을 선택할 것이므로 이들을 분리시키는 가운데 균형이 성립할 수 없다.

3) 각 타입의 사고확률이 바뀌는 경우에는 상황이 달라져 분리균형이 성립하게 된다. 이것은 [그림 3-7]에 나타나 있다. 예를 들어, 사고확률이 높은 타입 II의 사람들에게 공정한 보험선인 wg선상의 b에 해당하는 보험과 같은 수준의 기대효용을 달성하게 해주는 보험이 바로 wf선상의 a이다. 따라서 w와 a 사이에 해당하는 어떤 보험도 두 타입의 사람들을 분리시킬 수 있다. 예를 들어 b와 c도 이들을 분리시키는 차별화된 보험상품들이다. 왜냐하면, 타입 I은 c를 선호하는 반면, 타입 II는 b를 선호하기 때문이다. 그리고 보험회사는 정상이윤을 얻는다. 이런 의미에서 타입 I은 d, 타입 II는 e를 선택하는 경우 자기선택제약과 경쟁시장조건 및 정상이윤조건을 모두 만족하는 분리균형이 성립한다.

4) 이상의 논의에 의할 때 위험에 대한 태도는 보험시장에서 선별균형(분리균형)이 성립하는 데 결정적인 역할을 한다. 위험 중립적인 타입 I이 사고확률이 높으면

분리균형은 성립하지 않는다. 반면 위험 기피적인 타입 II가 사고확률이 높으면 분리균형은 항상 성립한다.

Question
문제 06

화재보험시장을 고려하자. 이 시장에 참여하려는 대표적인 사람은 화재발생(b)과 무사고(g)라는 두 개의 불확실한 상태를 예상하고 있다. 화재에 가입하기 전 대표적인 사람의 재산상태는 다음과 같이 나타내기로 하자.

$W = (w_g,\ w_b)$, $w_b = w_g - D$(D는 피해액을 나타낸다)

그리고 보험 가입 후의 재산상태는 다음과 같이 나타내기로 하자.

$c = (c_g,\ c_b)$, $c_g = w_g - I$, $c_b = w_g - D - I + C$(I = 보험료, C = 보험금)

대표적인 사람의 경우 화재확률이 p라고 할 때 다음 질문에 답하라.

1) 화재보험에 가입하려는 사람은 초기 재산상태가 $w_g = 4$억원, $w_b = 3.61$억원으로 예상되며 사고확률은 $p = 0.01$(1%)이라고 하자. 그리고 대표적인 사람의 효용함수는 재산이 w일 때 $U(w) = w^{0.5}$와 같다고 하자. 보험시장이 경쟁적인 경우 보험시장의 균형에서 대표적인 사람은 어떤 보험에 가입하겠는가? 그리고 대표적인 사람의 보험 가입 후 상태는 어떻게 변하는가?
2) 다른 조건은 동일한 가운데 대표적인 사람의 효용함수가 $U(w) = w^{0.25}$로 바뀐다면 1)의 답은 어떻게 달라지는가?
3) 다른 조건은 모두 1)과 같으나 보험시장이 독점이라고 하자. 이 경우 보험시장의 균형을 달성하는 보험의 성격(보험료, 보험금)은 어떻게 달라지는가?
4) 다른 조건은 모두 1)과 같으나 보험에 가입하려는 사람들이 두 가지 타입으로 분류된다 하자. 사고확률이 높은 타입(H타입)의 사고확률은 2%, 사고확률이 낮은 타입(L타입)의 사고확률은 1%라고 하고 각각 절반씩이라고 하자. 각자는 자신의 타입을 알고 있지만 보험회사는 평균 사고확률만 알고 있다 하자. 보험회사가 차별화된 보험을 제공함으로써 시장균형이 성립하는지 여부를 논하라.

그림 3-8

경쟁적인 보험시장의 균형

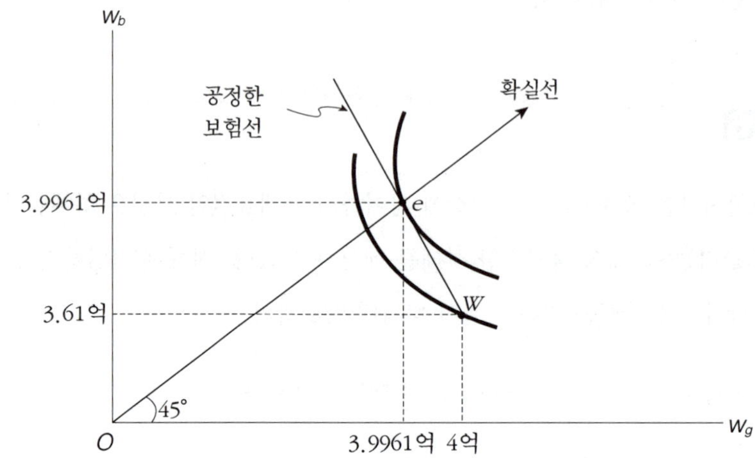

Answer
해설

이 문제의 핵심은 위험기피의 정도, 독점, 그리고 비대칭정보가 보험시장에 어떤 영향을 미치는지 이해하는 데 있다.

1) 경쟁적인 보험시장에서 보험회사는 $I = p \times C$의 조건을 충족하는 보험상품만을 판매할 수 있다. 이것이 정상이윤을 얻도록 하는 조건이기 때문이다. 이런 보험이 제공되는 경우 보험가입자는 다음과 같은 문제의 해를 구하게 된다.

기대효용극대화 : $p \times c_b^{0.5} + (1 - p) \times c_g^{0.5}$

제약조건 : $I = p \times C$

여기서 $c_b = w_g - D - I + C$, $c_g = w_g - I$를 대입하고 극대화문제를 풀면 $C^* = D =$ 3,900만원, $I^* = p \times C^* = 0.01 \times$ 3,900만 = 39만원이다. 그리고 $c_b^* = c_g^* =$ 3.9961억원이다. 따라서 보험가입 전 효용수준은 $EU = 0.01 \times$ (3.61억)$^{0.5}$ + 0.99 × (4억)$^{0.5}$ = 19,990인 반면 보험가입 후 효용수준은 EU = (3.9961억)$^{0.5}$ > 19,990이다. 이것을 나타내면 [그림 3-8]과 같다.

2) 효용함수가 $U(w) = w^{0.25}$인 사람은 위험을 더 기피한다. 그렇지만 확실선상에서 기대효용을 극대화한다는 점에는 변함이 없다. 따라서 1)의 답은 달라지지 않

그림 3-9

독점적인 보험시장의 균형

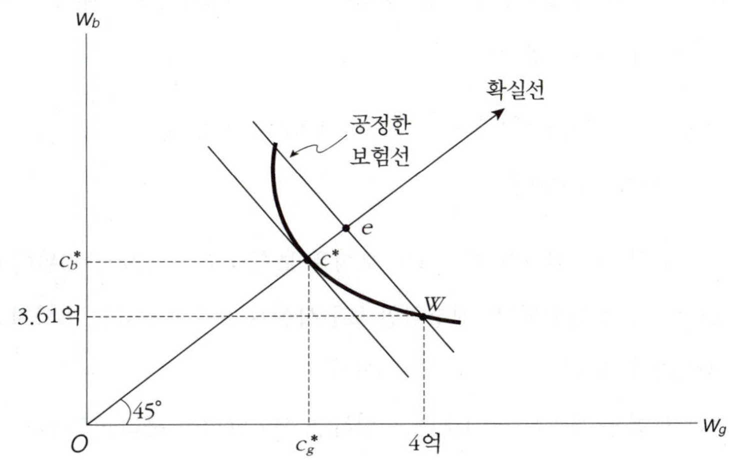

는다.

3) 보험시장이 독점인 경우에는 보험회사의 관점에서 문제를 풀어야 한다. 보험회사의 문제는 다음과 같다.

기대이윤극대화 : $p \times (I - C) + (1 - p) \times I$

제약조건 : $p \times c_b^{0.5} + (1 - p) \times c_g^{0.5} \geq p \times w_b^{0.5} + (1 - p) \times w_g^{0.5}$

그런데 $c_b = w_b - I + C$, $c_g = w_g - I$이므로 이것을 대입해 목적함수를 다시 쓰면 다음과 같다.

기대이윤극대화 : $p \times (w_b - c_b) + (1 - p) \times (w_g - c_g)$

제약조건 : $p \times c_b^{0.5} + (1 - p) \times c_g^{0.5} \geq p \times w_b^{0.5} + (1 - p) \times w_g^{0.5}$

여기서 w_g, w_b는 주어진 값이므로 보험회사의 목적함수는 다시 다음과 같이 변형된다.

극소화 : $p \times c_b + (1 - p) \times c_g$

제약조건 : $p \times c_b^{0.5} + (1 - p) \times c_g^{0.5} \geq p \times w_b^{0.5} + (1 - p) \times w_g^{0.5}$

이 문제의 해 $c^* = (c_g^*, c_b^*)$는 [그림 3-9]에서 W를 통과하는 보험가입자의 무차별곡선이 확실선과 교차하는 점이다.

보험회사는 c^*에 해당하는 보험을 제공함으로써 기대이윤을 극대화할 수 있다. 이것은 다음과 같이 구할 수 있다.

$w^{0.5} = 0.01 \times (3.61억)^{0.5} + 0.99 \times (4억)^{0.5} = 19,990$

➡ $w^* = 399,600,100$원

따라서 독점인 보험회사가 제공하는 보험은 보험료 $I_M = 399,900$원이고 보험금은 $C_M = 3,900$만원이다. 경쟁적인 보험시장에 비해 보험료는 비싸지고 보험금은 동일하다. 따라서 $I_M > p \times C_M$이다.

4) 차별화된 보험을 제공하는 가운데 성립하는 선별균형이 분리균형이다. 이것이 성립하기 위해서는 무엇보다도 자기선택제약을 만족해야 한다. 그렇더라도 분리균형이 항상 성립하는 것은 아니다. 예를 들어 두 가지 보험 a_H와 a_L이 다음과 같이 자기선택제약을 만족한다고 하자.

$V_L(a_L) \geq V_L(a_H)$

$V_H(a_H) \geq V_H(a_L)$

각 타입이 절반씩이므로 이에 기초한 임의의 공정한 보험을 a_A라 하자. 이 경우 다음과 같은 부등식이 성립한다면 H타입과 L타입 모두 a_A를 선호하며 이 보험을 제공한 보험회사는 정상이윤을 얻으므로 (a_H, a_L)은 분리균형을 달성할 수 없다.

$V_H(a_A) > V_H(a_H)$

$V_L(a_A) > V_L(a_L)$

그렇다고 해서 a_A가 공동균형을 달성하지는 못한다. 왜냐하면 공동균형은 항상 성립하지 않기 때문이다. 따라서 자기선택제약만이 아니라 이 부등식이 충족되는지 확인해야만 분리균형의 성립 여부를 판단할 수 있다.

5.2 감춰진 행동과 해결방안

Question
문제 07

기업 A의 소유주는 이윤이 전문경영자의 노력(a)과 미래의 불확실한 경제여건(s)에 의해 결정된다고 믿고 있다. 여기서는 편의상 전문경영자의 노력수준은 최대노력(a_H)과 최소노력(a_L) 둘 가운데 하나인데, $a_H = 1$, $a_L = 0$으로 정규화하는 경우 노력에 따른 기회비용은 다음과 같다고 하자.

$C = 55$백만 $\times a$

따라서 전문경영자가 최소노력을 기울이는 경우에는 아무런 기회비용이 발생하지 않지만, 최대노력을 기울이는 경우에는 55백만원의 기회비용이 발생하는 셈이다.

그리고 미래의 불확실한 상태는 호황(b) 또는 불황(r) 두 가지로 예상되며, 각 상태가 발생할 확률은 각각 0.5라 하자. 이와 같은 조건하에서 예상되는 기업 A의 이윤은 다음의 표와 같이 요약된다고 하자.

	$s = b$	$s = r$
$a = a_H$	7억원	4억원
$a = a_L$	4억원	2억원

전문경영자의 효용은 자신에게 주어지는 보수와 비용 C의 격차에 의해 평가되므로 이에 근거해 자신의 기대효용을 계산하는데, 위험 중립적이라고 가정하자. 이제 기업의 소유주는 전문경영자에 대한 다음과 같은 보너스 계획을 고려하고 있다고 하자. 이것은 전문경영자가 다른 기업에서 받을 수 있는 최소한의 보수에 추가적으로 지급되는 보너스를 말한다. 각 보너스 계획이 경영자에게 최선의 노력을 다할 유인(인센티브)을 제공하며, 나아가서 기업의 수입을 증가시키는 역할을 할 수 있는지 평가하라.

1) 성과와는 관계 없이 3천만원을 고정액으로 지급하는 보너스 계획
2) 기업의 이윤이 2억원이거나 4억원인 경우에는 보상이 0원이고, 이윤이 7억원인 경우에는 1억 2천만원을 지급하는 보너스 계획
3) 다음과 같이 보수(B)를 지급하는 보너스 계획 : $B = 0.2 \times$ (이윤 − 3억원)
4) 다음과 같이 보수(B)를 지급하는 보너스 계획 : $B = 0.24 \times$ (이윤 − 3억원)

Answer
해설

이 문제의 핵심은 대리인인 전문경영자에게 최선을 다할 유인을 제공하는 보너스 계획의 성격을 이해하는 데 있다.

1) 자신의 노력과는 관계 없이 3천만원을 고정액으로 지급받는 경우 전문경영자는 최소노력수준(a_L)을 선택하는 것이 개인적으로는 최선이다. 따라서 이 계획은 전문경영자가 최선을 다할 유인을 제공하지 못하며, 그 결과 기업의 기대이윤은 「0.5 × 4억원 + 0.5 × 2억원 = 3억원」이고, 보너스를 공제한 후 순기대이윤은 2.7억원이다.
2) 전문경영자가 최대노력(a_H)을 기울이는 경우 이에 따른 비용 C = 55백만원인 반면, 기대 보너스는 0.5 × 1.2억원 = 0.6억원으로 최대노력을 기울이는 경우 예상되는 비용 55백만원을 초과하므로 최대노력을 기울일 유인이 존재한다. 반면 기업은 이 경우 기대이윤 0.5 × 7억원 + 0.5 × 4억원 = 5.5억원에서 기대 보너스 0.6억원을 공제한 4.9억원의 순기대이윤을 예상할 수 있다. 이것은 전문경영자가 최소노력(a_L)만 기울이는 경우 예상되는 순기대이윤 2.7억원을 초과하므로 기업으로서는 추진할 만한 보너스 계획이다.
3) 전문경영자가 최대노력을 기울이면 보너스로 B = 0.5 × (0.2 × 1억원) + 0.5 × (0.2 × 4억원) = 0.5억원을 기대할 수 있는데, 이 경우 노력에 따른 비용 C = 55백만원보다 작다. 최소노력을 기울이는 경우의 보너스 B = 0.5× (0.2 × 1억원) + 0.5 × (0.2 × (−1억원)) = 0이지만, C = 55백만원을 절약할 수 있으므로 이것이 더 유리하다. 따라서 이러한 보너스 계획은 전문경영자가 최대노력을 기울일 유인을 제공하지 못한다.

4) 앞에서와 마찬가지로 계산하면 다음과 같다.

최소노력에 따른 보너스

$= 0.5 \times (0.24 \times 1억원) + 0.5 \times (0.24 \times (-1억원)) = 0$

최대노력에 따른 보너스

$= 0.5 \times (0.24 \times 4억원) + 0.5 \times (0.24 \times 1억원) = 0.6억원$

따라서 최대노력을 기울이는 경우 비용 $C = 55$백만원을 제외하고도 5백만원의 순보너스가 남는다. 그러므로 이 보너스 계획은 전문경영자가 최대노력을 기울일 유인을 제공한다.

Question 문제 08

한 기업가가 자신이 계획한 프로젝트를 추진하기 위해 한 사람을 고용하려고 한다. 만약 프로젝트가 실패하면 기업가는 2억원의 손실을 입는 반면, 성공하면 10억원의 이익을 얻는다. 피고용자는 "열심히 일하는 것"과 "적당히 일하는 것" 가운데 하나를 선택할 수 있다. 그렇지만 기업가는 피고용자의 노력수준을 완벽하게 파악할 수 없다. 만약 그가 열심히 일한다면 프로젝트가 성공할 확률은 0.6이고, 실패할 확률은 0.4이다. 반면 적당히 일하면 프로젝트가 성공할 확률은 0.3이고, 실패할 확률은 0.7이다. 한편 피고용자가 적당히 일하는 대신 열심히 일하는 경우에는 1억원에 해당하는 비용을 더 부담해야 한다고 하자. 이것은 열심히 일하는 경우 그가 감당해야 하는 비효용에 해당한다. 또한 그는 적당히 일하면서도 다른 곳에서는 1억원의 보수를 받을 수 있다고 하자. 이제 기업가는 다음과 같은 두 가지 보상계획 가운데 하나를 선택해야 한다.

보상계획 1 : 프로젝트의 결과와는 관계 없이 일정하게 2억원을 지급

보상계획 2 : 프로젝트가 실패하면 아무것도 지급하지 않고, 성공하면 4억원을 지급

이제 기업가와 피고용자가 모두 위험 중립적이라고 할 때 기업가는 어떤 보상계

획을 선택하는 것이 유리한지 설명하라.

Answer
해설

이 문제의 핵심은 주인-대리인 문제에 직면한 주인의 입장에서 대리인이 최선의 노력을 다하도록 유인을 제공하는 보상계획이 되기 위한 조건을 이해하는 데 있다.

최선을 다하도록 유인을 제공하는 보상계획이라도 주인의 입장에서 최선의 계획이 아닐 수 있다. 여기서는 단지 두 개의 대안을 비교하는 것에 불과하다. 먼저 주인인 기업가의 입장에서는 대리인인 피고용자에게 보상체계를 제시하는 경우에는 적어도 한 가지 조건을 충족시켜 주어야 한다. 그것은 다름 아니라 참여제약으로, 대리인이 다른 곳에서 얻을 수 있는 만큼의 보상은 해주어야 한다는 것을 의미한다.

보상계획 1의 경우 :

열심히 일하든 적당히 일하든 상관없이 항상 2억원을 보상해 주는 계획이므로 참여제약을 만족한다.

보상계획 2의 경우 :

- **열심히 일하는 경우** ➡ $0.4 \times 0 + 0.6 \times 4$억원 $= 2.4$억원의 보수를 받지만, 1억원의 비용을 부담하므로 대리인의 순보수는 1.4억원임.
- **적당히 일하는 경우** ➡ $0.7 \times 0 + 0.3 \times 4$억원 $= 1.2$억원이고, 추가 비용부담이 없으므로 대리인의 순보수는 1.2억원임.

따라서 이 두 보상계획에 의하면 어떤 경우에나 대리인은 적어도 1억원 이상의 보수를 받을 수 있으므로 참여제약을 만족한다.

다음 문제는 주인의 입장에서 가장 유리한 보상계획을 선정하는 일이다. 이것은 각 보상계획하에서 대리인에게 제공되는 보수를 제외한 후 주인에게 귀속되는 순기대수익을 극대화하는 보상계획을 선택하면 된다. 여기서는 대리인과 주인 모두 위험 중립적이라고 가정했기 때문에 문제가 간단하다.

보상계획 1의 경우 : 이 경우 대리인은 분명히 적당히 일하는 쪽을 선택할 것이므로 프로젝트의 성공, 실패확률을 감안할 때 주인이 예상하는 순기대수익은 다음과 같다.

➡ 0.3×(10억원 − 2억원) + 0.7×(−2억원 − 2억원) = −0.4억원

보상계획 2의 경우 : 이 경우 앞에서 비교한 것처럼 대리인은 열심히 일하는 쪽을 선택하는 것이 유리하다. 따라서 주인이 예상하는 순기대수익은 다음과 같다.

➡ 0.6×(10억원 − 4억원) + 0.4×(−2억원) = 2.8억원

이상의 결과로부터 주인의 입장에서 가장 유리한 것은 보상계획 2이다. 보상계획 2는 대리인이 최선을 다할 유인을 제공한다.

Question 문제 09

어느 기업의 총수입은 전문경영자의 노력과 경제 전반의 경기상태라는 두 가지 요인에 의해 결정된다고 하자. 여기서는 문제를 단순화하기 위해 미래의 불확실한 경기상태를 호황(b)과 불황(r)으로 분류한다. 그리고 전문경영자의 노력수준도 열심히 노력하는 경우($a_H = 2$)와 적당히 일하는 경우($a_L = 0$)로 분류하기로 한다. 이 기업의 총수입 R은 불확실하며, 경기에 따라 $R_b = 400$, $R_r = 200$으로 예상되고 있다. 한편 전문경영자의 노력수준은 총수입의 크기에는 영향을 미치지 않지만, 그 실현 가능성에는 영향을 미친다고 하자. 여기서 노력수준에 0과 2라는 수치를 부여한 것은 노력에 따른 전문경영자의 비효용을 나타내기 위해서이다. 다음 표는 이러한 내용을 요약해 주고 있다. 여기서 괄호 안의 숫자는 확률을 나타낸다.

	R_b	R_r
$a_H = 2$	400(0.7)	200(0.3)
$a_L = 0$	400(0.3)	200(0.7)

이 기업의 주인인 주주들은 총수입에서 전문경영자에 대한 보상을 공제한 순수입을 극대화하기를 원한다. 그리고 주주들은 위험 중립적인 데 반해 전문경영자는 위험 기피적이며, 자신이 받는 보수(w)와 노력수준(a)에 따라 다음과 같은 효용함수를 가지고 있다고 하자.

$$U(w, a) = w^{0.5} - a$$

그리고 전문경영자가 다른 곳으로 자리를 옮기지 않도록 하기 위해서는 최소한 효용수준이 $U_R = 5$는 되어야 한다고 가정하자. 보수와 노력수준을 모두 반영한 결과 전문경영자의 효용수준이 적어도 이만큼은 되어야 한다는 것이다. 이것을 유보효용수준이라 부른다.

1) 주주들이 전문경영자의 노력수준을 관찰할 수 있다면 어떤 보상계획을 제시할 것이며, 주인인 주주들의 기대수입은 얼마인지 설명하라.
2) 주주들이 전문경영자의 노력수준을 관찰할 수 없는 경우 성과 독립적인 보상계획을 제시한다면 어떤 결과를 예상할 수 있는지 설명하라.
3) 주주들은 전문경영자에게 성과 의존적인 보상계획을 제시하려 한다고 하자. 이 보상계획이 전문경영자로 하여금 최선의 노력을 다하도록 유인(incentive)을 제공하는 계획이 되기 위해서는 어떤 조건이 충족되어야 하는지 설명하라.
4) 주주들이 성과 의존적인 보상계획으로서 $w = (w_b, w_r) = (100, 16)$을 구상하고 있다고 하자. 이 보상계획이 전문경영자에게 최선의 노력을 다하도록 유인을 제공할 수 있는지 평가하라. 그리고 이 보상계획이 후생적인 측면에서 어떤 한계를 갖는지 설명하라.
5) 주주들이 전문경영자에게 제시할 수 있는 최적 보상계획은 무엇인지 설명하고, 1)에서 얻은 결과와 비교할 때 주주들의 입장에서는 얼마만큼의 손실을 감수해야 하며, 그 의미는 무엇인지 설명하라.

Answer
해설

이 문제의 핵심은 대리인이 최선의 노력을 다하도록 유인을 제공하는 보상계획의 성격이 무엇인지 정확하게 이해하는 데 있다.

1) 이 경우는 완전한 정보에 해당한다. 따라서 주인은 대리인의 노력을 정확하게 알 수 있으므로 이에 조건부로 보상계획을 제시하면 된다. 물론 이것은 대리인이 다른 곳에서 얻을 수 있는 유보효용수준을 충족하는 보상계획이어야 한다. 따라서

주인은 다음과 같은 보상계획을 제시할 것이다.

a_H이면 $w_H = 49$를 지급
a_L이면 $w_L = 0$

그러면 대리인은 이 보상계획을 고려할 때 $a_H = 2$를 선택할 것이다. 그 결과 자신의 효용수준은 $U(w, a) = 49^{0.5} - 2 = 5$로서 유보효용수준을 만족한다.
반면 주인의 입장에서는 이에 따라 다음과 같은 순기대수입(EP)을 예상할 수 있다.

$$EP = 0.7 \times 400 + 0.3 \times 200 - 49 = 291$$

이 결과는 파레토 효율적이다. 왜냐하면 주인이나 대리인 어느 한쪽의 효용을 감소시키지 않고서는 다른 한쪽의 효용을 증가시킬 수 없기 때문이다. 이것은 완전한 정보의 경우 당연히 예상되는 결과이다.

2) 주인이 성과 독립적인 보상계획을 제시한다면 대리인은 $a_L = 0$을 선택하는 것이 최선이다. 그런데 주인도 이러한 사실을 감안해 성과 독립적인 보상계획을 제시할 것이다. 따라서 대리인에게 적어도 유보효용수준을 얻도록 해주는 보수가 바로 주인이 제시하는 보상계획이 될 것이며, 다음과 같이 구한다.

$$U(w, a) = w^{0.5} - 0 = 5 \Rightarrow w^* = 25$$

이 경우 주인의 순기대수입은 다음과 같다.

$$EP = 0.3 \times 400 + 0.7 \times 200 - 25 = 235$$

따라서 대리인의 효용수준에는 차이가 없지만, 비대칭정보로 인해 주인의 순기대수입은 56만큼 감소하게 된다.

3) 앞에서 살펴보았듯이 대리인이 최선을 다하도록 유인을 제공하는 보상계획은 우선 성과 의존적이어야 한다. 그러나 모든 성과 의존적인 계획이 다 최선을 다하도록 유인을 제공하는 것은 아니다. 유인성립제약을 만족하는 보상계획만이 최선을 다하도록 유인을 제공할 수 있다. 이 문제의 경우 다음의 조건을 만족하는 보상계획 $w = (w_b, w_r)$은 항상 대리인이 최선을 다하도록 유인을 제공할 수 있다.

$$0.7\times(w_b^{0.5}-2)+0.3\times(w_r^{0.5}-2)>0.3\times w_b^{0.5}+0.7\times w_r^{0.5}$$

이 부등식에서 좌변은 주어진 보상계획을 감안하면서 대리인이 최선의 노력을 다하는 경우 자신의 기대효용을 나타낸다. 반면 우변은 주어진 보상계획을 감안하면서 적당히 일하는 경우 예상되는 자신의 기대효용을 나타낸다. 따라서 이 부등식이 만족되는 한 대리인은 스스로 최선의 노력을 다하는 쪽을 선택하게 된다.

4) 주어진 보상계획을 유인성립제약에 대입하면 다음과 같은 부등식이 성립한다.

$$0.7\times(100^{0.5}-2)+0.3\times(16^{0.5}-2)=6.2$$
$$>0.3\times 100^{0.5}+0.7\times 16^{0.5}=5.8$$

따라서 이 보상계획은 대리인이 최선의 노력을 다하도록 유인을 제공한다. 그렇지만 이와 같이 부등식을 만족하는 보상계획은 유일하지 않고 무수히 많다. 이것은 대리인에게는 여전히 유인을 제공하면서 주인의 입장에서는 더 유리한 보상계획이 존재한다는 것을 의미한다. 이런 의미에서 이 보상계획은 비효율적이라는 약점을 가지고 있다.

5) 최적 보상계획이란 주인인 주주의 입장에서 가장 유리한 보상계획을 말한다. 따라서 최적 보상계획이란 기대총수입에서 전문경영자에게 제공하는 기대보수를 제외한 순기대수입을 극대화하는 보상계획을 말한다. 여기서 주주들은 위험 중립적이라는 사실이 반영되어 있음을 유의하기 바란다. 그런데 이 문제는 곧 전문경영자에게 제공되는 기대보수를 극소화하는 문제로 해석할 수 있다. 물론 이 경우 주인의 입장에서는 참여제약과 유인성립제약을 만족하는 범위 안에서 보상계획을 제시해야 한다. 따라서 주인은 다음과 같은 극소화 문제에 직면해 있다. $w=(w_b, w_r)$은 성과 의존적인 보상계획을 나타낸다.

기대보수 극소화 : $0.7\times w_b+0.3\times w_r$

참여제약 : $0.7\times(w_b^{0.5}-2)+0.3\times(w_r^{0.5}-2)\geq U_R=5$

유인성립제약 : $0.7\times(w_b^{0.5}-2)+0.3\times(w_r^{0.5}-2)$
$$\geq 0.3\times w_b^{0.5}+0.7\times w_r^{0.5} \quad (3.1)$$

이 극소화 문제를 만족하는 보상계획은 전문경영자가 최선의 노력을 다할 것이라는 전제하에서 고안된 것임을 이해하기 바란다. 이것이 바로 최적 보상계획을 추구하는 이유이기 때문이다. 그런데 이 문제에서 제약식이 1차식이 아니기 때문에 복잡하게 보인다. 그런데 이 문제를 간단하게 변형시켜 풀 수 있다. 이를 위해 다음과 같이 변수를 정의하자.

$$w_b = x_b^2,\ w_r = x_r^2$$

그러면 앞의 극소화 문제는 다음과 같이 변형된다.

기대보수 극소화 : $0.7 \times x_b^2 + 0.3 \times x_r^2$

참여제약 : $0.7 \times (x_b - 2) + 0.3 \times (x_r - 2) \geq U_R = 5$

유인성립제약 : $0.7 \times (x_b - 2) + 0.3 \times (x_r - 2)$

$$\geq 0.3 \times x_b + 0.7 \times x_r \quad \cdots\cdots (3.2)$$

이 문제는 두 개의 1차식을 제약식으로 하는 극소화 문제로, 목적함수는 타원의 방정식에 해당한다. 이 문제의 최적 해를 구하기 위해서는 (3.2)의 제약식을 다음 (3.3)과 같이 정리할 필요가 있다.

$$0.7 \times x_b + 0.3 \times x_r \geq 7 \Rightarrow x_r \geq -\frac{7}{3}x_b + \frac{70}{3}$$

$$0.4 \times x_b - 0.4 \times x_r \geq 2 \Rightarrow x_r \leq x_b - 5 \quad \cdots\cdots (3.3)$$

이 두 제약조건을 만족하는 $(x_b,\ x_r)$을 그래프로 나타내면 [그림 3-10]에서 음영 부분에 해당한다. 따라서 이 범위 안에서 목적함수를 극소화는 최적 해 $x^* = (x_b^*,\ x_r^*)$는 다음과 같다.

$$x_b^* = 8.5,\ x_r^* = 3.5$$

이제 우리는 주주가 전문경영자에게 제공할 수 있는 최적 보상계획이 무엇인지 알 수 있다. 이것은 다음과 같다.

$$w^* = (w_b^*,\ w_r^*) = (x_b^{2*},\ x_r^{2*}) = (72.25,\ 12.25)$$

그림 3-10

최적 보상계획의 유도

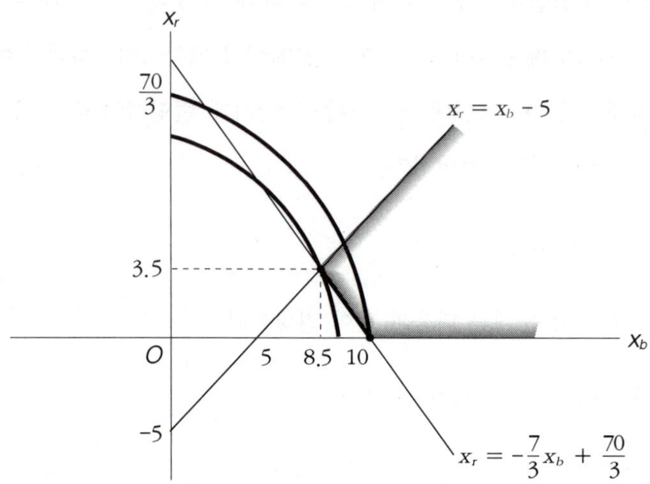

따라서 이 보상계획을 제시하면 주주들은 다음과 같은 순기대수입을 예상할 수 있다.

$$EP = 0.7 \times (400 - 72.25) + 0.3 \times (200 - 12.25) = 285.75$$

주주들이 전문경영자의 노력수준을 관찰할 수 있는 완전한 정보의 경우 주주들이 예상하는 순기대수입은 291이었다. 따라서 최적 보상계획을 제시하더라도 주주들은 5.25만큼의 손실을 감수해야 한다. 이것이 바로 주주들이 전문경영자에게 유인을 제공하기 위해 감수해야 하는 손실이다. 그렇지만 손실을 극소화한다는 의미에서 이 보상계획은 차선의 해결책이라 불린다.

Question

문제 10

화재보험에 가입하려는 사람과 경쟁적인 시장에서 활동하는 보험회사 간의 관계를 생각해 보자. 이 사람은 시가 2억원 상당의 아파트를 보유하고 있는데, 화재발생시 피해액은 1억원으로 추정된다. 그런데 보험가입 후 화재확률은 보험가입자의 화재예방 노력에 따라 달라진다. 여기서는 두 가지 노력수준을 가정한다. 이 사람이 최선의 노력을 하는 경우 화재확률은 0.03(3%)이지만, 그렇지 않은 경우 화재확률은 0.05(5%)로 상승한다. 그리고 보험에 가입하지 않는 경우 화재확률 또한 0.05로 예상된다고 하자. 그런데 보험가입 후 최선의 노력을 하는 경우 보험가입자는 추가로 100만원의 비용을 부담해야 한다고 가정한다. 이것은 화재경보기를 설치하는 비용 또는 노력에 따른 기회비용으로 해석해도 무방하다. 보험회사는 보험가입자가 어떤 노력수준을 선택했는지 알 수 없다. 그리고 보험회사는 위험 중립적이고, 보험가입자는 위험 기피적이라고 가정한다.

1) 보험회사가 제공하는 보험의 특성은 $\alpha = (I, C) =$ (보험료, 보험금)으로 요약된다. 만약 이 보험회사가 $\alpha =$ (3백만원, 1억원)의 보험상품을 제시한다면 어떤 비효율이 발생하겠는지 설명하라.
2) 보험회사는 보험가입자가 가입 후에도 약속을 지켜 화재예방에 최선을 다해 주기를 바란다. 그렇지만 이것은 보험가입자의 양심에 호소해 해결될 문제가 아니다. 보험가입자가 화재예방에 최선을 다하도록 하려면 일정한 조건을 충족시키는 보험상품을 제공하지 않으면 안 된다. 이러한 조건을 충족시키는 보험을 $\beta = (I^*, C^*)$라 하자. 보험회사는 항상 이러한 보험을 제공할 수 있는지, 그렇다면 이 보험은 어떤 조건을 만족하는 보험이어야 하는지 구체적으로 설명하라.
3) 만약 보험가입자가 위험 중립적이라면 2)에서의 답은 구체적으로 어떻게 정리될 수 있는지 보여라.
4) 노력비용의 크기에 따라 보험가입자가 최선의 노력을 다할 유인을 제공하는 보험계약을 체결할 수도 있고, 그렇지 않을 수도 있다. 노력비용이 얼마 이상인 경우 유인을 제공하는 보험계약을 체결할 수 없는지 설명하라. 이 경우 보험가입자는 위험 중립적이라고 가정한다.

Answer

해설

이 문제의 핵심은 도덕적 해이가 발생할 수 있는 화재보험의 경우 보험회사가 어떤 성격의 보험을 제공해야 도덕적 해이를 방지할 수 있는가를 정확하게 이해하는 데 있다.

1) α = (3백만원, 1억원)과 같은 보험은 완전한 정보하에서라면 보험회사의 정상이윤을 보장해 주고, 보험가입자의 모든 위험을 제거해 줌으로써 보험회사와 보험가입자 간에 최적 위험분담이 이루어지도록 하는 이상적인 보험이다. 그러나 여기서와 같이 보험회사가 보험가입자의 화재예방 노력수준을 알 수 없는 비대칭정보의 경우에는 이와 같이 이상적인 결과는 실현될 수 없다. 보험회사가 이와 같은 보험을 제공한다면 위험 기피적인 사람은 이 보험에 가입하는 것이 유리하다. 그렇지만 이 사람은 보험에 가입한 후에는 화재예방 노력을 기울이지 않을 것이므로 화재확률은 상승하게 된다. 이로 인해 보험회사는 정상이윤을 얻지 못하고 손실을 보게 된다. 따라서 단기적으로는 보험회사는 손실을 보고 보험가입자는 모든 위험을 제거하지만, 화재확률이 상승해 사회적 낭비를 초래한다.

궁극적으로 보험회사는 손실을 보면서 더 이상 이 보험을 제공할 수 없고, 보험시장은 그 기능을 수행할 수 없게 된다. 이것은 최적 위험분담의 기회는 사라지고, 위험 기피적인 사람은 자신이 모든 위험을 감수해야 한다는 것을 의미한다. 그 결과 보험회사와 보험가입자 모두의 후생을 증가시킬 수 있는 기회가 사라지기 때문에 사회적으로는 비효율이 발생하게 된다.

2) 보험가입자가 모든 위험을 제거할 수 있도록 하는 화재보험은 보험가입자가 화재예방에 최선을 다하도록 유인을 제공하지 못한다. 따라서 보험가입자도 어느 정도 위험을 부담하는 화재보험만이 보험가입자가 화재예방에 최선을 다하도록 유인을 제공한다. $\beta = (I^*, C^*)$가 이러한 유인을 제공하는 보험이 되기 위해서는 다음의 유인성립제약을 만족해야 한다.

$$0.97 \times U(2\text{억원} - I^* - 100\text{만}) + 0.03 \times U(1\text{억원} + C^* - I^* - 100\text{만})$$
$$> 0.95 \times U(2\text{억원} - I^*) + 0.05 \times U(1\text{억원} + C^* - I^*)$$

여기서 $U(\cdot)$는 위험 기피적인 사람의 효용함수를 나타낸다. 이것은 소득의 한계효용이 체감한다는 특징을 가지고 있다. 이 부등식에서 좌변은 $\beta = (I^*, C^*)$에 가입한 후 100만원의 비용을 부담하면서 화재예방 노력을 기울이는 경우 예상되는 기대효용을 나타낸다. 반면 우변은 $\beta = (I^*, C^*)$에 가입한 후 화재예방 노력을 기울이지 않는 경우 예상되는 기대효용을 나타낸다. 따라서 이 부등식을 만족하는 어떤 $\beta = (I^*, C^*)$도 도덕적 해이가 발생하지 않도록 하는 보험으로서의 역할을 할 수 있다. 물론 보험가입자가 위험 기피적이므로 이런 보험은 참여제약을 충족한다.

그러나 이러한 보험이 항상 가능한 것은 아니다. 여기서 중요한 것은 위험 기피적인 보험가입자의 효용함수의 성질이다. 이 효용함수의 성질에 따라 이런 조건을 만족하는 보험이 존재할 수도 있고, 그렇지 않을 수도 있다. 단, 일반적으로는 이러한 보험이 가능한 것으로 알려져 있다.

3) 보험가입자가 위험 중립적이라면 앞의 문제에서 제기된 $\beta = (I^*, C^*)$의 성격을 구체적으로 파악할 수 있다. 위험 중립적인 사람은 항상 기대치에만 관심이 있어 문제가 간단해지기 때문이다. 이 경우 앞에서 제시한 부등식은 다음과 같이 간단하게 정리된다.

$$0.97 \times (2\text{억원} - I^* - 100\text{만원}) + 0.03 \times (1\text{억원} + C^* - I^* - 100\text{만원})$$
$$> 0.95 \times (2\text{억원} - I^*) + 0.05 \times (1\text{억원} + C^* - I^*)$$
$$\Rightarrow C^* < 5{,}000\text{만원}$$

이것은 보험금이 5,000만원 미만인 보험을 제공하는 경우 위험 중립적인 보험가입자는 화재예방 노력을 기울이는 쪽이 더 유리하다는 것을 의미한다. 한편 보험료는 보험회사가 정상이윤을 얻어야 한다는 조건으로부터 구할 수 있다. 즉, $I^* = 0.03 \times C^*$를 만족하는 보험으로서 $C^* < 5{,}000$만원인 범위에 있는 어떤 보험도 도덕적 해이를 방지할 수 있다. 예를 들어 $C^* = 4{,}000$만원이라면 보험료 $I^* = 120$만원인 보험은 이러한 역할을 수행할 수 있다.

여기서 한 가지 주의할 사항은 이렇게 성립하는 보험시장의 균형은 파레토 효율적이라는 점이다. 그 이유는 대리인인 보험가입자가 위험 중립적이므로 더 이상 위험분담과 유인 간의 상충관계가 성립하지 않기 때문이다. 이것은 위험 중립적인 대리인에게 유인을 제공하기 위해 주인인 보험회사가 비효율을 감수할 필요가 없다는 것을 의미한다. 이와 같이 대리인이 위험 기피적인가 아니면 위험 중립적인가에 따라 도덕적 해이에 대한 해결방안 및 그 결과가 달라진다는 사실을 주의하기 바란다. 대리인이 위험 기피적인 경우에는 그에게 유인을 제공하는 어

그림 3-11

유인을 제공하지 못하는 경우

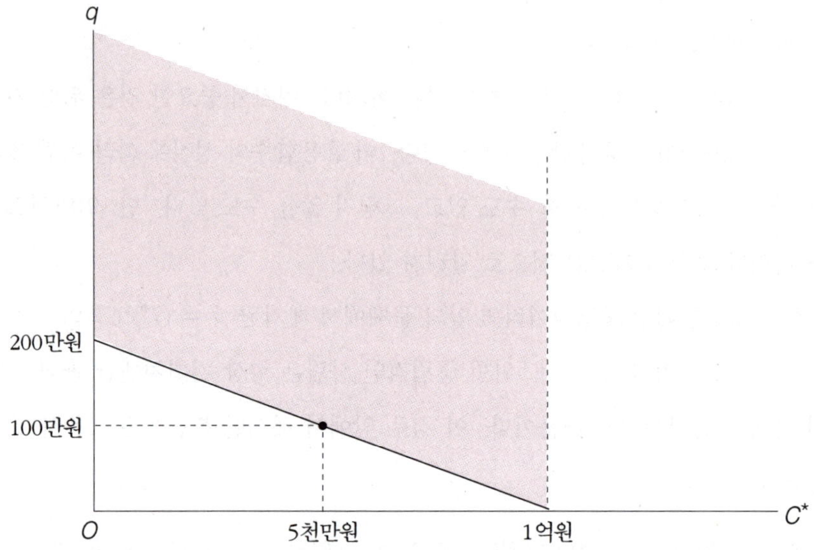

떤 보험계약도 파레토 효율적인 결과를 달성할 수 없다. 반면 대리인이 위험 중립적인 경우에는 그에게 유인을 제공하는 어떤 보험계약도 파레토 효율을 달성할 수 있다.

4) 노력비용을 q라고 할 때 q가 다음 부등식을 만족하는 경우에는 대리인이 최선의 노력을 다할 유인을 상실하게 된다.

$$0.97 \times (2\text{억원} - I^* - q) + 0.03 \times (1\text{억원} + C^* - I^* - q)$$
$$< 0.95 \times (2\text{억원} - I^*) + 0.05 \times (1\text{억원} + C^* - I^*)$$
$$\Rightarrow q > -0.02C^* + 2{,}000{,}000$$

여기서 C^*의 값은 최대 1억원을 넘을 수 없다. 왜냐하면 화재시 최대피해액이 1억원이기 때문이다. 따라서 앞의 부등식과 이 제약을 만족하는 q와 C^*의 범위는 [그림 3-11]에서 적색으로 표시된 부분에 해당한다.

이 그래프에서 알 수 있는 사실은 $q >$ 200만원인 경우에는 어떤 보험이 제공되더라도 보험가입자가 최선의 노력을 다할 유인이 없다는 것이다. 반면 $q <$ 200만원인 경우에는 제공되는 보험의 성격에 따라 최선을 다할지 여부를 결정하게

된다. 그렇지만 $C^* = 1$억원인 보험이 제공된다면 q의 값과는 상관없이 항상 최선을 다할 유인을 제공하지 못한다.

Question
문제 11

한 기업의 단기 판매수입이 $R = 10e - e^2$와 같이 표현된다고 하자. e는 대표적 근로자(모든 근로자가 똑같다고 가정함)가 기울이는 노력의 크기를 나타낸다. 이 근로자는 자신의 임금에서 자신의 노력에 따른 기회비용을 뺀 순임금을 극대화하는 노력의 수준을 선택한다. 여기서 노력 1단위당 비용은 1이라고 가정한다. 이제 다음과 같은 임금체계하에서 근로자의 노력수준과 기업의 이윤(수입 - 임금)을 구하라. 그리고 주인-대리인 문제를 다루기 위한 이러한 방법들이 서로 다른 결과를 가져오는 이유에 대해 설명하라.

1) $w = 2$ ($e \geq 1$인 경우), 그 밖의 경우에는 $w = 0$
2) $w = \frac{R}{2}$
3) $w = R - 12.5$

Answer
해설

이 문제의 핵심은 주인-대리인 문제가 발생하는 경우 근로자의 임금을 책정할 때 기업의 이윤극대화와 근로자의 순임금 극대화를 감안해 여러 가지 임금 책정방안의 의의를 비교하는 데 있다.

여기서는 근로자의 노력을 극대화하기 위해 고정임금보다 인센티브제도를 도입하는 것이 기업과 근로자 모두에게 효율적인 결과를 가져다 준다는 사실을 보여주고 있다.

기업의 이윤은 판매수입에서 비용을 차감한 것으로 다음과 같이 나타낼 수 있다.

$$\Pi_F = R - C = 10e - e^2 - w$$

근로자는 자신의 임금에서 자신의 노력을 뺀 순임금을 극대화하므로 다음과 같이 나타낼 수 있다.

순임금 극대화 : $\Pi_L = w - e$

1) $w = 2$인 경우

근로자는 다음과 같이 자신의 순임금을 극대화하고, 기업은 근로자의 노력에 따라 이윤을 얻는다.

순임금 극대화 :

$e \geq 1$인 경우에만 $w = 2$가 주어지므로 $e = 1$을 택하고, 순임금은 1이다.

$\therefore\ e^* = 1$

$\Pi_L^* = 1$

$\Pi_F^* = 7$

근로자는 최소한의 노력을 할 것이고, 그 결과 기업의 이윤은 7에 불과하게 된다.

2) $w = \frac{R}{2}$인 경우

근로자는 다음과 같이 자신의 순임금을 극대화하고, 기업은 근로자의 노력에 따라 이윤을 얻는다.

순임금 극대화 : $\Pi_L = w - e = \dfrac{10e - e^2}{2} - e$

➡ 극대화 조건을 구하면 다음과 같다

$$\frac{\partial \Pi_L}{\partial e} = 5 - e - 1 = 0$$

$\therefore\ e^* = 4$

$\Pi_L^* = 8$

$\Pi_F^* = 10e - e^2 - w = \frac{1}{2}(10e - e^2) = 12$

따라서 근로자는 4의 노력을 할 것이고, 기업의 이윤은 12가 된다.

3) $w = R - 12.5$인 경우

앞에서와 마찬가지로 구할 수 있다.

순임금 극대화 : $\Pi_L = w - e = 9e - e^2 - 12.5$

➡ 극대화 조건은 다음과 같다.

$$\frac{\partial \Pi_L}{\partial e} = 9 - 2e = 0$$

$$\therefore\ e^* = 4.5$$

$$\Pi_L^* = 7.75$$

$$\Pi_F^* = 12.5$$

그러므로 근로자는 4.5의 노력수준을 선택할 것이고, 기업은 12.5의 이윤을 얻게 된다.

이상의 세 가지 임금체계의 비교를 통해 알 수 있는 사실은 기업이 근로자에게 어떤 임금체계를 제시하는가에 따라 근로자의 후생뿐만 아니라 기업의 이윤도 영향을 받는다는 것이다. 따라서 다양한 임금체계 가운데 근로자에게는 적어도 기회비용 이상에 해당하는 임금을 지불하면서 기업의 이윤을 극대화하는 임금체계를 구하는 것이 주인-대리인 문제에 대한 해결방안이다. 여기서는 세 번째 방법이 기업에게 가장 유리하다. 물론 근로자에게는 두 번째 방법이 가장 유리하다.

Question

문제 12

한 기업의 이윤은 전문경영자의 직무태만(shirking)의 정도와 밀접하게 관련되어 있다. 유수한 기업의 전문경영자인 갑의 경우 자신이 받는 보수와 직무태만의 정도에 의해 효용수준이 결정된다. 이것은 다음과 같은 두 개의 함수로 표현된다.

$$\Pi(t) = 50 - 0.5 \times t \quad \text{(단위: 천만원)}$$

$$U(w, t) = w \times t$$

여기서 t는 갑이 한 달에 직무를 태만이 하는 시간을 나타내며, w는 갑이 받는 보수를 나타낸다. 갑은 다른 곳에서 적당히 일하면서도 보수를 받을 수 있으며, 이에 해당하는 유보효용수준(U_R)은 50이라고 하자. 그리고 갑은 한 달에 최대한 50시간을 적당히 일할 수 있다. $\Pi(t)$는 갑이 적당히 일하는 시간이 늘어날수록 기업의 이윤이 감소한다는 것을 보여준다. 그런데 이 기업의 주인인 주주들은 갑이 얼마의 시간을 직무태만으로 소비하는지 관찰할 수 없다. 따라서 주주들은 갑에게 적절한 보상체계를 제시할 필요가 있다. 주주들은 이윤에서 갑에게 지불하는 보수를 제외한 순이윤을 극대화하고자 한다.

1) 만약 주인이 대리인인 갑의 직무태만 시간을 관찰할 수 있다면 갑은 얼마의 보수를 받게 되며, 이때 갑의 직무태만 시간은 얼마이겠는가?
2) 주인이 갑의 직무태만 시간을 관찰할 수 없는 상태에서 갑에게 고정급으로 3천만원을 준다면 갑의 최적의 선택은 무엇인가? 이것은 균형인가? 아니라면 균형을 달성하는 고정급은 얼마인가? 그리고 이때 갑은 몇 시간의 직무태만을 선택하겠는가?
3) 주인의 입장에서 갑의 직무태만 시간을 관찰할 수 있는 경우와 똑같은 결과를 얻을 수 있는 보상체계를 갑에게 제시할 수 있는가? 그렇다면 이 보상체계는 어떤 특징을 갖는가? 그리고 그 이유를 설명하라.

Answer
해설

이 문제의 핵심은 대리인의 행동을 관찰할 수 없는 경우 주인이 제시할 수 있는 최선의 보상체계의 특징을 정확하게 이해하는 데 있다.

1) 완전한 정보의 경우 주인은 적어도 유보효용수준에 해당하는 효용을 얻는 가운데 대리인이 직무태만의 시간을 선택하도록 강요할 수 있다. 이것은 [그림 3-12]에서 $\Pi(t)$와 U_R곡선 간의 격차를 극대화하는 직무태만 시간에 해당한다. 이것은 곧 다음과 같은 문제의 해를 구하는 것과 동일하다.

   주인의 순이윤 극대화 : $\Pi(t) - w$
   제약조건 : $U(w,\ t) = w \times t = 50$

   ➡ 이것은 곧 「$50 - 0.5 \times t - \frac{50}{t}$」을 극대화하는 t의 값을 구하는 문제이다. 따라서 $t^* = 10$시간이다. 그리고 주인의 순이윤은 4억원이 되고, 갑의 보수는 5천만원이다.

2) 만약 갑에게 고정급으로 3천만원을 준다면 갑은 이 조건하에서 자신의 효용을 극

그림 3-12

완전한 정보의 경우

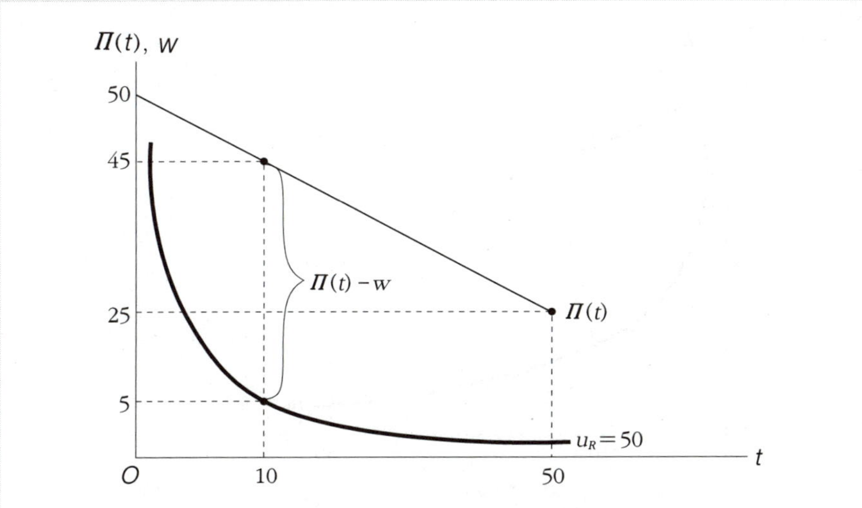

그림 3-13

고정급의 경우

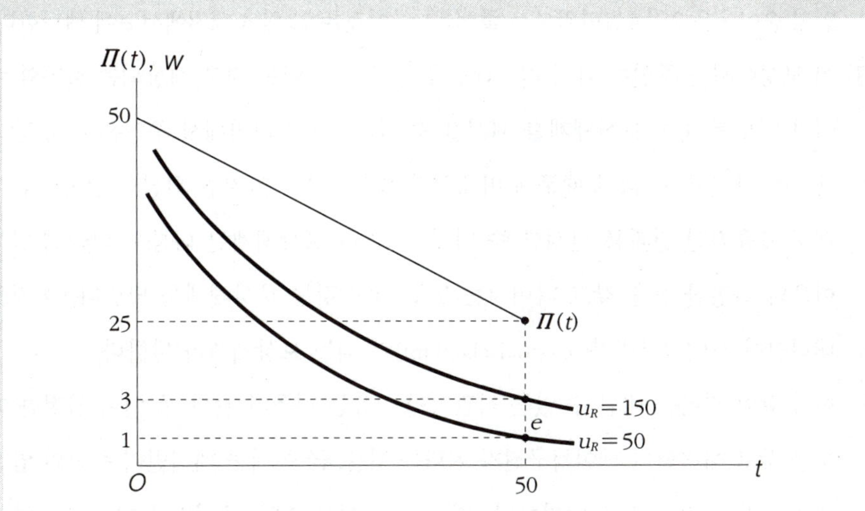

대화할 것이다. 이것은 갑이 직무태만의 시간을 최대로 한다는 것을 의미한다. 이 경우 갑의 효용수준은 $U(w, t) = 3 \times 50 = 150$이다. 그런데 이것은 갑의 유보효용수준인 $U_R = 50$보다 크므로 균형이 아니다. 따라서 주인이 고정급을 준다면 갑은 $t = 50$을 선택할 것이라는 전제하에서 $w \times t = 50$을 만족하는 w

그림 3-14

잔여청구권자의 경우

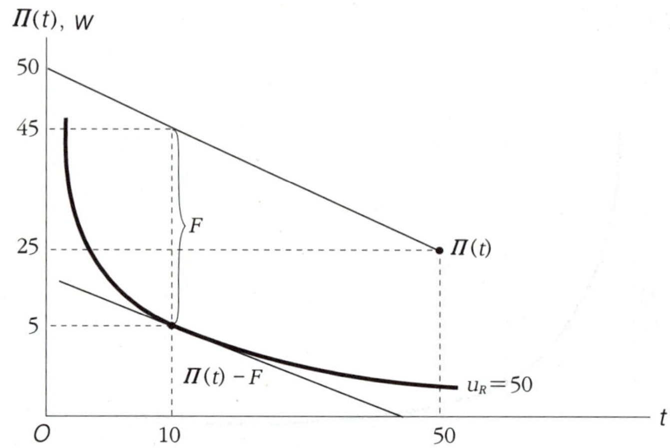

를 제시해야 한다. 그러므로 주인은 w_f = 1천만원을 제시할 것이다. 이 경우 주인의 순이윤은 2억 4천만원으로 줄어든다. 이것은 [그림 3-13]에서 e에 해당한다.

3) 이 모형에서는 주인이 갑의 직무태만을 관찰할 수 있는 경우 예상되는 결과와 차이가 없도록 하는 보상체계를 제시할 수 있다. 이런 의미에서 주인은 비록 갑의 행동을 관찰할 수 없기 때문에 비대칭정보의 상황에 있지만 최선의 결과, 즉 파레토 효율적인 결과를 달성할 수 있다. 이러한 보상체계란 다름 아니라 주인이 이윤의 일정한 몫을 갖고 나머지는 모두 갑이 갖는 보상체계를 말한다. 이것을 대리인이 잔여청구권자(residual claimant)가 되는 보상체계라 말한다.

이와 같이 결론을 내릴 수 있는 직관적인 이유는 다음과 같다. 주인이 일정한 액수를 갖고 대리인이 잔여청구권자 된다는 것은, 곧 이제는 대리인이 주인의 입장에 처하게 된다는 것을 의미한다. 따라서 더 이상 주인-대리인 문제는 발생하지 않는다. 대리인인 갑은 이러한 보상체계하에서 자신에게 가장 유리한 직무태만 시간을 선택할 것이고, 이것은 앞에서 살펴본 대리인의 행동을 관찰할 수 있는 경우의 직무태만 시간과 동일하다.

[그림 3-14]에서 F는 주인이 요구하는 일정액에 해당한다. 따라서 대리인인 갑의 몫은 「$\Pi(t)$ − F」이다. 그런데 $\Pi(t)$와 「$\Pi(t)$ − F」는 서로 평행하다. 따라

서 $\Pi(t)$와 U_R 간의 격차를 극대화하는 t의 값이나 「$\Pi(t) - F$」와 U_R 간의 격차를 극대화하는 t의 값은 동일하다. 단, 주인은 갑이 유보효용수준인 $U_R = 50$을 얻도록 F의 값을 정하기만 하면 된다. $t = 10$인 경우 $w = 5$이므로 F는 「$\Pi(10) - 5$」$= 40$이다. 따라서 주인이 갑에게 $F = 40$을 요구하면서 나머지는 모두 갑의 몫이라는 제안을 하면 갑은 자신에게 가장 유리하도록 직무태만 시간을 결정할 것이다. 이것이 바로 $t = 10$시간으로, 주인이 갑의 행동을 관찰할 수 있는 경우와 동일하다. 이상으로부터 알 수 있는 사실은 비록 대리인의 행동을 관찰할 수 없는 경우라도 일정한 조건을 만족하는 경우에 주인은 최선의 결과를 달성할 수 있다는 점이다.

Question 문제 13

기업 A의 총수입은 전문경영자의 노력수준(a)과 경제 전반의 경기(s)라는 두 가지 요인에 의해 결정된다고 하자. 여기서 미래의 경기는 $s = b$(호황), r(불황)이다. 전문경영자의 노력에 따른 비용(또는 비효용)은 $a_H = 20$, $a_L = 0$라고 하자.

이 기업의 총수입 R은 미래의 경기에 따라 $R_b = 500$ 또는 $R_r = 200$으로 예상된다. 전문경영자의 노력수준은 총수입의 크기에는 영향을 미치지 않지만, 실현 가능성에는 영향을 미친다. 다음 표는 이런 내용을 요약해 주고 있다. ( ) 안의 숫자는 확률을 나타낸다.

	R_b	R_r
a_H	500(0.8)	200(0.2)
a_L	500(0.2)	200(0.8)

이 기업의 주주들은 총수입(R)에서 전문경영자에 대한 보상(w)를 공제한 순수입을 극대화하기를 원한다. 여기서 주주들과 전문경영자는 모두 위험 중립적이라고 가정한다. 따라서 전문경영자의 효용함수는 다음과 같이 묘사할 수 있다.

$$U(w, a) = w - a$$

한편 전문경영자가 다른 곳으로 옮기지 않도록 하기 위해 그에게 보장해 주어야 하는 효용수준은 $U_R = 30$이라고 하자. 이것은 그의 기회비용에 해당한다.

1) 주주들이 전문경영자의 노력수준을 관찰할 수 있는 경우 전문경영자에게 어떤 보상계획을 제시하겠는가? 그리고 이 계약의 특성을 간단히 설명하라.
2) 주주들이 전문경영자의 노력수준을 관찰할 수 없는 경우 그에게 성과 독립적인 보상계획을 제시한다면 어떤 결과가 예상되는가?
3) 주주들이 전문경영자의 노력수준을 관찰할 수 없는 경우 그에게 제시할 수 있는 최적 보상계획은 무엇인가? 그리고 그 특징을 간단히 설명하라.
4) 전문경영자가 위험 기피적이라면 3)의 결과는 어떻게 달라지겠는가? 간단히 논평하라.

Answer
해설

이 문제의 핵심은 주인-대리인 문제에 대한 해결방안을 찾는 과정에서 대리인의 위험에 대한 태도가 어떤 역할을 하는지 이해하는 데 있다.

1) 전문경영자의 노력수준을 관찰할 수 있는 경우 주주들은 유보효용수준에 해당하는 보상계획을 제시하면 된다. 따라서 주주들은 다음과 같은 보상계획을 제시할 수 있다.

$a_H(= 20)$이면 $w^* = 50$을 지급

$a_L(= 0)$이면 $w^* = 0$을 지급

➪ 전문경영자는 a_H를 선택하고 $w^* = 50$을 얻을 것이므로 그의 효용수준은 $U(w, a) = 30 = U_R$이 된다.

주주들의 순기대수입(EP)은 다음과 같다.

$EP = 0.8 \times 500 + 0.2 \times 200 - 50 = 390$

총기대수입$(ER) = 440$은 $EP = 390$, $w^* = 50$으로 분배되며, 이것은 파레토 효율적인 계약이다. 완전한 정보하에서 전문경영자는 최선의 노력을 다하고 성과 독립적인 보상을 받게 되므로 파레토 효율적이다.

2) 전문경영자의 노력수준을 관찰할 수 없음에도 불구하고 성과 독립적인 보상계획을 제시한다면 전문경영자의 인센티브는 $a_L = 0$을 선택하는 것이다. 따라서 주주들의 입장에서는 $w^* = 30$을 제시할 수밖에 없다.

이 경우 총기대수입(*ER*)과 주주들의 순기대수입(*EP*)은 다음과 같다.

$$ER = 0.2 \times 500 + 0.8 \times 200 = 260$$

$$EP = 260 - 30 = 230$$

➡ 1)의 경우와 비교할 때 전문경영자의 효용수준에는 차이가 없다. 단지 주주들의 순기대수입이 390에서 230으로 160만큼 감소한다. 이런 의미에서 계약의 결과는 파레토 효율적이 아니다.

3) 전문경영자의 노력수준을 관찰할 수 없는 경우 주주들이 제시하는 최적 보상계획 $w = (w_b, w_r)$은 다음 문제의 해이다.

순기대수입극대화 : $0.8 \times (500 - w_b) + 0.2 \times (200 - w_r)$

제약조건 : $0.8 \times (w_b - 20) + 0.2 \times (w_r - 20) \geq U_R = 30$

$$0.8 \times (w_b - 20) + 0.2 \times (w_r - 20) \geq 0.2 \times w_b + 0.8 \times w_r$$

⇔ **기대보상극소화** : $0.8 \times w_b + 0.2 \times w_r$

제약조건 : $w_r \geq -4w_b + 250$

$$w_r \leq w_b - \frac{100}{3}$$

이 극소화 문제는 참여제약(기회비용을 보상)과 유인성립제약(최선의 노력을 하는 것이 유리함)을 동시에 만족하는 가운데 전문경영자에 대한 기대보상을 최소화하는 최적 보상계획 $w^* = (w_b^*, w_r^*)$를 찾는 데 의의가 있다. 그런데 이 최적 해는 유일하지 않다. [그림 3-15]에서 음영 부분은 참여제약과 유인성립제약을 모두 만족하는 보상계획의 범위를 나타낸다.

따라서 두 개의 제약조건을 모두 만족하면서 목적함수를 극소화하는 보상계획은 다음과 같은 특징을 갖는다. 그 이유는 전문경영자가 위험 중립적이기 때문

그림 3-15

최적 보상계획

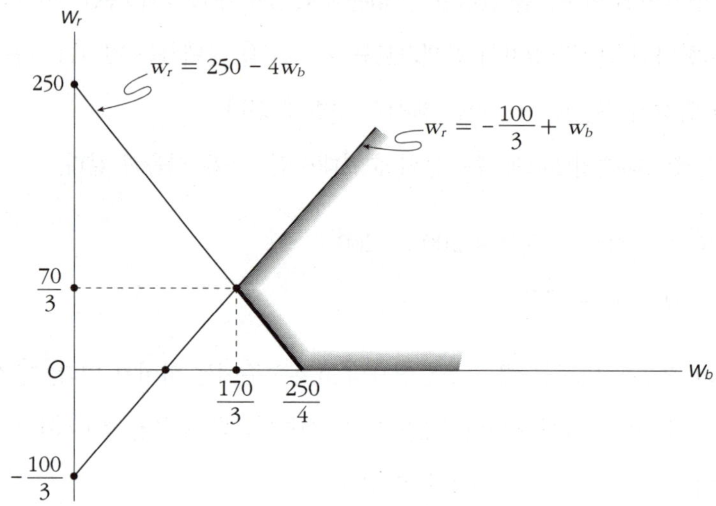

이다.

i) $w_r = -4w_b + 250$을 만족하면서 $(w_b, w_r) = (\frac{170}{3}, \frac{70}{3})$과 $(w_b, w_r) = (\frac{250}{4}, 0)$ 사이에 있는 모든 (w_b, w_r)은 최적 보상계획에 해당한다.

ii) 어떤 최적 보상계획하에서도 전문경영자의 기대보상 $E(w) = 50$이다. 따라서 그의 효용수준은 30이다. 그리고 주주들의 순기대수입(*EP*)은 390이다. 이것은 전문경영자가 위험 중립적인 경우에는, 비록 그의 노력수준을 관찰할 수 없더라도, 계약의 결과가 항상 파레토 효율적이라는 것을 의미한다. 이 경우 전문경영자에게 인센티브를 제공하기 위해 주주들이 지불해야 하는 비용은 0이다.

4) 이 경우 3)의 결과는 다음과 같이 수정된다.

i) 전문경영자가 최선을 다하도록 하는 최적 보상계획은 일반적으로 유일하게 존재한다. 그리고 이것은 성과 의존적인 보상계획이다.

ii) 이 경우 계약의 결과는 결코 파레토 효율적이 아니다. 이것은 주주들이 전문경영자에게 인센티브를 제공하기 위해서는 일정한 비용을 지불해야 한다는 것을 의미한다. 이것은 비대칭정보로 인한 자중손실에 해당한다.

5.3 감춰진 정보와 해결방안

Question
문제 14

신규사업을 시작하려는 기업 A를 고려해 보자. A는 신규사업을 위해 100억원의 투자자금이 필요하며, 전액 은행에서 차입하려고 한다. 은행은 A라는 기업과 오랫동안 거래했기 때문에 어떤 타입의 사업에 투자하려는지, 그리고 이 기업의 전문경영자가 최선을 다할 것인지 여부에 대해서는 완전한 정보를 가지고 있다고 하자. 단지 은행의 입장에서 볼 때 사업이 종료된 후 최종적으로 이 기업이 얼마의 수익을 올렸는가에 대해서는 기업이 보고하는 내용만으로는 정확하게 파악하기 어렵다고 하자. 이 수익은 은행의 대출금과 이에 따른 보상을 회수할 수 있는 자금의 원천이 된다.

은행은 자금을 빌려주는 조건으로 25%의 수익률을 기대하고 있다. 이것을 기대 요구수익률이라 부른다. 한편 기업 A는 신규사업으로부터 최소 100억원, 최대 200억원의 수익을 예상하는데, 이 구간에 균일하게 분포하기 때문에 기대수익은 150억원이라 가정하자. 은행은 얼마의 수익이 실현되었는지 관찰할 수 없는 반면, 기업 A는 정확하게 알 수 있다. 만약 기업이 실제로 125억원 미만의 수익을 낸다면 은행은 대출금 + 요구수익 = 125억원을 전액 회수할 수 없다. 이러한 가능성을 고려할 때 은행으로서는 대출금과 이에 따른 요구수익을 전액 회수하는 것이 중요하다.

1) 은행이 기업 A의 수익을 정확하게 파악하려면 기업에 감사단을 파견해 실사를 해야 하는데, 여기에는 10억원의 자금이 소요된다고 하자. 은행이 기업 A에게 실현된 수익의 90%를 요구하는 지분계약과 함께 항상 감사단을 파견할 것임을 제안한다고 하자. 이 제안이 기업 A와 은행 간의 균형계약이 될 수 있는지 설명하라.
2) 은행은 기업 A에게 새로운 제안을 하기로 하였다. 이 제안의 골자는 앞의 내용과 유사하며, 다음과 같다.

은행은 기업 *A*가 보고하는 수익이 189억원 미만인 경우에는 10억원을 들여 감사를 실시하지만, 그 이상인 경우에는 최고 상환액을 170억원으로 하면서 수익의 90%를 요구하는 지분계약을 제안한다.

이러한 제안이 기업 *A*로 하여금 진실하게 수익을 보고하도록 하는 가운데 균형계약으로서 역할을 할 수 있는지 설명하라.

Answer
해설

이 문제의 핵심은 기업이 감춰진 정보를 가지고 있는 경우 은행에게 진실하게 보고하도록 유도할 수 있는 계약의 성격을 이해하는 데 있다.

1) 은행은 기업 *A*가 얼마의 수익을 올렸는지 정확하게 파악하기 위해 10억원의 감사비용을 부담하지 않을 수 없다. 따라서 기업이 신규사업으로부터 예상하는 기대수익 150억원의 90%를 지분으로 확보하더라도 10억원의 비용을 부담해야 한다. 그러므로 은행의 예상수익은 150억원 × 0.9 − 10억원 = 125억원이다. 이것은 25%의 기대 요구수익률을 충족하므로 은행으로서는 수용할 수 있는 제안이다. 기업도 150억원의 10%인 15억원의 기대수익을 예상할 수 있으므로 수용할 수 있는 제안이다. 그런데 만약 다른 은행이 다른 제안을 하여 기업이 여기에 관심을 더 갖는다면 이 계약은 체결될 수 없다. 그렇다면 이것은 균형계약이 아니다. 이제 다른 은행이 다음과 같은 제안을 한다고 예상해 보자.

은행은 기업 *A*에게 마찬가지로 수익의 90%를 요구하는 지분계약을 제시하는 한편, 기업이 보고하는 수익이 189억원 미만인 경우에만 감사단을 파견한다.

이 경우 기업은 이 제안을 더 선호할 것이다. 왜냐하면 수익이 189억원 이상인 경우에는 진실하게 보고하지 않아도 되기 때문이다. 은행도 기업의 수익이 189억원 이상인 경우에는 감사비용을 절약할 수 있으므로 이 제안을 더 선호한다. 따라서 은행과 기업 모두 이 제안을 선호할 것이기 때문에 은행이 항상 감사할 것을 전제로 한 지분계약은 균형계약이 아니다.

여기서 189억원을 임계가치(Critical Value ; *CV*)라 하며, 다음과 같이 구한 금액이다.

$CV \times 0.9 = 200$억원 $\times\ 0.9 - 10$억원 ➪ $CV = 189$억원

따라서 기업이 보고하는 수익이 189억원을 초과하는 경우 은행이 굳이 감사비용을 부담하면서 감사를 하더라도 좋아질 것이 아무것도 없다. 이런 이유 때문에 189억원 이상의 수익을 보고하는 경우에는 감사를 실시하지 않고, 그 이하로 보고하는 경우에만 감사를 실시한다는 제안을 할 수 있는 것이다. 그렇지만 이 새로운 제안에 의하면 기업이 189억원 이상의 수익을 내는 경우에는 진실하게 보고할 이유가 없다는 점에서 현시원리를 충족시키는 제안이 아니다.

2) 여기서 170억원을 최고 상환액으로 설정한 의미를 이해해야 한다. 이것은 189억원 × 0.9(= 170억원)에 해당하는 금액이다. 이와 같이 임계가치 189억원 대신 최대 상환액을 170억원으로 하는 일부 수정된 제안을 하면 기업은 자신만 관찰할 수 있는 수익을 은행에 거짓으로 보고할 이유가 사라지게 된다. 왜냐하면 189억원 이상 200억원 이하의 수익을 올리더라도 기업이 은행에 상환해야 하는 금액은 최고 170억원으로 제한되어 있기 때문에 기업은 자신이 실현한 수익을 거짓으로 보고할 이유가 없다. 물론 진실하게 보고하는 경우와 거짓으로 보고하는 경우 기업의 수익에 차이가 없다면 기업은 진실하게 보고하는 쪽을 선택한다고 가정한다. 또한 기업이 189억원 미만의 수익을 올린 경우에도 수익을 축소하거나 과장해서 보고할 이유가 없다. 따라서 이 제안은 어떤 경우에나 기업이 진실하게 수익을 보고하도록 유도하는 계약이다.

그런데 이 계약이 체결되면 은행은 25% 이상의 초과수익을 얻을 수 있다. 왜냐하면 기업이 189억원 이상의 수익을 올리는 경우에는 진실하게 보고해 감사비용을 절감할 수 있기 때문이다. 은행이 제시한 지분 90%는 항상 감사비용을 부담하는 것을 전제로 설정된 것이기 때문에 은행은 25% 이상의 초과수익률을 달성하게 된다. 따라서 이 계약은 현시원리를 충족시켜 기업으로 하여금 진실하게 수익을 보고하도록 유도할 수는 있지만, 여전히 균형계약은 아니다. 결국 은행간의 경쟁을 통해 초과수익률이 사라지도록 하는 최대지불액과 지분율의 크기가 결정되는 가운데 균형계약이 성립할 것으로 예상할 수 있다.

CHAPTER 04

기업이론과 응용

CHAPTER 04

01 기업의 생산함수의 의의

기업의 기술적 제약에 대한 표현으로서 생산함수(production function)의 의의를 이해해야 한다. 모든 효율적인 생산계획들을 함수관계로 표현한 것이 생산함수라고 이해하면 된다. 기업의 입장에서는 비효율적인 생산계획은 고려할 필요가 없다. 그리고 개별 생산함수와 총생산함수(aggregate production function) 간의 관계는 개별 수요와 시장수요 간의 관계와 유사하다고 이해하면 된다. 여기서 총생산함수란 한 국가 전체의 생산관계를 요약하는 생산함수를 말한다.

생산함수에 관한 모든 논의는 기본적으로 확실성을 전제로 하고 있지만, 불확실성이 존재하는 경우로 확대시키는 데 아무런 문제가 없다. 왜냐하면 불확실한 상태에 따라 성립하는 생산요소 투입량과 생산량 간의 관계를 생산함수에 반영할 수 있기 때문이다.

예 $q = f_s(L)$, 여기서 s는 불확실한 상태를 나타낸다. 이것은 동일한 양의 생산요소 L을 투입하더라도 어떤 불확실한 상태가 실현되는가에 따라 생산량이 달라질 수 있음을 의미한다.

전형적인 생산함수는 한 가지 생산물과 여러 가지 생산요소의 결합 간의 관계를 나타내지만, 여러 가지 생산물과 여러 가지 생산요소 간의 관계를 나타내도록 확대시킬 수 있다.

예 $q = f(L, K)$ ➡ $F(q, L, K) = q - f(L, K) = 0$ ➡ 생산물의 종류가 두 가지인 경우에는 $F(q_1, q_2, L, K) = 0$과 같은 형태로 생산함수를 나타낼 수 있다. 이것을 음함수(implicit function) 형태의 생산함수라 한다.

생산함수와 등량선(isoquant) 간의 관계

- 양자 간의 관계는 효용함수와 무차별곡선의 관계와 거의 모든 면에서 동일하다.
- 단, 등량선의 성질 가운데 무차별곡선과 다른 점은 효용수준의 절대적 차이는 의미가 없지만 생산량의 절대적 차이는 그대로 의미가 있다는 사실이다.
- 등량선의 형태는 생산함수의 특징을 그대로 반영한다.
- 등량선의 형태는 두 가지 생산요소 간의 대체의 정도를 반영한다.

한계기술대체율(*MRTS*)과 대체탄력성 간의 관계

- 등량선의 형태를 반영하는 개념으로, 모두 생산요소 간의 대체의 정도를 나타낸다. 한계기술대체율은 소비에서의 한계대체율과 동일한 개념이다.
- 대체탄력성(σ)은 생산요소의 측정단위와는 무관하게 요소 간의 대체의 정도를 나타내는 개념으로, $\sigma = \frac{\text{요소결합비율의 변화율}}{\text{한계기술대체율의 변화율}}$로 정의된다. 따라서 대체탄력성 σ는 $0 \leq \sigma \leq \infty$ 범위의 값을 갖는데, $\sigma = 0$은 요소 간의 대체가 불가능한(무의미한) 경우를 가리키며, $\sigma = \infty$는 요소 간의 대체가 완전한 경우를 가리킨다.

예 $q = aL + bK$ ➡ $\sigma = \infty$

$q = L^a K^b$ ➡ $\sigma = 1$

$q = min\ \{\frac{L}{a}, \frac{K}{b}\}$ ➡ $\sigma = 0$

최적 생산의 조건

최적 생산이란 일정한 비용제약하에서 생산을 극대화하는 것을 의미한다. 생산요소 L의 단위당 가격을 w, K의 단위당 가격을 v라고 할 때 $MRTS_{LK} = \frac{MP_L}{MP_K} = \frac{w}{v}$가 최적 생산의 조건으로, 이에 대한 해석은 효용극대화 조건의 경우와 전적으로 동일하다. 이런 의미에서 생산에 관한 대부분의 논의가 소비에 관한 논의와 마찬가지 분석방법을 이용해 이루어진다는 것을 알 수 있다.

CHAPTER 04

02 생산함수의 분석 : 수확체감(체증)의 법칙과 규모에 대한 수익

수확체감(diminishing returns) 또는 체증은 단기생산함수, 즉 한 가지 요소만 가변적인 경우에 적용되는 개념임을 유의해야 한다. 따라서 일반적으로 인정되고 있는 수확체감의 법칙 또한 단기적인 현상이다. 이 법칙은 고정요소와 가변요소 간의 비효율적인 결합으로 인해 성립한다. 예를 들어 좁은 작업장에서 일하는 직원의 숫자가 계속 증가하는 경우를 생각해 보라.

규모에 대한 수익(returns to scale)은 기본적으로 장기생산함수, 즉 모든 생산요소가 가변적인 경우에만 적용되는 개념임을 유의해야 한다. 따라서 수확체감(체증)과 규모에 대한 수익은 모두 동일한 생산함수의 특성을 나타내는 개념이지만 별개이다.

- 규모에 대한 수익체증(*IRS*), 규모에 대한 수익불변(*CRS*), 규모에 대한 수익체감(*DRS*)의 기술적 · 경제적 의미를 정확하게 이해해야 한다.
- 예를 들면 *IRS*는 모든 생산요소의 투입증가율보다 생산량의 증가율이 더 빠른 기술적 특성을 말하는데, 이 경우 기업은 생산능력과 시장수요가 허락하는 한 계속 생산을 늘리는 것이 합리적인 행동이다. 마찬가지로 *CRS*, *DRS*의 기술적 · 경제적 의미를 정확하게 이해해야 한다.

예 모든 생산요소의 투입을 2배, 3배, 4배로 하는 경우 생산량이 3배, 4배, 5배 증가한다면, 이것은 규모에 대한 수익 면에서 어떤 성질을 만족하겠는가? 이것은 일견 규모에 대한 수익체증처럼 보이지만 그렇지 않다. 그 이유를 생각해 보기 바란다.

동차생산함수(homogeneous production function)

동차생산함수의 경우 동차성의 크기를 통해 규모에 대한 수익 면에서 어떤 특징을 갖고 있는지 간단하게 파악할 수 있다. 그렇지만 동차생산함수가 아닌 경우에도 규모에 대한 수익의 문제를 다룰 수 있다. 동차생산함수의 경우 다음과 같은 관계가 성립한다.

CRS ⇔ 1차 동차생산함수, 1차 미만의 동차생산함수 ⇒ DRS, 1차보다 큰 동차생산함수 ⇒ IRS이지만, 그 역이 반드시 성립하는 것은 아니다.

동조생산함수(homothetic production function)**와 동차생산함수 간의 관계**

원점에서 출발하는 직선을 따라 한계기술대체율($MRTS$)이 항상 일정하다는 성질은 두 경우 모두 마찬가지이지만, 규모에 대한 수익 면에서 동조생산함수는 동차생산함수와 다른 성질을 보인다. 따라서 동차생산함수 ⇨ 동조생산함수이지만, 그 역은 성립하지 않는다는 것을 유의해야 한다.

03 비용함수

CHAPTER 04

3.1 비용의 의의

기회비용과 회계비용의 차이

- 기회비용은 미래지향적, 의사결정의 관점에서 평가한 암묵적 비용으로서의 측면을 갖는 반면, 회계비용은 과거지향적, 실제 발생한 금액으로 평가한 명시적 비용이다. 양자가 일치하는 경우도 있고, 일치하지 않는 경우도 있다. 어떤 경우에는 일치하고, 어떤 경우에는 일치하지 않는지 이해해야 한다.

예 1) 다른 용도에는 사용할 수 없는 장비 구입비 1억원 ⇨ 회계비용의 관점에서는 1억원이지만, 기회비용의 관점에서는 0원이다.

2) 컴퓨터 회사가 과거 개당 20,000원에 구입한 반도체 칩이 현재 시중에서 10,000원에 거래되는 경우 ➡ 회계비용은 20,000원이지만, 기회비용은 10,000원이다.

3) 일당 10만원에 사람을 경쟁적인 노동시장에서 고용하는 경우 ➡ 기회비용 = 회계비용이며, 모두 10만원이다.

경제적 비용과 경제적 이윤

경제적 비용이란 생산과정에 투입된 모든 요소들로 인해 발생하는 비용을 기회비용의 관점에서 평가한 것으로 기업의 이윤을 계산할 때 기초가 된다. 이것을 경제적 이윤이라 한다. 따라서 경제적 이윤이 0이라고 하는 것은 정상이윤을 얻고 있음을 의미하며, 이것은 다른 사업으로부터 얻을 수 있는 정도의 이윤을 말한다.

- 경제적 이윤 = 총수입 - 총 경제적 비용
- 현실적인 경우로 제무제표에 나타나는 회계적 이윤(경상이익)은 총수입 - 총회계비용이다. 보통 「경제적 이윤 = 회계적 이윤 - 자본비용」으로 측정한다. 여기서 자본비용은 주주들이 투자한 자본에 대한 기회비용을 의미한다. 이것은 모든 생산요소에 지불하는 비용 가운데 투자한 자기자본의 비용만 명시적으로 고려하지 않는 경우에 적용된다.

3.2 비용함수

비용극소화

비용극소화는 소비의 경우 지출극소화와 같은 맥락에서 이해하면 된다. 비용극소화의 조건은 $MRTS_{LK} = \frac{w}{v}$ (w는 노동 단위당 비용, v는 자본 단위당 비용)로, 일정한 비용제약하에서 생산극대화의 조건과 동일하다.

- 비용과 생산의 쌍대성(duality) 및 확장경로를 유도하는 조건으로 해석하면 된다.

■ 비용극소화는 이윤극대화의 필요조건에 해당한다. 이것은 이윤극대화가 자동적으로 비용극소화를 의미하지만, 그 역이 반드시 성립하는 것은 아님을 의미한다.

비용함수의 의의

비용극소화의 원리에 의해 생산요소의 가격 및 생산량과 비용 간의 관계를 나타내는 함수로, 보통 $c = C(w, v, q)$로 나타낸다. 비용함수로부터 유도할 수 있는 것이 요소에 대한 조건부 수요(conditional demand)로, 이윤극대화를 달성하는 수요와 구별된다. 물론 이윤을 극대화하는 요소에 대한 수요는 당연히 조건부 수요로서의 성질을 만족한다. 이것은 비용극소화가 이윤극대화의 필요조건이라는 것과 같은 의미를 갖는다.

비용곡선

■ 비용곡선은 비용함수의 개념으로부터 생산요소의 가격은 일정한 수준에 고정된 것으로 간주하고 생산량과 비용 간의 관계를 그래프로 나타낸 곡선이다.

■ 단기생산함수는 단기비용곡선, 장기생산함수는 장기비용곡선과 연결된다.

■ 장기든 단기든 평균비용(AC)과 한계비용(MC) 간에는 반드시 일정한 관계가 성립한다. 즉, AC가 하락하는 동안에는 $MC < AC$이고, AC가 상승하는 동안에는 $MC > AC$이며, AC가 일정하다는 것은 $MC = AC$를 의미한다.

주의 이것은 비단 비용 면에서만이 아니라 모든 종류의 평균 개념과 한계 개념 간에 다 적용된다. 예를 들면 평균생산(AP)과 한계생산(MP), 평균수입(AR)과 한계수입(MR), 평균지출(AE)과 한계지출(ME) 등에도 그대로 적용된다.

■ 장기 총비용곡선과 장기평균비용곡선은 각각 단기 총비용곡선과 단기평균비용곡선의 포락선(envelope curve)이지만, 장기한계비용곡선은 단기한계비용곡선의 포락선이 아니라는 사실을 유의해야 한다. 그 이유를 생각해 보기 바란다.

3.3 규모의 경제와 범위의 경제

규모의 (불)경제의 의의

규모의 경제(economies of scale) 또는 불경제란 기업이 비용극소화의 원칙에 따라 행동하는 경우 장기평균비용의 관점에서 기업의 기술적 특성을 평가한 것이다. 평균비용이 계속 하락하는 경우에는 규모의 경제가 있으며, 반대의 경우에는 규모의 불경제가 있다고 한다.

- 규모의 경제와 규모에 대한 수익의 개념은 보통 동일한 개념처럼 사용되지만, 엄밀하게 말하면 구별해야 한다. 왜냐하면 규모에 대한 수익은 비용극소화의 원칙에 근거한 개념이 아니라 단순히 모든 요소들의 투입을 동일한 비율로 변경하는 경우 예상되는 기술적 특징을 서술한 것이기 때문이다.
- 따라서 규모에 대한 수익체증은 규모의 경제를 의미하지만, 그 역이 반드시 성립하는 것은 아님을 유의해야 한다. 이것은 규모의 경제가 더 넓은 개념임을 의미한다. 규모에 대한 수익체감과 규모의 불경제의 경우에는 반대관계가 성립한다. 즉, 규모의 불경제는 규모에 대한 수익체감을 의미하지만, 그 역이 반드시 성립하는 것은 아니다. 그렇지만 동차생산함수의 경우에는 규모의 (불)경제와 규모에 대한 수익은 동일한 개념으로서 항상 일치한다.

범위의 경제(economies of scope)

- 두 가지 이상의 생산물을 같이 생산하는 경우(결합생산물로서)와 분리해 생산하는 경우 총비용 간의 관계를 통해 범위의 경제가 존재하는지 유무를 판단한다. 한마디로 범위의 경제가 존재한다는 것은 전문화에 따른 이익보다는 공동으로 생산하는 데 따른 시너지 효과가 더 크다는 것을 의미한다. 범위의 불경제는 그 반대의 경우라고 생각하면 된다.
- $Sc = \dfrac{[c(q_1) + c(q_2) - c(q_1, q_2)]}{c(q_1, q_2)} > 0$ 또는 < 0인가에 따라 범위의 경제 여부를 판단한다. $S_C > 0$인 경우에는 범위의 경제, 반대의 경우에는 범위의 불경제가 존재한다고 말한다. S_C가 0보다 점점 더 커질수록 범위의 경제

도 증가한다.

- 범위의 경제와 규모의 경제는 별개의 개념이다. 범위의 경제가 존재하더라도 규모의 경제는 존재하지 않을 수 있으며, 그 역도 성립할 수 있다.
- 규모의 경제는 전문화에 따른 이득이 큰 경우 실현되며, 범위의 경제는 시너지 효과가 큰 경우에 실현될 수 있다.

예 삼성전자의 경우 : 대규모 생산에 따른 규모의 경제와 4개 주요 품목(반도체, 휴대폰, 가전, 디스플레이) 간의 시너지 효과를 동시에 실현하고 있다고 평가할 수 있다.

04 기업의 목적과 기업이론의 확장

CHAPTER 04

4.1 기업의 목적으로서 이윤극대화의 의의

이윤극대화의 의의

- 먼저 극대화의 대상으로 이윤이란 무엇인지 정확하게 정의되어야 하며, 기업이 처한 여건(가격수용자인가 가격책정자인가)에 따라 이윤극대화의 조건을 분명히 이해해야 한다.
- 시장이 완전하고 완비된 경우 이윤은 항상 잘 정의된 수치로 나타낼 수 있다. 보통 우리가 가정하는 확실성하의 경제에서는 이러한 조건이 자동적으로 충족된다. 그렇지만 미래의 불확실성을 명시적으로 고려하는 경우에는 시장의 성숙도(흔히 시장구조라고 표현)에 따라 이러한 조건이 성립하지 않을 수도 있음을 유의해야 한다.
- $MR = MC$는 이윤극대화의 필요조건이며, MR의 기울기 $<$ MC의 기울기는 충분조건이다. 그렇지만 생산함수의 특성으로 인해 이윤극대화의 충분조건은 자동적으로 충족된다고 보고, 필요조건이 성립하는지 여부만을 판정한다.
- 이윤극대화의 원칙을 반영한 일반적인 행동은 기업의 이윤함수(profit fun-

ction)로 요약된다. 이윤함수란 이윤극대화의 원칙하에서 행동하는 기업이 주어진 생산물 및 생산요소의 가격하에서 달성할 수 있는 최대이윤을 나타내는 함수로, 기업의 생산함수와 비용함수의 모든 특징이 반영된 결과이다. 물론 생산물시장과 요소시장이 경쟁적이라는 가정하에서만 이윤함수라는 개념이 성립한다.

[보론] 이윤함수

이윤극대화 : $\Pi = pq - (wL + vK)$

제약조건 : $q = f(L, K)$

➡ 이윤극대화 : $\Pi = pf(L, K) - (wL + vK)$와 같이 제약조건이 없는 극대화 문제로 변형되며, 이것은 $\Pi = pq - C(w, v, q)$와 동일한 문제이다. 앞의 식에서 이윤극대화를 달성하는 L^*, K^*는 각각 $L^*(p, w, v)$, $K^*(p, w, v)$로 나타낼 수 있는데, 이것을 다시 목적함수에 대입하면 $\Pi = pf(L^*(p, w, v), K^*(p, w, v)) - (wL^*(p, w, v) + vK^*(p, w, v)) = \Pi(p, w, v)$와 같이 오직 생산물 및 생산요소의 가격만의 함수로 표현된다. 이것이 바로 기업의 이윤함수로, 생산함수와 비용함수에 대한 모든 정보가 망라되어 있다. 이 이윤함수로부터 기업의 공급함수 및 요소에 대한 수요함수를 구할 수 있다.

4.2 기업이론의 확장

미래의 불확실성(가격, 생산함수에 내재된 불확실성)을 감안하는 경우 또는 여러 기간에 걸친 기업의 문제(투자효과 등)를 고려하는 경우 기업의 목적인 이윤극대화와 관련해 어떤 문제가 발생하는지 이해할 필요가 있다.

이 경우 가장 핵심적인 내용은 기업의 이윤을 하나의 객관적인 지표로 어떻게 측정하는가에 있다. 물론 「이윤 = 수입 - 비용」이라는 기본 관계에는 변화가 없지만, 과연 이 경우 수입이나 비용을 측정하는 데 문제가 없는지 유의해야 한다. 이때 시장의 완전성 및 완비성 여부가 중요한 기준이 된다. 보통 경쟁시장을 가정하기 때문에 완전성에는 문제가 없지만, 시장의 완비성은 일정한 조건을 만족하는 경우에만 성립하며, 이로 인해 비용이나 수입을 측정하는 데 문제가 발생하기 때문이다.

- 예를 들어 조건부 시장이 형성되어 있는 경제(흔히 애로-드브뢰 경제라 부른다)에서는 완비성이 충족되므로 확실성하에서와 마찬가지로 이윤을 측정하는 데 아무런 문제가 없지만, 그렇지 않은 경우에는 이윤을 측정하는 데 문제가 발생한다. 따라서 이 경우에는 이윤보다는 다른 개념으로 기업의 목적을 대체해야 할 필요가 있다.
- 이 문제는 간단하지 않기 때문에 자세한 논의는 생략하지만, 현실적으로 기업의 목적함수로서 이윤극대화가 갖는 한계를 인식할 필요가 있음을 보여준다.
- 현실적인 관점에서 기업의 순시장가치(net market value)의 극대화가 이윤극대화의 대안이 될 수 있다. 여기서 기업의 순시장가치란 기업의 총가치에서 부채의 가치를 뺀 것으로, 보통 기업이 발행한 주식의 시장가치, 이른바 시가총액을 의미한다.

05 응용문제와 해설

5.1 생산함수와 응용

Question
문제 01

노동(L), 자본(K) 및 에너지(E)를 생산요소로 투입하는 어떤 기업의 생산함수가 다음과 같이 추정되었다고 하자.

그림 4-1

규모에 대한 수익체증의 경우

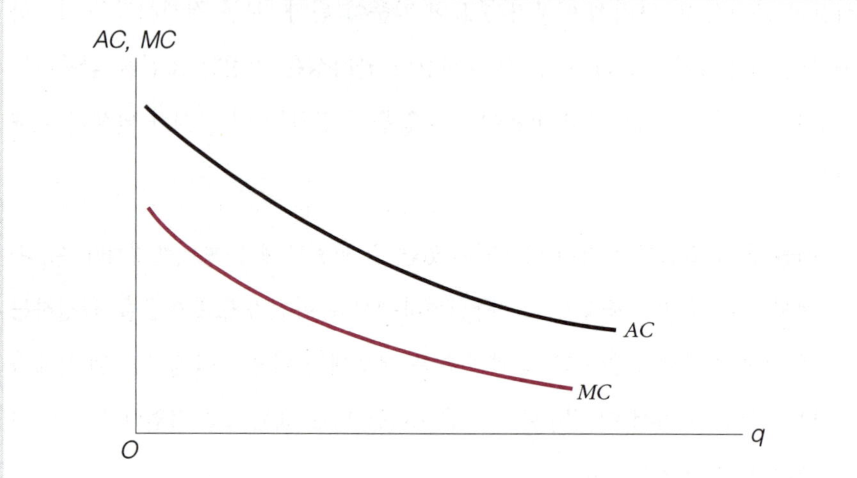

$$q = f(L, K, E) = 100L^{0.5}K^{0.5}E^{0.4}$$

1) 이 기업은 규모에 대한 수익 면에서 어떤 성질을 보이는가?

2) 이 기업의 장기평균비용곡선과 장기한계비용곡선의 형태를 그림으로 나타내라.

3) K와 E의 투입이 일정하게 고정되어 있는 경우 이 기업은 수확체감의 법칙을 만족하는가? 이 결과와 1)의 결과는 서로 모순이 아닌지 설명하라.

Answer
해설

이 문제의 핵심은 동차함수의 성질을 정확하게 이해하는 데 있다.

1) 이 생산함수는 콥-더글라스 생산함수로서 지수의 합이 1.4이다. 따라서 1차 이상의 동차함수이므로 규모에 대한 수익이 체증한다.

2) 규모에 대한 수익이 체증하는 기업이므로 장기평균비용곡선과 장기한계비용곡선이 [그림 4-1]과 같이 오른쪽으로 하락하는 형태를 갖는다.

3) 자본(K)과 에너지(E)가 고정된 단기에서 이 기업의 단기생산함수는 $q = A \cdot L^{0.5}$의 형태를 갖기 때문에 수확체감의 법칙을 만족한다. 이것은 장기생산함수가 규모에 대한 수익체증을 보인다는 것과 모순이 아니다. 왜냐하면 장기적으

그림 4-2 생산과 비용의 쌍대성

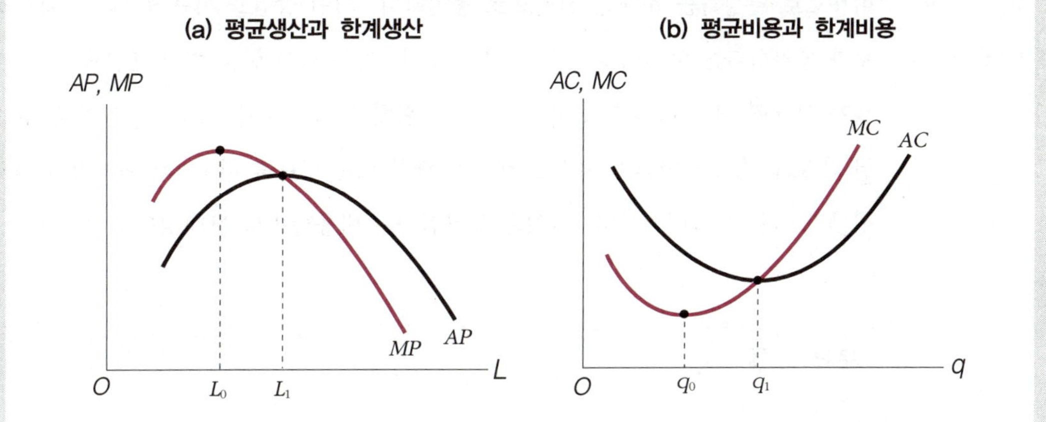

로 모든 생산요소들이 가변적인 경우에는 규모에 대한 수익체증을 보이더라도 단기적으로는 수확체감의 법칙이 작용하는 것이 일반적이기 때문이다.

Question
문제 02

기업이 U자형의 단기평균비용곡선을 가지고 있는 경우 평균비용과 평균생산, 그리고 한계비용과 한계생산 간의 관계를 통해 생산과 비용의 쌍대성(duality)이 의미하는 바를 설명한 후, 이것을 어떻게 일반적인 상황에 적용할 수 있는지 논하라.

Answer
해설

이 문제의 핵심은 생산과 비용의 쌍대성의 본질을 정확하게 이해하는 데 있다.

생산과 비용의 쌍대성을 극명하게 보여주는 예로 단기평균비용이 U자형인 경우를 들 수 있다. [그림 4-2]는 단기평균비용 및 한계비용곡선과 평균생산 및 한계생산 간의 관계를 보여주고 있다. 평균생산 및 한계생산이 이와 같은 형태를 보인다면 이에 근거한 평균비용 및 한계비용 또한 이와 같은 형태를 가질 수밖에 없으며, 그 역도 성립한다.

이와 같은 쌍대성을 일반화시킬 수 있는데, 생산극대화와 비용극소화 간의 관계가 그것이다. 일정한 비용하에서 생산을 극대화하는 문제와 일정한 생산을 최소의 비용으로 달성하는 문제는 전적으로 동일하다. 어떤 방법을 사용하더라도 확장경로가 동일하다는 사실이 이것을 입증해 준다. 이와 같이 한 기업의 생산에 관한 자료가 있으면 이를 바탕으로 비용구조를 정확하게 파악할 수 있고, 또한 비용에 관한 자료가 있으면 이를 바탕으로 생산에 관한 모든 정보를 알 수 있다는 것이 바로 생산과 비용의 쌍대성이다. 이것은 생산함수와 비용함수의 쌍대성으로 압축된다.

Question 문제 03

규모에 대한 수익체증과 수확체감의 법칙은 동시에 성립할 수 있는가? 없다면 그 이유를 설명하고, 있다면 구체적인 예를 하나 들어 설명하라.

Answer 해설

이 문제의 핵심은 장기생산함수와 단기생산함수 간의 관계를 정확하게 이해하는 데 있다.

규모에 대한 수익체증은 장기생산함수의 성질에 관한 것이고, 수확체감의 법칙은 단기생산함수의 성질에 관한 것이다. 따라서 이 두 가지 성질은 기본적으로 독립적이다. 규모에 대한 수익체증이 성립하는 경우 단기적으로는 수확체증이 성립할 수도, 수확체감이 성립할 수도 있다. 다음과 같은 콥-더글라스 생산함수는 이러한 관계를 보여준다.

예 1) $q = L^{1.5}K^{1.5}$ ➡ 이 경우 규모에 대한 수익이 체증하고, K가 일정 수준에 고정된 경우 수확체증이 성립한다.

2) $q = L^{0.6}K^{0.6}$ ➡ 이 경우 규모에 대한 수익이 체증하지만, K가 일정 수준에 고정된 경우 수확체감이 성립한다.

3) $q = LK$ ➡ 이 경우 규모에 대한 수익이 체증하고, K가 일정 수준에 고정된 경우 수확은 일정하다.

이와 같은 예를 통해 규모에 대한 수익체증과 수확체감이 동시에 성립할 수 있다는 것을 입증할 수 있다.

Question
문제 04

알파 사의 생산함수가 $Q = 10K^{0.5}L^{0.5}$로 주어졌다. Q는 하루에 생산되는 컴퓨터의 수이고, K는 기계 사용시간이며, L은 노동시간이다. 알파 사의 경쟁회사인 델타 사는 생산함수 $Q = 10K^{0.6}L^{0.4}$를 갖고 있다고 할 때 다음 질문에 답하라.

1) 만약 두 회사 모두 같은 양의 자본과 노동을 투입한다면 어떤 회사가 더 많은 생산량을 생산할 것인지 설명하라.
2) 자본은 9시간의 기계시간으로 제한되어 있는 반면, 노동의 공급은 제한되어 있지 않다면 어떤 회사의 노동의 한계생산성이 더 큰지 설명하라.

Answer
해설

이 문제의 핵심은 콥-더글라스 생산함수와 한계생산성을 정확하게 이해하는 데 있다.

일반적으로 콥-더글라스 생산함수는 $Q = AK^{\alpha} L^{\beta}$의 형태를 취하며, 각 생산요소를 t배 투입하면 $t^{\alpha+\beta}$배 더 생산하는 특징을 가지고 있다. 한계생산성은 생산요소의 투입을 한 단위 증가시킬 때 추가되는 생산량을 의미하며, 노동의 한계생산성(MP_L)은 $\dfrac{\partial Q}{\partial L} = MP_L$로 나타낸다.

1) 두 회사 모두 같은 양의 자본과 노동을 투입할 때 알파 사는 $10K^{0.5}L^{0.5}$를 생산하고, 델타 사는 $10K^{0.6}L^{0.4}$를 생산한다. 알파 사의 경우에는 자본과 노동이 똑같은 비율로 생산에 기여하고, 델타 사의 경우에는 자본이 더 많이 기여한다. 똑같은 양의 자본과 노동을 투입하는 경우 알파 사의 생산량이 델타 사의 생산량보다 크다면 다음과 같은 관계가 성립한다.

   $10K^{0.5}L^{0.5} > 10K^{0.6}L^{0.4}$ ➡ $\dfrac{L}{K} > 1$

   따라서 다음과 같은 관계가 성립한다.

- 노동의 투입량이 자본의 투입량보다 많을 때($L > K$) 알파 사의 생산량이 델타 사의 생산량보다 크다.
- 노동의 투입량이 자본의 투입량보다 작을 때($L < K$) 알파 사의 생산량이 델타 사의 생산량보다 작다.
- 노동의 투입량이 자본의 투입량과 같을 때($L = K$) 알파 사의 생산량과 델타 사의 생산량은 같다.

2) 자본이 9시간으로 고정되어 있는 경우 알파 사의 생산함수는 $Q_\alpha = 30L^{0.5}$이고, 델타 사의 생산함수는 $Q_\delta = 10 \cdot 3^{1.2}L^{0.4}$이다.

따라서 알파 사의 노동의 한계생산성(MP_L)은 $15L^{-0.5}$이고, 델타 사의 노동의 한계생산물은 $4 \cdot 3^{1.2}L^{-0.6}$이다.

만약 알파 사의 노동의 한계생산성이 델타 사의 것보다 크다면 $15L^{-0.5} > 4 \cdot 3^{1.2}L^{-0.6}$가 성립한다. 이것을 정리하면 다음과 같다.

$$\frac{15}{4 \cdot 3^{1.2}} > L^{-0.6+0.5} \Rightarrow \frac{5}{4 \cdot 3^{0.2}} > L^{-0.1} \Rightarrow \left(\frac{4 \cdot 3^{0.2}}{5}\right)^{10} = 9 \times 0.8^{10} < L$$

이때 $9 \times 0.8^{10} = \beta$라고 두면 다음과 같은 관계가 성립한다.

- L의 투입량이 β보다 큰 경우에는 알파 사의 노동의 한계생산성이 델타 사의 한계생산성보다 크다.
- L의 투입량이 β보다 작은 경우에는 알파 사의 노동의 한계생산성이 델타 사의 한계생산성보다 작다.
- L의 투입량이 β와 같은 경우에는 알파 사의 노동의 한계생산성이 델타 사의 한계생산성과 같다.

Question 문제 05

한 기업이 노동 L과 재료 M을 가지고 생산물 Q를 생산하는데, 다음과 같은 생산함수를 가지고 있다고 하자.

$$Q = 50\sqrt{ML} + M + L$$

1) 이 함수는 규모의 수익 면에서 어떠한 특징을 보이는가?

2) 이 생산함수에 의하면 노동의 한계생산성은 어떠한 성질을 보이는지 설명하라.

Answer
해설

이 문제의 핵심은 생산함수의 특징을 장기와 단기로 나누어 살펴본 후 양자 간의 관계를 정확하게 이해하는 데 있다.

1) 노동 L과 재료 M을 모두 같은 비율로 λ만큼씩 증가시킨다면 다음과 같은 관계가 성립한다.

$$50\sqrt{\lambda M \cdot \lambda L} + \lambda M + \lambda L = \lambda(50\sqrt{ML} + M + L) = \lambda Q$$

따라서 노동 L과 재료 M을 같은 비율 λ만큼씩 증가시켰을 때 생산량도 λ배만큼 증가한다. 그러므로 이 기업은 규모의 수익 불변이라는 특징을 보여준다.

2) 이 생산함수로부터 노동의 한계생산성을 구해 보면 $MP_L = \frac{\partial Q}{\partial L} = 25\sqrt{\frac{M}{L}} + 1$로 나타난다. 이것은 노동의 한계생산성이 지속적으로 하락한다는 것을 의미한다. 또한 재료(M)의 증가는 노동의 한계생산성을 증가시키는 요인으로 작용한다는 것을 알 수 있다.

Question
문제 06

한 기업의 경우 초기 생산함수의 형태는 $Q = 500[L + 3K]$이었으나 공정혁신의 결과로 현재 생산함수가 $Q = 1{,}000[0.5L + 10K]$로 변하였다고 하자.

1) 이 혁신이 기술진보의 결과임을 보여라.

2) 이 기술진보는 어떤 특성을 가지는지 설명하라.

Answer
해설

이 문제의 핵심은 기술진보가 생산함수에 어떻게 구현되는지 이해한 후 기술진보의 성격을 정확하게 이해하는 데 있다.

1) 공정혁신의 결과에 따른 생산함수(Q_{AI})와 초기 생산함수(Q_{BI})를 비교함으로써 기술진보의 여부를 판단할 수 있다.

$$Q_{AI} = 1{,}000[0.5L + 10K] = 500L + 10{,}000K$$
$$= 500[L + 3K] + 8{,}500K = Q_{BI} + 8{,}500K$$

이 결과에 의하면 같은 양의 노동과 자본을 투입했을 때 자본이 생산에 기여하는 정도가 공정혁신 이전의 수준에 비해 현저하게 증가하였음을 알 수 있다. 이것은 자본의 생산성을 획기적으로 향상시킨 기술진보의 결과이다. 한편 노동의 생산성에는 아무런 변화가 없다는 것을 알 수 있다.

2) 이 기술진보는 앞에서 검토한 바와 같이 자본절약적인 기술진보가 아니라 노동절약적인 기술진보이다. 노동의 한계생산성은 공정혁신 이전과 공정혁신 이후 모두 500으로 동일한 반면, 자본의 한계생산성은 공정혁신 이전에 비해 8,500이나 상승했다. 그렇지만 초기 생산함수와 공정혁신 이후의 생산함수 모두 자본과 노동 간의 대체가 완전하다는 특성에는 변화가 없다. 단지 3 : 1이었던 자본과 노동의 생산성이 기술진보의 결과 20 : 1로 크게 변하였을 뿐이다.
따라서 자본의 요소가격을 v, 노동의 요소가격을 w라고 할 때 생산요소의 투입은 다음과 같은 특징을 보여준다.

- $\frac{1}{3} < \frac{w}{v}$인 경우 ➡ 초기의 생산함수나 현재의 생산함수의 경우 모두 자본만 고용한다.
- $\frac{1}{20} < \frac{w}{v} < \frac{1}{3}$인 경우 ➡ 초기 생산함수의 경우에는 노동만 고용하고, 현재의 생산함수의 경우에는 자본만 고용한다.
- $\frac{1}{20} > \frac{w}{v}$인 경우 ➡ 초기 생산함수나 현재 생산함수 모두 노동만 고용한다.

➡ 자본의 생산성을 높이는 기술진보가 이루어진다 하더라도 요소의 상대가격에 따라 이러한 기술진보가 별다른 의미를 가지지 못하는 경우가 발생할 수 있다. 여기서의 예에 의하면 이것은 $\frac{w}{v} < \frac{1}{20}$인 경우이다. 노동절약적인 기술진보를 추구하는 이유는 자본이라는 요소의 가격이 상대적으로 높아 기술진보를 통해 비용을 절감하고 경쟁력을 높일 수 있기 때문이다. 그러나

이 예는 자본의 가격이 지나치게 높을 경우 상당한 기술진보가 이루어지더라도 그 효과가 미미할 수 있다는 것을 보여준다.

5.2 비용함수와 응용

Question 문제 07

삼성전자는 매년 1,000억원의 자금과 1만 명의 인력을 투입해 반도체와 휴대폰을 생산하고 있다. 그런데 이 자원을 모두 반도체 생산에 투입하면 256메가 디램(DRAM)을 연간 1억 개 생산할 수 있고, 휴대폰의 생산에 모두 투입하면 500만 대를 생산할 수 있다고 하자.

1) 삼성전자의 경우 범위의 경제도, 범위의 불경제도 존재지 않는다면 그 이유는 어떻게 설명할 수 있는가? 그리고 이 경우에 해당하는 결합생산물곡선을 그림으로 나타내라. 단, 반도체(X)는 x축에, 휴대폰(Y)은 y축에 표시한다.
2) 삼성전자가 범위의 경제를 실현한다고 가정하는 경우 이에 해당하는 결합생산물곡선을 그림으로 나타내라. 나아가서 반도체의 가격은 개당 2만원이고, 휴대폰의 가격은 개당 20만원이라고 할 때 이윤을 극대화하는 두 생산물의 조합을 그림에 나타내라.

Answer 해설

이 문제의 핵심은 범위의 경제의 의미를 정확하게 이해하는 데 있다.

1) 범위의 경제도, 불경제도 존재하지 않는다는 것은 함께 생산할 때 시너지 효과가 없다는 것뿐만 아니라, 같이 생산하는 데 따른 비효율도 없다는 것을 의미한다. 이러한 상황은 [그림 4-3]에서와 같이 직선의 결합생산물곡선으로 나타낼 수 있다. 결합생산물곡선의 기울기가 $-\frac{1}{20}$인 직선이라는 것은 반도체 20단위와 휴대폰 1단위가 항상 일정하게 대체 생산될 수 있다는 것을 의미한다. 이 경우에는 같이 생산하든, 분리해서 생산하든 비용이 같게 된다. 즉, $C(X, Y) = C(X, 0) +$

그림 4-3

범위의 경제가 없는 경우

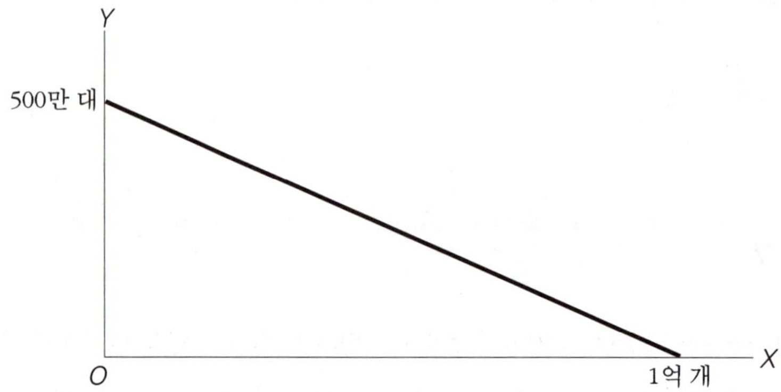

그림 4-4

결합생산의 경우 이윤극대화

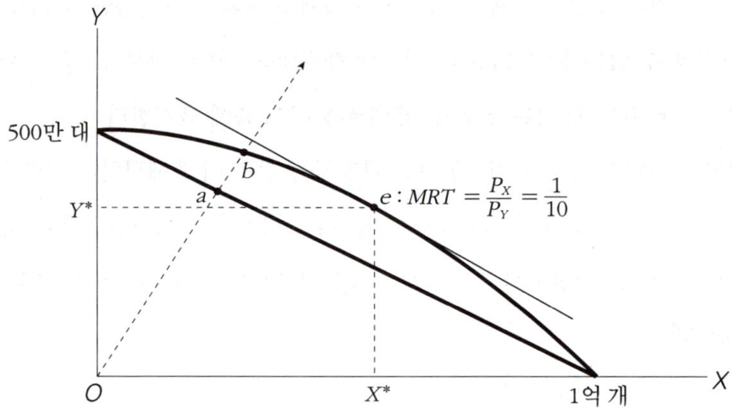

$C(0, Y)$가 성립한다.

2) 범위의 경제를 실현하고 있는 경우 결합생산물곡선은 [그림 4-4]와 같이 원점에 대해 오목한 형태를 갖게 된다. 예를 들어 직선상에 있는 a에 비해 b는 두 재화 모두를 더 많이 생산할 수 있음을 보여주고 있다. 이것은 곧 $C(X, Y) < C(X, 0) + C(0, Y)$임을 의미한다. [그림 4-4]에서 e는 기업의 이윤을 극대화하는 생산물의 조합에 해당한다. 이것은 두 상품 간의 한계변형률(MRT)과 상대가격이 일치할 때 이윤이 극대화된다는 것을 의미한다.

Question
문제 08

어느 가격수용적인 기업의 단기비용곡선이 다음과 같은 식으로 요약된다고 하자.

$$c = C_s(q) + F$$

여기서 $C_s(q)$는 단기가변비용을 나타내고, F는 고정비용을 나타낸다고 할 때, 다음 질문에 답하라.

1) F가 전부 매몰비용(sunk cost)이라고 할 때, 이 기업의 단기공급함수 $q(p)$를 정확하게 그림으로 나타내라.
2) F가 전부 비매몰비용(non-sunk cost)이라고 할 때, 이 기업의 단기공급함수 $q(p)$를 정확하게 그림으로 나타내라.
3) 이상으로부터 고정비용의 성격이 기업의 단기공급함수에 어떤 영향을 미친다고 결론을 내릴 수 있는가? 설명하라.

Answer
해설

이 문제의 핵심은 고정비용의 성격에 따라 이윤극대화를 추구하는 기업이 단기에서 어떻게 행동해야 하는가를 이해하는 데 있다.

1) 고정비용 F가 전부 매몰비용이라는 것은 생산을 하든, 하지 않든 이 비용은 회복할 수 없는 비용임을 의미한다. 따라서 기업의 입장에서는 이 사실을 감안해 적어도 시장가격이 단기평균가변비용의 최저수준 이상인 경우에만 공급을 할 것이다. 따라서 기업의 단기공급곡선은 [그림 4-5]에서와 같이 평균가변비용의 최저점 이하의 가격에서는 0이고, 그 이상에서는 한계비용곡선에 해당한다. 여기서 핵심은 평균가변비용곡선과 평균비용곡선을 구분하는 가운데 기업의 단기공급함수를 파악하는 데 있다. F가 매몰비용이라는 사실은 그림에서 $q = 0$일 때도 비용이 발생한다는 것으로(점 a) 나타나 있다.
2) F가 전부 비매몰비용이라는 것은 고정비용이기는 하지만 생산을 중단하는 경우에는 모두 회수할 수 있음을 의미한다. 따라서 이 경우 비록 단기지만 고정비용

그림 4-5

(a) 매몰비용의 경우 총비용곡선 (b) 평균비용곡선

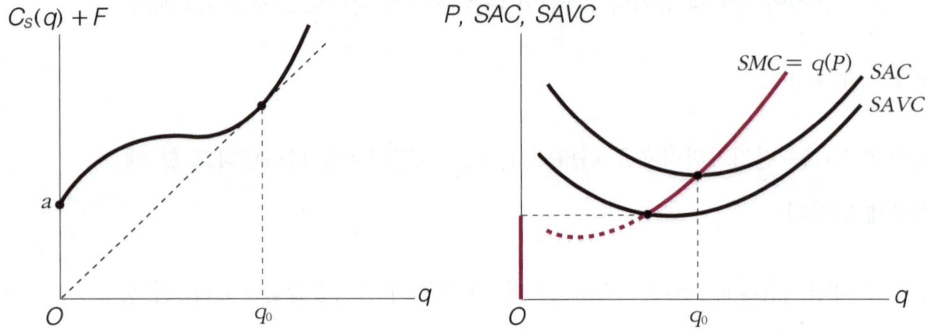

그림 4-6

(a) 비매몰비용의 경우 총비용곡선 (b) 평균비용곡선

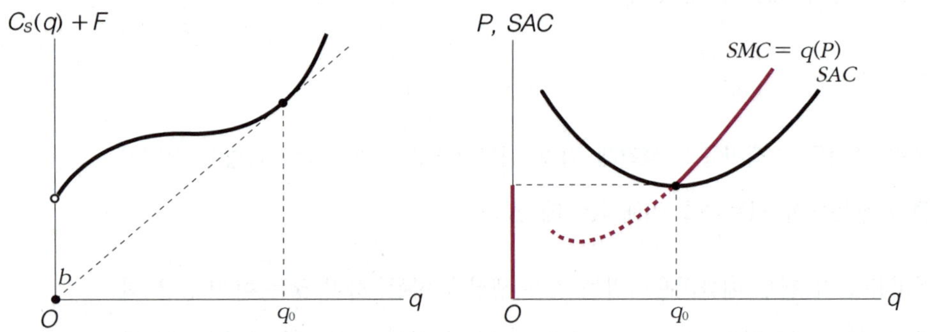

과 가변비용을 구분할 이유가 사라진다. 따라서 이윤극대화를 추구하는 기업은 가격이 평균비용의 최저수준 이상인 경우에는 한계비용곡선이 곧 공급곡선이 되며, 가격이 그 이하인 경우에는 공급을 중단하는 것이 최선이다. 따라서 기업의 단기공급곡선은 [그림 4-6]에서와 같이 불연속적인 형태를 갖게 된다.

여기서 F가 비매몰비용이라는 사실은 $q = 0$인 경우 비용이 0이라는 사실(점 b)로 나타나 있다. 이 경우 기업의 단기공급함수는 장기공급함수와 그 성격이 같다.

3) 이상의 두 극단적인 경우를 통해 알 수 있는 것은 고정비용이 매몰비용인가 아

닌가에 따라 기업의 단기한계비용곡선 가운데 공급곡선에 해당하는 부분이 결정된다는 사실이다. 따라서 고정비용 가운데 매몰비용의 비율이 얼마인가에 따라 공급이 이루어지는 최저수준의 가격이 결정되며, 이것은 곧 기업의 단기공급곡선의 형태를 결정한다. F 가운데 비매몰비용의 비율이 증가할수록 기업이 공급을 시작할 수 있는 가격은 점점 높아지게 된다.

Question 문제 09

노동, 자본 및 재료를 생산요소로 투입하는 기업의 생산함수가 $q = F(L, K, M) = LKM$으로 추정되었다고 하자. 현재 생산요소의 가격은 노동의 경우 $w = 5$, 자본의 경우 $v = 1$, 그리고 재료의 경우 $m = 2$로 형성되어 있다고 하자.

1) 비용을 극소화하는 노동과 자본 및 재료에 대한 수요를 구하라.
2) 기업의 장기 총비용곡선과 장기평균비용곡선을 정확하게 나타내라.
3) 자본(K)이 50단위로 고정되어 있는 경우 비용을 최소화하는 노동과 재료에 대한 수요를 구하라.

Answer 해설

이 문제의 핵심은 비용극소화를 통해 비용곡선을 구하는 방법을 이해하는 데 있다.

1) 비용극소화 문제는 다음과 같다.

비용극소화 : $5L + K + 2M$

제약조건 : $q = f(L, K, M) = LKM$

라그랑지 함수(Lagrangian function)를 이용해 이 문제의 최적 해를 구하면 다음과 같다.

$$\mathcal{L} = 5L + K + 2M + \lambda(q - LKM)$$

1계 조건은 다음과 같다.

$5 - \lambda MK = 0$

$1 - \lambda LM = 0$

$2 - \lambda LK = 0$

➡ $\lambda = \frac{5}{MK} = \frac{1}{LM} = \frac{2}{LK}$이므로 $L = \frac{K}{5}$, $M = \frac{K}{2}$이다.

이것을 $q = LKM$에 대입하면 비용을 극소화하는 K에 대한 수요를 구할 수 있고, 나아가서 L과 M에 대한 수요를 구할 수 있다. 이것을 조건부 수요라 한다.

$K^* = (10q)^{\frac{1}{3}},\quad L^* = \frac{(10q)^{\frac{1}{3}}}{5},\quad M^* = \frac{(10q)^{\frac{1}{3}}}{2}$

2) 장기 총비용곡선은 비용함수에 요소가격을 대입해 구하며, 이것은 다음과 같다.

$C(q) = 5L^* + K^* + 2M^* = 3(10q)^{\frac{1}{3}}$

장기평균비용곡선 $LAC(q) = \frac{C(q)}{q}$이므로 다음과 같다.

$LAC(q) = (3 \times 10^{\frac{1}{3}})q^{-\frac{2}{3}}$

3) 자본이 50으로 고정되어 있는 경우 비용을 극소화하는 문제는 다음과 같다.

비용극소화 : $5L + 2M + 50$

제약조건 : $q = 50LM$

앞에서와 마찬가지로 라그랑지 함수를 이용해 비용을 극소화하는 요소수요를 구하면 다음과 같다. 이것은 단기요소수요로서 앞에서 구한 장기요소수요의 특수한 경우에 해당한다.

$L^* = \left(\frac{q}{125}\right)^{0.5},\quad M^* = \left(\frac{q}{20}\right)^{0.5}$

Question 문제 10

어느 기업의 생산함수가 다음과 같이 추정되었다고 할 때 다음 질문에 답하라.

1) $q = f(L, K) = min\ \{\frac{L}{2}, K\}$인 경우 이 기업의 비용함수를 구하라.

2) $q = f(L, K) = \frac{L}{2} + K$인 경우 이 기업의 비용함수를 구하라.

3) 1)과 2)의 결론에 비추어 볼 때 생산함수와 비용함수 간에는 어떤 관계가 있다고 말할 수 있는가? 설명하라.

Answer
해설

이 문제의 핵심은 생산함수와 비용함수의 쌍대성을 일반적인 관점에서 이해하는 데 있다.

1) 비용극소화 문제는 다음과 같다. 여기서 w는 노동의 가격, v는 자본의 가격을 나타낸다.

비용극소화 : $wL + vK$

제약조건 : $q = min\ \{\frac{L}{2}, K\}$

레온티에프 생산함수의 특성상 이 문제는 미분을 통해 접근할 수 없다. 따라서 비용극소화의 원리에 근거해 비용함수를 구해야 한다. 비용을 극소화하는 L과 K를 L^*, K^*로 나타내자. 그러면 얼마를 생산하든 비용극소화의 원칙은 $\frac{L^*}{2} = K^*$를 만족하도록 (L^*, K^*)를 투입하는 것이다. 따라서 비용극소화의 조건은 간단히 다음과 같다.

$$q = \frac{L^*}{2} = K^* \Rightarrow L^* = 2q,\ K^* = q$$

이 조건을 목적함수에 대입하면 다음과 같은 비용함수를 얻게 된다.

$$C(w, v, q) = wL^* + vK^* = (2w + v)q$$

따라서 w, v가 일정한 수준에 고정되어 있는 경우 총비용곡선은 q의 일차식으로서 직선의 형태를 갖는다. 이것은 규모에 대한 수익불변임을 의미한다.

2) 비용극소화 문제는 다음과 같다.

비용극소화 : $wL + vK$

제약조건 : $q = \frac{L}{2} + K$

여기서도 선형 생산함수의 특성상 이 문제는 미분을 통해 접근할 수 없다. 따라서 비용극소화의 원리에 근거해 비용함수를 구해야 한다. 이 경우에는 요소의 상대가격에 따라 다음과 같이 세 가지 경우로 나누어 살펴볼 수 있다. 이것은 L과 K가 완전 대체 가능한 요소로서, K는 L의 2배만큼 생산에 기여한다는 사실에 기초한 것이다.

i) $w > \frac{v}{2}$인 경우

L의 가격이 K의 가격의 절반보다 크다는 것은 상대적으로 K만 투입하는 것이 유리하다는 것을 의미한다. 따라서 비용함수는 다음과 같다.

$$C(w, v, q) = vK = vq$$

ii) $w < \frac{v}{2}$인 경우

L의 가격이 K의 가격의 절반보다 저렴하다는 것은 상대적으로 L만 투입하는 것이 유리하다는 것을 의미한다. 따라서 비용함수는 다음과 같다.

$$C(w, v, q) = wL = 2wq$$

iii) $w = \frac{v}{2}$인 경우

비용을 극소화하는 과정에서 L과 K를 구분할 필요가 없다. L의 가격은 K의 가격의 절반인데, L은 K의 절반만큼 생산에 기여하기 때문이다. 따라서 비용함수는 다음과 같다.

$$C(w, v, q) = 2wq = vq$$

이제 이상의 세 가지 경우를 통해 선형 생산함수로부터 유도되는 비용함수가 다음과 같은 형태를 가져야 한다는 사실을 알 수 있다. 왜냐하면 이러한 형태의 비용함수만이 앞의 세 가지 경우를 모두 망라하고 있기 때문이다.

$$C(w, v, q) = min\ \{2w, v\}q$$

3) 이상의 논의를 통해 생산함수가 레온티에프형인 경우 비용함수는 요소가격에 대해 1차함수라는 사실과 생산함수가 선형인 경우 비용함수는 요소가격에 대해 레

그림 4-7
생산함수와 비용함수의 쌍대성

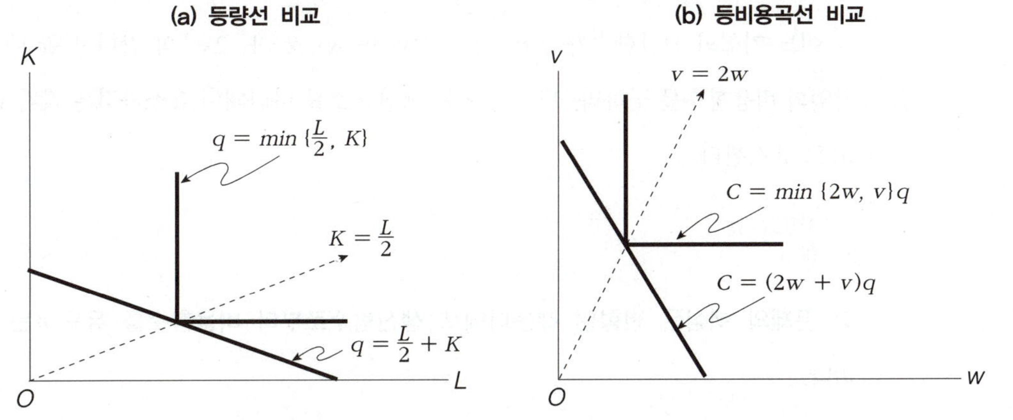

온티에프형이라는 특징을 갖는다는 사실을 확인할 수 있다. 이러한 관계는 [그림 4-7]과 같이 등량선과 등비용곡선을 비교하면 분명히 알 수 있다.

이 그림에서 알 수 있듯이 등량선이 직각의 형태를 갖는 경우 이에 해당하는 등비용곡선은 직선의 형태를 갖는 반면, 등량선이 직선의 형태를 갖는 경우 이에 해당하는 등비용곡선은 직각의 형태를 갖는다. 이러한 관계는 생산함수와 비용함수 간의 쌍대성을 극명하게 보여주고 있다. 이와 같이 극단적인 대비를 통해 알 수 있는 일반적인 사실은 등량선이 볼록해질수록 등비용곡선은 점점 더 직선의 형태를 갖게 되며, 등량선이 직선에 가까워질수록 등비용곡선은 점점 더 볼록해진다는 것이다.

Question
문제 11

어느 기업의 생산함수가 $q = min\ \{2x_1 + x_2, x_1 + 2x_2\}$와 같다고 할 때 이 기업의 비용함수를 구하라. 단, x_1, x_2는 생산요소를 나타내며 요소가격은 각각 w_1, w_2로 표시한다.

Answer
해설

이 문제의 핵심은 변형된 레온티에프 생산함수로부터 비용함수를 유도하는 것이다.

이 문제를 풀기 위해서는 우선 등량선을 이용해 생산함수의 특징을 파악해야 한다. 여기서 x축은 x_1, y축은 x_2를 나타내는 것으로 한다.

i) $2x_1 + x_2 < x_1 + 2x_2$ ➪ $x_1 < x_2$

이 경우 생산함수는 $q = 2x_1 + x_2$이므로 등량선은 기울기가 -2인 직선이다.

ii) $2x_1 + x_2 > x_1 + 2x_2$ ➪ $x_1 > x_2$

이 경우 생산함수는 $q = x_1 + 2x_2$이므로 등량선은 기울기가 $-\frac{1}{2}$인 직선이다.

iii) $2x_1 + x_2 = x_1 + 2x_2$ ➪ $x_1 = x_2$

이 경우 생산함수는 $q = 3x_1 = 3x_2$로서 $x_1 = x_2$인 직선상에 있는 점에 대응한다.

➪ 이 세 가지 경우로부터 이 기업의 등량선은 [그림 4-8]과 같은 형태를 갖는다는 것을 알 수 있다.

이와 같은 등량선을 갖는 경우 이 기업의 비용함수는 생산요소의 상대가격에 따라 달리 정의되어야 한다. 왜냐하면 상대가격에 따라 고려해야 하는 등량선의 영역이 제한되기 때문이다. 따라서 등량선의 기울기를 고려해 다음과 같이 구분할 필요가 있다.

그림 **4-8**

등량선

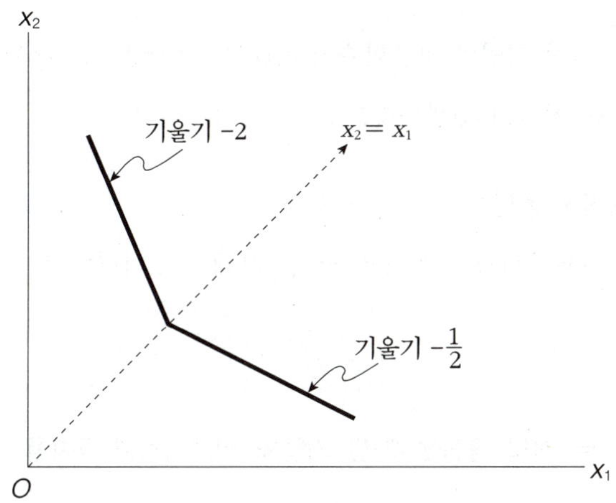

i) $\frac{w_1}{w_2} \geq 2$

이 경우 비용을 극소화하려면 x_2만 고용해야 한다. 이때 생산량과 요소투입량 간에는 $q = x_2$가 성립한다. 따라서 이 경우 비용함수는 다음과 같다:

$$C(w_1, w_2, q) = w_1x_1 + w_2x_2 = w_2q$$

ii) $\frac{w_1}{w_2} \leq \frac{1}{2}$

이 경우 비용을 극소화하려면 x_1만 고용해야 한다. 이때 생산량과 요소투입량 간에는 $q = x_1$이 성립한다. 따라서 이 경우 비용함수는 다음과 같다:

$$C(w_1, w_2, q) = w_1x_1 + w_2x_2 = w_1q$$

iii) $\frac{1}{2} < \frac{w_1}{w_2} < 2$

이 경우 비용을 극소화하려면 $2x_1 + x_2 = x_1 + 2x_2 \Rightarrow x_1 = x_2$가 성립하도록 요소를 고용해야 한다. 이때 생산량과 요소투입량 간에는 $q = 3x_1 = 3x_2$의 관계가 성립한다. 따라서 이 경우 비용함수는 다음과 같다:

$$C(w_1, w_2, q) = w_1x_1 + w_2x_2 = \frac{(w_1 + w_2)q}{3}$$

Question
문제 12

두 개의 공장을 가진 기업의 비용함수가 $c_1(q_1) = 4q_1^{0.5}$, $c_2(q_2) = 2q_2^{0.5}$로 추정되었다고 하자. 이 기업의 총생산량은 $q = q_1 + q_2$이다.

1) 이 기업의 총체적 비용함수 $c(q)$를 구하라.

2) 이 기업의 평균비용곡선과 한계비용곡선을 그래프로 나타내라.

Answer
해설

이 문제의 핵심은 두 개의 공장을 가진 기업의 비용극소화 문제를 정확하게 이해하는 데 있다.

1) $q = q_1 + q_2$라는 제약하에서 비용을 극소화하는 문제는 다음과 같이 라그랑쥬 승수법을 이용해 풀 수 있다.

$$\mathcal{L} = c_1(q_1) + c_2(q_2) + \lambda(q - q_1 - q_2) = 4q_1^{0.5} + 2q_2^{0.5} + \lambda(q - q_1 - q_2)$$

이 문제의 최적해를 구하기 위한 1계 조건(first-order condition)은 다음과 같다.

$$\frac{\partial \mathcal{L}}{\partial q_1} = 2q_1^{-0.5} - \lambda = 0$$

$$\frac{\partial \mathcal{L}}{\partial q_2} = q_2^{-0.5} - \lambda = 0$$

이 두 조건을 연립해 풀면 다음의 결과를 얻는다.

$$m = 2q_1^{-0.5} = q_2^{-0.5}$$

$$\Rightarrow q_1 = 4q_2$$

따라서 $q = q_1 + q_2 = 5q_2$이므로 $q_2 = \frac{q}{5}$, $q_1 = \frac{4q}{5}$이다. 이것을 주어진 개별 비용함수에 대입하면 다음과 같이 전체 비용함수를 구할 수 있다.

$$c(q) = c_1(q_1) + c_2(q_2) = 4\left(\frac{4q}{5}\right)^{0.5} + 2\left(\frac{q}{5}\right)^{0.5} = \frac{10q^{0.5}}{5^{0.5}}$$

2) 비용함수로부터 평균비용(AC)과 한계비용(MC)을 구하면 다음과 같다.

그림 **4-9**

평균비용곡선과 한계비용곡선

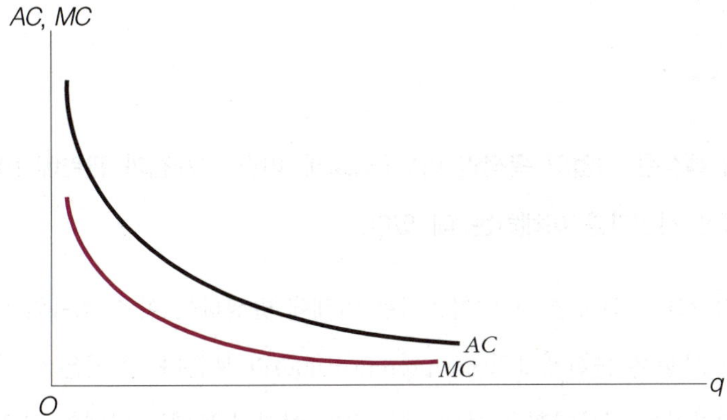

$$AC(q) = \frac{10}{5^{0.5}q^{0.5}}$$

$$MC(q) = \frac{5}{5^{0.5}q^{0.5}}$$

이것을 그래프로 나타내면 [그림 4-9]와 같다.

5.3 기업의 목적과 응용

Question
문제 13

확실성을 가정하는 경우 기업의 (경제적) 이윤은 「총수입 - 경제적 비용」으로 간단히 정의된다. 그러나 시간의 개념을 도입하거나 미래의 불확실성을 고려하는 경우 기업의 이윤을 측정하는 데 문제가 발생할 수 있다.

1) 여전히 확실성을 가정하지만 여러 기간을 고려하는 경우 기업의 이윤을 측정하는 데 따른 문제가 있다면 무엇인지 설명하라.
2) 미래의 불확실성을 고려하는 경우 기업의 이윤을 측정하는 데 어떤 문제가 발생할 수 있는지 설명하라. 그리고 이 문제가 어떤 종류의 시장이 형성되어 있는가 하는 것과 어떻게 관련되는지 설명하라. 예를 들어 불확실성하에서 조건부 시장

이 형성되어 있는 경우와 그렇지 않은 경우를 구분하라. 여기서도 항상 경쟁시장을 가정한다.

Answer 해설

이 문제의 핵심은 기업의 목적인 이윤극대화에 따른 문제점과 관련해 이윤이 항상 측정 가능한 것인가를 이해하는 데 있다.

1) 여러 기간을 고려하는 경우 이윤이란 미래에 발생하는 이윤 흐름의 현재가치를 말한다. 보통은 순현재가치(net present value)라 부른다. 기업은 이 순현재가치를 극대화하는 생산계획을 선택하면 된다. 여기서 문제는 미래의 이윤을 현재가치로 환원하게 해주는 할인율에 있다. 일반적으로 $(n+1)$기간에 걸쳐 이윤이 발생하는 경우 순현재가치는 다음과 같이 측정된다.

$$NPV = (R_0 - C_0) + \frac{(R_1 - C_1)}{(1+r)} + \frac{(R_2 - C_2)}{(1+r)^2} + \cdots\cdots + \frac{(R_n - C_n)}{(1+r)^n}$$

여기서 R_i와 C_i는 i기에 있어서의 수입과 비용을 의미하며, r은 할인율을 나타낸다. 여기서는 편의상 매 기마다 할인율이 일정한 것으로 가정하였지만, 달라도 상관없다. 이 NPV를 극대화하는 생산계획을 선정하는 과정에서 가장 중요한 요인은 바로 할인율이다. 완전한 금융시장을 가정하는 경우에는 매 기간마다 단일한 할인율, 즉 시장이자율이 존재하지만, 그렇지 않은 경우에는 모든 주체들에게 적용되는 단일한 할인율이 존재하지 않는다. 이 경우에는 NPV를 측정하는 데 문제가 발생할 뿐만 아니라 어떤 생산계획이 NPV를 극대화하는지 판단할 수 없게 된다. 확실성하의 경우라도 완전한 금융시장의 가정은 NPV의 극대화, 즉 이윤극대화를 달성하는 생산계획을 선택하기 위해 불가피하다.

2) 불확실성이 지배하는 경우 이윤극대화를 달성하는 생산계획을 선택하는 문제는 더욱 복잡해진다. 이 문제의 핵심은 불확실성하에서도 항상 이윤을 정확하게 측정할 수 있는가에 있다. 이것은 불확실성하 시장구조와 밀접하게 관련되어 있다. 여기서 시장구조는 불확실성에 대비할 수 있는 수단들이 충분히 갖추어져 있는지 여부에 따라 결정되며, 보통 완비된 시장(complete markets)과 불완비된

시장(incomplete markets)으로 분류한다.

완비된 시장의 경우 : 애로와 드브뢰가 제시한 조건부 시장을 포함해 불확실성에 대비할 수 있는 수단들이 충분한 시장이기 때문에 미래의 불확실성하에서 발생하는 모든 수입이나 비용을 현재가치로 평가할 수 있다. 한마디로 이 경우 기업의 이윤을 측정하는 데는 아무 문제가 없다. 이것은 곧 기업의 이윤극대화를 달성하는 생산계획을 결정하는 데 아무 문제가 없다는 것을 의미한다. 확실성의 경우에 성립하는 모든 논의가 그대로 적용된다.

불완비된 시장의 경우 : 불확실성에 대비할 수 있는 수단이 불충분하다는 것은 단순히 최적의 위험분담이 불가능하다는 것뿐만 아니라 기업의 이윤을 측정하는 데도 문제가 있음을 의미한다. 이것은 곧 기업이 어떤 생산계획을 선택하는 경우 이로부터 예상되는 이윤을 객관적인 지표로 나타내는 데 문제가 있다는 것을 의미한다. 한마디로 각 생산계획으로부터 예상되는 이윤이 얼마인지 측정하기 어렵다. 따라서 이윤을 극대화하는 생산계획을 선택하기 어렵게 된다. 이런 경우에는 확실성하에서와 같이 기업이 이윤극대화를 추구한다고 말하기 어려우므로 이윤의 개념을 확대시킨 순시장가치의 극대화를 추구한다고 말한다. 여기서 기업의 순시장가치란 다름 아니라 기업이 발행한 주식의 가치를 말한다. 기업의 순가치는 매일매일 시장에서 변화한다. 여기에는 기업이 선택한 생산계획에 대한 시장참여자들의 기대가 합리적으로 반영된다.

Question 문제 14

오늘날 기업의 목적이 이윤극대화 또는 이것을 일반화시킨 기업가치 극대화라는 데 대부분 견해를 같이하고 있다. 또한 오늘날 많은 대기업들은 소유와 경영이 분리되어 있어 사실상 전문경영자(CEO)가 기업의 경영을 책임지고 있다. 전문경영자가 기업의 목적인 이윤극대화 또는 기업가치 극대화를 추구하는 과정에서 발생하는 대표적인 문제점과 이에 대한 대응방안으로는 무엇이 있는지 설명하라.

Answer
해설

이 문제의 핵심은 소유와 경영이 분리된 경우 예상되는 전문경영자의 도덕적 해이로 인한 문제와 이에 대처할 수 있는 기업 내부 및 외부의 장치로는 무엇이 있는지 체계적으로 이해하는 데 있다.

먼저 소유와 경영이 분리되지 않은 경우부터 살펴보자. 이 경우 전문경영자의 도덕적 해이 또는 주인-대리인 문제는 발생하지 않는다. 왜냐하면 기업의 소유주이면서 동시에 전문경영자인 경우 기업의 이윤극대화 또는 가치극대화는 곧 소유주 자신에게 가장 유리한 선택이기 때문이다. 단지 이 경우에는 대주주인 전문경영자가 자신의 이익을 위해 다른 이해관계자(stakeholders)들에게 피해를 줄 수 있다. 이를 방지하기 위해 지배구조를 개선해 이해관계자들의 견해가 공정하게 반영될 수 있도록 하면 된다. 요즈음 우리나라에도 널리 보급되고 있는 사외이사제도는 바로 이해당사자들의 이익을 대변하기 위한 제도이다. 특히 소액주주들의 이익을 보호하기 위한 사외이사제도는 원칙적으로 환영받을 만한 제도이다.

현대 기업은 대부분 소유와 경영이 분리되어 있다. 이 경우 특히 주주의 입장에서는 대리인인 전문경영자의 도덕적 해이가 심각한 문제가 될 수 있다. 전문경영자는 기업의 경영에 관한 정보를 포함해 모든 면에서 우월한 지위에 있기 때문에 기업가치의 극대화를 추구하기보다는 자신의 이익을 극대화하는 경향이 있다. 이를 방지하기 위해 기업은 내부통제장치(internal control mechanism)와 외부통제장치(external control mechanism)를 두고 있다.

1) **내부통제장치** : 기업의 최고의결기구는 이사회(Board of directors)이다. 이사회가 기업의 이해당사자들의 이익을 대변하는 사람들로 균형 있게 구성되어 있고 투명하게 운영된다면 전문경영자의 도덕적 해이를 방지하는 데 상당히 기여할 수 있다. 이것은 곧 투명하고 공정한 지배구조(governance structure)가 매우 중요하다는 것을 의미한다. 그렇지만 이사회가 전문경영자에게 호의적인 사람들로 구성될 가능성이 많기 때문에 투명한 지배구조를 갖추는 것이 쉬운 일은 아니다. 다른 내부통제장치로는 주주총회를 들 수 있다. 전문경영자가 기업가치를

극대화하지 못하고 있다면 주주들은 주주총회에서 전문경영자를 해임시킬 수 있다. 이러한 가능성을 고려한다면 전문경영자는 기업가치를 극대화하려고 최선을 다하게 될 것이다. 그렇지만 주주들이 기업의 경영상태에 대해 충분한 정보를 가지기 어려울 뿐만 아니라 주주들의 무임승차경향으로 인해 주주총회가 내부통제기능을 효과적으로 수행하는 데는 한계가 있다.

이런 의미에서 가장 효과적으로 전문경영자의 도덕적 해이를 방지할 수 있는 수단은 이사회의 결의를 통해 전문경영자에 대한 적절한 보상체계를 설계하는 것이다. 이것은 전문경영자가 최선을 다해 기업가치를 극대화하려고 노력하는 것이 자신에게도 유리하도록 유인을 제공하는 보상체계를 구축하는 것을 말한다. 최근에 자주 활용되고 있는 스톡옵션제도는 이러한 보상체계의 일종이다. 각 기업은 나름대로 적절한 보상체계를 구축할 필요가 있다.

2) **외부통제장치** : 전문경영자의 도덕적 해이를 방지할 수 있는 대표적인 외부통제장치로는 기업 간의 인수 · 합병이나 전문경영자 시장을 활성화하는 것을 들 수 있다. 자신이 기업가치를 극대화하지 못하고 있다면 다른 사람이 기업을 인수한 후 기존의 전문경영자를 교체하고 새로운 경영정책을 실시해 기업가치를 제고시킬 수 있다. 이러한 가능성으로 인해 전문경영자는 최선의 노력을 다하려고 할 것이다. 전문경영자 시장은 아직 우리나라에서는 생소하지만, 선진국에서는 매우 활발한 시장이다. 자신이 기업가치를 극대화하지 못하고 있는 경우에는 언제라도 시장을 통해 검증된 유능한 전문경영자가 자신의 후임이 될 수 있다면 전문경영자는 최선의 노력을 다해 일할 것이기 때문이다. 물론 이런 의미의 외부통제장치는 아직도 일부 선진국에서만 효력을 발휘하고 있다. 그렇지만 우리나라의 경우라고 해서 예외는 아니므로 이러한 시장을 활성화하면 전문경영자의 도덕적 해이를 방지하는 데 상당히 기여할 수 있다.

CHAPTER 05

완전경쟁시장의 균형과 후생분석

CHAPTER 05

01 완전경쟁시장의 의의

▬ 시장조직을 분류하는 대표적인 기준은 공급측면에서 경쟁의 정도(degree of competition)이다. 이에 따라 완전경쟁시장, 독점적 경쟁시장, 과점시장 및 독점시장으로 시장조직을 분류하는 것이 오랜 전통이다. 시장을 분류하는 다른 중요한 기준은 완비의 정도(degree of completeness)이다. 이에 따라 완비된 시장과 불완비된 시장으로 구분한다. 가장 이상적인 시장은 완전하고 완비된 시장이다. 그렇지만 현실적으로는 불완전하고 불완비된 시장이 지배적이다.

▬ 완전경쟁시장이 성립하기 위한 충분조건은 다수의 공급자 및 수요자, 동질적인 재화, 자유로운 진입과 퇴출, 완전한 정보 등이다. 이 경우 모든 경제주체들은 가격수용적(price taking)으로 행동하는 것이 최선의 대응이다. 따라서 이러한 조건들이 충족된다면 시장에서는 완전경쟁이 성립하게 된다.

> **주의** 이 가운데 특히 완전한 정보의 중요성을 인식할 필요가 있다. 왜냐하면 현실적으로 완전한 정보란 예외적이고 불완전한 정보가 일반적이기 때문이다. 이 경우 시장은 "보이지 않는 손"(invisible hand)에서 "마비된 손"(palsied hand)으로 전락하게 된다.

▬ 경쟁의 정도는 개별 경제주체가 시장가격에 대해 어느 정도 영향력을 행사할 수 있는가에 의해 결정된다고 보면 된다. 완전경쟁이란 개별 경제주체가 가격에 대

해 전혀 영향력을 행사할 수 없는 시장조직의 형태이다. 반면 독점은 오직 한 경제주체가 전적으로 가격을 통제할 수 있는 시장조직이다. 이 두 극단의 사이에 과점과 독점적 경쟁시장이 존재한다.

완전경쟁의 충분조건들이 모두 충족되는 시장은 현실적으로 거의 찾아보기 어렵다. 굳이 유사한 예를 들자면 주식시장이나 농산물시장 정도이다. 따라서 문제의 핵심은 개별 경제주체들로 하여금 가격수용적인 행동을 하는 것이 최선의 대응이 되도록 유도할 수 있는 제도적 장치를 마련하는 데 있다. 경쟁을 촉진하는 정책을 고안하는 경우 반드시 이러한 측면을 고려해야 한다.

완전경쟁시장은 이상적인 시장조직의 형태로, 현실적으로는 성립하기 어렵다. 그럼에도 불구하고 이러한 시장조직을 분석해야 하는 이유는 현실의 시장경제가 지향해야 할 하나의 기준을 제공한다는 데 있다. 자원배분기구로서 시장의 장점은 효율성에 있다. 완전경쟁은 시장이 자원배분의 효율성을 달성하도록 해준다. 이런 의미에서 시장의 효율성을 판단하는 기준을 제공한다.

02 완전경쟁시장의 단기균형

단기균형의 의의

- 단기균형이란 공급자인 기업의 단기적 상황(단기생산함수 및 단기비용함수)을 전제로 개별 기업이 최적 생산량을 결정하고, 시장에서 수요와 공급이 일치하는 상황을 말한다.
- 기업의 단기균형이란 $MR = P = MC$를 만족하는 생산결정을 내리는 것을 말하며, 시장가격에 따라 초정상이윤(경제적 이윤 $>$ 0인 경우)을 얻을 수도 있고, 손해를 볼 수도 있다. 손해를 보는 경우 경제적 이윤 $<$ 0이지만, 가변비용 이상의 수입이 발생한다. 그렇지 않으면 조업을 중단하는 편이 유리하기

때문이다.

- 생산요소 가격이 불변이라는 가정하에서 개별 기업의 단기공급의 수평 합으로 단기시장공급곡선이 형성된다. 이것과 시장수요곡선이 교차하는 점에서 시장가격과 거래량이 결정된다.

주의 생산요소 가격이 상승하면 이에 따라 개별 기업의 한계비용곡선이 왼쪽으로 이동하게 되며, 그 결과 시장공급곡선도 왼쪽으로 이동하게 된다. 생산요소 가격이 하락하는 경우에는 그 반대이다.

- 이렇게 형성된 균형가격하에서 개별 기업은 단지 이윤극대화의 논리에 의해 생산량을 결정하며, 시장수요를 충족한다고 본다. 이런 의미에서 단기균형분석은 부분균형분석에 기초하고 있다.

단기에서는 생산자잉여와 이윤을 구별할 필요가 있다.

- 생산자잉여 = 총수입 - 총가변비용 = 이윤 + 총고정비용 ≥ 0
  총수입이 총가변비용보다 작은 경우에는 조업을 중단하게 되므로 생산자잉여는 결코 0보다 작을 수 없다. 그렇지만 단기에서 이윤은 0보다 작을 수 있다. 장기에서는 생산자잉여 = 이윤이기 때문에 구분할 이유가 없다.

03 완전경쟁시장의 장기균형

장기균형의 의의

장기에서 개별 기업은 장기생산함수와 장기비용함수에 기초해 자신의 이윤을 극대화하는 생산량과 이를 뒷받침하는 생산시설규모를 선택한다. 이것은 곧 여러 가지 가능한 단기비용곡선들 가운데 가장 적절한 단기비용곡선 및 이에 해당하는 단기생산함수를 선정한다는 것을 의미한다. 장기적으로는 기업의 규모도 선택대상이라는 점을 이해해야 한다. 나아가서 기업의 자유로운 진입과 퇴출로 인해 결국 개별 기업은 정상이윤만을 얻는 가운데 시장균형이 성립하게 된다. 따라서 가격이 $P^* = SAC = LAC = LMC = SMC$가 성립할 때 개별 기업이 균형을 취하게 되고, 시장균형이 성립한다.

➡ 이 조건은 결국 장기평균비용의 최저수준에서 장기균형가격이 결정된다는 것을 의미한다.

장기시장공급곡선

장기적으로는 생산요소 가격이 변할 수 있다는 점과 기업의 자유로운 진입 및 퇴출을 고려해야 한다. 이것은 단기와는 달리 개별 기업의 장기시장공급곡선의 수평 합이 장기시장공급곡선이 될 수 없음을 의미한다. 이런 이유로 산업의 비용구조에 따라 장기시장공급곡선을 분류하게 되는 것이다.

➡ 비용증가산업의 경우 장기시장공급곡선은 우상향하고, 비용감소산업의 경우에는 우하향하며, 비용불변산업의 경우에는 수평선의 형태를 갖는다. 흔히 수요곡선이 오른쪽으로 이동한다는 충격을 줌으로써 장기시장공급곡선의 형태를 파악하는 것은 어디까지나 설명의 편의를 위한 것이다. 즉, 수요의 증가라고 하는 산업 전반의 변화에 대응해 개별 기업들이 동시에 요소에 대한 수요를 증가시키는 경우 이로 인해 기업의 비용구조에 어떤 변화가 발생하는가를 보기 위한 것이다.

04 완전경쟁시장의 후생분석

CHAPTER 05

후생분석의 의의

후생분석이란 주어진 시장조직하에서 시장을 통한 거래의 결과 사회잉여(social surplus)가 얼마만큼 발생하며, 과연 이것이 효율적인 상태인가를 분석하는 것이다. 후생분석의 기준은 재화 한 단위를 추가로 생산하고 소비하는 경우 사회적 관점에서 파악한 사회한계비용(SMC)과 사회한계가치(SMV)를 비교하는 것이다. $SMV >$

SMC이면 생산을 늘리는 것이 바람직하고, $SMV < SMC$인 경우에는 생산을 줄이는 것이 바람직하다. 여기서 외부효과가 존재하지 않는다면 개인적 관점에서 평가한 사적 한계가치(PMV)와 SMV가 일치하고, 사적 한계비용(PMC)과 SMC가 일치한다.

▬ 이론적 관점에서 볼 때 아무런 규제가 없는 경쟁시장에서는 항상 $SMV = SMC$가 성립하기 때문에 사회잉여가 극대화되며, 이것은 자원배분이 효율적으로 이루어지고 있다는 것을 의미한다. 따라서 그 이유가 무엇이든지 간에 SMV와 SMC가 일치하지 않는 결과가 발생한다면 사회잉여는 극대화될 수 없고, 자원배분은 비효율적이다. 이것이 바로 시장실패(market failure)이다.

▬ 개별 시장을 상대로 하는 어떤 종류의 규제－각종 조세, 최고가격제, 최저가격제, 가격지지정책, 수입관세나 쿼터 등－도 그 시장만을 고려하는 경우에는 사회잉여를 감소시킨다는 의미에서 비효율적인 자원배분을 초래한다. 따라서 다른 이유－정치적 안정, 소득분배의 공정성 등－가 존재하는 경우에만 그러한 규제가 정당화될 수 있다.

- 다양한 정부개입에 따른 비효율의 내용을 이해할 필요가 있다. 예를 들어 최저임금제의 경제적 효과, 아파트 임대료 규제의 경제적 효과, 수입관세 인상의 경제적 효과 등을 이해해야 한다.

CHAPTER 05

05 응용문제와 해설

5.1 단기균형

Question
문제 01

경쟁적인 볼트(Bolt)산업은 다음과 같이 동일한 단기비용함수를 가지고 조업을 하는 20개의 기업들로 구성되어 있다고 하자.

$$TC(Q_i) = 16 + Q_i^2, \quad i = 1, 2, \cdots\cdots, 20$$

그리고 볼트에 대한 시장수요곡선은 다음과 같이 측정되었다고 할 때 다음 질문에 답하라.

$$Q_D = D(P) = 110 - P$$

1) 기업의 총고정비용 16이 모두 매몰비용(sunk cost)이라고 가정할 때 개별 기업의 단기공급곡선을 구하라.
2) 시장의 단기공급곡선을 구하라.
3) 이 산업의 단기균형가격과 거래량을 구하라.
4) 만약 고정비용 가운데 9는 비매몰비용(non-sunk cost)이라면 개별 기업의 단기공급곡선은 어떻게 변하겠는가?

Answer
해설

이 문제의 핵심은 기업의 단기공급곡선을 결정하는 과정에서 비매몰비용의 역할을 정확하게 이해하는 데 있다.

1) 기업의 단기한계비용곡선 $MC(Q_i)$와 단기평균가변비용곡선 $AVC(Q_i)$를 구하면 다음과 같다.

$$MC(Q_i) = 2Q_i, \quad AVC(Q_i) = Q_i$$

따라서 이윤극대화의 조건 $P = MC = 2Q_i$로부터 기업의 단기공급곡선, $Q_i = s(P) = \frac{P}{2}$를 유도할 수 있다. 이것이 바로 기업의 단기공급곡선으로, [그림 5-1(a)]에서 AVC곡선의 위에 있는 MC곡선에 해당한다.

2) 시장공급곡선 $S(P)$는 개별 기업의 단기공급곡선의 수평 합이므로 다음과 같다.

$$S(P) = 20 \times s(P) = 10P$$

3) 단기균형은 수요와 공급이 일치할 때 성립하므로 다음과 같다.

그림 5-1

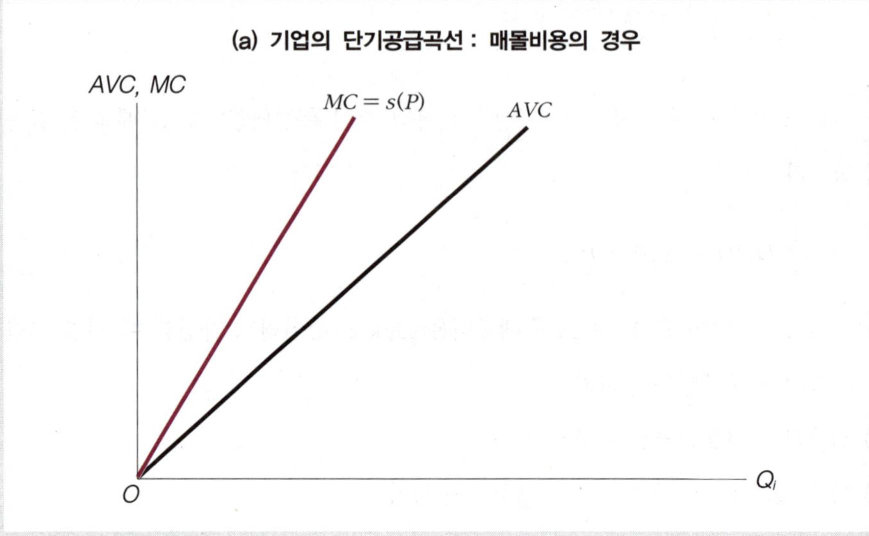

그림 5-1

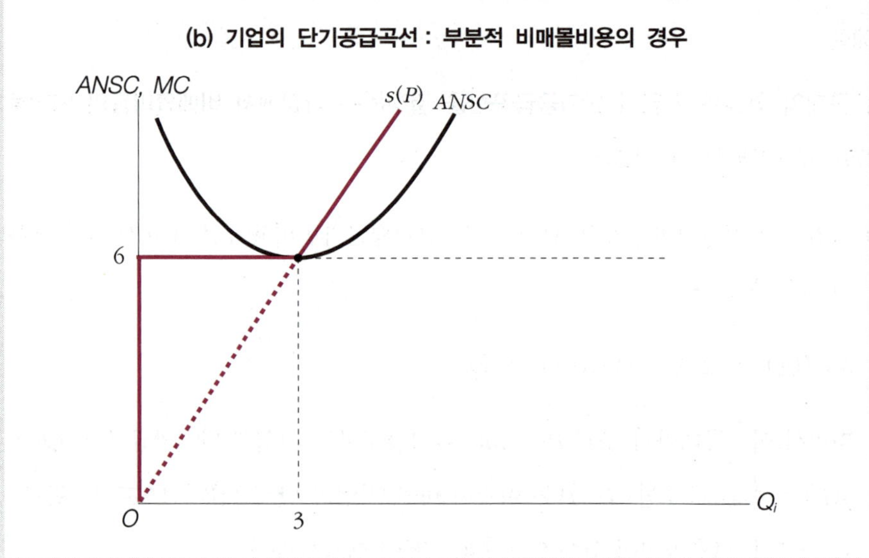

$$D(P) = S(P) \Rightarrow 110 - P = 10P \Rightarrow P^* = 10,\ Q^* = 100$$

4) 개별 기업의 고정비용 가운데 9가 비매몰비용이라면 기업은 조업을 중단할지 여부를 결정할 때 이 비용을 고려해야 한다. 따라서 매몰비용에 해당하는 고정비

용을 제외한 총 비매몰비용($TNSC$)으로부터 평균 비매몰비용($ANSC$)를 구할 수 있는다. 이를 식으로 나타내면 다음과 같다.

$$ANSC(Q_i) = \frac{9}{Q_i} + Q_i, \quad i = 1, 2, \cdots\cdots, 20$$

여기서 $ANSC$를 극소화하는 생산량을 구하면 $Q_i = 3$이고, 이때 $ANSC$의 최저 수준은 6이다. 따라서 이 경우 기업의 단기공급곡선은 [그림 5-1(b)]에서와 같이 불연속적인 형태를 갖는다.

Question 문제 02

완전경쟁시장에서 조업하고 있는 대표기업의 생산함수가 다음과 같이 측정된다고 하자.

$$q = min\ \{\frac{L}{3}, K, \frac{E}{2}\}$$

여기서 L은 노동, K는 자본, 그리고 E는 에너지의 투입량을 나타낸다.

1) 이 기업은 규모에 대한 수익 면에서 어떤 특징을 보이는지 설명하라.

2) $K = 300$, $E = 300$단위로 고정된 경우 이 기업의 단기평균가변비용($SAVC$)곡선과 단기한계비용(SMC)곡선을 그림으로 정확하게 나타내라. 단, L의 가격은 $w = 2{,}000$원이다.

3) 이러한 생산함수를 가진 500개의 기업이 경쟁시장에서 활동하고 있다고 하자. 그리고 모든 기업들의 경우 2)에서와 같이 K, E의 투입이 고정되어 있다고 하자. 이 경우 경쟁시장의 단기균형가격은 얼마이며, 균형의 특징은 무엇인가? 단, 생산요소 K의 가격은 $v = 5{,}000$원, E의 가격은 $u = 3{,}000$원, $w = 2{,}000$원이라고 가정한다.

Answer 해설

1) 모든 생산요소의 투입을 t배 하는 경우 생산량도 t배 증가한다.

➡ $min\ \{\frac{tL}{3}, tK, \frac{tE}{2}\} = t \times min\ \{\frac{L}{3}, K, \frac{E}{2}\} = t \times q$

그림 **5-2**

SAVC**와 *****SMC*** **곡선**

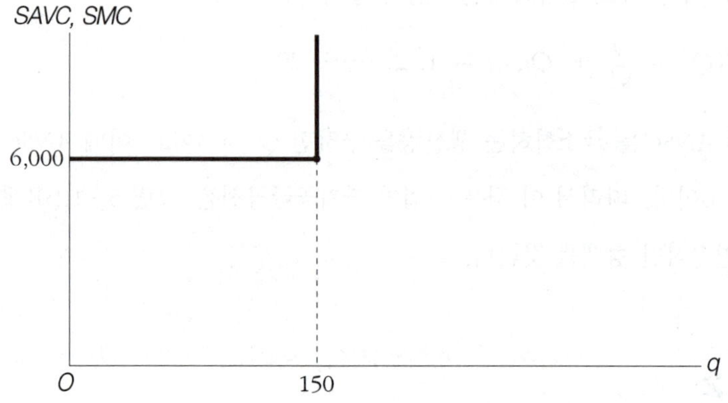

따라서 이 기업은 규모에 대한 수익불변(*CRS*)의 기술을 가지고 있다.

2) K와 E의 투입이 일정한 수준에 고정된 경우 이 기업의 단기생산함수는 다음과 같은 형태를 갖는다.

$$q = min\ \{\frac{L}{3},\ 300,\ 150\}$$

따라서 단기생산함수는 다음과 같은 특징을 갖는다.

i) $L \leq 450$단위까지는 $q = \frac{L}{3}$

ii) $L > 450$단위부터는 $q = 150$으로 일정

▭ 이런 특징을 반영해 단기 총가변비용(*STVC*), $C_V(q)$를 구하면 다음과 같다.

$$C_V(q) = w \times L = 3wq = 6{,}000q(q \leq 150)$$

따라서 단기평균가변비용(*SAVC*) = 단기한계비용(*SMC*) = 6,000원이므로 두 비용곡선은 [그림 5-2]와 같다.

3) 대표기업의 단기 총비용은 $C(q) = 2{,}400{,}000 + 6{,}000q$이다. 따라서 한계비용(*SMC*)은 $SMC = 6{,}000$원으로 일정하다. 이와 함께 총공급은 $Q = 7{,}500$으로 제한되어 있기 때문에 시장공급곡선은 [그림 5-3]과 같은 형태를 갖는다. 따라서 시장에서 단기균형가격은 시장수요의 규모에 따라 다음과 같은 특징을

그림 **5-3**

시장공급곡선

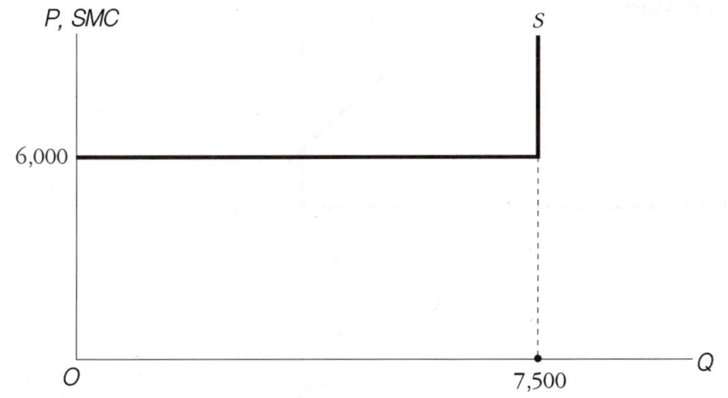

그림 **5-4**

시장수요가 작은 경우

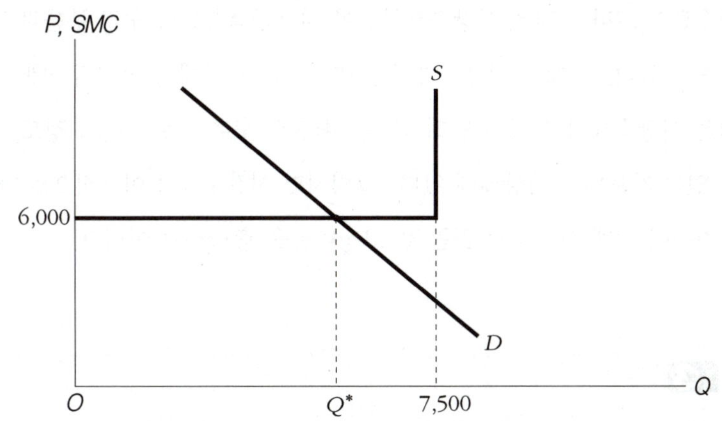

갖는다.

i) 시장수요가 작은 경우

여기서 시장수요가 작다는 것은 [그림 5-4]와 같이 시장수요곡선이 시장공급곡선의 수평 부문과 교차하는 경우를 말한다. 이때 단기균형가격은 $P^* = 6{,}000$원이다. 그리고 모든 기업들은 총수입 = 총가변비용이 성립하는 가운데 균형 상태에 있다. 이것은 생산자잉여가 0이라는 것을 의미한다. 개별 기업은 고정비용만큼 손실을 감수하고 있다.

그림 5-5

시장수요가 큰 경우

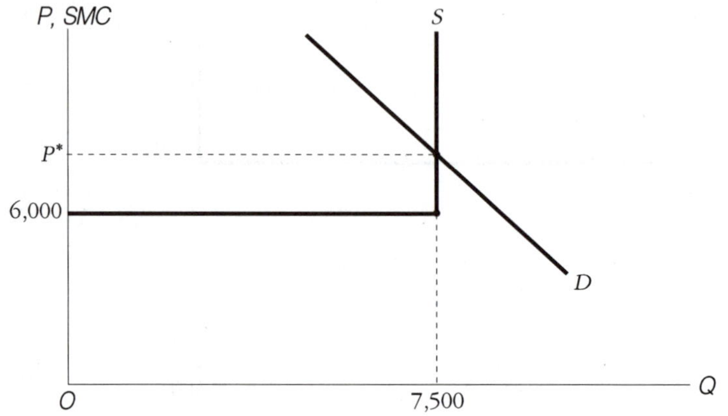

ii) 시장수요가 큰 경우

시장수요가 크다는 것은 시장수요곡선이 시장공급곡선의 수직 부문과 교차하는 경우를 말한다. 이때 단기균형가격은 $P^* > 6{,}000$원에서 형성되는데, 구체적인 가격은 시장수요의 크기에 달려 있다. 따라서 개별 기업은 어느 정도 생산자잉여를 얻는 가운데 균형상태에 있다. 그렇지만 시장수요가 이례적으로 매우 커서 균형가격이 크게 상승하지 않는 한 고정비용을 충당하기 어렵다.

Question 문제 03

완전경쟁시장에서 조업하고 있는 대표기업의 생산함수가 다음과 같이 측정된다고 하자.

$$q = min \{\frac{L}{2}, K, \frac{E}{4}\}$$

여기서 L은 노동, K는 자본, E는 에너지를 나타낸다고 할 때 다음 질문에 답하라.

1) 생산요소 L의 가격을 w, K의 가격을 v, E의 가격을 u로 나타낼 때 이 기업의 비용함수 $C(w, v, u, q)$를 구하라.

2) $K = 200$, $E = 400$ 단위로 고정되어 있고 $w = 5{,}000$원인 경우 이 기업의 단

기평균가변비용($SAVC$)과 단기한계비용(SMC)을 구하라. 그리고 생산물의 가격이 $P = 12{,}000$원인 경우 이 기업은 얼마를 생산하겠는가?

3) 이런 생산함수를 가진 100개의 기업이 2)에서와 같이 K, E의 투입에 고정되어 있는 가운데 경쟁시장에서 조업하고 있다고 하자. 시장수요곡선이 $P = 20{,}000 - \frac{Q}{2}$로 주어져 있는 경우 경쟁시장의 단기균형가격은 얼마인가? 그리고 개별 기업의 이윤과 생산자잉여는 각각 얼마인가? 단, 생산요소 가격은 $w = 5{,}000$원, $v = 4{,}000$원, $u = 3{,}000$원이라고 가정한다.

Answer
해설

이 문제의 핵심은 규모에 대한 수익불변 기업으로 구성된 경쟁시장의 단기균형의 특징을 이해하는 데 있다.

1) 레온티에프 생산함수의 경우 비용극소화의 조건은 다음과 같다.

$$q = \frac{L}{2} = K = \frac{E}{4}$$

➡ $L = 2q,\ K = q,\ E = 4q$

이것을 비용을 나타내는 식에 대입하면 다음과 같은 비용함수를 구할 수 있다.

$$C(w, v, u, q) = 2wq + vq + 4uq = (2w + v + 4u)q$$

2) $K = 200$, $E = 400$으로 고정된 경우 단기생산함수는 $q = min\ \{\frac{L}{2}, 200, 100\}$이다. 따라서 비용극소화 조건은 다음과 같다.

$$q = \frac{L}{2}\ (L \leq 200\text{인 경우})$$

$L > 200$인 경우에는 노동을 추가 투입해도 생산량에는 변화가 없으므로 비용만 증가한다. 따라서 단기비용함수는 다음과 같다.

$C(w, q) = 2wq + F\ (q \leq 100$인 경우), $F =$ 고정비용

이 식은 $q > 100$인 경우에는 성립하지 않으며 $L > 200$ 이상 투입한다면 비용만 증가한다. 그러므로 총비용곡선은 [그림 5-6]과 같다.

그림 5-6 총비용곡선, 단기평균가변비용곡선 및 단기한계비용곡선

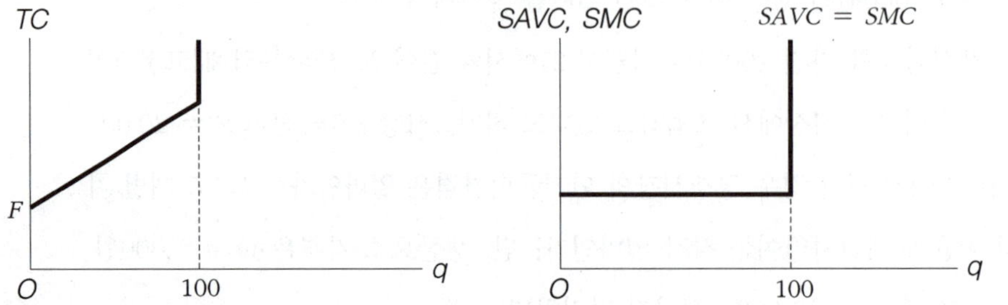

그림 5-7

단기시장균형 : 이윤 < 0, 생산자잉여 > 0

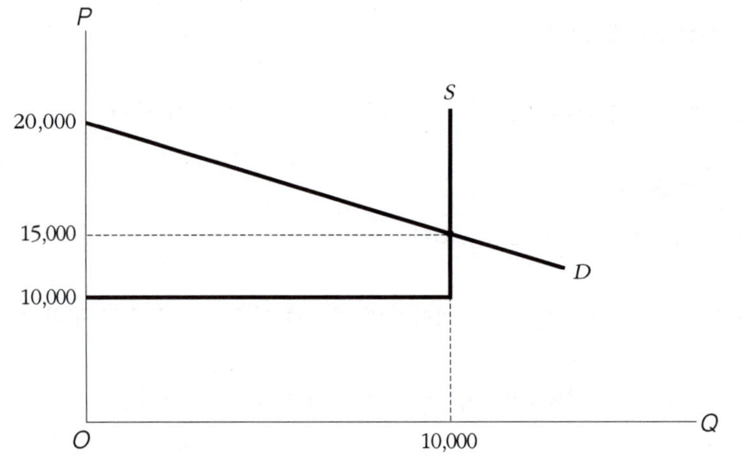

따라서 단기평균가변비용($SAVC$) = 단기한계비용(SMC) = $2w$ = 10,000원이다.

또한 P = 12,000원 > $SMC = SAVC$ = 10,000원이므로 이 기업은 최대 q = 100을 생산함으로써 이윤을 극대화한다.

3) 100개의 기업이 존재하는 경우 시장공급곡선은 [그림 5-7]과 같다.

이 곡선과 시장수요곡선이 교차하는 점을 구하면 균형가격은 P^* = 15,000원이다. 따라서 개별 기업의 이윤과 생산자잉여는 다음과 같다.

이윤 = - 150만원

생산자잉여 = 50만원

Question
문제 04

완전경쟁시장에서 활동하는 기업들의 생산함수가 다음과 같이 동일하다고 하자.

$q_i = L_iK_i, \quad i = 1, \cdots\cdots, n$

그리고 시장수요곡선은 다음과 같다고 하자.

$P = 10{,}000 - Q, \quad Q = \Sigma q_i$

1) 각 기업은 단기에서 조업하고 있으며 $K_i = 100$으로 동일하다고 하자. 그리고 $n = 100$이라고 하자. 그리고 노동 서비스의 가격은 $w = 10{,}000$원, 자본 서비스의 가격은 $v = 20{,}000$원으로 형성되어 있다. 이 경우 균형가격과 균형생산량을 구하라.
2) 1)에서 구한 시장균형이 안정적인지 평가하라.
3) 각 기업이 장기에서 조업하고 있지만 진입과 퇴출은 없다고 하자. $n = 200$이고 시장수요는 동일한 경우 이 시장의 장기균형을 구하라. 만약 균형이 존재하지 않는다면 그 이유를 설명하라.

Answer
해설

이 문제의 핵심은 경쟁시장의 장·단기균형이 성립하기 위한 조건을 정확하게 이해하는 데 있다.

1) $K_i = 100$으로 고정되어 있는 단기에서 각 기업의 생산함수는 $q_i = 100L_i$이다. 단기에서 단기한계비용(SMC_i)곡선이 개별 기업의 단기공급곡선이고, 이것을 모두 수평으로 더하면 단기시장공급곡선을 얻는다. 개별 기업의 단기한계비용은 다음과 같이 비용극소화를 통해 얻는다.

비용극소화 : $10{,}000L_i + 200$만

제약조건 : $q_i = 100L_i$

그림 5-8

단기시장균형

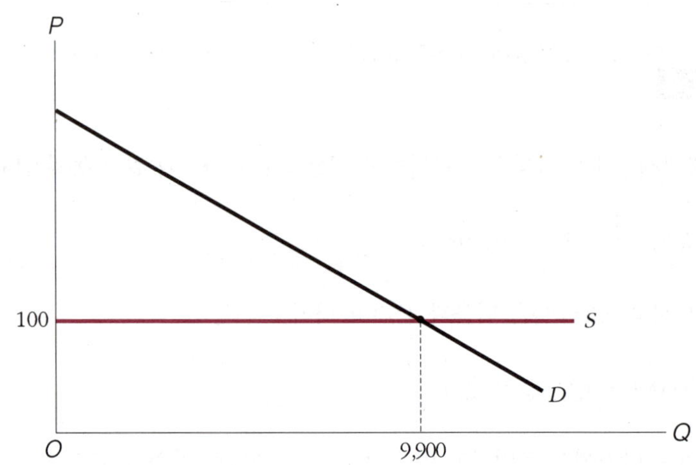

이 문제를 풀어 개별 기업의 단기비용함수 $c_i(q_i) = 200만 + 100q_i$를 얻는다. 따라서 개별 기업의 단기평균가변비용($SAVC_i$)과 단기한계비용(SMC_i)은 다음과 같다.

$$SAVC_i = SMC_i = 100$$

개별 기업의 단기공급곡선이 수평선이므로 단기시장공급곡선도 $P = S(Q) = 100$으로 수평선이다. 따라서 단기시장균형은 [그림 5-8]과 같다.

균형가격은 $P^* = 100$이고 균형거래량은 $Q^* = 9{,}900(q_i^* = 99)$이다.

2) 단기시장공급곡선이 수평선이므로 시장가격이 $P > 100$인 경우에는 모든 기업이 생산을 계속 늘리는 것이 최선이고, $P < 100$인 경우에는 조업을 중단하는 것이 최선이다. 이것은 시장가격이 $P = 100$을 조금이라도 벗어나는 경우에는 결코 균형을 회복하지 못한다는 것을 의미한다. 따라서 시장균형은 불안정하다.

3) 개별 기업은 규모에 대한 수익체증을 보인다. 이 경우 개별 기업의 비용극소화 문제는 다음과 같다.

비용극소화 : $wL_i + vK_i$

제약조건 : $q_i = L_iK_i$

비용극소화 조건을 이용해 비용함수를 구하면 다음과 같다.

$$c_i(q_i) = 2(wv)^{0.5}q_i^{0.5}$$

장기지만 진입과 퇴출이 없고 $n = 200$으로 고정되어 있는 경쟁시장의 균형이 성립하기 위해서는 우선 개별 기업의 균형을 확인해야 한다. 이것은 시장균형의 필요조건이기 때문이다. 가격수용자로 행동하는 개별 기업의 이윤극대화 문제는 다음과 같다.

$$\Pi_i = P \times q_i - c_i(q_i) = P \times q_i - 2(wv)^{0.5}q_i^{0.5}$$
$$\Rightarrow \frac{d\Pi_i}{dq_i} = P - (wv)^{0.5}q_i^{-0.5} = 0$$

이윤극대화의 1계 조건으로부터 균형 생산량을 구하면 다음과 같다.

$$q_i^* = \frac{wv}{P^2}$$

이 균형 생산량을 대입해 개별 기업의 이윤을 구하면 다음과 같다.

$$\Pi_i = P \times \left(\frac{wv}{P^2}\right) - 2(wv)^{0.5} \times \frac{(wv)^{0.5}}{P}$$
$$= -\frac{wv}{P} < 0$$

이것은 요소가격(w, v)과 생산물 가격(P)이 어떤 수준에서 형성되던 개별 기업의 이윤이 음(陰)이라는 것을 의미한다. 따라서 개별 기업은 조업할 이유가 없으며 시장균형은 성립하지 않는다. 규모에 대한 수익체증을 실현하는 기업이 어떤 가격 수준에서도 항상 음의 이윤을 얻는 이유는 가격수용자의 가정에 문제가 있기 때문이다. 이런 기업이 존재한다면 경쟁시장은 자연독점에 의해 독점시장으로 변하게 될 것이다. 따라서 규모에 대한 수익체증과 경쟁시장의 장기균형은 양립할 수 없다.

5.2 장기균형

Question
문제 05

경쟁시장의 장기균형에서 모든 기업은 단지 정상이윤만을 얻게 된다. 즉, 경제적 이윤이 0이다. 그런데 장기시장수요곡선이 우하향하고 장기시장공급곡선이 우상향하는 일반적인 경우 소비자잉여만이 아니라 생산자잉여도 발생하는 것처럼 보인다. 이때 생산자잉여는 기업의 이윤에 해당하는가? 그렇다면 이것은 장기에서 기업이 정상이윤만을 얻고 있다는 사실과 모순이 아닌가? 이에 대해 논평하라.

Answer
해설

이 문제의 핵심은 완전경쟁시장의 장기균형상태의 특징을 정확하게 이해하는 데 있다.

완전경쟁시장의 장기균형의 특징은 균형가격 = 장기평균비용의 최저수준이라는 데서 찾을 수 있다. 이것은 곧 모든 기업들이 정상이윤만을 얻고 있다는 것을 의미한다. 완전경쟁시장에서 장기수요곡선이 우하향하고 장기공급곡선이 우상향하는 경우 시장균형은 [그림 5-9(a)]와 같다.

[그림 5-9(a)]에서 면적 OP^*EQ^*는 공급자들에게 귀속되는 총수입에 해당한다. 그리고 단기의 경우 면적 A는 생산자잉여에 해당한다. 단기에서 생산자잉여는 (총수입 - 총가변비용)으로 정의되는데, 경제적 이윤과 구별되며 어떤 경우에도 항상 0보다 크다. 그렇지만 장기에서는「생산자잉여 = 경제적 이윤」이기 때문에 생산자잉여는 항상 0이다. 그렇다면 [그림 5-9(a)]에서 면적 A는 무엇을 의미하는가? 이에 대한 타당한 설명은, 이것은 특별한 기술을 소유한 사람이나 특별한 경영능력을 소유한 경영자들에게 귀속되는 추가적인 보수인 경제적 지대, 즉 그들이 제공하는 서비스에 대한 기회비용으로 해석되어야 한다는 것이다. 예를 들어 특별히 생산성이 높은 기술자를 고용하고 있는 기업 1과 평균적인 생산성을 가진 기술자를 고용하고 있는 기업 2의 비용곡선을 비교하면 [그림 5-9(b), (c)]와 같다.

만약 기업 1이 생산성이 높은 기술자에게 기업 2와 동일한 보수를 제공한다면

그림 5-9

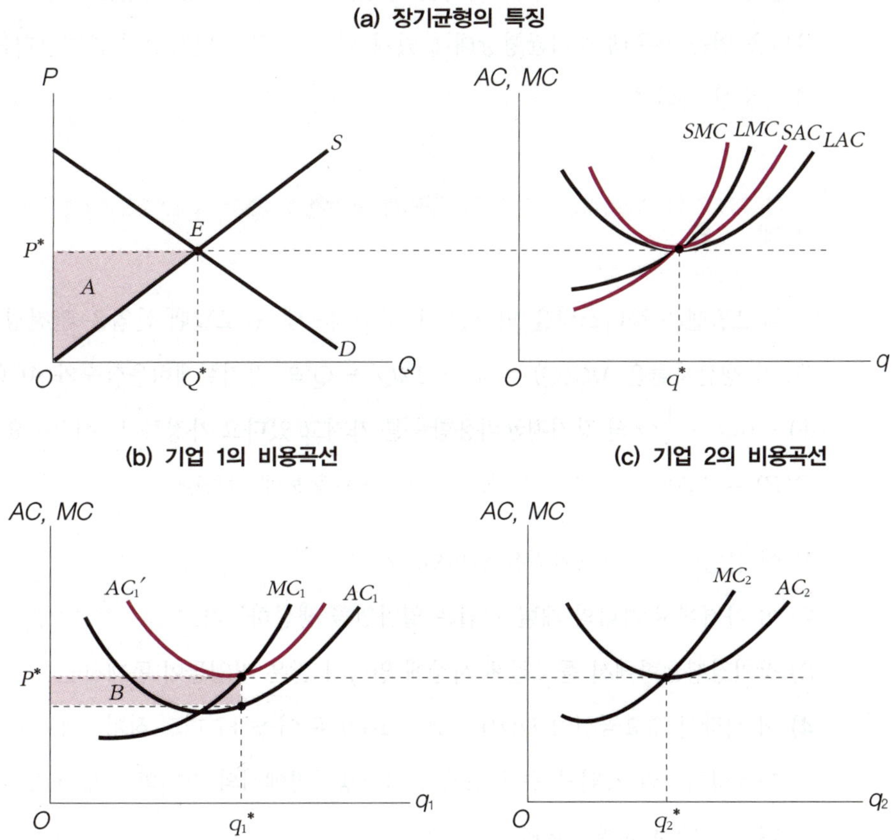

비용곡선은 AC_1, MC_1과 같을 것이다. 왜냐하면 생산성이 높기 때문에 그만큼 단위당 비용이나 한계비용은 기업 2에 비해 낮을 것이기 때문이다. 그렇지만 경쟁시장의 논리로 인해 이러한 기술자에게는 높은 보수를 지불하지 않을 수 없다. 왜냐하면 적절한 기회비용을 보상해 주지 않으면 그들은 다른 기업으로 이동할 것이기 때문이다. 따라서 이러한 기술자를 계속 고용하기 위해서는 높은 보수를 주어야 하고, 이로 인해 기업 1의 비용곡선은 AC_1'까지 이동하게 된다. [그림 5-9(b)]에서 면적 B는 바로 이러한 기술자에게 추가로 지불된 보수를 나타낸다. 시장의 경쟁논리에 의해 이들에게 지불되는 추가 보수는 반드시 B와 같은 크기로 결정될 수밖에 없다.

이제 [그림 5-9(a)]의 면적 A와 [그림 5-9(b)]의 면적 B 간의 관계를 살펴보자.

간단히 말해 면적 A는 면적 B만큼의 추가 보수를 지불해야 하는 모든 기업들이 지불한 총액에 해당하는 것으로 해석할 수 있다. 따라서 모든 기업은 여전히 정상이윤만을 얻는 가운데 장기균형상태에 있게 되며, 이것은 면적 A가 존재한다는 사실과 모순이 아니다.

Question 문제 06

플로필렌은 플라스틱을 만드는 데 사용되는데, 플로필렌 산업은 완전경쟁적이고, 각 생산자들은 $MC(Q) = 40 - 12Q + Q^2$의 장기한계비용함수와 $AC(Q) = 40 - 6Q + \frac{1}{3}Q^2$의 장기평균비용함수를 가지고 있다고 가정하자. 시장수요곡선이 $D(P) = 2{,}200 - 100P$와 같다고 할 때 다음 질문에 답하라.

1) 이 산업의 장기균형가격은 얼마인가?
2) 이 가격에서 하나의 개별 기업은 얼마만큼 생산하는가?
3) 장기경쟁균형에서 플로필렌 시장에 얼마나 많은 기업들이 존재하는가?
4) 이 시장의 수요곡선이 $D(P) = A - 100P$로 이동하였다고 하자. 새로운 장기경쟁균형에서의 기업의 수가 초기 장기경쟁균형에서의 기업의 수보다 두 배가 많다면 그때 A 값은 얼마인가?

Answer 해설

이 문제의 핵심은 기업과 시장의 장기균형의 특징을 정확하게 이해하는 데 있다.

1) 장기균형에서 모든 기업은 0의 이윤을 얻고, 또한 각 기업은 $MR = MC$에서 이윤을 극대화하는 생산량을 결정한다. 이 산업에 존재하는 모든 기업은 완전경쟁에 직면해 있으므로 한계수입(MR)은 가격(P)과 동일하다. 그리고 모든 기업이 0의 이윤을 얻고 있으므로 가격과 평균비용(AC)이 동일함을 알 수 있다. 따라서 $P = MR = AC = MC$가 성립하는 가격이 장기균형가격이다.

➪ $MC(Q) = 40 - 12Q + Q^2 = 40 - 6Q + \frac{1}{3}Q^2 = AC(Q)$

그러므로 균형생산량은 $Q^* = 9$이고, 장기균형가격은 $P^* = 13$이다.

2) 개별 기업은 $P^* = 13$의 장기균형가격하에서 $Q^* = 9$를 생산한다.

3) 시장가격이 $P^* = 13$이므로 이 가격에서의 시장수요는 $Q = 900$이 되고, 개별 기업이 9만큼씩 생산하므로 100개의 기업이 존재해야 시장수요를 충족시킬 수 있다.

4) 시장에 존재하는 기업의 수가 배로 많다면 기업의 총 수는 200개가 되고, 이 기업들이 생산하는 총생산량은 1,800이 된다. 따라서 $P^* = 13$의 시장가격하에서 $Q = 1{,}800$을 생산하는 가운데 시장의 장기균형이 성립하려면 새로운 수요곡선에서의 A 값은 $1{,}800 = A - 1{,}300$에 의해서 3,100이 되어야 한다.

Question 문제 07

전문경영자(CEO)들이 경영하는 기업들이 있는 산업을 고려해 보자. 이 산업에는 공급이 100명으로 고정된 월등한 CEO들과 공급이 무한히 많은 평균적인 CEO들 두 종류가 존재한다. 이 산업에서 어느 CEO든지 144,000의 연봉이면 기꺼이 일하고자 한다. 월등한 CEO가 고용되어 있는 기업의 경우 장기균형상태에서 채택한 시설규모에 따른 총비용은 $TC_E(Q) = 144 + \frac{1}{2}Q^2$로 알려져 있다. 그리고 평균적인 CEO가 고용되어 있는 기업의 경우에는 총비용이 $TC_A(Q) = 144 + Q^2$로 알려져 있다. 시장수요곡선이 $D(P) = 7{,}200 - 100P$일 때(기본 단위는 천 단위이다) 다음 질문에 답하라.

1) 평균적인 CEO가 운영하는 기업의 최적 조업규모는 얼마인가? 그리고 이 기업의 장기평균비용의 최저수준은 얼마인가?

2) 산업이 월등한 CEO와 평균적인 CEO, 두 가지 타입을 고용하고 있는 기업들로 구성되어 있는 경우 장기균형가격은 얼마인가?

3) 이 가격에서 평균적인 CEO를 고용하고 있는 기업은 얼마를 생산할 것인가? 반면 월등한 CEO를 고용하고 있는 기업은 얼마를 생산할 것인가?

4) 이 가격에서 수요는 얼마인가?

5) 3)과 4)의 결과를 이용해 이 산업의 장기균형에서 평균적인 CEO를 고용하고 있는 기업의 수는 얼마인지 구하라.

6) 월등한 CEO의 경제적 지대는 얼마인가?

7) 월등한 CEO를 고용하고 있는 기업들이 연간 144,000의 보수로 이들을 고용하고 있다면 이런 기업들이 얻는 경제적 이익은 얼마인가?

8) 기업들이 월등한 CEO들을 고용하기 위해 경매를 한다면 장기경쟁균형에서 이들의 보수는 얼마가 될 것인가?

Answer
해설

이 문제의 핵심은 완전경쟁시장의 장기균형이 어떻게 이루어지는지, 그리고 경제적 지대의 성격은 어떤 것인가를 정확하게 이해하는 데 있다.

1) 기업의 최적 조업규모란 [그림 5-10(a)]에서와 같이 장기평균비용이 최저가 되는 생산규모를 말한다. 그리고 장기평균비용의 최저수준에서는 $P = AC = MC = MR$이 성립한다.

➡ $\frac{144}{Q} + Q = 2Q$

$Q^2 = 144, \ (Q \geq 0)$

그러므로 최적 조업규모는 $Q^* = 12$이다. 이 수준에서 장기평균비용은 최저가 되므로 이것을 대입하면 $AC_A(Q) = \frac{144}{Q} + Q = 12 + 12 = 24$가 된다.

2) 앞에서 평균적인 CEO가 경영하는 기업의 장기평균비용의 최저수준은 24였다. 이것은 적어도 장기균형가격이 $P = 24$인 경우에 평균적인 CEO가 경영하는 기업이 정상이윤을 얻을 수 있다는 것을 의미한다.

한편 월등한 CEO가 경영하는 기업의 장기평균비용곡선은 [그림 5-10(b)]와 같다. 따라서 $P = AC = MC$에 의해 장기평균비용의 최저수준을 구하면 다음과 같다.

➡ $\frac{144}{Q} + \frac{1}{2}Q = Q, \ \ Q^2 = 144 \cdot 2, \ \ Q = 12\sqrt{2} \ \ (Q \geq 0)$

$AC(Q) = \frac{144}{Q} + \frac{1}{2}Q = 6\sqrt{2} + 6\sqrt{2}$ ➡ $P = AC = 12\sqrt{2}$이다.

그림 5-10

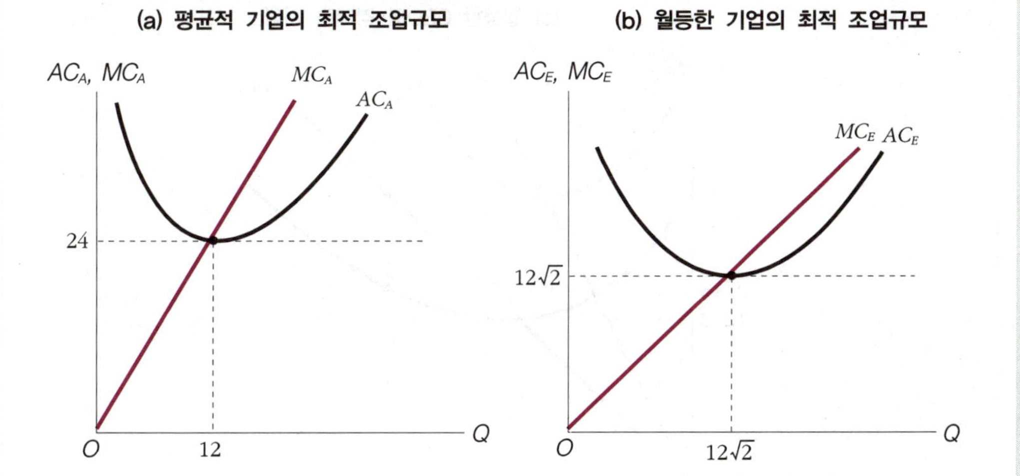

월등한 CEO가 0의 이윤을 얻는 가격이 시장가격이 되면 평균적인 CEO가 운영하는 기업은 퇴출되어야 한다. 따라서 장기적으로도 월등한 CEO와 평균적인 CEO 두 가지 타입이 경영하는 기업들이 공존하기 위해서는 평균적인 CEO가 운영하는 기업은 0의 이윤을 얻고, 월등한 CEO가 운영하는 기업은 양(+)의 이윤을 얻는 상태여야 한다. 따라서 장기균형가격은 $P = 24$가 되어야 한다.

3) $P = 24$에서 이윤을 극대화하기 위해서 $P = MR = MC$가 되도록 생산할 것이다. 평균적인 CEO가 운영하는 기업은 $24 = 2Q$이므로 $Q = 12$만큼 생산하고, 월등한 CEO가 운영하는 기업은 $24 = Q$이므로 $Q = 24$만큼을 생산한다.

4) $P = 24$의 가격에서 시장수요를 구하면 $Q = 7{,}200 - 2{,}400 = 4{,}800$이다.

5) 낮은 한계비용을 가지고 있는 월등한 CEO가 운영하는 기업이 우선 공급을 하고, 나머지 부분의 수요에서 평균적인 CEO가 운영하는 기업이 공급을 하게 된다. 월등한 CEO가 운영하는 100개의 기업이 각각 24를 생산하므로 $100 \times 24 = 2{,}400$을 공급하고, 잔여수요인 2,400을 평균적인 CEO가 운영하는 기업이 공급하게 된다. 평균적인 CEO가 운영하는 기업은 이 가격에서 12를 생산하므로 $2{,}400 \div 12 = 200$이 되어 이 산업에는 200개의 평균적인 CEO가 운영하는 기업이 존재하게 된다.

그림 5-10

(c) 월등한 CEO의 경제적 지대

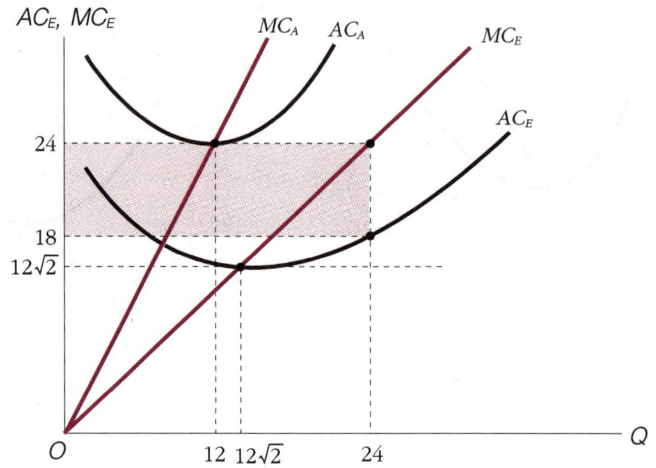

6) 월등한 CEO의 경제적 지대는 월등한 CEO의 기회비용을 나타내는 것이므로 월등한 CEO를 고용하고 있는 기업이 줄 수 있는 최대한의 연봉으로 나타낼 수 있다. 이런 기업은 24단위를 생산하므로 이 생산수준에서 평가한 평균비용은 $AC = \frac{144}{Q} + \frac{1}{2}Q = \frac{144}{24} + 12 = 18$이다.
가격이 24이므로 이 기업은 월등한 CEO를 고용함으로써 단위당 6만큼의 초과이윤을 얻고 있다. 따라서 이 기업은 월등한 CEO를 고용하는 데 $6 \times 24 \times 1{,}000 = 144{,}000$을 추가적으로 지불할 용의가 있다. 이것이 바로 월등한 CEO의 경제적 지대이다. [그림 5-10(c)]의 적색 부분이 월등한 CEO의 경제적 지대에 해당한다.

7) 월등한 CEO에 대해서는 경제적 지대를 포함해 288,000을 지불해야 하지만, 144,000만 지불한다면 그 차액인 144,000은 이 기업의 경제적 이익이다. 이것이 바로 초과이윤에 해당한다.

8) 월등한 CEO를 고용하기 위해 경매를 하게 되면 기업들은 월등한 CEO를 고용하여 양(+)의 이윤을 얻기 위해 월등한 CEO의 경제적 지대에 해당하는 금액까지 제시하게 된다. 결국 이들의 연봉은 288,000이 되고, 기업들은 단지 정상이

윤만을 얻게 된다.

Question
문제 08

생수를 공급하는 기업들이 다음과 같이 동일한 장기 총비용함수를 가지고 있다고 하자.

$$TC(Q) = cQ$$

여기서 Q는 개별 기업의 생산량으로, 단위는 '천 리터/연간' 이라고 하자. 그리고 시장수요곡선은 다음과 같이 주어져 있다고 하자.

$$D(P) = a - bP$$

1) 생수시장의 장기균형가격과 거래량을 a, b, c를 이용해 나타내라.
2) 이 산업의 장기균형상태에는 몇 개의 기업이 존재하는지 판단할 수 있는가? 그 이유를 설명하라.

그림 5-11

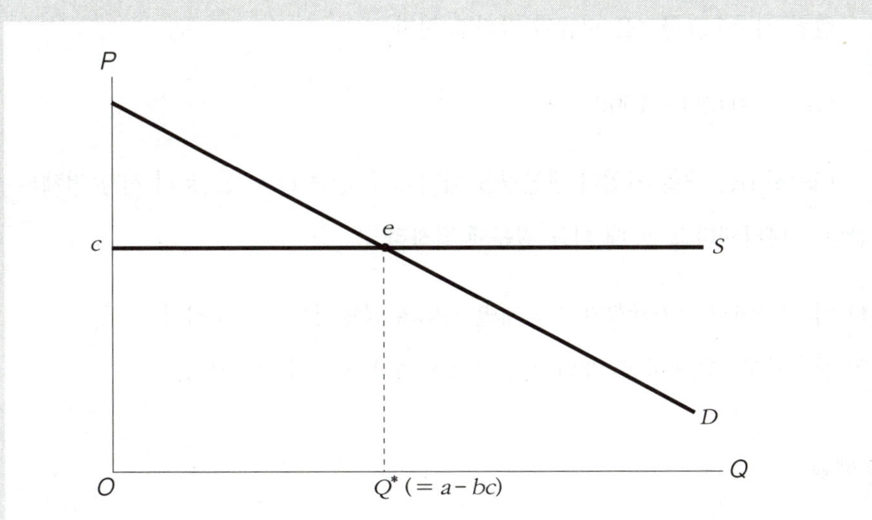

Answer
해설

이 문제의 핵심은 완전경쟁시장의 장기균형의 특징을 정확하게 이해하는 데 있다.

1) 개별 기업의 한계비용은 $MC(Q) = c$로 일정하다. 따라서 장기균형이 성립하기 위한 조건이 $P = MC$이므로 $P^* = c$가 장기균형가격이다. 이것을 수요곡선에 대입하면 $D(P^*) = a - bc$이며, 이것이 바로 균형거래량이다. 단, $a > bc$를 전제로 한다.

2) 개별 기업의 공급곡선은 완전 탄력적이다. 따라서 [그림 5-11]에서와 같이 $P = c$에서 개별 기업은 어떤 수량이든지 생산할 용의가 있다. 그러므로 균형상태에서 몇 개의 기업이 조업할지 판단할 수 없다.

Question
문제 09

완전경쟁적인 시장이 장기균형상태에 있다고 하자. 이 시장에서 활동하고 있는 기업들은 다음과 같이 동일한 장기비용함수를 가지고 있다고 하자.

$$LTC(q) = 400q - 10q^2 + 0.1q^3$$

한편 시장수요곡선은 다음과 같다고 하자.

$$Q_D = 30{,}000 - 100P$$

여기서 q는 개별 기업의 생산량을 나타내며, Q는 $Q = \Sigma q$로서 시장 전체의 생산량을 나타낸다고 할 때 다음 질문에 답하라.

1) 이 시장에서 장기균형가격과 개별 기업의 균형생산량을 구하라.
2) 장기균형상태에서 몇 개의 기업이 조업하고 있는지 설명하라.

Answer
해설

이 문제의 핵심은 완전경쟁시장의 장기균형의 본질을 정확하게 이해하는 데 있다.

그림 **5-12**

장기균형의 특징

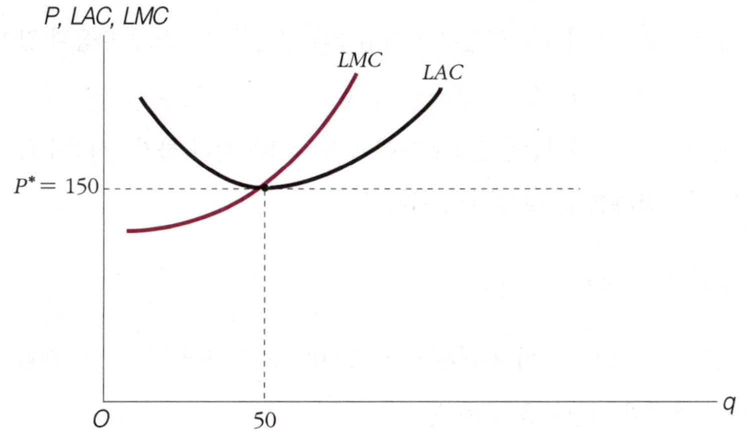

1) 먼저 개별 기업의 장기평균비용과 장기한계비용을 구하면 다음과 같다.

$LAC(q) = 400 - 10q + 0.1q^2$

$LMC(q) = 400 - 20q + 0.3q^2$

➡ $\dfrac{dLAC(q)}{dq} = -10 + 0.2q = 0$

➡ $q^* = 50$

개별 기업의 장기평균비용이 최소가 되는 최적 조업규모는 50단위이다. 그리고 이때 평균비용은 150이다. 따라서 장기균형가격 $P^* = 150$이다. 이것은 이 가격에 개별 기업이 이윤을 극대화하고 있을 뿐만 아니라 정상이윤을 얻고 있음을 의미한다. 즉, $P^* = LAC(50) = LMC(50) = 150$이 성립한다. 그리고 이러한 관계를 그림으로 나타내면 [그림 5-12]와 같다.

2) 시장수요곡선이 $Q_D = 30,000 - 100P$이므로 균형수요량은 $Q_D^* = 15,000$이다. 개별 기업의 균형생산량이 $q^* = 50$이므로 장기균형상태에서 조업을 하는 기업의 수는 $n^* = 300$이다.

Question
문제 10

완전경쟁시장에서 재화를 생산하는 기업들의 생산함수가 모두 다음과 같이 동일하다고 하자 : $q_i = L^a K^{1-a}$, $i = 1, \cdots\cdots, N$

각 기업의 월간 최대생산량은 100개이고 $N = 100$이라 하자. 시장수요는 다음과 같이 측정되었다고 할 때 질문에 답하라.

$$P = 20{,}000 - bQ, \ (b > 0)$$

1) $a = 0.5$, $b = 2$이고 L의 가격은 $w = 2{,}500$, K의 가격은 $v = 10{,}000$인 경우 장기균형가격과 생산량을 구하라.
2) $a = 0.5$, $b = 2$인 상태에서 모든 기업들이 $K_i = 100$으로 고정시킨 경우 단기균형가격과 생산량을 구하라. w와 v는 1)에서와 같다.
3) $a = 0.5$이고 요소가격과 각 기업의 최대생산량 및 기업의 수는 1)에서와 같다. 각 기업이 장기에서 정상이윤 이상을 얻으려면 어떤 조건이 충족되어야 하는가?
4) 기업의 생산함수가 $q_i = min\ \{L, 2K\}$로 바뀐 가운데 각 기업의 최대생산량과 기업의 수는 1)에서와 같으며 요소가격도 같다고 하자. 각 기업이 정상이윤만을 얻으려면 어떤 조건이 충족되어야 하는가?

Answer
해설

이 문제의 핵심은 규모에 대한 수익불변 기업으로 구성된 경쟁시장에서 생산량 제약의 의의를 이해하는 데 있다.

1) 주어진 조건에서 기업의 비용함수를 구하면 다음과 같다.

$$C(w, v, q_i) = 10{,}000 \cdot q_i$$

따라서 $AC_i = MC_i = 10{,}000$이다. 그러므로 장기균형가격은 $P^* = 10{,}000$, $Q^* = 5{,}000$이다. 이것은 개별 기업이 $q_i = 50$단위씩 생산한다는 것을 의미한다.

2) 기업의 단기비용함수는 다음과 같다.

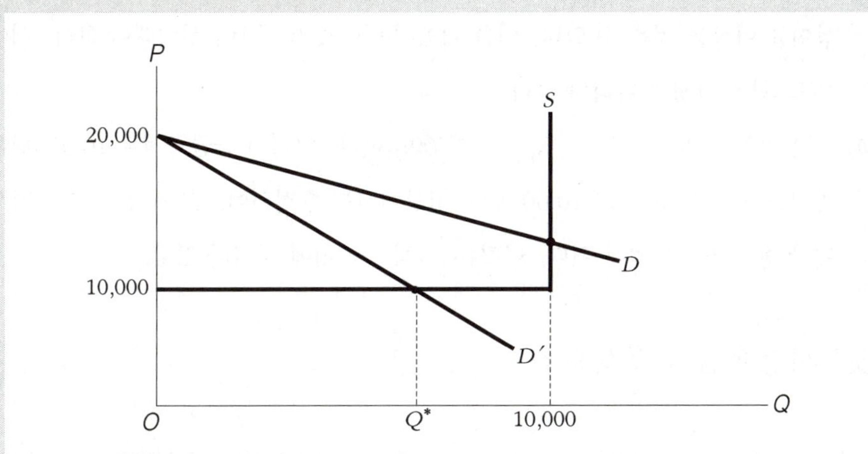

그림 5-13

정상이윤 이상을 얻는 조건 : $0 < b < 1$

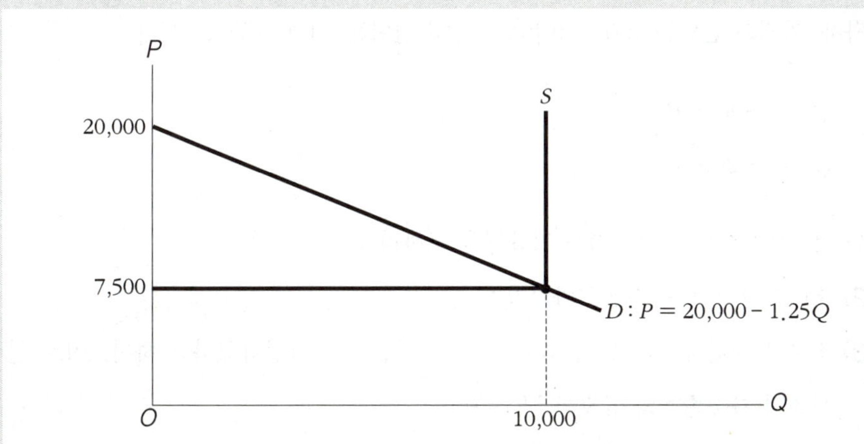

그림 5-14

정상이윤을 얻는 조건 : $b \geq 1.25$

$C(w, v, q_i) = 100\text{만} + 25q_i^2$

따라서 한계비용은 $MC_i = 50q_i$이다.

100개 기업의 한계비용을 수평으로 더한 시장공급곡선의 식은 $P = MC = \frac{Q}{2}$이다. 여기서 $Q = \sum q_i$이다. 그러므로 단기시장균형가격은 $P^* = 4{,}000$, 균형생산량은 $Q^* = 8{,}000$이다. 따라서 개별 기업은 $q_i = 80$단위를 생산한다.

3) 주어진 조건에서 균형생산량이 10,000보다 작은 경우 기업들은 정상이윤만을

얻는다. 따라서 시장수요곡선이 공급곡선의 수직부문과 교차하는 경우에만 정상이윤 이상을 얻을 수 있다. 이를 위해서는 $0 < b < 1$이 성립해야 한다. 이것은 [그림 5-13]에 나타나 있다.

4) 개별 기업의 비용함수는 $C(q_i) = 7{,}500q_i$이다. 따라서 공급곡선은 10,000단위까지는 $P = 7{,}500$이고 10,000단위 이상에서는 수직선이므로 $b \geq 1.25$인 경우에만 정상이윤을 얻게 된다. 이것은 [그림 5-14]에 나타나 있다.

5.3 시장개입의 후생분석

Question 문제 11

경쟁적인 아파트시장에서 아파트의 시장수요와 공급이 다음과 같이 측정되었다고 하자. 가격의 단위는 100만원이고, 수량의 단위는 '100가구/월' 이다.

$$Q_d = 800 - P$$

$$Q_s = -200 + P$$

1) 아파트시장의 균형가격과 거래량을 구하라.
2) 소비자잉여의 크기는 얼마인가?
3) 정부가 개입해 아파트의 최고가격을 4억원으로 설정하였다고 하자. 이로 인한 사회적 자중손실의 규모를 구하라.

Answer 해설

이 문제의 핵심은 정부개입에 따른 사회적 자중손실의 규모를 측정하는 데 있다.

1) 수요곡선과 공급곡선을 그림으로 나타낸 후 시장균형을 구하면 [그림 5-15(a)]와 같다.

   이 그림에 나타나 있듯이 시장균형가격은 $P^* = 5$억원이고, 균형거래량은 $Q^* = 30{,}000$가구이다.

2) 소비자잉여는 3억원 $\times$ 30,000 $\times \frac{1}{2}$ = 4조 5,000억원에 해당한다.

그림 5-15

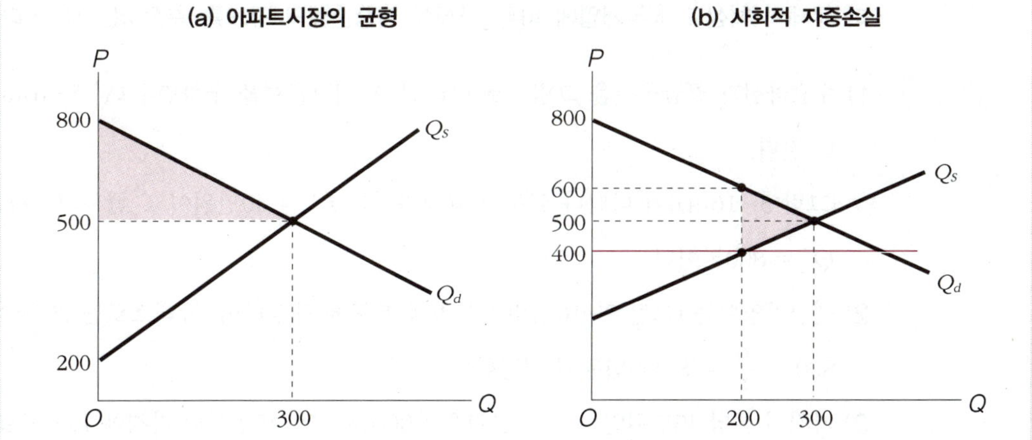

3) 최고가격을 4억원으로 설정하는 경우 사회적 자중손실의 규모는 [그림 5-15(b)]에서 적색 부분에 해당하며, 금액으로는 2억원 × 10,000 × $\frac{1}{2}$ = 1조원에 해당한다.

Question 문제 12

경쟁적인 설탕시장에서 월간 시장수요와 공급이 다음과 같이 측정되었다고 하자. 설탕의 단위는 톤이고, 가격의 단위는 만원이다.

$$Q_d = 4{,}000 - 80P$$

$$Q_s = -800 + 40P$$

1) 설탕시장의 균형가격과 거래량을 구하라.
2) 생산자잉여는 얼마인가?
3) 정부는 설탕의 생산을 장려하기 위해 설탕 가격이 톤당 45만원을 유지하도록 하는 가격지지정책을 실시하려고 한다. 이 정책이 성공하기 위해서는 정부가 얼마만큼의 설탕을 구입해야 하는가?
4) 이 정책으로 인한 사회적 자중손실의 규모는 얼마인가?

Answer
해설

이 문제의 핵심도 정부개입에 따른 사회적 자중손실의 규모를 측정하는 데 있다.

1) 수요곡선과 공급곡선을 그림으로 나타낸 후 시장균형을 구하면 [그림 5-16(a)]와 같다.

   [그림 5-16(a)]에 나타나 있듯이 균형가격은 $P^* = 40$만원이고, 균형거래량은 $Q^* = 800$톤이다.

2) 생산자잉여는 [그림 5-16(a)]에서 적색 부분에 해당하며, 금액으로는 20만 $\times$ $800 \times \frac{1}{2} =$ 8,000만원에 해당한다.

3) 가격이 톤당 45만원인 경우 공급량은 1,000톤이다. 45만원의 가격에 1,000톤의 수요를 확보하기 위해서는 우선 이 가격에 현재의 수요를 구해야 한다. 이 가격을 대입하면 현재의 수요는 400톤이다. 따라서 1,000톤 - 400톤 = 600톤이 바로 정부가 구매해야 하는 수량이다.

4) 사회적 자중손실의 규모를 측정하기 위해서는 [그림 5-16(b)]에 나타나 있듯이 세 가지 잉여의 변화의 순 크기를 구해야 한다.

   소비자잉여의 감소 : $-(A + B)$

그림 5-16

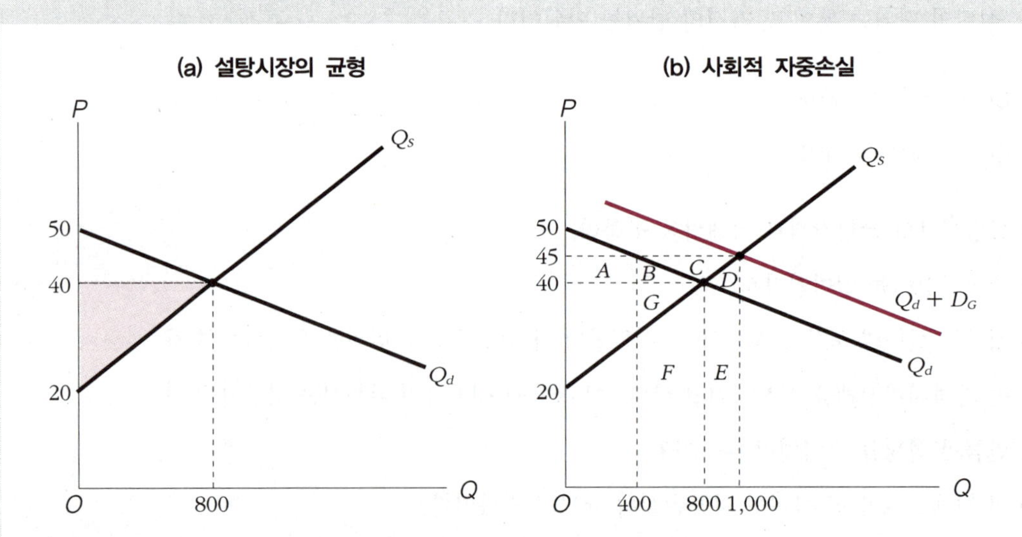

생산자잉여의 증가 : $(A + B + C)$

정부지출 : $-(B + C + D + E + F + G)$

➡ 따라서 자중손실의 크기는 $(B + D + E + F + G)$로, 그 값은 25,500만원이다.

Question 문제 13

정부개입이 없는 경우 경쟁시장에서 균형가격은 10만원이고, 균형거래량은 월간 1만 개라고 하자. 이제 다음과 같은 정부개입이 있는 경우 시장에서는 어떤 변화가 있는지 설명하라.

1) 단위당 1만원의 간접세를 부과하는 경우
2) 단위당 2만원의 보조금을 지급하는 경우
3) 생산쿼터를 설정해 5,000개만 생산하도록 허용하는 경우

Answer 해설

이 문제의 핵심도 정부개입에 따른 사회적 자중손실의 규모를 측정하는 데 있다.

1) 이 경우 [그림 5-17(a)]에서와 같이 균형가격은 10만원에서 P_1으로 상승하고, 균형거래량은 1만 개에서 Q_1으로 감소한다. 그리고 청색 부분만큼 사회적 자중손실이 발생한다. 이때 가격이 얼마나 상승할 것인지는 수요와 공급의 탄력성에 따라 결정된다.
   예를 들어 [그림 5-17(b)]와 같이 수요가 완전 탄력적이라면 수요곡선은 수평선이 될 것이고, 이 경우 간접세가 부과되더라도 균형가격은 변하지 않고 단지 균형거래량만 감소한다. 이 경우 적색 부분만큼 사회적 자중손실이 발생한다.
   반면 공급이 완전 비탄력적이라면 간접세가 부과되더라도 균형가격과 균형거래량에는 아무런 변화가 없다. 균형거래량에 변화가 없다는 것은 사회적 자중손실이 발생하지 않는다는 것을 의미한다.
2) 이 경우 [그림 5-17(c)]에서와 같이 균형가격은 10만원에서 P_2로 하락하고, 균

그림 5-17

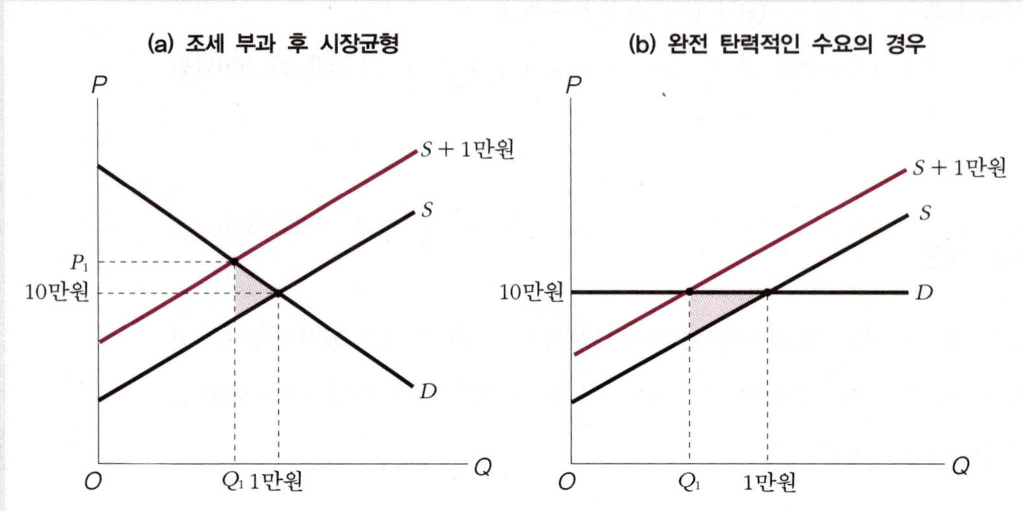

그림 5-17

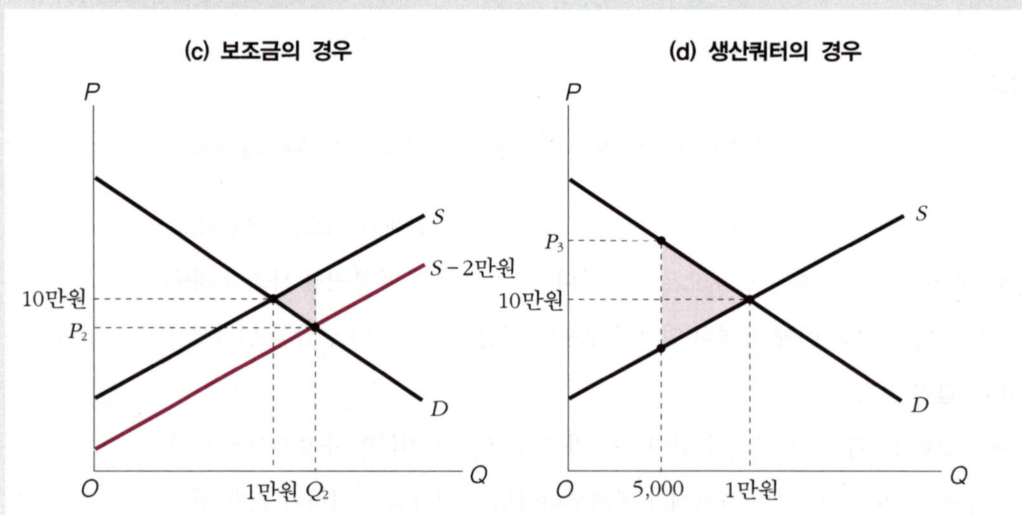

형거래량은 1만 개에서 Q_2로 증가한다. 그리고 적색 부분만큼 사회적 자중손실이 발생한다. 가격이 얼마나 하락하는가는 앞의 간접세 부과의 경우와 마찬가지로 수요와 공급의 탄력성에 의존한다.

수요가 완전 탄력적이라면 균형가격에는 변화가 없고 균형거래량만 증가하며,

여전히 사회적 자중손실이 발생하는 것은 간접세의 경우와 차이가 없다. 나아가서 만약 공급이 완전 비탄력적이라면 균형가격이나 균형거래량에는 아무런 변화가 없다. 따라서 사회적 자중손실이 발생하지 않는다.

3) 이 경우 생산쿼터가 균형거래량보다 작기 때문에 [그림 5-17(d)]에서와 같이 균형거래량은 당연히 5,000으로 감소하고, 가격은 10만원보다 상승한다. 이에 따른 사회적 자중손실은 그림에서 적색 부분에 해당한다. 이 경우에도 가격이 얼마나 상승하는가는 수요의 탄력성에 달려 있다. 수요가 완전 탄력적이라면 균형거래량은 줄지만 가격에는 변화가 없다.

Question
문제 14

최저임금제는 근로자들의 열악한 생활을 개선해 최소한의 인간적인 삶을 영위하도록 할 인도주의적인 목적에서 시행되고 있다. 그러나 경제적 효율성 면에서 이 제도에 대해 부정적인 견해가 있다. 이에 대해 설명하고, 자신의 견해를 밝혀라.

Answer
해설

이 문제의 핵심은 최저임금제와 같이 좋은 의도를 가지고 실시되는 제도가 어떤 부정적인 측면을 가지고 있는지 이해하는 것이다.

최저임금제는 최저가격제의 한 유형에 해당한다. 이 제도는 최저임금을 균형임금보다 높은 수준으로 책정하는 경우에만 유효하다. [그림 5-18(a)]에 제시된 것과 같이 최저임금제가 실시되면 균형임금은 w_m으로 상승하지만, 고용량은 L^*에서 L_m으로 감소한다. 그리고 적색 부분만큼 사회적 자중손실이 발생한다.

자중손실이 발생한다는 것만으로도 이 시장에는 비효율이 존재한다는 것을 의미한다. 그러나 이 제도의 실행에 따른 비효율은 이것으로 그치는 것이 아니다. 그림에서 알 수 있듯이 $(L^* - L_m)$만큼의 노동력은 이 시장에서 고용될 수 없기 때문에 최저임금제가 적용되지 않는 더 열악한 2차 노동시장으로 이동하지 않을 수 없다. 그 결과 [그림 5-18(b)]에 나타나 있듯이 이 시장에서 노동의 공급곡선은 오른쪽으

그림 5-18

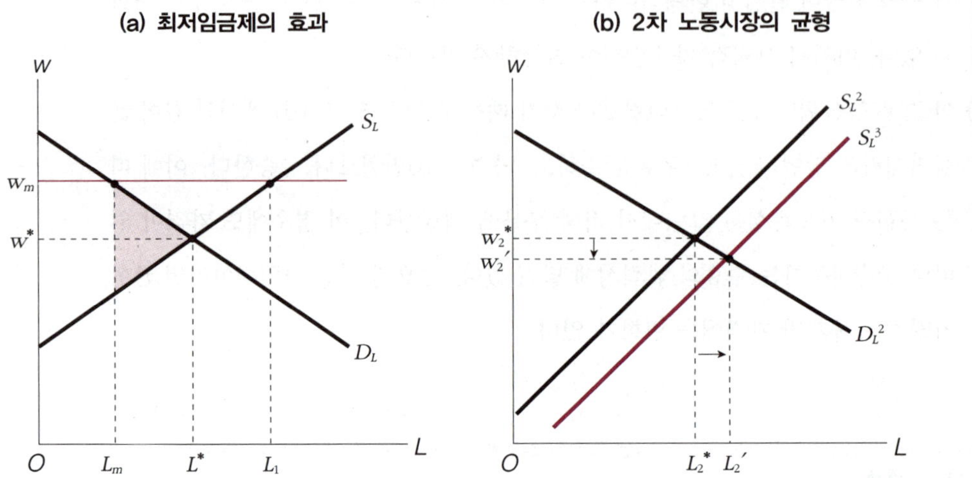

로 이동하게 되고, 균형임금은 하락하게 되며, 고용량은 증가하게 된다.

이와 같이 원래의 노동시장에서는 사회적 자중손실이 발생하게 되고, 2차 노동시장에서는 임금이 하락하게 되므로 노동자들의 후생수준이 감소한다. 이상의 결과를 종합할 때 최저임금제의 실시로 노동자들의 후생이 증가하였다는 결론을 내리기 어렵다. 그러므로 최저임금제가 의미를 갖기 위해서는 자중손실을 감수할 만한 다른 정치 · 사회적 이유가 있어야 할 뿐만 아니라 2차 노동시장에 미치는 영향이 최소화될 수 있어야 한다.

Question
문제 15

우리나라의 쌀시장은 경쟁적인데, 월간 수요와 공급은 다음과 같이 측정되었다고 하자. 가격의 단위는 원이고, 수량의 단위는 '가마/월' 이라고 가정한다.

$$Q_d = 400{,}000 - P$$

$$Q_s = -200{,}000 + 2P$$

1) 경쟁적인 쌀시장의 균형가격 P^*와 균형거래량 Q^*를 구하라.

2) 현재 쌀의 국제가격은 한 가마당 12만원이라고 하자. 만약 우루과이 라운드 협상이 완전타결되어 쌀 수입업자가 국제가격에 원하는 만큼 쌀을 수입할 수 있다면 이로 인해 생산자잉여는 얼마나 감소하겠는가?

3) 정부는 수입되는 쌀 가마당 2만원의 관세를 부과하기로 하였다고 하자. 이 경우 이로 인한 사회적 자중손실의 규모는 얼마인가?

4) 정부는 관세 대신 수입쿼터를 실시하기로 하고, 국제가격으로 수입할 수 있는 쌀의 수량을 월간 18만 가마로 제한하기로 하였다. 가마당 2만원의 관세를 부과하는 경우와 비교할 때 사회적 자중손실에는 어떤 변화가 있는지 설명하라.

Answer
해설

이 문제의 핵심은 관세와 수입쿼터라는 제도의 차이가 사회적 자중손실에 미치는 효과를 분석하는 데 있다.

1) 수요와 공급이 일치하는 균형점을 구하면 $P^* = 20$만원, $Q^* = 20$만 가마이다.

2) 이 경우 쌀시장의 균형가격은 국제가격 12만원이 되므로 국내 생산자에 의한 공급은 20만 가마에서 4만 가마로 줄어든다. 따라서 생산자잉여는 $\frac{(10만 \times 20만)}{2} = 100$억원에서 $\frac{(2만 \times 4만)}{2} = 4$억원으로 줄어든다. 따라서 생산자잉여는 96억원만큼 감소하는데, 이는 [그림 5-19(a)]에서 적색 부분에 해당한다.

3) 관세 부과로 인한 사회적 자중손실은 [그림 5-19(b)]의 면적 $(B + C)$에 해당한다. 왜냐하면 면적 A는 소비자잉여에서 생산자잉여로 전환된 부분이며, 면적 E는 정부의 관세수입이므로 사회적 자중손실에 포함되지 않기 때문이다. 따라서 이 면적의 크기를 구하면 $B = 4$억원, $C = 2$억원이므로 사회적 자중손실의 규모는 6억원이다.

4) 정부가 국제가격으로 월간 18만 가마의 수입쿼터를 실시하는 경우 [그림 5-19(b)]에서 알 수 있듯이「국내생산 + 수입쿼터 = 수요」가 일치하는 균형가격은 관세 부과시와 마찬가지로 14만원이 된다. 따라서 사회적 자중손실의 규모는 관세 부과시와 마찬가지로 6억원이다. 그렇지만 [그림 5-19(b)]에서 면적 E에 해당하는 36억원은 관세 부과시 정부의 조세수입이었으나 수입쿼터의 경우

그림 5-19

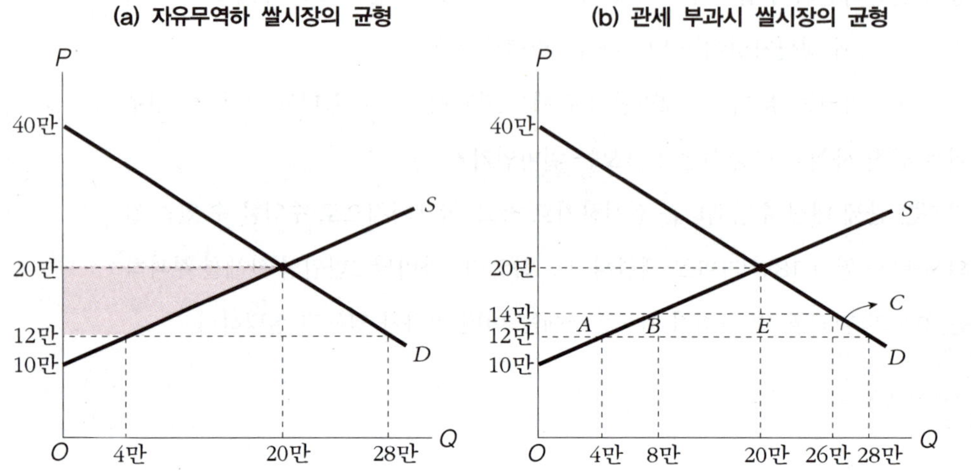

수입업자의 잉여로 귀속된다는 점이 다르다.

Question
문제 16

유토피아에서는 옥수수 시장이 경쟁적이라고 가정하자. 그리고 수입과 수출은 불가능하며, 수요곡선은 $Q_d = 100 - P$와 같이 추정된다고 하자. 한편 공급곡선은 $Q_s = -40 + P$와 같이 추정된다고 할 때 다음 질문에 답하라. (가격의 단위는 만원이며, 수량의 단위는 '만 톤/월' 이다.)

1) 소비자잉여와 생산자잉여를 구하라.
2) 정부가 정부수입을 늘리기 위해 단위당 $t = 10$의 소비세를 부과하려고 한다. 이 경우 소비자잉여, 생산자잉여와 정부의 수입, 사회적 자중손실에는 어떤 변화가 있는지 설명하라.
3) 정부가 옥수수 산업의 중요성을 인식하고, 생각을 바꿔 세금을 폐지하고 옥수수 생산자들에게 단위당 $s = 6$의 보조금을 지급하려고 한다. 이 경우 소비자잉여와 생산자잉여를 구하라. 그리고 정부의 총보조금과 사회적 자중손실은 얼마인지 구하라.

4) 1), 2), 3)의 경우 「소비자잉여 + 생산자잉여 + 정부예산 변화 + 자중손실」의 합은 모두 동일함을 증명하고, 그 이유를 설명하라.

Answer
해설

이 문제의 핵심은 정부개입이 시장의 효율성에 미치는 효과를 정확하게 이해하는 데 있다.

1) 옥수수 시장의 균형은 [그림 5-20]과 같다.

따라서 경쟁적인 옥수수 시장에서 균형가격은 $P^* = 70$, 균형생산량은 $Q^* = 30$이다. 그러므로 소비자잉여와 생산자잉여는 다음과 같다.

소비자잉여(CS) = 450, 생산자잉여(PS) = 450

여기서 가격과 수량의 단위를 고려하면 실제 소비자잉여는 450억원, 생산자잉여도 450억원이다. 이것은 이하의 내용에서도 마찬가지이다. 이 점 혼동하지 않기 바란다.

2) 이 경우에는 세금으로 인해 공급곡선이 2만큼 위로 평행이동하여 공급곡선의 식은 $Q_s = -50 + P$가 된다. 따라서 소비자잉여, 생산자잉여 등은 [그림 5-21]

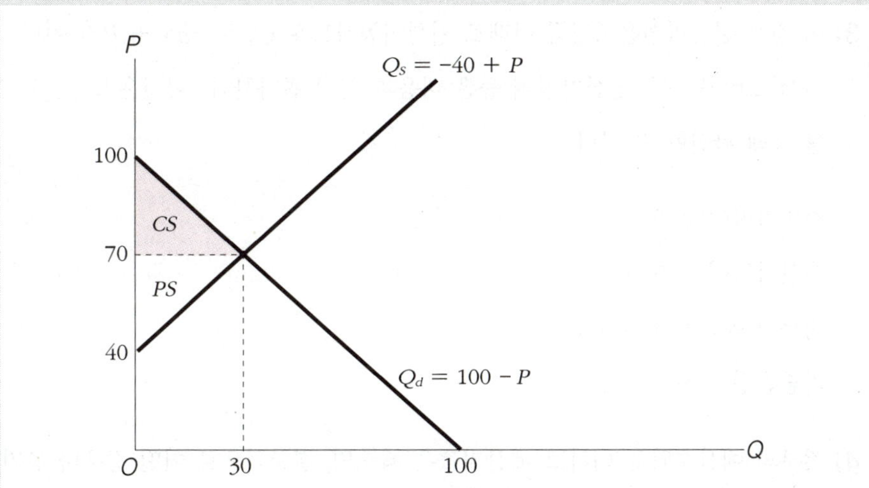

그림 **5-20**

옥수수 시장의 균형

그림 5-21

옥수수 시장의 균형의 이동 : 조세 부과

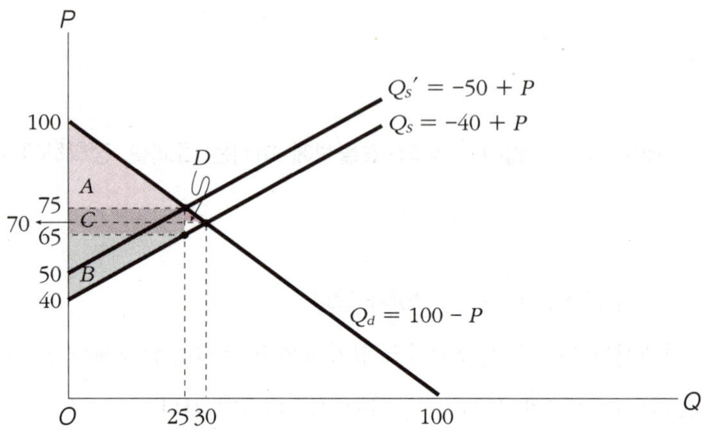

에서와 같이 변화한다.

따라서 각 부문의 크기는 다음과 같다.

소비자잉여(A) = 312.5

생산자잉여(B) = 312.5

정부의 예산수입(C) = 250

자중손실(D) = 25

3) 이 경우 공급곡선은 6만큼 아래로 평행이동하므로 $Q_s = -34 + P$가 된다. 따라서 소비자잉여, 생산자잉여 등은 다음과 같이 변화한다. 이것은 [그림 5-22]를 통해 확인할 수 있다.

소비자잉여 = 544.5

생산자잉여 = 544.5

정부의 예산지출 = 198

자중손실 = 9

4) 정부의 예산수입은 더하고 예산지출은 빼주면, 결론적으로 어떤 경우나 총가치는 900으로 일정하다. 이것은 아무런 정부개입이 없는 경우 경쟁시장을 통해 실

그림 5-22

옥수수 시장의 균형의 이동 : 보조금 지급

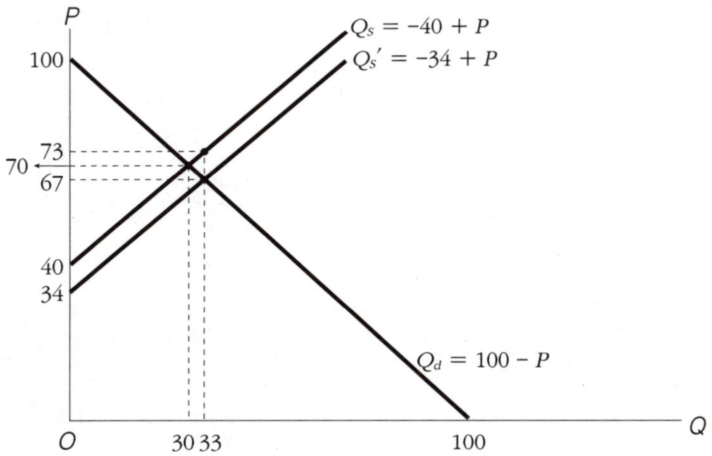

현할 수 있는 최대한의 사회잉여의 크기에 해당한다. 따라서 정부가 세금을 부과하든 보조금을 지불하든 어떤 경우에나 이로 인해 새로운 잉여가 창출되지는 않는다. 단지 소비자, 생산자 및 정부라는 세 주체 가운데 누구에게 잉여가 귀속되는가에 영향을 미칠 뿐이다.

CHAPTER 06

독점시장과 독점적 경쟁시장의 균형과 후생분석

CHAPTER 06

01 독점시장

독점의 원인

독점 발생의 여러 가지 원인(규모의 경제, 특허권 등)과 독점의 유형으로는 어떤 것들이 있는지 살펴보자. 독점에는 공급독점(monopoly), 수요독점(monopsony) 및 쌍방독점(bilateral monopoly)이 있는데, 독점이라면 보통 공급독점을 지칭한다. 또한 독점시장의 경우도 완전경쟁시장과 마찬가지로 완전한 정보(시장수요와 비용에 대한)를 가정하고 있으며, 그 결과 재고(在庫)가 없다는 것을 전제로 하고 있음을 유의해야 한다. 그렇지 않다면 재고 문제를 포함한 독점의 균형에 대한 분석이 복잡해진다.

자연독점(natural monopoly)은 비용의 우위를 통해 자연스럽게 시장지배력을 갖게 되는 경우를 지칭하며, 일정 수준의 생산을 할 때 한 기업이 생산하는 경우의 총비용이 같은 규모의 생산을 두 개 또는 그 이상의 기업들이 담당하는 경우 소요되는 총비용보다 작은 경우 자연독점이 발생한다.

- 이러한 성질을 준가법성(subadditivity)이라 하며, 두 기업만 고려하는 경우 $TC(Q) < TC(Q_1) + TC(Q_2)$, $Q = Q_1 + Q_2$가 성립하는 것을 의미한다.
- 규모의 경제는 자연독점이 성립하기 위한 충분조건이지 필요조건은 아니다. 어느 정도 규모의 불경제가 존재하더라도 시장의 규모가 작다면 자연독점이 발생할 수 있는 반면, 시장의 규모가 크면 자연독점이 발생할 수 없다. 따라

서 자연독점 여부는 비용뿐만 아니라 시장의 규모와 밀접하게 관련되어 있다. 이 두 가지, 규모의 경제와 시장의 규모를 모두 고려한 기준이 바로 비용함수의 준가법성 기준이다.

독점을 무조건 비효율적이라고 비판하는 것은 적절하지 않다. 경쟁시장과 비교해 독점이 비효율적이라는 것은 경쟁적으로 작동할 수 있는 시장이 비경제적 요인에 의해 독점화(지대추구행위 등)되는 경우를 지칭한다고 이해해야 한다. 실제로 초기에 대규모 투자가 필요한 산업의 경우에는 경쟁적으로 운영되기 어렵다. 이런 이유로 대부분의 전기, 수도 및 가스와 같은 공익사업(public utilities)이 정부 주도의 독점기업으로 운영되고 있는 실정이다. 그리고 슘페터(J. Schumpeter)가 말한 창조적 파괴의 주체로서의 독점기업이라든가, 미국의 마이크로소프트사 및 R&D를 통해 특허권을 취득하는 기업과 같은 경우 비록 독점기업이라 하더라도 무조건 비판할 수는 없다.

02 독점시장의 균형

CHAPTER 06

2.1 단기균형

공급독점의 경우 독점기업의 단기비용곡선과 시장수요곡선 간의 관계를 통해 독점시장의 균형을 분석한다.

- 균형조건은 $MR = MC$이며, $MR = P\left(1 - \frac{1}{\varepsilon}\right)$의 관계가 성립한다. 따라서 $MR = P\left(1 - \frac{1}{\varepsilon}\right) = MC$ ⇨ $P = MC \times \frac{\varepsilon}{\varepsilon - 1}$ ⇨ $\frac{P - MC}{P} = \frac{1}{\varepsilon}$이 성립한다. 이것을 경험법칙(rule of thumb) 또는 역탄력성 가격결정규칙(inverse elasticity pricing rule ; *IEPR*)이라 부른다.[1] 한계비용과 가격탄력성을 알면 이

1. 여기서는 수요의 가격탄력성에 인위적으로 '-' 부호를 붙여 절대값으로 나타낸다.

관계식에 의해 가격을 책정하는 것이 이윤극대화의 원칙에 부합한다. 이것은 기본적으로 마크업(markup)공식으로서의 의미를 갖는다. 즉, 한계비용에 어느 정도 이윤을 붙여 가격을 책정할 것인가에 대한 기준을 제공한다.

■ 이 공식은 비단 독점기업뿐만 아니라 차별화된 상품을 통해 어느 정도 시장지배력이 있는 경우에도 적용된다.

독점균형의 특징

1) 독점기업의 경우 가격책정자이므로 공급곡선이라는 개념은 성립하지 않으며, 단지 공급점(supply point), 즉 이윤을 극대화하는 가격과 공급량의 조합만이 존재한다.

2) $MC = 0$이 아닌 한 수입을 극대화하는 생산량은 항상 이윤을 극대화하는 생산량보다 크다. 이것은 독점기업의 균형이 시장수요곡선의 탄력적인 부분($\epsilon \geq 1$)에서 이루어진다는 것을 의미한다.

3) 독점균형에서는 항상 $P > MC$이므로 $P = SMV > SMC = MC$인 상태에서 생산이 결정된다. 따라서 사회잉여를 극대화하지 못한다. 이것은 독점기업의 이익과 사회적 이익이 상충되기 때문이다.

4) 독점기업이라 하더라도 시장수요가 작은 경우(시장수요곡선이 아주 왼쪽에 위치하는 경우)에는 단기적으로 손실을 볼 수도 있다.

5) 시장수요곡선이 우측으로 이동(시장규모의 증가)하더라도 독점기업의 균형가격과 생산량 모두 반드시 증가하는 것은 아니다.

   ⇨ 이것은 독점기업의 한계비용곡선의 형태에 따라 달라진다. 한계비용곡선이 우상향하면 가격, 생산량 모두 증가하는 반면, 우하향하는 경우 가격은 하락하고 생산량은 증가한다.

2.2 장기균형

장기균형이라고 해서 단기균형과 본질적으로 차이가 있는 것은 아니다. 이 경우 독점기업은 자신의 장기비용곡선을 감안해 의사결정을 내리는데, 여전히 $MR =$

MC의 조건에 따라 생산량과 가격을 결정하게 된다.

일반적으로 장기이윤은 단기이윤보다 크지만, 보통의 U자형 비용구조를 가지고 있는 경우 단기가격보다는 장기가격이 더 낮아진다. 이것은 소비자잉여가 증가한다는 것을 의미한다. 따라서 소비자의 입장에서 볼 때 장기가 단기보다 유리하다.

03 독점의 응용

CHAPTER 06

3.1 다수의 공장을 가진 독점의 경우

이 경우에도 $MR = MC$의 조건을 응용하면 독점의 균형조건을 쉽게 이해할 수 있다. 두 개의 공장을 가진 경우 각 공장의 한계비용을 MC_1, MC_2로 나타낼 때 이윤극대화의 조건은 $MR = MC_1 = MC_2$이다. 예를 들어 현재의 생산수준에서 평가한 결과 $MR > MC_1 > MC_2$라면 이 기업은 공장 2를 가동해 생산을 늘리는 것이 유리하다. 공장 2의 생산량이 증가해 한계비용이 증가하고, 그 결과 $MR > MC_2 > MC_1$으로 관계가 역전된다면 이때는 공장 1을 가동해 생산을 늘리는 것이 유리하다. 이러한 과정을 거친 결과 $MR = MC_1 = MC_2$가 성립할 때 균형가격이 책정되고, 생산량이 결정된다.

주의 다수의 공장을 가진 독점의 이윤극대화 조건은 카르텔의 이윤극대화 조건과 정확하게 일치한다. 단지 차이가 있다면 카르텔의 경우 회원들이 할당된 생산량을 지킬 인센티브가 없기 때문에 전략적으로 행동하여 기회만 있으면 생산량을 늘리려고 한다는 것이다. 이로 인해 카르텔은 불안정할 수밖에 없다.

3.2 가격차별 독점

가격차별(price discrimination)이란 시장지배력을 가진 기업이 단일한 가격으로 공급하는 경우보다 더 많은 이윤을 얻을 수 있다고 예상되는 경우 수요자들의 지불의사를 감안해 서로 다른 가격에 동일한 제품을 공급하는 것을 말한다. 전통적으로 차별의 정도에 따라 1급, 2급 및 3급의 가격차별로 구분한다. 각각의 특징을 간단히 정리하면 다음과 같다.

- **1급 가격차별** : 소비자들의 최대지불의사를 감안해 재화 한 단위마다 다른 가격을 부과함으로써 독점기업이 소비자잉여를 모두 차지하도록 하는 가격차별이다. 따라서 분배 면에서는 가장 불공정한 결과를 초래하지만, 자원배분 면에서는 경쟁시장과 같이 효율적인 결과를 가져온다는 사실을 유의하라.
- **2급 가격차별** : 대표적인 경우로 구간가격설정(block pricing)을 들 수 있으며, 일정한 소비량마다 다른 가격을 책정하는 것을 말한다. 단일한 가격을 책정하는 경우에 비해 독점기업의 이윤을 증가시킬 뿐만 아니라 소비자잉여도 증가시킬 수 있음을 유의하라. 어떻게 구간을 설정해 가격을 차별하는가는 기업의 이윤극대화 차원에서 내생적으로 결정된다. 이것은 최적 구간가격설정(optimal block pricing)의 문제이다.

➡ 2급 가격차별은 결국 수량할인(quantity discount)에 해당한다. 즉, 소비를 많이 할수록 소비자의 단위당 지출은 점점 작아진다. 이런 의미에서 가입비(subscriber charge)를 받고 사용료(usage charge)를 받는 경우도 수량할인에 해당하므로 2급의 가격차별로 간주할 수 있다. 또한 놀이동산을 이용하는 경우 입장료를 받고 기구마다 사용료를 받는 것도 마찬가지이다. 따라서 이부가격(two-part tariff)도 2급 가격차별에 해당한다.

예 전화요금 = 가입비(또는 기본요금) + 통화당 요금
헬스클럽 요금 = 가입비 + 월 사용료

- **3급 가격차별** : 두 개 이상의 분리된 시장을 상대로 서로 다른 가격을 책정함으로써 이윤을 극대화하려는 차별정책이다. 이것이 성공하려면 두 시장 간의 재판매(resale)가 불가능하고 두 시장의 수요곡선이 서로 달라야 한다. 두 시장 1, 2의 경우를 예로 들면 독점기업의 균형조건은 $MR_1 = MR_2 = MC$로, 여기에 수요의 가격탄력성을 대입하면 $\frac{P_2^*}{P_1^*} = \frac{\left(1-\frac{1}{\varepsilon_1}\right)}{\left(1-\frac{1}{\varepsilon_2}\right)}$ 가 성립한다. 따라서 더 탄

력적인 시장에서는 가격을 낮게 책정하는 것이 이윤극대화에 기여한다.

▬ 시장지배력이 있는 경우 소비자잉여를 흡수하기 위해 실시할 수 있는 다른 정책으로는 시점 간 가격차별(intertemporal price discrimination), 최고부하 가격책정(peak-load pricing), 묶어 팔기(bundling) 등을 들 수 있다. 어느 경우에나 기업의 이윤을 극대화하기 위해 시장수요의 특징을 이용한다는 점에서는 공통적이다.

04 독점의 후생적 의의

독점도(degree of monopoly)

독점의 경우 항상 $P > MC$라는 사실을 이용해 독점의 정도를 파악하려는 아이디어로, 대표적으로 러너 지수(Lerner Index ; A. Lerner의 이름에서 유래)를 들 수 있다. 이것은 간단히 $L_I = \frac{P - MC}{P} = \frac{1}{\varepsilon}$로 측정되며, 0과 1 사이의 값을 갖는다. 완전경쟁의 경우 $L_I = 0$이고, 독점적인 시장지배력이 클수록 증가하게 된다. 앞에서 *IEPR*을 논할 때 다룬 것처럼 수요의 가격탄력성과 역의 관계에 있다.

- 독점의 가격결정은 수요곡선상의 탄력적인 부분($\varepsilon \geq 1$)에서 이루어진다는 사실을 유의하라. 이런 이유로 러너 지수는 0과 1사이의 값을 갖는다고 생각하면 된다.
- 그러나 이것은 어디까지나 독점의 비효율을 측정하는 간단한 기준일 뿐, 일반적인 기준으로서는 한계가 있다. 예를 들어 독점도가 더 큰 경우에 오히려 독점이윤이 작을 수도 있다.

후생삼각형(welfare triangle)

독점으로 인한 사회적 자중손실(social deadweight loss)을 나타내는 삼각형으로, 이것이 클수록 독점으로 인한 비효율이 크다고 말할 수 있다. 그러나 이것도 어디까지나 부분균형분석이라는 한계를 가지고 있음을 유의해야 한다. 독점으로 인한 비효율을 정확하게 파악하기 위해서는 다른 시장까지 고려하는 일반균형분석을 사용해야 하지만, 이 경우 문제가 더욱 복잡해진다.

예 X재 시장은 독점이 지배하고, Y재 시장은 경쟁적인 경우 사회적 관점에서 볼 때 X재는 지나치게 적게 생산되고, Y재는 지나치게 많이 생산될 것이다. X재 시장이 독점이기 때문에 발생하는 자원배분의 비효율은 Y재의 시장까지 고려한 상태에서 측정해야 정확한 결과를 얻을 수 있다. 이것은 일반균형분석에 해당한다.

CHAPTER 06

05 독점의 규제

독점을 규제하는 방법으로는 가격규제와 조세규제가 있는데, 가격규제는 정보적 관점에서 한계가 있고, 조세규제는 분배의 불공정을 시정하는 데는 효과가 있지만 효율성 면에서는 아무런 기여를 하지 못한다는 점을 유의해야 한다.

주의 독점시장의 효율성을 회복하는 방법으로는 오히려 독점기업에게 보조금을 지급하는 것을 고려할 수 있다. 그러나 이 경우 보조금의 크기보다 더 큰 사회적 이익을 얻을 수 있어야만 정당화될 수 있다.

가격규제는 최고가격제의 일종으로, 한계비용 가격설정(MCP)과 평균비용 가격설정(ACP)이 있다. 효율성 면에서 MCP가 이상적이지만, 독점기업의 한계비용을 정확하게 알고 있는 경우에만 실효성이 있다. 반면 ACP는 평균비용이 하락하는 기업의 경우 MCP를 적용할 수 없기 때문에 평균비용을 감안해 최고가격을 설정하는 것인데, 이 경우도 독점기업의 평균비용을 정확하게 알아야 한다는 한계가 있다.

조세규제로는 종량세(단위세)와 정액세를 이용한 규제를 생각할 수 있다. 종량세는 독점기업의 한계비용을 증가시켜 생산을 더욱 감소시킴으로써 오히려 비효율을 더욱 조장할 수 있다. 정액세는 평균비용만을 증가시킴으로써 생산에는 영향을 미치지 않지만, 여전히 비효율을 축소시키는 효력이 없다.

독점의 다른 유형으로 수요독점과 쌍방독점이 있으며, 다음과 같이 그 특징을 정리할 수 있다.

- 수요독점은 정확하게 공급독점과 반대이다. 수요곡선(*AR*에 해당)에 기초한 *MR* 대신 공급곡선(*AE*에 해당)에 기초한 한계지출(*ME*)의 개념을 통해 수요독점의 균형을 이해할 수 있다. *AR*과 *MR*, 그리고 *AE*와 *ME* 간에는 앞에서 말한 대로 평균 개념과 한계 개념 간의 관계가 그대로 적용된다.
- 쌍방독점은 수요독점과 공급독점이 공존하는 특수한 경우로, 다른 경우와는 달리 유일한 균형은 존재하지 않고 쌍방의 교섭력에 의해 가격과 거래량이 결정된다. 어느 한쪽만 독점인 경우보다는 독점에 따른 비효율이 더 적어질 것으로 예상된다.

06 독점적 경쟁시장의 의의

CHAPTER 06

이 유형의 시장에서는 독점의 요소와 경쟁의 요소가 무엇인지 이해할 필요가 있다. 나아가서 차별화된 상품을 공급하는 시장으로서의 특성을 이해해야 한다. 이런 이유로 산업의 경계가 불분명하다는 문제가 있기 때문에 상품집단(product group)이라는 용어가 대신 사용되기도 한다.

공간적 경쟁(spatial competition)의 고전적 모형을 통해 독점적 경쟁시장의 아이디어를 이해하는 데 도움을 얻을 수 있다. 그리고 현실적으로 우리 주변에 이러한 유형의 시장으로는 무엇이 있는지 생각해 보기 바란다. 예를 들어 외식시장, 화장품시장, 의류시장 및 도서시장 등은 독점적 경쟁이 지배하는 시장으로 분류할 수 있다.

CHAPTER 06

07 독점적 경쟁시장의 장 · 단기균형

단기균형과 장기균형의 차이는 경쟁시장의 경우와 동일하다. 균형조건은 독점의 경우와 마찬가지로 $MR = MC$이다. 단기균형에서 개별 기업은 초정상이윤을 얻을 수도 있다. 그러나 자유로운 진입과 퇴출이 가능한 장기에서는 초정상이윤을 얻을 수 없다.

장기균형의 조건은 $MR = MC$이면서 동시에 정상이윤만을 얻는 것이다. 이것은 개별 기업이 직면하는 수요곡선과 장기평균비용곡선이 접하는 점에서 가격과 생산량이 결정된다는 것을 의미한다. 따라서 기업들은 과잉시설(excess capacity)의 상태에서 균형을 취하게 되므로 독점과 마찬가지로 사회적 자중손실이 발생하는데, 이것은 비효율이 존재함을 의미한다.

➡ 독점적 경쟁기업의 과잉시설이란 한마디로 장기균형상태라도 평균비용(선택된 단기평균비용)의 최저수준에서 생산결정이 이루어지는 것이 아니라 더 높은 수준의 평균비용에서 생산결정이 이루어지는 현상을 말한다. 이것은 차별화로 인해 불가피한 상황이므로 이 자체가 비효율의 증거는 아니라고 말하기도 한다. 어떻게 해석하든 과잉시설의 존재는 자중손실(= 후생감소)을 의미하지만, 동시에 차별화된 상품들의 다양성은 후생을 증가시키는 요소이다.

독점적 경쟁기업이 직면하는 수요곡선의 형태는 장기균형의 특징과 밀접하게 관련되어 있다. 독점적 경쟁기업이 직면하는 수요곡선이 탄력적인 경우에는 장기균형가격과 한계비용 간의 격차($P^* - MC$)가 작고 비교적 많은 생산을 하는 반면, 수요곡선이 비탄력적인 경우에는 그 반대의 경우가 성립한다.

최적 차별화(optimal differentiation)

이것은 사회후생(= 사회잉여 = 소비자잉여 + 생산자잉여)을 극대화시키는 차별화의 정도를 말한다. 시장에서 내생적으로 결정되는 차별화의 정도가 최적 차별화와 일치하기는 어렵다. 따라서 실제로 차별화가 지나치거나 많이 이루어지거나 아니면 지나치게 적게 이루어지는 것이 일반적이다. 우리나라의 경우 수많은 음식점, 술집 등을 생각해 보라.

➡ 여기서 정부개입의 필요성이 대두된다. 단, 정부는 정보적으로 우위를 점하고 있으면서 사회잉여를 극대화하는 차별화의 정도에 대해 더 많은 지식을 가지고 있어야 최적 차별화가 가능하다.

08 응용문제와 해설

CHAPTER 06

8.1 독점시장의 균형과 비효율

Question

문제 01

독점기업이 다음과 같은 시장수요곡선에 직면해 있다고 하자.

$P(Q) = a - bQ$

그리고 한계비용은 $MC(Q) = c + eQ$와 같다고 하자. 또한 $a > c$, $2b + e > 0$이라고 가정하자.

1) 독점기업이 책정할 가격과 수량을 a, b, c, e를 이용해 나타내라.
2) c가 증가하거나 a가 감소한다면 독점기업의 균형생산량에는 어떤 변화가 있겠는가? 설명하라.
3) $e \geq 0$인 경우 a가 증가한다면 균형가격에는 어떤 변화가 있는지 설명하라.

Answer

해설

이 문제의 핵심은 독점기업의 이윤극대화 행동이 파라미터들에 따라 어떻게 변하

는가를 이해하는 데 있다.

1) 먼저 독점기업의 한계수입곡선을 구하면 다음과 같다.

$$MR(Q) = a - 2bQ$$

따라서 $MR = MC$의 조건에 대입하면 $a - 2bQ = c + eQ$이므로 이윤을 극대화하는 생산량 Q_M과 가격 P_M은 다음과 같다.

$$Q_M = \frac{a-c}{2b+e}$$

$$P_M = a - b \times \frac{a-c}{2b+e}$$

2) c가 증가하면 균형생산량은 감소하며, a가 감소해도 균형생산량은 감소한다.

3) 이것은 a의 변화에 따른 균형가격의 변화율을 측정하는 문제로, $\frac{dP_M}{da}$를 구하면 다음과 같다.

$$\frac{dP_M}{da} = 1 - \frac{b}{2b+e}$$

여기서 $2b + e > 0$이고, 수요곡선의 성질상 $b > 0$이 되어야 한다. 이 경우 $\frac{dP_M}{da} > 0$이므로 a가 증가하면 균형가격은 상승한다. a가 증가한다는 것은 곧 수요곡선이 오른쪽으로 평행이동한다는 것을 의미하며, 이것은 한계수입곡선도 오른쪽으로 평행이동한다는 것을 의미한다. 따라서 한계비용곡선이 일정한 경우 이윤을 극대화하는 가격은 상승하게 된다. 만약 예외적으로 $b < 0$이라고 할지라도 여전히 $\frac{dP_M}{da} > 0$이므로 균형가격은 상승하게 된다. 따라서 어떤 경우에나 균형가격은 상승한다.

Question

문제 02

한 독점기업이 다음과 같은 수요곡선에 직면해 있다고 하자.

$$P(Q) = 400 - Q$$

그런데 이 기업은 현재 단위당 가격을 $P = 300$에 책정하고 있으면서 일주일에

100단위를 판매하고 있다고 하자.

1) 수요의 가격탄력성을 이용해 현재의 가격에서 평가한 한계수입을 구하라.
2) 한계비용이 50으로 일정하다고 할 때 이 기업은 현재 이윤을 극대화하고 있는지 설명하라.

Answer
해설

이 문제의 핵심은 독점기업의 이윤극대화 조건의 의미를 정확하게 이해하는 데 있다.

먼저 이 기업의 현황은 [그림 6-1]과 같다.

1) 한계수입과 가격은 다음과 같은 관계에 있다. 그런데 현재의 가격에서 평가한 수요의 가격탄력성이 3이므로 이것을 대입해 정리하면 된다.

$$MR = P\left(1 - \frac{1}{\varepsilon}\right) = 300\left(1 - \frac{1}{3}\right) = 200$$

2) $MR = 200$이고, $MC = 50$으로서 $MR > MC$이므로 이 기업은 이윤을 극대화하지 못하고 있다. 이윤극대화를 위해서는 생산을 더 늘려야 한다.

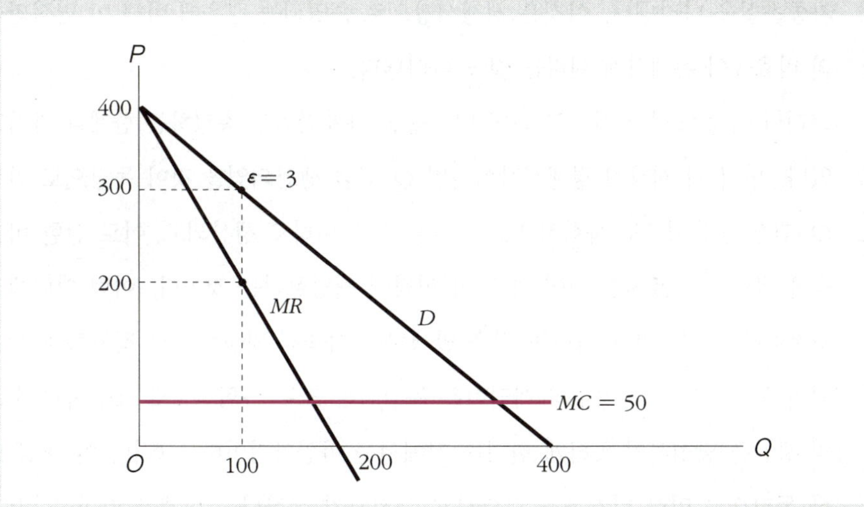

그림 6-1
독점의 균형

Question
문제 03

독점의 비효율을 나타내는 지표 중에서 1) 러너 지수(Lerner index)의 의의와 한계를 논하고, 2) 후생삼각형(welfare triangle)의 의의와 한계를 논한 후, 3) 이들의 한계를 극복하여 진정한 의미에서 독점의 비효율을 측정하기 위한 방법은 무엇이 있는지 논하라.

Answer
해설

이 문제의 핵심은 독점의 비효율을 측정하는 지표들의 한계와 그 극복방안을 이해하는 데 있다.

1) 러너 지수는 $\frac{P-MC}{P}$로 측정되며, 가격과 한계비용 간의 격차를 통해 간단하게 독점의 시장지배력을 측정한다는 의의를 가지고 있다. 이 지수는 0과 1 사이의 값을 가지며, 0에 가까울수록 독점의 시장지배력이 약하고 1에 근접할수록 시장지배력이 큰 것으로 평가한다. 경쟁시장의 경우 이 지수의 값은 0이다. 그렇지만 러너 지수의 값이 크다는 것이 곧 독점의 비효율이 크다는 것을 의미하지는 않는다. 러너 지수가 작더라도 독점의 비효율은 클 수 있으며, 그 역도 성립하기 때문이다.
2) 후생삼각형은 [그림 6-2]의 적색 부분에 해당하며, 흔히 독점으로 인한 사회적 자중손실을 나타낸다. 이것은 경쟁시장으로 운영되는 경우에 비해 이 면적만큼의 비효율이 존재하게 된다는 것을 나타낸다.

   그러나 이것 또한 독점으로 인한 비효율을 화폐단위로 측정하는 한계를 가지고 있다. 만약 이 시장이 경쟁시장이라면 Q_C만큼 생산되었을 것이 독점으로 인해 Q_M만큼 생산되므로 사회적으로 적절한 수준 이하로 생산되고, 이로 인한 비효율을 금액으로 표시한 것이 바로 이 면적에 해당한다는 것이다. 이런 의미에서 경쟁시장에 정부가 개입하는 경우 발생하는 사회적 자중손실과 정확하게 같은 의미를 갖는다. 즉, 정부의 개입이든 독점이든 모두 사회적으로 효율적인 수준의 생산을 달성하지 못하게 한다는 점에서는 마찬가지이다. 그러나 이 개념 또한 독점으로 인한 비효율을 정확하게 측정하지 못한다는 한계를 가지고 있다. 예를 들어 이 면적이 커진다고 해서 반드시 비효율이 증가하였다고 결론을 내릴

그림 6-2

독점의 균형

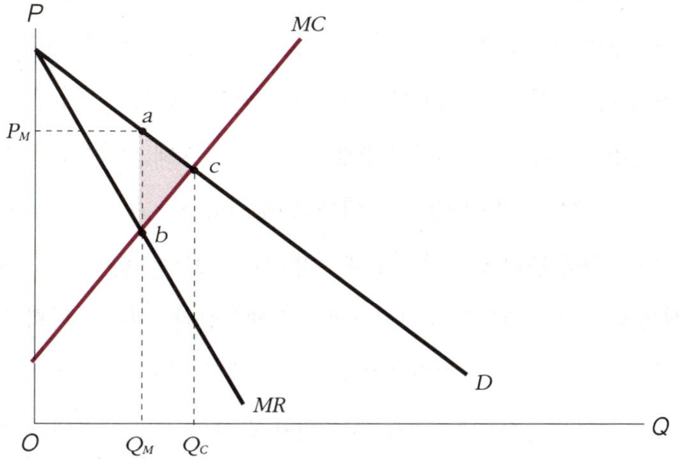

그림 6-3

독점의 비효율

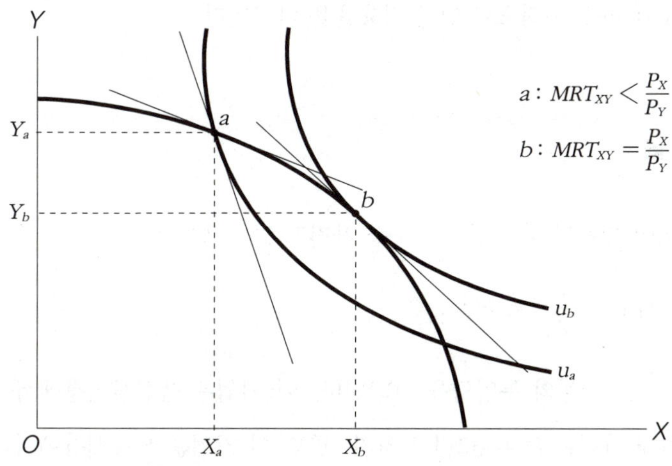

수는 없기 때문이다.

3) 독점으로 인한 비효율을 측정하는 가장 일반적인 방법은 일반균형분석에 의존하는 것이다. 적어도 이 방법은 관련된 시장을 모두 고려함으로써 독점이 존재하지 않는 경우 사회가 달성할 수 있는 후생수준과 독점이 존재하는 경우의 사회후생을 비교할 수 있는 기준을 제공해 주기 때문이다. 비효율은 결국 개개인의 효용

수준, 나아가서 사회후생수준의 비교를 통해 측정되어야 하기 때문에 경쟁적으로 운영될 수 있는 시장이 독점화된 경우 사회후생에 어느 정도 변화가 발생하는지 비교하는 방법만이 진정한 의미에서 독점의 비효율을 측정해 준다. [그림 6-3]은 이와 같은 일반균형분석의 아이디어를 가장 단순화시킨 경우를 보여준다. [그림 6-3]에서 a는 Y재 시장이 경쟁시장인 반면 X재 시장이 독점인 경우 시장균형을 통해 달성된 자원배분의 상태를 보여주며, b는 두 시장 모두 경쟁시장인 경우 시장균형을 통해 달성된 자원배분의 상태를 보여준다. 그리고 여기서 무차별곡선은 대표적인 개인의 무차별곡선으로 해석한다. 이것은 사회무차별곡선으로 해석해도 무방하다. 그러면 개인의 효용극대화 행동과 기업의 이윤극대화 행동의 결과 무차별곡선은 [그림 6-3]에서와 같이 형성될 수밖에 없는데, b를 통과하는 무차별곡선이 a를 통과하는 무차별곡선보다 더 높은 수준의 효용을 나타낸다. 모든 개인들이 이와 같이 효용수준이 증가할 수 있다면 당연히 사회후생도 증가하게 된다. 이 경우 모든 사람들의 후생이 증가할 수 있는데, 그렇지 못한 정도가 바로 독점으로 인한 비효율을 나타낸다.

Question 문제 04

한 기업이 다음과 같은 생산함수를 가지고 있다고 하자.

$$Q = f(L) = \frac{L}{2}$$

여기서 L은 노동의 투입량을 나타낸다. 이 기업은 생산물시장에서는 가격수용자인데, 현재 가격은 $P = 32$라고 하자. 반면 이 기업은 노동시장에서는 수요독점자인데, 노동의 공급곡선은 다음과 같다고 하자.

$$w(L) = 4L$$

여기서 w는 임금을 나타낸다.

1) 수요독점기업의 한계지출함수 ME_L을 구하라.

2) 수요독점기업의 최적 노동수요를 구하고, 이때 얼마의 임금을 지불해야 하는지

설명하라.

3) 이 시장에서 수요독점으로 인한 자중손실의 규모를 구하라.

Answer
해설

이 문제의 핵심은 이윤극대화 행동으로부터 노동의 한계생산물가치곡선과 수요독점자로서 한계지출곡선을 구한 후 노동시장의 균형을 구하는 데 있다.

먼저 이윤극대화의 조건을 나타내면 다음과 같다.

$$\Pi(\text{이윤}) = PQ - wL = \frac{PL}{2} - wL$$

➡ 이윤극대화의 조건은 $w = \frac{P}{2} = 16$이다. 따라서 이 기업의 노동의 한계생산물가치(VMP_L)곡선은 [그림 6-4]와 같다. 수요독점기업이므로 노동에 대한 수요곡선은 성립하지 않지만 VMP_L곡선은 성립한다.

노동의 한계생산성이 일정하기 때문에 VMP_L곡선은 $w = 16$에서 수평선의 형태를 취하게 된다. $VMP_L = P \times MP_L = 16$으로 일정하기 때문이다.

1) 한계지출함수와 공급곡선 간의 관계는 수요곡선과 한계수입곡선 간의 관계와 정확하게 일치한다. 한계지출함수는 다음과 같다.

그림 6-4 노동의 한계생산물가치(VMP_L)곡선

그림 6-5

노동시장의 균형

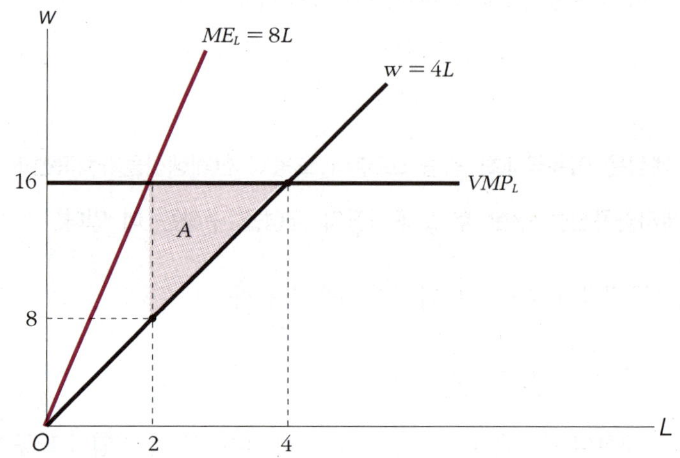

$$ME_L = w\left(1 + \frac{1}{\varepsilon_S}\right)$$

여기서 ε_S는 노동공급의 탄력성을 나타내며, 공급곡선이 원점에서 출발하는 직선의 형태를 갖는 경우 탄력성은 항상 1이다. 따라서 다음과 같은 관계가 성립한다.

$$ME_L = w\left(1 + \frac{1}{\varepsilon_S}\right) = 2w = 8L$$

한계수입곡선의 기울기가 수요곡선의 기울기의 2배인 것처럼 한계지출곡선의 기울기는 공급곡선의 기울기의 2배라는 사실을 확인할 수 있다.

2) 앞에서 구한 노동에 대한 수요곡선과 한계지출곡선, 그리고 공급곡선을 동시에 그림으로 나타내면 [그림 6-5]와 같으며, 여기서 최적 노동수요와 균형임금을 구할 수 있다.

[그림 6-5]에서 알 수 있듯이 최적 노동수요는 $L_m = 2$이고, 균형임금은 $w_m = 8$이다.

3) 자중손실의 규모는 [그림 6-5]에서 적색 부분의 면적 A에 해당하는 8이다.

8.2 독점시장의 응용

Question
문제 05

자연독점과 규모의 경제, 그리고 시장수요 간의 관계를 설명하라.

Answer
해설

이 문제의 핵심은 자연독점을 초래하는 원인이 무엇인지 정확하게 이해하는 데 있다.

자연독점이란 한 기업이 비용 면에서의 우위를 이용해 자연스럽게 시장을 장악하게 되는 경우를 말한다. 따라서 자연독점이 성립하기 위해서는 무엇보다도 비용면에서 유리해야 하는데, 이것은 다음과 같이 비용함수의 준가법성(subadditivity)이 충족되어야 한다는 것을 의미한다.

$$TC(Q) < TC(Q_1) + TC(Q_2) + \cdots\cdots + TC(Q_N),$$
$$Q = Q_1 + Q_2 + \cdots\cdots + Q_N$$

여기서 Q는 한 기업에 의한 생산량을 나타내며, Q_1, ……, Q_N은 Q를 N개의 기업이 나누어 생산할 때 각 기업의 생산량을 나타낸다. 준가법성이 의미하는 바는 간단하다. 일정한 생산량을 한 기업이 생산할 때의 총비용이 N개의 기업으로 나누어 생산할 때의 총비용보다 작다는 것이다. 이와 같은 비용의 우위는 자연독점을 가능케 한다.

여기서 우리는 규모의 경제가 자연독점과 밀접하게 관련되어 있음을 알 수 있다. 비용의 우위를 점하기 위해서는 규모의 경제가 실현되어야 하기 때문이다. 따라서 규모의 경제는 자연독점이 성립하기 위한 충분조건이다. 이것은 규모의 경제를 실현하는 기업이 있고 다른 기업들은 비용 면에서 이 기업보다 불리하다면, 궁극적으로 다른 기업들은 시장에서 퇴출되고 자연독점이 성립하게 된다는 것을 의미한다. 그렇지만 규모의 경제가 자연독점이 성립하기 위한 필요조건은 아니라는 사실을 주의해야 한다. 이것은 규모의 불경제가 존재하더라도 자연독점이 성립할 수 있다는 것을 의미한다. 이 문제는 시장의 수요규모와 밀접하게 관련되어 있다.

그림 6-6

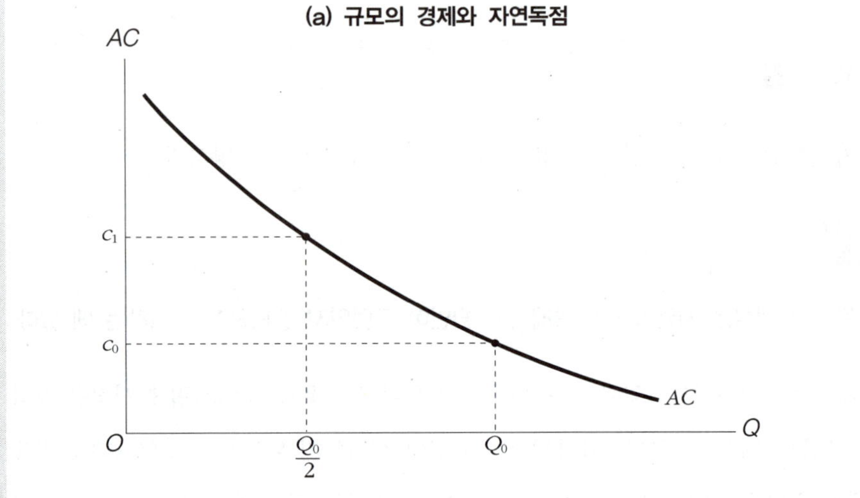

1) 규모의 경제의 경우

한 기업의 장기평균비용곡선이 [그림 6-6(a)]에서와 같이 계속해서 하락한다고 하자.

현재 시장에서 Q_0만큼이 수요되고 있다고 하자. 그런데 이것을 두 개의 기업이 똑같이 나누어 공급한다면 평균비용은 c_0에서 c_1으로 상승하게 된다. 이것은 앞에서 설명한 준가법성이 성립한다는 것을 의미한다. 따라서 한 기업이 계속해서 규모의 경제를 실현하고 있다면 시장의 규모와는 무관하게 항상 자연독점이 성립하게 된다.

2) 규모의 불경제의 경우

한 기업의 장기평균비용이 [그림 6-6(b)]에서와 같이 일정 구간 하락하다가 상승하는 형태를 보인다고 하자. 이것은 일정한 생산수준까지는 규모의 경제를 실현하고 있다는 것을 의미한다.

만약 시장규모가 Q_0보다 작거나 같다면 이 구간에서는 자연독점이 성립한다. 왜냐하면 여전히 준가법성이 성립하기 때문이다.

이제 시장규모가 충분히 큰 경우를 생각해 보자. 예를 들어 시장규모가 $2Q_0$에

그림 6-6

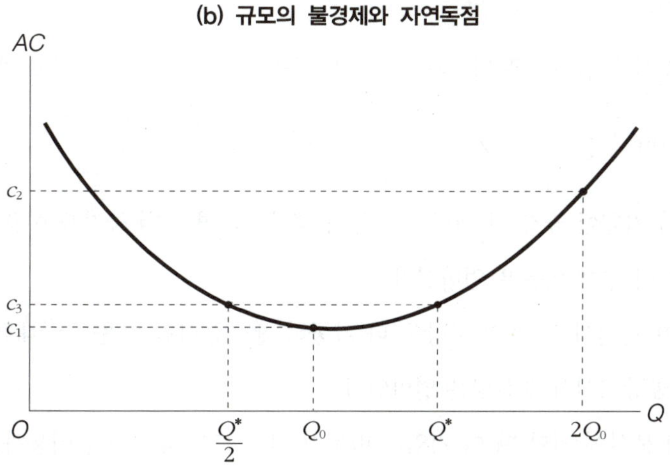

해당한다고 하자. 이 경우 한 기업이 모두 공급한다면 평균비용은 c_2이다. 반면 동일한 생산량을 두 기업이 공급한다면 각 기업은 c_1의 평균비용으로 공급할 수 있다. 이 경우에는 자연독점이 성립할 수 없다. 그렇다면 시장규모가 Q_0보다 크고 $2Q_0$보다 작은 규모에서 여전히 자연독점이 성립할 수 있는 가능성이 있다. 이 규모를 Q^*라고 하자. Q^*는 규모의 불경제가 실현되고 있는 생산수준으로, 다음과 같은 조건을 만족한다.

$$AC(Q^*) = AC\left(\frac{Q^*}{2}\right) = c_3$$

이와 같이 시장규모가 Q_0보다 크고 Q^*보다 작은 경우에는 비록 한 기업이 규모의 불경제를 실현하고 있더라도 여전히 자연독점이 성립할 수 있다. 따라서 자연독점은 기술적인 요인만이 아니라 시장규모에 의해서도 결정된다.

Question 문제 06

두 개의 공장을 가지고 있는 독점기업의 경우 각 공장의 비용곡선이 다음과 같이 측정되었다고 하자.

$$C_1(Q_1) = 1{,}000 + Q_1^2$$
$$C_2(Q_2) = 2{,}000 + 2Q_2^2$$

그리고 이 독점기업은 다음과 같은 시장수요곡선에 직면해 있다고 하자.

$$P = 400 - Q$$

1) 만약 이 기업이 공장 한 개만을 가동해 생산한다면 어떤 공장을 이용할 것인가? 그리고 이 경우 이윤은 얼마인가?
2) 만약 이 기업이 두 개의 공장을 다 가동해 생산한다면 이윤을 극대화하는 가격과 각 공장에서의 생산량은 얼마인가?
3) 이상의 분석에 의할 때 이 기업은 비용이 적게 드는 공장만을 이용하겠는가? 아니면 두 개의 공장을 다 이용하겠는가? 설명하라.

Answer
해설

이 문제의 핵심은 두 개의 공장을 가진 독점기업의 이윤극대화 행동을 정확하게 이해하는 데 있다.

1) 각 공장의 한계비용곡선을 비교하면 [그림 6-7]과 같다.

그림 **6-7**

각 공장의 한계비용곡선

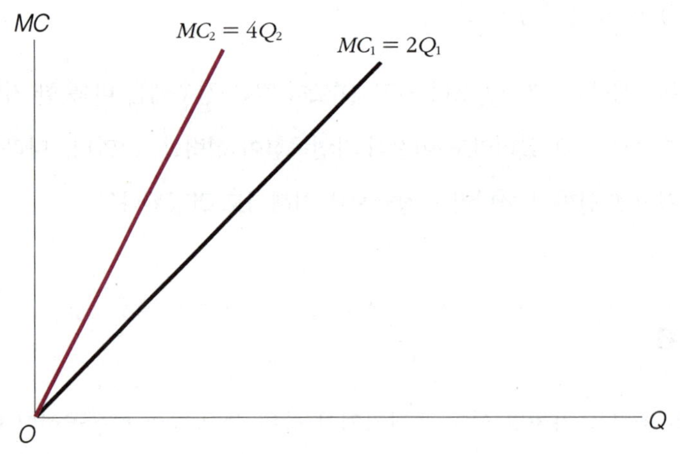

공장 1의 한계비용이 작기 때문에 이 기업은 공장 1을 이용해 생산할 것이다. 이 경우 이윤극대화 조건은 다음과 같다.

$MR = 400 - 2Q = MC = 2Q$

⇨ $Q_M = 100$, $P_M = 300$이고, 이윤은 $\Pi_M = 19{,}000$이다.

2) 이 경우 이윤극대화의 조건은 다음과 같다.

$MR = MC_1 = MC_2$

여기에 대입하여 이윤을 극대화하는 가격과 생산량을 구하면 다음과 같다.

$P^* = 280, \quad Q_1^* = 80, \quad Q_2^* = 40$

따라서 이 기업은 총 120단위를 공급하는데, 공장 1에서 80단위를 생산하고 공장 2에서 40단위를 생산할 것이다. 이 경우 이윤은 $\Pi = 21{,}000$이다.

3) 공장 1만을 이용해 생산하는 경우 이윤은 19,000이고, 두 공장을 모두 이용해 생산하는 경우 이윤은 21,000이므로 두 공장을 모두 이용하는 것이 유리하다.

8.3 독점의 가격차별

Question
문제 07

A 제약회사가 일반 감기를 치료하는 약을 개발했다고 하자. 이 회사는 미국과 유럽 두 곳에 공장을 가지고 있으며, 10의 한계비용으로 이 약을 생산하는 데 고정비용은 없다고 가정한다. 유럽에서 이 약에 대한 수요는 $Q_E = 70 - P_E$이고, 미국에서의 수요는 $Q_U = 110 - P_U$이다.

1) 이 기업이 3급 가격차별을 실시한다면 이윤을 극대화하기 위해 책정하는 대륙별 가격은 얼마인가?

2) 가격차별이 법적으로 금지되어 단일 가격으로 공급해야 한다면 어떻게 가격을 책정하겠으며, 이 경우 이윤은 얼마가 되겠는가?

3) 미국과 유럽을 망라한 총소비자잉여와 총생산자잉여는 가격차별을 실시할 때가 크겠는가, 아니면 실시하지 않을 때가 크겠는가? 이 기업은 두 대륙 모두에 이 약을 판매할 것인가? 설명하라.

Answer
해설

이 문제의 핵심은 시장지배력이 있는 기업이 두 개의 시장에서 이윤을 극대화하기 위해 실시하는 3급 가격차별의 의의를 정확하게 이해하는 데 있다.

1) 먼저 이 기업은 고정비용이 없고 한계비용이 10이므로 총비용을 구하면 $C(Q) = 10Q$이다. 3급 가격차별을 하는 경우 이 기업은 두 시장에서 다음과 같이 이윤극대화를 추구할 것이다.

유럽 : 이윤극대화 $\Pi_E = P_E Q_E - C(Q_E)$

$$= Q_E(70 - Q_E) - 10Q_E$$

➡ 극대화 조건 : $\dfrac{d\Pi_E}{dQ_E} = 70 - 2Q_E - 10 = 0$

$$\therefore\ Q_E^* = 30,\ P_E^* = 40$$

미국 : 이윤극대화 $\Pi_U = P_U Q_U - C(Q_U)$

$$= Q_U(110 - Q_U) - 10Q_U$$

➡ 극대화 조건 : $\dfrac{d\Pi_U}{dQ_U} = 110 - 2Q_U - 10 = 0$

$$\therefore\ Q_U^* = 50,\ P_U^* = 60$$

따라서 이 회사는 유럽시장에서는 40, 미국시장에서는 60의 가격으로 판매를 할 것이다.

2) 가격차별이 금지되어 있는 경우 단일 가격으로 공급하면 이 기업은 총수요를 감안해 이윤을 극대화해야 한다. 먼저 총수요를 구하면 $Q = Q_E + Q_U = 180 - 2P$가 되고, 이를 바탕으로 이윤을 극대화한다.

이윤극대화 : $\Pi = PQ - C(Q)$

$$= Q(90 - \frac{1}{2}Q) - 10Q$$

➡ 극대화 조건 : $\frac{d\Pi}{dQ} = 90 - Q - 10 = 0$

$$\therefore\ Q^* = 80,\ P^* = 50,\ \Pi^* = 3{,}200$$

따라서 이 회사는 50의 가격으로 두 시장에 공급해 3,200의 이윤을 얻게 된다.

3) 가격차별이 존재하는 경우와 그렇지 않은 경우 소비자잉여와 생산자잉여를 구하면 다음과 같다.

가격차별을 실시하는 경우 :

소비자잉여(CS_D) = 유럽의 소비자잉여 + 미국의 소비자잉여

$$= \frac{1}{2}(30 \times 30 + 50 \times 50)$$

$$= 450 + 1{,}250 = 1{,}700$$

생산자잉여(PS_D) = 유럽의 생산자잉여 + 미국의 생산자잉여

$$= 30 \times 30 + 50 \times 50$$

$$= 900 + 2{,}500 = 3{,}400$$

사회잉여(SS_D) = $CS_D + PS_D = 5{,}100$

가격차별을 실시하지 않는 경우 :

소비자잉여(CS_{ND}) = 유럽의 소비자잉여 + 미국의 소비자잉여

$$= \frac{1}{2}(20 \times 20 + 60 \times 60)$$

$$= 200 + 1{,}800 = 2{,}000$$

생산자잉여(PS_{ND}) = 유럽의 생산자잉여 + 미국의 생산자잉여

$$= 40 \times 20 + 40 \times 60 = 3{,}200$$

사회잉여(SS_{ND}) = $CS_{ND} + PS_{ND} = 5{,}200$

따라서 소비자잉여는 가격차별을 실시하지 않는 경우가 크고, 생산자잉여는 가격차별을 실시하는 경우가 크다. 그리고 이 둘의 합인 사회잉여는 가격차별을 실시하지 않는 경우 100만큼 더 크다. 그렇지만 가격차별을 실시하는 경우 기업의 이윤이 증가하기 때문에 이 기업은 가격차별을 실시할 것이다.

Question
문제 08

전기에 대한 시장수요가 다음과 같이 측정되었다고 하자.

$P = 200 - Q$

전기를 공급하는 독점기업의 한계비용은 $MC = 20$으로 일정하다고 가정한다. 그리고 전기의 단위는 '만 Kw/월' 이고, 가격과 비용의 단위는 '백원/Kw' 이다.

1) 독점기업이 단일 가격으로 전기를 판매하는 경우 균형가격과 공급량 및 이윤(생산자잉여)을 구하라.
2) 독점기업이 경쟁기업처럼 행동하는 경우 균형가격과 공급량 및 이윤을 구하라.
3) 독점기업이 $Q = 50$단위까지는 $P = 150$에 판매하고, 그 다음 수량부터는 $P = 100$에 판매하고자 한다. 이 경우 단일한 가격으로 판매하는 경우와 비교해 독점기업의 이윤은 어떻게 변하겠는가?
4) 독점기업이 앞에서와 같이 2급 가격차별을 하는 것이 소비자에게 유리하겠는지, 아니면 불리하겠는지 평가하라.
5) 이 독점기업이 두 개의 다른 가격으로 판매한다는 전제하에서 앞에서와 같이 2급 가격차별을 실시하는 것이 가장 유리하겠는가? 논평하라.

Answer
해설

이 문제의 핵심은 독점기업이 실시하는 2급 가격차별의 효과를 정확하게 이해하는 데 있다.

1) 독점기업이 단일 가격으로 판매하는 경우에는 [그림 6-8(a)]와 같이 $MR = MC$를 만족하는 가격을 책정하고, 이에 상응하는 수량을 공급하면 된다.
   독점기업의 $MR(Q) = 200 - 2Q$이고, $MC = 20$으로 일정하므로 균형공급량은 $Q_M = 90$이고, 균형가격은 $P_M = 110$이다. 그리고 이윤은 $\Pi_M = 8,100$이다.
2) 만약 이 기업이 경쟁기업처럼 행동한다면 $P = MC$가 되도록 가격을 설정할 것

그림 6-8

(a) 독점기업의 균형 : 단일 가격의 경우

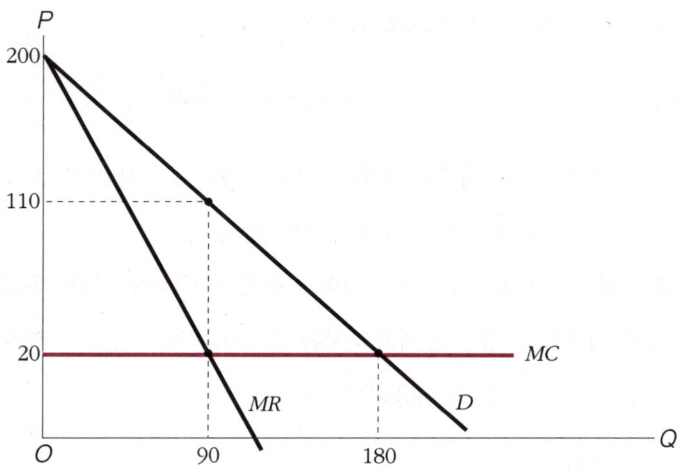

그림 6-8

(b) 2급 가격차별의 경우

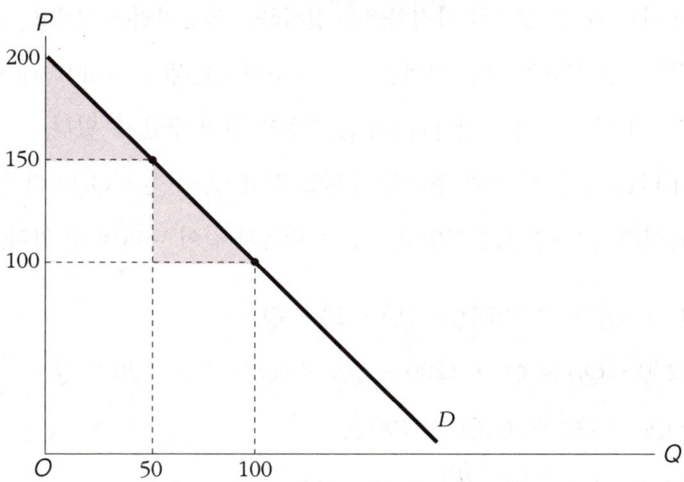

이다. 따라서 균형가격은 $P^* = 20$이고, 공급량은 $Q^* = 180$이다. 이윤은 $\Pi^* = 0$이다.

3) 독점기업이 2급 가격차별을 실시하는 경우 [그림 6-8(b)]에서와 같이 $P_1 = 150$에 $Q_1 = 50$을 판매하고, $P_2 = 100$에 $Q_2 - Q_1 = 50$을 판매하게 된다.

따라서 이 경우 독점기업의 이윤은 다음과 같다.

$$\Pi_D = 50 \times 150 + 50 \times 100 - 20 \times 100 = 10{,}500$$

그런데 단일 가격으로 판매하는 경우의 이윤은 $\Pi_M = 8{,}100$이므로 2급 가격차별을 실시함으로써 이윤이 2,400만큼 증가하게 된다.

4) 소비자의 후생수준의 변화는 소비자잉여를 통해 평가할 수 있다. 독점기업이 단일 가격으로 판매하는 경우 소비자잉여를 CS_M이라 하고, 2급 가격차별의 경우 소비자잉여를 CS_D라고 하면 다음과 같다.

$$CS_M = 90 \times \frac{90}{2} = 4{,}050$$
$$CS_D = 50 \times \frac{50}{2} + 50 \times \frac{50}{2} = 2{,}500$$

2급 가격차별을 실시하는 경우 단일 가격으로 판매하는 경우에 비해 소비자잉여가 1,550만큼 감소한다. 따라서 이러한 가격차별은 소비자들에게 불리하다.

5) 두 개의 다른 가격으로 2급 가격차별을 실시하는 독점기업은 이윤을 극대화하는 가격수준을 결정해야 한다. 이것을 최적 구간가격설정(optimal block pricing)이라 한다. 이 경우 최적 구간가격설정은 다음과 같이 구할 수 있다.
두 개의 다른 가격 P_1, P_2에 판매될 수량을 각각 Q_1, $(Q_2 - Q_1)$이라 하자. 물론 $P_1 > P_2$이다. 그러면 독점기업의 이윤은 다음과 같이 나타낼 수 있다.

$$\begin{aligned}\Pi &= P_1 \times Q_1 + P_2 \times (Q_2 - Q_1) - 20 \times Q_2 \\ &= (200 - Q_1) \times Q_1 + (200 - Q_2) \times (Q_2 - Q_1) - 20 \times Q_2 \\ &= -Q_1^2 - Q_2^2 + Q_1 Q_2 + 180 Q_2\end{aligned}$$

➡ 이윤극대화의 조건 : $\frac{\partial \Pi}{\partial Q_1} = Q_2 - 2Q_1 = 0$

$$\frac{\partial \Pi}{\partial Q_2} = 180 + Q_1 - 2Q_2 = 0$$

이 두 식을 연립해서 풀면 $Q_1 = 60$, $Q_2 = 120$을 얻는다. 따라서 최적의 구간가격설정은 $P_1 = 140$에 $Q_1 = 60$을 판매하고, $P_2 = 80$에 $Q_2 - Q_1 = 60$을 판

매하는 것이다. 이 경우 이윤은 10,800으로, 앞에서의 가격차별의 경우보다 300 만큼 이윤이 증가한다.

Question
문제 09

어느 마을에서 한 명의 의사가 모든 의료 서비스를 담당하고 있다. 이 마을에서 의료 서비스에 대한 시장수요는 다음과 같이 요약된다고 하자.

$$P = 200 - Q$$

그리고 의료 서비스 공급에 따른 총비용(TC)은 다음과 같다고 하자.

$$TC = 240 + Q^2$$

여기서 고정비용은 모두 매몰비용으로 간주할 때 다음 질문에 답하라.

1) 이 의사는 가격차별을 실시할 수 없다고 하자. 이 경우 독점이윤은 얼마인가? 그리고 생산자잉여는 얼마인가?
2) 이제 이 의사는 마을 주민들의 지불의사에 대해 충분한 정보를 축적했기 때문에 1급 가격차별을 실시할 수 있다고 하자. 이 경우 이윤과 생산자잉여는 얼마인가?
3) 효율성과 공평성의 차원에서 1급 가격차별이 갖는 의의를 설명하라.

Answer
해설

이 문제의 핵심은 1급 가격차별의 의의를 정확하게 이해하는 데 있다.

1) 유일한 의사는 공급독점자로서 [그림 6-9]에서와 같이 균형을 달성한다.
   $MR = MC$의 조건을 만족하는 생산량은 $Q_M = 50$이다. 그리고 균형가격은 $P_M = 150$이다. 따라서 독점기업의 이윤과 생산자잉여는 다음과 같다.

   이윤 = 총수입 - 총비용 = 150 × 50 - (240 + 2,500) = 4,760
   생산자잉여 = 총수입 - 총가변비용 = 7,500 - 2,500 = 5,000

2) 1급 가격차별이 가능한 경우 독점기업은 한계비용과 수요자들의 최대지불의사

그림 6-9

독점의 균형

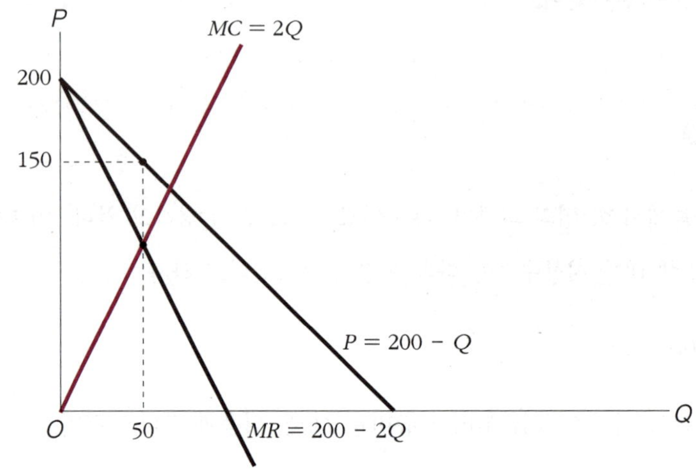

그림 6-10

1급 가격차별의 경우

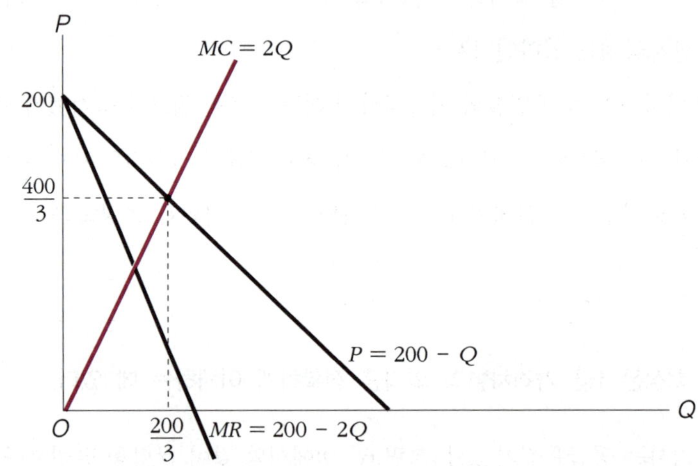

가 같아질 때까지 의료 서비스를 공급한다. 왜냐하면 이 경우 공급독점자의 잉여가 극대화되기 때문이다. 따라서 다음 그림에서 수요곡선(= 최대지불의사곡선)과 한계비용곡선이 교차하는 수준까지 의료 서비스를 공급하는 것이 균형이다. 따라서 이 경우 유일한 균형가격이 존재하는 대신 다양한 가격에 의료 서비스가 공급된다. 균형공급량은 [그림 6-10]에서와 같이 $Q_D = \frac{200}{3}$이다. 따라서 독점기업의 이윤과 생산자잉여는 다음과 같다.

$$\text{이윤} = \text{총수입} - \text{총비용} = \frac{100,000}{9} - \frac{42,160}{9} = \frac{57,840}{9}$$

$$\text{생산자잉여} = \text{총수입} - \text{총가변비용} = \frac{100,000}{9} - \frac{40,000}{9} = \frac{60,000}{9}$$

3) 1급 가격차별은 거래를 통해 실현할 수 있는 모든 잉여를 공급자가 갖는 거래형태이다. 따라서 공평성의 관점에서는 가장 불공평하다고 말할 수 있다. 실제로 이 모형에서 1급 가격차별을 실시하는 경우 평범한 독점에 비해 이윤과 생산자잉여가 모두 $\frac{15,000}{9}$만큼 증가한다. 이것은 모두 소비자잉여가 생산자잉여로 전환된 결과이다.

그렇지만 자원배분의 효율성 면에서 1급 가격차별은 효율적이다. 왜냐하면 이 시장이 경쟁적인 경우 균형생산량은 $\frac{200}{3}$으로, 1급 가격차별의 균형생산량과 일치한다. 이와 같이 1급 가격차별은 소득의 분배 면에서는 가장 불공정하지만, 자원배분 면에서는 효율적이라는 양면성을 가진다.

Question
문제 10

휴일이면 아이들과 즐겨 찾는 놀이공원이나 회원제 헬스 클럽 또는 골프장 등에서 가격을 부과하는 방식을 흔히 이부가격(two-part tariff)이라 부른다. 이 가격제도는 입장료(entry fee)와 사용료(usage fee)로 구성되어 있기 때문이다. 입장료는 회비(membership fee)라고도 부른다. 이제 놀이공원을 찾는 소비자 갑의 경우를 생각해 보자. 갑의 수요곡선은 다음과 같다.

$$P = 100 - Q$$

여기서 Q는 갑이 놀이공원에서 즐기는 서비스의 규모를 나타낸다고 이해하면 된다. 한편 놀이공원을 운영하는 기업의 한계비용은 $MC = 50$으로 일정하다고 가정할 때 다음 질문에 답하라.

1) 만약 놀이공원을 찾는 사람들이 모두 갑과 같은 수요곡선을 가지고 있다면 이 기

업은 어떤 방식으로 이부가격을 책정하는 것이 가장 유리한지 설명하라.

2) 이제 다른 타입의 소비자 을이 놀이공원을 이용하려고 한다. 그의 수요곡선은 다음과 같다고 하자.

$$P = 120 - Q$$

기업의 한계비용은 앞에서와 동일하다고 할 때 갑과 을을 상대로 어떻게 이부가격을 책정하는 것이 기업에게 가장 유리하겠는지 설명하라.

Answer
해설

이 문제의 핵심은 가격차별의 한 유형인 이부가격제도의 의의를 정확하게 이해하는 데 있다.

1) 먼저 수요곡선과 한계비용곡선을 그림으로 나타내면 [그림 6 - 11]과 같다. 이제 편의상 입장료는 E, 사용료는 P로 나타내기로 하자. 이 경우 최적의 이부가격은 간단하다. 먼저 기업의 한계비용이 50이고, $Q = 50$을 초과하는 경우 소비자의 지불의사는 50 이하가 되므로 균형거래량은 $Q^* = 50$이다. 따라서 기업은 사용료로 $P^* = MC = 50$을 부과하고, 입장료로 면적 E에 해당하는 만큼을

그림 6 - 11
한 가지 타입의 소비자의 경우

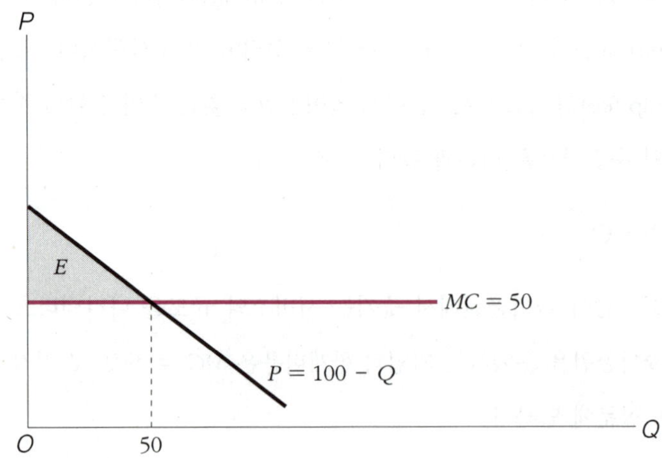

그림 6-12

두 타입의 소비자가 있는 경우

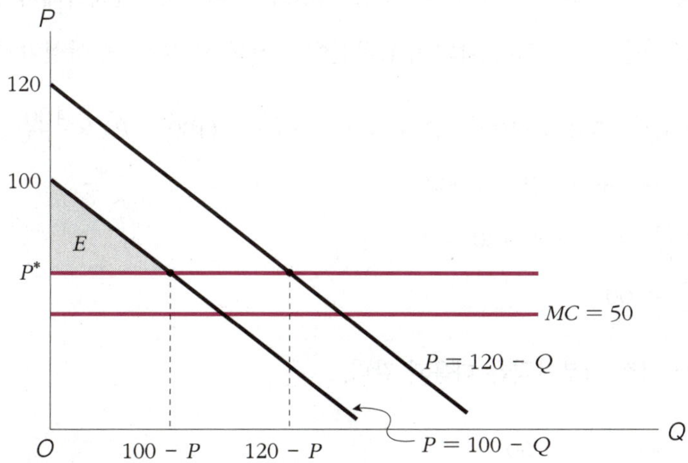

부과하는 것이 가장 유리하다. 왜냐하면 이렇게 함으로써 기업의 잉여를 극대화할 수 있기 때문이다. 소비자의 지불의사와 기업의 한계비용을 고려할 때 이부가격을 달리 책정하면 오히려 기업의 잉여가 감소한다. 따라서 최적 이부가격은 다음과 같다. 이 경우 기업의 잉여는 1,250으로 극대화된다.

$E^* = 1{,}250,\ P^* = 50$

2) 두 타입의 소비자가 있는 경우 최적 이부가격을 책정하는 문제는 다소 복잡해진다. [그림 6-12]를 통해 이것을 살펴보자.

먼저 $P = MC = 50$으로 사용료를 책정하는 것은 더 이상 기업의 잉여를 극대화하지 못한다. 왜냐하면 이 경우 입장료는 지불의사가 작은 갑의 수요곡선에 의해 결정되는데, 앞에서와 같이 $E = 1{,}250$을 초과할 수 없다. 그 이상 입장료를 부과하면 을은 여전히 수요하겠지만, 갑은 더 이상 수요하지 않을 것이기 때문이다. 따라서 $P = 50$, $E = 1{,}250$으로 이부가격을 책정하는 경우 기업의 잉여는 2,500이다.

이제 기업이 $P = 50$이라는 원칙을 버리고, 이부가격을 달리 책정한다면 잉여를 더 크게 할 수 있다. 이를 위해서는 다음과 같이 기업의 잉여를 나타내는 관계식을 정리할 필요가 있다. 사용료를 P, 입장료를 E로 나타낼 때 최적 이부가격이 되기 위해서는 다음과 같이 요약되는 기업의 잉여(PS)를 극대화해야 한다. 여기서 E는 지불의사가 작은 갑의 수요곡선에 근거해 책정된다는 사실이 중요하다.

$$PS = (P - 50) \times (100 - P + 120 - P) + 2(100 - P) \times \frac{100 - P}{2}$$

$$= -P^2 + 120P - 1{,}000$$

➡ $\dfrac{d(PS)}{dP} = -2P + 120 = 0$

➡ $P^* = 60$

따라서 최적 이부가격은 다음과 같다.

$$E^* = 800,\ P^* = 60$$

이 경우 기업의 잉여는 다음과 같다.

PS = 입장료로부터의 잉여 + 사용료로부터의 잉여

$= 1{,}600 + 1{,}000$

$= 2{,}600$

이상에서 알 수 있듯이 지불의사가 다른 소비자들이 존재하는 경우 사용료 = 한계비용으로 책정하는 것은 더 이상 최적 이부가격이 될 수 없다. 최적 이부가격은 여기서와 같이 사용료 > 한계비용인 조건을 만족하는 상태에서 구할 수 있다.

[보론] 최적 이부가격에 관한 일반적 논의

다수의 소비자가 서로 다른 수요곡선을 가지고 있는 경우 기업의 입장에서 최적의 이부가격을 책정하는 것은 간단한 문제가 아니다. 보통 시행착오적인 과정을 통해 최적의 이부가격 (E^*, P^*)를 책정할 수밖에 없다. 이 문제가 어려운 이유는 소비자들이 서로 다른 수요곡선을 가지고 있는 상황에서 입장료 수입과 사용료 수입 간의 상충관계로 인해 기업의 잉여를 입장료와 사용료에 의해 잘 정의된 함수로 나타내기 어렵기 때문이다. 그래서 이 문제는 다음과 같이 접근하는 것이 이해하기 쉽다.

먼저 사용료 P를 일정한 수준에서 책정한 후 기업의 잉여를 극대화하는 입장료 E를 구한다. 그 다음 다른 사용료 P'을 책정한 후 이에 상응하는 입장료 E'을 책정해 잉여를 구한다. 이런 과정을 되풀이하면 기업의 잉여를 극대화하는 (P^*, E^*)를 구할 수 있다. 이제 이 문제를 다음과 같이 정리해 보자. 여기서 n은 사용자의 수를 나타낸다. 기업의 잉여 Π는 다음과 같이 입장료로부터 발생하는 부분 Π_E와 사용료로부터 발생하는 부분 Π_P로 나눌 수 있다. 여기서도 편의상 한계비용은 일정하다고 가정한다.

$$\Pi = \Pi_E + \Pi_P$$
$$\Pi_E = n(E) \times E, \; n'(E) < 0$$
$$\Pi_P = (P - MC) \times Q_1 + \cdots\cdots + (P - MC) \times Q_n$$
$$= (P - MC) \times (Q_1 + \cdots\cdots + Q_n)$$

여기서 $n'(E) < 0$은 입장료 E가 증가하면 사용자 수가 감소한다는 것을 의미하고, $Q_1, \cdots\cdots\ Q_n$은 각각의 사용자가 소비하는 수량을 나타낸다. 나아가서 $Q = (Q_1 + \cdots\cdots + Q_n)$으로 나타낸다면 $Q(n, P)$로서, 총소비량은 사용자 수와 사용료의 함수로 생각할 수 있다. 그런데 n은 E의 함수이므로 결국 Q는 $Q(n(E), P)$로서, P와 E의 함수이다. 나아가서 $Q(n(E), P)$는 n의 증가함수라고 볼 수 있는 반면, n은 E의 감소함수이므로 결국 Q는 E의 감소함수이다. 또한 Q는 P의 감소함수라고 볼 수 있다. 이와 같이 Q가 P와 E에 대해 잘 정의된 함수라면 최적의 이부가격을 결정하는 문제는 간단해진다. 왜냐하면 다음과 같이 Π를 극대화하는 (P^*, E^*)를 책정하면 되기 때문이다.

$$\Pi = n(E) \times E + (P - MC) \times Q(n(E), P)$$
$$\Rightarrow \frac{\partial \Pi}{\partial E} = n'(E) \times E + n(E) + (P - MC) \times \frac{\partial Q(n(E), P)}{\partial n} \times n'(E)$$
$$= 0$$
$$\frac{\partial \Pi}{\partial P} = Q(n(E), P) + (P - MC) \times \frac{\partial Q(n(E), P)}{\partial P} = 0$$

이 두 조건을 만족하는 (P^*, E^*)가 존재한다면, 이것이 바로 최적 이부가격에 해당한다. 그런데 문제는 $Q(n(E), P)$가 과연 P와 E의 잘 정의된 함수인가에 있다. 이에 대해서는 단정적으로 말할 수 없다. 그렇기 때문에 앞에서 언급했듯이, 사용료 P가 일정한 수준에서 주어진 것으로 간주하고 기업의 이윤을 극대화하는 E를 구한 다음, 다시 다른 사용료를 가지고 이윤을 극대화하는 E를 구하는 과정을 반복해 최적의 이부가격을 구하는 방법을 제시한 것이다.

그렇지만 이러한 과정을 통해 최적 이부가격을 책정한다는 것은 매우 번거로운 일이다. 그래서 이부가격을 책정하는 간단한 경험법칙은 소비자가 한 명과 두 명인 간단한 경우를 통해 얻은 아이디어를 적용하는 것이다. 그것은 다름 아니라 소비자들의 수요가 매우 유사하다면, 사용료를 $P^* = MC$로 책정하고 가능한 한 입장료 E^*를 높게 책정하는 것이 유리하다. 반면 소비자들의 수요가 상당히 다르다면, $P^* > MC$로 책정하고 비교적 낮게 E^*를 책정하는 것이 유리하다.

Question
문제 11

수돗물에 대한 시장수요가 다음과 같이 측정되었다.

$$P = 3{,}000 - Q$$

수돗물은 독점기업에 의해 공급되는데, 한계비용은 $MC = 600$으로 일정하다고 하자. 수돗물의 단위는 '만 톤/월' 이고, 가격과 비용의 단위는 '십원/톤' 이다.

1) 이 기업이 단일한 가격으로 판매하는 경우 균형가격, 균형생산량 및 이윤을 구하라.
2) 이 기업이 세 개의 다른 가격 P_1, P_2, P_3로 가격차별을 실시하려고 한다. 어떻게 가격차별을 실시하는 것이 가장 유리하겠는가?
3) 앞의 두 개의 결과를 근거로 사회잉여(= 소비자잉여 + 생산자잉여)의 관점에서 어떤 정책이 더 바람직한지 논평하라.
4) 독점의 가격정책 가운데 사회잉여의 관점에서 가장 바람직한 정책은 무엇인지 간단히 논하라.

Answer
해설

이 문제의 핵심은 독점기업의 가격차별정책의 후생적 의의를 정확하게 이해하는 데 있다.

1) $MR(Q) = 3{,}000 - 2Q = MC = 600$의 조건으로부터 다음과 같은 결과를 얻는다.

$P^* = 1{,}800$(또는 18,000원), $Q^* = 1{,}200$(또는 1,200만 톤),
Π(이윤) $= 1{,}440{,}000$(또는 1,440억원)

2) 이 경우 이윤(정확하게는 생산자잉여)은 다음과 같다.

$$\begin{aligned}\Pi &= P_1Q_1 + P_2(Q_2 - Q_1) + P_3(Q_3 - Q_2) - 600Q_3 \\ &= (3{,}000 - Q_1)Q_1 + (3{,}000 - Q_2)(Q_2 - Q_1) \\ &\quad + (3{,}000 - Q_3)(Q_3 - Q_2) - 600Q_3 \\ &= -Q_1^2 - Q_2^2 - Q_3^2 + Q_1Q_2 + Q_2Q_3 + 2{,}400Q_3\end{aligned}$$

➡ $$\frac{\partial \Pi}{\partial Q_1} = -2Q_1 + Q_2 = 0$$
$$\frac{\partial \Pi}{\partial Q_2} = -2Q_2 + Q_1 + Q_3 = 0$$
$$\frac{\partial \Pi}{\partial Q_3} = -2Q_3 + Q_2 + 2{,}400 = 0$$

➡ $Q_1^* = 600,\ Q_2^* = 1{,}200,\ Q_3^* = 1{,}800$

따라서 이 기업은 600단위까지는 $P_1^* = 2{,}400$, 1,200단위까지는 $P_2^* = 1{,}800$, 1,800단위까지는 $P_3^* = 1{,}200$에 판매하는 것이 가장 유리하다. (단위에 대해서는 1)과 마찬가지이다.)

이 경우 기업의 이윤은 $\Pi = 2{,}160{,}000$(또는 2,160억원)이다.

3) 사회잉여를 비교하면 다음과 같다.

단일 가격의 경우 : 사회잉여 = 소비자잉여 + 생산자잉여
= 720,000 + 1,440,000

$= 2{,}160{,}000$(또는 2,160억원)

가격차별의 경우 : 사회잉여 = 소비자잉여 + 생산자잉여

$= 540{,}000 + 2{,}160{,}000$

$= 2{,}700{,}000$(또는 2,700억원)

따라서 사회잉여의 관점에서 2급 가격차별이 더 바람직하다.

4) 1급 가격차별의 경우 소비자잉여 = 0이고, 생산자잉여 = 2,880,000(2,800억원)이다. 이 경우 사회잉여가 극대화되는데, 완전경쟁시장에서 달성할 수 있는 사회잉여와 같다.

Question 문제 12

시장지배적인 기업 A는 자신의 제품에 대한 시장수요에 관한 자료를 분석한 결과 오전과 오후에 커다란 차이가 있음을 발견했다. 오전의 수요를 $D_1(P)$, 오후의 수요를 $D_2(P)$로 나타낼 때 수요곡선이 다음과 같이 추정되었다.

$Q_1 = D_1(P)$ ➡ $P = 200 - Q_1$

$Q_2 = D_2(P)$ ➡ $P = 100 - Q_2$

여기서 Q_1, Q_2는 각각 오전, 오후에 생산되는 수량을 나타낸다. 그리고 이 기업의 단기 총비용은 다음과 같이 측정되었다고 하자.

$$TC(Q) = 100 + 20Q + \frac{Q^2}{5}$$

1) 이 기업이 단일한 가격을 책정하는 전통적인 가격정책을 고수하는 경우 균형가격, 생산량 및 이윤은 얼마인가?

2) 이 기업이 수요가 몰리는 오전에 부과하는 가격(P_1)과 수요가 적은 오후에 부과하는 가격(P_2)을 구별해서 판매하는 가격정책을 실시하기로 결정하였다면 균형가격, 생산량 및 이윤은 얼마인가?

3) 이제 관점을 바꾸어 오전과 오후의 시장이 분리되어 있으며, 오전에 구입해 오후

에 재판매(resale)하는 것이 불가능하다고 하자. 이때 3급 가격차별을 실시하는 경우 균형가격, 생산량 및 이윤은 얼마인가?

4) 이상의 논의에 의할 때 어떤 가격정책이 유리한지 기업의 관점과 사회의 관점에서 각각 논평하라.

Answer
해설

이 문제의 핵심은 사회후생의 관점에서 다양한 가격차별정책를 비교함으로써 개별 정책의 의의를 이해하는 데 있다.

1) 시장지배적인 기업이 단일한 가격을 책정하는 경우 $MR = MC$가 이윤극대화 조건이므로 MR과 MC를 비교해야 한다. 먼저 MC는 다음과 같다.

$$MC = 20 + \frac{2Q}{5}$$

단일한 가격을 책정한다면 오전과 오후의 수요를 통합해 시장수요곡선을 구해야 한다. 그 다음 통합된 시장수요곡선으로부터 MR곡선을 유도해 $MR = MC$를 만족하는 가격과 생산량을 구하면 된다. 생산량은 $Q^* = 75$이고, 균형가격은 $P^* = 125$이다. 그리고 이윤은 $\Pi^* = 6{,}650$이다.

2) 시간에 따라 가격을 차별하는 정책을 최고부하 가격책정(peak-loading pricing)이라 부른다. 이 경우 기업은 오전과 오후의 수요로부터 각각 MR곡선을 구한 후 이것과 MC를 비교해 차별화된 가격을 책정한다. 따라서 오전시장과 오후시장의 균형은 다음과 같이 결정된다.

$$MR_1 = 200 - 2Q_1, \quad MR_2 = 100 - 2Q_2$$

➡ $200 - 2Q_1 = 20 + \frac{2Q_1}{5}$

$100 - 2Q_2 = 20 + \frac{2Q_2}{5}$

➡ $Q_1^* = 75,\ Q_2^* = \frac{100}{3},\ P_1^* = 125,\ P_2^* = \frac{200}{3}$

최고부하가격을 책정하는 경우 기업은 오전과 오후의 한계비용을 분리해 고려해야 한다. 따라서 오전과 오후의 총가변비용, $TVC(Q_1)$과 $TVC(Q_2)$를 더한 후 여기에 고정비용을 더하면 총비용을 구할 수 있다. 그 결과 이윤은 다음과 같다.

$$
\begin{aligned}
\Pi_p^* &= TR_1 + TR_2 - (100 + TVC(Q_1^*) + TVC(Q_2^*)) \\
&= 75 \times 125 + \frac{100}{3} \times \frac{200}{3} - (100 + 2{,}625 + \frac{8{,}000}{9}) \\
&= \frac{104{,}375}{9} - \frac{32{,}525}{9} \\
&= \frac{71{,}850}{9} \fallingdotseq 7{,}983
\end{aligned}
$$

3) 두 개의 분리된 시장을 대상으로 3급 가격차별을 실시하는 경우 이윤극대화의 조건은 $MR_1 = MR_2 = MC$이다. 따라서 오전과 오후시장의 MR과 MC를 비교하면 다음 관계가 성립한다.

$$MR_1 = 200 - 2Q_1 = MR_2 = 100 - 2Q_2 = 20 + \frac{2Q}{5},\ Q = Q_1 + Q_2$$

이 조건을 만족하는 생산량은 $Q_1^* = \frac{500}{7}$, $Q_2^* = \frac{150}{7}$이다.
따라서 균형가격은 $P_1^* = \frac{900}{7}$, $P_2^* = \frac{550}{7}$이다. 따라서 이윤은 다음과 같다.

$$
\begin{aligned}
\Pi_d^* = TR_1(Q_1^*) + TR_2(Q_2^*) - TC(Q^*) &= \frac{532{,}500}{49} - \frac{180{,}400}{49} \\
&= \frac{352{,}100}{49} \fallingdotseq 7{,}186
\end{aligned}
$$

4) 세 가지 가격정책의 효과를 기업과 사회의 관점으로 나누어 살펴볼 수 있다.

기업의 관점: 단일 가격의 경우 이윤은 6,650이지만, 최고부하가격을 책정하면 7,983이고, 3급 가격차별을 하면 7,186이다. 따라서 이 기업은 최고부하가격을 실시하는 것이 유리하다.

사회의 관점: 사회잉여의 크기를 가지고 사회의 관점에서 어느 정책이 바람직한지 평가할 수 있다. 각각의 경우 사회잉여(= 소비자잉여 + 생산자잉여)를 구하면 다음과 같다.

단일 가격의 경우 : 소비자잉여 ≒ 2,813, 생산자잉여 = 6,650

➡ 사회잉여 ≒ 9,463

최고부하가격의 경우 : 소비자잉여 ≒ 3,368, 생산자잉여 ≒ 7,983

➡ 사회잉여 ≒ 11,351

3급 가격차별의 경우 : 소비자잉여 ≒ 2,781, 생산자잉여 ≒ 7,186

➡ 사회잉여 ≒ 9,967

➡ 최고부하가격을 실시하는 경우 사회잉여가 극대화된다. 따라서 기업의 관점이나 사회의 관점에서 최고부하가격이 가장 바람직하다.

Question 문제 13

독점기업의 한계비용은 $MC = 50$이고 시장수요는 $P = a - bQ$와 같다고 하자.

1) $a = 150$인 경우 두 개의 구간으로 나누어 2급 가격차별을 실시한다면 어떻게 하겠는가? 그리고 이때 이윤과 단일 가격을 책정하는 경우 이윤의 격차를 구하라. 단, $b > 0$으로 가정한다.

2) $b = 1$인 경우 두 개의 구간으로 나누어 2급 가격차별을 실시한다면 어떻게 하겠는가? 그리고 이때 이윤과 단일 가격을 책정하는 경우 이윤의 격차를 구하라. 단, $a > 50$으로 가정한다.

3) 이상의 논의에 의할 때 독점기업이 임의의 방식으로(최적이 아닌 방식으로) 2급 가격차별을 실시하는 것이 단일 가격을 책정하는 것보다 항상 유리하겠는가? 시장수요의 관점에서 논평하라.

Answer 해설

이 문제의 핵심은 독점기업의 2급 가격차별의 성격을 정확하게 이해하는 데 있다.

1) 단일 가격에 의한 균형은 $P^* = 100$, $Q^* = \frac{50}{b}$이고 이윤은 $\Pi^* = \frac{2,500}{b}$이다. 반면 두 개의 구간으로 나누어 2급 가격차별을 실시하는 경우 이윤극대화 문제는 다음과 같다.

$$\Pi^b = P_1Q_1 + P_2(Q_2 - Q_1) - 50Q_2,$$
$$= (150 - bQ_1)Q_1 + (150 - bQ_2)(Q_2 - Q_1) - 50Q_2$$

이윤극대화의 1계 조건은 다음과 같다.

$$\frac{\partial \Pi^b}{\partial Q_1} = bQ_2 - 2bQ_1 = 0$$

$$\frac{\partial \Pi^b}{\partial Q_2} = 100 - 2bQ_2 + bQ_1 = 0$$

이 두 조건으로부터 2급 가격차별을 실시하는 독점기업의 이윤을 극대화하는 가격과 생산량을 구하면 다음과 같다.

$$P_1^b = \frac{350}{3},\ Q_1^b = \frac{100}{3b}$$

$$P_2^b = \frac{250}{3},\ Q_2^b = \frac{200}{3b}$$

$$\Rightarrow \Pi^b = \frac{10{,}000}{3b}$$

$$\Rightarrow \Pi^b - \Pi^* = \frac{2{,}500}{3b} > 0$$

2) 단일 가격을 책정하는 경우 균형가격은 $P^* = \dfrac{a+50}{2}$, 균형 생산량은 $Q^* = \dfrac{a-50}{2}$ 이며 이윤은 $\Pi^* = \dfrac{a^2 - 100a + 2{,}500}{4}$ 이다.

마찬가지 방법으로 2급 가격차별을 실시하는 독점기업의 이윤을 극대화하는 가격과 생산량을 구하면 다음과 같다.

$$P_1^a = \frac{2a+50}{3},\ Q_1^a = \frac{a-50}{3}$$

$$P_2^a = \frac{a+100}{3},\ Q_2^a = \frac{2a-100}{3}$$

$$\Rightarrow \Pi^a = \frac{a^2 - 100a + 2{,}500}{3}$$

$$\Rightarrow \Pi^a - \Pi^* = \frac{(a-50)^2}{12} > 0$$

3) 최적 2급 가격차별은 어떤 수요조건하에서도 항상 단일 가격을 책정하는 것보다 독점기업에게 유리하다. 그러나 만약 기업이 임의의 방법으로 2급 가격차별을 실시한다면 수요조건에 따라 오히려 단일 가격을 책정하는 경우보다 독점기업에 불리할 수 있다. 이 점을 감안해서 2급 가격차별을 실시해야 한다.

Question
문제 14

두 개의 분리된 섬을 상대로 제품을 판매하는 독점기업이 있다. 편의상 두 섬을 1, 2라 할 때 각 섬의 수요곡선은 다음과 같이 추정되었다. 그리고 독점기업의 한계비용은 $MC = 400$으로 일정하다고 하자. 가격과 비용의 단위는 '원' 이다.

$$P_1 = 1{,}000 - Q_1,\ P_2 = 1{,}000 - 2Q_2$$

1) 독점기업이 두 섬을 상대로 단일 가격을 책정하려 한다. 이윤을 극대화하려면 어떻게 행동해야 하는가?

2) 독점기업이 두 섬을 상대로 가격차별을 실시하려 한다. 그런데 섬 주민들이 배를 이용해 한 섬에서 다른 섬으로 제품을 운반하는 데 개당 100원이 소요된다. 독점기업은 효과적으로 가격차별을 실시할 수 있는지 평가하라.

Answer
해설

이 문제의 핵심은 3급 가격차별의 성격을 정확하게 이해하는 데 있다.

1) 단일 가격을 책정하려면 두 개의 시장을 하나의 통합된 시장으로 간주하고 결정해야 한다. 이 경우 독점기업의 이윤은 다음과 같이 나타낼 수 있다.

$$\begin{aligned}\Pi &= PQ_1 + PQ_2 - 400(Q_1 + Q_2)\\ &= P(1{,}000 - P) + P(500 - \frac{P}{2}) - 400(1{,}500 - \frac{3P}{2})\\ &= 2{,}100P - \frac{3P^2}{2} - 600{,}000\end{aligned}$$

$$\Rightarrow \frac{\partial \Pi}{\partial P} = 2{,}100 - 3P = 0$$

따라서 단일 가격을 책정하는 경우 균형은 다음과 같다.

$$P_M = 700,\ Q_M = 450,\ \Pi_M = 135{,}000$$

2) 독점기업이 3급 가격차별을 실시하는 경우 이윤극대화 조건은 다음과 같다.

$$MR_1 = MR_2 = MC$$

그림 **6-13** 3급 가격차별이 불가능한 경우

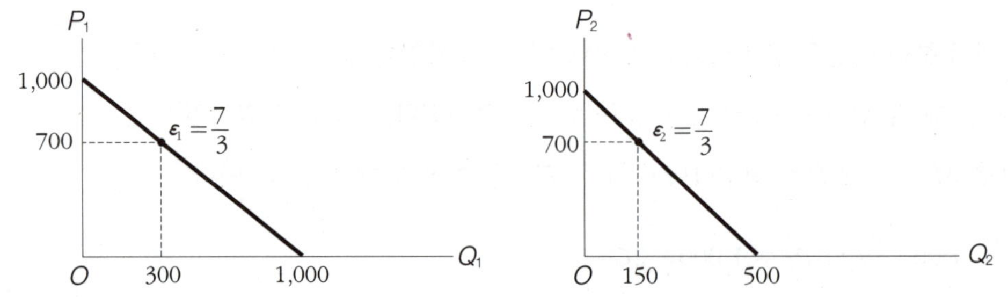

여기에 수치를 대입하면 $1{,}000 - 2Q_1 = 1{,}000 - 4Q_2 = 400$

따라서 $Q_1^* = 300$, $Q_2^* = 150$이고 $P_1^* = P_2^* = 700$, $\Pi^* = 135{,}000$

그런데 이것은 단일 가격을 책정하는 경우와 동일하다. 그 이유는 [그림 6-13]에서 알 수 있듯이 이윤을 극대화하는 생산량에서 가격탄력성이 $\varepsilon_1 = \varepsilon_2 = \frac{7}{3}$로 같기 때문이다. 즉, 수요곡선 자체는 다르지만 독점기업이 책정하려는 가격에서 두 시장의 가격탄력성이 같다면 결국 동일한 가격을 책정해야 한다. 따라서 독점기업은 아무런 이득이 없으므로 가격차별을 실시하지 않는다. 그리고 이 경우 한 섬에서 다른 섬으로 제품 운반비는 독점기업의 가격차별 실시 여부와 아무 관련이 없다.

8.4 독점적 경쟁시장의 균형과 차별화

Question
문제 15

독점적 경쟁시장의 장기균형의 특징을 설명하고, 완전경쟁시장의 장기균형과의 공통점과 차이점을 논하라.

Answer
해설

이 문제의 핵심은 독점적 경쟁시장과 완전경쟁시장의 장기균형상태를 비교함으로써 두 시장의 차이를 확실하게 이해하는 데 있다.

그림 **6-14**

대표기업의 장기균형

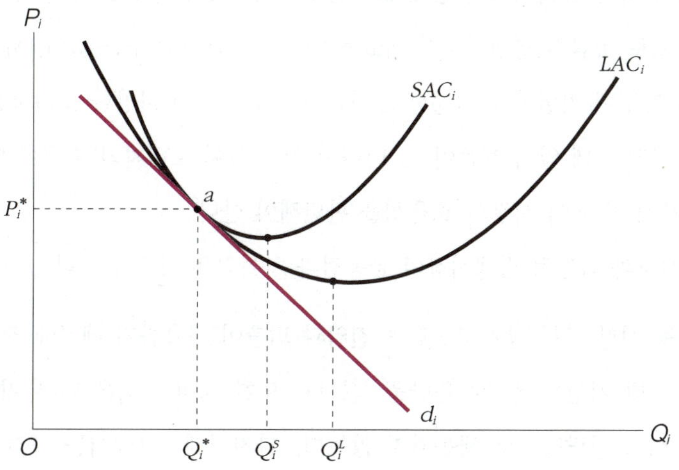

1) 독점적 경쟁시장의 장기균형은 [그림 6-14]에서와 같이 개별 기업이 직면하는 수요곡선과 장기평균비용곡선이 접하는 수준인 a에서 결정된다. 왜냐하면 a만이 유일하게 개별 기업이 정상이윤을 얻고 있는 상태에 해당하기 때문이다.

따라서 모든 기업들이 이러한 상태에 있을 때 독점적 경쟁시장은 장기균형에 도달하게 된다. 예를 들어 장기균형상태에서 N개의 기업이 존재한다면 이 산업의 균형은 (P_1^*, Q_1^*), ……, (P_N^*, Q_N^*)에 의해 묘사된다. 이것은 독점적 경쟁시장의 특성상 차별화된 상품에 대해 서로 다른 가격이 형성되는 가운데 시장의 장기균형에 도달하게 된다는 것을 의미한다.

[그림 6-14]에서 알 수 있는 또 다른 특징은 개별 기업은 장기적으로나 단기적으로 평균비용이 최저가 되는 수준에서 조업을 하지 않는다는 사실이다. 이것이 이른바 과잉시설론(excess capacity theory)의 근거이다. 이 이론에 의하면, 개별 기업은 이윤극대화를 추구하지만 산업의 특성으로 인해 생산시설을 효율적으로 가동하지 않은 상태에서 균형에 도달함으로써 사회적으로 비효율을 초래한다는 것이다. 여기서 단기평균비용곡선 SAC_i는 개별 기업이 모든 조정을 다 마친 후 궁극적으로 선택하는 생산시설에 근거한 비용곡선이다. 개별 기업은 장기적으로 달성할 수 있는 평균비용의 최저수준에 해당하는 생산량인 Q_i^L은 물론이고,

단기적으로 달성할 수 있는 평균비용의 최저수준에 해당하는 생산량 Q_i^S보다 적은 양을 생산하는 상태에서 균형에 도달함으로써 자중손실을 초래한다. 그렇지만 이것만으로 독점적 경쟁시장이 비효율적이라고 단언할 수는 없다. 왜냐하면 이 시장의 특징이 차별화된 다양한 상품을 제공함으로써 다양한 소비자들의 욕구를 충족시키는 데 있기 때문이다. 따라서 어느 쪽이 소비자의 후생에 더 많이 기여하는가에 따라 이 시장의 효율성을 판단해야 한다.

2) 완전경쟁시장과 독점적 경쟁시장의 공통점과 차이점은 다음과 같다.

공통점 : 두 시장 모두 장기적으로는 진입과 퇴출이 자유롭기 때문에 장기균형 상태에서 개별 기업은 정상이윤만을 얻는다. 또한 개별 기업은 다른 기업과의 관계를 의식해 전략적으로 행동하지 않는다. 완전경쟁시장에서는 가격수용자, 그리고 독점적 경쟁시장에서는 가격책정자로서 행동하지만, 다른 기업과의 상호의존을 의식하지 않는다는 점에서는 마찬가지이다.

차이점 : 완전경쟁시장에서 개별 기업은 장기평균비용이 최저가 되는 수준인 최소효율규모에서 생산을 한다. 반면 독점적 경쟁시장에서 개별 기업은 최소효율규모보다 작은 수준에서 생산을 함으로써 과잉시설의 문제를 제기한다. 그리고 완전경쟁시장에서는 사회적 자중손실이 발생하지 않는 반면, 독점적 경쟁시장에서는 사회적 자중손실이 발생한다. 동질적인 상품이 공급되는 완전경쟁시장에서는 사회적 자중손실의 유무가 시장의 효율성을 판단하는 유일한 기준이지만, 독점적 경쟁시장에서는 차별화된 상품이 공급되기 때문에 사회적 자중손실의 유무만 가지고는 시장의 비효율을 판단할 수 없다.

Question 문제 16

독점적 경쟁시장에서 최적 차별화(optimal differentiation)의 의의를 설명하고, 시장에서 성립하는 차별화와의 관계를 논하라.

Answer
해설

이 문제의 핵심은 독점적 경쟁시장의 특징인 차별화된 상품들의 존재가 사회후생과 어떻게 관련되어 있는지를 이해하는 데 있다.

독점적 경쟁시장의 특징인 차별화된 상품들이 얼마나 다양하게 존재하는가에 따라 사회의 후생수준이 영향을 받는다. 최적 차별화란 바로 사회후생을 극대화하는 차별화의 정도를 말한다. 과연 이러한 상태가 시장을 통해 달성될 수 있는지의 여부가 우리의 관심사이다.

먼저 설명의 편의를 위해 이 시장에는 n개의 기업이 있는데 개별 기업은 모두 동일한 수요곡선에 직면하고 있으며, 또한 동일한 비용곡선을 가지고 있다고 가정하자. 그리고 사회후생은 사회잉여의 크기에 의해 결정된다고 하자. 사회잉여는 소비자잉여와 생산자잉여의 합으로 측정된다. 그러면 시장에 존재하는 기업의 수를 나타내는 n의 크기가 바로 차별화의 정도를 나타낸다. n은 자유로운 진입과 퇴출에 의해 변화하는 숫자이다. 이제 이 시장이 장기균형상태에 있을 때의 기업의 수를 n^*로 나타내자. 그러면 소비자잉여와 생산자잉여 및 사회잉여에 관해 [그림 6-15]와 같이 정리할 수 있다.

그림 6-15

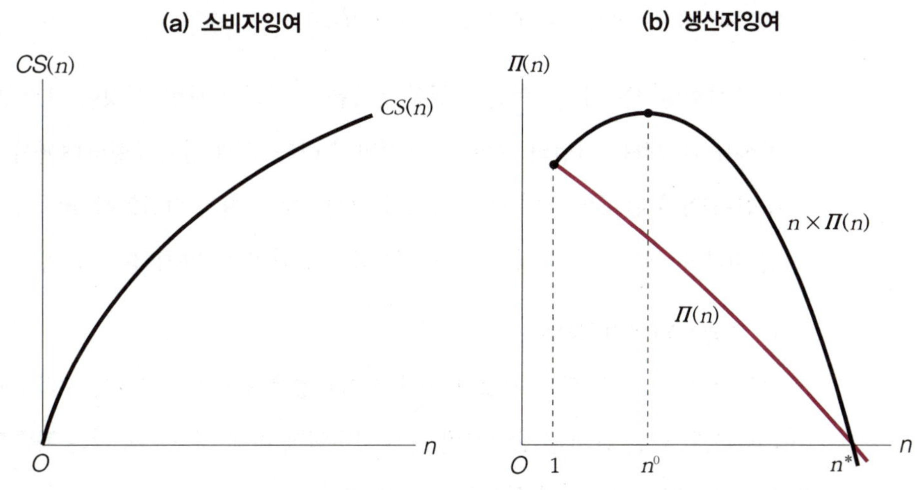

소비자잉여 : 소비자잉여(CS)는 기업의 숫자 n이 증가하면 함께 증가하므로 [그림 6-15(a)]에서와 같이 나타낼 수 있다.

생산자잉여 : 생산자잉여(PS)는 기업의 이윤으로 측정된다. 물론 단기에서는 생산자잉여와 이윤이 다르지만, 장기에서는 동일하다. 이런 이유로 산업 전반의 생산자잉여는 산업 전체의 이윤으로 측정하기로 한다. 이제 개별 기업의 이윤을 $\Pi(n)$으로 나타내자. 이것은 기업의 수가 증가함에 따라 개별 기업의 이윤이 달라진다는 것을 의미한다. 따라서 산업 전체의 이윤은 $n \times \Pi(n)$으로 나타낼 수 있다. 그러면 우리는 개별 기업의 이윤과 산업 전체의 이윤을 [그림 6-15(b)]에서와 같이 나타낼 수 있다.

기업의 수가 증가하면 개별 기업의 이윤은 감소하기 때문에 $\Pi(n)$은 n의 감소함수로 표현되어 있다. 그리고 산업 전체의 이윤($n \times \Pi(n)$)은 n^0에서 최고가 된 후 점차 하락하는 특징을 갖는다. 왜냐하면 [그림 6-15(b)]에서와 같이 시장의 장기균형을 달성하는 기업의 수를 n^*라고 하면, 이때 개별 기업의 이윤과 산업 전체의 이윤은 모두 0이 되어야 하기 때문이다.

사회잉여 : 앞에서 언급한 대로 사회후생(SW)의 수준은 사회잉여(SS)의 크기로 측정된다. 사회잉여는 소비자잉여와 생산자잉여의 합이므로 다음과 같이 n의 함수로 나타낼 수 있다.

$$SW(n) = SS(n) = CS(n) + n \times \Pi(n)$$

이제 사회잉여를 극대화하는 기업의 숫자를 n^m이라고 하면, 이것이 바로 최적 차별화를 달성하는 기업의 수이다. 그러면 우리는 n^m과 장기균형상태에서 기업의 수인 n^*와의 관계를 통해 과연 독점적 경쟁시장이 최적 차별화를 달성하고 있는지 평가할 수 있다. 이 문제와 관련해 다음과 같이 두 가지 경우가 예상된다.

1) 과잉차별화의 경우

사회잉여를 극대화하는 기업의 수와 장기균형상태에서의 기업의 수가 [그림 6-15(c)]에서와 같은 관계를 보인다면 최적 차별화에 비해 지나치게 많은 차별화된 상품들이 시장에서 공급되고 있다는 것을 의미한다.

그림 6-15

(c) 과잉차별화

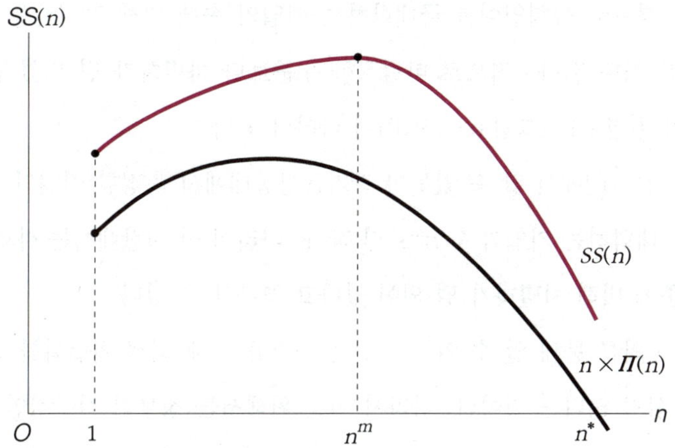

그림 6-15

(d) 과소차별화

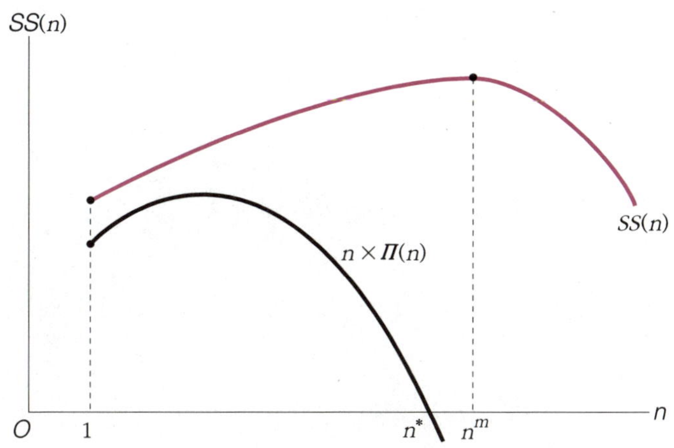

[그림 6-15(c)]에서 알 수 있듯이 사회후생을 극대화하는 최적 차별화의 수준에 해당하는 n^m보다 시장의 장기균형상태에서 측정한 기업의 수인 n^*가 더 크다. 이것은 차별화된 상품들이 지나치게 많아 오히려 사회적으로 바람직하지 않다는 것을

의미한다.

2) 과소차별화의 경우

또 다른 경우로 사회잉여를 극대화하는 기업의 수에 비해 장기균형상태에서의 기업의 수가 적다면 사회적으로 바람직한 수준보다 차별화가 덜 되었다고 평가할 수 있다. 이런 경우는 [그림 6-15(d)]에 나타나 있다.

[그림 6-15(d)]에서 알 수 있듯이 장기균형상태에서 측정한 기업의 수 n^*가 사회잉여를 극대화하는 기업의 수 n^m보다 작다. 따라서 이 시장에서는 사회적으로 바람직한 수준에 비해 차별화가 덜 되어 있다고 평가할 수 있다.

이상의 논의를 통해 알 수 있는 사실은 시장을 통해 최적 차별화를 달성한다는 것이 결코 쉽지 않다는 것이다. 따라서 이를 위해서는 정부의 적극적인 개입이 요청된다 하겠다. 예를 들어 유흥업소가 지나치게 많다는 말이 자주 들리는데, 이것은 과잉차별화를 의미한다. 이 경우 정부는 유흥업소에 대한 각종 규제의 강화와 조세 제도를 통해 이것을 시정할 수 있을 것이다.

CHAPTER 07

비협조적 게임이론과 과점시장

CHAPTER 07

01 게임이론의 기초

1.1 협조적 게임과 비협조적 게임

협조적 게임(cooperative game)이란 경기자들이 대화(communication)를 통해 구속력 있는 합의(binding agreement)를 도출해 자원을 배분하는 게임을 말한다.

예 전쟁포로들 간의 물자 재배분, 정당 간의 인적 자원 배분 등을 생각해 보라.

비협조적 게임(non-cooperative game)이란 경기자들 간에 대화가 없고 독자적으로 결정을 내리되 다른 경기자들의 행동이 자신의 보수(payoff)에 영향을 미친다는 사실을 인식하고 전략적으로 행동하는 게임을 말한다.

⇨ 비협조적 게임이론이 과점시장을 분석하는 데 적합하다. 현실에서 흔히 볼 수 있는 경매도 비협조적 게임의 한 예이다. 그 외 남북협상, 미국과 이라크 간의 갈등, 북핵문제를 둘러싼 다자간 협상, 노사협상 등도 모두 비협조적 게임의 예에 해당한다. 이와 같이 비협조적 게임이론이 적용될 수 있는 경우는 실로 광범위하다.

1.2 비협조적 게임의 구성요소와 묘사방법

비협조적 게임의 구성요소

- 이 게임의 구성요소로는 경기자들(players), 전략(strategies), 게임의 규칙(rule of the game), 보수(payoff)를 들 수 있다.
- 경기자들이란 게임에 참여한 주체들로서 보통 유한한 숫자를 가정한다. 전략이란 경기자들이 택하는 행동 또는 의사결정을 말하며, 상대방의 행동에 대한 조건부 계획의 의미를 가진다. 보통 순수전략(pure strategy)은 유한하지만 혼합전략(mixed strategy)은 무한히 많다.

예 동전맞히기 게임의 순수전략은 앞면(H)과 뒷면(T)이지만, 혼합전략은 $p(H) + p(T) = 1$을 만족하는 모든 확률분포이므로 무한히 많다. 예를 들면 $p(H) = \frac{1}{3}$, $p(T) = \frac{2}{3}$도 혼합전략에 해당한다.

- 게임의 규칙이란 누가, 언제 전략을 선택하는가와 같은 문제들을 명확하게 규정하는 것을 말한다. 보수란 게임의 결과 각 경기자에게 돌아가는 효용이나 이윤과 같이 경기자들이 궁극적으로 관심을 갖는 가치를 말한다.

공통의 지식(common knowledge)

이것은 모든 게임에 적용되는 기본 개념으로, 경기자들이 정보를 공유하고 있는 상태를 나타낸다. 단순히 어떤 사실을 아는 데 그치지 않고, 내가 알고 있는 것을 상대방도 알고 있고 이 사실을 또한 내가 알고 있다는 식으로 해석되는 상황을 나타내는 용어이다. 한마디로 경기자들은 주어진 정보적 상황을 이용해 특별한 이득을 볼 수는 없다는 점을 표현한다고 생각하면 된다.

비협조적 게임의 묘사방법으로는 정규형(normal form)과 전개형(extensive form)이 있으며, 게임의 성격에 따라 적절하게 활용된다.

- 정규형은 전략형(strategic form)이라고도 부르며, 보수행렬을 통해 게임을 묘사한다. 바로 이 보수행렬이 모든 경기자들에게 공통의 지식이다. 이것은 경

기자들이 동시에 전략을 선택하는 동시게임(simultaneous game)을 묘사하는 데 적합한 방법이다.

- 전개형은 게임나무(game tree)를 이용해 게임을 묘사하는 방법을 말한다. 각 마디(node)마다 전략을 선택하는 경기자와 그가 선택할 수 있는 전략들이 나열되어 있다. 최종마디(terminal node)에는 각 경기자에게 귀속되는 보수가 표시되어 있다. 이것은 차례차례 전략을 선택하는 순차게임(sequential game)에 적용되는 방법이다. 이 경우 게임나무 전체가 경기자들에게는 공통의 지식이다.
- 정보집합(information set)이란 경기자가 어떤 마디에 와 있는지 구별할 수 없는 경우 이런 마디들을 모아놓은 집합을 말한다. 전개형으로 묘사된 경우 모든 정보집합이 단일 마디로만 구성되어 있는지 여부가 게임의 정보적 성격을 판단하는 데 중요하다. 만약 모든 정보집합이 단일 마디로 구성되어 있다면 그 게임은 완전한 정보의 게임이고, 그렇지 않으면 불완전한 정보의 게임이다. 그리고 정보집합을 이용하면 정규형으로 묘사된 게임과 전개형으로 묘사된 게임을 서로 관련짓기 용이하다.
- 부속게임이란 단일 마디로 시작하는 전체게임의 일부를 말한다. 순차게임 가운데 정보집합의 특성으로 인해 전체게임 이외에는 부속게임이 없는 게임도 있다. 이러한 순차게임은 사실상 동시게임으로 간주할 수 있다.
- 정규형으로 묘사된 게임은 전개형으로, 전개형으로 묘사된 게임은 정규형으로 바꾸어 표현할 수 있는데, 일 대 일의 관계는 아니다. 보통 전개형으로 묘사된 게임에 대응하는 정규형은 유일하지만, 그 역이 항상 성립하는 것은 아니다.

1.3 비협조적 게임의 균형

시장과 마찬가지로 게임의 결과를 분석하기 위해서는 안정적인 상태로 게임의 해(solution) 또는 게임의 균형이 존재해야 한다.

- 가장 간단한 균형 개념은 우월전략균형(dominant strategy equilibrium)이다. 이것은 게임에 참가한 모든 경기자들이 우월전략을 가지고 있을 때 성립한다.
- 모든 경기자들이 우월전략을 가지고 있는 경우는 매우 제한적이다. 따라서 보다 일반적인 균형 개념이 필요하다. 이에 적합한 균형 개념이 바로 내쉬(J. Nash)가 제안한 내쉬균형(Nash equilibrium)이다. 이것은 "다른 경기자들의 전략은 주어진 것으로 간주하고(자신이 통제할 수 없으므로), 자신에게 가장 유리한 전략을 선택한 후 어느 누구도 자신의 전략을 변경하고 싶지 않은 상태"를 의미한다. 내쉬균형의 가장 큰 장점은 자기강제력(self-enforcing)이 있다는 점이다. 또한 내쉬균형은 사회적 관습(social convention)으로서의 특성을 가지고 있다. 이것은 오랫동안 사라지지 않고 유지되는 사회적 관습은 모두 내쉬균형의 특성을 가지고 있다는 것을 의미한다. 예를 들어 우리나라에서 사람들은 좌측통행을 하는데, 이것도 내쉬균형에 해당한다. 반면 일본에서 사람들은 우측통행을 하는데, 이것이 일본의 경우에는 내쉬균형에 해당한다.

주의 모든 경기자들이 우월전략을 가지고 있는 경우 성립하는 우월전략균형은 내쉬균형의 특수한 예에 해당한다. 그렇지만 그 역이 항상 성립하는 것은 아니다.

- 내쉬의 위대한 공헌은 이러한 내쉬균형이 일반적으로 존재한다는 것을 증명하였다는 데 있다. 그후 많은 연구는 내쉬균형의 아이디어를 보다 정교하게 만드는 데 초점을 맞추었다.

비협조적 게임은 정보적 성격에 따라 흔히 네 가지로 분류된다. 그리고 각 경우마다 내쉬균형의 아이디어가 조금씩 변형되어 적용된다. 그렇지만 어떤 경우에나 내쉬균형의 기본적인 특성은 그대로 적용된다.

- 불완전한 정보의 게임(games of imperfect information)은 가장 기본적인 게임으로, 상대방의 전략을 모르는 상태에서 자신의 전략을 선택하는 게임이

다. 동시게임은 항상 불완전한 정보의 게임이다. 그런데 순차게임 가운데 정보집합의 특성에 따라서 불완전한 정보의 게임도 있다. 그리고 이 게임의 구성요소가 경기자들에게 다 알려져 있다면 또한 완비된 정보(complete information)의 게임이기도 하다. 이 게임에 적용되는 균형 개념이 바로 내쉬균형이다.

- 완전한 정보의 게임(games of perfect information)은 상대방의 전략을 알고 있으면서 자신의 전략을 선택하는 게임이다. 이것은 순차게임 가운데 모든 정보집합이 단일 마디로 구성되어 있는 게임에 해당한다. 완비된 정보를 가정하는 경우 이 게임이 불완전한 정보의 게임보다 더 간단해 보이지만 균형 개념의 관점에서는 그렇지 않다. 불완전한 정보의 게임의 균형이 되기 위해서는 내쉬조건(Nash condition)만 충족하면 되지만, 이 경우에는 신뢰성조건(credibility condition)이 추가된다. 그리고 완전한 정보의 게임이 아니더라도 순차게임 가운데 부속게임을 보유한 경우에도 신뢰성조건이 충족되어야 한다. 신뢰성조건은 순차적 합리성(sequential rationality) 조건이라고도 한다.

➡ 보통 전개형으로 묘사되는 이 게임에 적용되는 균형 개념은 부속게임 완전 내쉬균형(subgame perfect Nash equilibrium)인데, 줄여서 완전 내쉬균형이라고도 한다. 후방귀납법(backward induction)은 이러한 균형을 찾는 방법이다.

- 불완비된 정보의 게임(games of incomplete information)은 경기자들 가운데 적어도 일부는 게임의 구성요소에 대해 충분한 정보를 가지지 않은 상태에서 진행되는 게임을 말한다. 보통 다른 경기자의 타입이 잘 알려지지 않은 경우 베이즈 법칙(Bayes' rule)에 의해 이들의 타입에 대한 확률을 추정한다. 그리고 자연(nature)이라는 가공의 경기자를 도입함으로써 불완전한 정보의 게임으로 전환시켜 게임의 균형을 구한다. 이러한 아이디어를 처음 제공한 사람이 하사니(J. Harsanyi)이다. 불완비된 정보의 게임이면서 동시게임인 경우에 적용되는 균형 개념은 베이즈 내쉬균형(Bayesian Nash equilibrium)이다.

예 두 기업이 있는 경우 한 기업의 비용구조가 고비용인지 저비용인지 모르는 상태에서 게임을 하는 경우, 노사간의 협상에서 노조가 강성인지 아닌지 정확하게 모르는 상태에서 협상에 임하는 경우 등등이 모두 불완비된 정보의 게임에 해당한다.

- 불완비된 정보의 게임이면서 순차게임인 경우에 적용되는 균형 개념은 완전베이즈균형(perfect Bayesian equilibrium)이라 한다. 이것은 경가자들이 어떤 의사결정 마디에 와 있는가에 대해 베이즈 법칙에 의해 믿음을 형성하며, 순차적 합리성이 충족되는 가운데 성립하는 내쉬균형이다.

용의자의 딜레마

내쉬균형의 특수한 경우로서 용의자의 딜레마(prisoners' dilemma)의 상황이 시사하는 바를 이해해야 한다. 용의자의 딜레마가 시사하는 바는 첫째, 후생적으로 바람직하지 않은 결과를 초래한다는 것과 둘째, 경기자들이 개인적인 차원에서 최선을 다한다는 것이다. 그럼에도 불구하고 경기자들 간의 신뢰가 결여되어 후생적으로 더 좋은 결과를 실현할 수 없게 된다. 용의자의 딜레마는 우리가 주변에서 흔히 볼 수 있는 많은 사회문제들의 핵심을 묘사하고 있다. 예를 들어 사교육비의 경우 모든 부모들이 과외를 시키지 않는다면 엄청난 사교육비를 절감해 사회적으로 더 바람직한 결과를 달성할 수 있지만, 개인적으로는 과외를 시키는 것이 우월전략이기 때문에 모두 과외를 시키게 된다. 이것이 바로 용의자의 딜레마에 해당한다.

[보론] 정보적 관점에서 분류한 비협조적 게임의 종류와 균형 개념

앞에서 언급했듯이 비협조적 게임은 정보적 관점에서 네 가지로 분류된다. 여기서는 이들 균형 개념을 간단한 진입게임의 예를 통해 구체적으로 검토하고자 한다. 기존 기업(incumbent)이 있는 시장에 새로운 기업(entrant)이 진입을 시도하는 경우를 생각해 보자. 따라서 현재 시장은 독점상태에 있다. 새로운 기업은 진입(E)과 진입하지 않음(S)이라는 두 개의 전략 가운데 하나를 선택하고자 한다. 이 기업을 기업 1이라 부르기로 한다. 반면 기존 기업은 새로운 기업의 진입에 대비해 많은 생산량(HO)과 적은 생산량(LO)이라는 두 개의 전략 가운데 하나를 선택하고자 한다. 이 기업을 기업 2라 부르기로 한다. 기존 기업이 많은 생산량이라는 전략을 택한다는 것은 생산량을 늘려 가격을 낮춤으로써 새로운 기업의 진입을 저지하려는 의도를 가지고 있음을 나타낸다. 이러한 정책을 진입저지 가격설정(limit pricing)이라 한다. 기존 기업이 적은 생산량이라는 전략을 선택한다는 것은 새로운 기업의 진입을 인정하고 서로 공존하겠다는 의지를 반영한다. 이와 같은 전략을 보유하고 있으면서 정보적 특성에 따라 각 기업이 어떤 전략을 선택하는 가운데 게임의 균형이 성립하는지 검토하자.

1. 완비된 정보의 동시게임

이 경우는 진입게임의 관점에서는 적절하지 않다. 그럼에도 불구하고 진입게임을 이러한 관점에서 해석하는 이유는 다른 경우들과 비교하기 위해서이다. 새로운 기업이 진입 여부와 관련해 자신의 전략을 선택하였지만, 기존 기업은 새로운 기업이 어떤 전략을 선택했는지 모르는 상태에서 자신의 전략을 선택해야 한다고 가정하자. 따라서 이것은 순차게임이지만 본질적으로 동시게임에 해당한다. 이런 경우는 정보집합을 이용해서 나타낼 수 있다.

한편 두 기업은 서로의 비용구조에 대해 정확한 정보를 가지고 있다고 가정한다. 예를 들면 기존 기업은 고비용기업(H-타입)이거나 저비용기업(L-타입)일 수 있다. 여기서는 새로운 기업은 기존 기업이 고비용기업임을 정확하게 알고 있다고 가정한다. 물론 기존 기업은 새로운 기업의 비용구조에 대해 정확하게 알고 있다. 각 기업의 타입이 서로에게 정확하게 알려져 있다는 의미에서 이 진입게임은 완비된 정보의 게임에 해당한다. 이제 기업 1은 진입(E)과 진입포기(S)라는 전략을 가지고 있고, 기업 2는 많은 생산량(HO)과 적은 생산량(LO)이라는 전략을 가지고 있을 때 이 게임은 [그림 7-1]과 같이 전개형으로 나타낼 수 있다. 종결마디에 있는 숫자 가운데 앞의 숫자는 기업 1의 이윤, 뒤의 숫자는 기업 2의 이윤을 나타낸다. 기업 2의 의사결정마디 두 개가 한 타원 속에 포함된 것은 기업 2가 기업 1의 전략을 모르는 상태에서 전략을 선택해야 한다는 것을 의미한다. 두 개의 마디가 포함된 집합이 기

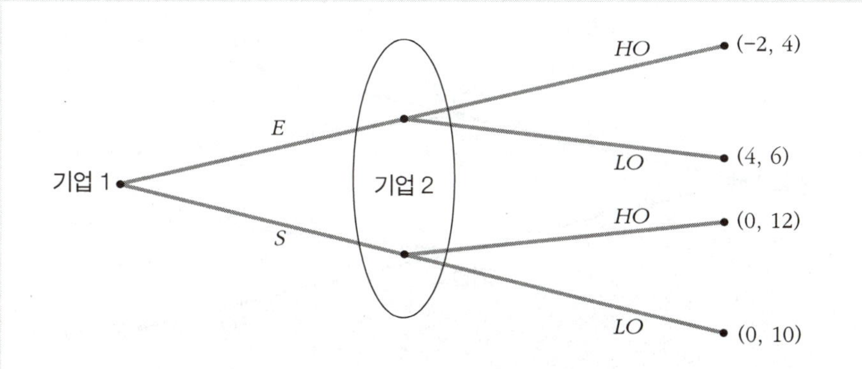

그림 7-1 불완전한 정보의 게임의 경우

업 2의 정보집합에 해당한다.

이 게임의 균형을 찾기 위해서는 앞에서 전개형으로 나타낸 게임을 다음과 같이 정규형으로 나타내는 것이 편리하다.

		기업 2	
		HO	*LO*
기업 1	*E*	−2, 4	4, 6
	S	0, 12	0, 10

이 게임의 균형은 유일하지 않다. 먼저 (*E*, *LO*)가 내쉬균형임을 쉽게 알 수 있다. 그렇지만 (*S*, *HO*)도 내쉬균형이다. 따라서 새로운 기업은 진입하고 기존 기업은 적은 생산량을 선택하거나, 새로운 기업은 진입을 포기하고 기존 기업은 많은 생산량을 선택하는 전략 모두 내쉬균형에 해당한다.

2. 완비된 정보의 순차게임

이제 게임의 정보적 성격을 조금 변경해 보자. 기존 기업이 새로운 기업의 진입 여부를 정확하게 알고 있는 상태에서 자신의 전략을 선택하는 경우를 생각해 보자. 또한 각 기업의 비용구조는 서로에게 정확하게 알려져 있다고 가정하자. 기존 기업 2는 고비용기업에 해당한다고 하자. 이 경우는 전형적인 순차게임에 해당하

그림 7-2

완전한 정보의 게임의 경우

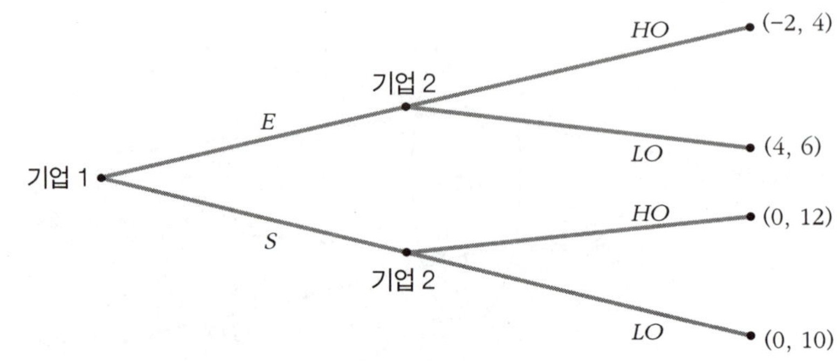

며, [그림 7-2]와 같이 전개형으로 나타낼 수 있다.

이 게임의 내쉬균형이 되기 위해서는 내쉬조건과 신뢰성조건이 모두 충족되어야 한다. 내쉬조건은 경기자가 상대방의 전략을 주어진 것으로 간주하고 자신에게 가장 유리한 전략을 선택한다는 조건을 말한다. 신뢰성조건은 경기자들이 전략을 선택하는 것은 자신의 이해에 부응해야 한다는 조건을 말한다. 자신에게 불리한 전략임을 알고도 이러한 전략을 선택한다는 것은 신뢰성조건을 위반하는 것이다.

동시게임에서는 특별히 신뢰성조건에 유의할 필요가 없다. 왜냐하면 내쉬균형에서는 내쉬조건만이 아니라 신뢰성조건이 자동적으로 충족되기 때문이다. 즉, 다른 경기자가 현재의 균형전략을 수정하지 않는 한 자신도 현재의 균형전략을 유지하는 것이 가장 유리하기 때문이다. 그런데 순차게임에서는 상황이 달라진다. 다른 경기자가 선택하리라 예상되지 않는 전략은 신뢰할 수 없는 위협(incredible threat)으로 간주되므로 더 이상 고려할 필요가 없기 때문이다. 그러면 어떤 전략이 신뢰할 수 없는 위협에 해당하는지 앞의 전개형 게임나무를 통해 살펴보자.

동시게임에서는 (*S*, *HO*)도 내쉬균형이었다. 그런데 순차게임에서는 기존 기업이 전략 *HO*를 선택할 것으로 예상해 새로운 기업이 전략 *S*를 택하는 것은 더 이상 내쉬균형이 아니다. 왜냐하면 순차게임에서 내쉬균형이 되기 위한 조건은 "전체게임의 관점에서만이 아니라 부분게임(subgame)의 관점에서도 내쉬균형이 성립해야 한다"는 것이다. 이런 의미에서 (*S*, *HO*)는 이 게임의 균형이 아니다. 왜냐하면 기존 기업이 전략 *HO*를 선택한다는 것은 신뢰할 수 없는 위협에 해당하기 때문이다. 만약 새로운 기업이 진입한다면 기존 기업은 전략 *HO*를 선택하는 것보다 전략 *LO*를 선택하는 것이 유리하다. 따라서 기존 기업이 전략 *HO*를 선택할 것을 우려해 새로운 기업이 전략 *S*를 선택하는 것은 결코 내쉬균형이 될 수 없다. 이런 의미에서 신뢰성조건을 만족하는 내쉬균형만이 순차게임의 균형이 될 수 있다. 이 게임에서 유일한 균형은 (*E*, *LO*)이다.[1] 이러한 균형을 부속게임 완전 내쉬균형(subgame perfect Nash equilibrium)이라 부른다.

3. 불완비된 정보의 동시게임

새로운 기업의 진입 여부를 모르는 상태에서 기존 기업이 전략을 선택해야 한다는 것은 불완전한 정보의 게임임을 앞에서 살펴보았다. 여기에 추가로 새로운 기업은 자신의 진입 여부를 결정하는 데 중요한 의미를 갖는 기존 기업의 비용구조에 대해 정확하게 알 수 없다고 하자. 이것은 불완비된 정보의 게임에 해당한다. 예를 들어 기존 기업은 고비용구조와 저비용구조를 가질 수 있는데, 이에 따라 진입하려는 기업 1이 직면하게 되는 순차게임의 보수는 [그림 7-3(a), (b)]와 같이 달라진다고 가정하자.

여기서 문제는 기존 기업 2는 자신의 비용구조를 정확하게 알고 있지만, 진입하려는 기업 1은 정확하게 모르기 때문에 자신이 어떤 게임을 해야 하는지 알 수 없다는 데 있다. 하사니의 공헌은 자연이라는 가공의 경기자를 도입함으로써 불완비된 정보의 게임을 불완전한 정보의 게임으로 변형시켜 경기자들이 게임을 수행하고 게임의 균형을 발견할 수 있도록 한 데 있다. 이러한 게임의 균형은 베이즈 내쉬균형(Bayesian Nash equilibrium)이라 불리는데, 그 이유는 다음과 같다.

각 기업의 비용구조를 각 기업의 타입이라고 간주하자. 그리고 일단 기업 1과

---

1. 정확하게 말하면 각 경기자가 택하는 다음과 같은 전략의 조합이 부속게임 완전 내쉬균형에 해당한다.
   경기자 1의 전략 : 진입(*E*)
   경기자 2의 전략 : 만약 경기자 1이 *E*를 택하면 *LO*를 선택하고, 경기자 1이 *S*를 택하면 *HO*를 선택한다.

   각 경기자가 이러한 전략을 선택하면 어느 누구도 자신의 전략을 변경할 이유가 없다. 따라서 이 전략의 조합만이 유일하게 신뢰성조건을 만족하는 내쉬균형에 해당한다. 여기서는 편의상 (*E*, *LO*)라고 간단하게 표현했다.

그림 **7-3**

비용구조에 따른 불완전한 정보의 게임의 분류

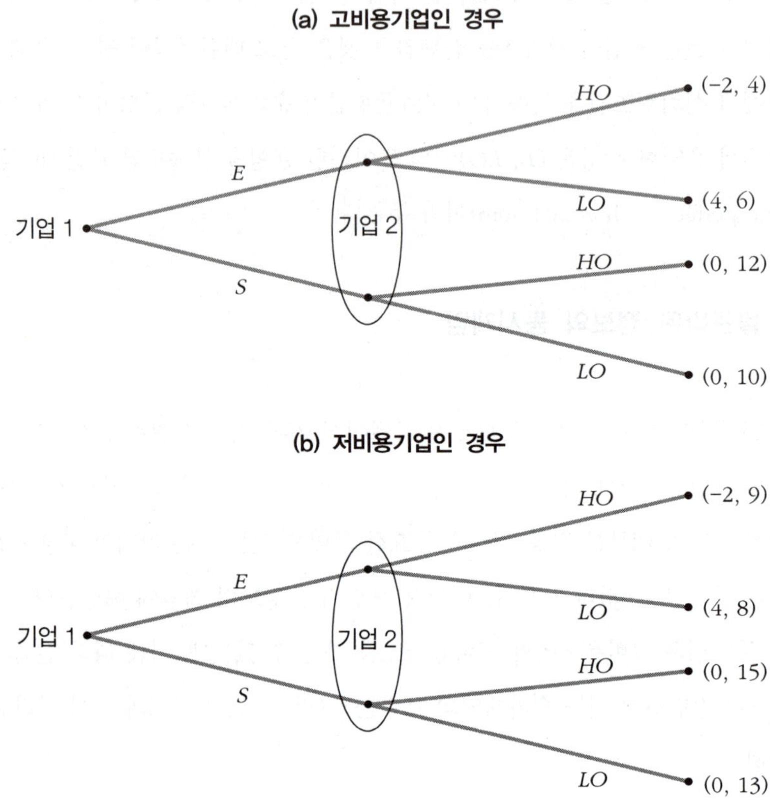

기업 2가 두 가지 타입을 가질 수 있다고 하자. 그러면 각 경기자는 베이즈 법칙에 의해 다른 경기자의 타입에 대한 확률을 형성해 자신의 전략을 선택하는 과정에 반영한다. 예를 들어 기업 1과 기업 2가 가질 수 있는 두 가지 타입을 각각 t_1^H, t_1^L, 그리고 t_2^H, t_2^L로 나타내기로 하자. 그러면 기업 1은 자신의 타입을 감안해 기업 2의 타입과 관련해 다음과 같이 조건부 확률을 형성한다.

H−타입인 경우 : $p(t_2^H/t_1^H)$, $p(t_2^L/t_1^H)$

L−타입인 경우 : $p(t_2^H/t_1^L)$, $p(t_2^L/t_1^L)$

마찬가지로 기업 2도 자신의 타입을 감안해 기업 1의 타입과 관련해 다음과 같이 조건부 확률을 형성한다.

그림 7-4

불완비된 정보의 동시게임의 경우

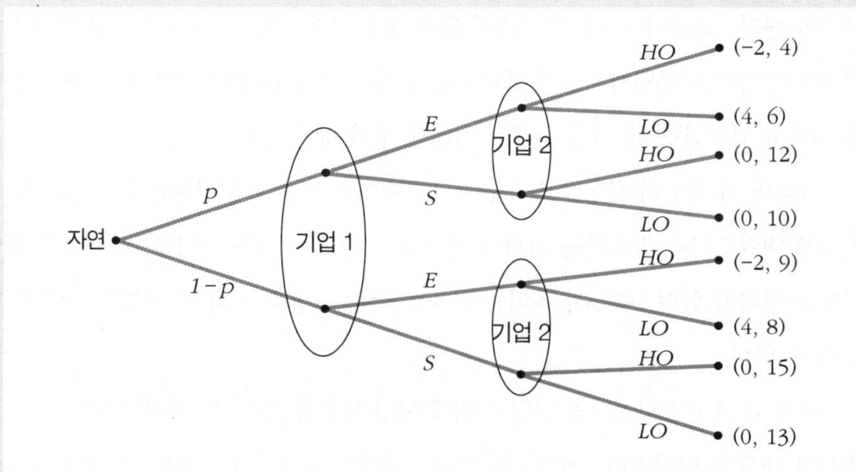

***H*−타입인 경우** : $p(t_1^H/t_2^H)$, $p(t_1^L/t_2^H)$

***L*−타입인 경우** : $p(t_1^H/t_2^L)$, $p(t_1^L/t_2^L)$

그러면 자신의 타입을 알고 있는 각 경기자는 이에 근거해 다른 경기자의 타입에 관한 확률을 베이즈 법칙을 이용해 구한 후 자신에게 가장 유리한 전략을 선택하는 데 이용한다. 이런 이유로 이 게임의 균형을 베이즈 내쉬균형이라 부르는 것이다. 이 게임의 경우 기업 1의 타입은 한 가지이고, 기업 2만 두 가지 타입을 갖는 것으로 가정했기 때문에 앞의 조건부 확률의 계산은 간단해진다. 여기서 의미 있는 것은 기업 1이 기업 2의 타입에 대한 확률을 형성하는 것뿐이다. 이것은 다음과 같이 간단히 정리할 수 있다.

$$p(t_2^H/t_1) = p(t_2^H) = p$$

$$p(t_2^L/t_1) = p(t_2^L) = 1 - p$$

기업 1의 타입이 한 가지이므로 조건부 확률은 단순한 확률로 대체된다. 이것은 기업 1이 기업 2의 타입에 대해 가지고 있는 확률 또는 믿음(belief)이라 해석하면 된다. 기업 1은 이에 근거해 자신의 전략을 선택하게 된다. 그러면 기업 1과 2는 [그림 7-4]와 같은 확장된 게임에 직면하고 있는 셈이다.

이 전개형 표현에서 정보집합의 성격을 이해하기 바란다. 여기서는 불완전한 정보와 불완비된 정보의 게임으로 묘사하기 위해 불가피하게 이와 같은 정보집합을 가져야 한다. 그렇지만 이 경우 또한 앞의 불완전한 정보와 완비된 정보의 게임처럼 비현실적임을 부인하지는 않겠다. 단지 여러 가지 타입의 게임을 한 가지 모형을 가지고 설명하는 데 따른 한계로 이해해 주기 바란다.

그러면 이 게임의 균형은 무엇인가? 이 게임의 균형이 성립하기 위해서는 각 경기자가 내쉬조건을 만족하는 전략을 선택한 후 어느 누구도 자신의 전략을 변경할 의사가 없어야 한다. 따라서 우리는 다음과 같은 과정을 통해 이 게임의 균형을 발견할 수 있다.

먼저 기업 1이 기업 2의 타입에 대해 어떤 확률을 부여하는가에 따라 기업 1의 최선의 대응이 달라진다. 기업 2가 고비용기업일 확률이 p, 저비용기업일 확률이 $(1-p)$일 때 기업 1이 전략 E를 선택하는 경우 기대이윤은 다음과 같다.

$$EP_1(E) = p \times \Pi_1(E, LO) + (1-p) \times \Pi_1(E, HO) = 6p - 2$$

여기서 $\Pi_1(E, LO)$는 기업 1이 전략 E를 택하면 기업 2가 고비용기업인 경우 최선의 전략은 LO이므로 이때 기업 1의 이윤은 4억원을 나타낸다. 마찬가지로 $\Pi_1(E, HO) = -2$억원을 나타낸다. 한편 기업 1이 전략 S를 선택하는 경우에는 기업 2의 타입과는 무관하게 항상 이윤이 0이므로 이 경우 기대이윤도 0이다. 즉, $EP_1(S) = 0$이다. 따라서 기업 1은 $EP_1(E) > EP_1(S)$인 경우에만 전략 E를 선택하는 것이 최선이다. 즉, $p > \frac{1}{3}$인 경우에는 전략 E를 선택하고, 그렇지 않은 경우에는 전략 S를 선택하는 것이 최선이다. 따라서 이 게임의 베이즈 내쉬균형은 다음과 같이 정의된다.

1) $p > \frac{1}{3}$인 경우

기업 1 : 전략 E를 선택한다.

기업 2 : 고비용기업인 경우에는 전략 LO를 선택하고, 저비용기업인 경우에는 전략 HO를 선택한다.

➡ 따라서 기업 1의 기대이윤은 $(6p-2)$억원이고, 기업 2의 이윤은 고비용기업인 경우에는 6억원, 저비용기업인 경우에는 9억원이다.

2) $p < \frac{1}{3}$인 경우

기업 1 : 전략 S를 선택한다.

기업 2 : 비용구조와 관계없이 항상 전략 HO를 선택한다.

⇨ 따라서 기업 1의 기대이윤은 0이고, 기업 2의 이윤은 고비용기업인 경우 12억원, 저비용기업인 경우에는 15억원이다.

4. 불완비된 정보의 순차게임

이 경우는 진입하려는 기업 1이 선택한 전략을 알고 기존 기업 2가 전략을 선택하지만, 기업 1은 기업 2의 비용구조를 정확하게 알지 못하는 상태에서 전략을 선택해야 하는 게임에 해당한다. 따라서 이 게임은 [그림 7-5]와 같이 전개형으로 나타낼 수 있다.

이 게임에서는 순차적 합리성 조건을 만족하는 가운데 각 기업에게 가장 유리한 전략이 무엇인지 살펴보아야 한다. 이런 의미에서 이 게임의 균형을 완전 베이즈균형(perfect Bayesian equilibrium)이라 부른다.

먼저 기업 1의 입장에서는 기업 2의 타입에 대한 확률을 감안해 진입(E)과 진

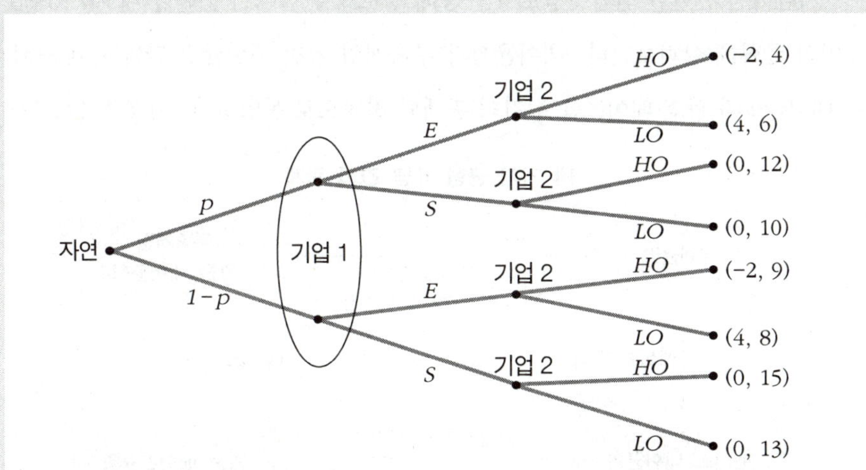

그림 7-5 불완비된 정보의 순차게임의 경우

입하지 않음(S)이라는 전략 가운데 어떤 전략이 유리한지 검토해야 한다. 우선 진입하는 경우 기업 1의 기대이윤은 다음과 같다.

$$EP_1(E) = p \times 4 + (1 - p) \times (-2) = 6p - 2$$

한편 진입하지 않는 경우에는 기대이윤이 $EP_1(S) = 0$이다. 따라서 기업 1의 입장에서는 기업 2가 고비용구조를 가질 확률 p가 다음의 조건을 만족하는 경우 진입하는 전략을 선택하는 것이 최선이다.

$$6p - 2 > 0 \Rightarrow p > \frac{1}{3}$$

따라서 이 게임의 균형, 즉 완전 베이즈균형은 다음과 같이 요약된다.

1) $p > \frac{1}{3}$인 경우

기업 1 : 전략 E를 선택한다.

기업 2 : 고비용구조인 경우에는 전략 LO를 선택하고, 저비용구조인 경우에는 전략 HO를 선택한다.

2) $p < \frac{1}{3}$인 경우

기업 1 : 전략 S를 선택한다.

기업 2 : 비용구조와 관계없이 전략 HO를 선택한다.

지금까지 간단한 진입게임모형을 통해 정보적 관점에서 분류한 네 가지 타입의 게임의 균형을 살펴보았다. 내쉬균형과 부속게임 완전 내쉬균형 간의 관계는 베이즈 내쉬균형과 완전 베이즈균형 간의 관계와 전적으로 동일하다. 이것은 〈표 7-1〉

표 7-1 네 가지 균형 개념 간의 관계

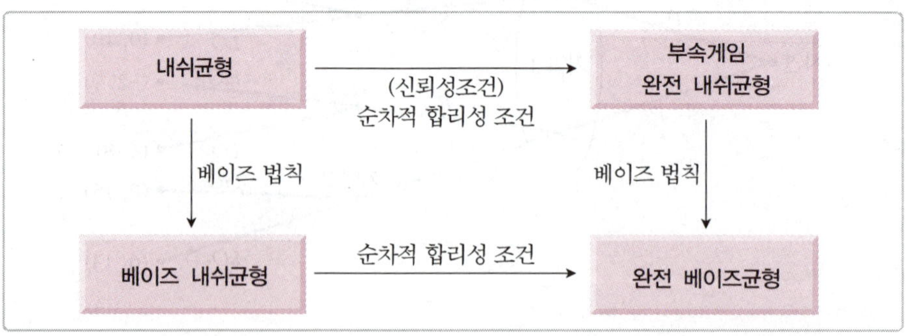

에 정리되어 있다.

이 예에서는 내쉬균형과 부속게임 완전 내쉬균형은 일치하지 않았지만, 베이즈 내쉬균형과 완전 베이즈균형은 일치하였다. 그러나 이것은 어디까지나 단순화된 모형으로 인해 발생한 현상이다. 일반적인 모형에서는 베이즈 내쉬균형과 완전 베이즈균형이 일치하지 않는다.

02 과점시장의 의의와 균형

과점시장이란 소수의 기업이 시장을 지배하기 때문에 개별 기업이 전략적으로 행동하지 않을 수 없는 시장을 말한다. 여기서 '전략적' 행동이란 상호 의존적인 상황, 즉 자신의 행동만이 아니라 다른 기업의 행동이 자신의 이윤에 영향을 미칠 수 있음을 인식하면서 행동하는 것을 의미한다.

- 상품의 차별화 유무에 따라 동질적 과점(homogeneous oligopoly)과 차별적 과점(heterogeneous oligopoly)으로 구분된다. 그리고 차별화에는 수직 차별화(vertical differentiation)와 수평 차별화(horizontal differentiation)가 있다. 전자는 상품의 우열과 관련된 차별화이고, 후자는 상품 간의 대체가능성과 관련된 차별화이다.

예 미국의 경우 듀라셀 배터리와 다른 배터리는 수직 차별화의 예에 해당하고, 다이어트 코크와 다이어트 펩시는 수평 차별화의 예에 해당한다.

기업들의 전략적 행동에 관해서는 다양한 가정이 가능하다. 이것은 전략적 행동에 대한 가정에 따라 과점시장의 균형이 달라질 수 있음을 의미한다. 따라서 다른 시장조직과는 달리 여러 가지 균형 개념이 존재하게 된다.

2.1 꾸르노모형(Cournot model)

▬ 개별 기업들이 생산량을 전략변수로 사용하는 내쉬모형의 대표적인 경우이다. 그래서 보통 꾸르노-내쉬모형이라고도 한다. 또한 모든 기업들이 동시에 생산량을 결정하는 동시게임의 대표적인 예이다. 따라서 꾸르노모형은 정보적인 관점에서는 불완전한 정보의 게임에 해당한다.

▬ 개별 기업은 다른 기업들의 생산량을 주어진 것으로 간주하고 자신의 이윤을 극대화하는 생산량을 결정하는데, 이것은 다른 기업들의 생산량에 의존한다. 여기서 개별 기업의 반응함수(reaction function)라는 개념이 도출된다. 예를 들어 기업 1의 반응함수가 $q_1 = R_1(q_2)$와 같다면, 이것은 기업 2의 생산량 q_2에 따라 기업 1의 이윤을 극대화하는 생산량 q_1을 나타낸다.

▬ 다른 기업들의 생산량을 주어진 것으로 간주하고 자신에게 가장 유리한 생산량을 결정한 후 어느 기업도 자신의 생산량을 변경할 의사가 없는 경우 꾸르노균형(Cournot equilibrium)이 성립하게 된다. 반응함수를 이용해 설명하자면 모든 기업들의 반응함수가 한 점에서 교차할 때 꾸르노균형, 즉 내쉬균형이 성립한다.

▬ 꾸르노균형과 완전경쟁균형 및 독점균형의 특징을 비교하면 가격수준은 독점균형 > 꾸르노균형 > 완전경쟁균형이고, 생산량은 그 반대이다. 그리고 기업들의 수가 증가하면 개별 기업의 영향력은 점점 작아져 꾸르노균형은 완전경쟁균형에 수렴하게 된다.

2.2 슈타켈버그모형(Stackelberg model)

▬ 모든 기업들이 수동적으로 반응하는 꾸르노모형과는 달리 선도자(leader)와 추종자(follower)가 있는 과점모형이다. 이것은 기업들이 차례로 생산량을 결정하는 모형이므로 순차게임에 해당한다. 또한 추종자는 선도자인 기업이 어떤 전략(생산

량)을 선택했는지 알고 있는 상태에서 자신의 전략을 선택하므로 완전한 정보의 게임에 해당한다.

▬ 생산량을 전략으로 선택하는 이 모형에서는 이른바 선발주자의 이득(first mover's advantage)이 항상 존재한다. 그러나 생산량 이외의 전략을 사용하는 경우 선발주자가 항상 유리한 것은 아니다. 예를 들어 가격을 전략변수로 사용하는 경우 선발주자가 오히려 불리해질 수도 있다. 이것은 물론 동시에 전략을 선택하는 경우와 비교해 그렇다는 말이다.

> **주의** 1) 두 기업만을 고려하는 경우 선도자는 추종자의 반응함수를 고려하는 가운데 생산결정을 한다는 점을 유의해야 한다. 2) 꾸르노균형의 결과와 비교하면 선발주자의 이득이 분명히 드러난다.

▬ 이 모형에서 모든 기업들이 선도자가 되려 하거나 아니면 모두 추종자가 되려는 경우에는 슈타켈버그균형(Stackelberg equilibrium)이 성립하지 않는다. 단, 모두 추종자로 행동하는 경우의 균형은 내쉬균형에 해당한다는 점을 유의하라.

2.3 베르뜨랑모형(Bertrand model)

▬ 가격을 전략변수로 사용하는 내쉬모형으로서 꾸르노균형의 경우와 마찬가지로 개별 기업의 반응곡선들이 교차하는 점이 바로 베르뜨랑균형(Bertrand equilibrium)에 해당한다. 이 모형은 기본적으로 가격을 전략변수로 사용한다는 점을 제외하고는 꾸르노모형과 전적으로 동일하다.

▬ 동질적 과점의 경우보다는 차별적 과점의 경우 베르뜨랑모형이 더욱 현실성을 가질 수 있다. 동질적 과점인 경우 결국 한계비용이 낮은 기업이 시장을 다 점유하게 되며, 한계비용이 같은 경우에는 시장을 분할하게 된다. 이 경우 가격경쟁으로 인해 베르뜨랑균형에서는 $P = MC$가 성립하게 되며, 이것은 완전경쟁균형과 같다.

2.4 굴절수요곡선모형

그 외 비협조적 과점시장모형으로는 굴절수요곡선(kinked demand curve)모형을 들 수 있다. 이 모형은 과점시장의 균형이 어째서 안정적으로 유지되는가를 설명하는 데는 설득력이 있지만, 균형가격에 도달하는 과정에 대한 설명이 없기 때문에 균형모형으로서는 부적절하다. 한 기업이 가격을 변경하는 경우 다른 기업이 어떻게 반응할 것인가는 추측된 변이(conjectural variation)에 해당한다. 굴절수요곡선모형은 추측된 변이 가운데 하나로, 특별한 반응을 가정한다. 즉, 다른 기업이 가격을 인상하면 자신은 그대로 유지하고 가격을 인하하면 똑같이 인하한다는 전략을 채택한다고 가정하는데, 이것은 추측된 변이의 특수한 경우에 해당한다.

2.5 과점시장의 협조적 모형

전략적 상황에 있는 소수의 기업들이라고 해서 반드시 비협조적으로 행동하는 것은 아니다. 왜냐하면 서로 협조적으로 행동하는 것이 묵시적으로나 명시적으로 서로에게 이득이 되는 경우가 존재하기 때문이다. 그러나 용의자의 딜레마 상황과 같이 묵시적 또는 명시적 협약을 위반하는 데 따른 이득이 크기 때문에 협조적 행동에 근거한 시장균형은 불안정한 경우가 많다.

가격선도모형

이것은 어느 한 기업이 가격을 책정하면 다른 기업들이 이에 순응적으로 행동하는 과점시장모형을 말한다. 여기에는 표준적 기업모형(barometric firm model)과 지배적 기업모형(dominant firm model)이 있다.

- 표준적 기업모형은 그 산업을 대표하는 한 기업이 가격을 책정하면 이것을 우호적인 신호(signal)로 받아들여 과당경쟁을 피하고 서로 협조적으로 행동하려는 경우를 말한다.

예 선도 은행이 대출이자율을 결정해 공표하면 다른 은행들이 이것을 감안해 우호적으로 이자율을 결정하는 경우가 여기에 해당한다.

- 지배적 기업모형은 다른 기업들을 가격수용자로 간주하고 지배적인 기업이 시장의 잔여수요(residual demand)에 대한 독점기업인 것처럼 $MR = MC$에 의해서 가격을 책정하고 공급하면 나머지 추종기업들이 이 가격을 수용하면서 행동하는 경우이다.

담합과 카르텔

- 담합(collusion)이나 카르텔(cartel) 모두 하나의 독점기업인 것처럼 결합이윤(joint profit)을 극대화한 후 사전에 합의된 원칙에 의해 이윤을 분배하게 된다. 보통은 여러 개의 공장을 가진 독점기업으로 간주하면 된다. 먼저 담합이나 카르텔이 성립하려면 i) 비협조적으로 행동하는 경우의 이윤의 합보다 결합이윤이 더 커야 하며, ii) 별도 보상(side payment)의 기회가 존재해 비협조적으로 행동하는 경우 예상되는 이윤 이상을 보장해 주어야 한다.

예 정부가 발주하는 공사에 입찰하는 기업들이 담합하는 경우.

- 별도 보상이 충분치 않거나 카르텔의 협약을 위반하는 데 따른 벌칙이 강하지 않다면 과점기업들은 협조적으로 행동하는 것보다 비협조적으로 행동하는 것이 우월전략이 되는 경우가 많기 때문에 담합이나 카르텔은 불안정한 것이 일반적이다.

예 OPEC과 같은 석유 카르텔.

- 특히 카르텔의 경우 개별 기업은 항상 $P > MC$인 상태에서 생산량을 할당받기 때문에 카르텔의 협정을 위반할 인센티브가 항상 존재한다. 왜냐하면 카르텔이 설정한 가격 P는 개별 기업의 입장에서는 한계수입(MR)에 해당하기 때문에 $MR > MC$가 성립하는 한 생산량을 늘리는 것이 항상 유리하기 때문이다.

CHAPTER 07

03 응용문제와 해설

3.1 내쉬균형과 부속게임 완전 내쉬균형

Question
문제 01

PC를 생산하는 두 기업 1, 2는 고가정책(*HP*)과 저가정책(*LP*)이라는 두 가지 전략 가운데 하나를 선택하려 한다. 각 기업이 동시에 전략을 선택하는 경우 예상되는 이윤은 다음의 보수행렬과 같이 요약된다고 하자. 앞의 숫자는 기업 1의 이윤, 뒤의 숫자는 기업 2의 이윤을 나타내며, 단위는 100만원이다.

		기업 2	
		HP	*LP*
기업 1	*HP*	300, 200	50, 400
	LP	500, 100	150, 150

1) 이 게임에서 내쉬균형은 무엇이며, 그 특징은 무엇인가?

2) 기업 1, 2가 모두 전략 *HP*를 선택하는 경우 기업 1의 이윤이 300이 아니라 550이라고 하자. 이것은 내쉬균형에 어떤 영향을 미치는가? 그리고 이것은 무엇을 의미하는가?

3) 이제 게임의 규칙을 바꾸어 기업 1이 먼저 전략을 선택한 후 이것을 관찰하고 나서 기업 2가 전략을 선택한다고 하자. 이 경우 게임의 균형은 무엇이며, 1)의 내쉬균형과 어떤 차이가 있는지 설명하라.

Answer
해설

이 문제의 핵심은 용의자의 딜레마의 의의를 정확하게 이해하는 데 있다.

1) 내쉬균형은 (*LP*, *LP*)이며, 그 특징은 모든 경기자들의 이윤이 작아진다는 데 있

다. 즉, 만약 모두 (*HP*, *HP*)를 선택한다면 두 기업의 이윤은 각각 300, 200으로 증가할 수 있지만, 이것은 결코 내쉬균형이 아니다. 왜냐하면 두 기업 모두 *LP*가 우월전략이기 때문이다. 따라서 두 기업은 용의자의 딜레마의 상황에 처해 있다.

2) 이 경우 기업 2는 여전히 우월전략을 가지고 있지만, 기업 1은 더 이상 우월전략을 가지고 있지 않다. 그렇지만 이 게임의 내쉬균형은 여전히 (*LP*, *LP*)로 변화가 없다. 이것은 경기자들이 모두 우월전략을 가지고 있는 경우에만 용의자의 딜레마의 상황에 처하는 것은 아님을 보여준다.

3) 이 게임을 전개형으로 나타낸 후 기업 1이 먼저 전략을 선택하는 순차게임의 경우에도 게임의 균형에는 아무런 변화가 없다. 이것은 정보가 더 많아진다고 해서 반드시 균형에 영향을 미치는 것은 아님을 보여준다. 기업 2가 먼저 전략을 선택하는 경우에도 마찬가지이다.

Question 문제 02

시장을 장악하고 있는 두 기업 1, 2는 두 개의 전략 신기술(*T*)과 광고(*A*) 중 하나를 선택하려 한다. 두 기업이 동시에 전략을 선택하는 경우 각 기업이 예상하는 이윤은 다음의 보수행렬에 요약되어 있다. 앞의 숫자는 기업 1의 이윤을 나타낸다.

		기업 2	
		T	*A*
기업 1	*T*	350, 150	200, 100
	A	200, 120	250, 180

1) 이 게임의 내쉬균형을 구하라.

2) 이제 게임의 규칙이 조금 바뀌어 기업 1이 먼저 전략을 선택하지만 기업 2는 그것이 무엇인지 모르는 가운데 전략을 선택해야 한다고 하자. 이 경우 내쉬균형은 무엇인가?

3) 기업 1이 먼저 전략을 선택하고, 기업 2는 이것을 관찰한 후 전략을 선택한다면 게임의 균형은 어떻게 변하겠는가?

4) 3)과는 반대로 기업 2가 먼저 전략을 선택한다면 게임의 균형은 어떻게 변하겠는가?

Answer
해설

이 문제의 핵심은 내쉬균형과 부속게임 완전 내쉬균형의 차이를 정확하게 이해하는 데 있다.

1) 동시게임에서는 "상대방의 전략을 주어진 것으로 간주하고 자신에게 최선의 전략을 택한 후 어느 경기자도 자신의 전략을 변경하지 않는 상태"를 찾으면 이것이 바로 내쉬균형이다. 이 조건을 만족하는 균형전략은 (*T*, *T*)와 (*A*, *A*)이다.
2) 이것은 순차게임이지만 상대방의 전략을 모르는 가운데 자신의 전략을 선택해야 한다는 점에서 여전히 불완전한 정보의 게임이다. 이 게임은 [그림 7-6]과 같이 정보집합(information set)을 이용해 전개형으로 나타낼 수 있다.
   이 게임에서 유일한 부속게임은 전체게임이다. 따라서 순차게임에 필요한 신뢰성조건(또는 순차적 합리성 조건)이 적용되지 않는다. 따라서 여전히 (*T*, *T*)와 (*A*, *A*)가 이 게임의 내쉬균형이다.
3) 기업 1이 먼저 전략을 선택하는 게임은 [그림 7-7]과 같이 전개형으로 나타낼 수 있다. 이 게임에는 부속게임이 존재하므로 후방귀납법을 이용해 신뢰성조건을 만족하는 전략을 구할 수 있다. 이 경우 부속게임 완전 내쉬균형은 (*T*, *T*)이

그림 7-6

불완전한 정보의 게임 : 복수 균형

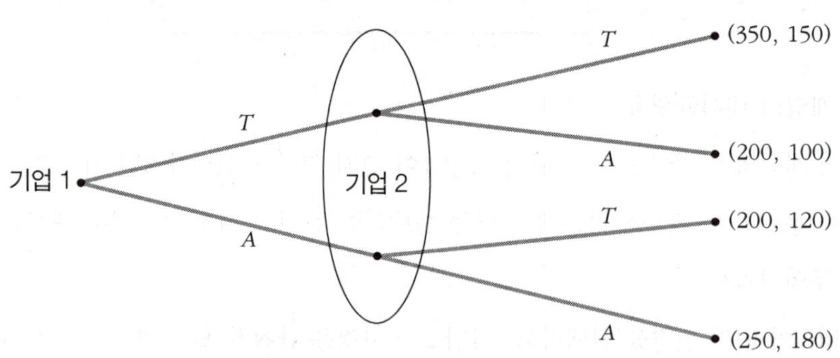

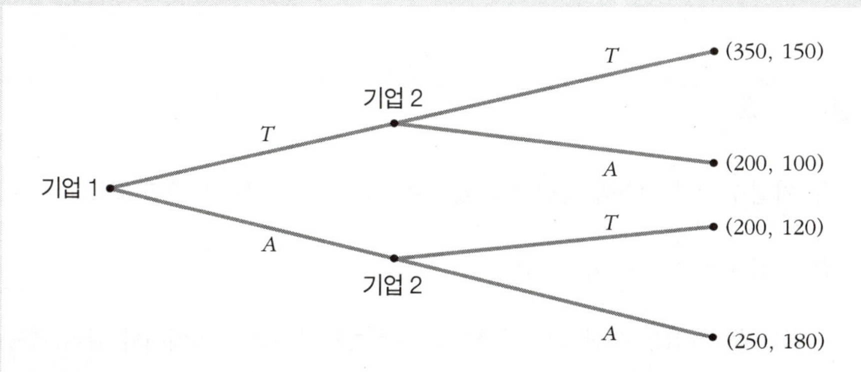

그림 7-7 완전한 정보의 게임 : 단일 균형

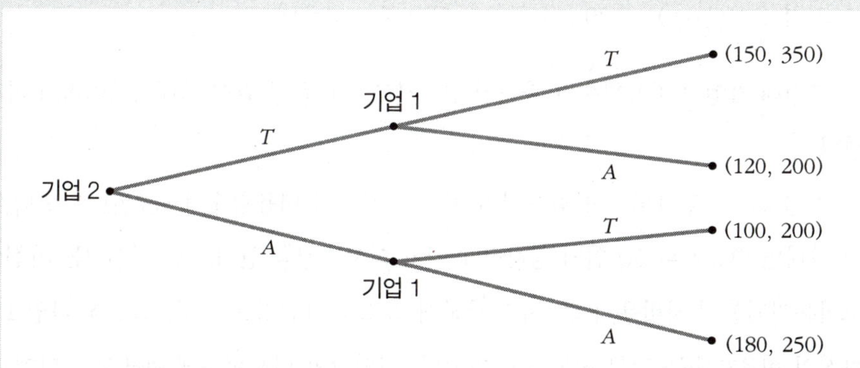

그림 7-8 완전한 정보의 게임 : 단일 균형

다. (*A*, *A*)는 더 이상 신뢰성조건을 만족하지 못한다.

4) 기업 2가 먼저 전략을 선택하는 게임은 [그림 7-8]과 같이 전개형으로 나타낼 수 있다. 3)에서와 마찬가지 방법을 적용하면 부속게임 완전 내쉬균형은 (*A*, *A*)이다. (*T*, *T*)는 더 이상 신뢰성조건을 만족하지 못한다.

3.2 베이즈 내쉬균형

Question
문제 03

두 기업 1, 2가 시장을 장악하고 있으며, 시장수요곡선은 다음과 같다고 하자.

$P = 100 - q,\ q = q_1 + q_2$

그리고 두 기업은 생산량을 전략으로 사용하는 꾸르노모형에서와 같이 행동하며, 각 기업의 비용함수는 다음과 같이 요약된다고 하자.

기업 1 : $C_1(q_1) = 10q_1$

기업 2 : $C_2(q_2) = 20q_2$(확률 0.6) 또는 $5q_2$(확률 0.4)

그런데 기업의 비용함수와 관련된 정보구조는 다음과 같이 비대칭적이라고 가정한다.

기업 2는 기업 1의 비용함수만이 아니라 자신의 비용함수가 $C_2(q_2) = 20q_2$인지 아니면 $C(q_2) = 5q_2$인지 정확하게 알고 의사결정을 한다. 즉, 기업 2는 자신이 고비용기업인지 저비용기업인지 정확하게 알고 의사결정을 한다. 그런데 기업 1은 자신의 비용함수는 정확하게 알고 있지만, 기업 2의 비용함수에 관해서는 단지 확률적으로만 추측할 뿐이다. 즉, 기업 1은 기업 2가 0.6의 확률로 고비용기업이고, 0.4의 확률로 저비용기업이라는 것만을 알고 의사결정을 내려야 하는 입장에 있다. 이와 같이 두 기업이 비대칭정보의 상황에 있다는 것은 두 기업에게는 공통의 지식(common knowledge)에 해당한다고 할 때 다음 질문에 답하라.

1) 이와 같은 과점시장모형에 적용되는 균형 개념은 어떤 특징을 갖는지 설명하라. 그리고 이 경우 정보집합이 어떤 역할을 하는지 명확하게 밝혀라.
2) 1)에 정의한 균형 개념을 이용해 각 기업의 균형생산량과 균형가격을 구하라.
3) 2)에서 구한 시장균형과 완비된 정보하에서의 시장균형을 비교 · 논평하라.

Answer
해설

이 문제의 핵심은 불완전한 정보와 불완비된 정보의 게임에 적용되는 균형 개념인 베이즈 내쉬균형을 이해하는 데 있다.

1) 이 모형에 적용되는 균형 개념은 베이즈 내쉬균형이다. 이 균형 개념은 비협조적 게임 가운데 불완비된 정보의 동시게임에 적용되는 균형 개념으로 내쉬균형을 보완한 것이다. 여기서 불완비된 정보는 다른 기업의 타입, 즉 비용구조에 대해 정확하게 알지 못하기 때문에 발생한다. 이와 같이 게임을 구성하는 요소에 대해 정확하게 알지 못하는 경우 게임을 묘사하는 방법에 대해서는 하사니가 최초로 그 해답을 제시했다. 그것은 상대방의 타입에 대해 정확하게 알지 못하고 단지 확률분포만을 아는 경우 베이즈 법칙을 이용해 확률을 계산하고, 이를 바탕으로 경기자들이 기대효용이나 기대이윤을 극대화하는 전략을 선택한다고 보는 것이다. 이런 의미에서 이 모형의 균형 개념을 베이즈 내쉬균형이라 부른다.

   하사니가 기여한 또 한 가지 사항은 자연이라는 가공의 경기자를 도입함으로써 불완비된 정보의 동시게임을 불완전한 정보의 동시게임으로 전환해 다룰 수 있도록 한 점이다. 상대방의 타입에 대해 정보가 충분하지 않을 경우 자신(여기서는 경기자 1)이 어떤 게임에 참여하는지 분명하지 않다. 따라서 게임의 균형을 구할 수 없다. 그런데 자연이라는 가공의 경기자를 도입하고 정보집합이라는 개념을 이용함으로써 상대방의 타입에 대해 정확하게 알지 못하는 경우에도 게임의 균형을 구할 수 있게 되었던 것이다. 이것은 전적으로 하사니가 기여한 바이다.

2) 이 모형에서 베이즈 내쉬균형을 구하기 위해서는 다음과 같이 개별 기업의 이윤극대화 문제의 해를 구해야 한다. 먼저 기업 2의 이윤극대화 문제는 다음과 같다. 기업 2는 자신의 비용구조를 알고 있으면서 이윤극대화를 추구하므로 다음과 같이 의사결정을 한다.

고비용구조인 경우:

$$\Pi_2(H) = (100 - q_1 - q_2 - 20)q_2$$

$$\Rightarrow \frac{d\Pi_2(H)}{dq_2} = 80 - q_1 - 2q_2 = 0$$

$$\Rightarrow q_2(H) = \frac{(80 - q_1)}{2} \quad \cdots\cdots (1)$$

저비용구조인 경우:

$$\Pi_2(L) = (100 - q_1 - q_2 - 5)q_2$$

$$\Rightarrow \frac{d\Pi_2(L)}{dq_2} = 95 - q_1 - 2q_2 = 0$$

$$\Rightarrow q_2(L) = \frac{(95 - q_1)}{2} \quad \cdots\cdots (2)$$

이와 같이 기업 2는 의사결정을 내리는 경우 자신의 비용구조를 정확하게 알고 있으므로 이를 감안해 생산량을 달리 결정하면 된다. 따라서 기업 2는 앞에서 구한 두 개의 반응함수에 따라 행동하게 된다.

반면 기업 1은 기업 2의 비용구조를 정확하게 모르고 단지 확률분포만을 알고 있으므로 베이즈 법칙에 의해 확률을 구한 후 기대이윤을 극대화하는 생산량을 결정한다. 여기서는 베이즈 법칙이 매우 간단하게 적용된다. 따라서 기업 1의 이윤극대화 문제는 다음과 같다.

$$\Rightarrow \Pi_1 = 0.6 \times (100 - q_1 - q_2(H) - 10)q_1 + 0.4 \times (100 - q_1 - q_2(L) - 10)q_1$$

$$\Rightarrow \frac{d\Pi_1}{dq_1} = 0.6 \times (90 - q_2(c_H)) + 0.4 \times (90 - q_2(L)) - 2q_1 = 0$$

$$\Rightarrow q_1 = \frac{[0.6 \times (90 - q_2(H)) + 0.4 \times (90 - q_2(L))]}{2} \quad \cdots\cdots (3)$$

세 개의 식 (1), (2), (3)을 동시에 만족하는 q_1^*, $q_2^*(H)$, $q_2^*(L)$을 구하면 다음과 같다.

$$q_1^* = \frac{74}{3}$$

$$q_2^*(H) = \frac{83}{3}$$

$$q_2^*(L) = \frac{211}{6}$$

따라서 균형가격과 개별 기업의 이윤은 다음과 같이 정리된다.

기업 2가 고비용구조인 경우 : $P^*(H) = \frac{143}{3}$, $\Pi_1(H) = \frac{8,362}{9}$, $\Pi_2(H) = \frac{6,889}{9}$

기업 2가 저비용구조인 경우 : $P^*(L) = \frac{241}{6}$, $\Pi_1(L) = \frac{6,697}{9}$, $\Pi_2(L) = \frac{44,521}{36}$

3) 완비된 정보하에서의 내쉬균형은 다음과 같다.

기업 2가 고비용구조인 경우 : $q_1^* = \frac{100}{3}$, $q_2^*(H) = \frac{70}{3}$, $P^*(H) = \frac{130}{3}$, $\Pi_1(H) = \frac{10,000}{9}$, $\Pi_2(H) = \frac{4,900}{9}$

기업 2가 저비용구조인 경우 : $q_1^* = \frac{85}{3}$, $q_2^*(L) = \frac{100}{3}$, $P^*(L) = \frac{115}{3}$, $\Pi_1(L) = \frac{7,225}{9}$, $\Pi_2(L) = \frac{10,000}{9}$

➪ 이상의 결과를 다음과 같이 정리할 수 있다.

i) 기업 2의 비용구조와는 관계없이 완비된 정보의 경우 불완비된 정보의 경우에 비해 가격은 낮고 생산량은 많다. 따라서 소비자의 입장에서는 완비된 정보의 경우가 후생적으로 유리하다.

ii) 기업 2는 자신의 비용구조와는 무관하게 불완비된 정보의 경우 완비된 정보의 경우에 비해 더 많이 생산한다. 반면 기업 1은 기업 2가 어떤 비용구조라도 불완비된 정보의 경우 더 적게 생산한다.

iii) 기업 1은 기업 2의 비용구조와는 관계없이 완비된 정보의 경우 더 많은 이윤을 얻는다. 반면 기업 2는 비용구조와 관계없이 불완비된 정보의 경우 더 많은 이윤을 얻는다.

iv) 소비자잉여와 생산자잉여를 합한 사회잉여의 크기를 비교하면 다음과 같다.

	불완비된 정보의 경우	완비된 정보의 경우
기업 2가 고비용기업인 경우	$\frac{55,151}{18}$	$\frac{58,700}{18}$
기업 2가 저비용기업인 경우	$\frac{275,459}{72}$	$\frac{274,700}{72}$

➪ 따라서 기업 2가 고비용기업인 경우에는 완비된 정보의 게임이 사회후생의

관점에서 유리하지만, 기업 2가 저비용기업인 경우에는 그 반대이다.

Question
문제 04

두 명의 용의자 1, 2가 검거되었다고 하자. 각각의 용의자는 격리된 방에 수용되었으며, 다음과 같은 보수행렬이 그들에게 공통의 지식으로 주어졌다고 하자. 여기서 C는 "자백", DC는 "자백 안함"이라는 전략을 나타내며, 앞의 숫자는 용의자 1의 보수를 나타낸다. 그리고 두 용의자는 동시에 전략을 선택하게 되어 있다고 하자.

		용의자 2	
		DC	C
용의자 1	DC	−1, −3	−8, −2
	C	−2, −8	−5, −5

1) 두 용의자가 동시에 전략을 선택하는 대신 순차적으로 용의자 1부터 전략을 선택하도록 하는 경우 이 게임의 균형에는 어떤 변화가 있으며, 그 이유는 무엇인지 설명하라.
2) 이제 용의자 2의 정신상태에 약간의 문제가 발생하였다고 하자. 그는 때로는 앞의 보수행렬에서와 같이 동료를 배신하는 데 별다른 가책을 못 느끼는 경우(타입 I)도 있지만, 때로는 심한 가책을 느끼는 경우(타입 II)도 있다. 이 경우에 해당하는 보수행렬은 다음과 같다.

		용의자 2	
		DC	C
용의자 1	DC	−1, −3	−8, −8
	C	−2, −8	−5, −10

용의자 2가 타입 I일 확률은 p, 타입 II일 확률은 $(1 - p)$라고 하자. 그리고 이 모든 것은 두 용의자에게 공통의 지식이다. 두 용의자가 직면하고 있는 상황을 게임나무와 정보집합을 이용해 묘사하라.

3) 2)의 경우에 적용되는 적절한 균형 개념은 무엇인가? 그리고 $p = 0.5$인 경우 이 게임의 균형은 무엇인지 설명하라.

4) $p = 0.2$로 바뀌는 경우 이 게임의 균형에는 어떤 변화가 발생하는지 설명하라.

Answer
해설

이 문제의 핵심은 불완비된 정보의 동시게임을 통해 베이즈 내쉬균형의 의의를 이해하는 데 있다.

1) 동시에 전략을 선택하는 동시게임에서 내쉬균형은 (C, C)이고, 이들은 용의자의 딜레마에 처해 있다. 그런데 용의자 1이 먼저 전략을 선택하는 순차게임으로 게임의 규칙이 달라지는 경우에도 내쉬균형은 여전히 (C, C)이다. 그 이유는 게임의 보수구조의 특징으로 인해 신뢰할 수 없는 위협의 역할을 하는 전략이 존재하지 않기 때문이다. 이것은 다음과 같은 게임나무를 이용해 확인할 수 있다.

2) 용의자 1은 용의자 2의 타입을 정확하게 모른 채 단지 확률만을 알고 있는 상태에서 자신의 전략을 선택한다. 반면 용의자 2는 자신의 타입을 알고 있는 상태에

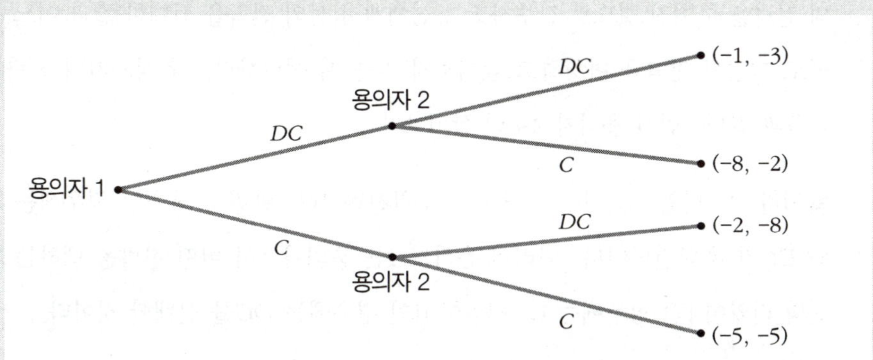

그림 7-9 순차게임의 경우

그림 7-10

불완비된 정보의 게임

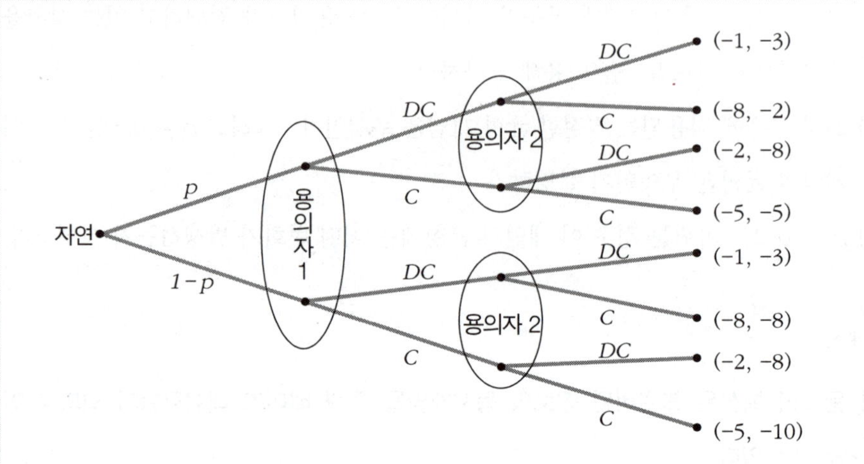

서 전략을 선택한다. 그리고 이 모두가 두 용의자에게는 공통의 지식이다. 이것은 동시에 전략을 선택한다는 의미에서는 불완전한 정보의 게임인 동시에 용의자 2의 타입을 정확하게 모르는 상태에서 전략을 선택해야 한다는 점에서 불완비된 정보의 게임이다. 이 경우 게임의 구조는 게임나무와 정보집합, 그리고 가공의 경기자인 자연을 이용해 [그림 7-9]와 같이 전개형으로 나타낼 수 있다.

3) 용의자 1은 용의자 2의 타입에 대한 확률을 고려해 자신에게 가장 유리한 전략을 선택한다. 반면 용의자 2는 자신의 타입을 알고 나서 자신에게 가장 유리한 전략을 선택하면 된다. 따라서 여기에 적용되는 균형 개념은 베이즈 내쉬균형이다. 이 균형은 주어진 게임의 구조를 공통의 지식으로 간주한 상태에서 상대방의 전략을 주어진 것으로 간주하고 자신에게 최선의 전략을 선택한 결과 어느 누구도 자신의 전략을 변경하고 싶어하지 않을 때 성립한다. 각 경기자의 전략은 다음과 같다. 먼저 용의자 2부터 살펴보자.

용의자 2: 타입 I인 경우 전략 C가 우월전략이다. 반면 타입 II인 경우에는 전략 DC가 우월전략이다. 따라서 용의자 2는 용의자 1이 어떤 전략을 택하든 자신의 타입이 I인 경우에는 C, 타입이 II인 경우에는 DC를 선택할 것이다.

용의자 1: 용의자 2의 전략을 감안한 상태에서 자신이 전략 C와 DC로부터 얻는 보수를 비교한다.

전략 DC의 기대보수 : $0.5 \times (-8) + 0.5 \times (-1) = -4.5$

전략 C의 기대보수 : $0.5 \times (-5) + 0.5 \times (-2) = -3.5$

따라서 용의자 1은 C를 택하는 것이 최선이다. 그러므로 이 게임에서 베이즈 내쉬균형은 다음과 같다.

용의자 1은 전략 C를 택하고, 용의자 2는 타입 I인 경우에는 전략 C, 타입 II인 경우에는 전략 DC를 선택한다. 이에 따라 각자에게 보수가 귀속된다.

4) $p = 0.2$로 바뀌더라도 용의자 2의 전략에는 아무 변화가 없다. 따라서 용의자 1의 경우만 확인하면 된다. 마찬가지 논리로 용의자 1의 기대보수는 다음과 같다.

전략 DC의 기대보수 : $0.2 \times (-8) + 0.8 \times (-1) = -2.4$

전략 C의 기대보수 : $0.2 \times (-5) + 0.8 \times (-2) = -2.6$

따라서 용의자 1은 DC를 선택하는 것이 최선이다. 나머지는 3)의 경우와 마찬가지이다.

3.3 꾸르노균형과 베르뜨랑균형

Question

문제 05

동질적인 제품을 생산하는 두 기업으로 구성된 과점시장에서 각 기업은 다음과 같은 동일한 한계비용곡선을 가지고 있다고 하자.

$$MC = 10 + Q_i, \quad i = 1, 2$$

그리고 시장수요곡선은 다음과 같다.

$$P = 50 - Q, \quad Q = Q_1 + Q_2$$

1) 이 시장에서 꾸르노균형을 달성하는 가격과 수량은 얼마인가?

2) 만약 두 기업이 카르텔을 결성하고 행동한다면 균형가격은 얼마인가?

3) 만약 두 기업이 가격수용적으로 행동한다면 균형가격은 얼마인가?

4) 이상의 결과로부터 어떤 결론을 유도할 수 있는가?

Answer
해설

이 문제의 핵심은 꾸르노균형과 카르텔균형 및 경쟁균형의 특징을 비교하는 데 있다.

1) 각 기업의 이윤극대화 조건을 구하면 다음과 같다.

기업 1의 이윤극대화 조건 : $MR_1 = MC_1 \Rightarrow 50 - 2Q_1 - Q_2 = 10 + Q_1$

$$\Rightarrow Q_1 = \frac{(40 - Q_2)}{3} \quad \cdots\cdots\cdots\cdots \quad (a)$$

기업 2의 이윤극대화 조건 : $MR_2 = MC_2 \Rightarrow 50 - 2Q_2 - Q_1 = 10 + Q_2$

$$\Rightarrow Q_1 = \frac{(40 - Q_1)}{3} \quad \cdots\cdots\cdots\cdots \quad (b)$$

(a)와 (b)는 각 기업의 반응함수에 해당한다. 따라서 이 두 방정식을 동시에 만족하는 Q_1과 Q_2를 구하면 이것이 바로 꾸르노균형을 달성하는 수량이고, 이것을 수요곡선에 대입하면 균형가격을 구할 수 있다. 따라서 균형수량과 가격은 다음과 같다.

$$Q_1^* = Q_2^* = 10, \quad P^* = 30$$

2) 카르텔처럼 행동한다는 것은 곧 두 개의 공장을 가진 독점기업처럼 행동한다는 것을 의미한다. 따라서 산업 전체의 결합이윤(Π)을 극대화하는 조건을 구하면 다음과 같다.

$$\Pi = (50 - Q_1 - Q_2)Q_1 + (50 - Q_1 - Q_2)Q_2 - C_1(Q_1) - C_2(Q_2)$$

$$\Rightarrow \frac{d\Pi}{dQ_1} = 50 - 2Q_1 - Q_2 - Q_2 - 10 - Q_1 = 0 \Rightarrow 40 - 3Q_1 - 2Q_2 = 0$$

$$\frac{d\Pi}{dQ_2} = 50 - Q_1 - 2Q_2 - Q_1 - 10 - Q_2 = 0 \Rightarrow 40 - 2Q_1 - 3Q_2 = 0$$

$$\Rightarrow 40 = 3Q_1 + 2Q_2 = 2Q_1 + 3Q_2 \Rightarrow Q_1 = Q_2$$

따라서 결합이윤을 극대화하는 생산량과 가격은 다음과 같다.

$Q_1^* = Q_2^* = 8,\ P^* = 34$

3) 두 기업이 가격수용적으로 행동한다는 것은 곧 $P = MR = MC$가 이윤극대화의 조건임을 의미한다. 따라서 각 기업의 이윤극대화 조건은 다음과 같다.

기업 1의 이윤극대화 조건 : $50 - Q_1 - Q_2 = 10 + Q_1$

기업 2의 이윤극대화 조건 : $50 - Q_1 - Q_2 = 10 + Q_2$

⇨ 이 두 조건을 동시에 만족시키는 Q_1과 Q_2를 구하면 다음과 같다.

$$Q_1^* = Q_2^* = \frac{40}{3}$$

이것을 수요곡선에 대입하면 균형가격은 $P^* = \frac{70}{3}$이다.

각 기업의 한계비용과 가격 간에는 $MC_1 = MC_2 = 10 + \frac{40}{3} = \frac{70}{3} = P^*$가 성립하므로 각 기업은 이윤을 극대화하고 있음을 알 수 있다.

4) 이상의 결과를 요약하면 다음과 같다.

	균형가격	균형생산량
꾸르노모형	30	20
카르텔	34	16
경쟁시장	$\frac{70}{3}$	$\frac{80}{3}$

가격은 「경쟁시장 < 꾸르노모형 < 카르텔」의 순으로 높고, 생산량은 「카르텔 < 꾸르노모형 < 경쟁시장」의 순으로 많아진다. 따라서 이것은 시장의 독점적 지배력이 증가함에 따라 예상할 수 있는 결과와 일치한다.

Question 문제 06

차별적인 과점시장에서 활동하는 두 기업 1, 2가 다음과 같은 수요곡선에 직면해 있다고 하자.

$Q_1 = 20 - P_1 + P_2$

$Q_2 = 20 - P_2 + P_1$

그리고 각 기업의 한계비용은 $MC_1 = MC_2 = 0$이라고 하자.

1) 두 기업이 가격을 전략변수로 이용하는 베르뜨랑모형에서와 같이 동시에 가격을 결정하는 경우 과점시장의 균형가격과 생산량, 그리고 각 기업의 이윤은 얼마인가?
2) 만약 기업 1이 먼저 가격을 책정하고 기업 2는 이것을 관찰한 후 가격을 책정한다면 균형가격은 얼마인가? 그리고 이 경우 각 기업의 이윤은 얼마인가?
3) 이상의 논의에 의할 때 각 기업은 어떻게 행동하는 것을 선호하겠는가? 가격선도모형의 관점에서 설명하라.

Answer
해설

이 문제의 핵심은 베르뜨랑모형과 가격선도모형의 차이점을 정확하게 이해하는 데 있다.

1) 두 기업 모두 한계비용이 0이므로 각 기업의 이윤은 다음과 같이 간단히 표현된다.

$$\Pi_1 = P_1Q_1 = P_1(20 - P_1 + P_2) = 20P_1 - P_1^2 + P_1P_2$$

$$\Pi_2 = P_2Q_2 = P_2(20 - P_2 + P_1) = 20P_2 - P_2^2 + P_1P_2$$

➡ 각 기업의 이윤극대화 조건은 다음과 같다.

$$\frac{d\Pi_1}{dP_1} = 20 - 2P_1 + P_2 = 0$$

$$\frac{d\Pi_2}{dP_2} = 20 - 2P_2 + P_1 = 0$$

따라서 각 기업의 반응함수는 다음과 같다.

$$P_1 = R_1(P_2) = \frac{20 + P_2}{2}$$

$$P_2 = R_2(P_1) = \frac{20 + P_1}{2}$$

베르뜨랑균형은 두 개의 반응함수를 동시에 만족시키는 P_1^*, P_2^*이므로 다음과 같다.

$P_1^* = P_2^* = 20$ ➡ $Q_1^* = Q_2^* = 20,\ \Pi_1^* = \Pi_2^* = 400$

2) 가격선도모형에서 추종자는 베르뜨랑모형에서와 같이 자신의 반응함수에 따라 행동한다. 반면 선도자는 추종자가 반응함수에 따라 행동할 것을 예상하고 자신의 가격을 결정한다. 따라서 앞에서 구한 기업 2의 반응함수를 기업 1의 이윤에 대입하면 다음과 같다.

$$\Pi_1 = P_1 Q_1 = P_1(20 - P_1 + P_2)$$
$$= P_1(20 - P_1 + \frac{20 + P_1}{2}) = 30P_1 - \frac{P_1^2}{2}$$
$$\Rightarrow \frac{d\Pi_1}{dP_1} = 30 - P_1 = 0$$

선도자인 기업 1의 이윤을 극대화하는 가격은 $P_1^* = 30$이다. 따라서 추종자인 기업 2는 이것을 관찰한 후 자신의 반응함수에 대입해 P_2를 결정한다. 그러므로 $P_2^* = 25$이다. 따라서 각 기업의 이윤은 $\Pi_1^* = 450,\ \Pi_2^* = 625$이다.

3) 기업 1의 관점에서 비교하면 다음과 같은 결론을 얻는다. 기업 1과 2는 대칭적이므로 기업 2의 경우에도 마찬가지이다.

i) 선도자로서 먼저 가격을 책정하는 경우 이윤은 450이다.

ii) 동시에 가격을 책정하는 경우 이윤은 400이다.

iii) 추종자로서 나중에 가격을 책정하는 경우 이윤은 625이다.

따라서 각 기업의 입장에서 볼 때 나중에 가격을 책정하는 것이 가장 유리하고, 그 다음이 먼저 가격을 책정하는 것이며, 동시에 가격을 책정하는 것이 가장 불리하다. 이것은 수량선도모형에서 예상할 수 있는 결과와 반대이다. 왜냐하면 슈타켈버그모형과 같은 수량선도모형에서는 선발주자의 이득이라고 해서 선도자의 경우가 가장 유리하기 때문이다. 기업들 간에 가격을 가지고 경쟁하는 경우 흔히 상대방이 먼저 가격을 정하면 이에 최선의 대응을 하는 것이 현실적으로도 합리적이라고 평가된다. 여기서의 결론은 이러한 현실적인 측면과도 일맥상통한다. 두 기업 모두 동시에 가격을 책정하는 것이 가장 불리하다는 것을 안다. 그렇기 때문에 추종자가 되는 것이 가장 유리하다는 것을 알지만, 선도자로 행동할 수밖에 없는 경우에도 이것을 수용하는 가운데 균형에 도달하게 된다.

Question
문제 07

서울과 제주도 간의 노선을 운항하는 두 항공사 1, 2가 있는데, 각 기업이 직면하는 수요곡선이 다음과 같다고 하자.

$$Q_1 = 1{,}000 - 2P_1 + P_2$$
$$Q_2 = 1{,}000 - 2P_2 + P_1$$

Q_1과 Q_2는 각 항공사가 매일 나르는 승객의 숫자를 나타내며, 승객당 한계비용은 10으로 동일하다고 가정하자.

1) 두 기업이 베르뜨랑모형에서와 같이 행동하는 경우 균형을 달성하는 가격과 수량을 구하라.
2) 두 기업이 꾸르노모형에서와 같이 행동하는 경우 균형을 달성하는 가격과 수량을 구하라.
3) 1)과 2)에서 구한 두 균형이 서로 다른 이유는 무엇인지 설명하라.
4) 사회후생의 관점에서 볼 때 이 두 모형 가운데 어느 것이 더 바람직한지 설명하라.

Answer
해설

이 문제의 핵심은 꾸르노모형과 베르뜨랑모형의 차이를 이해하는 데 있다.

1) 베르뜨랑모형에서 각 기업은 가격을 전략변수로 사용하므로 다음과 같이 이윤극대화를 추구한다.

기업 1의 이윤극대화 : $\Pi_1 = P_1Q_1 - 10Q_1 = (P_1 - 10)Q_1$

$$= 1{,}020P_1 - 2P_1^2 - 10P_2 - 10{,}000 + P_1P_2$$
$$\Rightarrow \frac{d\Pi_1}{dP_1} = 1{,}020 - 4P_1 + P_2 = 0$$
$$\Rightarrow P_1 = \frac{1{,}020 + P_2}{4}$$

이것이 기업 1의 반응함수이다.

기업 2의 이윤극대화 : $\Pi_2 = P_2Q_2 - 10Q_2 = (P_2 - 10)Q_2$

$$= 1{,}020P_2 - 2P_2^2 - 10P_1 - 10{,}000 + P_1P_2$$

$$\Rightarrow \frac{d\Pi_2}{dP_2} = 1{,}020 - 4P_2 + P_1 = 0$$

$$\Rightarrow P_2 = \frac{1{,}020 + P_1}{4}$$

이것이 기업 2의 반응함수이다.

따라서 이 두 반응함수를 동시에 만족하는 가격을 구하면 이것이 베르뜨랑균형이다. 균형가격과 수량은 다음과 같다.

$$P_1^* = P_2^* = 340,\ Q_1^* = Q_2^* = 660$$

2) 꾸르노모형에서 각 기업은 생산량을 전략변수로 사용하므로 다음과 같이 이윤극대화를 추구한다.

먼저 각 기업의 수요곡선을 변형해 P_1과 P_2를 각각 Q_1과 Q_2의 함수로 나타낼 수 있다. 그 결과는 다음과 같이 정리된다.

$$Q_1 = 1{,}000 - 2P_1 + P_2 \Rightarrow 2P_1 = 1{,}000 + P_2 - Q_1$$

$$Q_2 = 1{,}000 - 2P_2 + P_1 \Rightarrow 2P_2 = 1{,}000 + P_1 - Q_2$$

이 두 식을 Q_1과 Q_2의 함수로 나타내면 다음과 같다.

$$P_1 = 1{,}000 - \frac{2Q_1}{3} - \frac{Q_2}{3}$$

$$P_2 = 1{,}000 - \frac{2Q_2}{3} - \frac{Q_1}{3}$$

따라서 각 기업의 이윤극대화 문제는 다음과 같이 나타낼 수 있다.

기업 1의 이윤극대화:

$$\Pi_1 = P_1Q_1 - 10Q_1 = (1{,}000 - \frac{2Q_1}{3} - \frac{Q_2}{3})Q_1 - 10Q_1$$

$$\Rightarrow \frac{d\Pi_1}{dQ_1} = 990 - \frac{Q_2}{3} - \frac{4Q_1}{3} = 0$$

$$\Rightarrow Q_1 = \frac{2{,}970}{4} - \frac{Q_2}{4}$$

기업 2의 이윤극대화:

$$\Pi_2 = P_2Q_2 - 10Q_2 = (1{,}000 - \frac{2Q_2}{3} - \frac{Q_1}{3})Q_2 - 10Q_2$$

➡ $\frac{d\Pi_2}{dQ_2} = 990 - \frac{Q_1}{3} - \frac{4Q_2}{3} = 0$

➡ $Q_2 = \frac{2,970}{4} - \frac{Q_1}{4}$

이 두 개의 반응함수를 동시에 만족하는 Q_1, Q_2를 구하면 이것이 바로 꾸르노균형이다. 균형가격과 수량은 다음과 같다.

$$P_1^* = P_2^* = 406,\ Q_1^* = Q_2^* = 594$$

3) 베르뜨랑균형과 꾸르노균형은 서로 다른 전략을 선택하는 가운데 달성되는 균형이므로 다를 수밖에 없다. 이 예의 경우 베르뜨랑모형에서 가격은 더 낮고 생산량은 더 많은 결과를 보여준다. 이것은 가격을 전략변수로 하는 경우 균형가격은 낮아지고, 생산량을 전략변수로 하는 경우 생산량은 작아질 것이라는 직관과도 일치한다.

4) 두 모형 가운데 어느 것이 사회후생의 관점에서 더 바람직한지 비교하기 위해서는 각 모형에서 실현되는 사회잉여를 계산해야 한다. 여기서 「사회잉여 = 소비자잉여 + 생산자잉여」로 정의된다. 그리고 생산자잉여는 기업의 이윤을 말한다. 이 문제에서 두 기업은 서로 대칭이므로 이 가운데 한 기업이 직면하는 수요곡선을 바탕으로 소비자잉여를 구하고 기업의 이윤을 구한 다음 이 값의 두 배를 하면 각 모형의 사회잉여에 해당한다. 여기서는 기업 1을 가지고 설명하고자 한다.

베르뜨랑모형에서의 사회잉여

■ 기업 1이 직면하는 수요곡선

$$P_1 = 500 - \frac{Q_1}{2} + \frac{P_2}{2}(P_2^* = 340\text{을 대입})$$
$$= 670 - \frac{Q_1}{2}$$

여기서 소비자잉여를 구하면 108,900이다. 그리고 기업 1의 이윤은 217,800이므로 각각을 두 배 하여 더하면 베르뜨랑모형에서 사회잉여는 653,400이다.

꾸르노모형에서의 사회잉여

■ 기업 1이 직면하는 수요곡선

$$P_1 = 1{,}000 - \frac{2Q_1}{3} - \frac{Q_2}{3}(Q_2^* = 594\text{를 대입})$$
$$= 802 - \frac{2Q_1}{3}$$

여기서 소비자잉여를 구하면 117,612이다. 그리고 기업 1의 이윤은 235,224이므로 각각을 두 배 하여 더하면 꾸르노모형에서 사회잉여는 705,672이다. 이상의 내용을 정리하면 다음과 같다.

	베르뜨랑모형	꾸르노모형
생산자잉여	435,600	470,448
소비자잉여	217,800	235,224
사회잉여	653,400	705,672

이 문제에서와 같이 수요곡선과 비용조건이 주어져 있는 경우 수량을 전략으로 사용하는 꾸르노모형이 가격을 전략으로 사용하는 베르뜨랑모형보다 사회잉여를 더 많이 창출한다. 또한 꾸르노모형에서 생산자잉여와 소비자잉여 모두 베르뜨랑모형보다 더 크다. 따라서 사회후생의 관점에서 꾸르노모형이 더 바람직하다. 그렇지만 이러한 결론을 일반화할 수는 없다.

Question
문제 08

꾸르노모형에서 두 기업의 반응함수가 다음과 같이 측정되었다고 하자.

$$Q_1 = R_1(Q_2) = 50 - Q_2$$
$$Q_2 = R_2(Q_1) = 100 - Q_1$$

각 기업의 한계비용은 모두 0이라고 가정한다.

1) 꾸르노균형이 성립하는 경우 각 기업의 생산량을 구하라.
2) 만약 기업 2의 반응함수가 $Q_2 = R_2(Q_1) = 100 - 2Q_1$으로 바뀐다면 꾸르노균

형이 성립하는가? 그렇다면 각 기업의 생산량은 얼마인가?

Answer
해설

이 문제의 핵심은 반응함수의 의의를 정확하게 이해하는 데 있다.

그림 **7-11**

평행한 반응함수

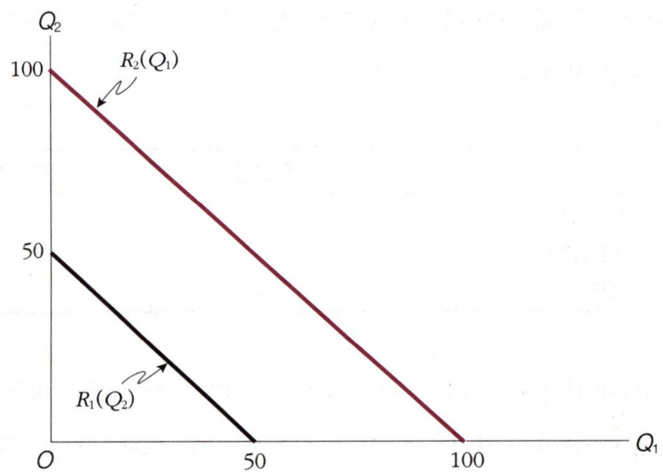

그림 **7-12**

교차하는 반응함수

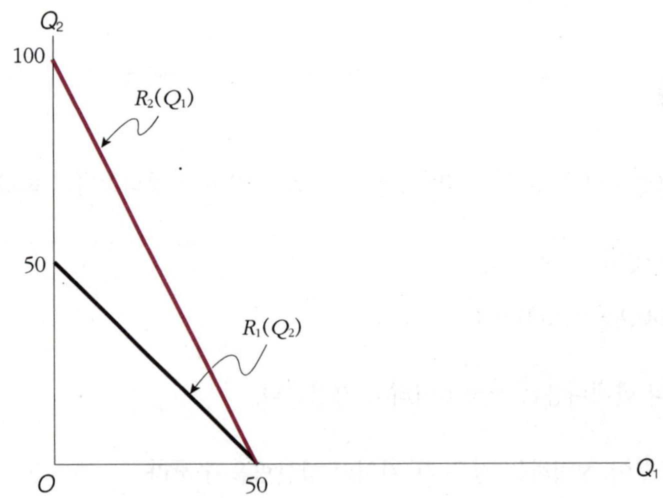

1) 먼저 각 기업의 반응함수를 그래프로 나타내면 [그림 7-11]과 같다.

[그림 7-11]에서 알 수 있듯이 두 기업의 반응곡선은 서로 평행하며, 교차하지 않는다. 이것은 꾸르노균형이 성립하지 않는다는 것을 의미한다.

2) 기업 2의 반응함수가 바뀐 후 반응함수를 그래프로 나타내면 [그림 7-12]와 같다. 두 반응곡선이 교차하는 점은 $Q_1 = 50$, $Q_2 = 0$이다. 이것이 꾸르노균형에 해당하며, 기업 1은 50단위를 생산하고 기업 2는 생산을 하지 않는 것이 최선이다.

Question

문제 09

전구에 대한 수요가 $Q = 100 - P$와 같이 측정되었다고 하자. Q의 단위는 백만 상자이며, P는 한 상자당 가격이다. E사와 D사, 두 기업이 전구를 생산하고 있다고 하자. 이들은 다음과 같이 동일한 비용함수를 가지고 있다.

$$C_i = 10Q_i + \frac{1}{2}Q_i^2 \quad (i = E, D)$$

$$Q = Q_E + Q_D$$

1) 두 기업이 단기적으로 완전경쟁시장에서와 같이 행동하고 있다고 할 때, 시장균형에서 Q_E, Q_D, P와 각 기업의 이윤은 얼마가 되겠는가?

2) 두 기업의 최고경영자가 교체되었다. 새 경영자들은 각자 전구시장의 과점적 성격을 인식하고 꾸르노모형에서와 같이 행동하려고 한다. 꾸르노균형에서 Q_E, Q_D, P와 각 기업의 이윤은 얼마가 되겠는가?

3) E사의 경영자는 D사의 경영자가 꾸르노모형에서와 같이 행동한다고 정확하게 예상했다고 하자. 이에 따라 E사가 슈타켈버그모형에서와 같이 행동한다면 균형에서의 Q_E, Q_D, P와 각 기업의 이윤은 얼마가 되겠는가?

4) 만약 두 기업의 경영자가 담합을 한다면 균형에서 Q_E, Q_D, P와 각 기업의 이윤은 얼마가 되겠는가?

Answer
해설

이 문제의 핵심은 두 기업이 존재하는 시장이 완전경쟁, 과점에서의 꾸르노모형과 슈타켈버그모형, 그리고 담합의 균형을 찾아가는 원리를 이해하는 데 있다.

1) 완전경쟁시장에서는 가격을 주어진 것으로 받아들이므로 $P = MC$에서 산출량이 결정된다. 따라서 다음과 같이 균형을 이룰 것이다.

$$P = 100 - Q_E - Q_D,\ MC_E = 10 + Q_E,\ MC_D = 10 + Q_D$$

이 식들이 완전경쟁시장에서는 $P = MC_E = MC_D$의 조건을 만족해야 한다.

$$P = 100 - Q_E - Q_D = 10 + Q_E = MC_E$$
$$P = 100 - Q_E - Q_D = 10 + Q_D = MC_D$$

따라서 $Q_E^* = Q_D^* = 30,\ P^* = 40,\ \Pi_E^* = \Pi_D^* = 30 \times 40 - (300 + 450) = 450$이 된다.

2) 각 기업은 상대방의 생산량을 주어진 것으로 간주하고 자신의 이윤을 극대화하는 생산량을 결정한다. 먼저 E사의 이윤극대화 문제를 보자.

$$\text{이윤극대화}:\ \Pi_E = P(Q)Q_E - C(Q_E) = (100 - Q_E - Q_D)Q_E - 10Q_E - \frac{1}{2}Q_E^2$$

➡ 극대화 조건 : $\dfrac{\partial \Pi_E}{\partial Q_E} = 100 - 2Q_E - Q_D - 10 - Q_E = 0$

따라서 E사는 Q_D에 대해 $Q_E = \dfrac{90 - Q_D}{3}$와 같이 반응할 것이다. 같은 방법으로 D사는 Q_E에 대해 $Q_D = \dfrac{90 - Q_E}{3}$와 같이 반응할 것이다.
꾸르노-내쉬균형은 이 두 반응곡선이 교차하는 점에서 결정되므로 가격, 생산량 및 이윤은 다음과 같다.

$$Q_D^C = Q_E^C = \frac{45}{2},\ P^C = 55,$$
$$\Pi_E^C = \Pi_D^C = 759.375$$

3) E사의 경영자는 D사의 경영자가 꾸르노모형에서와 같이 행동한다고 정확히 예

측하기 때문에 D사의 반응함수를 알고 있다. D사의 반응함수를 구한 후 이를 바탕으로 E사의 최적화 문제를 풀면 다음과 같다.

D사의 반응함수 : $Q_D = \dfrac{90 - Q_E}{3}$

E사의 최적화 문제 :

이윤극대화 : $\Pi_E = (100 - Q_E - \dfrac{90 - Q_E}{3})Q_E - 10Q_E - \dfrac{1}{2}Q_E^2$

➡ 극대화 조건 : $\dfrac{\partial \Pi_E}{\partial Q_E} = 100 - 2Q_E - 30 + \dfrac{2}{3}Q_E - 10 - Q_E = 0$

따라서 슈타켈버그균형에서 가격, 생산량 및 이윤은 다음과 같다.

$Q_E^S = \dfrac{180}{7},\ Q_D^S = \dfrac{150}{7},\ P^S = \dfrac{370}{7}$

$\Pi_E^S = \dfrac{5,400}{7} \fallingdotseq 771$

$\Pi_D^S = \dfrac{33,750}{49} \fallingdotseq 689$

4) 두 기업이 담합을 하게 되면 독점기업이 두 개의 공장을 가지고 생산하는 경우와 동일하게 생산량을 결정하게 된다. 이것은 곧 결합이윤을 극대화하는 문제와 동일하다.

결합이윤 극대화 : $\Pi = P \cdot (Q_E + Q_D) - C_E(Q_E) - C_D(Q_D)$

$= (100 - Q_E - Q_D) \cdot (Q_E + Q_D) - (10Q_E + \dfrac{1}{2}Q_E^2) - (10Q_D + \dfrac{1}{2}Q_D^2)$

➡ 극대화 조건 :

$$\frac{\partial \Pi}{\partial Q_E} = 100 - 2Q_E - Q_D - Q_D - 10 - Q_E = 0$$
$$\frac{\partial \Pi}{\partial Q_D} = 100 - 2Q_D - Q_E - Q_E - 10 - Q_D = 0$$

서로 대칭이기 때문에 균형에서의 가격, 생산량 및 이윤은 다음과 같다.

$Q_E^* = Q_D^* = 18,\ P^* = 64,\ \Pi_E^* = \Pi_D^* = 810$

Question
문제 10

당신이 동일한 재화를 생산하는 복점기업 중의 하나라고 하자. 당신과 당신의 경쟁자는 모두 0의 한계비용을 가지고 있으며, 시장수요곡선은 다음과 같다.

$$P = 30 - Q$$

$Q = Q_1 + Q_2$이며, Q_1은 당신의 생산량, Q_2는 경쟁자의 생산량이다. 당신의 경쟁자도 이 미시경제학 책을 읽었다고 하자.

1) 이 게임을 단 한 번만 한다고 하자. 만약 당신과 당신의 경쟁자가 동시에 생산량을 결정한다면 당신은 어떤 생산량을 택하겠는가? 당신은 얼마의 이윤을 기대할 수 있는가? 설명하라.
2) 당신이 당신의 경쟁자보다 먼저 생산량을 결정하도록 요구받고 있다고 하자. 이 경우에 당신이 택하는 생산량은 얼마이며, 경쟁자의 생산량은 얼마가 될 것으로 생각하는가? 당신의 이윤은 얼마가 될 것으로 생각하는가? 생산량을 먼저 결정하는 것이 유리한가, 불리한가? 간단히 설명하라. 먼저 결정하는 것과 나중에 결정하는 선택권이 주어진다면 당신은 그러한 선택권에 대해 얼마를 지불할 용의를 갖고 있는가?
3) 당신과 경쟁자가 게임을 10번 한다고 하자. 매번의 게임에서 당신과 경쟁자는 생산량을 동시에 발표한다. 당신은 10번에 걸친 게임으로부터 발생하는 전체 이윤을 극대화하기를 원한다. 첫 번째 게임에서 당신은 얼마만큼을 생산할 것인가? 10번째의 게임에서는 얼마만큼을 생산할 것인가? 9번째 게임에서는? 간단히 설명하라.
4) 다시 한 번 당신이 10번의 게임을 한다고 하자. 그러나 이번에는 당신의 경쟁자가 먼저 생산량을 결정한다. 이 경우 3)에서의 당신의 결정은 어떻게 달라지는가?

Answer
해설

이 문제의 핵심은 꾸르노모형과 슈타켈버그모형에 대한 이해와 유한반복게임에서 균형을 찾는 방법을 정확하게 이해하는 데 있다.

1) 생산량을 동시에 결정하는 일회 게임은 꾸르노모형과 같으므로 이 게임의 해는 꾸르노-내쉬균형이다. 한계비용이 0이므로 기업 1의 이윤은 다음과 같이 간단

히 표현된다.

이윤극대화 : $\Pi_1 = P(Q)Q_1$

$= (30 - Q_1 - Q_2)Q_1$

➡ 극대화 조건 : $\frac{\partial \Pi_1}{\partial Q_1} = 30 - 2Q_1 - Q_2 = 0$

➡ 반응함수 : $Q_1 = 15 - \frac{Q_2}{2}$

균형에서는 $Q_1^* = Q_2^*$를 만족하므로 가격, 생산량 및 이윤은 다음과 같다.

$Q_1^* = Q_2^* = 10,\ P^* = 10,\ \Pi_1^* = \Pi_2^* = 100$

2) 이 경우는 슈타켈버그모형에 해당한다. 따라서 상대방의 반응함수를 먼저 예상하여 산출량을 결정해야 하므로 경쟁자의 반응함수를 구하면 다음과 같다.

상대방의 반응함수 : $Q_2 = 15 - \frac{Q_1}{2}$

이윤극대화 : $\Pi_1 = (30 - Q_1 - 15 + \frac{Q_1}{2})Q_1$

➡ 극대화 조건 : $\frac{\partial \Pi_1}{\partial Q_1} = 15 - Q_1 = 0$

$Q_1^* = 15,\ Q_2^* = \frac{15}{2},\ P^* = \frac{15}{2},\ \Pi_1^* = 112.5,\ \Pi_2^* = 56.25$

생산량을 먼저 결정하게 되면 산출량을 상대방보다 두 배 많이 생산하므로 이윤이 훨씬 많게 된다. 결국 생산량을 먼저 결정하는 것이 훨씬 유리하다. 선택권의 가치는 선택권을 가졌을 때 이윤과 가지지 못했을 때 이윤 간의 격차에 의해 결정된다. 따라서 선택권의 가격은 $P_{선택권} = \Pi_1^* - \Pi_2^* = 56.25$가 된다.

3) 유한반복게임에서는 매번의 게임에서 내쉬균형이 성립해야 할 뿐만 아니라 반복게임 전체를 고려하는 경우에도 내쉬균형이 성립해야만 균형으로서 의의를 갖는다. 이것은 유한반복게임에서 협조하는 것이 서로에게 유리할 수도 있지만 후방귀납법에 의해 추론하는 경우에도 협조하는 것이 여전히 균형전략이 되어야 한다. 따라서 마지막 10번째 게임에서는 협조하지 않는 내쉬균형이 성립하게 되므로 결국 협조할 수 있는 기회는 9번째 게임이 된다. 그러나 이 경우에도 9번째 게임이 협조할 수 있는 마지막 게임이므로 협조하지 않는 것이 내쉬균형이 된다. 이와 같이 후방귀납법에 의할 때 첫 게임에서부터 협조하지 않는 내쉬균형이 성

립하게 된다. 따라서 1번째, 2번째, ……, 9번째, 10번째 모든 게임에서 내쉬균형이 유일한 균형이므로 모든 게임에서 $Q_1^* = Q_2^* = 10$을 생산할 것이다.

4) 이 게임 역시 유한게임이므로 마지막 게임의 결과가 계속 영향을 미쳐 매번 모두 같은 결정을 내리게 된다. 이번에는 상대방이 먼저 생산량을 결정하므로 나의 반응함수를 상대방이 정확히 예상하고 최적화를 한다.

나의 반응함수 : $Q_1 = 15 - \frac{Q_2}{2}$

이윤극대화 : $\Pi_2 = (30 - 15 + \frac{Q_2}{2} - Q_2)Q_2$

⇨ 극대화 조건 : $\frac{\partial \Pi_2}{\partial Q_2} = 15 - Q_2 = 0$

그러므로 매번의 게임에서 $Q_2^* = 15$, $Q_1^* = \frac{15}{2}$가 동일하게 결정된다.

Question 문제 11

디펜도 사는 혁명적인 비디오 게임을 시장에 내놓기로 결심했다. 시장에 처음 진입하는 기업으로서 디펜도 사는 적어도 당분간은 독점자의 지위를 누릴 것이다. 디펜도 사는 어떤 종류의 공장을 지을 것인지를 결정하는 데 영향을 주는 두 가지 기술을 가지고 있다. A기술은 공개된 기술이며, 아래와 같은 연간 비용을 발생시킨다.

$$C^A(Q_{DA}) = 10 + 8Q_{DA}$$

B기술은 디펜도 사의 연구실에서 개발한 개인적인 기술이다. 이 기술은 더 많은 고정비용을 발생시키지만 한계비용은 더 낮다.

$$C^B(Q_{DB}) = 60 + 2Q_{DB}$$

디펜도 사는 어떤 기술을 채택할 것인지를 결정해야 한다. 새로운 제품에 대한 시장수요는 $P = 20 - Q$이며, Q는 산업 전체의 총 생산량이다.

1) 디펜도 사는 제품의 수명기간(약 5년) 동안 새로운 기업의 진입은 없으며, 따라서 시장에서 자신의 독점적 지위를 유지할 수 있을 것으로 확신하고 있다고 하자.

당신은 디펜도 사가 어떤 기술을 택하도록 권하겠는가? 그러한 선택을 하는 경우에 디펜도 사의 이윤은 얼마가 되는가?

2) 디펜도 사는 자신이 시장에 새로운 제품을 내놓은 바로 후에 자신의 최대의 라이벌인 오펜도 사가 시장에 진입할 것으로 생각하고 있다. 오펜도 사는 A기술만을 갖고 있다. 만약 오펜도 사가 시장에 진입한다면 두 기업은 꾸르노 게임을 할 것이며, 꾸르노-내쉬균형에 도달하게 될 것이다.

i) 만약 디펜도 사가 A기술을 채택하고, 오펜도 사가 시장에 진입한다면 각 기업의 이윤은 얼마가 되는가? 오펜도 사는 이러한 이윤을 보고 시장에 들어올 것인가?

ii) 만약 디펜도 사가 B기술을 채택하고, 오펜도 사가 시장에 진입한다면 각 기업의 이윤은 얼마가 되는가? 오펜도 사는 이러한 이윤을 보고 시장에 들어올 것인가?

iii) 진입의 위협이 주어졌을 때 당신은 디펜도 사가 어떤 기술을 채택하도록 권하겠는가? 그러한 선택을 하는 경우 디펜도 사의 이윤은 얼마가 되는가? 그러한 선택하에서 소비자잉여는 얼마인가?

3) 시장진입의 위협은 사회후생(소비자잉여와 생산자잉여의 합)에 어떤 영향을 미치는가? 균형가격에는 어떠한 영향을 미치는가? 이러한 상황은 잠재적 경쟁이 기존기업의 시장지배력을 제한시키는 데 어떠한 역할을 한다는 것을 의미하는가? 설명하라.

Answer
해설

이 문제의 핵심은 상대방의 전략을 고려한 후 이윤을 극대화하는 내쉬균형의 정확한 이해를 바탕으로 독점시장에 새로운 기업의 진입과 저지의 상황하에서 최적 선택을 결정하는 데 있다. 또한 신규 진입의 위협이 사회 후생적으로 어떤 영향을 끼칠 것인가에 대한 정확한 이해도 필요로 한다.

1) 현재 독점의 위치에 있기 때문에 디펜도 사는 독점이윤을 극대화하는 기술을 선택할 것이다. 따라서 각각의 기술에 대해 이윤을 극대화해 독점이윤이 더 큰 기

술수준을 선택하게 된다. 독점이윤은 $MR = MC$에서 산출량이 결정되고, 이 산출량을 시장에 맡겼을 때 가격이 결정되므로 각각의 기술수준에 대한 극대화된 이윤을 구해 보면 다음과 같다.

기술 A : $MC = 8$

기술 B : $MC = 2$

$MR = 20 - 2Q$

시장수요 : $P = 20 - Q$

기술 A : $20 - 2Q = 8$, $Q^* = 6$, $P^* = 14$, $\Pi_A^* = 84 - 58 = 26$

기술 B : $20 - 2Q = 2$, $Q^* = 9$, $P^* = 11$, $\Pi_B^* = 99 - 78 = 21$

결과적으로 기술 A를 선택하는 것이 독점이윤이 더 크므로 디펜도 사는 기술 A를 선택하고, 이윤은 $\Pi_A^* = 26$이 된다.

2) 디펜도 사가 독점이윤을 얻고 있는 상태에서 오펜도 사가 시장에 진입하게 되면 두 기업은 꾸르노 수량경쟁을 하게 된다. 따라서 각 경우에 대해 이윤극대화 문제를 풀어보어야 한다.

i) 디펜도 사가 기술 A를 선택하고, 기술 A만을 가지고 있는 오펜도 사가 시장에 진입해 꾸르노 수량경쟁을 하면 두 기업은 다음과 같이 이윤을 극대화하는 수량을 선택할 것이다. 여기서 $Q = Q_{DA} + Q_0$이다.

이윤극대화 : $\Pi_{DA} = (20 - Q_{DA} - Q_0)Q_{DA} - (10 + 8Q_{DA})$

➡ 극대화 조건 : $\dfrac{\partial \Pi_{DA}}{\partial Q_{DA}} = 20 - 2Q_{DA} - Q_0 - 8 = 0$

디펜도 사와 오펜도 사의 이윤함수가 대칭이기 때문에 $Q_{DA}^* = Q_0^*$가 된다.

$Q_{DA}^* = Q_0^* = 4$, $P^* = 12$,

$\Pi_{DA}^* = \Pi_0^* = 12 \times 4 - (10 + 8 \times 4) = 48 - 42 = 6$

따라서 오펜도 사는 시장에 진입할 경우 $\Pi_0^* = 6$의 이윤을 예상할 수 있으므로 시장에 진입한다.

ii) 디펜도 사가 기술 B를 선택하고, 기술 A만을 가지고 있는 오펜도 사가 시장에 진입해 꾸르노 수량경쟁을 하면 두 기업은 다음과 같이 이윤을 극대화하는 수량을 선택할 것이다.

이윤극대화 : $\Pi_{DB} = (20 - Q_{DB} - Q_0)Q_{DB} - (60 + 2Q_{DB})$

➡ 극대화 조건 :

$$\frac{\partial \Pi_{D_B}}{\partial Q_{D_B}} = 20 - 2Q_{DB} - Q_0 - 2 = 0$$ ➡ 디펜도 사의 반응곡선

이윤극대화 : $\Pi_0 = (20 - Q_0 - Q_{DB})Q_0 - (10 + 8Q_0)$

➡ 극대화 조건 :

$$\frac{\partial \Pi_0}{\partial Q_0} = 20 - 2Q_0 - Q_{DB} - 8 = 0$$ ➡ 오펜도 사의 반응곡선

두 기업의 반응곡선이 교차하는 점에서 균형이 성립한다.

$18 = (12 - 2Q_0) \times 2 + Q_0$ ➡ $18 = 24 - 3Q_0$

따라서 $Q_0^* = 2,\ \ Q_{DB}^* = 8,\ \ P^* = 10$

$\Pi_{DB}^* = 8 \times 10 - (60 + 16) = 4$

$\Pi_0^* = 2 \times 10 - (10 + 16) = -6$

결론적으로 오펜도 사는 시장에 진입할 경우 $\Pi_0^* = -6$의 손실을 예상하므로 시장에 진입하지 않는다

iii) 오펜도 사에 의한 진입의 위협이 있을 때 디펜도 사는 기술 A를 선택하면 반드시 오펜도 사가 진입하고, 이때의 이윤은 $\Pi_{DA}^* = 6$이 된다. 디펜도 사가 기술 B를 선택하면 오펜도 사는 진입할 경우 손실을 예상하므로 진입을 하지 않게 되는데, 이 경우에 얻게 되는 독점이윤은 $\Pi_{DB}^* = 21$로, 기술 A를 선택했을 때보다 훨씬 큰 이윤을 얻을 수 있다. 따라서 디펜도 사는 기술 B를 선택하는 것이 더 낫다.

디펜도 사가 기술 B를 선택하고 독점적으로 시장에 공급하는 경우에 소비자잉여(CS)는 수요부분에서 독점가격 이상에 나타나는 부분이므로 계산해 보면 다음과 같다.

$$CS = \frac{1}{2} \times (20 - 11) \times 9 = \frac{81}{2}$$

3) 시장진입의 위협이 없을 때 디펜도 사는 더 많은 이윤을 얻기 위해 기술 A를 선택해 작은 생산량(6)을 높은 가격(14)에 판매하게 되고, 54의 사회잉여(= 18(소비자잉여) + 36(생산자잉여))를 발생시키는 반면, 18만큼의 사회적 자중손실(= 72 - 사회잉여)을 초래한다. 그러나 시장진입의 위협이 있을 때 디펜도 사는 진입저지를 위해 기술 B를 선택하게 되고, 보다 많은 생산량(9)을 보다 낮은 가격(11)에 판매하게 되어 더 많은 사회잉여(121.5 = 40.5 + 81)를 발생시키고, 40.5만큼의 사회적 자중손실(= 162 - 사회잉여)을 초래하게 된다. 따라서 이러한 시장진입에 대한 위협은 잠재적인 경쟁을 부추겨 기존 기업의 시장지배력을 제한하므로 보다 효율적인 생산이 가능하게 한다고 볼 수 있다.

Question 문제 12

차별적인 과점시장에서 활동하는 두 기업 1, 2가 각각 다음과 같은 수요곡선에 직면해 있다고 하자.

$$Q_1 = 100 - 2P_1 + P_2$$
$$Q_2 = 280 - P_2 + 2P_1$$

그리고 각 기업의 한계비용은 $MC_1 = 50$, $MC_2 = 40$이라고 가정할 때 다음 질문에 답하라.

1) 두 기업이 가격을 전략변수로 하여 동시에 가격을 결정하는 베르뜨랑모형에서 균형가격, 생산량 및 이윤을 구하라.
2) 유리한 비용구조을 가진 기업 2가 선도자가 되어 가격을 먼저 결정하면 기업 1은 추종자로서 기업 1이 정한 가격을 관찰한 후 자신에게 가장 유리하도록 가격을 결정하는 가격선도모형(price leadership model)에서 균형가격, 생산량 및 이윤을 구하라.
3) 앞에서 얻은 결론에 의할 때 동시에 가격을 결정하는 모형과 순차적으로 가격을 결정하는 모형 가운데 어느 쪽이 사회후생의 관점에서 더 바람직하겠는가? 단,

여기서 사회후생은 소비자잉여와 생산자잉여의 합에 의해 측정된다고 가정한다. 이에 대해 논평하라.

Answer
해설

이 문제는 가격을 전략으로 사용하는 경우 동시 결정과 순차적 결정의 차이가 사회후생에 미치는 효과를 이해하는 데 초점을 맞추고 있다.

1) 각 기업의 이윤에 관한 식을 구하면 다음과 같다.

$$\Pi_1 = P_1Q_1 - 50Q_1$$
$$= (P_1 - 50)(100 - 2P_1 + P_2)$$
$$= 200P_1 - 2P_1^2 + P_1P_2 - 50P_2 - 5{,}000$$
$$\Rightarrow \frac{d\Pi_1}{dP_1} = 200 - 4P_1 + P_2 = 0$$
$$\Rightarrow P_1 = R_1(P_2) = 50 + \frac{P_2}{4}\text{(기업 1의 반응함수)}$$

$$\Pi_2 = P_2Q_2 - 40Q_2$$
$$= (P_2 - 40)(280 - P_2 + 2P_1)$$
$$= 320P_2 - P_2^2 + 2P_1P_2 - 80P_1 - 11{,}200$$
$$\Rightarrow \frac{d\Pi_2}{dP_2} = 320 - 2P_2 + 2P_1 = 0$$
$$\Rightarrow P_2 = R_2(P_1) = 160 + P_1\text{(기업 2의 반응함수)}$$

두 반응함수를 동시에 만족하는 P_1^B, P_2^B가 바로 베르뜨랑균형을 달성하는 가격이므로 다음과 같이 균형가격, 생산량 및 이윤을 구할 수 있다.

$$P_1^B = 120,\ Q_1^B = 140,\ \Pi_1^B = 9{,}800$$
$$P_2^B = 280,\ Q_2^B = 240,\ \Pi_2^B = 57{,}600$$

2) 기업 1은 추종자이므로 자신의 반응함수에 따라 가격을 결정한다. 선도자인 기업 2는 이러한 사실을 감안해 자신에게 가장 유리한 가격을 결정하므로 다음과 같은 이윤극대화 문제에 직면하게 된다.

$$\Pi_2 = P_2Q_2 - 40Q_2$$

$= (P_2 - 40)(280 - P_2 + 2P_1)$

$= (P_2 - 40)(280 - P_2 + 100 + \frac{P_2}{2})$

$= \frac{1}{2} \times (800P_2 - P_2^2 - 30{,}400)$

➡ $\frac{d\Pi_2}{dP_2} = 800 - 2P_2 = 0$

➡ $P_2^L = 400,\ Q_2^L = 180,\ \Pi_2^L = 64{,}800$

따라서 기업 1은 자신의 반응함수에 $P_2^L = 400$을 대입해 P_1^F를 결정한다.

➡ $P_1^F = 150,\ Q_1^F = 200,\ \Pi_1^F = 20{,}000$

3) 베르뜨랑모형과 가격선도모형에서 사회후생은 사회잉여(＝소비자잉여 + 생산자잉여)에 의해 측정되므로 이를 구해 비교하면 된다.

베르뜨랑모형에서의 사회잉여

a) 소비자잉여

- **시장 1의 경우** : 균형상태에서 평가한 기업 1에 대한 수요곡선 $Q_1 = 100 - 2P_1 + 280$

  ➡ $P_1 = 190 - \frac{Q_1}{2}$으로부터 소비자잉여를 구할 수 있다.

  ➡ 시장 1에서의 소비자잉여(CS_1) $= 4{,}900$

- **시장 2의 경우** : 마찬가지 방법으로 기업 2에 대한 수요곡선 $P_2 = 520 - Q_2$로부터 소비자잉여를 구할 수 있다.

  ➡ 시장 2에서의 소비자잉여(CS_2) $= 28{,}800$

  ➡ 따라서 소비자잉여(CS) $= 33{,}700$

b) 생산자잉여

이것은 두 기업의 이윤의 합이므로 다음과 같다.

➡ 생산자잉여(PS) $= 67{,}400$

c) 사회잉여(SS)

이것은 소비자잉여와 생산자잉여의 합이므로 다음과 같다.

➡ $SS = CS + PS = 101{,}100$

가격선도모형에서의 사회잉여

a) 소비자잉여(CS)

■ 시장 1의 경우 : 균형상태에서 평가한 기업 1의 수요곡선 $Q_1 = 100 - 2P_1 + 400$

➡ $P_1 = 250 - \frac{Q_1}{2}$으로부터 소비자잉여를 구할 수 있다.

➡ 시장 1에서의 소비자잉여(CS_1) = 10,000

■ 시장 2의 경우 : 마찬가지 방법으로 기업 2에 대한 수요곡선 $P_2 = 580 - Q_2$에서 소비자잉여(CS_2)를 구하면 $CS_2 = 16,200$

➡ 따라서 소비자잉여(CS) = 26,200

b) 생산자잉여(PS)

이것은 두 기업의 이윤의 합이므로 다음과 같다.

➡ 생산자잉여 = 84,800

c) 사회잉여(SS)

소비자잉여와 생산자잉여의 합이므로 다음과 같다.

➡ $SS = CS + PS = 26,200 + 84,800 = 111,000$

가격선도모형에서는 111,000만큼의 사회잉여가 실현되는 반면, 베르뜨랑모형에서는 101,100만큼의 사회잉여가 실현되므로 사회후생의 관점에서는 두 기업이 순차적으로 가격을 결정하는 가격선도모형이 더 바람직하다.

Question 문제 13

두 기업 1, 2가 생수시장을 지배하고 있다고 하자. 생수에 대한 시장수요는 다음과 같이 추정되고 있다.

$$P = 1,200 - Q$$

그리고 편의상 각 기업의 한계비용은 모두 0이며, 고정비용은 없다고 가정하자.

1) 두 기업이 꾸르노모형에서와 같이 행동하는 경우 꾸르노균형을 구하라.

2) 두 기업이 슈타켈버그모형에서와 같이 행동하는 경우 슈타켈버그균형을 구하라. 단, 기업 1이 선도자로서 행동한다고 가정한다.

3) 꾸르노균형과 슈타켈버그균형을 사회후생의 관점에서 비교 · 평가하라. 단, 여기서 사회후생은 사회잉여에 의해 측정된다고 본다.

Answer
해설

이 문제의 핵심은 생산량을 전략변수로 하는 두 모형의 후생적 특징을 이해하는 데 있다.

1) 각 기업의 이윤을 나타내는 식을 구하면 다음과 같다.

$$\Pi_1 = (1{,}200 - Q_1 - Q_2)Q_1 = 1{,}200Q_1 - Q_1^2 - Q_1Q_2$$
$$\Pi_2 = (1{,}200 - Q_1 - Q_2)Q_2 = 1{,}200Q_2 - Q_2^2 - Q_1Q_2$$

각 기업의 이윤을 극대화하는 조건으로부터 다음과 같이 반응함수를 구할 수 있다.

$$\frac{d\Pi_1}{dQ_1} = 1{,}200 - 2Q_1 - Q_2 = 0 \Rightarrow Q_1 = 600 - \frac{Q_2}{2}$$
$$\frac{d\Pi_2}{dQ_2} = 1{,}200 - Q_1 - 2Q_2 = 0 \Rightarrow Q_2 = 600 - \frac{Q_1}{2}$$

이 두 반응함수를 동시에 만족하는 생산량은 $Q_1^* = Q_2^* = 400$이다.
따라서 균형가격은 $P^* = 400$이다. 그리고 각 기업의 이윤은 160,000이다.

2) 슈타켈버그모형에서 선도자인 기업 1은 추종자인 기업 2의 반응함수를 고려해 자신의 이윤을 극대화하는 생산량을 결정한다. 따라서 기업 1의 이윤은 다음과 같이 나타낼 수 있다.

$$\Pi_1 = (1{,}200 - Q_1 - (1{,}200 - \frac{Q_1}{2}))Q_1$$
$$= (600 - \frac{Q_1}{2})Q_1 = 600Q_1 - Q_1^2$$

따라서 기업 1의 이윤을 극대화하는 생산량은 $Q_1^* = 600$이다. 그리고 이것을 기업 2의 반응함수에 대입하면 기업 2의 이윤을 극대화하는 생산량은 $Q_2^* = 300$이다. 따라서 균형가격은 $P^* = 300$이다.

3) 사회후생의 관점에서 두 모형을 비교하려면 각 모형에서의 사회잉여를 구해야 한다. 사회잉여는 소비자잉여와 생산자잉여의 합이므로 다음과 같다.

꾸르노모형 : 소비자잉여 = 320,000
생산자잉여 = 320,000
➡ 사 회 잉 여 = 640,000

슈타켈버그모형 : 소비자잉여 = 405,000
생산자잉여 = 270,000
➡ 사 회 잉 여 = 675,000

사회잉여의 관점에서 볼 때 두 기업이 순차적으로 생산량을 결정하는 슈타켈버그 모형이 더 바람직하다.

Question 문제 14

차별적인 과점시장을 지배하고 있는 두 기업 1, 2에 대한 시장수요가 다음과 같다고 할 때 질문에 답하라. 두 기업의 한계비용은 모두 0이라고 가정한다.

$$Q_1 = 100 - P_1 + P_2$$
$$Q_2 = 100 - P_2 + aP_1 \ (a > 0)$$

1) $a = 2$인 경우 과점시장의 베르뜨랑균형을 달성하는 균형가격 P_1^B, P_2^B를 구하라.
2) $a = 2$인 경우 기업 1이 선도자(leader)로 행동하고, 기업 2가 추종자(follower)로 행동하는 가격선도모형에서 균형가격 P_1^L, P_2^F를 구하라. 그리고 기업 1과 2의 역할이 역전되는 경우 균형가격은 어떻게 변하는지 설명하라.
3) 가격선도모형에서 선도자와 추종자는 내생적으로 결정되어야 한다. $a = 1.5$일 때 기업 1이 선도자인 경우와 기업 2가 선도자인 경우를 비교해 어느 기업이 선도자가 되고 어느 기업이 추종자가 되는 가운데 균형이 성립할지 설명하라.
4) 두 기업 모두 시장을 완전하게 지배하기 위해 다른 기업을 합병하는 것을 고려하고 있다. 이때 "a"의 값이 어떤 역할을 하는지 설명하라.

Answer
해설

이 문제의 핵심은 가격을 전략변수로 이용하는 과점시장에서 동시에 가격을 결정하는 경우와 순차적으로 가격을 결정하는 경우를 비교하는 것이다. 생산량을 전략으로 사용하는 경우와는 달리 가격을 먼저 결정하는 기업이 오히려 불리해지는 경우를 보여준다.

1) 두 기업이 동시에 가격을 결정하는 베르뜨랑모형에서의 균형은 다음과 같이 구한다. 각 기업의 이윤은 다음과 같이 나타낼 수 있다.

$$\Pi_1 = (100 - P_1 + P_2)P_1 = 100P_1 - P_1^2 + P_1P_2$$
$$\Pi_2 = (100 - P_2 + 2P_1)P_2 = 100P_2 - P_2^2 + 2P_1P_2$$

➡ $\dfrac{d\Pi_1}{dP_1} = 100 - 2P_1 + P_2 = 0$
$\dfrac{d\Pi_2}{dP_2} = 100 - 2P_2 + 2P_1 = 0$

➡ 각 기업의 반응함수는 다음과 같다.

$$P_1 = \frac{100 + P_2}{2}$$
$$P_2 = \frac{100 + 2P_1}{2}$$

이 두 식으로부터 균형가격을 구하면 다음과 같다.

$$P_1^B = 150,\ P_2^B = 200$$

그리고 각 기업의 이윤은 다음과 같다.

$$\Pi_1^B = 22{,}500$$
$$\Pi_2^B = 40{,}000$$

2) 기업 1이 선도자로 행동한다면 다음과 같이 기업 2의 반응함수를 대입해 이윤을 극대화하려 한다.

$$\Pi_1 = (100 - P_1 + P_2)P_1$$
$$= 100P_1 - P_1^2 + \frac{P_1(100 + 2P_1)}{2}$$

$$= 100P_1 - P_1^2 + 50P_1 + P_1^2$$
$$= 150P_1$$

이것은 기업 1이 가격을 올릴수록 이윤이 증가한다는 것을 의미한다. 따라서 기업 1은 가격을 결정할 수 없으며 기업 2도 마찬가지이다. 그러므로 이 경우 순차적으로 가격을 결정하는 가격선도모형의 균형은 존재하지 않는다.

기업 2가 선도자가 되는 경우에도 마찬가지 이유로 가격선도모형의 균형은 존재하지 않는다.

3) 이 경우 베르뜨랑모형의 균형을 구하면 다음과 같다.

$$P_1^B = 120,\ P_2^B = 140,\ \Pi_1^B = 14{,}400,\ \Pi_2^B = 19{,}600$$

한편 기업 1이 선도자로 행동하는 경우 균형가격과 이윤을 구하면 다음과 같다.

$$P_1^L = 300,\ \Pi_1^L = 22{,}500$$
$$P_2^F = 275,\ \Pi_2^F = 75{,}625$$

반면 기업 2가 선도자로 행동하는 경우 균형가격과 이윤을 구하면 다음과 같다.

$$P_1^F = 225,\ \Pi_1^F = 50{,}625$$
$$P_2^L = 350,\ \Pi_2^L = 30{,}625$$

두 기업이 모두 추종자가 되려는 경우에는 베르뜨랑균형이 성립한다. 그리고 두 기업이 모두 선도자가 되려는 경우에는 가격선도모형의 균형이 성립하지 않는다. 따라서 각 기업의 전략을 선도자(L), 추종자(F)로 할 때 다음과 같은 보수행렬을 얻게 된다.

		기업 2: L	기업 2: F
기업 1	L	0, 0	22,500, 75,625
	F	50,625, 30,625	14,400, 19,600

여기서 전략 (L, L)인 경우에는 균형이 성립하지 않으므로 보수는 (0, 0)으로 해석한다. 나머지 경우는 앞에서 구한 이윤을 보수로 해석하면 된다. 그러면 이 게임의 내쉬균형은 (L, F)와 (F, L)이다. 따라서 어느 기업이 선도자가 되거나 추종자가 되더라도 가격선도모형의 균형이 성립한다. 바꿔 말하면 동시에 가격을 결정하거나 순차적으로 가격을 결정할 수 있는 경우 순차적으로 가격을 결정하는 것만이 균형으로서 의미를 갖는다.

4) 두 기업 가운데 한 기업이 다른 기업을 합병한다면 다음과 같이 이윤을 극대화하게 된다.

$$\Pi = \Pi_1 + \Pi_2$$

$$= 100P_1 - P_1^2 + P_1P_2 + 100P_2 - P_2^2 + aP_1P_2$$

➡ $$\frac{\partial \Pi}{\partial P_1} = 100 - 2P_1 + (1 + a)P_2 = 0$$

$$\frac{\partial \Pi}{\partial P_2} = 100 - 2P_2 + (1 + a)P_1 = 0$$

➡ $P_2 = 50 + \dfrac{(1+a)P_1}{2}$를 첫째 식에 대입하여 정리하면 다음 관계식을 얻는다.

$$P_1 = \frac{100(3 + a)}{4 - (1 + a)^2} = \frac{100(3 + a)}{(3 + a)(1 - a)} = \frac{100}{(1 - a)}$$

$$P_2 = \frac{100}{(1 - a)}$$

따라서 $\Pi = \dfrac{10,000}{(1 - a)}$이다. 가격은 음이 될 수 없으므로 $a < 1$이 성립해야만 이윤극대화를 만족하는 가격을 결정할 수 있다. 그런데 $a \geq 1$인 경우에는 어떤 일이 벌어지는지 생각해 봐야 한다. 이 경우에는 이윤극대화의 조건을 구할 수 없다. 그렇다고 해서 이것이 합병이 불가능하거나 불리하다는 것을 의미하지는 않는다. 오히려 이 경우 합병을 통해 이윤을 계속 증가시킬 수 있을 가능성이 존재한다. 단지 균형가격이 존재하지 않는다는 의미에서 문제가 잘 정의되지 않는다.

Question
문제 15

우리나라의 S사와 H사는 메모리 반도체시장을 지배하고 있다. 메모리 반도체에 대한 시장수요는 다음과 같다고 하자.

$$P = 200 - Q, \quad Q = Q_1 + Q_2$$

여기서 Q_1은 S사의 생산량이고 Q_2는 H사의 생산량이다. 생산량의 단위는 100만개/월이고 가격의 단위는 달러이다. 그리고 두 기업은 $MC_1 = MC_2 = 20$으로 동일한 한계비용을 가지고 반도체를 생산하고 있다고 하자.

1) 두 기업이 꾸르노모형에서와 같이 행동하는 경우 시장균형을 구하라.
2) 두 기업이 베르뜨랑모형에서와 같이 행동하는 경우 시장균형을 구하라.
3) 생산량을 전략변수로 사용하는 것과 가격을 전략변수로 사용하는 것 가운데 사회후생의 관점에서는 어느 쪽이 더 바람직한가? 그리고 여기서의 결론을 일반화할 수 있는지 논평하라.

Answer
해설

이 문제의 핵심은 과점시장에서 가격이나 생산량을 전략변수로 사용할 수 있는 경우 사회후생의 관점에서 어떤 모형이 더 바람직한지 이해하는 데 있다.

1) 꾸르노모형에서와 같이 행동한다면 각 기업은 다음과 같이 이윤을 극대화한다.

$$\Pi_1 = (200 - Q_1 - Q_2)Q_1 - 20Q_1$$
$$\Pi_2 = (200 - Q_1 - Q_2)Q_2 - 20Q_2$$

➡ 각 기업의 이윤극대화 조건으로부터 꾸르노균형을 구하면 다음과 같다.

$$Q_1^* = Q_2^* = 60, \; P^* = 80$$

2) 베르뜨랑모형에서와 같이 행동한다면 두 기업의 MC가 동일하기 때문에 $P_1^* = P_2^* = 20$, $Q_1^* = Q_2^* = 90$이 유일한 베르뜨랑균형이다.

3) 여기서 베르뜨랑균형은 완전경쟁균형과 일치한다. 따라서 「베르뜨랑균형에서의 사회잉여 > 꾸르노균형에서의 사회잉여」의 관계가 성립한다. 그러므로 사회후생의 관점에서는 베르뜨랑모형이 더 우월하다. 그렇지만 이런 결론을 일반화하기는 어렵다. 왜냐하면 시장수요곡선과 개별 기업의 비용곡선에 따라 그리고 몇 개의 기업이 있는가, 차별적 과점인가 등에 따라 결과가 달라질 수 있기 때문이다.

Question
문제 16

두 기업 1, 2가 있는 꾸르노모형을 생각해 보자. 각 기업은 규모에 대한 수익불변의 기술을 가지고 있는데 각 기업의 한계비용은 각각 $MC_1 = c_1$, $MC_2 = c_2$이고 $c_1 > c_2$라고 하자. 그리고 시장수요곡선은 $P = a - bQ$로 알려져 있다고 하자. 물론 $a, b > 0$이며 또한 $a > c_1$이 성립한다고 하자.

1) 이 모형에서 꾸르노균형을 구하라. 그리고 어떤 조건하에서라면 두 기업 중 한 기업은 균형상태에서 생산을 하지 않겠는가? 그리고 그 기업은 어떤 기업인가?
2) 이제 균형상태에서 두 기업이 모두 생산을 하는 경우를 생각해 보자. 이때 c_1이 증가한다면 균형상태에서의 생산량과 이윤은 어떻게 변하겠는가? 그 변화의 방향을 설명하라.

Answer
해설

이 문제의 핵심은 비용구조와 수요곡선의 성질이 꾸르노균형에 어떤 영향을 미치는가를 이해하는 데 있다.

1) 각 기업의 이윤극대화 문제는 다음과 같다.

$$\Pi_1 = Pq_1 - c_1q_1 = (a - bq_1 - bq_2)q_1 - c_1q_1$$
$$\Pi_2 = Pq_2 - c_2q_2 = (a - bq_1 - bq_2)q_2 - c_2q_2$$

$$\Rightarrow \frac{d\Pi_1}{dq_1} = a - 2bq_1 - bq_2 - c_1 = 0$$
$$\frac{d\Pi_2}{dq_2} = a - 2bq_2 - bq_1 - c_2 = 0$$

따라서 각 기업의 반응함수는 다음과 같다.

$$q_1 = \frac{a - c_1 - bq_2}{2b}$$
$$q_2 = \frac{a - c_2 - bq_1}{2b}$$

따라서 꾸르노균형은 다음과 같다.

$$q_1^* = \frac{a + c_2 - 2c_1}{3b}$$

$$q_2^* = \frac{a + c_1 - 2c_2}{3b}$$

$$P^* = \frac{a + c_1 + c_2}{3}$$

$$\Pi_1 = \frac{(a - 2c_1 + c_2)^2}{9b}$$

$$\Pi_2 = \frac{(a + c_1 - 2c_2)^2}{9b}$$

그런데 주어진 조건에 의하면 $a > c_1 > c_2 > 0$이다. 그리고 q_1^*, q_2^*를 다시 정리하면 다음과 같다.

$$q_1^* = \frac{a + c_2 - 2c_1}{3b} = \frac{(a - c_1) - (c_1 - c_2)}{3b}$$

$$q_2^* = \frac{a + c_1 - 2c_2}{3b} = \frac{(a - c_2) + (c_1 - c_2)}{3b}$$

따라서 주어진 조건에서 q_2^*는 0보다 작을 수 없다. 반면 $(c_1 - c_2) > (a - c_1)$이면 $q_1^* < 0$이 성립한다. 이런 경우 기업 1은 생산을 중단한다.

2) 두 기업 모두 생산하는 경우 각 기업의 생산량과 이윤은 c_1에 따라 다음과 같이 달라진다.

$$\frac{dq_1}{dc_1} = -\frac{2}{3b} < 0$$

$$\frac{dq_2}{dc_1} = \frac{1}{3b} > 0$$

$$\frac{d\Pi_1}{dc_1} = -\frac{4(a - 2c_1 + c_2)}{9b} < 0$$

$$\frac{d\Pi_2}{dc_2} = \frac{a + c_1 - 2c_2}{9b} > 0$$

한계비용 c_1이 증가하면 기업 1은 생산량을 줄이고, 기업 2는 생산량을 늘린다. 그리고 c_1이 증가하면 기업 1의 이윤은 감소하고, 기업 2의 이윤은 증가한다. 이 모두가 우리의 직관과 일치한다.

3.4 과점시장의 협조적 모형

Question
문제 17

배를 재배하는 네 과수원이 카르텔을 형성했다고 하자. 각 과수원의 총비용은 아래와 같다.

$TC_1 = 20 + 5Q_1^2$

$TC_2 = 25 + 3Q_2^2$

$TC_3 = 15 + 4Q_3^2$

$TC_4 = 20 + 6Q_4^2$

TC의 단위는 만원이고, Q의 단위는 월당 상자 수이다.

1) 매월 생산하는 양이 1, 2, 3, 4, 5상자일 때, 각 생산량에서의 각 과수원의 총비용, 평균비용, 한계비용을 표로 나타내라.
2) 만약 카르텔이 매월 10상자만을 시장에 내놓고 상자당 가격을 25로 책정한다면 각 과수원에 얼마씩 생산량을 할당해야 하는가?
3) 이 경우 다른 과수원을 속이려는 인센티브가 가장 큰 과수원은 어느 과수원인지 설명하라.

Answer
해설

이 문제의 핵심은 서로 다른 생산비용을 갖는 여러 기업이 카르텔을 형성하는 경우 카르텔이 불안정한 이유를 정확하게 이해하는 데 있다.

1)

	과수원 1			과수원 2			과수원 3			과수원 4		
	TC_1	AC_1	MC_1	TC_2	AC_2	MC_2	TC_3	AC_3	MC_3	TC_4	AC_4	MC_4
1	25	25	5	28	28	3	19	19	4	26	26	6
2	40	20	15	37	18.5	9	31	10.5	12	44	22	18
3	65	65/3	25	52	52/3	15	51	17	20	74	74/3	30
4	100	25	35	73	18.25	21	79	19.75	28	116	29	42
5	145	29	45	100	20	27	115	23	36	170	34	54

2) 카르텔의 결합이윤을 극대화하는 조건은 원칙적으로 $MR = MC_1 = MC_2 = MC_3 = MC_4$이다. 여기서는 가격을 25로 고정시키고 10상자만 판매할 예정이므로 25가 바로 MR에 해당한다. 따라서 MR과 MC가 일치하지 않는 경우에는 MC가 낮은 데부터 생산량을 할당하는 것이 결합이윤을 극대화시킬 수 있다. 따라서 다음과 같이 할당하는 것이 결합이윤을 극대화한다.

➡ 과수원 1 = 2상자, 과수원 2 = 3상자, 과수원 3 = 3상자,
과수원 4 = 2상자

$\pi = TR - TC$ ➡ $\pi_1 = 50 - 40 = 10$

$\pi_2 = 75 - 52 = 23$

$\pi_3 = 75 - 51 = 24$

$\pi_4 = 50 - 44 = 6$

3) 가격(=한계수입)이 25이므로 각 과수원은 한계비용이 가격보다 작은 경우에는 추가적으로 판매함으로써 이윤을 증가시킬 수 있다. 따라서 과수원 2의 경우에는 추가적으로 1상자를 더 판매함으로써 추가적으로 4의 이윤을 예상할 수 있으므로 다른 과수원을 속이면서 추가적으로 판매할 인센티브를 가지고 있다. 다른 과수원들은 추가 생산에 따른 한계비용이 가격보다 크기 때문에 생산량을 늘릴 인센티브를 가지고 있지 않다.

Question
문제 18

코발트의 시장수요가 $Q = 200 - P$와 같다고 하자. 이 산업에서 지배적 기업인 B사의 한계비용(MC)은 단위당 40이고, 나머지 9개의 잔여 영세기업은 $MC = 40 + 10q$의 한계비용으로 생산을 한다. 이때 q는 하나의 잔여 영세기업의 생산량이다. 그리고 모든 기업의 고정비용은 없다고 가정한다.

1) 경쟁적인 영세기업들의 공급곡선을 구하라.
2) B사의 잔여수요곡선을 구하라.
3) B사의 이윤을 극대화하는 생산량과 가격을 구하라. 이때 이 기업의 시장점유율

은 얼마인가?

4) 경쟁적인 영세기업의 수가 18로 늘어난다면 B사의 생산량과 균형가격에는 어떤 변화가 있는지 설명하라.

Answer
해설

이 문제의 핵심은 가격을 선도하는 지배적 기업의 행동과 가격수용적인 나머지 기업들의 행동을 이해하는 데 있다.

1) 영세기업의 공급곡선은 모든 영세기업의 공급곡선을 수평으로 더함으로써 구할 수 있다. 각 영세기업의 공급곡선은 MC곡선이므로

$$q = -4 + \frac{1}{10}MC$$

이때 $q_1 + q_2 + \cdots\cdots + q_9 = Q_9$이라고 하면 $Q_9 = -36 + \frac{9}{10}MC$가 성립한다. $P = MC$이므로 이것을 대입하면 $Q_9 = -36 + \frac{9}{10}P$이다. 따라서 영세기업들의 공급곡선은 다음과 같다.

$$P = S(Q_9) = 40 + \frac{10}{9}Q_9$$

2) B사의 잔여수요곡선은 다음과 같이 구할 수 있다.

$$Q = 200 - P - Q_9 = 200 - P - (-36 + \frac{9}{10}P)$$

⇨ $Q = 236 - \frac{19}{10}P, \quad (P \geq 40)$

$Q = 200 - P, \quad (P < 40)$

3) $TR = P \times Q = \frac{2{,}360}{19}Q - \frac{10}{19}Q^2$

$MR = \frac{2{,}360}{19} - \frac{20}{19}Q = MC = 40$

$Q^* = 80$ ⇨ 이것을 잔여수요곡선에 대입하면 $P = \frac{1{,}560}{19}$이다.

따라서 전체 생산량 $= 200 - \frac{1{,}560}{19} = \frac{2{,}240}{19}$이다.

$\therefore$ 시장점유율 $= \frac{B\text{사의 생산량}}{\text{전체 생산량}} = \frac{19}{28}$이다.

4) 이 경우 영세기업들의 공급곡선을 구하면 다음과 같다.

$$Q_{18} = -72 + \frac{18}{10}P$$

따라서 B사의 잔여수요곡선은 다음과 같다.

$$Q = 200 - P - (-72 + \frac{18}{10}P) = 272 - \frac{28}{10}P \qquad (P \geq 40)$$

$$Q = 200 - P \qquad (P < 40)$$

➡ $\frac{28}{10}P = 272 - Q$이므로 $P = \frac{2{,}720}{28} - \frac{10Q}{28}$이다.

따라서 이윤극대화 조건은 다음과 같다.

$$MR = \frac{2{,}720}{28} - \frac{10Q}{14} = 40 = MC \Rightarrow \frac{680}{7} - \frac{5Q}{7} = \frac{280}{7}$$

➡ $Q^* = 80$

따라서 B사의 생산량에는 변화가 없다. 그리고 이것을 잔여수요곡선에 대입하면 가격은 다음과 같이 변한다.

$$P^* = \frac{480}{7}$$

따라서 B사의 생산량에는 변화가 없고, 균형가격은 하락한다.

Question 문제 19

두 기업 1, 2가 지배하는 과점시장을 고려하자. 시장수요곡선은 다음과 같다.

$$P = h(Q) = a - bQ, \quad Q = Q_1 + Q_2$$

그리고 각 기업의 한계비용은 다음과 같다고 하자.

$$MC_1 = c_1, \ MC_2 = c_2$$

그리고 파라미터들은 다음의 조건을 만족한다.

$$a, b, c_1, c_2 > 0, \ c_1 > c_2, \ a + c_2 > 2c_1$$

1) 두 기업이 꾸르노모형에서와 같이 행동하는 경우 꾸르노균형을 a, b, c_1, c_2를 이

용해 나타내라.

2) $c_1 = 20$, $c_2 = 10$인 경우 담합이 성립하기 위한 필요조건은 무엇인지 설명하라.

3) $a = 100$, $b = 1$인 경우 담합이 성립하기 위한 필요조건은 무엇인지 설명하라.

Answer
해설

이 문제의 핵심은 과점시장에서 담합이 성립하기 위한 조건을 명확하게 이해하는 데 있다.

1) 각 기업의 이윤은 다음과 같이 나타낼 수 있다.

$$\Pi_1 = (a - bQ_1 - bQ_2)Q_1 - c_1Q_1$$
$$= (a - c_1)Q_1 - bQ_1^2 - bQ_1Q_2$$
$$\Pi_2 = (a - bQ_1 - bQ_2)Q_2 - c_2Q_2$$
$$= (a - c_2)Q_2 - bQ_2^2 - bQ_1Q_2$$

$$\Rightarrow \frac{d\Pi_1}{dQ_1} = (a - c_1) - 2bQ_1 - bQ_2 = 0 \Rightarrow Q_1 = \frac{a - c_1}{2b} - \frac{Q_2}{2}$$
$$\frac{d\Pi_2}{dQ_2} = (a - c_2) - 2bQ_2 - bQ_1 = 0 \Rightarrow Q_2 = \frac{a - c_2}{2b} - \frac{Q_1}{2}$$

이 두 반응함수를 동시에 만족시키는 Q_1, Q_2를 구하면 꾸르노균형이 성립한다.

$$\Rightarrow Q_1^* = \frac{a + c_2 - 2c_1}{3b}, \quad Q_2^* = \frac{a + c_1 - 2c_2}{3b}$$
$$P^* = \frac{a + c_1 + c_2}{3}$$
$$\Pi_1^* = \frac{(a + c_2 - 2c_1)^2}{9b}, \quad \Pi_2^* = \frac{(a + c_1 - 2c_2)^2}{9b}$$

2) $c_1 = 20$, $c_2 = 10$인 경우 꾸르노균형은 다음과 같다.

$$Q_1^* = \frac{a - 30}{3b}, \quad Q_2^* = \frac{a}{3b}$$
$$P^* = \frac{a + 30}{3}$$
$$\Pi_1^* = \frac{(a - 30)^2}{9b}, \quad \Pi_2^* = \frac{a^2}{9b}$$

다음 두 기업이 담합을 한다면 결합이윤을 극대화하는 결정을 한 후 이윤을 나눌 것이다. 그런데 $c_1 = 20 > c_2 = 10$이므로 결합이윤을 극대화하기 위해서는 유리한 한계비용을 보여주는 기업 2가 모든 생산을 담당해야 한다. 따라서 이 경우 이윤극대화 문제는 다음과 같다.

결합이윤 극대화 : $\Pi_j = (a - bQ_2)Q_2 - 10Q_2 = (a - 10)Q_2 - bQ_2^2$

$$\Rightarrow \frac{d\Pi_j}{dQ_2} = a - 10 - 2bQ_2 = 0$$

$$\Rightarrow Q_2^j = \frac{a - 10}{2b}$$

$$P^j = \frac{a + 10}{2}$$

$$\Pi_j^* = \frac{(a - 10)^2}{4b}$$

따라서 담합이 성립하기 위해서는 최소한 다음 조건이 충족되어야 한다.

$$\Pi_j^* = \frac{(a - 10)^2}{4b} > \Pi_1^* + \Pi_2^* = \frac{(a - 30)^2 + a^2}{9b}$$

$$\Rightarrow a^2 + 60a - 2{,}700 > 0$$

이것은 이 모형에서 수요규모를 나타내는 파라미터인 a의 값이 앞의 부등식을 만족하는 범위에 있을 때는 담합이 성립할 수 있다는 것을 의미한다. 이 부등식에 의하면 $a > 30$인 경우에만 담합이 성립하고, 그 외에는 불가능하다. 따라서 시장이 일정 규모 이상인 경우에는 담합이 성립한다고 해석할 수 있다. 여기서 수요의 탄력성과 관련되어 있는 파라미터인 b는 아무런 역할을 하지 않는다.

3) $a = 100$, $b = 1$인 경우 꾸르노균형은 다음과 같다.

$$Q_1^* = \frac{100 + c_2 - 2c_1}{3}, \quad Q_2^* = \frac{100 + c_1 - 2c_2}{3}$$

$$P^* = \frac{100 + c_1 + c_2}{3}$$

$$\Pi_1^* = \frac{(100 + c_2 - 2c_1)^2}{9}, \quad \Pi_2^* = \frac{(100 + c_1 - 2c_2)^2}{9}$$

그리고 2)의 경우와 마찬가지로 담합은 기업 2만 생산할 때 가능하다. 기업 2의 이윤극대화 조건으로부터 다음과 같은 결과를 얻을 수 있다.

$$Q_2^j = \frac{100 - c_2}{2}$$

$$P^j = \frac{100 + c_2}{2}$$

$$\Pi_j^* = \frac{(100 - c_2)^2}{4}$$

따라서 2)의 경우와 마찬가지로 최소한 다음 조건이 충족되어야 담합이 성립할 수 있다.

$$\Pi_j^* = \frac{(100 - c_2)^2}{4} > \Pi_1^* + \Pi_2^* = \frac{(100 + c_2 - 2c_1)^2 + (100 + c_1 - 2c_2)^2}{9}$$

➡ 이 부등식을 만족하는 c_1과 c_2의 범위 내에서는 담합이 성립하지만, 그 외에는 불가능하다. 이것은 두 기업의 비용 간의 격차가 일정한 조건을 만족하는 경우에만 담합이 가능하다는 것을 말해 준다.

Question 문제 20

두 기업 1, 2가 지배하고 있는 시장에서 시장수요가 $P = 100 - Q$로 측정되었다고 하자. 그리고 두 기업의 총비용은 다음과 같다고 하자.

$$TC_1 = 50 + \frac{Q_1^2}{2}$$

$$TC_2 = 60 + \frac{Q_2^2}{4}$$

1) 두 기업이 꾸르노모형에서와 같이 행동하는 경우 균형가격과 생산량을 구하라.
2) 두 기업이 카르텔을 형성하는 경우 균형가격과 생산량을 구하라.
3) 이상의 논의에 의할 때 두 기업은 카르텔을 유지할 인센티브가 있는가? 단, 카르텔의 경우 한 기업이 다른 기업에게 별도 보상을 할 수 있다고 가정한다.

Answer 해설

이 문제의 핵심은 카르텔의 본질적인 불안정성을 이해하는 데 있다.

1) 꾸르노모형에서 각 기업은 다음과 같이 이윤을 극대화한다.

$$\Pi_1 = (100 - Q_1 - Q_2)Q_1 - 50 - \frac{Q_1^2}{2}$$

$$\Pi_2 = (100 - Q_1 - Q_2)Q_2 - 60 - \frac{Q_2^2}{4}$$

이 문제를 연립해서 풀면 다음과 같이 균형가격과 균형 생산량을 구할 수 있다.

$$Q_1^* = \frac{300}{13},\ Q_2^* = \frac{400}{13},\ P^* = \frac{600}{13}$$

따라서 각 기업의 이윤은 다음과 같다.

$$\Pi_1^* = \frac{126,550}{169} \fallingdotseq 748.8,\ \Pi_2^* = \frac{189,860}{169} \fallingdotseq 1,123.4$$

이 경우 산업 전체의 이윤은 $\Pi^* = 1,872.2$이다.

2) 카르텔은 다음과 같이 결합이윤의 극대화를 추구한다.

$$\Pi = (100 - Q_1 - Q_2)Q_1 + (100 - Q_1 - Q_2)Q_2 - 50 - \frac{Q_1^2}{2} - 60 - \frac{Q_2^2}{2}$$

이 문제를 풀면 다음과 같이 카르텔의 균형가격과 균형 생산량을 구할 수 있다.

$$Q_1^C = \frac{100}{7},\ Q_2^C = \frac{200}{7} \Rightarrow Q^C = \frac{300}{7},\ P^C = \frac{400}{7}$$

이런 조건으로 생산량이 할당되는 경우 각 기업의 이윤은 다음과 같다.

$$\Pi_1^C = \frac{32,550}{49} \fallingdotseq 664.3,\ \Pi_2^C = \frac{67,060}{49} \fallingdotseq 1.368.5$$

이 경우 산업 전체의 이윤은 $\Pi^C = \frac{99,610}{49} \fallingdotseq 2,032.8$

3) 꾸르노균형과 카르텔균형에서의 이윤을 비교하면 다음과 같다.

$$\Pi_1^* > \Pi_1^C,\ \Pi_2^* < \Pi_2^C,\ \Pi^* < \Pi^C$$

이런 비교에 의하면 마치 기업 1은 카르텔을 유지할 인센티브가 없고 기업 2는 카르텔을 유지할 인센티브가 있는 것처럼 보인다. 그런데 $\Pi^* < \Pi^C$이므로 기업 2는 기업 1에게 적절한 별도 보상을 해줌으로써 기업 1이 카르텔에 남아 있도록 인센티브를 제공할 수 있다. 이것이 유효하다면 카르텔은 안정적이다. 그러나 이것은 옳은 답이 아니다. 각 기업에 할당된 생산량의 수준에서 측정한 MC_1, MC_2는 항상 카르텔의 가격보다 낮다. 이 경우 카르텔이 책정한 가격은 구성원들에게는 한계수입의 의미가 있다. 따라서 모든 기업들은 할당된 생산수준

에서 $MR > MC$인 관계를 보인다. 이로 인해 항상 카르텔을 유지할 인센티브가 없는 것이다. 이것은 $\Pi_1^* < \Pi_1^C$, $\Pi_2^* < \Pi_2^C$인 경우에도 마찬가지이다.

CHAPTER 08

요소시장의 균형

CHAPTER 08

01 요소시장의 의의

요소시장은 소득분배가 결정되는 시장으로, 가장 논란의 대상이 되어 왔던 시장이다. 고전학파 경제학의 가장 중요한 이슈였던 가치론(value theory)도 이 시장과 밀접하게 관련되어 있다.

생산요소의 가격은 각 생산요소의 한계생산성에 의해 결정된다고 하는 신고전학파의 한계생산성이론이 이 시장의 기초가 되고 있다. 즉, 이 이론에 의하면 자신이 시장에 내놓은 생산요소의 가치는 평균생산성이나 다른 어떤 것에 의해서가 아니라 한계적인 기여, 즉 한계생산성에 의해 결정된다고 본다.

주의 한계생산이론의 장점과 한계를 이해해야 한다. 예를 들어 한계생산성이론에 의하면 임금은 한계생산성에 의해 결정된다. 그런데 실제로 한계생산성을 측정하기 어려운 경우가 일반적이다. 이 경우 임금을 자신이 제공한 노동의 한계생산성을 반영한 것으로 간주한다면 오히려 임금이 한계생산성을 결정한다는 논리가 성립한다. 이것은 본말이 바뀐 것이다.

생산요소에 대한 수요는 기업의 이윤극대화 과정에서 결정되는데, 이것은 결국 생산물시장에서 시장수요의 크기에 의해 좌우되므로 생산요소에 대한 수요는 파생수요(derived demand)로서의 성질을 갖게 된다.

공급자는 가계로서 자신의 효용극대화 원리에 근거해 각종 생산요소에 대한 공급을 결정한다고 본다.

예 노동의 공급결정 ➡ 개인의 후방굴절 노동공급곡선 ➡ 우상향하는 시장공급곡선

하나의 독립된 생산요소로 시장에서 거래되기 위해서는 측정단위가 분명해야 하며, 단위당 가격이 형성되어야 한다. 이 두 가지 조건이 충족되는 요소는 무엇이든 시장에서 거래될 수 있다. 즉, 전통적으로 강조되어 온 노동, 자본 및 토지 이외에도 원료, 에너지 등이 생산요소로서 중요한 의미가 있다. 또한 노동의 경우에도 숙련노동, 비숙련노동과 같이 세분할 수 있다. 그런데 자본의 경우에는 다양한 자본재를 하나로 묶는 데 문제가 있음을 유의해야 한다. 또한 최근 독립된 생산요소로서 그 중요성이 증가하고 있는 정보의 경우 측정단위나 단위당 가격 면에서 문제가 있음을 유의해야 한다.

이윤극대화 조건의 재해석

- 한계수입생산물(MRP)은 $MRP = MR \times MP$로 나타낼 수 있는데, 이것은 생산요소 한 단위의 추가 고용에 따른 기업의 수입의 증가분을 말한다.

예 $MRP_L = MR \times MP_L$, $MRP_K = MR \times MP_K$

- 요소고용에 따른 지출(비용)은 총지출(TE), 평균지출(AE), 한계지출(ME)로 분류할 수 있다.

예 TE_L, $AE_L = \dfrac{TE_L}{L}$, $ME_L = \dfrac{dTE_L}{dL}$

주의 TE 대신 총요소비용(TFC), AE 대신 평균요소비용(AFC), ME 대신 한계요소비용(MFC)이라는 용어가 사용되기도 한다.

- 기업이 요소를 고용하는 원칙은 간단하다. 즉, MRP와 ME를 비교해 $MRP > ME$이면 요소의 고용을 늘리고, 반대의 경우에는 줄일 것이다. 따라서 요소고용의 원칙은 어떤 요소의 경우라도 $MRP = ME$이다.

이 조건은 다음과 같이 고쳐 쓸 수 있다.

$$MR = \frac{ME}{MP} = MC$$

■ 따라서 요소로서 L과 K를 고려하는 경우 요소고용의 원칙은 다음과 같다.

$$MR = \frac{ME_L}{MP_L} = \frac{ME_K}{MP_K} = MC$$로서, 이것은 이윤극대화 조건에 해당한다.

주의 요소시장이 경쟁적인 경우 $ME_L = w$, $ME_K = v$에 해당한다.

CHAPTER 08

02 완전경쟁 요소시장의 균형

요소에 대한 수요는 파생수요이기 때문에 비록 요소시장이 경쟁적이라 하더라도 생산물시장에서의 경쟁의 정도가 요소시장의 균형에 영향을 미치므로 이것을 감안해 요소시장을 분석해야 한다.

2.1 생산물시장이 경쟁적인 경우

이 경우에도 가변요소가 하나인 경우(단기)와 두 개 이상인 경우(장기)를 구분할 필요가 있다. 이것은 이윤극대화 조건에 의해 요소에 대한 수요가 결정된다고 하는 사실에 변화가 있는 것이 아니라 요소에 대한 수요곡선을 유도하는 과정에 차이가 있기 때문이다.

2.1.1 가변요소가 하나인 경우

가변요소가 하나인 경우는 간단하다. 노동(L)의 경우를 예로 든다면 이윤극대화의 조건은 다음과 같다.

$$MRP_L = P \times MP_L = ME_L = w \text{ ➡ } P = \frac{w}{MP_L} = MC$$

여기서 특별히 $P \times MP_L = VMP_L$이라고 하는데, 한계생산물가치를 나타낸다. 여기서 w가 변함에 따라 노동에 대한 수요곡선이 유도된다. 즉, VMP_L이 바로 수요곡선에 해당한다. 그리고 중요한 것은 노동에 대한 수요곡선의 형태를 결정하는 것은 한계생산성이라는 점이다. 이것은 모든 요소의 경우에 마찬가지이다.

예 MP_L이 일정한 경우 VMP_L도 일정하므로 수요곡선은 수평이 된다.

▬ 기업이 직면하는 요소의 공급곡선은 간단하므로(경쟁적인 시장에서는 수평선) 개별 기업의 수요곡선과 작용해 이윤을 극대화하는 요소고용을 결정하게 된다. 그리고 생산물의 가격상승은 VMP_L곡선을 우측으로 이동시키므로 요소고용은 증가하게 된다.

2.1.2 가변요소가 두 개 (이상)인 경우

▬ 이 경우에도 마찬가지로 이윤극대화 조건에 의해 요소에 대한 고용(수요)이 결정된다. 단, 요소 간의 대체가능성으로 인해 요소에 대한 장기수요곡선은 단기수요곡선보다 조금 더 복잡한 성격을 갖게 된다는 점을 유의해야 한다.

▬ 두 개의 생산요소가 있는 경우 요소고용의 원칙은 다음과 같다.

$$VMP_L = ME_L = w \ (\text{➡ } P = \frac{w}{MP_L})$$

$$VMP_K = ME_K = v \ (\text{➡ } P = \frac{v}{MP_K})$$

$$\text{➡ } P = \frac{w}{MP_L} = \frac{v}{MP_K} = MC$$

▬ 이러한 원칙에 의해 요소에 대한 장기수요가 결정되며, 다음과 같이 나타낼 수 있다.

$$L^* = L(P, w, v),\ K^* = K(P, w, v)$$

여기서 단기생산함수와 장기생산함수, 그리고 단기비용함수와 장기비용함수 간의 관계와 마찬가지로 요소에 대한 장기수요와 단기수요 간의 관계를 살펴볼 수 있다. 이때 중요한 것은 생산요소 간의 대체의 정도이다.

생산요소 가격이 변하는 경우 두 가지 효과가 존재한다. 하나는 대체효과(substitution effect)이고, 다른 하나는 산출효과(output effect)이다. 대체효과는 소비의 경우와 마찬가지이고, 산출효과는 소득효과와 유사하지만 똑같지는 않다.

> **주의** 소득효과는 원래의 소득은 일정한데 가격변화로 인해 실질소득이 변한 것 같은 효과인 데 반해, 산출효과의 경우 기업의 비용이 일정하게 고정된 것으로 간주하지 않는다. 이런 점에서 서로 다르다.

이 두 가지 효과의 상호작용을 감안한 가운데 요소에 대한 장기수요곡선과 단기수요곡선 간의 관계를 살펴볼 수 있다. 일반적으로 장기수요곡선은 단기수요곡선보다 더 탄력적(기울기가 완만하다)이라고 말할 수 있다. 그러나 이것은 해당 생산요소가 열등요소가 아니며, 생산과정에서 다른 요소와 상호 보완적(즉, 자본이 많아지면 노동의 한계생산성이 증가)이라는 전제하에서 성립한다. 따라서 다음과 같은 문제를 제기할 수 있다.

i) 노동과 자본 가운데 노동이 열등요소라면 노동에 대한 수요곡선은 어떤 형태를 보이겠는가?

ii) 생산과정에서 노동과 자본이 상호 보완적이 아니라 상호 대체적이라면 노동에 대한 단기수요곡선과 장기수요곡선은 어떤 관계를 보이겠는가?

➡ 첫째, 비록 노동이 열등요소라 하더라도 소비의 경우 기펜재와는 달리 이윤을 극대화하는 기업의 경우 노동에 대한 수요곡선은 항상 우하향한다. 둘째, 요소 간의 관계가 어떠하든 장기수요곡선은 단기수요곡선보다 더 탄력적이다.

2.1.3 생산요소의 공급과 요소시장의 균형

요소공급은 가계의 효용극대화 과정에서 유도된다고 본다. 노동의 공급결정이 대표적인 예이다. 이 경우 개별 노동공급곡선은 후방굴절하는 형태를 보일 수 있다. 이것은 임금상승에 따른 대체효과(여가 ⇨ 노동공급으로 대체)보다 소득효과(여가의 증가)가 더 크기 때문에 결과적으로 여가에 대한 수요가 증가하기 때문이다. 따라서 이 경우 임금이 상승하더라도 노동의 공급은 감소하므로 공급곡선은 후방굴절하는 형태를 갖게 된다. 그렇지만 이것은 누구에게나 성립하는 것이 아니며, 후방굴절을 초래하는 임금수준은 사람마다 다를 것이기 때문에 시장공급곡선은 일반적으로 우상향하는 형태를 갖는다고 본다.

요소에 대한 개별 수요의 수평 합은 시장수요가 아니다. 시장수요곡선은 개별 수요의 수평 합보다 더 비탄력적(가파르게)으로 된다. 노동의 경우 임금의 하락은 노동에 대한 수요를 증가시키고, 이것은 생산물의 공급증가를 가져와 생산물 가격을 하락시킨다. 이것은 개별 기업의 VMP_L곡선을 왼쪽으로 이동시키게 된다. 따라서 시장수요곡선은 단순히 개별 수요곡선을 수평으로 더한 것보다 가파르게 된다.

이와 같이 형성되는 요소에 대한 시장수요곡선과 시장공급곡선이 교차하는 점에서 요소시장의 균형이 성립한다. 이것은 생산물시장과 요소시장이 모두 경쟁적이라는 가정하에서 성립하는 균형이다.

2.1.4 생산물시장이 불완전경쟁적인 경우

보통 생산물시장은 독점인 경우를 가정한다. 독점이 아니더라도 생산물 가격 P 대신 MR을 이용하게 되므로 본질적으로는 차이가 없다.

노동의 경우를 예로 든다면 VMP_L 대신 MRP_L곡선이 개별 기업의 수요곡선이 되는데, MRP_L곡선은 VMP_L곡선보다 왼쪽에 위치하게 된다($P > MR$이므로). 따라서 생산물시장이 경쟁적인 경우와 비교해 요소에 대한 시장수요곡선이 왼쪽에 위치하게 되므로 요소가격은 낮아지고 고용량은 감소하게 된다.

03 불완전경쟁 요소시장의 균형

생산물시장은 여전히 경쟁적이라고 가정한다. 요소시장이 불완전경쟁이라 하더라도 본질적으로 달라지는 것은 없다. 왜냐하면 기업의 이윤극대화 원칙이 그대로 적용되기 때문이다. 단지, 차이가 있다면 불완전경쟁으로 인해 사회적 자중손실이 발생한다는 사실이다.

3.1 요소시장의 수요독점

앞에서 독점을 논할 때 다룬 수요독점의 경우가 발생하는 대표적인 예로 요소시장을 들 수 있다. 따라서 요소에 대한 수요를 독점하고 있는 기업이 이윤극대화의 원리에 의해 요소에 대한 수요를 결정한다는 사실에는 변함이 없다. 단지 수요독점이라는 사실을 이용해 자신에게 가장 유리하게 행동하는 기업이 어떻게 고용수준(수요)과 요소가격을 결정하는지 살펴보면 된다.

이미 언급했듯이 수요독점의 경우 평균지출곡선(AEC)과 한계지출곡선(MEC)이 일반적으로 일치하지 않는다. 시장공급곡선은 AEC와 일치하므로 이것으로부터 MEC를 유도할 수 있다. 그 결과 MEC와 수요곡선이 교차하는 점에서 요소에 대한 고용이 결정되고, 요소가격은 공급곡선을 따라 결정된다. 이것을 요소시장이 경쟁적인 경우와 비교하면 수요독점으로 인해 요소시장에서 사회적 자중손실이 발생한다는 것을 알 수 있다.

시장공급곡선이 수평선(완전 탄력적)이거나 수직선(완전 비탄력적)인 경우 수요독점에 따른 영향은 사라지게 된다. 즉, 경쟁적인 요소시장의 경우와 아무런 차이가 없다. 그 이유를 생각해 보기 바란다.

3.2 요소시장의 공급독점

생산물시장의 독점과 마찬가지 원리에 의해 요소가격과 고용량이 결정된다고 생각하면 된다. 즉, 기업들에 의한 요소에 대한 시장수요곡선을 자신이 직면하는 수요곡선으로 간주하고, 이로부터 *MR*곡선을 유도해 $MR = MC$(공급곡선에 해당)를 만족하는 요소가격과 고용량을 결정하게 된다.

노동의 경우를 예로 든다면 노동조합이 전권을 가지고 그 산업의 노동공급조건을 결정하는 경우를 생각하면 된다. 이 경우 과연 노동조합의 목적이 공급독점자로서 잉여의 극대화에 있는지, 아니면 고용된 노동력이 얻는 수입의 극대화에 있는지, 또는 고용량의 극대화에 있는지에 따라 결정이 달라질 수 있다.

04 응용문제와 해결

4.1 생산요소에 대한 수요와 공급의 특징

Question

문제 01

두 생산요소 노동(L)과 자본(K)을 투입하는 기업의 경우 노동이 열등요소라고 하자. 이 경우 이 기업이 이윤극대화를 추구하는 과정에서 노동에 대한 수요곡선은 어떤 특징을 보이는지 설명하라.

그림 8-1

대체효과

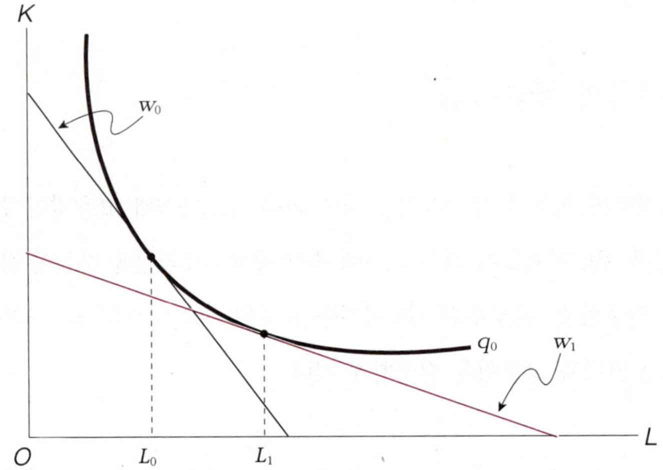

Answer
해설

이 문제의 핵심은 이윤극대화 과정에서 열등요소에 대한 수요가 어떤 특징을 보이는지 이해하는 데 있다.

먼저 노동의 가격인 임금(w)이 하락하는 경우 노동에 대한 수요는 어떤 반응을 보이는지 대체효과와 산출효과로 나누어 살펴볼 필요가 있다.

대체효과에 의한 변화

[그림 8-1]에 나타나 있듯이 대체효과에 의해 노동에 대한 수요는 증가한다. 이 그림에서 w_0는 원래의 임금수준을 나타내고, w_1은 하락한 임금수준을 나타낸다. q_0는 w_0인 경우 이윤을 극대화하는 생산량이다.

임금이 w_0에서 w_1으로 하락하는 경우 대체효과에 의해 노동에 대한 수요는 L_0에서 L_1으로 증가한다.

산출효과에 의한 변화

산출효과에 의해 노동에 대한 수요가 어떻게 변하는지 살펴보기 위해서는 먼저 열등요소인 경우 임금의 하락이 이윤극대화 과정에서 산출량에 어떤 변화를 초래하

그림 **8-2**

열등요소의 경우

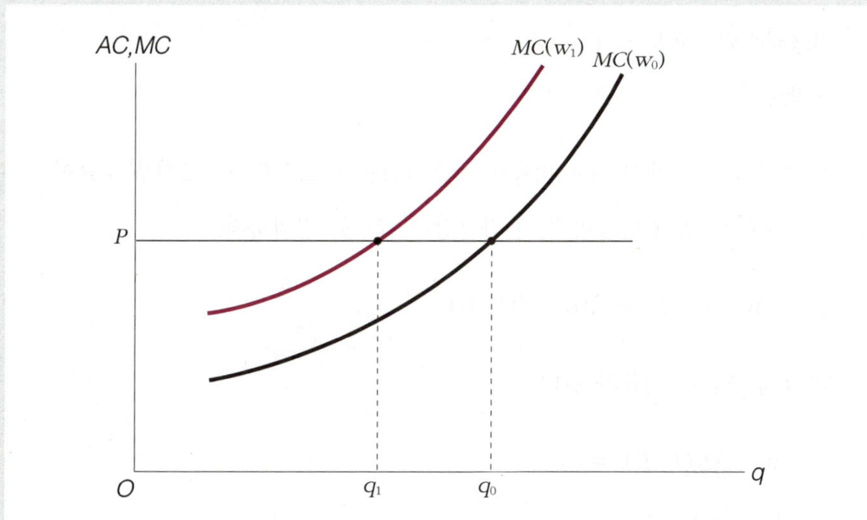

는지 살펴보아야 한다. 노동이 열등요소라면 임금이 w_0에서 w_1으로 하락하는 경우 [그림 8-2]에 나타나 있듯이 이 기업의 한계비용을 증가시키는 것으로 알려져 있다.

따라서 이윤을 극대화하는 생산량은 종전의 q_0에서 q_1으로 감소하게 된다. 그러면 산출효과에 의해 열등요소인 노동에 대한 수요는 증가하게 된다.

노동에 대한 수요

이상에서 대체효과와 산출효과로 나누어 살펴본 바와 같이 임금이 하락하는 경우 노동에 대한 수요는 종합적으로 증가하게 된다. 따라서 노동에 대한 수요곡선은 우하향하는 형태를 취하게 된다. 이것은 생산요소에 대한 수요가 소비의 경우와는 달리 기펜재와 같은 특징을 보일 수 없다는 것을 의미한다.

[보론] 열등요소의 경우 한계비용의 특징

이 문제에서 핵심은 열등요소가 존재하는 경우 요소가격이 하락할 때 한계비용에는 어떤 변화가 있는지 정확하게 이해하는 데 있다. 결론적으로 열등요소의 경우 요소가격이 하락하면 한계비용이 증가한다. 즉, 한계비용곡선이 위로 이동한다. 이 점은 이미 앞에서 언급하였다. 여기서는 이것을 입증하고자 한다. 먼저 다음과 같이 기업의 비용극소화 문제를 정의해야 한다.

비용극소화 : $wL + vK$

제약조건 : $q = f(L, K)$

이 문제의 최적 해가 바로 비용을 극소화하는 요소수요, 즉 조건부 수요이다. 이를 구하기 위해 먼저 다음과 같이 라그랑지 함수를 정의하자.

$$\mathcal{L} = wL + vK + \lambda(q - f(L, K))$$

➡ 1계 조건은 다음과 같다.

$$w - \lambda f_L(L, K) = 0$$
$$v - \lambda f_K(L, K) = 0$$
$$q - f(L, K) = 0$$

이 문제의 최적 해인 조건부 요소수요 L^*, K^*를 구해 비용극소화 식에 대입하면 비용함수 $C(w, v, q)$를 구할 수 있으며, 다음의 관계가 성립한다.

$$C(w, v, q) = wL^* + vK^* = \mathcal{L} = wL^* + vK^* + \lambda(q - f(L^*, K^*))$$

왜냐하면 $q - f(L^*, K^*) = 0$이 성립하기 때문이다. 그리고 쉐퍼드의 보조정리(Shepard lemma)에 의해 다음과 같은 관계가 성립한다.

$$\frac{\partial C(w, v, q)}{\partial w} = \frac{\partial \mathcal{L}}{\partial w} = L^*$$
$$\frac{\partial C(w, v, q)}{\partial v} = \frac{\partial \mathcal{L}}{\partial v} = K^*$$

그리고 $\frac{\partial C(w, v, q)}{\partial q} = \frac{\partial \mathcal{L}}{\partial q} = MC(q) = \lambda$가 성립한다.

그런데 우리의 관심사는 요소가격 w가 하락하는 경우 한계비용 MC의 움직임이다. 이것은 영의 정리(Young's theorem)에 의해 다음과 같이 정리된다.

$$\frac{\partial MC(q)}{\partial w} = \frac{\partial\left(\frac{\partial C(w, v, q)}{\partial q}\right)}{\partial w} = \frac{\partial^2 C(w, v, q)}{\partial q \partial w} = \frac{\partial\left(\frac{\partial C(w, v, q)}{\partial w}\right)}{\partial q} = \frac{\partial L^*}{\partial q} < 0$$

여기서 부등호의 방향은 L이 열등요소이기 때문이다. 즉, $\frac{\partial L^*}{\partial q} < 0$이라는 것은 생산량이 증가할 때 L에 대한 수요가 감소한다는 것을 의미한다. 따라서 $\frac{\partial MC(q)}{\partial w} <$ 0이라는 것은 요소가격이 하락하는 경우 한계비용이 증가한다는 것을 의미한다. 그러므로 한계비용곡선은 위로 이동하게 된다.

Question 문제 02

노동의 경우 후방굴절 공급곡선이 형성되는 이유는 무엇이며, 그럼에도 불구하고 시장공급곡선을 여전히 우상향하는 것으로 간주해도 되는 이유는 무엇인지 설명하라.

Answer 해설

이 문제의 핵심은 노동의 공급을 결정하는 과정에서 대체효과와 소득효과의 역할을 정확하게 이해하는 데 있다.

효용극대화의 결과로서 노동의 공급

신고전학파 모형에서 노동의 공급은 독립적으로 이루어지는 것이 아니라 가계의

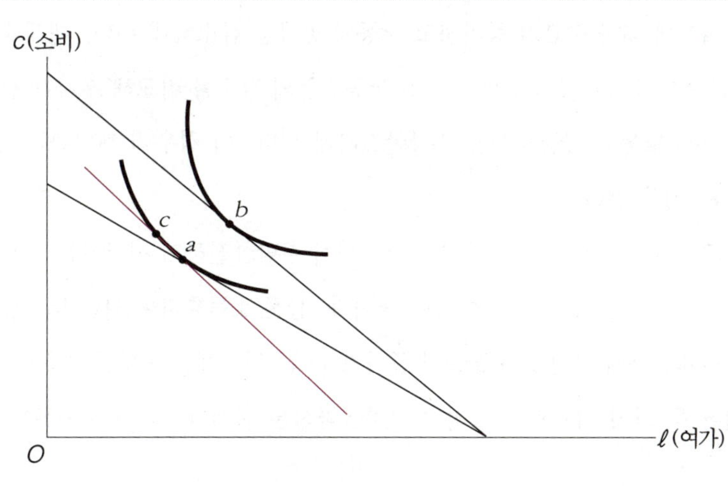

그림 8-3 노동의 공급결정

효용극대화 과정에서 유도되는 것으로 간주된다. 노동이란 임금을 기회비용으로 하여 여가와 경합하는 대상인데, [그림 8-3]과 같이 효용극대화 과정에서 노동의 공급(즉, 여가의 수요)이 결정된다.

[그림 8-3]에서 예산선은 실질임금률(w)을 나타낸다. 실질임금률이 w_0인 경우 효용을 극대화하는 소비는 a에 해당한다. 실질임금률이 w_1으로 상승하면 소비는 b로 이동하게 되는데, 이에 대해서는 대체효과와 소득효과로 나누어 설명할 수 있다.

1) 대체효과

실질임금률이 상승한다는 것은 여가의 기회비용이 증가한다는 것을 의미한다. 즉, 여가는 상대적으로 더 비싼 소비의 대상이 된다. 따라서 대체효과에 의하면 상대적으로 비싼 여가의 소비를 줄이고 노동의 공급을 증가시켜 재화의 소비를 늘리는 방향으로 이동하게 된다. 이것은 [그림 8-3]에서 a ➪ c로의 변화에 해당한다.

2) 소득효과

실질임금률의 상승은 소득의 증가를 초래한다. 따라서 소득효과에 의해 재화와 여가에 대한 소비가 증가하게 된다. 여기서 재화나 여가는 열등재가 아니라는 것을 가정하고 있다. 만약 여가가 열등재라면 소득이 증가하는 경우 여가에 대한 수요는 감소하므로 노동의 공급이 증가한다. 그러므로 대체효과와 소득효과에 의할 때 노동의 공급은 항상 증가하게 된다. 이 경우 후방굴절하는 노동의 공급곡선은 발생하지 않는다. 따라서 유일한 가능성은 여가가 정상재인 경우이다. 이 경우 소득효과에 의해 여가에 대한 수요가 증가하고 노동의 공급은 감소하게 된다. 대체효과에 의한 노동공급의 증가와 소득효과에 의한 노동공급의 감소를 비교해 후자가 전자를 능가하는 경우 노동의 공급곡선은 후방굴절하게 된다. 이 경우에 해당하는 공급곡선은 [그림 8-4]와 같다.

[그림 8-4]에서 w_c는 노동의 공급곡선이 후방굴절하기 시작하는 임금수준을 나타내며, 사람에 따라 다른 것이 일반적이다. 물론 소득효과에 의한 노동공급의 감소보다 대체효과에 의한 노동공급의 증가가 더 큰 경우에는 후방굴절하지 않는다. 이와 같은 두 가지 이유로 노동의 시장공급곡선은 대체적으로 우상향한다고 말할 수 있다.

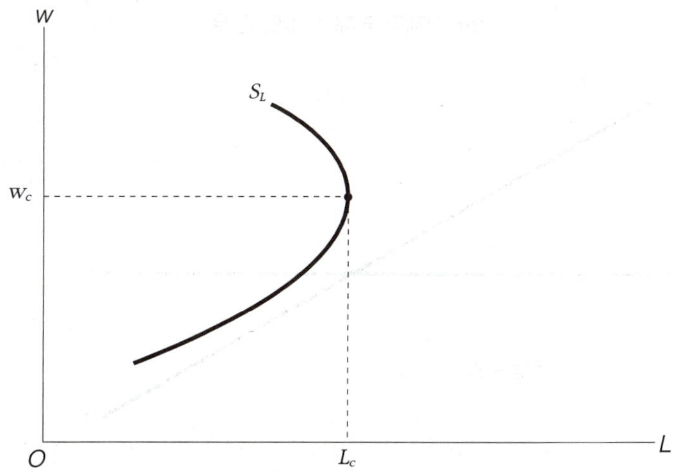

그림 8-4
후방굴절 노동공급곡선

Question
문제 03

경제적 지대와 1) 요소공급곡선의 탄력성 간의 관계를 설명하고, 2) 준지대와의 관계를 설명하라.

Answer
해설

이 문제의 핵심은 생산요소에 귀속되는 보수의 성격을 명확하게 이해하는 데 있다.

1) 경제적 지대란 어떤 생산요소를 현재의 용도에 고용하기 위해 지불해야 하는 최소한의 기회비용(전용수입이라 부른다)을 초과해 요소의 공급자에게 지불되는 보수를 말한다. 그런데 이 부분은 요소의 공급탄력성과 밀접하게 관련되어 있다. 여기서는 편의상 노동의 공급을 이용해 설명하지만, 다른 생산요소의 경우에도 그대로 적용된다.

공급곡선이 수평선인 경우

이 경우 생산요소인 노동에 제공되는 보수는 모두 전용수입의 성격을 갖는다. 따라서 경제적 지대는 0이다. 이것은 노동의 공급이 완전 탄력적이므로 기회비

그림 8-5

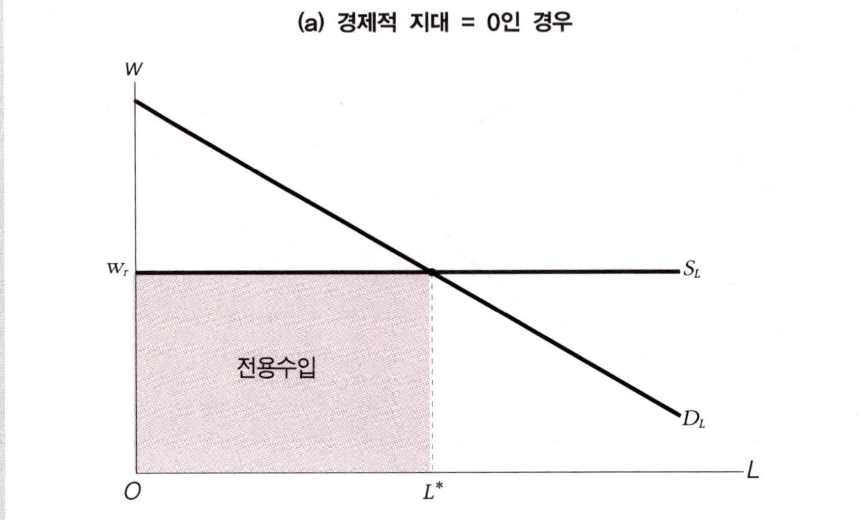

용에 해당하는 보수만 지급하면 얼마든지 고용할 수 있기 때문에 더 이상 추가적인 지급이 필요하지 않다는 것을 의미한다. 또한 수요가 아무리 많이 증가하더라도 기회비용에 해당하는 w_r만 지급하면 얼마든지 고용할 수 있으므로 요소가격은 오직 공급에 의해 결정되는 특징을 보인다. 이것은 [그림 8-5(a)]에 나타나 있다.

공급곡선이 수직선인 경우

이 경우 노동에 대한 보수는 모두 경제적 지대의 성격을 갖는다. 왜냐하면 공급이 완전 비탄력적이라는 것은 요소가격이 아무리 상승해도 공급이 증가하지 않는다는 것을 의미하는데, 이것은 곧 다른 용도에는 사용될 수 없는 요소임을 의미한다. 따라서 이러한 요소에 대해 지불되는 보수 가운데 기회비용에 해당하는 부분은 없고, 모두 경제적 지대의 성격을 갖는다. 이것은 전통적으로 토지 서비스에 대한 보수를 지대라고 부르는 것과 일맥상통한다. 이것은 [그림 8-5(b)]에 나타나 있다.

공급곡선이 우상향하는 경우

이것은 앞의 두 경우의 중간으로서 가장 보편적인 경우에 해당한다. 이미 앞의

그림 **8-5**

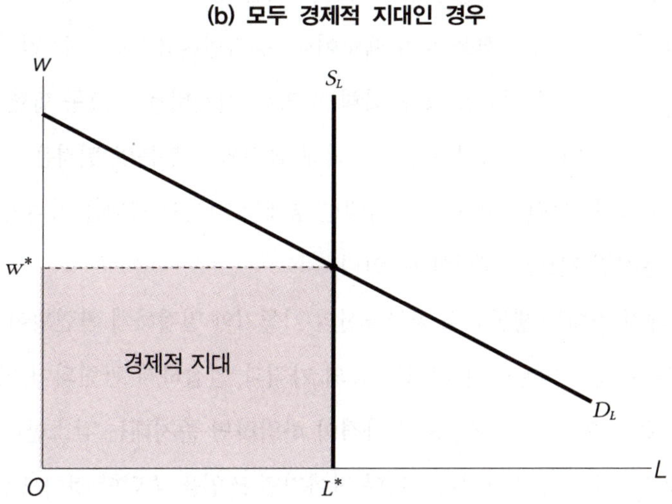

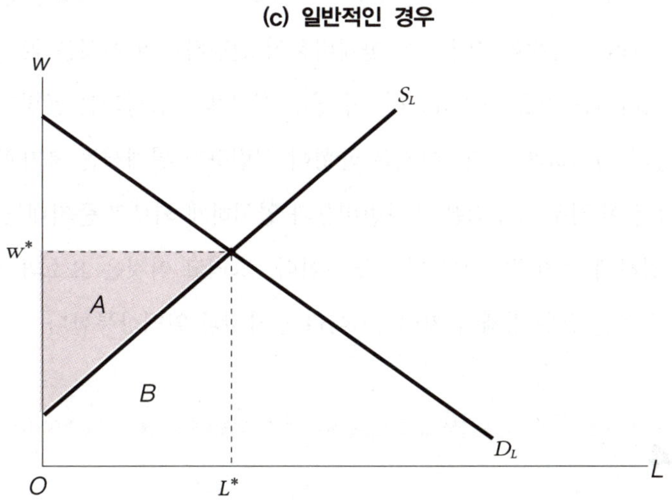

두 경우에서 알 수 있듯이 공급곡선이 우상향하는 경우 [그림 8-5(c)]의 적색 부분 면적 A에 해당하는 부분이 경제적 지대이고, B는 전용수입에 해당한다. 따라서 공급곡선이 더 탄력적으로 변할수록 면적 A는 줄어들고, 면적 B는 증가한다는 것을 알 수 있다.

2) 준지대란 기업의 경우 총수입에서 총가변비용을 뺀 크기를 말한다. 이것은 곧

생산자잉여에 해당하는데, 여기서 특히 준지대라고 부르는 이유는 생산요소의 관점에서 볼 때 총가변비용을 초과하는 수입은 고정요소를 고용해 기업을 경영하는 데 따른 보수의 성격을 갖기 때문이다. 총가변비용이란 모든 가변요소를 고용하는 데 따른 기회비용을 모두 합한 것으로, 한계비용을 모두 합한 크기와 일치한다. 즉, 기업의 한계비용곡선에 의해 둘러싸인 부분의 면적은 곧 총가변비용과 일치한다. 이런 의미에서 준지대란 경제적 지대의 개념을 기업의 단기적 상황에 적용시킨 것으로 해석할 수 있다.

한편 경제적 지대는 생산요소 공급곡선의 기울기와 밀접하게 관련되어 있는 반면, 준지대는 기업의 비용곡선 및 생산물의 가격과 밀접하게 관련되어 있다는 점이 다르다. 준지대의 경우 생산물의 가격이 하락하면 준지대는 감소한다. 단, 가격이 하락해 총수입이 총가변비용보다 작아지면 조업을 중단할 것이므로 준지대는 0보다 작을 수 없다. 어쨌든 비용조건이 일정한 한 가격이 하락하면 준지대는 감소한다. 그리고 특수한 경우로서 한계비용이 일정하다면 이것은 곧 평균가변비용이 일정하다는 것을 의미하는데, 이 경우 시장에서 결정되는 균형가격은 평균가변비용과 일치하게 된다. 이것은 균형이 성립하기 위해서는 불가피한 조건이다. 따라서 이 경우 총수입은 총가변비용과 일치하게 되므로 준지대는 0이다. 이것이 유일하게 준지대가 0이 되는 경우이다. 그리고 이것은 요소의 공급곡선이 완전 탄력적인 경우 경제적 지대가 0이라는 사실과 일맥상통한다.

Question 문제 04

이자율이 상승하는 경우에도 저축이 감소할 수 있다는 사실을 두 기간 모형을 이용해 설명하라.

Answer 해설

이 문제의 핵심은 두 기간 모형을 통해 이자율과 저축 간의 관계를 정확하게 이해하는 데 있다.

먼저 두 기간 모형이란 소비자가 두 기간에 걸친 효용함수 $U(C_0, C_1)$을 가지고 있으면서 시점 간 효용(intertemporal utility)을 극대화하는 모형을 말한다. 이 경우 소비자들이 금융시장을 이용할 수 있는지 여부가 중요하다. 만약 금융시장이 존재하지 않는다면, 이것은 단순히 각 기간별 효용을 극대화해 더하는 문제에 불과하기 때문이다. 따라서 시제 간 효용극대화가 의미를 갖기 위해서는 자금을 거래하는 금융시장이 존재해야 한다. 나아가서 편의상 이러한 금융시장은 완전한 금융시장이라 가정한다. 이 경우 명목이자율을 이용하든 실질이자율을 이용하든 차이가 없다. [그림 8-6]은 실질이자율이 r인 경우의 소비자의 시제 간 효용극대화를 보여주고 있다.

[그림 8-6]에서 시장 이자율이 r_0인 경우 소비자의 예산선의 기울기는 $-(1 + r_0)$이다. 그리고 소비자의 시제 간 효용극대화를 달성하는 소비는 a이다. 이제 이자율이 r_1으로 상승하는 경우 예산선의 기울기는 $-(1 + r_1)$이고, 이 경우 시제 간 효용극대화를 달성하는 소비는 b이다. a에서 b로의 이동은 대체효과와 소득효과로 나누어 설명할 수 있다.

대체효과

a에서 c로의 이동은 이자율 상승에 따른 대체효과를 나타낸다. 이자율의 상승은

그림 **8-6**

시점 간 효용극대화

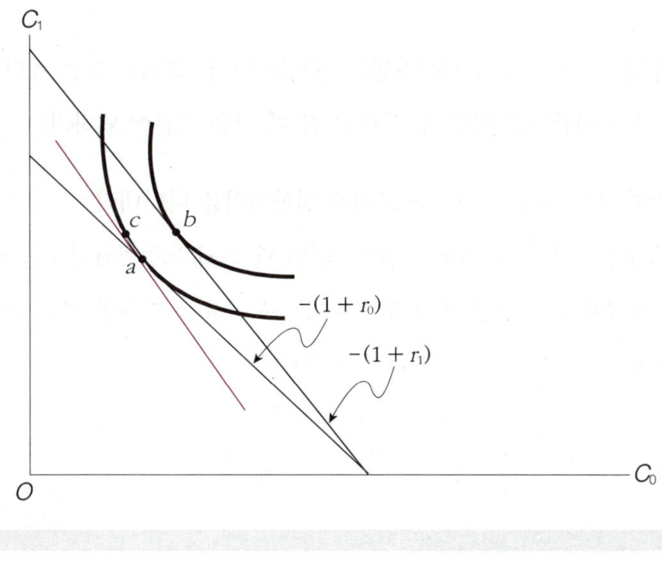

현재의 소비(C_0)가 비싸졌다는 것을 의미한다. 따라서 상대적으로 저렴한 미래의 소비를 증가시키는 방향으로 이동하게 된다. 이것은 곧 저축이 증가한다는 것을 의미한다.

소득효과

이자율의 상승은 총체적인 소득의 증가를 의미한다. 따라서 소득효과에 의하면 현재와 미래의 소비 중 어느 것도 열등재가 아니라면 소비가 모두 증가하게 된다. 이것은 곧 저축이 감소한다는 것을 의미한다. 만약 현재의 소비가 열등재라면 소득이 증가하는 경우 현재의 소비는 감소하고 저축이 증가한다. 따라서 대체효과에 의한 저축의 증가와 더불어 이자율이 상승하는 경우 저축은 항상 증가하게 된다. 그렇지만 현재의 소비가 열등재가 아닌 것이 일반적인데, 이 경우에는 소득효과와 대체효과의 상대적인 크기에 따라 저축이 감소할 수도 있고 증가할 수도 있다. 먼저 소득효과에 의한 저축의 감소가 대체효과에 의한 저축의 증가보다 작다면 이자율의 상승은 여전히 저축의 증가를 가져온다. 그렇지만 그 반대의 경우에는 이자율이 상승하더라도 저축이 감소하게 된다. 따라서 이자율과 저축 간의 관계는 소득효과와 대체효과의 분석을 통해서만 정확하게 파악될 수 있다.

Question 문제 05

갑은 연간 T시간만큼의 시간자원을 가지고 있다. 그리고 그는 w의 임금률에서 자신이 원하는 시간만큼 일할 수 있다고 할 때 다음 질문에 답하라.

1) 갑의 여가시간(n)과 소비(c)를 고려해 예산제약을 나타내라.
2) 갑의 효용함수가 $U = 96n + nc - n^2$일 때 그의 노동공급함수를 구하라.
3) 노동시장에서 갑의 수입에 대해 25%의 소득세율을 적용할 경우 그의 노동시간이 증가하는지 아니면 감소하는지 설명하라.

Answer
해설

이 문제의 핵심은 노동을 공급해 소득을 얻고, 이것을 바탕으로 소비를 하는 소비자의 경우 노동에 대한 최적 선택은 효용극대화 과정에서 유도된다는 점을 이해하는 데 있다.

1) 갑이 일하고자 하는 시간을 L로 표시하자. 먼저 갑은 시간자원이 T시간으로 주어져 있으므로 T시간이 갑이 노동을 할 것이냐 아니면 여가를 즐길 것이냐를 선택할 수 있는 경제적 선택가능시간이 된다. 따라서 갑은 경제적 선택가능시간인 T시간에서 여가(n)를 제한 $L = T - n$시간을 노동에 투입함으로써 얻은 소득 wL만큼을 소비할 것이다. 갑의 이러한 제약을 식으로 나타내면 다음과 같다.

$c = wL = w(T - n)$

➡ $wT = wn + c$

2) 갑은 주어진 시간과 여가로 나타난 제약하에서 효용을 극대화하는 노동공급을 선택할 것이다. 이 선택은 다음과 같은 최적화 문제를 해결함으로써 구할 수 있다.

효용극대화 : $U = 96n + nc - n^2$

제약조건 : $wT = wn + c$

➡ 라그랑지 함수를 이용하면 이 문제는 다음과 같이 변형된다.

$\mathcal{L} = 96n + nc - n^2 + \lambda[wT - wn - c]$

➡ 극대화 조건은 다음과 같다.

$\mathcal{L}_n = 96 + c - 2n - \lambda w = 0$

$\mathcal{L}_c = n - \lambda = 0$

➡ $c = (2 + w)n - 96$을 예산제약식으로 풀면 다음 결과를 얻는다.

$$n^* = \frac{96 + wT}{2 + 2w}$$

노동공급은 $L = T - n$으로 나타낼 수 있다. 그러므로 공급함수는 다음과 같이 나타낼 수 있다.

$$L^* = T - n^* = \frac{2T - 96 + wT}{2 + 2w}.$$

3) 노동시장에서 갑의 수입에 대해 25%의 소득세율을 적용한다면 소비는 기존의 노동으로 얻는 소득의 75%만큼만 소비할 수 있게 된다. 따라서 예산제약식이 다음과 같이 달라지게 된다.

$$c = \frac{3}{4}wL = \frac{3}{4}w(T - n)$$
$$wT = wn + \frac{4}{3}c$$

달라진 예산제약하에서 효용극대화 문제는 다음과 같다.

효용극대화 : $U = 96n + nc - n^2$

제약조건 : $wT = wn + \frac{4}{3}c$

➡ $\mathcal{L} = 96n + nc - n^2 + \lambda[wT - wn - \frac{4}{3}c]$

극대화 조건을 구하면 다음과 같다.

$$\mathcal{L}_n = 96 + c - 2n - \lambda w = 0$$
$$\mathcal{L}_c = n - \frac{4}{3}\lambda = 0$$

➡ $c = (2 + \frac{3}{4}w)n - 96$을 예산제약식으로 풀면 다음 결과를 얻는다.

$$n^*_{25\%} = \frac{3wT + 384}{8 + 6w}, \quad L^*_{25\%} = \frac{8T - 384 + 3wT}{8 + 6w}$$

여기서 $L^*_{25\%}$와 L^* 간의 격차는 다음과 같이 정리된다.

$$L^*_{25\%} - L^* = \frac{(2T - 192)w}{(8+6w)(2+2w)}$$

따라서 다음과 같은 결과를 얻을 수 있다.

$T > 96$ ➡ $L^*_{25\%} > L^*$이므로 소득세율 적용 이후 노동의 공급이 증가한다.
$T < 96$ ➡ $L^*_{25\%} < L^*$이므로 소득세율 적용 이후 노동의 공급이 감소한다.
그리고 $T = 96$이면 노동의 공급에는 아무런 차이가 없다.

4.2 요소시장의 균형

Question
문제 06

한 산업의 노동수요곡선이 $L = 1{,}200 - 10w$로 주어졌다. L은 하루당 노동수요량이고, w는 임금이다. 공급곡선은 $L = 20w$로 주어졌다.

1) 균형임금과 균형고용량은 얼마인가? 근로자들에게 귀속되는 경제적 지대는 얼마인가?
2) 고용할 수 있는 근로자 모두를 독점적 노동조합이 관리하고 있으며, 이 노동조합의 목적이 조합원들의 경제적 지대를 극대화하는 것이라고 하자. 이 경우에 고용되는 근로자의 수와 임금을 계산하라. 이것은 1)의 답과 어떻게 다른지 설명하라.

Answer
해설

이 문제의 핵심은 노동시장이 경쟁적인 경우와 공급독점인 경우를 비교한 후 그 차이점을 정확하게 이해하는 데 있다.

1) 노동시장의 균형을 그림으로 나타내면 [그림 8-7(a)]와 같다.
따라서 노동에 대한 수요와 공급이 일치하는 균형은 다음과 같다.

$w^* = 40,\ L^* = 800$

그러므로 근로자들에게 귀속되는 경제적 지대는 그림에서 적색 부분에 해당하는 16,000이다. 이것은 총수입 32,000에서 노동공급의 기회비용에 해당하는 전용수입 16,000을 공제한 액수이다.

2) 조합원들의 경제적 지대를 극대화하기 위해 노동조합은 공급독점자로 행동할 것

이다. 이 경우 노동시장의 균형은 [그림 8-7(b)]에서와 같이 결정된다.

노동조합의 한계수입은 $MR(L) = 120 - \frac{L}{5}$이다. 반면 한계비용은 $MC(L) = \frac{L}{20}$이다. 그러므로 노동조합의 경제적 지대를 극대화하는 고용수준은 $L_m = 480$이다. 그리고 이 경우 임금은 $w_m = 72$이고, 경제적 지대는 $480 \times 72 - 480 \times 12 = 28,800$이다. 따라서 임금은 40에서 72로 32가 증가하는 반면, 고용은

그림 8-7

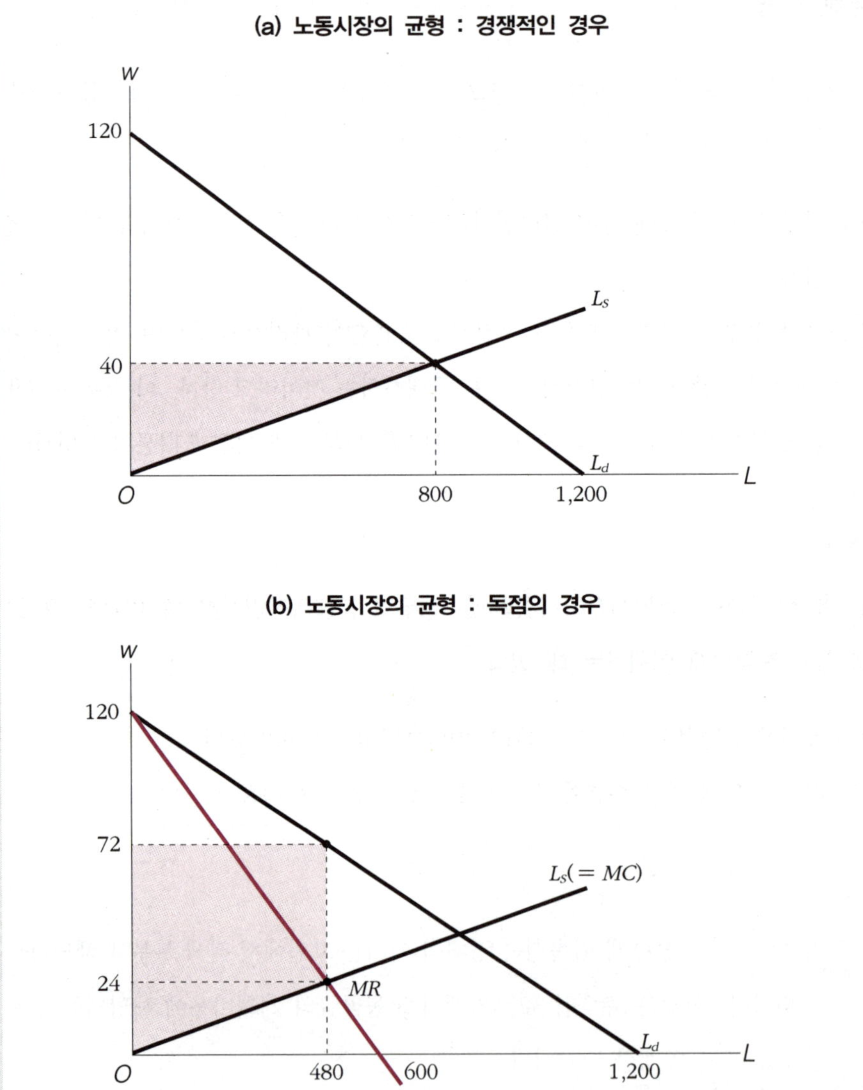

800에서 480으로 320만큼 감소한다. 그렇지만 조합원 전체에 귀속되는 경제적 지대는 12,800만큼 증가한다.

Question 문제 07

한 가지 생산요소 노동(L)을 고용하는 기업의 생산함수가 다음과 같다고 하자.

$$q = f(L) = 12L - L^2$$

이 기업은 노동에 대한 유일한 수요자이지만, 경쟁적인 생산물시장에서 조업하고 있다고 하자. 그리고 노동의 시장공급곡선은 다음과 같다고 하자.

$$w = S_L = 10L$$

1) 생산물의 가격이 $P = 10$으로 주어진 경우 이 기업의 한계생산물가치(VMP_L)를 구하라.
2) 이 기업은 임금을 얼마로 책정해 몇 명을 고용하겠는가?
3) 이 경우 사회적 자중손실은 얼마인가?

Answer 해설

이 문제의 핵심은 노동시장에서 수요독점자의 행동을 이해한 후 수요독점에 의한 비효율을 정확하게 파악하는 데 있다.

1) 이 기업의 경우 노동의 한계생산성은 다음과 같다.

$$MP_L = 12 - 2L$$

노동의 한계생산물가치(VMP_L)는 다음과 같이 이윤극대화 조건으로부터 구할 수 있다.

$$MR = MC \Rightarrow P = \frac{w}{MP_L} \Rightarrow w = P \times MP_L = VMP_L = 120 - 20L$$

2) 이 기업의 경우 한계지출(ME)과 임금(w) 간에는 다음과 같은 관계가 성립한다.

그림 **8-8**

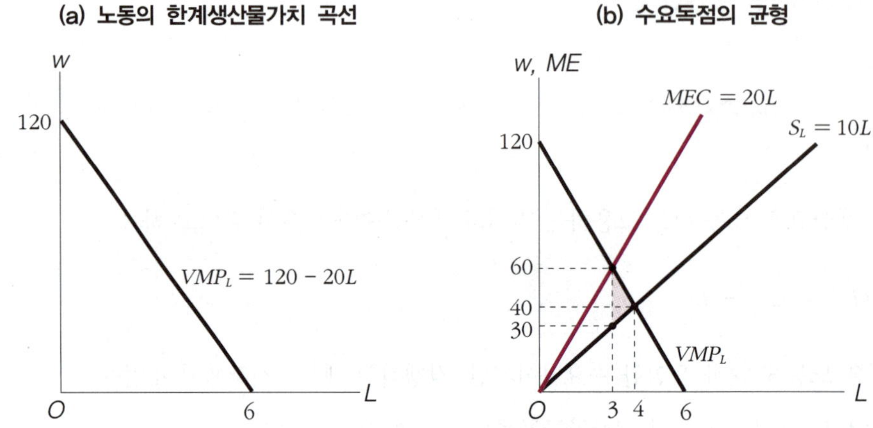

$$ME = w(1 + \frac{1}{\varepsilon_S})$$

여기서 ε_S는 공급의 가격탄력성을 의미한다. 그런데 공급곡선이 원점에서 출발하는 직선의 경우 탄력성은 항상 1이다. 따라서 $ME = 2w = 20L$이 성립한다. 그러므로 공급곡선과 MEC 간의 관계는 [그림 8-8(b)]와 같다.

따라서 이 기업은 $ME = VMP_L$을 만족하는 수준인 $L^* = 3$까지 고용한다. 그리고 이때 임금은 $w^* = 30$이다.

3) 노동시장이 경쟁적이라면 $L = 4$까지 고용하고, $w = 40$의 임금을 지불할 것이다. 따라서 자중손실은 [그림 8-8(b)]에서 적색 부분에 해당하며, 그 값은 15이다.

Question
문제 08

토지(N)와 노동(L)을 투입해서 옥수수를 생산하는 농부의 경우를 생각해 보자. 옥수수의 생산량이 q인 경우 노동비용은 $C(q) = q^2$으로 측정된다고 하자. 그리고 경쟁적인 옥수수시장에는 100명의 동일한 농부가 생산을 하고 있다고 가정하자. 옥수수의 가격은 P, 토지에 대한 지대는 v, 임금은 w로 나타낸다. 요소시장은 모두 경쟁적이라고 가정한다. 그리고 개별 농부의 생산은 q, 시장 전체의 생산은 Q로 나타낸다. 따라서 $\sum q = Q$이다.

1) 개별 농부의 옥수수 공급함수를 구하라.
2) 옥수수의 시장공급함수를 구하라.
3) 옥수수에 대한 수요곡선이 $Q_D = 200 - 50P$인 경우 균형가격과 생산량 (P^*, Q^*)는 얼마인가?
4) 토지에 대한 균형지대 v^*는 얼마인가?

Answer
해설

이 문제의 핵심은 요소시장에서 균형가격이 결정되는 과정을 정확하게 이해하는 데 있다.

1) 대표적인 농부의 이윤극대화 문제는 다음과 같다.

$$\Pi = Pq - C(q) - v$$
$$= Pq - q^2 - v$$

여기서 $C(q) = wL$로서 가변비용을 나타내고, 지대 v는 고정비용을 나타내는 것으로 해석하면 된다. 농부의 이윤극대화 조건은 다음과 같다.

$$\frac{d\Pi}{dq} = P - 2q = 0$$

따라서 개별 농부의 공급함수는 다음과 같다.

$$q = s(P) = \frac{P}{2}$$

2) 100명의 동일한 농부가 조업하고 있으므로 시장공급함수는 개별 공급함수를 수평으로 더해 얻는데 다음과 같다.

$$Q = \sum q = 50P$$

3) 옥수수시장의 균형은 [그림 8-9]에서와 같이 수요곡선과 공급곡선이 교차하는 점에서 결정된다.

그림 **8-9**

시장균형과 균형지대

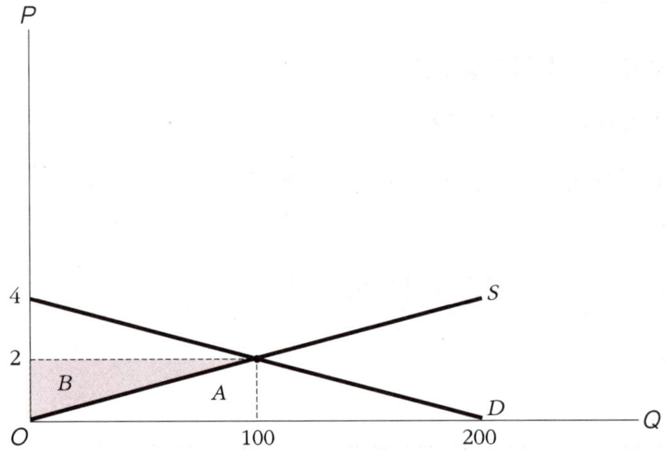

따라서 균형가격은 $P^* = 2$, 균형 생산량은 $Q^* = 100$

4) [그림 8-9]에서 면적 $(A + B)$는 옥수수 공급자 전체에 귀속되는 수입을 나타낸다. 이 가운데 면적 B는 가변비용인 노동비용을 나타내고, 면적 B는 기회비용을 초과한 부분으로서 경제적 지대에 해당한다. 면적 $B = 100$이다. 그런데 100명의 동일한 농부가 경쟁적인 요소시장에서 토지를 임대하므로 $v^* = 1$이다.

4.3 자본 관련 문제

Question
문제 09

한 소비자가 컴퓨터를 100만원에 구입해 3년간 인터넷 접속을 위해 매달 1만원를 지불하는 것과 컴퓨터를 40만원 할인해 구입하고(60만원에 구입) 3년간 인터넷 접속을 위해 매달 2만 5천원을 지불하는 것 중에 하나를 선택해야 하는 상황에 직면해 있다. 단순화를 위해 매년 12만원 또는 30만원의 인터넷 접속비용을 지불한다고 하자.

1) 이자율이 3%라면 이 소비자는 어느 쪽을 선택해야 하는가?

2) 이자율이 17%라면 어느 쪽을 선택해야 하는가?

3) 어떤 수준의 이자율에서 이 소비자는 두 선택에 아무런 차이가 없다고 생각하는가?

Answer
해설

이 문제의 핵심은 현재 상황에서 최적의 선택을 하기 위한 객관적 자료로서의 현재가치법에 대해 정확하게 이해하는 데 있다.

1) 이자율이 3%일 때

① 컴퓨터를 100만원에 구입하고, 매달 3년간 1만원씩 지불하는 경우

$$PV_{100} = 100 + \frac{12}{1.03} + \frac{12}{(1.03)^2} + \frac{12}{(1.03)^3} \approx 131$$

② 컴퓨터를 60만원에 구입하고, 매달 3년간 2만 5천원씩 지불하는 경우

$$PV_{60} = 60 + \frac{30}{1.03} + \frac{30}{(1.03)^2} + \frac{30}{(1.03)^3} \approx 145$$

그러므로 현재가치로 따져봤을 경우 $PV_{100} < PV_{60}$이므로 컴퓨터를 60만원을 주고 사는 경우가 더 비싸다고 볼 수 있다. 따라서 소비자는 100만원을 주고 구입한 후 매달 3년간 1만원씩 지불하는 것을 선택해야 한다.

2) 이자율이 17%일 때

① 컴퓨터를 100만원에 구입하고, 매달 3년간 1만원씩 지불하는 경우

$$PV_{100} = 100 + \frac{12}{1.17} + \frac{12}{(1.17)^2} + \frac{12}{(1.17)^3} \approx 127$$

② 컴퓨터를 60만원에 구입하고, 매달 3년간 2만 5천원씩 지불하는 경우

$$PV_{60} = 60 + \frac{30}{1.17} + \frac{30}{(1.17)^2} + \frac{30}{(1.17)^3} \approx 126$$

그러므로 현재가치로 따져봤을 경우 $PV_{100} > PV_{60}$이므로 컴퓨터를 100만원을 주고 사는 경우가 더 비싸다고 볼 수 있다. 따라서 소비자는 60만원을 주고 구입한 후 매달 3년간 2만 5천원씩 지불하는 것을 선택해야 한다.

3) 두 선택이 무차별하기 위해서는 현재가치가 동일해야 하므로 현재가치를 동일하

게 만드는 이자율수준을 구하면 된다. 따라서 다음을 만족하는 이자율 r을 구하면 된다.

$$PV_{100} = 100 + \frac{12}{(1+r)} + \frac{12}{(1+r)^2} + \frac{12}{(1+r)^3}$$
$$= 60 + \frac{30}{(1+r)} + \frac{30}{(1+r)^2} + \frac{30}{(1+r)^3} = PV_{60}$$

Question
문제 10

액면가가 1,000만원이고, 만기가 5년인 채권에 투자하는 경우 매년 100만원의 이자소득을 얻을 수 있다고 하자.

1) 현재 시장이자율이 연 10%라고 할 때 이 채권의 현재가치(PV)를 구하라. 그리고 이것은 채권가격에 대해 어떤 정보를 제공하는가?
2) 만약 이 채권이 시장에서 1,100만원에 거래되고 있다면 이 채권을 만기까지 보유할 경우 연평균 수익률 r은 얼마인가?
3) 이상으로부터 채권의 가격과 수익률 간에는 어떤 관계가 있는지 설명하라.

Answer
해설

이 문제의 핵심은 채권의 수익률이 결정되는 과정을 정확하게 이해하는 데 있다.

1) 채권의 현재가치는 다음과 같이 구한다.

$$PV = \frac{100\text{만}}{1.1} + \frac{100\text{만}}{1.1^2} + \frac{100\text{만}}{1.1^3} + \frac{100\text{만}}{1.1^4} + \frac{1{,}100\text{만}}{1.1^5} = 1{,}000\text{만원}$$

채권의 가격을 P라 하자. $P >$ 1,000만원이면 어느 누구도 이 채권을 구입하려 하지 않을 것이므로 채권에 대한 수요는 감소하고, 채권가격은 하락한다. 반면 $P <$ 1,000만원이면 누구나 채권을 구입하려 하므로 채권에 대한 수요가 증가해 채권가격은 상승한다. 따라서 채권시장의 균형을 가져오는 가격은 1,000만원이다. 이것은 채권의 시장가격이 채권의 현재가치와 일치해야 한다는 것을 의미한다.

2) 이 경우 내부수익률을 구하는 공식에 의해 연평균 수익률 r을 구하면 되는데, 다음 식을 만족하는 r이 바로 만기까지 보유시 연평균 수익률이다.

$$1{,}100\text{만} = \frac{100\text{만}}{(1+r)} + \frac{100\text{만}}{(1+r)^2} + \frac{100\text{만}}{(1+r)^3} + \frac{100\text{만}}{(1+r)^4} + \frac{1{,}100\text{만}}{(1+r)^5}$$

이 경우 연평균 수익률 r은 10%보다 낮다는 것을 확인할 수 있다. 왜냐하면 좌변이 1,000만원인 경우 $r = 10\%$가 되므로 1,100만원인 경우 좌우가 일치하기 위해서는 $r < 0.1$이 되어야 하기 때문이다.

3) 이상의 논의로부터 채권가격과 수익률 간에는 역의 관계가 성립한다는 것을 알 수 있다. 채권가격이 1,000만원인 경우 수익률은 10%이지만, 채권가격이 1,100만원인 경우 수익률은 10%보다 낮아진다.

Question
문제 11

갑이라는 학생이 대학원에 진학하는 문제로 고민하고 있다. 대학원에 진학하는 경우 졸업까지는 2년이 걸리며, 등록금을 포함해 매년 1,000만원의 비용이 소요된다. 그리고 졸업하면 연평균 3,000만원의 연봉을 받을 수 있다고 하자. 반면 갑이 대학원에 진학하지 않고 바로 취업하게 되면 처음 2년간은 연평균 1,500만원씩, 그리고 나서 5년간은 2,000만원씩 받을 수 있으며, 그 후에는 연평균 3,000만원씩 받을 수 있다고 하자.

1) 시장이자율이 연간 10%라고 할 때 갑이 대학원에 진학하는 것이 유리한지 교육투자의 관점에서 설명하라.

2) 만약 시장이자율이 연간 15%라면 앞에서의 답은 어떻게 바뀌겠는가?

Answer
해설

이 문제의 핵심은 순현재가치법(NPV)을 정확하게 이해하는 데 있다.

1) 먼저 대학원에 진학하는 경우 예상되는 소득의 현재가치를 구하면 다음과 같다.

$$PV_G = \frac{3{,}000\text{만}}{1.1^3} + \frac{3{,}000\text{만}}{1.1^4} + \frac{3{,}000\text{만}}{1.1^5} + \frac{3{,}000\text{만}}{1.1^6} + \cdots\cdots$$

반면 대학원에 진학하지 않는 경우 소득의 현재가치는 다음과 같다.

$$PV_N = \frac{1{,}500\text{만}}{1.1} + \frac{1{,}500\text{만}}{1.1^2} + \frac{2{,}000\text{만}}{1.1^3} + \cdots\cdots + \frac{2{,}000\text{만}}{1.1^7} + \frac{3{,}000\text{만}}{1.1^8} + \cdots\cdots$$

이것만 비교하면 $PV_G > PV_N$이므로 당연히 대학원에 진학하는 것이 유리하다. 그런데 대학원에 진학하는 경우에는 그렇지 않은 경우에 비해 처음 2년간 매년 1,000만원의 비용이 발생함과 동시에 연간 1,500만원의 소득의 기회를 상실하고, 2년이 지난 후에야 5년간 소득이 증가하므로 이러한 차이를 모두 감안해 교육투자의 순현재가치($NPV = PV_G - PV_N$)를 구하면 다음과 같다.

$$NPV = -\left(\frac{2{,}500\text{만}}{1.1} + \frac{2{,}500\text{만}}{1.1^2}\right) + \frac{1{,}000\text{만}}{1.1^3} + \frac{1{,}000\text{만}}{1.1^4} + \frac{1{,}000\text{만}}{1.1^5} + \frac{1{,}000\text{만}}{1.1^6} + \frac{1{,}000\text{만}}{1.1^7}$$

$$= -1{,}203\text{만원}$$

$NPV < 0$이므로 갑은 대학원에 진학하지 않는 것이 유리하다.

2) 시장이자율이 연간 15%로 상승한다면 비용의 현재가치는 별로 감소하지 않는 반면, 대학원 진학에 따른 추가 소득의 현재가치는 크게 감소한다. 그 결과 NPV는 0보다 작아질 것이다. 그러므로 이 경우에도 당연히 대학원에 진학하지 않는 것이 유리하다.

01 확실성하 시장경제의 일반균형

02 파레토 최적의 의의와 한계

03 불확실성하 시장경제의 일반균형과 파레토 최적

04 사회후생함수

05 응용문제와 해설

CHAPTER 09

시장경제의 일반균형과 후생경제학

CHAPTER 09

01 확실성하 시장경제의 일반균형

1.1 일반균형분석의 의의

시장경제에 외부충격이 주어지는 경우 부분균형분석을 통해서는 수많은 개별 시장들 간의 상호작용의 결과 궁극적으로 시장경제 전반에 어떤 영향을 미치는지 정확하게 파악할 수 없다는 한계가 있다. 따라서 서로 연관된 모든 시장들을 동시에 분석하는 일반균형분석이 요구된다. 이것은 개별 시장들이 직접 또는 간접적으로 서로 연결되어 있다는 사실을 감안하면 지극히 당연하다.

> 예 소주에 대한 주세인상이 미치는 경제적 효과는 맥주시장과 함께 분석해야 한다. 또는 원유가가 인상되는 경우 비단 자동차시장만이 아니라 관련된 모든 시장을 동시에 분석해야 한다. 그 외에 환율변화라든가 정부의 특소세인하 등과 같은 외부충격이 있는 경우 해당 시장만이 아니라 관련된 모든 시장을 동시에 분석할 필요가 있다.

이런 의미에서 일반균형분석의 의의는 어떤 조건하에서 모든 시장에서 동시에 균형이 성립하는가를 분석한 후 시장균형을 통해 자원배분의 효율성을 검토하는 데 있다. 이 아이디어를 처음 체계적으로 연구한 왈라스의 이름을 따서 일반균형을 왈라스균형(Walrasian equilibrium)이라고도 부른다.

시장경제의 일반균형이 존재하지 않는다면 시장을 통한 자원배분의 후생적 성격을 분석할 수 없다. 이것은 일반균형의 존재가 가장 우선적으로 검토되어야 할 문제임을 의미한다.

일반균형의 존재가 확인된 이후에 비로소 시장을 통한 자원배분의 성격을 분석하는 것이 순서이다. 이때 효율성의 기준으로서 파레토 최적(Pareto optimum) 또는 파레토 효율(Pareto efficiency)의 의의를 정확하게 이해해야 한다.

주의 파레토 최적과 파레토 효율은 미묘한 차이가 있지만 보통 같은 의미로 사용되고 있다. 간단히 말해 파레토 최적은 궁극적으로 효용을 기준으로 하는 반면, 파레토 효율은 수량(소비량 또는 생산량)을 기준으로 한다고 이해하면 된다. 따라서 생산의 효율을 논할 때는 파레토 최적이든 파레토 효율이든 차이가 없지만, 소비의 효율을 논할 때는 파레토 최적이 더 적절한 용어이다.

소비자의 효용함수, 기업의 생산함수 및 자원의 부존상태에 대한 일반적인 조건하에서 시장경제의 일반균형이 항상 존재한다는 것을 이론적으로 증명한 것은 1950년대 애로(K. Arrow)와 드브뢰(G. Debreu)였다. 그 이후 이들의 업적에 바탕을 두고 일반균형모형을 이용한 수많은 이론적 연구와 응용이 이루어졌다.

1.2 에지워스 상자를 이용한 일반균형분석

2인-2재 모형은 일반균형분석을 위한 가장 기본적인 모형이다. 여러 시장을 고려하는 일반균형분석은 매우 복잡하기 때문에 에지워스 상자(Edgeworth box)를 이용한 일반균형분석이 흔히 사용된다. 이것은 순수교환모형이지만, 여기에 생산을 포함시킨다 해도 본질적으로 달라지는 것은 없다. 시장의 본질적인 기능은 교환에 있음을 상기하라.

주의 사실 1인-2재의 로빈슨 크루소 경제가 더 간단한 일반균형모형이다. 이 경우 로빈슨 크루소는 소비자임과 동시에 생산자로, 소비재인 물고기와 여가

(leisure)라고 하는 두 가지 재화를 소비하는 주체임과 동시에 자신의 노동을 투입해 물고기를 잡는(즉, 생산활동을 하는) 생산의 주체로서 두 가지 측면을 가지고 있기 때문에 두 개의 시장에서 수요와 공급의 균형을 논할 수 있는 것이다.

두 재화 X, Y와 두 소비자 1, 2가 있는 경우 일반균형이 성립하기 위한 조건은 흔히 다음과 같이 표현된다. 이것은 효용함수가 미분 가능하다는 전제하에서 성립하는 균형의 조건임을 유의하라. 물론 미분 가능하지 않더라도 균형이 성립하기 위한 조건에 근본적인 변화가 있는 것은 아니다. 단지 이 경우 균형의 조건을 더 간단하게 묘사할 수 있을 뿐이다.

- 소비자의 효용극대화 ⇨ $MRS_{XY}^1 = MRS_{XY}^2 = \dfrac{P_X}{P_Y}$
- X재에 대한 시장수요 = X재의 시장공급(⇨ X재에 대한 초과수요 = 0)
- Y재에 대한 시장수요 = Y재의 시장공급(⇨ Y재에 대한 초과수요 = 0)

⇨ 이러한 조건을 충족하는 가격체계 $P^* = (P_X^*, P_Y^*)$를 균형가격이라 하며, 상대가격이 중요하므로 흔히 $\dfrac{P_X^*}{P_Y^*}$로 나타낸다. 이 가운데 Y재의 가격을 정규화(normalization)해 $P_Y = 1$로 하고, P_X^*를 균형가격이라 불러도 무방하다. 물론 이러한 내용은 여러 재화가 있는 경우로 확장될 수 있다.

주의 여기서 첫 번째 조건은 무차별곡선이 원점에 대해 볼록하고 균형상태에서 소비자들이 두 재화를 모두 소비한다는 것을 전제로 하고 있다. 이른바 내부해(interior solution)를 전제로 하고 있다는 점을 유의하라. 이것은 소비자들의 효용함수가 미분 가능하다는 전제하에서 유도된 조건으로, 각자는 효용극대화를 달성하고 있다는 조건에 해당한다.

⇨ 이와 같은 조건들이 충족되어 일반균형이 존재한다는 것은 결국 상호 이익이 되는 모든 가능한 거래의 기회가 다 이용되었음을 나타낸다.

왈라스 법칙(Walras' law)

이것은 개별 재화에 대한 시장초과수요의 가치의 총합이 항상 0이라고 하는 항등식이 성립한다는 것을 의미한다. 이로부터 파생된 것이 "N개의 시장이 있는 경우 $(N-1)$개의 시장에서 균형을 취하면 나머지 한 개의 시장은 자동적으로 균형을 취한다"는 사실이다. 이 법칙은 매우 간단한 사실(모든 소비자들은 자신의 예산제약을 만족하고 있다)에 기초하고 있음을 유의하라. 이 법칙은 일반균형의 존재를 증명하는 과정에서 매우 중요한 역할을 수행한다.

주의 왈라스 법칙은 개별 재화에 대한 시장초과수요함수(market excess demand function)가 연속적이라는 성질과 함께 일반균형의 존재를 증명할 때 중요하다.

생산을 포함하는 경우의 일반균형

이 경우 2인-2재-2기업-2요소 모형으로 확대된다. 모든 것이 확실하다는 가정하에서 이 모형은 순수교환모형에 약간의 조건을 추가하면 되므로 본질적으로 달라지는 것은 없다. 여기서 다루는 일반균형모형은 확실성하의 모형이므로 각 기업의 지분(share)이 거래되는 상황은 발생하지 않는다. 따라서 소비자 겸 주주인 사람들은 단지 기업이 이윤을 극대화하면 자신에게 주어지는 배당소득이 극대화되므로 이에 만족하게 된다. 따라서 이 모형에서 일반균형이 성립하기 위한 조건은 다음과 같다. 여기서 w, v는 각각 노동(L)의 단위당 가격, v는 자본(K)의 단위당 가격을 나타낸다.

- 소비자의 효용극대화 ⇨ $MRS_{XY}^{1} = MRS_{XY}^{2} = \dfrac{P_X}{P_Y}$
- 기업의 이윤극대화 ⇨ $MC_X = \dfrac{w}{MP_L^X} = \dfrac{v}{MP_K^X} = P_X$

$$MC_Y = \frac{w}{MP_L^Y} = \frac{v}{MP_K^Y} = P_Y$$

⇨ $MRS_{XY}^{1} = MRS_{XY}^{2} = \dfrac{P_X}{P_Y} = \dfrac{MC_X}{MC_Y} = MRT_{XY}$

- 모든 생산물시장과 모든 요소시장에서 수요와 공급이 일치한다.

⇨ 이상의 조건들은 다음과 같이 정리할 수 있다.

주어진 생산물 가격과 요소 가격하에서 소비자들은 효용극대화 과정을 통해 재화에 대한 수요와 생산요소의 공급을 결정한다. 반면 기업은 주어진 생산요소 가격과 생산물 가격하에서 생산요소에 대한 수요를 형성하고 생산물을 공급한다. 이때 발생한 이윤은 주주 겸 소비자들에게 지분의 비율대로 분배된다. 이러한 과정에서 모든 시장에서 동시에 균형을 달성하는 가격체계 (P_X^*, P_Y^*, w^*, v^*)가 존재하면, 이것이 바로 균형가격체계이다.

CHAPTER 09

02 파레토 최적의 의의와 한계

2.1 파레토 최적(파레토 효율)

이것은 실현 가능한 모든 자원배분 가운데 어느 한 사람의 효용을 감소시키지 않고서는 다른 사람의 효용을 증가시킬 수 없는 자원배분의 상태를 말한다. 앞에서와 같이 2인-2재의 경제에 이 정의를 적용시키는 경우 파레토 최적의 자원배분이 되기 위한 조건은 다음과 같다. 물론 이 경우에도 효용함수는 미분 가능하며, 무차별곡선은 원점에 대해 볼록하다는 것이 전제되고 있다.

- 순수 교환경제의 경우 : $MRS_{XY}^1 = MRS_{XY}^2$
- 생산경제의 경우 : $MRS_{XY}^1 = MRS_{XY}^2 = MRT_{XY}$

주의 1) 앞에서 내부해와 구석해를 구별했듯이 파레토 최적의 경우에도 이 구별은 유효하다. 즉, $MRS_{XY}^1 = MRS_{XY}^2$의 조건이 충족되지 않는 경우에도 파레토 최적의 자원배분이 이루어질 수 있다.

2) 파레토 최적의 조건이란 바로 파레토 개선(Pareto improvement)의 가능성이 완전히 사라진 자원배분의 상태를 말한다고 보면 된다. 현재의 자원배분상태에서 다른 자원배분상태로 이동하는 경우 모든 사람들의 효용이 증가한다면, 이것을 파레토 개선이라 부른다.

계약곡선과 효용가능성곡선

에지워스 상자를 이용하는 경우 파레토 최적의 조건을 만족하는 모든 자원배분들을 연결한 궤적을 계약곡선(contract curve)이라 한다. 소비의 계약곡선과 생산의 계약곡선이 존재한다. 특히 소비의 계약곡선상에 있는 효용수준들의 조합들을 연결한 궤적을 효용가능성곡선(utility possibilities curve)이라 부르며, 소비와 생산을 모두 망라하는 경우 가능한 모든 효용가능성곡선들의 포락선에 해당하는 곡선을 효용가능성변경(utility possibilities frontier) 또는 대(大)효용가능성곡선이라 부른다.

파레토 최적의 한계

- 파레토 최적의 조건을 만족하는 자원배분은 무수히 많다. 이 가운데 어느 것이 더 바람직한지 비교할 수 있는 기준은 없다.
- 소득의 공정한 분배에 대해서는 아무런 기준을 제공하지 못한다. 불평등한 자원배분이라도 파레토 최적의 기준을 만족할 수 있다.

2.2 일반균형과 파레토 최적

파레토 최적의 조건은 일반균형이 성립하기 위한 조건과 동일하다. 이것은 완전하고 완비된 시장의 균형은 항상 파레토 최적의 기준을 만족한다는 것을 의미한다. 양자 간의 관계는 후생경제학의 제1, 제 2 정리로 요약된다.

파레토 최적은 계획자(planner)의 관점에서 사회 전반의 자원배분의 성격을 판정하는 기준이므로 가격체계가 존재하지 않는 경우에도 적용되는 개념이다. 문제는 과연 어떠한 경제체제가 이러한 조건을 만족하는 자원배분을 달성할 수 있는가 하는 것이다. 개별 경제주체들 간의 행동에 아무런 사전적 조정이 없고 각자 자신의 이해관계에 따라 무질서하게 행동하는 것처럼 보이지만(동대문시장이나 가락시장을 생각해 보라), 결과적으로 경쟁을 바탕으로 한 시장경제는 파레토 최적의 자원배분을 달성할 수 있다는 것이 바로 시장경제를 뒷받침해 주는 이론적 기초가 되고 있다.

후생경제학의 제1정리

이것은 "완전경쟁하에서 완비된 시장을 가지고 있는 시장경제의 일반균형은 항상 파레토 최적을 만족한다"는 것이다. 이 정리가 성립하기 위한 전제조건, 이 정리가 시사하는 바와 그 한계를 생각해 보기 바란다.

후생경제학의 제2정리

이것은 "초기 부존자원을 적절히 재분배하면 어떤 임의의 파레토 최적의 자원배분이라도 시장경제의 일반균형을 통해 달성될 수 있다"는 것이다. 이 정리는 제1정리의 역에 해당한다고 말할 수 있다. 마찬가지로 이 정리가 성립하기 위한 조건, 이 정리가 시사하는 바와 그 한계를 생각해 보기 바란다.

주의 소비자의 무차별곡선이 원점에 대해 볼록하지 않은 경우 이 정리는 성립하지 않게 된다.

03 불확실성하 시장경제의 일반균형과 파레토 최적

불확실성하에서도 시장경제의 일반균형과 이를 통한 자원배분의 후생적 성격을 평가할 수 있다. 오히려 이런 경우가 더 일반적이라고 말해도 과언이 아니다. 단, 이에 대한 상세한 논의는 매우 복잡하기 때문에 여기서는 가장 이상적인 경우만을 언급할 것이다.

앞에서도 간단히 언급했듯이 불확실성하에서는 어떤 종류의 시장이 존재하는가가 매우 중요하다. 가장 이상적인 시장구조는 애로와 드브뢰가 제시한 조건부 상품(contingent commodity)이 거래되는 시장경제이다. 이러한 시장경제를 보통 완비된 시장 또는 애로-드브뢰 경제(Arrow-Debreu economy)라 부른다.

애로-드브뢰 경제에는 항상 일반균형이 존재할 뿐만 아니라 확실성하 왈라스균형의 모든 성질이 그대로 성립한다. 즉, 앞에서 말한 후생경제학의 제1, 제2정리가 모두 성립한다. 따라서 애로-드브뢰균형은 항상 파레토 최적이며, 일정한 조건하에서 그 역도 성립한다.

불확실성하 자원배분이 파레토 최적의 기준을 만족한다는 것은 곧 최적 위험분담이 이루어지고 있음을 의미한다. 불확실성하 위험을 기피하는 사람(위험 중립적인 사람들도 포함)들로 구성되어 있는 경제에서 가장 중요한 이슈는 사람들 간에 어떻게 위험을 적절하게 분담하도록 하는가에 있다. 조건부 상품들이 거래되는 애로-드브뢰 경제에는 효율적으로 위험을 분담할 수 있는 수단들이 존재하기 때문에 최적 위험분담이 이루어질 수 있는 것이다.

그러나 애로-드브뢰 경제는 현실적으로 기대하기 어려운 이상적인 경제이다. 이것은 현실적으로는 불완비된 시장이 지배적이라는 것을 의미한다. 예를 들면 주식시장, 선물시장, 옵션시장 등으로 구성된 현실의 경제는 특별한 경우를 제외하고는 불완비된 시장에 해당한다. 따라서 현실경제의 일반균형은 파레토 최적의 자원배분을 달성하기 어렵다.

- 현실적으로 불확실성하 시장경제의 균형이 어떤 특징을 갖는지 살펴보는 것은 중요한 의미가 있다. 예를 들어 선물시장이 존재하는 경우 이 시장의 균형은 어떤 의미를 갖는지 생각해 보자.
- 주식시장은 불확실성하에서 위험을 거래하는 대표적인 시장이다. 이 경우 주식시장을 통한 자원배분(위험분담)이 효율적인지 생각해 보라.

CHAPTER 09

04 사회후생함수

4.1 사회후생함수의 의의

사회후생함수(social welfare function)란 다양한 개인들의 선호서열을 집계해 하나의 사회선호서열(social preference ordering)을 나타내는 함수를 말한다. 이러한 함수를 논하는 이유는 사회가 달성할 수 있는 가능한 자원배분 가운데 사회후생을 극대화하는 자원배분이 무엇인지 발견하기 위해서이다. 이런 의미에서 사회후생을 극대화하는 자원배분은 반드시 파레토 최적의 기준을 만족해야 한다는 것을 알 수 있다. 즉, 파레토 최적은 사회후생 극대화의 필요조건이다. 그런데 파레토 최적을 만족하는 자원배분은 무수히 많다는 사실로 인해 사회후생을 극대화하는 유일한 자원배분을 발견하기 어려운 것이다.

문제는 다양한 사람들의 선호서열을 집계하는 합리적인 방법이 존재하는가에 있다. 이 문제의 핵심은 효용의 대인(對人)비교(interpersonal comparison of utilities)에 있다. 구 후생경제학(old welfare economics)에서는 효용의 대인비교가 가능하다고 보았다. 그렇지만 신 후생경제학(new welfare economics)에서는 이것이 불가능하다고 본다. 이로 인해 사회후생을 극대화하는 자원배분을 찾기 어려운 것이다.

사회후생에 관한 논의는 모든 가능한 사회적 (자원배분)상태 ⇨ 사회선택의 규칙 또는 사회후생함수 개념 ⇨ 모든 가능한 사회적 상태에 대한 사회적 서열을 가능케 해주는 사회후생함수가 존재할 수 있는지 여부에 초점을 맞추어 왔다.

결론적으로 말해 애로의 불가능성 정리(Arrow's Impossibility Theorem)란 다름 아니라 합리적인 조건들(완비성, 이행성, 파레토 원칙, 비독재성, 무관한 대안들로부터 독립)을 충족시키는 사회후생함수는 존재하지 않는다는 것이다. 이것을 후생경제학의 제3정리라고도 부른다. 다른 모든 조건들을 만족하는 사회후생함수란 단지 독재자의 선호를 반영할 뿐이라는 것이다. 그후 많은 사람들이 애로의 조건들을 완화하여 사회후생함수가 가능한지를 검토하였다.

주의 예를 들면 무관한 대안들로부터 독립이라는 조건을 완화한다면 나머지 조건들을 만족하는 사회후생함수가 존재할 수 있다는 것이다.

4.2 집계(aggregation)의 문제

사회후생함수 또는 사회선호서열의 핵심은 아무런 모순 없이 개개인들의 선호를 집계해 주는 방법을 발견하는 데 있다.

흔히 사용되는 다수결원칙(majority rule)이 이러한 방법으로 사용될 수 있다. 그러나 투표의 역설(voting paradox)이 시사하듯이 사람들 가운데 단일봉두선호(single-peaked preference)를 갖지 않은 사람이 존재한다면 다수결원칙도 이행성을 위반하게 되어 모순된 결과를 초래할 수 있다.

예 **투표의 역설의 예** : 세 사람에게 세 가지 대안을 주고 다수결원칙에 의해 하나의 대안을 선택하고자 하는 경우, 이 세 가지 대안들을 어떤 순서에 의해 비교하는가에 따라 세 가지 대안들 간의 서열이 달라지는 경우가 발생할 수 있다.

4.3 사회무차별곡선

개인의 무차별곡선과 마찬가지로 사회무차별곡선(social indifference)의 개념을 생각할 수 있다. 사회무차별곡선은 우하향해야 하며, 원점에서 멀어질수록 사회적으로 높은 후생수준을 나타낸다는 사실은 개인의 경우와 마찬가지이다.

문제는 사회무차별곡선의 형태이다. 바로 이 형태를 결정하기 위해서는 사회후생함수가 잘 정의되어야 한다. 그러나 애로의 불가능성 정리가 시사하듯이 잘 정의된 사회후생함수를 발견하기 어렵다. 따라서 어떤 형태로든 가치판단이 전제되어야만 사회무차별곡선의 형태를 결정할 수 있다.

➡ 이렇게 정의되는 사회무차별곡선에는 어느 정도 형평성을 고려하고 있는가가 반영되어 있다. 이와 같이 무차별곡선의 형태는 항상 일정한 의미를 갖는다는 점을 유의하라.

예 두 사람 1, 2로 구성된 사회의 경우 대표적인 몇 가지 사회후생함수와 사회무차별곡선 간의 관계 :

$F(U_1, U_2) = U_1 + U_2$ ➡ 직선의 사회무차별곡선

$F(U_1, U_2) = U_1U_2$ ➡ 원점에 대해 볼록한 사회무차별곡선

$F(U_1, U_2) = min\{U_1, U_2\}$ ➡ L자형의 사회무차별곡선

➡ 효용가능성변경(곡선)에 의해 결정되는 모든 가능한 파레토 최적의 자원배분 및 이에 상응하는 효용수준들의 조합 가운데 어떤 상태가 사회후생을 가장 극대화하는가를 측정하는 경우, 여기 주어진 사회후생함수(즉, 사회무차별곡선)의 형태에 따라 결과가 달라진다.

4.4 보상원칙과 차선의 이론

4.4.1 보상원칙

칼도(N. Kaldor)와 힉스(J.R. Hicks)에 의해 독자적으로 제시된 보상원칙(compensation principle)은 다소 차이가 있지만, 본질적으로 유사하기 때문에 칼도-힉스의 보상원칙이라 불린다. 이것은 다음과 같이 정의된다.

한 자원배분의 상태 x에서 다른 자원배분의 상태 x'으로 변하는 경우 이로 인해 이득을 본 사람들이 손해를 본 사람들을 보상해 주고 난 후에도 상태 x에서보다 상태 x'에서 모든 사람들이 더 좋아진다면 x'은 x보다 사회적으로 더 바람직한 상태이다.

보상원칙은 파레토 원칙이 적용될 수 없는 경우, 즉 파레토 개선이 모두 이루

어진 이후 어떤 상태가 더 바람직한가를 판단하기 위한 보완대책으로 제시된 것이지만, 서로 다른 사람들의 효용을 화폐가치를 통해 간접적으로 비교한다는 점에서 한계가 있다고 비판을 받는다. 즉, 여전히 효용의 대인비교의 문제가 은폐되어 있다는 것이다.

■ 씨토프스키의 이중기준(Scitovsky's double criterion)이란 칼도-힉스 기준이 한쪽 방향으로만이 아니라 그 반대방향으로도 성립하는 경우에 한해서만 두 개의 자원배분상태를 비교할 수 있다는 것이다.

자원배분상태 x에서 x'으로의 변화가 칼도-힉스의 보상원칙에 의할 때 개선이며, 또한 동시에 x'에서 x로의 변화는 그들의 보상원칙에 의할 때 결코 개선이 아닌 경우에만 x'이 x보다 바람직하다고 말할 수 있다.

4.4.2 차선의 이론

■ 차선의 이론(theory of the second best)은 보상원칙과 마찬가지로 파레토 원칙이 적용될 수 없는 경우 제한된 범위 내에서나마 어떤 상태가 더 바람직한지(효율적인지) 평가할 때 고려해야 할 기준을 제공한다는 데 의미가 있다.

■ 한마디로 말해 이 이론의 핵심은 "파레토 최적의 자원배분을 달성하기 위해 필요한 모든 조건들이 충족되지 않는 경우 가능한 한 많은 조건들을 충족시킨다고 해서 반드시 차선의 결과를 가져오는 것은 아니다"라는 데 있다.

☞ 보통 파레토 최적의 자원배분을 최선의 배분(first best allocation)이라고도 부른다. 따라서 파레토 최적을 위한 조건 가운데 일부가 충족되지 않는다면 차선의 배분(second best allocation)을 추구해야 할 것이다. 그런데 파레토 최적을 위한 조건 가운데 가능한 한 많은 조건을 충족한다고 해서 차선의 배분을 달성하는 것은 아니다.

예 1) 여러 시장이 독점상태에 있을 때 이 가운데 한 시장에서 독점을 제거한다고 해서 반드시 종전보다 효율적인 자원배분을 달성할 수 있는 것은 아니다.

2) Y재에 대해 이미 물품세가 부과되고 있는 상황에서 Y재와 대체관계에 있는 X재에 대해 새롭게 물품세가 부과되는 경우 자원배분이 반드시 더 비효율적으로 된다고 볼 수는 없다.

[보론 1] 불확실성하 시장경제의 일반균형의 특성

불확실성이 지배하는 시장경제에서 중요한 것은 경제주체들이 어떻게 불확실성, 즉 위험에 대처하는 가운데 자신의 효용을 극대화하거나 이윤을 극대화할 것인가에 있다. 이것은 위험을 고려할 때 가장 중요한 시장은 다름 아니라 위험을 거래하는 시장이라는 것을 의미한다. 그리고 모든 종류의 자산은 위험을 거래하는 수단으로서의 역할을 한다. 예를 들어 주식(stock)이나 채권(bond)은 이러한 역할을 수행하는 대표적인 자산이다. 그 외에 파생증권인 선물(futures)이나 옵션(options)도 마찬가지 역할을 할 수 있다. 또한 부동산과 같은 실물자산이나 은행예금과 같은 간단한 자산도 이러한 역할을 수행한다. 그런데 이와 같이 각종 자산을 망라한 상태에서 시장의 일반균형을 분석하는 데는 적지 않은 어려움이 따른다. 특히 이와 관련해서는 시장에서 어떤 종류의 자산들이 거래되고 있으며, 이들이 얼마만큼 위험분담의 기회를 제공하는지 살펴보아야 한다. 왜냐하면 그 정도에 따라 시장경제의 일반균형의 특성에 상당한 차이가 발생하기 때문이다.

이 문제를 다루기 위해서는 시장경제를 세 가지 유형으로 나누어 살펴보는 것이 바람직하다. 그것은 다름 아니라 완비된 시장(complete markets), 본질적으로 완비된 시장(essentially complete markets), 그리고 불완비된 시장(incomplete markets)이다. 이제 각 시장의 특징을 일반균형의 관점에서 간단히 살펴보자.

1. 완비된 시장의 일반균형의 특성

불확실성하에서 완비된 시장을 가지고 있는 경제를 흔히 애로-드브뢰 경제라 부른다. 이것은 이러한 경제에 대해 선구적 연구를 했던 두 사람의 이름을 딴 것이다. 이 시장에서는 위험에 대비해 조건부 청구권(contingent claims)이 거래된다. 이런 의미에서 조건부 청구권시장은 완비된 시장의 대표적인 모형에 해당한다. 조건부 청구권은 조건부 상품(contingent commodity) 또는 조건부 증권(contingent security)이라고 이해해도 무방하다. 조건부 상품을 거래한다는 것은 특정한 불확실한 상태가 실현되는 경우에만 상품을 인도하고 그렇지 않은 경우에는 아무 것도 없는 것을 말한다. 이러한 거래를 위해 지불하는 가격이 조건부 가격이다. 보험은 대표적인 예이다. 그리고 조건부 증권을 거래한다는 것은 조건부 상품과 마찬가지로 특정한 상태가 실현되는 경우에만 일정한 금액을 지불하고 그렇지 않은 경우에는 아무 것도 없는 것을 말한다. 이 모두를 망라해 조건부 청구권이라 할 수 있고, 이러한 청구권이 거래되는 시장이 조건부 청구권시장이다.

불확실성하에서 모든 재화에 대해 조건부 청구권시장이 형성되어 있다면 시장경제의 일반균형은 항상 존재할 뿐만이 아니라 파레토 최적의 조건을 만족한다. 나아가서 후생경제학의 제1, 제2정리가 모두 성립한다. 한마디로 확실성하에서 성립했던 모든 성질들이 이 경우에는 그대로 성립한다. 이런 의미에서 애로-드브뢰 경제는 확실성하의 왈라스 경제를 불확실성이 지배하는 경우로 확대시킨 데 불과하다.

불확실성하에서 시장을 통한 자원배분이 파레토 최적을 만족한다는 것은 곧 최적의 위험분담이 이루어지고 있다는 것을 의미한다. 이것은 시장균형상태에서 개별 경제주체가 분담하고 있는 위험의 정도를 변경해 모든 경제주체들의 효용을 증가시키는 방향으로 새롭게 위험을 분담시킬 수 없다는 것을 의미한다. 불확실성이 지배하는 경우에는 결국 시장에서 거래되는 자산을 통해 최적의 위험분담이 이루어질 수 있는지 여부가 궁극적인 관심사이다. 조건부 청구권시장이 형성되어 있다면 최적의 위험분담이 이루어진다. 이것은 조건부 청구권시장이 미래의 다양한 불확실한 상태를 대비할 수 있는 충분한 수단을 제공해 준다는 것을 의미한다. 따라서 완비된 시장 여부를 판단하는 가장 간단한 기준은 미래의 불확실한 상태들에 대처하기 위한 수단으로서 다양한 금융수단들이 얼마나 많이 존재하는가에 있다. 한마디로 압축하자면 「독립적인 자산의 종류 = 불확실한 상태의 종류」가 성립한다면 시장은 완비되었다고 말한다. 예를 들어 미래의 불확실한 상태가 세 개인데 각각의 상태에 조건부로 거래할 수 있다면 앞의 등식이 성립한다. 이런 의미에서 조건부 청구권시장은 완비된 시장의 대표적인 예이다.

2. 불완비된 시장의 일반균형의 특성

불확실성하에서 현실의 시장은 불완비되어 있다고 보는 것이 일반적인 시각이다. 앞에서 언급했듯이 미래의 다양한 불확실한 상태에 대비하기에 충분한 금융수단들이 제공되지 않는 시장은 불완비된 시장에 해당한다. 주식시장이나 선물시장 및 옵션시장 등은 모두 실제로 불확실성에 대비하는 금융수단들을 제공하는 시장들이다. 그렇지만 일반적으로 경제주체들이 관심을 가져야 하는 미래의 불확실한 상태의 종류에 비해 이러한 금융수단들의 종류가 충분치 않다고 보는 것이 현실적이다. 이런 의미에서 현실의 금융시장은 불완비되어 있는 것이다. 즉, 「독립적인 자산의 종류 < 불확실한 상태의 종류」가 성립하는 시장은 모두 불완비된 시장에 해당한다.

문제는 이러한 시장의 일반균형의 특성에 있다. 이 경우 확실성하에서 성립했던 대부분의 성질들이 성립하지 않는다는 사실이 입증되었다. 또한 어떤 종류의 자산이 거래되는가에 따라 시장의 일반균형의 특성이 크게 영향을 받는다. 예를 들면 거래되는 자산의 종류에 따라 시장균형이 존재하지 않을 수도 있고, 반대로 시장균형이 무수히 많이 존재할 수도 있다. 나아가서 비록 시장균형이 성립한다고 해도 자원배분은 파레토 최적의 기준을 충족하지 못할 뿐만 아니라 더 약한 기준인 제한적 파레토 최적(constrained Pareto optimum)의 기준조차 충족하지 못한다. 파레토 최적의 기준은 자원제약만을 전제로 한 효율성 기준인 반면, 제한적 파레토 최적은 「자원제약 + 제도적 제약」을 전제로 한 효율성 기준이다. 따라서 시장을 통한 자원배분이 제한적 파레토 최적조차 충족하지 못한다는 것은 시장의 기능에 치명적인 약점이 있다는 것을 의미한다. 이런 이유로 불완비된 시장의 경우에는 정부의 개입이 정당화될 수 있는 것이다. 왜냐하면 이런 개입을 통해 경제주체 모두의 효용수준을 증가시킬 가능성이 존재하기 때문이다.

물론 이것은 이론적인 논의의 결과이다. 그렇지만 일반균형의 관점에서 완비된 시장과 불완비된 시장의 차이를 이해하는 것은 현실의 금융시장과 정부의 역할을 이해하는 데 여러 가지 시사점을 제공한다. 예를 들어 불확실성하에서 주식시장을 통한 자원배분을 일반균형의 관점에서 보자면, 앞에서 언급한 바와 같이 제한적 파레토 최적을 충족하지 못한다는 것이 이론적으로 입증되었다. 이것은 정부의 개입이 정당화될 수 있다는 것을 의미한다. 한편 조건부 청구권시장이 형성되어 있다면 시장을 통해 항상 파레토 최적의 자원배분을 달성할 수 있기 때문에 정부의 개입은 어떤 이유로도 정당화될 수 없다.

3. 본질적으로 완비된 시장의 일반균형의 특성

앞에서 간략하게 다룬 두 가지 타입의 시장의 중간 형태로 본질적으로 완비된 시장을 검토할 필요가 있다. 먼저 본질적으로 완비되었다는 말의 의미를 이해해야 한다. 이 말은 표면상으로는 완비된 시장이 아니지만, 균형상태에서는 완비된 시장과 차이가 없는 자원배분을 달성하는 시장을 말한다. 즉, 본질적으로 완비된 시장을 통한 자원배분은 파레토 최적을 만족하므로 최적의 위험분담이 이루어진다. 본질적으로 완비된 시장에 대한 일반적인 논의는 매우 복잡하므로 여기서는 이미 잘 알려진 간단한 모형을 통해 이러한 시장의 특성을 이해하고자 한다. 그것은 다름 아니라 평균-분산 모형(mean-variance model)이라 알려진 것인데, 일반적으로는 자본자산 가격결정모형(*CAPM*)이라 불리는 것이다.

이 모형은 여러 개의 위험자산(risky asset)과 한 개의 무위험자산(riskless asset)을 포함하고 있다. 여기서 위험자산은 곧 주식을 말하며, 무위험자산은 국채를 말한다. 이 모형의 특징은 위험자산 i의 수익률 R_i가 정규분포(normal distribution)를 한다는 데 있다. 정규분포란 대표적인 확률분포로서, 분포와 관련된 모든 정보가 확률변수의 평균(mean)과 분산(variance)에 요약되어 있는 경우를 가리킨다. 따라서 이 모형은 다음과 같은 특징을 보여준다.

첫째, 여러 개의 자산들로 구성된 포트폴리오(portfolio)의 수익률, R_P도 정규분포를 한다. 이것은 정규분포의 특성으로 인한 것이며, 여러 가지 분석을 단순화시키는데 결정적인 역할을 한다.

둘째, 경제주체들은 위험자산과 무위험자산으로 구성된 최적 포트폴리오(optimal portfolio)를 추구한다. 그런데 수익률 변수의 특성으로 인해 경제주체들의 기대효용은 오직 포트폴리오의 기대수익률(평균)과 분산(σ^2)에만 의존한다.

셋째, 개별 자산의 수익률의 특성과 경제주체들의 기대효용의 특성으로 인해 이러한 시장에서 성립하는 시장균형상태에서 평가한 자원배분은 파레토 최적을 만족한다. 이것은 최적의 위험분담이 이루어지고 있다는 것을 의미한다.

평균-분산 모형에서는 일반적으로 n개의 위험자산과 한 개의 무위험자산이 거래된다고 가정한다. 이것을 수익률로 나타내면 R_f, R_1, ……, R_n이다. 이 가운데 R_f는 확실한 값이고, 나머지는 정규분포를 하는 확률변수이다. 이 경우 n개의 위험자산으로 구성된 포트폴리오 $\boldsymbol{\omega} = (\boldsymbol{\omega}_1, \boldsymbol{\omega}_2, \cdots\cdots, \boldsymbol{\omega}_n)$의 수익률 R_P는 다음과 같이 나타낸다.

$$R_P = \boldsymbol{\omega}_1 R_1 + \boldsymbol{\omega}_2 R_2 + \cdots\cdots + \boldsymbol{\omega}_n R_n, \sum \boldsymbol{\omega}_i = 1$$

따라서 위험자산과 무위험자산에 각각 a, $1 - a$의 비율로 투자하는 포트폴리오의 수익률은 다음과 같다.

$$R_P^* = aR_P + (1 - a)R_f$$

이와 같이 평균-분산 모형에서는 자신의 기대효용을 극대화하는 최적 포트폴리오를 평균과 분산의 조합으로 나타낼 수 있다. 먼저 위험자산들로만 포트폴리오를 구성하는 경우 기회집합과 최적 포트폴리오를 구하면 [그림 9-1]과 같다. 여기서 기회집합은 n개의 위험자산들로 포트폴리오를 구성하는 경우 가능한 모든 (표준편차, 평균수익률) = $(\boldsymbol{\sigma}_P, E(R_P))$의 조합을 망라한 것인데, 이러한 모양을 갖는다는 것이 입증되어 있다.[1] 표준편차($\boldsymbol{\sigma}$)는 분산의 제곱근에 해당하며, 위험의 크기를 나타낸다. 그리고 경제주체들의 기대효용을 나타내는 무차별곡선은 우상향한다는 점을 유의하기 바란다. 그 이유는 위험기피적인 경제주체의 경우 평균수익률은 재

---

1. 이 기회집합의 경계선을 효율적 변경(efficient frontier)이라 부른다. 그 이유는 일정한 위험하에서 기대수익률을 극대화하거나 아니면 일정한 기대수익률하에서 위험을 극소화하는 조합점은 반드시 이 효율적 변경상에 있기 때문이다.

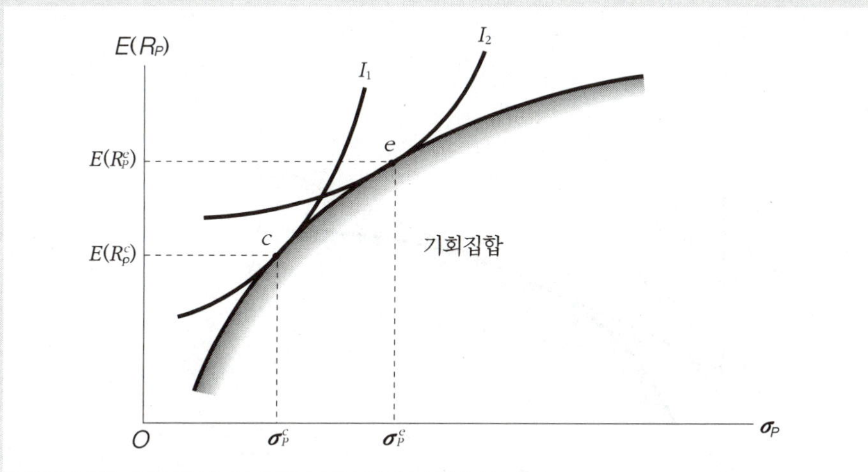

그림 9-1

평균-분산 모형에서 기대효용극대화

화(good)의 역할을 하지만, 위험의 크기를 나타내는 표준편차는 비재화(bad)의 역할을 하기 때문이다.

[그림 9-1]에서 보여주고 있듯이 위험기피적인 경제주체는 주어진 기회집합에서 c나 e에 해당하는 포트폴리오를 선택함으로써 자신의 기대효용을 극대화한다. 그리고 c를 선택한 경제주체는 e를 선택한 경제주체보다 위험을 더 기피한다는 것을 알 수 있다. 이것은 무차별곡선의 기울기가 더 가파르기 때문에 기대효용을 극대화하는 포트폴리오는 작은 위험을 포함하고 있다는 사실을 통해 확인할 수 있다 ($\sigma_p^c > \sigma_p^e$).

이제 경제주체들이 무위험자산인 국채를 포함시켜 포트폴리오를 형성할 수 있다고 하자. 이 경우 기회집합은 [그림 9-2]와 같이 확장된다.

[그림 9-2]에서 점 d는 무위험자산을 나타낸다. 왜냐하면 이 경우에는 표준편차가 0이기 때문이다. 이때 점 d에서 출발한 직선이 원래의 기회집합과 접하는 상태에서 경제주체들은 가장 넓은 기회집합에 직면하게 된다. 예를 들면 점 d와 점 g를 연결한 선은 기회집합을 제한한다. 따라서 점 d와 점 m을 연결한 선은 기회집합을 가장 넓게 해준다. 왜냐하면 이 선을 경계로 그 이하에 있는 어떤 (표준편차, 평균수익률)의 조합도 선택 가능하기 때문이다. 이 선을 자본시장선(capital market line ; *CML*)이라 부른다. 그 이유는 자본시장에서 경제주체들은 결국 이 선상의 어

그림 9-2

무위험자산의 역할과 기회집합

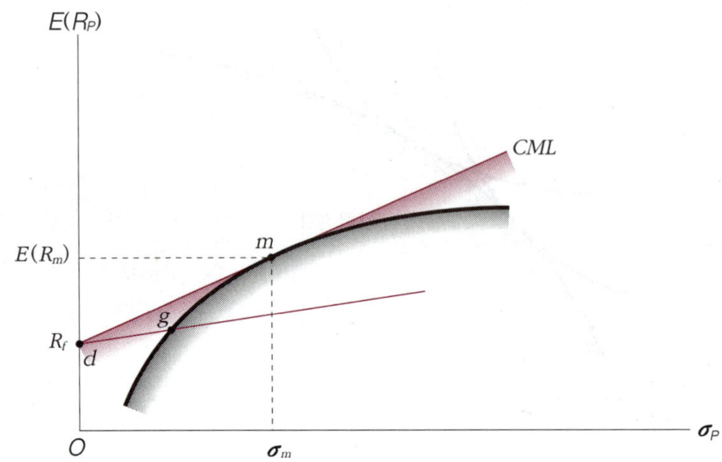

느 한 점에 대응하는 포트폴리오를 선택할 것이기 때문이다.

여기서 한 가지 주목할 점은 점 m으로 표현되는 시장 포트폴리오(market portfolio)이다. 시장 포트폴리오란 누구나 시장균형상태에서는 점 m에서와 같은 비율로 위험자산들을 보유한다는 것을 의미한다. 즉, 경제주체들이 위험을 기피하는 정도의 차이는 포트폴리오를 형성하는 데 결정적인 영향을 미친다. 그런데 이 모형에서는 시장균형상태에 있는 경우 모든 경제주체들이 위험자산에 대한 투자금액은 다르더라도 투자비율은 반드시 일치할 수밖에 없다. 이런 의미에서 누구나 동일한 위험자산들의 포트폴리오를 보유하고 있는 셈이다. 이것이 바로 시장 포트폴리오의 의미이다. [그림 9-3]은 이것을 보여주고 있다.

이 그림에서 경제주체들은 자본시장선상의 어떤 점에 해당하는 포트폴리오라도 선택할 수 있다. 그 대표적인 예로 α와 β에 해당하는 포트폴리오를 살펴보자. α는 시장 포트폴리오(R_m)와 무위험자산에 일정 비율로 분산 투자한 포트폴리오이다. β는 R_f의 이자율로 자금을 차입해 위험자산에 공격적으로 투자하는 경우에 해당하는 포트폴리오이다. 어떤 경우든 수익률은 다음과 같이 나타낼 수 있다.

$$R_P = aR_f + (1 - a)R_m$$

여기서 α는 $0 < a < 1$인 경우에 해당하며, β는 $a < 0$인 경우에 해당한다.

그림 9-3

시장균형과 토빈의 분리

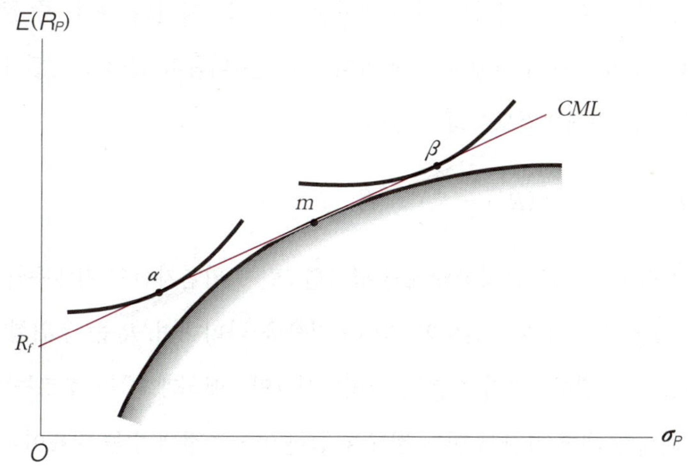

자신이 α와 β 가운데 어떤 포트폴리오를 선택하든 변하지 않는 사실이 있다. 그것은 어떤 경우에도 위험자산에 대한 투자는 시장 포트폴리오(R_m)와 같은 비율로 이루어진다는 것이다. 그 대신 자신의 위험기피의 정도를 감안해 위험자산에 더 많이 투자할 것인지, 아니면 적게 투자할 것인지를 결정한다. 이것은 위험자산에 대한 투자결정(investment decision)은 위험기피의 정도와는 무관한 반면, 자금을 빌릴 것인지 여부에 해당하는 금융결정(financing decision)은 위험기피의 정도와 밀접하게 관련되어 있다는 것을 의미한다. 이것을 토빈의 분리(Tobin's separation)라 부른다. 즉, 투자결정과 금융결정은 별개의 문제로 분리되어 있다. 이것은 잘 알려진 확실성하에서 피셔의 분리(Fisherian separation)를 불확실성이 지배하는 경우로 확대시킨 것이다.

이제 이 모형을 통해 우리가 알 수 있는 중요한 사항을 마지막으로 정리하면 다음과 같다. 개별 투자가들은 주어진 $(n+1)$의 자산을 이용해 자신의 최적 포트폴리오를 형성한다. 이 과정에서 $(n+1)$개의 자산에 대한 개별 수요 및 시장수요가 형성된다. 반면 n개의 위험자산의 경우 공급은 발행주식의 수로 고정되어 있다. 단지 무위험자산인 국채의 공급은 내생적으로 결정되는 것이 원칙이다. 그렇지만 여기서 자금의 수요자의 기대효용함수를 가정하고 있지 않기 때문에 국채의 공급 또한 고정되어 있다고 가정한다. 이 경우 관심사는 이러한 조건하에서 $(n + 1)$개의 시장에서 동시에 균형이 성립할 때 위험자산과 무위험자산의 가격, 즉 균형수익률이 어떤 특징을 보이는지 이해하는 데 있다. 이것은 다음과 같이 요약된다. 이 관계식이 자본-자산 가격결정모형의 핵심이다.

$$E(R_i) = R_f + (E(R_m) - R_f) \times \beta_i, \quad i = 1, 2, \cdots\cdots, n$$

여기서 $E(R_i)$는 시장균형상태에서 평가한 i번째 위험자산의 기대수익률을 나타낸다. $E(R_m)$은 시장 포트폴리오의 기대수익률을 나타내며, R_f는 무위험자산에 대한 이자율을 나타낸다. 그리고 β_i는 위험자산 i의 "베타계수"라 부르는데, 시장평균위험에 대비해 개별 자산이 어느 정도 위험한가를 측정해 주는 지표이다. 예를 들어 $\beta_i = 2$라면 시장평균보다 두 배 더 위험하다는 것을 의미하며, $\beta_i = 0.5$라면 시장평균에 비해 절반 정도 위험하다는 것을 의미한다.

이와 같이 평균-분산 모형은 수익률의 평균과 분산이라는 두 가지 지표를 이용해 불확실성하에서 시장균형이 성립하는 과정을 간단히 보여주고 있다. 이러한 이유 때문에 여러 가지 한계에도 불구하고 이 모형이 널리 이용되고 있는 것이다.[2] 나아가서 이 모형은 시장균형상태에서 개별 자산의 가격이 어떤 특징을 가지고 있는지 명확하게 보여준다는 장점을 가지고 있다. 즉, 시장평균위험에 비해 개별 자산이 보유한 위험의 상대적 크기를 반영해 개별 자산의 균형가격(즉, 균형기대수익률)이 결정된다는 점을 명확하게 보여주고 있다.

또한 이 모형에서 개별 경제주체는 오직 하나의 예산제약하에서 자신의 기대효용을 극대화할 뿐만 아니라 평균과 분산(표준편차)이라는 두 개의 지표에 의해 자신의 기대효용을 비교할 수 있다. 이것은 미래의 불확실한 상태가 무한히 많이 예상되는 반면, 상대적으로 금융수단들은 제한되어 있다고 하더라도(여기서는 $(n + 1)$개) 시장을 통한 자원배분은 파레토 최적의 기준을 충족한다는 것을 의미한다. 앞에서 언급했듯이 「독립적인 자산의 종류 < 불확실한 상태의 종류」인 경우는 불완비된

---

2. 평균-분산 모형 또는 자본-자산 가격결정모형을 일반화시킨 것으로 차익거래 가격결정이론(Arbitrage Pricing Theory ; *APT*)이 있다. 여기서는 다소 복잡하므로 이 모형에 대한 논의는 생략한다. 관심 있는 독자들은 재무론 교재를 참조하기 바란다.

시장에 해당한다. 그렇지만 위험자산들의 수익률이 정규분포를 한다는 가정으로 인해 이러한 제약은 영향을 미치지 못하게 된다. 이런 의미에서 본질적으로 완비된 시장이라 부르는 것이다.[3]

05 응용문제와 해설

CHAPTER 09

5.1 시장경제의 일반균형과 응용

Question
문제 01

완전경쟁시장에서 일반균형의 존재를 입증하는 데 가장 중요한 것은 왈라스 법칙(Walras' law)이다. 1) 이 법칙의 의의를 정확하게 설명하고, 2) 이 법칙이 개인의 선호 및 예산제약과 어떻게 관련되어 있는지 설명하라.

Answer
해설

이 문제의 핵심은 일반균형분석에서 왈라스 법칙이 갖는 의의를 정확하게 이해하는 데 있다.

1) 스위스의 경제학자 왈라스(L. Walras)가 제시한 법칙은 사실 매우 간단한 논리에 기초한 것이다. 왈라스 법칙은 한마디로 다음과 같이 요약된다.

---

3. 위험자산의 수익률이 정규분포를 하는 대신 경제주체의 효용함수가 소득의 2차함수의 형태를 갖는 경우에도 본질적으로 완비된 시장의 특성이 모두 성립한다는 것이 잘 알려져 있다. 소득의 2차함수의 예는 다음과 같다.

$$U(w) = a + bw + cw^2 \quad (b > 0,\ c < 0)$$

이와 같이 위험자산의 수익률에 일정한 제약을 부여하거나 경제주체의 효용함수에 일정한 제약을 부여함으로써 본질적으로 완비된 시장을 형성할 수 있음을 유의하라. 이 경우에는 균형상태의 자원배분에 자원제약만 영향을 미치고, 제도적 제약은 영향을 미치지 않는다. 이런 이유로 파레토 최적의 자원배분을 달성할 수 있는 것이다.

어떤 가격체계에서도 개별 재화에 대한 시장초과수요의 가치를 모두 더하면 항상 0이다.

이것을 N개의 재화가 있는 경우의 수식으로 표현하면 다음과 같다.

$$P_1Z_1(P) + P_2Z_2(P) + \cdots\cdots + P_NZ_N(P) \equiv 0$$

이 식에서 $Z_i(P)$는 i번째 재화의 경우 시장초과수요를 나타내는 함수이다. 여기서 파생된 것이 다름 아니라 "N개의 시장 가운데 $(N-1)$개의 시장이 균형상태에 있으면 나머지 한 시장도 반드시 균형상태에 있다"는 법칙이다. 따라서 이것은 왈라스 법칙에서 파생된 자연스러운 결과이지, 이 자체가 왈라스 법칙은 아니다. 이제 $P^* = (P_1^*, P_2^*, \cdots\cdots, P_N^*)$가 시장균형을 달성하는 가격체계라고 하자. 그리고 이 가격체계하에서 $Z_1(P^*) = Z_2(P^*) = \cdots\cdots = Z_{N-1}(P^*) = 0$이라고 하자. 그러면 이 조건을 앞의 식에 대입하면 자동적으로 $Z_N(P^*) = 0$이 성립하지 않으면 안 된다는 사실을 확인할 수 있다.
왈라스 법칙은 시장초과수요함수의 연속성과 함께 일반균형분석에서 매우 중요한 의미를 갖는다. 일반균형분석의 관심은 모든 시장에서 동시에 균형이 성립하는지, 그리고 그 경우 균형상태는 후생적으로 어떤 성격을 갖는지를 규명하는 데 있다. 주지하다시피 시장경제에서는 상대가격이 중요하다. 이것은 어떤 재화를 기준재로 해서 다른 재화의 가격을 나타내는 것을 말한다. 따라서 N개의 재화가 있는 경우 $(N-1)$개의 상대가격이 존재한다. 왈라스 법칙에 의하면 $(N-1)$개의 시장에서 균형이 성립하면 나머지 시장은 자동적으로 균형을 달성하게 된다. 따라서 일반균형의 존재를 증명하는 문제는 곧 $(N-1)$개의 변수와 $(N-1)$개의 방정식이 있는 연립방정식체계의 해를 구하는 문제임을 의미한다. 그리고 이러한 연립방정식의 해는 일반적으로 존재하는데, 이것이 바로 시장경제의 일반균형인 것이다. 따라서 왈라스 법칙은 일반균형의 존재를 증명하는 과정에서 매우 중요한 역할을 수행한다.

2) 왈라스 법칙과 개인의 선호 및 예산제약과는 별다른 관계가 없는 것처럼 보이지만 그렇지 않다. 먼저 개인의 선호와 왈라스 법칙 간의 관계는 다음과 같이 말할 수 있다.

보통 개인의 선호는 단조성(monotonicity)을 만족한다고 가정한다. 이것은 어떤 소비자도 자신의 예산선의 내부에서가 아니라 예산선상에서 소비선택을 한다는 것을 의미한다. 따라서 예산제약식은 항상 등호가 성립한다.

이것은 왈라스 법칙이 성립하는 데 중요한 의미를 갖는다. 이에 근거해 소비자 1의 예산제약식을 다음과 같이 나타낼 수 있다. 여기서는 편의상 두 소비자와 두 재화 X, Y만 존재하는 경우를 다루지만, 여러 명의 소비자와 여러 개의 재화가 있는 경우로 확대해도 아무 문제가 없다.

$$P_X X_1 + P_Y Y_1 = P_X X_1^e + P_Y Y_1^e \Rightarrow P_X(X_1 - X_1^e) + P_Y(Y_1 - Y_1^e) = 0$$
$$\Rightarrow P_X Z_X^1 + P_Y Z_Y^1 = 0$$

여기서 X_1^e, Y_1^e는 소비자 1이 보유하고 있는 초기의 부존자원을 나타낸다. 마찬가지 방법으로 소비자 2의 경우도 다음과 같은 관계가 성립한다.

$$P_X Z_X^2 + P_Y Z_Y^2 = 0$$

이제 이 두 식을 더하면 다음과 같은 식을 얻는다.

$$P_X(Z_X^1 + Z_X^2) + P_Y(Z_Y^1 + Z_Y^2) = P_X Z_X + P_Y Z_Y = 0$$

이것은 다름 아니라 왈라스 법칙에 해당한다. 따라서 왈라스 법칙은 예산선상에서 소비선택을 하는 소비자들로 이루어진 경제에서는 어떤 경우에도 항상 성립하는 법칙인 것이다.

Question
문제 02

부분균형분석과 일반균형분석의 의의를 논하고, 그 차이점을 설명하라.

Answer
해설

이 문제의 핵심은 시장균형을 분석하는 두 가지 방법인 부분균형분석과 일반균형분석의 의의와 한계를 정확하게 이해하는 데 있다.

시장경제를 분석하기 위해서는 반드시 시장균형의 존재가 확인되어야 한다. 균형이 존재하지 않는다면 시장경제에 대한 분석은 더 이상 진행되기 어렵기 때문이다.

1) 부분균형분석의 의의

부분균형분석은 특정한 시장의 균형을 다루며, 다른 시장은 기본적으로 균형상태에 있다고 가정한다. 따라서 시장들 간의 상호작용은 고려되지 않는다. 이런 의미에서 부분균형분석은 시장경제의 중요한 측면을 간과하고 있다. 그럼에도 부분균형분석이 의미를 갖는 것은 여러 가지 비교정학적 분석에 편리하기 때문이다. 예를 들어 갑작스럽게 수요가 증가한 경우라든가, 세율이 증가한다든가, 환율이 증가하는 등의 외부충격이 시장균형에 어떤 영향을 미치는지 분석하는 경우 부분균형분석을 통해 간단하게 결과를 예측할 수 있다.

또한 부분균형분석을 이용하면 각종 정부규제가 시장균형에 미치는 영향을 간단하게 분석할 수 있다. 예를 들어 최저임금제가 시장에 미치는 효과라든가 수입관세의 부과나 쿼터제가 시장균형에 미치는 효과 등은 부분균형분석을 통해 간단하게 확인할 수 있다. 그렇지만 이것 또한 다른 시장과의 관계를 고려하지 않는다는 한계를 가지고 있다.

마지막으로 시장이 완전경쟁적이든, 불완전경쟁적이든 부분균형분석을 적용하는 데는 아무 문제가 없다. 오히려 이 분석방법을 이용하면 시장에서 경쟁의 정도가 어떤 의미를 갖는지 분명하게 비교할 수 있다. 예를 들어 부분균형분석을 통해 완전경쟁과 독점의 차이를 분명하게 알 수 있다.

2) 일반균형분석의 의의

일반균형분석은 시장경제에 존재하는 모든 시장을 동시에 고려한다. 이것은 수많은 시장들이 직접 또는 간접적으로 서로 연관되어 있다는 사실을 반영한다는 것을 의미한다. 따라서 일반균형분석을 통해 확인하게 되는 시장균형은 이러한 상호작용이 모두 반영된 가운데 궁극적으로 시장경제가 도달하게 되는 안정적인 상태이다. 만약 어느 한 시장이라도 불균형상태에 있다면 이로 인해 시장경제 전체가 불균형상태에 머물러 있을 수 있기 때문이다. 그러므로 일반균형은 시장의 성과를 평가하는 기준이 된다. 이것을 통해 시장이 자원을 효율적으로 배분하는 기능을 수행하고 있는지 평가할 수 있기 때문이다.

그런데 일반균형분석은 모든 시장을 동시에 고려하기 때문에 분석이 매우 복잡해진다. 나아가서 특정 시장에서 나타나는 변화를 분리해 다루는 데는 적절하지 않다. 이런 의미에서 현실적으로 일반균형분석을 실시하는 데는 한계가 있다. 그렇지만 유가인상이나 환율인상과 같은 충격이 경제 전반에 미치는 효과를 분석하는 데는 일반균형분석이 불가피하다. 이를 통해서만 적절한 대응방안을 모색할 수 있기 때문이다. 이런 이유 때문에 현실적으로는 일반균형분석의 기본 정신을 유지하는 가운데 단순화된 일반균형모형을 통해 외부충격이 경제 전반에 미치는 영향을 분석하고 있는 실정이다.

3) 두 분석방법의 비교

부분균형분석과 일반균형분석은 시장경제의 성과를 분석하는 방법으로서 나름대로 장점을 가지고 있다. 두 분석방법 모두 시장균형의 존재 및 균형의 이동을 통해 시장경제의 성과를 비교 · 분석한다는 점에서는 마찬가지이다. 그렇지만 두 분석방법은 근본적인 차이점을 가지고 있다. 그것은 다름 아니라 시장들 간의 상호작용을 고려하는지 여부이다. 이 문제는 단순히 분석이 더 복잡해진다는 차원을 넘어 시장경제가 외부충격에 궁극적으로 어떤 반응을 보이는가에 대해 전혀 다른 해석을 유도할 수 있음을 시사한다.

예를 들어 다음과 같은 두 시장을 고려해 보자. 하나는 아파트시장이고, 다른 하나는 노동시장이다. 아파트 가격이 높아 사회적인 문제가 되자 정부는 각종 지원책을 통해 아파트의 공급을 획기적으로 늘리려고 한다고 하자. [그림 9-4]에서 알 수 있듯이 아파트 공급이 S_0에서 S_1으로 증가하면 아파트 가격은 P_0에서 P_1으로 하락할 것이다. 따라서 공급을 늘리는 정책은 아파트 가격을 안정시키는 데 상당히 기여할 수 있다. 그러나 이것은 어디까지나 부분균형분석의 시각이다. 여기에는 적어도 노동시장에 미치는 영향이 고려되어야 한다.

아파트 공급의 증가는 당연히 각종 원자재 및 생산요소에 대한 수요를 증가시킨다. 예를 들어 노동에 대한 수요가 [그림 9-4(b)]에서와 같이 D_L^0에서 D_L^1으로 증가할 것이다. 이로 인해 임금은 w_0에서 w_1으로 상승하게 된다. 그러면 이것은 다

그림 9-4

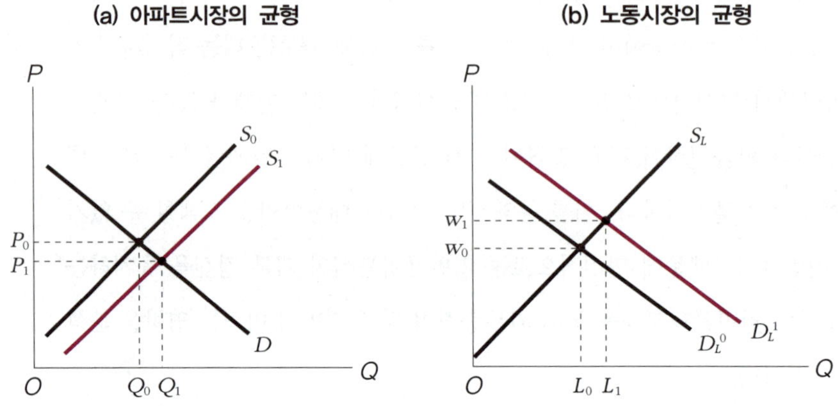

시 아파트 공급비용의 증가를 가져와 아파트 공급곡선이 왼쪽으로 이동하게 된다. 뿐만 아니라 원자재의 수입이 증가해 물가가 전반적으로 상승한다면 궁극적으로 공급곡선은 더 왼쪽으로 이동할 수도 있다. 그러면 아파트 가격은 다시 상승하게 된다. 이와 같이 관련된 모든 시장을 다 고려한 상태에서 궁극적으로 아파트시장 및 관련된 시장에서 어떤 균형상태가 예상되는지를 분석해야만 아파트 가격을 안정시킨다는 진정한 목표를 달성할 수 있다. 부분균형분석에 의하면 아파트 가격이 하락하겠지만, 일반균형분석에 의하면 아파트 가격 하락은 미미한 수준에 그칠 수도 있고, 극단적으로는 오히려 상승할 수도 있다. 이와 같은 일반균형적 시각을 고려하지 않은 상태에서 정책을 실시한다면 원래 의도했던 목적을 달성하기 어려운 경우가 발생할 수 있다. 따라서 우리는 일반균형분석을 통해서만이 외부충격이 경제 전반에 미치는 효과를 정확하게 파악할 수 있다는 사실을 유의해야 한다.

Question 문제 03

버터와 마가린의 시장을 생각해 보자. 현재 버터와 마가린에 대한 시장수요는 다음과 같다고 하자. M은 마가린을 나타내고, B는 버터를 나타낸다.

$$Q_M^d = 20 - 2P_M + P_B$$

$Q_B^d = 60 - 6P_B + 4P_M$

그리고 버터와 마가린의 공급은 다음과 같다고 할 때 질문에 답하라.

$Q_M^s = 2P_M$

$Q_B^s = 3P_B$

1) 이 두 개의 시장에서 동시에 균형을 달성하는 가격과 수량을 구하라.

2) 식물성 기름의 가격상승으로 인해 마가린의 공급곡선이 다음과 같이 이동하였다고 하자.

$Q_M^s = P_M$

이로 인해 버터와 마가린 시장에서 균형가격과 수량은 어떻게 변하겠는가? 그리고 마가린의 공급곡선이 이동하면 왜 버터의 가격이 영향을 받는지 설명하라.

Answer
해설

이 문제의 핵심은 두 개의 관련된 시장을 통해 일반균형의 아이디어를 이해하는 데 있다.

1) 주어진 시장수요곡선의 특징으로부터 버터와 마가린은 대체관계임을 알 수 있다. 각 시장에서 수요와 공급이 일치하는 조건은 다음과 같다.

$Q_M^d = 20 - 2P_M + P_B = Q_M^s = 2P_M$ ⇨ $20 + P_B = 4P_M$

$Q_B^d = 60 - 6P_B + 4P_M = Q_B^s = 3P_B$ ⇨ $60 + 4P_M = 9P_B$

이 두 방정식을 만족하는 P_M과 P_B를 구하면 다음과 같다.

$P_M^* = 7.5,\ P_B^* = 10$

따라서 균형거래량은 $Q_M^* = 15,\ Q_B^* = 30$이다.

2) 마가린의 공급곡선이 이동하면 마가린의 가격만이 아니라 대체관계에 있는 버터의 가격에도 영향을 미친다. 여기서와 같이 마가린의 공급곡선의 기울기가 상승한다면 마가린의 가격이 상승하게 되고, 이것은 다시 버터에 대한 수요를 증가시

켜 버터의 가격을 상승시킨다. 그러면 다시 이것이 마가린에 대한 수요를 증가시켜 마가린 가격이 상승한다. 이러한 조정과정을 다 거친 후에야 비로소 두 시장에서 동시에 균형을 달성하는 가격을 구할 수 있다. 물론 이러한 동태적인 조정과정을 생략한 상태에서 단지 다음과 같이 두 개의 방정식을 동시에 만족하는 가격을 구하더라도 같은 결과를 얻는다.

$$Q_M^d = 20 - 2P_M + P_B = Q_M^s = P_M \Rightarrow 20 + P_B = 3P_M$$

$$Q_B^d = 60 - 6P_B + 4P_M = Q_B^s = 3P_B \Rightarrow 60 + 4P_M = 9P_B$$

이 두 방정식을 동시에 만족하는 가격은 다음과 같다.

$$P_M^* = 10.43,\ P_B^* = 11.30$$

따라서 균형거래량은 $Q_M^* = 10.43,\ Q_B^* = 33.91$이다.

결론적으로 식물성 기름 가격의 상승으로 인해 마가린의 가격은 상승하고, 거래량은 감소한다. 그리고 마가린과 대체관계에 있는 버터의 가격은 상승하고, 거래량도 증가하게 된다. 이것은 우리의 예상과도 일치한다.

Question 문제 04

우리나라에서 철강(S), 알루미늄(A) 및 티타늄(T)의 수요곡선과 공급곡선이 다음과 같이 추정되었다고 할 때 질문에 답하라.

$Q_S^d = 1{,}200 - 4P_S + P_A + P_T$ (철강의 수요곡선)

$Q_S^s = 4P_S$ (철강의 공급곡선)

$Q_A^d = 1{,}200 - 4P_A + P_S + P_T$ (알루미늄의 수요곡선)

$Q_A^s = 4P_A$ (알루미늄의 공급곡선)

$Q_T^d = 1{,}200 - 4P_T + P_S + P_A$ (티타늄의 수요곡선)

$Q_T^s = 4P_T$ (티타늄의 공급곡선)

Q의 단위는 '백만 톤/연간' 이고, P의 단위는 '만원/톤' 이다.

1) 철강, 알루미늄 및 티타늄의 균형가격과 균형생산량을 구하라.

2) 철강산업에서 파업이 발생해 철강공급곡선이 $Q_S^s = P_S$로 바뀌었다고 하자. 그러면 철강, 알루미늄 및 티타늄의 균형가격과 균형생산량은 어떻게 변하는지 설명하라.

3) 알루미늄캔의 주요 구매자인 맥주산업이 성장, 알루미늄에 대한 수요가 증가해 수요곡선이 $Q_A^d = 1{,}500 - 4P_A + P_S + P_T$로 이동했다고 하자. 이것이 철강, 알루미늄 및 티타늄의 균형가격과 균형거래량에 어떤 영향을 미치는지 설명하라.

Answer
해설

이 문제의 핵심은 일반균형분석의 특성을 정확하게 이해하는 데 있다.

1) 모든 시장에서 동시에 균형이 성립해야 하므로 다음 세 개의 방정식이 동시에 충족되어야 한다.

$$1{,}200 - 4P_S + P_A + P_T = 4P_S \qquad (Q_S^d = Q_S^s)$$
$$1{,}200 - 4P_A + P_S + P_T = 4P_A \qquad (Q_A^d = Q_A^s)$$
$$1{,}200 - 4P_T + P_S + P_A = 4P_T \qquad (Q_T^d = Q_T^s)$$

⇨ $1{,}200 - 8P_S + P_A + P_T = 0$

$1{,}200 - 8P_A + P_S + P_T = 0$

$1{,}200 - 8P_T + P_S + P_A = 0$

⇨ 균형가격과 균형생산량은 다음과 같다.

$P_S^* = P_A^* = P_T^* = 200$

$Q_S^* = 800,\ Q_A^* = 800,\ Q_T^* = 800$

2) 철강 공급곡선이 바뀌면 다음 조건이 충족되어야 균형이 성립한다.

$$1{,}200 - 5P_S + P_A + P_T = 0$$
$$1{,}200 - 8P_A + P_S + P_T = 0$$
$$1{,}200 - 8P_T + P_S + P_A = 0$$

그림 9-5 일반균형의 이동(I)

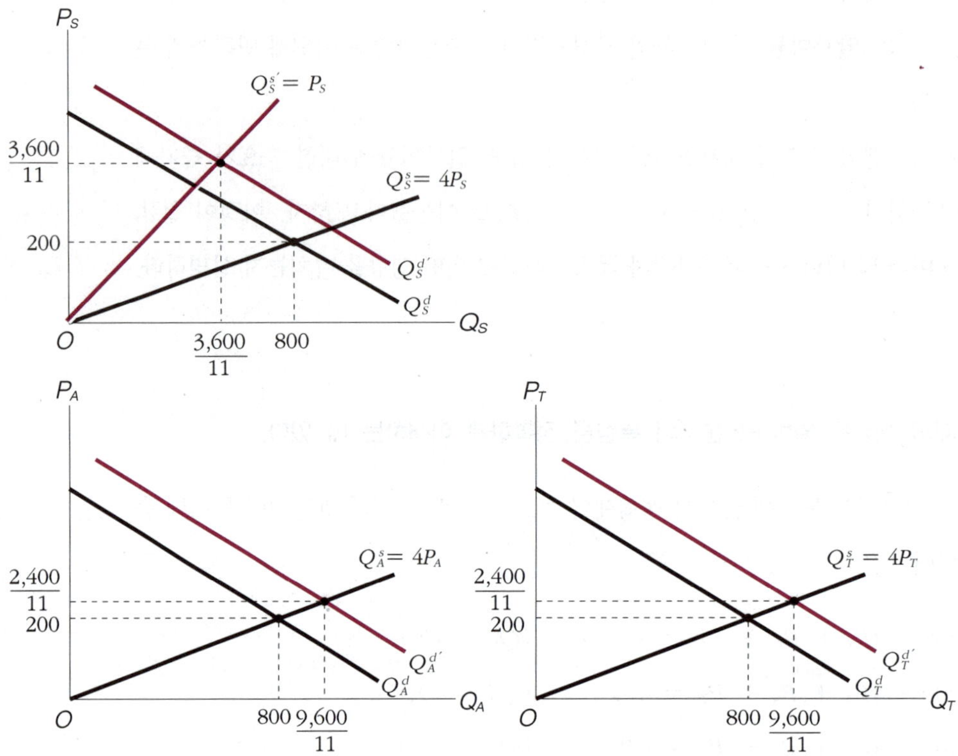

세 개의 방정식에서 다음과 같은 관계를 얻을 수 있다.

$$P_A = P_T = \frac{2P_S}{3}$$

따라서 균형가격과 균형생산량은 다음과 같다.

$$P_S^* = \frac{3,600}{11},\ P_A^* = \frac{2,400}{11},\ P_T^* = \frac{2,400}{11}$$
$$Q_S^* = \frac{3,600}{11},\ Q_A^* = \frac{9,600}{11},\ Q_T^* = \frac{9,600}{11}$$

우리는 일반균형분석의 의의를 [그림 9-5]와 같이 원래의 균형과 새로운 균형을 비교함으로써 정확하게 파악할 수 있다. 이 그림에서 청색 선은 새로운 수요곡선 및 공급곡선을 나타낸다.

3) 변경된 알루미늄의 수요곡선을 감안하는 경우 다음 조건이 충족될 때 시장균형

그림 9-6 일반균형의 이동(II)

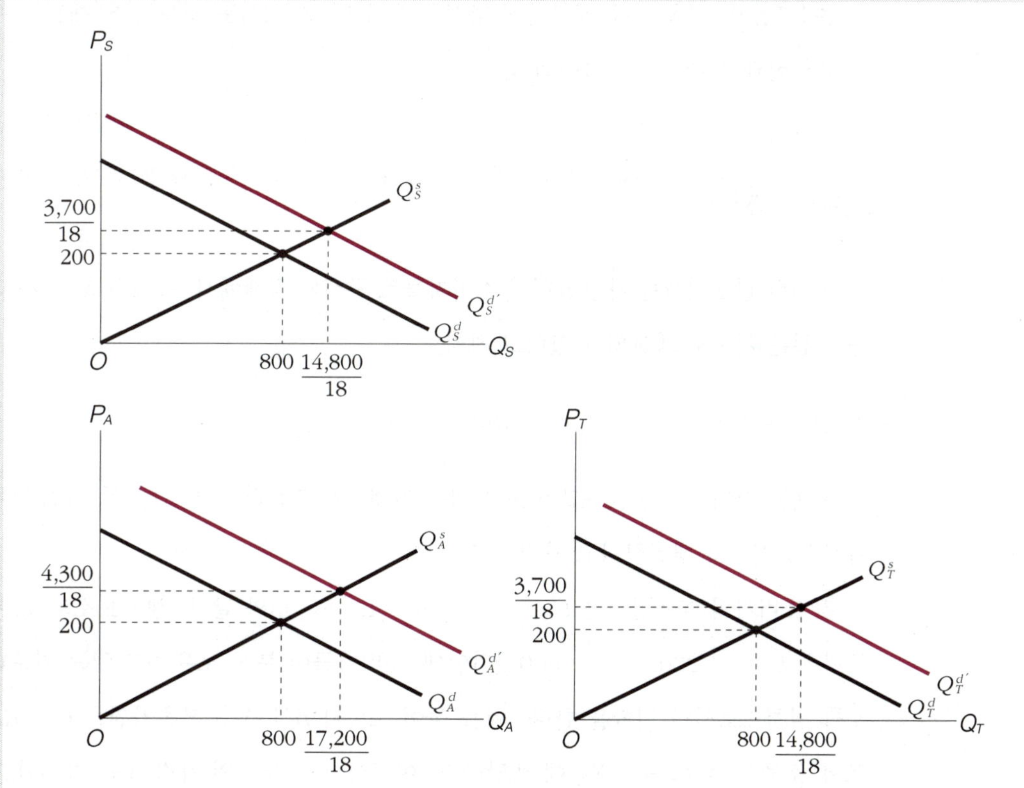

이 성립한다.

$$1{,}200 - 8P_S + P_A + P_T = 0$$

$$1{,}500 - 8P_A + P_S + P_T = 0$$

$$1{,}200 - 8P_T + P_S + P_A = 0$$

➡ 세 개의 방정식에서 다음과 같은 관계를 얻을 수 있다.

$$P_S = P_T = P_A - \frac{100}{3}$$

따라서 균형가격과 균형생산량은 다음과 같다.

$$P_S^* = \frac{3{,}700}{18},\ P_A^* = \frac{4{,}300}{18},\ P_T^* = \frac{3{,}700}{18}$$

$$Q_S^* = \frac{14{,}800}{18},\ Q_A^* = \frac{17{,}200}{18},\ Q_T^* = \frac{14{,}800}{18}$$

알루미늄에 대한 수요의 변화가 다른 시장에 미치는 영향에 대한 일반균형분석은 [그림 9-6]을 통해 정확하게 파악할 수 있다. 여기서도 청색 선은 새로운 수요곡선과 공급곡선을 나타낸다.

Question 문제 05[4]

동일한 선호체계를 가진 n명의 소비자들로 구성된 경제에서 두 재화 X, Y가 다음과 같은 기술로 생산되고 있다고 하자.

$$Q_X = min\{L_X, K_X\},\ Q_Y = min\{\frac{L_Y}{4}, K_Y\}$$

X재는 기업 1이 생산하고 있고 Y재는 기업 2가 생산하고 있는데, 두 기업 모두 가격수용적으로 행동한다고 가정한다.

각 소비자의 효용함수는 $U_h = X_h Y_h (h = 1, \cdots\cdots, n)$와 같다. 생산요소의 총 부존량은 $L_e = 1{,}200$, $K_e = 600$단위인데, 소비자들이 분산 보유하고 있는 가운데 소득 원천으로서의 역할을 한다. 예를 들어 소비자 h의 경우 부존자원은 (L_h, K_h)로서, 소득은 「$wL_h + vK_h$」에 해당한다. 여기서 w는 노동의 가격, v는 자본의 가격을 나타낸다. 이상의 자료를 근거로 다음 질문에 답하라.

1) 생산에 있어서 파레토 효율을 만족하는 상태를 에지워스 상자를 이용해 나타내라.
2) 이 경제에서 경쟁시장의 균형가격체계 $P^* = (P_X^*, P_Y^*, w^*, v^*)$와 균형생산량 $Q^* = (Q_X^*, Q_Y^*)$를 구하라.
3) 이 경제에서 자원배분의 특징을 설명하라.

---

4. 이 문제는 경쟁시장의 일반균형이 어떻게 성립하는지 이해하기 위한 것이다. 모든 시장에서 동시에 균형을 달성하는 가격체계를 찾는 과정은 간단하지 않다. 왜냐하면 효용극대화나 이윤극대화 등 일정한 조건을 만족하는 가운데 수요와 공급을 동시에 일치시키는 가격체계를 찾아야 하기 때문이다. 그럼에도 불구하고 일반균형의 의의에 대한 이해를 돕기 위해 이 문제를 고안하였다. 다소 어렵지만 이 문제를 통해 일반균형의 의의를 제대로 이해하기 바란다. 이런 의미에서 앞의 [문제 11]은 진정한 일반균형을 찾는 문제라기보다는 약식으로 일반균형을 찾는 문제에 불과하다.

Answer
해설

이 문제의 핵심은 생산경제의 일반균형이 성립하는 과정을 이해하는 데 있다.

1) 생산의 파레토 효율은 「어느 한 재화의 생산을 감소시키지 않고는 다른 재화의 생산을 증가시킬 수 없는 요소배분의 상태」라고 정의할 수 있다. 그런데 레온티에프 생산함수인 경우에는 이 정의에 약간 수정을 가해야 한다. 그 이유는 레온티에프 생산함수인 경우 등량선이 강볼록하지 않고 단순히 볼록하기 때문이다. 따라서 이 경우 파레토 효율의 정의는 「두 재화의 생산을 모두 증가시킬 수 없는 요소배분의 상태」로 수정되어야 한다. 따라서 [그림 9-7]의 에지워스 상자에서 적색으로 표시된 부분이 파레토 효율을 만족하는 자원배분에 해당한다.

예를 들어 [그림 9-7]에서 a는 파레토 효율적인 자원배분이 아니다. 왜냐하면 b로 이동하면 두 재화의 생산을 모두 증가시킬 수 있기 때문이다. 반면 c는 파레토 효율을 만족한다. 왜냐하면 c에 비해 두 재화를 모두 더 생산할 수 있는 경우는 없기 때문이다. 예를 들어 d로 이동하면 X재의 생산은 감소하고, Y재의 생산은 증가한다. 나아가서 이 경우 파레토 효율을 만족하는 자원배분은 전형적인 계약곡선의 형태를 갖지 않고 일정한 면적을 갖는다. 이것 또한 레온티에프 생산함수의 특성으로 인한 것이다.

그림 9-7 레온티에프 생산함수의 경우 파레토 효율

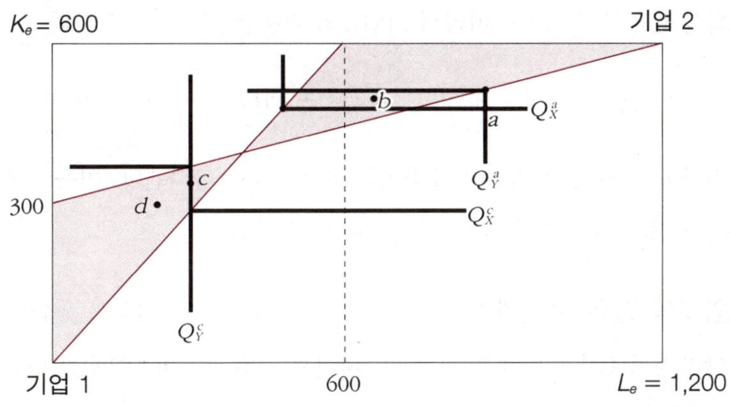

2) 이 경제에서 생산물시장과 요소시장에서 동시에 균형이 성립할 때 시장균형이 달성된다. 따라서 개별 시장에서 동시에 수요와 공급을 일치시키는 가격체계를 구하는 것이 핵심이다. 그런데 이 경제에는 다음과 같은 세 가지 중요한 특징이 있다.

첫째, 각 재화의 생산함수는 규모에 대한 수익불변을 만족한다. 이것은 생산물의 가격이 수요와 공급의 상호작용에 의해서가 아니라 공급조건에 의해 결정된다는 것을 의미한다. 규모에 대한 수익불변의 경우 한계비용(MC)은 일정하다. 따라서 가격 = 한계비용이라는 이윤극대화의 조건을 만족하는 가격은 유일하며, 이것이 바로 시장균형가격이 될 수밖에 없다.

둘째, 각 기업은 규모에 대한 수익불변의 생산함수를 가지고 있기 때문에 균형상태에서는 항상 정상이윤만을 얻는다. 그리고 주어진 가격체계에서 얼마만큼을 공급하든 무차별적이다. 따라서 기업의 공급은 비용조건에 의해 결정된다.

셋째, 소비자들은 콥-더글라스 효용함수를 가지고 있으면서 각 재화에 대해 자신의 소득을 절반씩 지출한다. 이것은 각 재화에 대한 시장수요를 간단하게 구하도록 해준다. 그 결과 각 재화에 대한 수요와 공급을 일치시키는 시장균형을 쉽게 구할 수 있다.

이제 이러한 특징에 근거해 이 경제의 시장균형을 구할 수 있다. 먼저 각 기업의 비용극소화 조건을 구하면 다음과 같다.

기업 1의 경우 : $Q_X = L_X^* = K_X^*$가 성립하도록 생산요소를 고용해야 비용극소화를 달성할 수 있다. 따라서 기업 1의 비용함수는 다음과 같다.

$$C_1(w, v, Q_X) = wL_X^* + vK_X^* = (w + v)Q_X \quad \cdots\cdots (1)$$

여기서 L_X^*, K_X^*는 비용을 극소화하는 요소수요를 나타낸다. 이윤극대화를 추구하는 기업은 반드시 비용극소화를 충족해야 한다.

기업 2의 경우 : 마찬가지로 $Q_Y = \frac{L_Y^*}{4} = K_Y^*$가 성립하도록 생산요소를 고용해야 비용극소화를 달성할 수 있다. 따라서 기업 2의 비용함수는 다음과 같다.

$$C_2(w, v, Q_Y) = wL_Y^* + vK_Y^* = (4w + v)Q_Y \quad \cdots\cdots (2)$$

따라서 각 재화 생산의 한계비용을 MC_X, MC_Y로 나타내면 이들은 다음과 같다.

$$MC_X = w + v, \quad MC_Y = 4w + v \quad \cdots\cdots (3)$$

이제 우리는 이상의 비용함수로부터 다음과 같은 두 가지 사실을 확인할 수 있다. 첫째, 여기서는 비용을 극소화하는 요소에 대한 수요가 곧 이윤을 극대화하는 요소에 대한 수요이므로 요소시장의 균형이 성립하기 위해서는 다음 조건이 충족되어야 한다.

$$L_X^* + L_Y^* = Q_X + 4Q_Y = L_e = 1{,}200$$
$$K_X^* + K_Y^* = Q_X + Q_Y = K_e = 600 \quad \cdots\cdots (4)$$

(4)로부터 각 재화의 균형생산량을 구할 수 있으며, 이는 다음과 같다.

$$Q_X^* = 400, \ Q_Y^* = 200 \quad \cdots\cdots (5)$$

둘째, 개별 기업이 이윤극대화를 추구하는 것은 시장균형의 일부를 구성하는 조건이므로 균형상태에서 각 재화의 가격은 다음 조건을 충족하지 않으면 안 된다.

$$P_X^* = MC_X = w + v, \ P_Y^* = MC_Y = 4w + v \cdots\cdots (6)$$

(6)은 균형가격의 특성을 보여줄 뿐 구체적으로 얼마인지는 보여주지 않고 있다. 이를 구하기 위해서는 다음과 같이 생산물시장의 균형조건을 살펴보아야 한다. 먼저 각 재화에 대한 개별 소비자의 수요는 다음과 같다. 여기서 $M_h = wL_h + vK_h$로서 소비자 h의 소득을 나타낸다.

$$X_h^* = \frac{M_h}{2P_X}, \quad Y_h^* = \frac{M_h}{2P_Y} \quad \cdots\cdots (7)$$

(7)을 모든 소비자들에 대해 더해 주면 시장수요를 구할 수 있다. 이를 통해 수요와 공급의 균형을 달성하는 가격체계를 구할 수 있다.

$$\Sigma X_h^* = \left(\frac{1}{2P_X}\right)\Sigma M_h = \frac{1}{2P_X}(w\Sigma L_h + v\Sigma K_h) = \frac{1}{2P_X}(1{,}200w + 600v)$$
$$= Q_X^* = 400$$
$$\Sigma Y_h^* = \left(\frac{1}{2P_Y}\right)\Sigma M_h = \frac{1}{2P_Y}(w\Sigma L_h + v\Sigma K_h) = \frac{1}{2P_Y}(1{,}200w + 600v)$$

$$= Q_Y^* = 200$$

여기에 (6)을 대입해 정리하면 다음과 같다.

$$1{,}200w + 600v = 800P_X^* = 800(w + v)$$
$$1{,}200w + 600v = 400P_Y^* = 400(4w + v) \cdots\cdots (8)$$

(8)의 두 조건은 모두 $v = 2w$라는 단일한 조건으로 귀결된다. 따라서 우리는 다음과 같이 생산물시장과 요소시장에서 동시에 균형을 달성하는 균형가격체계를 구할 수 있다. 여기서는 $w^* = 1$로 정규화했다.

$$P_X^* = 3,\ P_Y^* = 6,\ w^* = 1,\ v^* = 2$$

3) 이 생산경제의 균형은 파레토 효율을 만족한다. 그러나 여기서 특기할 사항은 기술적 측면이 시장의 일반균형에 미치는 효과이다. 여기서는 개별 재화의 생산함수가 규모에 대한 수익불변(*CRS*)의 성질을 갖는 경우 시장의 일반균형을 달성하는 가격체계가 수요와 공급의 상호작용이 아니라 공급조건에 의해 결정된다는 사실이 중요하다. 그리고 *CRS*는 한계비용이 일정하다는 것을 의미한다. 이것은 곧 $P = MC$에 의해 균형가격이 한계비용과 일치할 수밖에 없다는 것을 의미한다. 나아가서 요소의 상대적 부존량과 소비자들의 콥-더글라스 효용함수가 함께 균형요소가격을 결정하며, 이로부터 생산물의 균형가격이 유도되는 특징을 보여준다.

Question 문제 06

두 재화 X, Y를 소비하는 소비자 1, 2로 구성된 교환경제에서 각 소비자의 효용함수가 다음과 같다.

$$U_1(X_1,\ Y_1) = min\ \{X_1,\ 2Y_1\}$$
$$U_2(X_2,\ Y_2) = X_2 Y_2$$

그리고 이 경제에 부존된 자원규모는 $\underline{X} = 200$, $\underline{Y} = 100$이라 할 때 다음 질문

에 답하라.

1) 각 소비자의 초기부존자원이 $e_1 = (\underline{X}_1, \underline{Y}_1) = (120, 40)$, $e_2 = (\underline{X}_2, \underline{Y}_2) = (80, 60)$인 경우 경쟁시장의 균형가격과 균형자원배분을 구하라.

2) 에지워스 상자그림을 이용해 파레토 최적의 자원배분을 나타내는 계약곡선을 나타내라.

3) 두 재화를 배분하는 과정에 자원제약 이외에 $Y \geq \frac{X^2}{200}$을 만족해야 하는 경우 파레토 최적의 자원배분을 나타내는 계약곡선을 에지워스 상자그림에 나타내라.

Answer
해설

이 문제의 핵심은 경쟁시장의 일반균형과 파레토 최적 간의 관계와 제한적 파레토 최적(constrained Pareto optimum)의 의의를 이해하는 데 있다.

1) 효용극대화 문제를 통해 각 소비자의 수요함수를 구하면 다음과 같다.

$$X_1^* = \frac{2M_1}{2P_X + P_Y},\ Y_1^* = \frac{M_1}{2P_X + P_Y}\ (\text{여기서 소득 } M_1 = 120P_X + 40P_Y)$$
$$X_2^* = \frac{M_2}{2P_X},\ Y_2^* = \frac{M_2}{2P_Y}\ (\text{여기서 소득 } M_2 = 80P_X + 60P_Y)$$

이 수요함수들을 이용해 일반균형을 달성하는 균형가격과 균형자원배분을 구하면 다음과 같다.

$$\frac{P_X^*}{P_Y^*} = \frac{1}{2}\ (\text{또는 } P_X^* = 1,\ P_Y^* = 2\text{로 나타내도 무방함})$$
$$X_1^* = 100,\ Y_1^* = 50$$
$$X_2^* = 100,\ Y_2^* = 50$$

2) 계약곡선은 [그림 9-8]과 같이 에지워스 상자의 대각선에 해당한다.

3) 자원제약 이외에 주어진 인위적인 제약 $Y \geq \frac{X^2}{200}$을 만족하는 범위 안에서 파레토 최적의 조건을 만족하는 자원배분들을 찾으면 된다. [그림 9-9]에서 적색 부분은 실현 가능한 자원배분을 나타낸다. 이 가운데 파레토 최적의 조건을 만족하는 계약곡선은 굵게 표시된 구간이다.

그림 9-8

특수한 계약곡선의 예

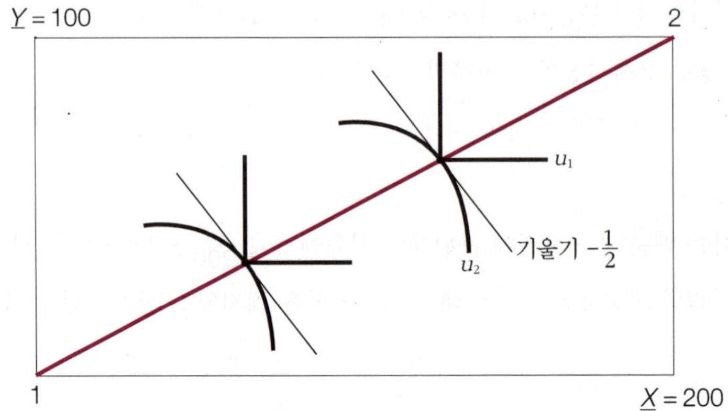

그림 9-9

제한적 파레토 최적을 만족하는 계약곡선

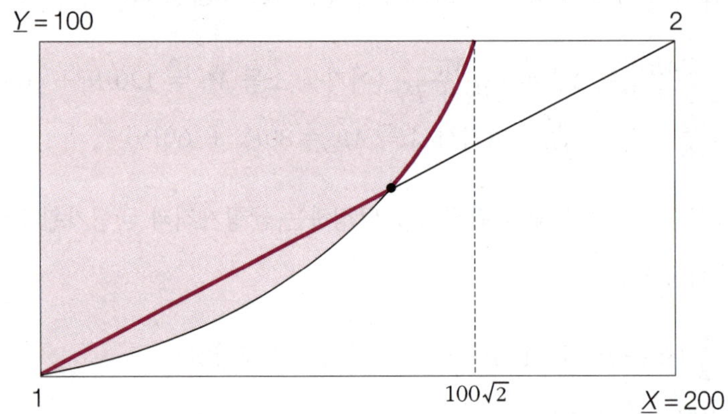

Question 문제 07

두 재화 X, Y를 소비하는 두 명의 소비자 1, 2로 구성된 교환경제에서 각 소비자의 효용함수가 다음과 같다고 하자.

$$U_1(X_1,\ Y_1) = min\ \{2X_1,\ Y_1\}$$

$$U_2(X_2,\ Y_2) = min\ \{X_2,\ 2Y_2\}$$

그리고 각 소비자의 초기 부존자원(initial endowment)은 다음과 같다. 앞의 숫자는 X재의 보유량을 나타낸다.

$e_1 = (10, 20)$

$e_2 = (20, 10)$

이들이 경쟁적인 시장에서 거래한다고 가정할 때 다음 질문에 답하라.

1) 이 교환경제의 일반균형을 달성하는 균형가격과 균형자원배분을 구하라.

2) 이 경제의 계약곡선을 에지워스 상자에 나타내라.

3) 다른 조건은 동일한데 초기 부존자원이 $e_1 = (15, 15)$, $e_2 = (15, 15)$로 바뀌는 경우 균형가격과 균형자원배분은 어떻게 달라지는가?

4) 다른 조건은 3)과 동일한 가운데 소비자 1의 효용함수가 $U_1(X_1, Y_1) = X_1^{0.5}Y_1$으로 바뀐다면 균형가격과 균형자원배분은 어떻게 달라지는가?

Answer
해설

이 문제의 핵심은 경쟁시장의 일반균형에서의 자원배분과 파레토 최적의 자원배분이 반드시 일치하지는 않는 특수한 경우가 존재하는 경우를 이해하는 데 있다.

1) 소비자 1은 $Y_1 = 2X_1$일 때 효율적으로 소비하므로 이것을 예산제약에 대입한 후 정리하면 다음과 같이 최적 수요를 구할 수 있다.

$P_XX_1 + P_YY_1 = X_1(P_X + 2P_Y) = 10P_X + 20P_Y = 10(P_X + 2P_Y)$

➡ $X_1^* = 10,\ Y_1^* = 20$

마찬가지로 소비자 2의 최적 수요는 $X_2^* = 20,\ Y_2^* = 10$으로 각 소비자의 초기 부존자원이 시장균형이다. 그리고 효용함수의 특성으로 인해 균형가격은 무수히 많다.

2) 레온티에프 효용함수를 가진 소비자들의 경우 계약곡선은 곡선이 아니라 [그림 9-10]에서와 같이 $Y_1 = 2X_1$, $Y_2 = \frac{X_2}{2}$ 두 직선에 의해 둘러싸인 면적이다. 계약곡선이 면적으로 표시되는 경우는 이와 같이 소비자들이 모두 레온티에프 효

그림 9-10

특수한 계약곡선의 예

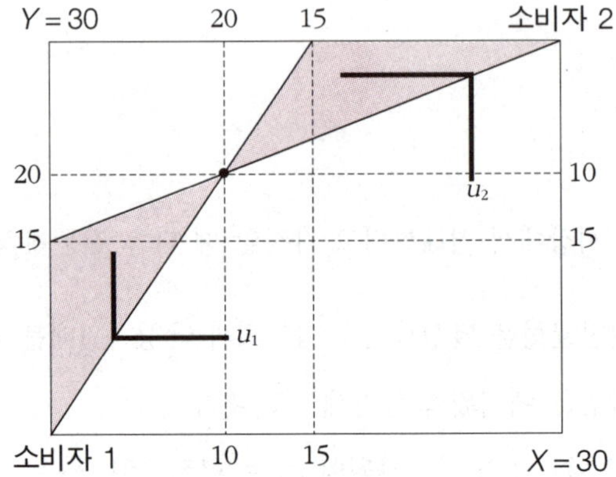

그림 9-11

일반균형의 예

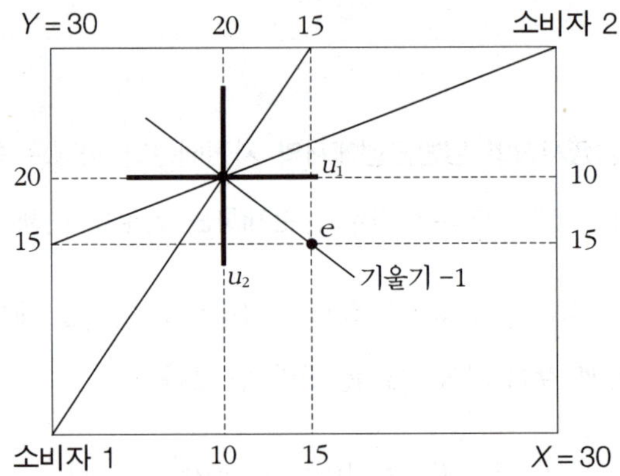

용함수를 가진 경우뿐이다.

3) 1)에서와 마찬가지 방법으로 시장균형을 달성하는 각 소비자의 수요와 가격을 구하면 다음과 같다.

$X_1^* = 10,\ Y_1^* = 20,\ X_2^* = 20,\ Y_2^* = 10$

$\frac{P_X^*}{P_Y^*} = 1$ (상대가격이 1이다)

그리고 이것을 에지워스 상자에 나타내면 [그림 9-11]과 같다.

4) 소비자 1의 효용극대화조건에 의하면 $MRS_{XY}{}^1 = \frac{MU_X}{MU_Y} = \frac{Y_1}{2X_1}$이다. $X_1 = 10$, $Y_1 = 20$에서 측정하면 $MRS_{XY}{}^1 = 1$이다. 따라서 상대가격이 $\frac{P_X^*}{P_Y^*} = 1$일 때 소비자 1은 $X_1^* = 10$, $Y_1^* = 20$을 소비할 때 효용을 극대화하며 소비자 2는 $X_2^* = 20$, $Y_2^* = 10$일 때 효용을 극대화한다. 그리고 수요와 공급이 일치하므로 이것이 시장균형으로서 3)의 경우와 동일하다. 이와 같이 소비자의 효용함수가 달라지더라도 시장균형은 변하지 않을 수도 있다.

Question 문제 08

세 가지 재화 X, Y, W를 거래하는 일반균형모형을 생각해 보자. 모든 시장은 완전 경쟁적이다. 소비자들은 전형적인 효용함수를 가지고 있으며 생산자들 또한 전형적인 생산함수를 가지고 있다고 할 때 다음 질문에 답하라.

1) 각 재화의 가격을 P_X, P_Y, P_W로 나타내고 각 재화에 대한 시장 초과수요를 $Z_X(P)$, $Z_Y(P)$, $Z_W(P)$로 나타내기로 하자. 그리고 $P = (P_X, P_Y, P_W)$를 의미한다. 이 경제에서 왈라스 법칙을 정확하게 나타내라.
2) 가격이 $P_X = 1{,}000$, $P_Y = 2{,}000$, $P_W = 3{,}000$일 때 $Z_X(P) = 500$, $Z_Y(P) = 200$이라고 하자. 이 경우 W재의 시장은 초과수요의 상태에 있는가 아니면 초과공급의 상태에 있는가? 그리고 그 이유는 무엇인가?
3) 시장경제의 일반균형 상태에서 평가한 자원배분은 항상 파레토 효율을 만족한다는 사실과 개별 시장에서 발생하는 소비자잉여와 생산자잉여가 어떻게 관련되어 있는지 간단히 설명하라.

Answer 해설

이 문제의 핵심은 왈라스 법칙을 정확하게 이해하는 데 있다.

1) 왈라스 법칙은 "임의의 가격에서 개별 재화에 대한 시장 초과수요의 가치를 모두 더하면 항상 0이다"라고 요약할 수 있다. 이것을 수식으로 나타내면 다음과 같다.

$$P_XZ_X(P) + P_YZ_Y(P) + P_WZ_W(P) \equiv 0$$

2) $P_XZ_X = 500{,}000$, $P_YZ_Y = 400{,}000$이므로 왈라스 법칙에 의해 $P_WZ_W = -900{,}000$이다. 그런데 $P_W = 3{,}000$이므로 $Z_W = -300 < 0$이다. 이것은 W재의 시장은 초과공급 상태에 있다는 것을 의미한다. 따라서 이 시장에서 가격은 하락할 것이고, 이에 따라 상대가격이 달라지므로 시장경제는 균형으로 수렴하게 된다.

3) 일반균형 상태에서 자원배분이 파레토 최적을 만족한다는 것은 더 이상 파레토 개선(Pareto improvement)이 불가능하다는 것을 의미한다. 즉, 어느 한 사람의 효용을 감소시키지 않고서는 다른 사람의 효용을 증가시킬 수 없는 상태에 있다는 것을 의미한다. 달리 말하면 시장경제는 주어진 초기의 부존자원 상태에서 소비자잉여와 생산자잉여의 합인 사회잉여를 극대화하고 있는 것이다. 만약 초기의 부존자원 상태가 달라지면 다른 일반균형이 성립한다. 그렇지만 이때의 자원배분 또한 사회잉여를 극대화한다는 점에서는 차이가 없다.

Question 문제 09

두 소비자 A, B가 있고 두 재화 1, 2가 있는 순수 교환경제에서 A, B의 수요함수가 다음과 같이 추정되었다고 하자. 이 경제는 완전 경쟁적이다. 그리고 $a, b > 0$인 상수이다.

$$X_A^1 = \frac{aM_A}{P_1},\quad X_A^2 = \frac{(1-a)M_A}{P_2}$$
$$X_B^1 = \frac{bM_B}{P_1},\quad X_B^2 = \frac{(1-b)M_B}{P_2}$$

여기서 M_A, M_B는 가격이 $P = (P_1, P_2)$일 때 평가한 A, B의 초기 부존자원의 가치(소득)를 나타낸다.

1) 만약 초기 부존자원으로 A는 재화 1을 2단위, B는 재화 2를 2단위 보유하고 있다면 이 경제의 균형가격 $P^* = (P_1^*, P_2^*)$는 무엇인가?

2) 만약 초기 부존자원으로 A는 재화 2를 3단위, B는 재화 1을 3단위 보유하고 있

다면 1)에서의 답은 어떻게 바뀌겠는가?

3) 만약 재화 1, 2에 대한 수요 가운데 재화 2에 대한 수요만 알려져 있다면 여전히 1)과 2)에서와 같이 균형가격을 구할 수 있는가 ? 그렇다면 근거는 무엇인가?

Answer
해설

이 문제의 핵심은 일반균형을 구하는 과정을 정확하게 이해하는 데 있다.

1) 재화 1의 가격을 $P_1 = 1$로 정규화(normalization)하자. 그러면 주어진 초기 부존자원으로부터 $M_A = 2$, $M_B = 2P_2$이다. 그러면 왈라스 법칙에 의해 두 시장 중 한 개의 시장에서 수요와 공급이 일치하는 가격을 구하면 된다. $X_A^1 = 2a$, $X_B^1 = 2bP_2$이므로 $2a + 2bP_2 = 2$를 만족하는 P_2를 구하면 $P_2^* = \frac{1-a}{b}$이다. 따라서 균형가격은 $P^* = (P_1^*, P_2^*) = \left(1, \frac{1-a}{b}\right)$이다.

2) 마찬가지 방법으로 $M_A = 3$, $M_B = 3P_2$이다. 그리고 $X_A^1 = 3a$, $X_B^1 = 3bP_2$이므로 $3a + 3bP_2 = 3$을 만족하는 P_2를 구하면 $P_2^* = \frac{1-a}{b}$이다. 따라서 균형가격은 $P^* = (P_1^*, P_2^*) = \left(1, \frac{1-a}{b}\right)$로 변함이 없다.

3) 재화 2에 대한 수요만 알려져 있다 하더라도 왈라스 법칙으로 인해 앞에서와 같이 일반균형을 달성하는 균형가격을 구하는 데 아무런 문제가 없다. 예를 들어 1)의 경우 재화 2에 대한 수요와 공급을 일치시키는 조건은 다음과 같다.

$$X_A^2 + X_B^2 = \frac{2(1-a)}{P_2} + 2(1-b) = 2$$

이 등식을 만족하는 P_2를 구하면 $P_2^* = \frac{1-a}{b}$로서 동일하다.

5.2 파레토 최적과 보상원칙

Question
문제 10

X재를 생산하는 기업 1의 생산함수는 $Q_x = 10L_x^{0.4}K_x^{0.6}$이고, Y재를 생산하는 기업 2의 생산함수는 $Q_y = 20L_y^{0.4}K_y^{0.6}$과 같이 추정된다고 하자. 두 기업은 경쟁시장에서 생산하고 있으며, 부존된 요소의 양은 $L^e = 1{,}000$단위, $K^e = 500$단위라

고 하자.

1) 생산의 계약곡선을 에지워스 상자에 표시하라.

2) 1)에서 구한 결과에 기초해 생산가능성곡선의 형태를 그림으로 정확하게 나타내라.

Answer
해설

이 문제의 핵심은 생산의 효율성을 만족하는 생산물의 조합을 구하는 방법을 이해하는 데 있다.

1) X, Y재를 생산하는 기업의 한계기술대체율을 구하면 다음과 같다.

$$MRTS_{LK}^{X} = \frac{MP_L}{MP_K} = \frac{4L_X^{-0.6}K_X^{0.6}}{6L_X^{0.4}K_X^{-0.4}} = \frac{2K_X}{3L_X}$$

$$MRTS_{LK}^{Y} = \frac{MP_L}{MP_K} = \frac{8L_Y^{-0.6}K_Y^{0.6}}{12L_Y^{0.4}K_Y^{-0.4}} = \frac{2K_Y}{3L_Y}$$

생산의 계약곡선이란 두 기업의 $MRTS$가 일치하는 생산요소의 조합들을 연결한 궤적이다. 따라서 총부존자원의 제약 $L^e = 1{,}000$, $K^e = 500$의 범위 내에서 $MRTS_{LK}^{X} = MRTS_{LK}^{Y}$를 만족하는 L과 K의 조합점들을 구하면 된다. 이것은 $MRTS_{LK}^{Y}$에 $L_Y = 1{,}000 - L_X$, $K_Y = 500 - K_X$를 대입한 후 $MRTS_{LK}^{X} = MRTS_{LK}^{Y}$를 만족하는 (L_X, K_X)의 조합을 구해 정리하면 된다. 그 결과는 다음과 같다.

$$K_X = \frac{L_X}{2}$$

따라서 생산의 계약곡선은 [그림 9-12]에서와 같이 대각선에 해당한다.

2) 생산의 계약곡선이 직선이라는 것은 생산가능성곡선의 형태를 결정하는 데 중요한 역할을 한다. 그리고 두 기업의 생산함수는 모두 규모에 대한 수익불변의 성질을 보인다는 사실과 Y재의 생산에 투입되는 두 생산요소를 2 대 1의 비율로 빼내어 X재의 생산에 투입하게 되면 Y재 1단위가 감소할 때마다 X재는 0.5단위가 증가한다. 따라서 생산가능성곡선은 [그림 9-13]과 같이 한계변형률(MRT_{XY})이 항상 2인 직선의 형태를 취하게 된다.

그림 9-12

생산의 계약곡선

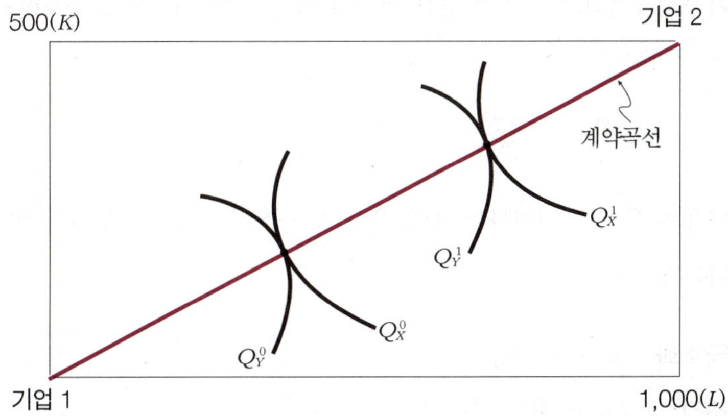

그림 9-13

생산가능성곡선

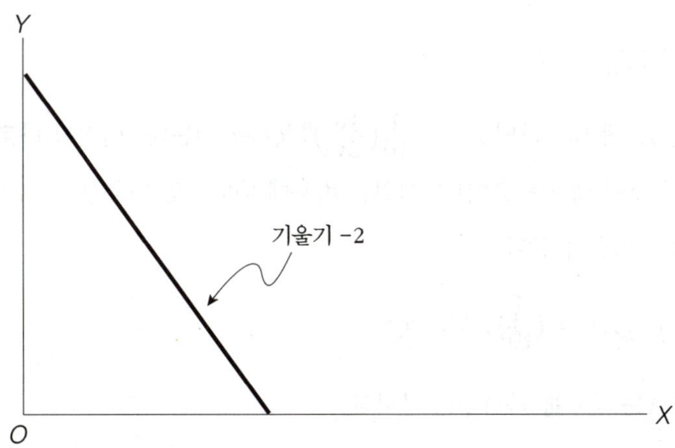

이 예에서 알 수 있듯이 생산가능성곡선이 반드시 원점에 대해 오목한 형태를 갖는 것은 아니다. 이것은 생산함수의 성질에 따라 달라진다. 보통은 원점에 대해 오목한 형태를 갖지만, 경우에 따라서는 원점에 대해 볼록한 형태를 가질 수도 있으며, [그림 9-13]에서와 같이 직선의 형태를 가질 수도 있다.

[보론 2] 한계변형률(Marginal Rate of Transformation)

생산가능성곡선의 형태를 반영한 것이 한계변형률이다. 보통 한계변형률은 다음과 같이 정의된다.

$$MRT_{XY} = -\frac{\triangle Y}{\triangle X} = \frac{MC_X}{MC_Y}$$

한계비용의 특징을 이해하기 위해 우선 X재를 생산하는 기업 1의 비용함수를 구하면 다음과 같다.

비용극소화 : $wL_X + vK_X$

제약조건 : $Q_X = 10L_X^{0.4}K_X^{0.6}$

➡ 비용극소화의 조건 : $MRTS_{LK}{}^X = \frac{MP_L}{MP_K} = \frac{2K_X}{3L_X} = \frac{w}{v}$

이 조건을 변형하면 $K_X = \frac{3wL_X}{2v}$를 얻는다. 이것을 생산함수에 대입한 후 L_X에 관해 정리하면 다음과 같은 식을 얻는다.

$$L_X = \frac{1}{10}\left(\frac{2v}{3w}\right)^{0.6}Q_X$$

이 식을 K_X에 대입하면 $K_X = \frac{1}{10}\left(\frac{3w}{2v}\right)^{0.4}Q_X$를 얻는다. 이것이 바로 비용을 극소화하는 요소에 대한 수요이다. 이것을 비용에 대입하면 비용함수 $C(w, v, Q_X)$를 얻는데, 이는 다음과 같다.

$$C_X(w,\ v,\ Q_X) = \left(\frac{A}{10}\right)w^{0.4}v^{0.6}Q_X$$

여기서 A는 상수를 나타내는 항이다.

마찬가지 방법으로 Y재를 생산하는 기업 2의 비용함수를 구하면 다음과 같다.

$$C_Y(w,\ v,\ Q_Y) = \left(\frac{A}{20}\right)w^{0.4}v^{0.6}Q_Y$$

따라서 두 기업의 한계비용을 구하면 $MC_X = \left(\frac{A}{10}\right)w^{0.4}v^{0.6}$, $MC_Y = \left(\frac{A}{20}\right)w^{0.4}v^{0.6}$이므로 $MC_X = 2MC_Y$가 성립한다. 따라서 한계변형률은 항상 $MRT_{XY} = 2$이다.

Question
문제 11

자원배분의 효율성을 나타내는 기준으로서 1) 파레토 최적의 의의와 한계를 설명하고, 2) 자원배분 제약 이외에 다른 제도적 제약이 있는 경우 이 개념은 어떻게 변형되어야 하는지 설명하라.

Answer
해설

이 문제의 핵심은 파레토 최적의 의의와 한계 및 변형된 파레토 최적의 개념을 정확하게 이해하는 데 있다.

1) 파레토 최적의 의의와 한계

의의

파레토 최적 또는 파레토 효율은 20세기 초 이탈리아의 경제학자 파레토(V. Pareto)가 제안한 이래 경제학에서 가장 중요한 개념 가운데 하나로 자리잡고 있다. 자원배분의 효율성 여부는 경제학에서 가장 중요한 이슈이다. 이와 관련해 가장 객관적인 효율성의 판단기준이 바로 파레토가 제시한 효율적인 자원배분의 기준인데, 다음과 같다.

어느 한 사람의 효용을 감소시키지 않고서는 다른 사람의 효용을 증가시킬 수 없는 상태에 있다면 그 자원배분은 효율적이다.

이 기준을 효용함수가 미분 가능한 경우에 국한해 요약하면 다음과 같다.

두 소비자가 있는 경제에서 파레토 최적의 조건은 $MRS_{XY}^1 = MRS_{XY}^2$이다.

이것은 현재의 자원배분상태에서 측정한 두 소비자의 한계대체율이 일치하는 경우에는 파레토 최적을 달성하지만, 그렇지 않은 경우는 자원배분이 비효율적임을 의미한다. 물론 이것은 무차별곡선이 원점에 대해 볼록하고, 에지워스 상자의 내부에 속하는 자원배분의 경우에 한해 파레토 최적의 필요 · 충분조건이다. 그리고 생산을 포함하는 경제로 확대시키는 경우 파레토 최적의 조건은 다음과 같다.

두 소비자가 있고, 두 재화를 생산 · 소비하는 경제에서 파레토 최적의 조건은 $MRT_{XY} = MRS_{XY}^1 = MRS_{XY}^2$이다.

어떤 경제체제를 가지고 있든 한 사회의 각종 자원은 유한하기 때문에 효율적으로 사용해야 할 필요가 있다. 이 경우 과연 무엇이 효율적인가에 대해 사람들 간에 견해가 일치하지 않는다면 어떤 결론에 도달할 수 없다. 이런 의미에서 파레토 최적의 기준은 누구나 다 동의할 수 있는 기준이라는 점에서 의의가 있다. 그리고 이 기준은 소비만 고려하든 생산을 포함시키든, 나아가서 확실한 상황이든 불확실한 상황이든 어떤 경우에도 적용될 수 있다는 일반성을 가지고 있다.

한계

파레토 최적의 한계로는 첫째, 형평의 문제에 대해서는 아무런 해결책을 제시하지 못한다는 점, 둘째, 파레토 최적을 만족하는 자원배분들 간에는 어떤 우열을 가릴 수 없기 때문에 모든 자원배분을 다 비교할 수 있는 기준이 아니라 부분적으로만 적용되는 기준이라는 점, 셋째 파레토 최적을 만족하는 자원배분의 종류는 무수히 많다는 점 등을 지적할 수 있다. 형평의 문제와 관련해 한 사회에 부존된 자원을 한 사람이 모두 소비하는 경우도 이 기준에 의하면 효율적이라는 점에서 분명히 문제가 있다. 형평과 효율이 반드시 서로 상치되는 개념은 아니다. 예를 들면 파레토 최적의 기준에 의하면 비효율적인 자원배분이 형평의 관점에서는 바람직하다고 하자. 그리고 이것을 다음의 효용가능성곡선에 관한 [그림 9-14]에서 a에 해당한다고 하자. 그런데 효용가능성곡선상의 구간 bc에는 형평의 관점에서 a보다 우월하면서도 효율적인 자원배분이 존재한다. 이런 의미에서 형평성을 유지하기 위해서는 반드시 비효율적인 자원배분일 필요는 없다. 그렇지만 파레토 최적의 기준을 만족하는 자원배분 가운데는 형평의 관점에서는 바람직하지 않은 자원배분이 있기 마련이다. [그림 9-14]의 d가 그 가운데 하나이다.

파레토 최적을 만족하는 자원배분이 무한히 많다는 것은 이 기준의 치명적인 약

그림 **9-14**

파레토 최적과 형평

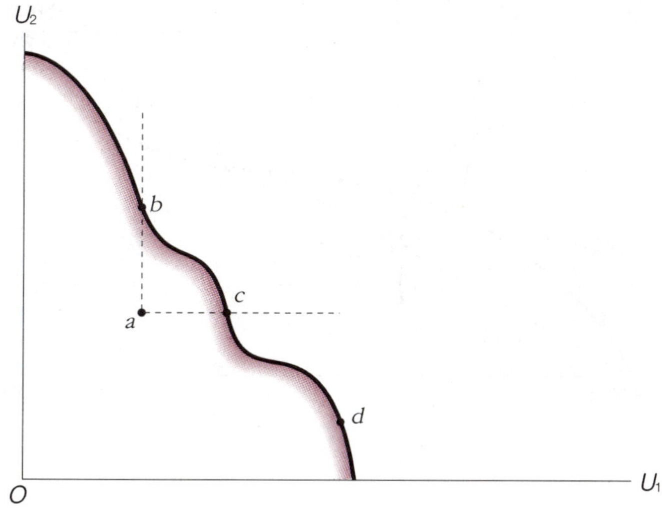

점이다. 만약 이 기준을 만족하는 자원배분이 유일하다면 문제는 간단해진다. 왜냐하면 이것이 바로 사회후생을 극대화하는 자원배분이므로 이러한 자원배분을 추구하면 되기 때문이다. 그렇지만 파레토 최적을 만족하는 무한히 많은 자원배분들 간에는 비교가 불가능하기 때문에 어떤 자원배분이 사회적으로 더 바람직한지 객관적으로 판단할 수가 없다. 이것은 곧 사회후생을 극대화하는 자원배분을 발견하기 어렵다는 것을 의미한다.

2) 파레토 최적의 자원배분은 일반적으로 부존자원의 제약만을 전제로 한 개념이다. 그렇지만 어떤 사회든 자원을 배분하는 과정에는 이외에 다른 제약이 존재하기 마련이다. 편의상 이것을 인위적 제약 또는 제도적 제약(institutional constraint)이라 부를 수 있다. 이 경우 부존자원의 제약만을 전제로 한 파레토 최적의 기준을 그대로 적용하는 것은 자원배분의 효율성을 판단하는 기준으로 적당하지 않은 경우가 발생할 수 있다. 이런 의미에서 파레토 최적의 기준을 구분해 자원제약만을 전제로 하는 경우에는 완전 파레토 최적(full Pareto optimum), 제도적 제약이 추가된 경우에는 제한적 파레토 최적(constrained Pareto optimum)이라는 기준을 제시할 수 있다. 완전 파레토 최적이든, 제한적 파레토 최적이든 "어느 한

그림 9-15

제한적 파레토 최적

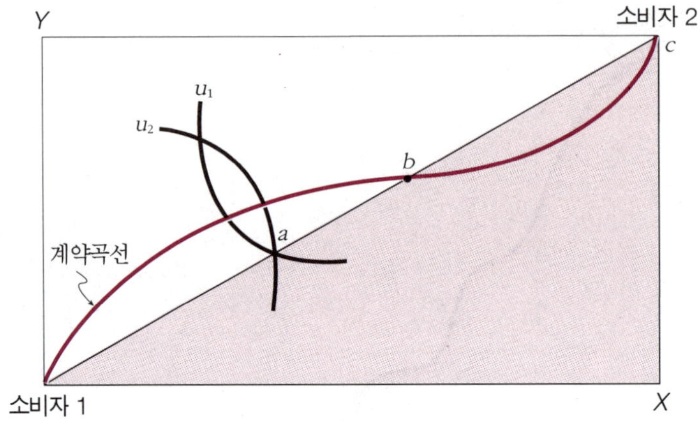

사람의 효용을 감소시키지 않고서는 다른 사람의 효용을 증가시킬 수 없는 자원배분의 상태"를 효율적인 자원배분으로 본다는 관점에는 차이가 없다. 단지 비교하는 자원배분의 대상이 달라지기 때문에 파레토 최적의 기준이 달라지게 된다. 이에 대한 이해를 돕기 위해 [그림 9-15]의 에지워스 상자를 이용해 설명해 보자.

두 재화 *X*, *Y*를 소비하는 두 사람으로 구성된 간단한 사회를 생각해 보자. 에지워스 상자의 크기는 바로 자원제약을 나타낸다. [그림 9-15]에서 계약곡선상에 있는 자원배분들은 모두 완전한 파레토 최적을 만족하며, 어떤 경우에나 $MRS_{XY}^1 = MRS_{XY}^2$가 성립한다. 이제 자원제약에 추가로 제도적 제약을 고려해 보자. 편의상 제도적 제약으로 인해 적색 부분 내에서만 자원을 배분할 수 있다고 가정하자. 그러면 계약곡선의 일부 구간에 해당하는 *bc*는 이 범위에 포함되어 있지만, 나머지 구간은 제도적 제약으로 인해 실현 불가능하다. 이제 실현 가능한 범위 내에서 파레토 최적에 해당하는 자원배분들은 무엇인지 생각해 보자. 우선 계약곡선 *bc*상에 있는 자원배분들은 여전히 파레토 최적을 만족한다. 따라서 이러한 자원배분들은 완전한 파레토 최적을 만족함과 동시에 제한적 파레토 최적을 만족한다. 다음으로 *a*와 같은 자원배분을 생각해 보자. *a*에서는 두 사람의 한계대체율이 일치하지 않는다. 따라서 완전한 파레토 최적은 아니다. 그렇지만 적색 부분의 영역에 있는 자원배분 가운데 a에 비해 모든 사람들의 효용을 증가시킬 수 있는 자원배분은 존재하지 않는다. 왜냐하면 그러한 자원배분들은 적색 부분의 영역 밖에 존재하기 때문이다. 이런 의미에서 a는 제한적 파레토 최적을 만족하는 자원배분이다. 여기서 우리는 완전한 파레토 최적 ⇨ 제한적 파레토 최적이지만, 그 역이 반드시 성립하지는 않는다는 사실을 알 수 있다.

Question
문제 12

두 재화 X, Y를 생산하고 소비하는 경제를 생각해 보자. 기업 1은 X재를 생산하고, 기업 2는 Y재를 생산한다. 그리고 모든 자원을 X재의 생산에 투입하는 경우에는 1,000단위를, Y재의 생산에 투입하는 경우에는 500단위를 생산할 수 있다. 그리고 각 기업의 한계비용은 다음과 같이 일정하다고 가정하자.

$$MC_X = 25,\ MC_Y = 50$$

1) 이 경제의 생산가능성곡선을 정확하게 그림으로 나타내라.

2) X재를 400단위, Y재를 300단위 생산하는 경우 한계변형률(MRT_{XY})은 얼마인지 구하라.

3) 이 상태에서 소비자들의 한계대체율이 $MRS_{XY} = \frac{1}{3}$로 똑같도록 자원을 배분하였다면, 현재의 생산 및 소비는 파레토 최적을 만족하는지 설명하라. 그렇지 않다면 생산을 어떻게 조절해야 후생이 증가하겠는가?

Answer
해설

이 문제의 핵심은 생산가능성곡선의 성질을 정확하게 이해한 후 이를 바탕으로 효율적인 자원배분의 특성을 이해하는 데 있다.

1) 생산가능성곡선상의 임의의 한 점에서 평가한 한계변형률(MRT_{XY})은 보통 다음과 같이 측정할 수 있다.

$$MRT_{XY} = -\frac{\Delta Y}{\Delta X} = \frac{MC_X}{MC_Y}$$

그림 9-16

생산가능성 곡선과 한계변형률

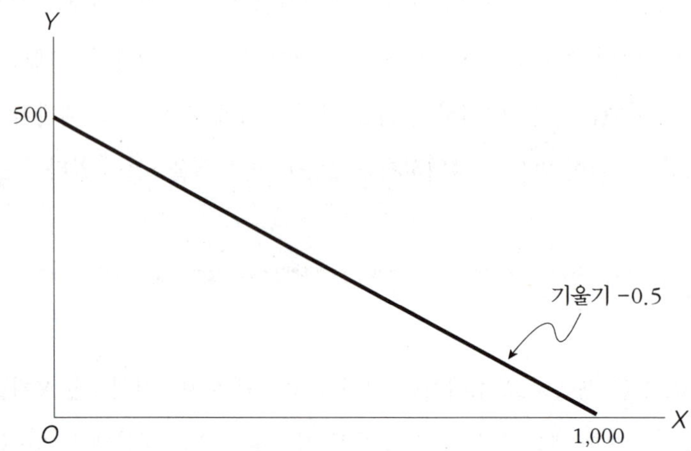

그림 9-17

비효율적인 자원배분

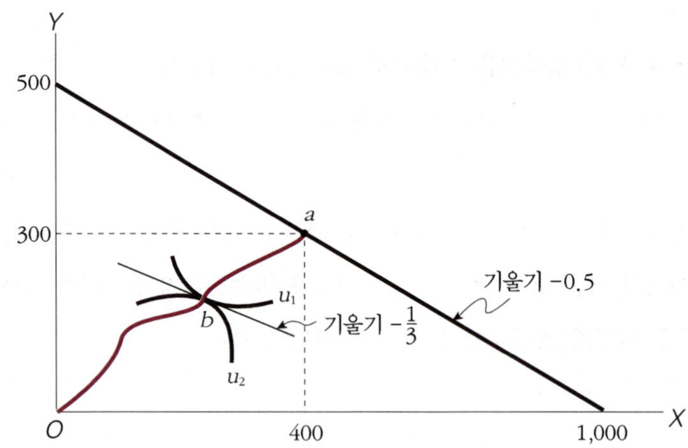

따라서 한계비용이 $MC_X = 25$, $MC_Y = 50$으로 일정하다면 $MRT_{XY} = 0.5$로 항상 일정하게 된다. 이것은 생산가능성곡선이 [그림 9-16]에서와 같이 기울기가 −0.5인 직선임을 의미한다.

2) 앞에서 한계변형률이 일정하다는 것을 입증했으므로 이 생산물의 조합에서도 $MRT_{XY} = 0.5$이다.

3) 모든 소비자들의 한계대체율이 $\frac{1}{3}$로 같다면, 이것은 한계변형률 > 한계대체율인 상태에서 생산 · 소비되고 있음을 의미한다. 예를 들어 두 명의 소비자가 있는 경우를 가정한다면 [그림 9-17]에서와 같이 $X = 400$, $Y = 300$에 해당하는 a와 같이 생산된 후 두 명의 소비자에게 배분되어 b에서와 같이 소비되고 있음을 의미한다.

이러한 자원배분의 상태는 파레토 최적을 만족하지 않는다. 한계변형률 > 한계대체율인 현재의 생산 및 소비에서 X재의 생산을 조금 줄이고 Y재의 생산을 조금 늘리면 두 사람 모두 효용이 증가하도록 배분할 수 있다. 예를 들어 현재보다 X재의 생산을 2단위 줄이면 Y의 생산을 1단위 증가시킬 수 있다. 그런데 소비자들은 한계대체율이 $\frac{1}{3}$이므로 X재의 소비를 1단위씩 줄인다면 적어도 Y재를 $\frac{1}{3}$단위 더 소비해야 동일한 효용수준을 유지할 수 있다. 이것이 바로 한계대체율의 의미이다. 따라서 사회전체적으로는 X의 소비를 2단위 줄이는 대신 Y재를 $\frac{2}{3}$단위 더 소비할 수 있다면 종전과 동일한 수준의 효용을 유지할 수 있다. 그런데 사회적으로는 X재의 생산을 2단위 줄이면 Y재를 1단위 더 생산할 수 있으므로 사회적으로 필요한 $\frac{2}{3}$를 초과하고 $\frac{1}{3}$만큼의 Y재가 남는다. 이것을 두 소비자에게 나누어 소비하도록 함으로써 종전에 비해 모두 효용이 증가하게 된다.

반대로 만약 한계변형률 < 한계대체율이라면 X의 생산을 늘리고 Y재의 생산을 줄이는 방향으로 생산을 조절하는 것이 모두의 효용을 증가시킬 것이다. 따라서 이 경우에는 한계변형률 = 한계대체율이 성립할 때까지 X재의 생산을 줄이고 Y재의 생산을 늘리는 방향으로 생산을 조절하고 배분해 주는 것이 바람직하다. 그러면 파레토 최적을 만족하는 자원배분을 달성할 수 있다.

Question
문제 13

팔당 저수지 주변 주민들은 상수도 보호지역이라는 이유로 재산권을 행사하는 데 여러 가지 제약을 받고 있다. 이로 인해 서울의 주민들은 특별한 대가를 지불하지 않고도 비교적 깨끗한 수돗물을 마실 수 있다. 팔당 저수지 주변 주민들을 A로 나타내고, 서울의 주민들을 B로 나타낼 때 이러한 정책의 의의와 한계를 설명하라.

Answer
해설

이 문제의 핵심은 보상원칙에 입각해 재산권을 제약하는 조치가 갖는 경제적 의의를 이해하는 데 있다.

먼저 팔당 저수지 주변이 상수도 보호지구로 지정되지 않은 상태에서 측정한 A와 B의 후생수준을 $x = (x_A, x_B)$로 나타내자. 그리고 팔당 저수지 주변이 상수도 보호지구로 지정된 후 측정한 A와 B의 후생수준을 $y = (y_A, y_B)$로 나타내자. 만약 x가 이미 파레토 효율적인 자원배분의 상태라면 y는 결코 x보다 파레토 우월한 자원배분이 될 수 없기 때문에 더 이상 논의를 진전시키기 어렵다. 따라서 의미 있는 논의를 위해서는 x가 비효율적인 자원배분의 상태라고 가정해야 한다. 따라서 x는 [그림 9-18]에서 효용가능성곡선의 내부에 있는 자원배분의 상태에 해당한다.

이제 A의 재산권을 제약한 자원배분에 해당하는 y가 효용가능성곡선상에 있다고 가정하자. 그러면 보상원칙에 의할 때 y는 x보다 바람직한 상태이다. 왜냐하면 y를 재배분해 y'과 같은 자원배분을 달성할 수 있기 때문이다. 이것은 x에서 y로 변하는 경우 이득을 본 B가 손해를 본 A에게 보상을 해주고 나서도 모두 좋아질 수 있다는 것을 의미하기 때문이다. 다음으로 y가 효용가능성곡선의 내부에 있는 경

그림 9-18

보상원칙의 예

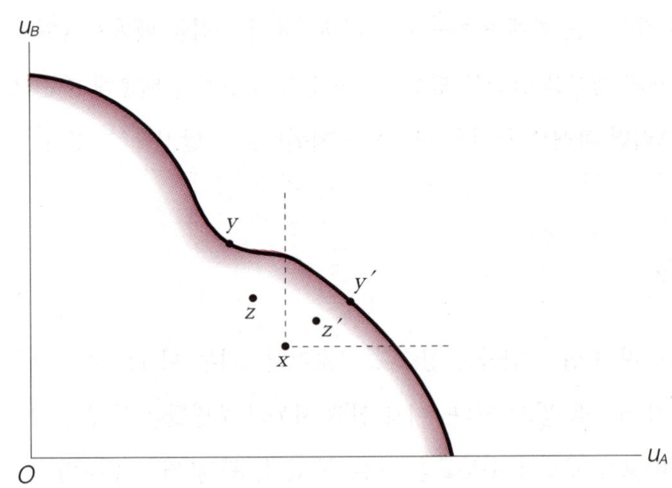

우를 생각해 보자. 편의상 이 상태를 [그림 9-18]에서 z에 해당한다고 하자. 그렇게 해서 z를 재배분해 z'과 같은 자원배분을 얻을 수 있다면 보상원칙에 의할 때 여전히 이러한 변화는 사회적으로 바람직하다. 이와 같이 파레토 기준이 적용되기 어려운 경우에는 보상원칙을 적용함으로써 자원배분이 사회적으로 바람직한 방향으로 변했는지 여부를 판단할 수 있는 기회가 증가한다.

이상의 논의의 핵심은 재산권이 제약받음으로써 A가 입는 손해보다 이로 인해 B가 얻는 이익이 더 크다면 보상원칙에 의할 때 재배분을 통해 모두의 후생을 증가시킬 가능성이 존재한다는 것이다. 반면 A가 입는 손해가 B가 얻는 이득보다 크다면 이러한 변화는 사회적으로 바람직하지 않다.

그런데 보상원칙을 적용해 자원배분을 비교하는 경우에는 다음과 같은 점들을 주의해야 한다. 첫째, 보상원칙은 자원배분의 변화로 이익을 본 사람들의 좋아진 정도와 손해를 본 사람들의 나빠진 정도를 화폐가치로 평가해 비교하는데, 이것은 결국 사람들의 효용을 비교하기 위한 우회적인 방법이라는 비판을 받을 수 있다. 사람들 간의 효용 비교는 불가능하다고 보기 때문이다. 둘째, 여기서 말하는 보상이란 어디까지나 잠재적 보상을 의미하는 것이지 실제 보상을 의미하지 않는다. 이 예의 경우 B가 A에게 실제로 보상을 해주어야만 보상원칙이 현실적으로 의미를 갖는다. 실제로 보상이 실현되지 않는다면 보상원칙은 그 의의를 상당부분 상실하게 된다. 셋째, 이러한 변화로 이익을 본 사람들과 손해를 본 사람들은 이것을 진실되게 보고하지 않는 경향이 있다. 이익을 본 사람들은 자신의 이익을 축소해 보고하고, 손해를 본 사람들은 이것을 과장해 보고하는 경향이 있다. 따라서 정부가 이러한 이익과 손해를 집계한 결과에 근거해 이러한 변화가 바람직한지 여부를 판정하는 데는 정보적인 문제가 따른다. 사람들이 진실되게 보고하도록 유인하는 장치가 마련된 후에나 보상원칙의 의의를 살릴 수 있다.

Question

문제 14

후생경제학의 제2정리의 의의를 설명하고, 이것이 성립하기 위한 조건은 무엇이며, 그 한계는 무엇인지 설명하라.

Answer
해설

이 문제의 핵심은 시장경제의 후생적 측면을 논하는 경우 중요한 의미가 있는 후생경제학의 제2정리를 정확하게 이해하는 데 있다.

1) 의의

이 정리는 "임의의 파레토 효율적인 자원배분이라도 적절한 정액세와 보조금을 이용하면 시장의 경쟁균형을 통해 달성될 수 있다"는 것이다. 이 정리의 의의는 [그림 9-19(a)]를 통해 간명하게 나타낼 수 있다.

여기서 e는 원래의 부존자원의 상태를 나타낸다. 그리고 x^*는 파레토 효율적인 자원배분으로, 정부가 도달하고자 하는 자원배분의 상태를 나타낸다고 하자. 만약 정부가 모든 정보를 다 보유하고 있는 상태에서 e ➡ x^*로의 이전을 강제할 수 있다면 파레토 효율적인 결과를 달성할 수 있다. 그렇지만 이를 위해서는 방대한 정보—소비자들의 선호와 기업의 기술에 대한—가 필요하다. 그리고 이것은 혁명적인 방법에 해당한다. 따라서 정부의 개입을 최소화하는 가운데 주어진 시장을 활용해 목적을 달성할 수 있다면 이 방법이 사회적으로 바람직하다. 후생경제학의 제2정리는 바로 이러한 가능성을 이론적으로 뒷받침해 주고 있다. 그리고 이 정리는 생

그림 9-19

(a) 후생경제학의 제2정리의 예시

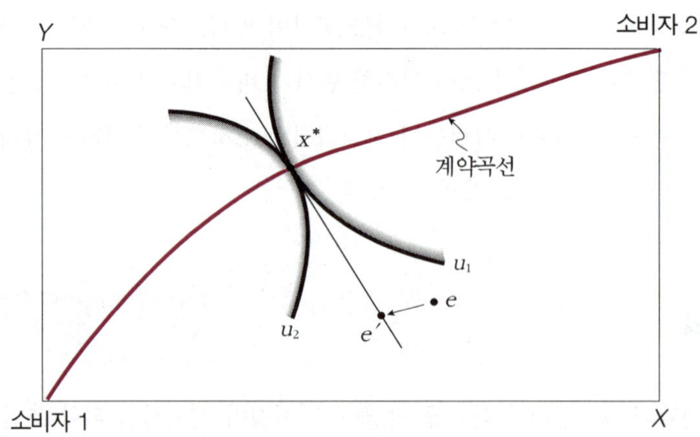

산을 포함하는 경우에도 성립한다.

정부의 역할은 경제주체들이 보유한 자원(소득)을 정액세와 보조금(lump-sum tax and subsidy)을 이용해 적절하게 재분배해 주는 것이다. 이것은 통상적인 정부의 역할에 해당한다. 그리고 정액세와 보조금이라는 방법을 택함으로써 정부의 개입으로 인한 가격왜곡을 방지할 수 있다. 그 결과 경제주체들이 보유한 자원은 e ⇨ e'으로 이동하게 된다. 그러면 경제주체들은 자발적인 거래를 통해 정부가 의도한 대로 x^*에 해당하는 자원배분을 달성할 수 있다. 왜냐하면 e'의 초기 자원을 가지고 거래한 결과 성립하는 시장균형이 바로 x^*이기 때문이다. 이것은 정부의 개입을 최소화하는 가운데 주어진 시장의 기능을 최대한 활용해 사회적 목표를 달성할 수 있는 가능성을 보여준다. 실제로 미국에서 실시하고 있는 양도 가능한 공해배출권(transferable emission permit)제도는 이러한 정신을 현실에 응용한 것으로 볼 수 있다. 정부는 달성하고자 하는 공해배출량의 수준을 설정한다. 그리고 이에 해당하는 만큼의 공해배출권을 민간기업들에게 할당해 준다. 그러면 기업들 간에 공해배출권을 거래함으로써 효율적인 방법으로 공해수준을 통제할 수 있게 된다.

2) 성립조건

후생경제학의 제2정리가 성립하기 위해서는 무엇보다도 소비자들의 선호가 볼록성을 만족해야 한다. 즉, 무차별곡선이 원점에 대해 볼록해야 한다. 만약 이 조건이 충족되지 않는다면 [그림 9-19(b)]에서와 같이 시장균형을 통해 파레토 효율적인 자원배분을 달성하기 어렵다.

[그림 9-19(b)]에서 정부가 달성하고자 하는 자원배분의 상태는 x^*이다. 그런데 소비자 1은 원점에 대해 볼록하지 않은 무차별곡선을 가지고 있기 때문에 정액세와 보조금으로 초기 부존자원을 e에서 e'으로 재분배하더라도 소비자 1의 효용을 극대화하는 상태는 x^*가 아니라 a이다. 이것은 시장을 통해서는 결코 x^*를 달성할 수 없다는 것을 의미한다.

3) 한계

제2정리는 정부가 정액세와 보조금을 이용해 초기의 부존자원을 적절하게 재분배하는 것을 전제로 하고 있다. 그런데 여기에는 정보적 제약이 따른다. 정부는 모

그림 9-19

(b) 후생경제학의 제2정리 불성립

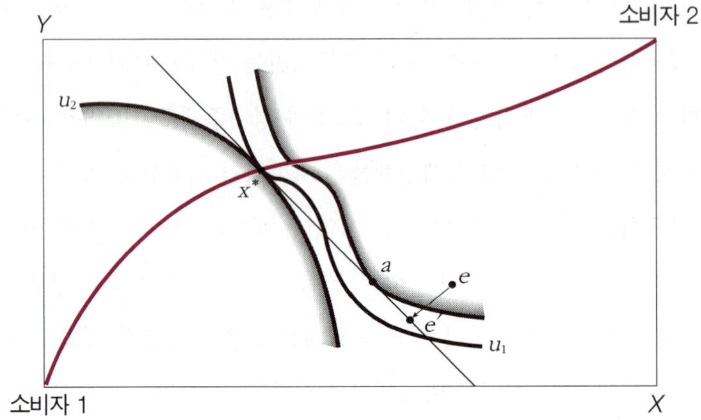

든 경제주체들이 어떤 자원을 얼마만큼 보유하고 있는지 알고 있어야만 [그림 9-19(a)]에서와 같이 e ➡ e'으로 이동시킬 수 있다. 만약 이러한 재분배가 불가능하다면 제2정리는 성립하지 않는다. 또한 수많은 파레토 효율적인 자원배분 가운데 어느 것을 선택하는가도 중요한 의미가 있다. 그런데 정부가 이 가운데 하나를 선택하는 경우 과연 이것이 가장 바람직한 자원배분인가에 대해서는 여전히 의문이 제기될 수 있다. 정부의 자의적인 판단에 따라 달성하고자 하는 자원배분이 결정되는 한계를 극복하고 사회후생을 극대화하는 자원배분을 선택하는 것이 바람직한데, 여기에는 근본적인 문제가 따른다.

5.3 불확실성하 일반균형

Question
문제 15

두 농부 1, 2는 보리를 경작하며, 수확기의 날씨에 따라 보리의 수확량이 영향을 받는다. 수확기의 날씨를 $s = r$(장마), d(가뭄)로 나타낼 때 1, 2의 수확량은 다음과 같이 예상된다고 하자.

1의 수확량 : $e_1 = (e_1^r, e_1^d) = (200, 50)$

2의 수확량 : $e_2 = (e_2^r, e_2^d) = (50, 100)$

그리고 π_r, π_d는 각각 장마와 가뭄의 확률을 나타내며, 모두에게 공통이다. 이제 보리에 대한 조건부 청구권시장이 형성되어 $s = r$에 조건부로 거래되는 보리 한 단위의 가격은 P_r, $s = d$에 조건부로 거래되는 보리 한 단위의 가격은 P_d로 나타내기로 하자. 그리고 농부 1은 위험 기피적이고, 농부 2는 위험 중립적이다.

1) 경쟁적인 조건부 청구권시장을 이용하는 경우 시장균형상태에서 평가한 자원배분을 에지워스 상자에 정확하게 나타내라.
2) 이 경우 시장을 통한 자원배분의 특징은 무엇인지 설명하라.

Answer
해설

이 문제의 핵심은 조건부 청구권시장의 기능을 정확하게 이해하는 데 있다.

1) 조건부 청구권시장이 형성되어 있으면 소비자들은 자신이 예상하는 소득의 범위 내에서 가장 이상적인 방법으로 불확실성에 대비한 소비계획을 세울 수 있다. 이 문제에서 두 농부는 기대효용을 극대화하고자 한다고 가정한다. 따라서 이들의 기대효용 극대화 문제는 다음과 같이 요약된다.

농부 1의 기대효용 극대화 : $\pi_r U_1(X_1^r) + \pi_d U_1(X_1^d)$

예산제약조건 : $P_r X_1^r + P_d X_1^d = 200P_r + 50P_d$

농부 2의 기대효용 극대화 : $\pi_r X_2^r + \pi_d X_2^d$

예산제약조건 : $P_r X_2^r + P_d X_2^d = 50P_r + 100P_d$

여기서 X_1^r은 농부 1이 장마의 경우 소비하고자 하는 쌀의 양을 나타내고, X_1^d는 가뭄의 경우 소비하고자 하는 쌀의 양을 나타낸다. 그런데 농부 1은 위험 기피적이고, 농부 2는 위험 중립적이라고 가정하였기 때문에 농부 1은 한계효용이 체감하는 효용함수를 가지고 있다. 이것은 무차별곡선이 원점에 대해 볼록하다는 것을 의미한다. 반면 농부 2의 경우는 위험 중립적이므로 한계효용이 일정하다. 이것은 효용함수가 1차식이라는 것을 의미한다. 따라서 그의 기대효용은 위에서와 같이 나타낼 수 있다.

한편 예산제약식의 좌변은 조건부 가격을 이용해 평가한 농부 1의 소비지출액을 나타낸다. 우변은 농부 1이 예상하는 불확실한 수확량을 현재 형성되어 있는 조건부 가격으로 평가한 소득을 나타낸다. 따라서 그의 예산제약식은 확실성하에서와 마찬가지로 소득의 범위 내에서 지출한다는 것을 나타낸다. 이것이 바로 조건부 시장의 역할이다. 즉, 현재의 관점에서 소비지출과 소득을 평가해 비교할 수 있게 해줌으로써 사실상 확실성하에서와 같은 상황에서 의사결정을 할 수 있는 것이다. 이러한 내용은 농부 2의 경우도 마찬가지이다.

이제 두 농부 간에 조건부 상품을 거래한 결과 성립하게 되는 시장균형의 특징을 살펴보자. 농부 1은 원점에 대해 볼록한 무차별곡선을 가지고 있고, 농부 2는 직선의 무차별곡선을 가지고 있으므로 두 무차별곡선이 예산선상에서 서로 접할 때 성립하는 시장균형을 간단히 구할 수 있다. 이것은 [그림 9-20]에 나타나 있다. 여기서 e는 두 농부의 예상수확량을 반영한 초기 부존자원의 상태를 나타낸다. 그리고 이 점을 통과하는 기울기가 $-\frac{P_r}{P_d}$인 직선은 예산선을 나타낸다. 그런데 $\frac{P_r}{P_d} \neq \frac{\pi_r}{\pi_d}$라면 농부 2는 항상 극단적인 소비만을 선택할 것이므로 위험 기피적인 농부 1과 거래를 통해 균형을 달성할 수 없다. 이것은 균형이 성립하려면 조건부 가격은 반드시 $\frac{P_r}{P_d} = \frac{\pi_r}{\pi_d}$를 만족해야 한다는 것을 의미한다. 왜냐하면 $\frac{P_r}{P_d} > \frac{\pi_r}{\pi_d}$

그림 9-20

조건부 시장의 균형

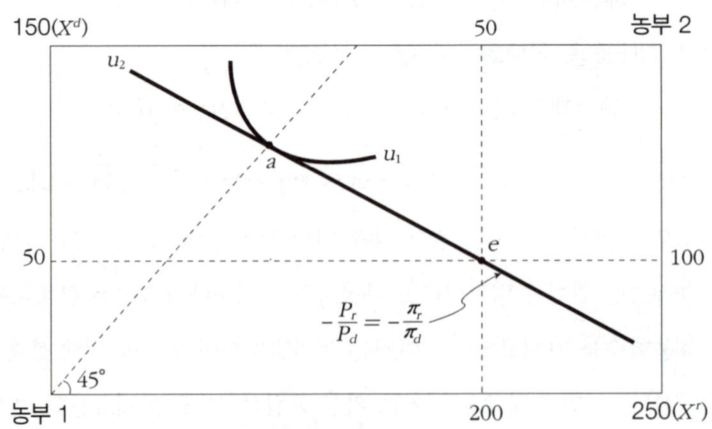

이거나 $\frac{P_r}{P_d} < \frac{\pi_r}{\pi_d}$인 경우에는 조건부 청구권시장에서 수요와 공급이 일치하지 않기 때문이다. 따라서 예산선은 곧 농부 2의 무차별곡선과 일치하게 된다. 그러므로 농부 1은 이러한 예산선상에서 자신의 기대효용을 극대화하는 소비란 다름 아니라 45도선상에 있는 a임을 알 수 있다. 그리고 a에서는 조건부 상품에 대한 수요와 공급이 일치하므로 이것이 바로 시장균형을 달성하는 자원배분이다.

2) [그림 9-20]에서 알 수 있듯이 시장균형상태에서 자원배분의 특징은 위험 중립적인 농부 2가 모든 위험을 부담한다는 사실이다. 농부 1은 모든 위험을 농부 2에게 전가하고 자신은 확실선상의 a에서 소비하므로 어떤 상태가 실현되더라도 항상 일정한 양의 쌀을 소비할 수 있다. 예를 들어 $\pi_r = \pi_d = 0.5$인 경우 예산제약식에 $X_1{}^r = X_1{}^d$를 대입하고, $\frac{P_r}{P_d} = \frac{\pi_r}{\pi_d} = 1$을 이용하면 다음과 같이 농부 1의 소비를 알 수 있다.

$$P_r X_1{}^r + P_d X_1{}^d = 200P_r + 50P_d \Rightarrow X_1{}^r = X_1{}^d = 125$$

반면 농부 2는 모든 위험을 부담하므로 $X_2{}^r = 125$, $X_2{}^d = 25$를 소비하게 된다.

Question
문제 16

쌀을 생산하고 소비하는 위험 기피적인 농부들로 구성된 경제를 생각해 보자. 편의상 각 농부는 한 달 후 100단위의 쌀을 수확할 것으로 예상하고 있다고 하자. 그렇지만 농부들은 한 달 후 쌀의 현물시장 가격이 불확실하기 때문에 이에 대처하고 싶어한다. 한 달 후 현물시장 가격은 그때의 경제상태에 따라 달라질 것으로 예상되며, 경제가 호황인 경우(b)에는 P_b, 불황인 경우(r)에는 P_r의 가격에 거래될 것으로 예상된다. 그리고 각 상태가 실현될 확률은 π_b, π_r이라 하자. 이와 같은 가격위험에 대비할 수 있도록 현재 선물시장이 개설되었다고 하자. 선물시장에서는 P_f의 가격에 쌀의 선물을 거래할 수 있다.

1) 대표적인 농부 h가 직면하는 예산제약을 포함해 그의 기대효용 극대화의 문제를 기술하라. 단, 선물거래와 관련해 $q_h < 0$은 선물의 매입, $q_h > 0$은 선물의

매도를 나타내는 것으로 표기하라.

2) 선물시장을 이용한 거래를 통해 시장경제의 균형을 달성할 수 있다고 할 때 이 경우 자원배분은 파레토 효율을 만족하는지 설명하라.

Answer
해설

이 문제의 핵심은 가격위험에 대처하는 수단으로서 선물시장의 기능을 이해한 후 자원배분의 관점에서 그 효율성을 검증하는 데 있다.

1) 대표적인 농부 h가 한 달 후 소비하려는 쌀은 $s = b$인 경우와 $s = r$인 경우를 구분해 나타내야 한다. 이것을 각각 R_h^b, R_h^r이라 하자. 그러면 농부 h는 다음과 같은 기대효용 극대화 문제에 직면하게 된다.

기대효용 극대화 : $\pi_b U_h(R_h^b) + \pi_r U_h(R_h^r)$

예산제약 : $P_b R_h^b = P_b(100 - q_h) + P_f q_h$

$P_r R_h^r = P_r(100 - q_h) + P_f q_h$

여기서 핵심은 각 상태에 따른 예산제약의 의미를 정확하게 이해한 후 분리된 두 개의 예산제약식을 하나로 통합할 수 있는지 판단하는 것이다. 먼저 두 번째 제약식을 변형해 q_h에 관해 정리하면 다음과 같다.

$$P_r R_h^r = P_r(100 - q_h) + P_f q_h \Rightarrow q_h = \frac{P_r(R_h^r - 100)}{P_f - P_r} \quad \cdots\cdots \text{(a)}$$

(a)를 첫 번째 제약식에 대입한 후 정리하면 다음과 같다.

$$P_b R_h^b = 100P_b + \left(\frac{P_f - P_b}{P_f - P_r}\right)P_r R_h^r - 100\left(\frac{P_f - P_b}{P_f - P_r}\right)P_r \quad \cdots\cdots \text{(b)}$$

이것은 분리되었던 두 개의 제약식이 q_h를 매개로 해 하나의 제약식 (b)로 통합될 수 있다는 것을 의미한다. 따라서 농부 h는 이제 (b)의 제약하에서 자신의 기대효용을 극대화하는 (R_h^b, R_h^r)을 구하면 된다. 그러면 이러한 수요를 뒷받침해 주는 선물거래의 규모 q_h를 구할 수 있다. 이것이 바로 개인의 기대효용 극대화 문제의 해를 구하는 것에 해당한다.

[보론 3]

이 문제는 다른 관점에서 접근할 수도 있다. 두 개의 예산제약식을 각각 R_h^b와 R_h^r의 관점에서 정리하면 다음과 같다.

$$R_h^b = 100 + (\frac{P_f}{P_b} - 1)q_h$$
$$R_h^r = 100 + (\frac{P_f}{P_r} - 1)q_h$$

이것을 농부 h의 기대효용 극대화 문제에 대입하면 다음과 같다.

기대효용 극대화 : $\pi_b U_h(100 + (\frac{P_f}{P_b} - 1)q_h) + \pi_r U_h(100 + (\frac{P_f}{P_r} - 1)q_h)$

이 문제에서 변수는 오직 q_h이다. 따라서 농부 h는 자신의 기대효용을 극대화하는 q_h를 구한 후 이를 바탕으로 자신이 원하는 소비 (R_h^b, R_h^r)을 실행할 수 있다. 앞의 방법으로 기대효용을 극대화하는 수요를 구하는 문제나 여기서와 같이 기대효용을 극대화하는 수요를 구하는 문제는 전적으로 동일하다.

2) 앞에서 대표적인 농부 h는 오직 하나의 예산제약하에서 자신의 기대효용을 극대화하게 된다는 사실을 확인하였다. 이것은 비록 불확실성이 지배하고 있지만, 여기서 선물거래는 미래의 위험에 대처하기에 충분한 수단을 제공하고 있다는 것을 의미한다. 따라서 이 경우 선물시장은 완비된 시장으로서의 역할을 한다. 그러므로 이 경우 성립하는 시장균형은 당연히 파레토 효율을 만족한다. 이것은 농부들 간에 최적의 위험분담이 이루어지고 있음을 의미한다. 나아가서 만약 선물시장 대신에 조건부 시장이 형성되더라도 시장균형에는 아무런 차이가 없다. 왜냐하면 두 시장 모두 동일한 초기 부존상태에서 파레토 효율적인 결과를 달성하기 때문이다. 단, 한 가지 주의할 점은 선물시장이 여기서와 같이 완비된 시장으로서의 역할을 하는 것은 매우 제한적이라는 사실이다. 예를 들어 불확실한 상태의 수가 늘어난다거나 소비대상인 상품의 종류가 증가한다면 선물시장은 미래의 위험에 대처하기에 불충분한 시장인 경우가 일반적이다. 여기서와 같이 특수한 경우에만 선물시장이 조건부 시장처럼 파레토 효율적인 자원배분을 달성한다는 사실을 유의하기 바란다.

CHAPTER 10

시장실패와 대응방안

CHAPTER 10

01 시장실패의 의의와 원인

1.1 의의

시장실패(market failure)란 시장을 통한 자원배분이 무슨 이유 때문이든 파레토 최적의 기준을 만족시키지 못하는 경우를 말한다.

주의 이에 대응하는 개념으로 정부실패(government failure)를 생각해 보라. 이것은 시장실패를 교정하려는 정부의 개입이 오히려 비효율을 증가시키는 것을 말한다.

1.2 원인

시장실패를 초래하는 원인에는 여러 가지가 있으나 크게 시장의 불완전성(market imperfection)과 시장의 불완비성(market incompleteness)으로 분류할 수 있다. 그리고 이들은 다시 다음과 같이 세분된다.

➡ 시장의 불완전성 : 불완전경쟁, 가격경직성

시장의 불완비성 : 외부효과, 공공재, 불확실성, 비대칭정보

02 시장의 불완전성으로 인한 시장실패

2.1 불완전경쟁

불완전경쟁의 정도와 관계 없이 시장균형상태에서는 항상 $P > MC$이다. 이것은 사회적 자중손실이 발생하고 있다는 증거로, 자원이 비효율적으로 배분되어 있음을 의미한다.

두 재화 X, Y가 있는 간단한 경우 Y재 시장이 독점이라 가정하고 시장실패를 살펴보자. 이 경우 시장균형의 조건은 다음과 같이 요약된다.

$$MRS_{XY}^1 = MRS_{XY}^2 = \frac{P_X}{P_Y}$$

$$MC_X = P_X$$

$$MC_Y = MR_Y = P_Y(1 - \frac{1}{\varepsilon_Y})$$

$$\Rightarrow MRT_{XY} = \frac{MC_X}{MC_Y} > \frac{P_X}{P_Y}$$

이것은 비록 생산의 관점에서는 효율적이지만(생산가능성곡선상에 위치한다는 의미에서), 생산과 소비를 동시에 고려하는 경우에는 파레토 최적의 조건이 충족되지 않는다는 것을 의미한다. 따라서 시장실패가 발생하는 것이다.

2.2 가격경직성

정부가 어떤 형태로든 개별 시장을 규제하게 되면, 이것은 대부분 가격을 일정한 수준에 고정시키게 되어 가격경직성(price rigidity)을 유발하게 된다. 그 결과 사회적 자중손실이 발생하게 되며, 이것은 시장실패를 의미한다.

최저임금제라든가 분양가격 규제 등이 이러한 예에 해당한다. 그 밖에 어떤 경우가 있는지 생각해 보기 바란다.

CHAPTER 10

03 시장의 불완비성으로 인한 시장실패

3.1 외부효과

외부효과란 어떤 경제주체의 행위가 '시장기구를 통하지 않고서' 다른 경제주체의 경제활동의 결과(효용, 비용 등)에 명시적으로 영향을 미치는 것을 말한다.

주의 '시장기구를 통하지 않고서'는 '가격을 지불하지 않고서' 라고 바꾸어도 무방하다.

3.1.1 외부효과의 분류

- 긍정적 외부효과와 부정적 외부효과
- 소비의 외부효과와 생산의 외부효과

주의 기술적 외부효과(technical externalities)와 금전적 외부효과(pecuniary externalities)로 분류하기도 하는데, 엄밀히 말하면 후자는 여기서 정의한 외부효과에 해당하지 않고 기술적 외부효과가 바로 여기서 말하는 외부효과에 해당한다.

3.1.2 외부효과의 영향

사적 한계가치(PMV)와 사회한계가치(SMV)의 불일치, 사적 한계비용(PMC)과 사회한계비용(SMC)의 불일치를 초래함으로써 경쟁시장이라도 파레토 최적의 자원배분을 달성할 수 없도록 한다.

소비의 외부효과

- 긍정적 외부효과인 경우 다음과 같은 관계가 성립한다.

$$SMV = PMV + MEV > PMV$$

여기서 MEV는 가격을 지불하지 않은 다른 사람들이 긍정적 외부효과로 인해 얻는 한계외부가치를 의미한다. 따라서 SMV는 PMV와 MEV의 합으로 측정된다.

- 부정적 외부효과인 경우에는 정반대의 관계가 성립한다. $MEV < 0$이기 때문이다. 따라서 긍정적 외부효과가 있는 경우 시장균형상태에서는 $SMV > PMV = PMC = SMC$의 관계가 성립하므로 사회적으로 바람직한(효율적인) 수준 이하로 생산되고, 부정적 외부효과의 경우에는 반대로 사회적으로 바람직한 수준 이상이 생산된다. 이것이 바로 외부효과로 인한 시장실패를 의미한다.

예 망외부효과(network externalities) 가운데 밴드 웨곤 외부효과(band wagon externalities)와 스놉 외부효과(snob externalities)가 대표적인 소비의 외부효과에 해당한다.

생산의 외부효과

이 경우는 소비의 외부효과와 전적으로 마찬가지인데, 다시 한 번 정리하면 다음과 같다.

- 부정적 외부효과의 경우 다음과 같은 관계가 성립한다.

$$SMC = PMC + MEC > PMC$$

여기서 MEC는 한계외부비용으로, 생산활동이 다른 주체들에게 미치는 부정적 외부효과를 나타낸다. 긍정적 외부효과의 경우 $MEC < 0$이므로 앞의 부등호는 반대가 된다.

➡ 생산에서 부정적 외부효과가 있는 경우 시장균형상태에서는 $SMV = PMV = PMC < SMC$이므로 사회적으로 바람직한 수준 이상으로 생산하게 되고, 긍정적 외부효과가 있는 경우에는 반대로 바람직한 수준 이하로 생산하게 된다. 이것이 시장실패를 의미한다.

3.1.3 외부효과의 해결방안

외부효과의 성격에 따라 효과적인 대응방안이 달라질 수밖에 없다. 크게 분류하자면 정부가 개입하는 방법과 민간부문이 스스로 해결방안을 모색하는 방법으로 나눌 수 있다. 물론 양자가 적절하게 절충된 방법도 생각할 수 있다.

1) 정부의 개입

공해세(pollution tax)

- 공해라는 외부효과를 한 단위 배출할 때마다 단위당 일정한 공해세(또는 배출비, emission fee)를 부과해 사회적으로 적절한 수준의 생산을 유도하려는 정부의 개입으로, 처음으로 이 개념을 제안한 피구(A.C. Pigou)의 이름을 따 피구세(Pigouvian tax)라고도 한다.
- 이 방법의 근본적인 문제는 공해로 인한 *MEC*곡선을 정확하게 알 수 없는 상태에서 공해세를 결정해야 한다는 점이다. 이와 같이 불완전한 정보하에서 공해세를 부과하는 경우, 물론 어느 정도 비효율은 제거할 수 있겠지만, 파레토 최적의 상태를 달성하기 어려워진다.

직접규제(regulation)

- 이 방법은 정부가 직접 공해배출량을 규제하는 것이다. 즉, 기업마다 공해배출의 한도를 결정해 줌으로써 사회 전반의 공해수준을 일정하게 유지하려는 것이다.
- 이 방법 역시 정부가 *MEC*만이 아니라 공해감축에 따른 한계비용, 즉 한계감축비용(Marginal Cost of Abatement ; *MCA*)곡선을 정확하게 알고 있는 경우에만 파레토 최적의 공해수준을 달성할 수 있다는 한계를 가지고 있다.

주의 완전한 정보하에서는 직접규제나 공해세 모두 효율적인 결과를 달성한다는 점에서는 일치하지만, 불완전한 정보하에서는 상황이 달라진다. *MEC*와 *MCA*에 대해 불완전한 정보를 가진 경우 어떤 방법이 더 효과적인지 생각해 보라.

경매를 통한 공해배출비 결정과 양도 가능한 공해배출권

- 두 가지 방법 모두 정부가 공해배출권을 거래할 수 있는 시장을 형성해 줌으로써 정부의 규제와 시장의 형성을 통해 공해문제에 효과적으로 대처하도록 해준다.
- 양도 가능한 배출권(transferable emission permit)이란 정부가 개별 기업에게 일정한 수량의 공해배출을 허용하고, 그 범위 내에서 개별 기업들이 자신의 *MCA*를 감안해 서로에게 유리한 방향으로 적절한 가격에 공해배출권을 거래함으로써 사회적으로는 최소한의 비용으로 적절하게 공해수준을 유지하려는 아이디어이다.

예 실제로 미국에서는 이 방법을 사용해 공해를 일정수준에서 효율적으로 통제한 경험이 있다.

- 경매를 통해 결정되는 공해 단위당 공해배출비란 기본적으로 피구세와 마찬가지이지만, 정부가 일방적으로 결정하는 공해세와는 달리 개별 기업들은 자신의 공해감축비용을 감안해 공해배출권을 획득하기 위해 경쟁적으로 입찰하는 과정을 통해 결정된다.

➡ 두 가지 방법은 동일한 가격에 공해배출권이 거래되도록 한다는 점에서는 마찬가지이다. 한편 이 방법들은 정부가 설정한 공해배출수준을 효과적으로 달성하도록 해주기는 하지만, 이것이 파레토 최적의 기준을 만족하는 공해배출수준인지는 여전히 알 수 없다는 한계를 갖는다. 또한 양도 가능한 배출권은 기업에게 이익이 귀속되는 반면, 경매를 통한 방법은 이익이 정부에 귀속되는 차이가 있다.

2) 민간부문의 대응

합병(merger)

- 외부효과를 내부화(internalization)함으로써 더 이상 외부효과의 문제가 존재

하지 않도록 하는 근본적인 해결방안이기는 하지만, 이 방법이 적용될 수 있는 경우가 매우 제한되어 있다.

재산권의 확립

- 민간부문에서 협상을 통해 외부효과의 문제를 해결하려는 경우 재산권(property right)의 확립은 매우 중요한 역할을 수행한다. 이 문제를 처음 체계적으로 제기한 사람으로 코즈(R. Coase)를 들 수 있다.
- 재산권이 확립되면 재산권을 거래하는 시장을 개설하는 것이 이해관계 당사자들에게 이익이 되어 서로 협상(거래)을 통해 외부효과의 문제를 해결할 수 있다.
- 이 경우 재산권(예를 들면 강물을 오염시킬 권리 또는 맑은 강물을 이용할 권리 등)이 어느 쪽에 귀속되는가는 소득의 분배 면에서는 중요하지만, 효율적인 자원배분 면에서는 무관하게 된다. 이 점이 바로 코즈 정리의 핵심으로 강조되어 왔다(그렇지만 코즈 자신이 명시적으로 이러한 내용을 주장한 것은 아님을 유의하라).
- 쌍방 간에 협상을 해야 하는 경우만이 아니라 공유의 비극(tragedy of the commons)이라고 알려진 모든 경우가 바로 재산권이 확립되지 않아 발생하는 비효율의 예이다.

예 공해상에서의 수자원 남획, 목초지의 황폐화, 산림자원의 고갈 등.

코즈 정리

- **요약** : 외부효과가 존재하는 경우 i) 이해관계 당사자를 확정하기 용이하고, ii) 이들 간에 자유로운 협상이 가능해야 하며, iii) 협상과정에서 발생하는 거래비용이 무시할 정도로 작아야 하고, iv) 외부효과를 발생시키는 재화나 서비스의 경우 소득효과가 없어야 한다는 조건이 충족된다면 이해관계 당사자 어느 쪽에 재산권을 인정하든 관계 없이 협상을 통해 항상 동일한 파레토 최적의 자원배분을 달성할 수 있다는 것이다.

- **광의의 해석** : 협상을 통해 항상 동일한 파레토 최적의 자원배분을 달성할 수 있다는 주장은 코즈가 의도한 바를 지나치게 좁게 해석한 것이라는 비판적인 시각이 있다. 특히 소득효과가 0인 경우(예를 들면 모두 준선형의 효용함수를 가진 경우)에는 재산권의 귀속과는 관계 없이 동일한 자원배분을 실현할 수 있지만, 소득효과가 0이라는 것은 지나치게 제한적이다. 따라서 코즈가 의도했던 것은 일정한 조건이 충족되는 경우 당사자 간의 자유로운 협상을 통해 외부효과의 문제를 해결해 파레토 최적의 자원배분을 달성할 수 있다고 해석하는 편이 타당하다.
- **한계** : 코즈 정리가 성립하기 위해서는 매우 까다로운 조건이 충족되어야 한다는 점에서 이미 현실적으로 이 정리가 성립하기 어렵다는 것을 알 수 있다. 또한 비록 협상 당사자들을 확정할 수 있다 하더라도 다수가 관련된 경우에는 협상비용을 무시할 수 없다. 또한 이 경우 전략적으로 행동하게 되므로 무임승차하려는 사람들로 인해 협상이 제대로 진행되기 어렵다. 앞에서 말한 용의자의 딜레마 상황이 발생할 수 있는 것이다.

예 원전 건설, 핵폐기물 처리장, 쓰레기 매립장 건설, 상수도 보호지구, 그린벨트 문제 등등.

3.2 공공재

공공재(public goods)의 의의

사용재(private goods)와는 달리 비배제성(non-excludability)과 비경합성(non-rivalry)의 성질을 가진 재화나 서비스를 의미한다.

주의 순수 공공재와 비순수 공공재의 차이, 지방 공공재(local public good)의 개념 등을 이해하라.

비용의 관점에서 보면 공공재란 대부분 한계비용이 0이거나 0에 가까운 재화라고 말할 수 있다. 이것은 공공재 서비스의 한 단위 추가 공급에 따른 비용이 거의 0이라는 것이다.

예 한 사람이 추가적으로 국립공원을 관람하거나 전파를 이용하는 데 따른 비용을 생각해 보라.

➡ 이런 이유로 공공재는 시장에서 공급되기 어려운 성격을 가진 재화이다.

공공재의 최적 공급(optimal provision of public goods)

공공재의 고유한 성격으로 인해 공공재가 있는 경제에서 파레토 최적의 자원배분이 되기 위한 조건은 모든 재화가 사용재인 경우와 다르다. 두 소비자 1, 2가 있고, 두 재화 X, Y가 있는 경우 X재가 공공재라면 파레토 최적의 조건은 다음과 같이 정리된다.

$$MRS_{XY}^1 + MRS_{XY}^2 = MRT_{XY}$$

이 조건의 의미를 정확하게 이해할 필요가 있다.

➡ 먼저 좌변, $MRS_{XY}^1 + MRS_{XY}^2$는 공공재 X를 한 단위 더 소비하기 위해 개개인이 포기할 의사가 있는 Y재의 수량의 합을 나타낸다. 이것은 사회 전체의 (한계)지불의사, 즉 사회한계가치(SMV)를 나타낸다. 반면 우변은 X재 한 단위 추가 생산을 위해 포기해야 하는 Y재의 수량을 나타내므로 X 한 단위 추가 생산의 한계비용, 즉 사회한계비용(SMC)에 해당한다. 따라서 $SMV > SMC$이면 X재의 생산을 늘리는 것이 효율적이고, $SMV < SMC$이면 X재의 생산을 줄이는 것이 효율적이므로 결국 $SMV = SMC$일 때 파레토 최적의 자원배분이 이루어진다는 것을 나타낸다.

➡ 결국 공공재가 있는 경제든 아니든 파레토 최적의 조건 $SMV = SMC$에는 변함이 없지만, 이 조건을 만족하는 관계식만 달라질 뿐이다.

주의 사용재만 있는 경우와 마찬가지로 주어진 자원하에서 파레토 최적의 자원배분에 해당하는 (X^*, Y^*)의 조합은 유일한 것이 아니라 무수히 많게 된다. 만약 정부가 파레토 최적의 배분을 달성했다면 이 가운데 하나를 선택한 것이 된다.

최적 공급의 문제점

공공재의 성격으로 인해 누구나 무임승차(free riding)하려는 성향을 갖게 된다. 이로 인해 사회는 용의자의 딜레마의 상황에 처하게 된다. 즉, 공공재를 공급하는 것이 누구에게나 이득이지만, 개인적인 차원에서는 비용을 부담하지 않는 것이 최선의 전략이 되기 때문에 결국 공공재는 공급되지 않게 된다. 이것은 파레토 개선의 기회가 있음에도 불구하고 무임승차하려는 성향으로 인해 비효율적인 결과를 초래한다는 것을 의미한다. 나아가서 단순히 공공재의 공급과 공급 포기 간의 양자택일이 아니고, 적정수준의 공공재의 공급을 다루는 경우에도 무임승차의 성향으로 인해 적정 수준 이하로 공급되는 결과를 초래하게 된다.

주의 관료적 이해관계 때문에 도덕적 해이가 발생하고, 이로 인해 공공재가 과잉 공급되는 것은 여기서 언급한 것과는 별개의 문제이므로 혼동하지 않기 바란다.

➡ 여기서 사람들의 진정한 선호의 현시(truthful revelation of preferences) 문제가 제기된다. 즉, 공공재에 대한 자신의 진정한 선호(진정한 지불의사)를 드러내는 것이(진실되게 정부에 보고하는 것이) 개인적으로 최선의 전략이기 때문에 진정한 선호를 드러내도록 인센티브를 제공하는 장치인 현시장치(revelation mechanism)를 고안하는 문제가 중요한 의미를 갖는다.

예 현시장치의 고전적 예로서 클라크-그로브즈 장치(Clarke-Groves mechanism) 또는 기축적 장치(pivotal mechanism)의 의의를 이해하라.

04 응용문제와 해설

4.1 공해 문제와 외부효과

Question
문제 01

최적 공해(optimal pollution)의 의의를 설명하고, 이를 달성하기 위한 효과적인 방법을 논하라.

Answer
해설

이 문제의 핵심은 최적 공해의 의미를 정확하게 이해하고, 이를 달성할 수 있는 실천적인 방법을 제시하는 데 있다.

1) 최적 공해의 의의

최적 공해의 의의를 이해하기 위해서는 성장과 공해수준 간의 상충관계(tradeoff)를 이해해야 한다. 일반적으로 경제성장률이 높아진다는 것은 산업생산이 증가한다는 것을 의미한다. 그리고 이것은 생산과정에서 각종 공해물질의 배출량이 증가한다는 것을 의미한다. 자동차 대수의 증가에 따라 대기오염이 심해진다든가, 화공물질의 생산이 증가함에 따라 다이옥신과 같은 발암물질의 배출이 증가한다든가 또는 염색공장에서 오염된 폐수를 배출하는 등등이 그것이다.

각종 공해로 인한 피해는 시장에서 그에 상응하는 대가를 보상받기 어려운 성격을 가지고 있다. 이는 대표적인 부정적 외부효과의 예로, 이로 인한 생산의 주체 이외에 사회의 다른 구성원들에게 미치는 피해는 한계외부비용(Marginal External Cost ; *MEC*)으로 측정된다. 이 비용은 보통 공해배출량이 증가함에 따라 증가하는 성격을 가지며, [그림 10-1]에서 *MEC*곡선으로 표시되어 있다. 이 그림에서 *G*는 공해배출량을 나타낸다. 한편 정부는 공해를 배출하는 기업에게 배출량을 감축하도록 규제할 수 있다. 이 경우 기업들은 공해감축에 따른 비용을 부담하지 않을 수 없다. 이러한 비용은 실제로 공해감축을 위해 설치해야 하는 각종 장비 및 인건비를

그림 **10-1**

최적 공해수준

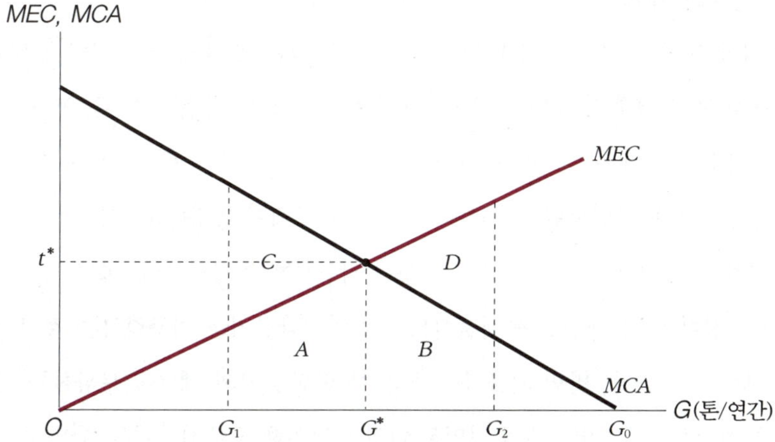

반영할 수도 있고, 아니면 단순히 이윤을 극대화하는 현재의 생산량보다 생산을 감축하는 데 따른 이윤의 감소분으로 해석할 수도 있다. 생산량을 줄이면 공배배출량이 줄어드는 대신 이윤은 감소하기 때문에 기업으로서는 이것을 공해감축비용으로 해석할 수 있다. 이것을 한계감축비용(Marginal Cost of Abatement ; *MCA*)이라 부르며, [그림 10-1]에 *MCA*곡선으로 표시되어 있다.

여기서 우리는 최적 공해수준을 다음과 같이 정의할 수 있다. 이것은 다름 아니라 공해로 인한 총비용, 즉 외부비용과 감축비용을 합한 비용을 극소화하는 공해수준을 말한다. 이것은 곧 [그림 10-1]에서 *MEC*곡선과 *MCA*곡선이 교차하는 수준인 G^*가 바로 최적 공해수준임을 의미한다. 왜냐하면 이때 공해로 인한 사회적 비용이 면적 $(A+B)$로 최소화되기 때문이다. 만약 다른 수준, 예를 들면 G_1인 경우 공해로 인한 사회적 비용의 합계는 $(A+B+C)$가 된다. 다른 경우도 마찬가지로 사회적 비용이 항상 $(A+B)$보다는 크다.

2) 최적 공해의 실현 방법

앞에서 바람직한 공해수준이란 어떤 조건을 만족하는 것인지 살펴보았다. 이제 다음으로 이것을 실현할 수 있는 방법을 생각해 보자. 여기에는 크게 i) 정부의 개입과 ii) 민간부문의 대응 및 iii) 제한된 정부의 개입과 시장의 활용방안을 고려할 수 있다.

i) 정부의 개입

최적 공해를 달성하기 위해 정부가 취할 수 있는 조치는 크게 직접 공해배출량을 통제하는 방법과 조세를 통해 공해배출을 조절하는 방법을 들 수 있다. 전자는 직접규제로서 수량을 통제하는 것이고, 후자로는 피구세를 들 수 있다. 다시 [그림 10-1]을 이용해 설명하면, 기업들이 배출하는 공해의 총량이 G^*의 수준을 유지하도록 개별 기업의 배출량을 통제하는 것이 직접규제에 해당한다. 예를 들면 자동차 1대당 일정한 양의 매연만을 배출하도록 매연저감장치를 의무화하는 것이 직접규제의 예에 해당한다. 반면 배출하는 공해 한 단위당 t^*의 세금을 부과하는 것이 피구세에 해당한다. 그러면 개별 기업은 이것을 감안해 공해배출량을 줄일 것이고, 결과적으로 G^*를 달성할 수 있다.

그러나 직접규제든, 피구세와 같은 간접규제든 정부개입의 한계는 *MEC*곡선과 *MCA*곡선에 대해 완전한 정보를 가지고 있지 않다는 데 있다. 이것은 G^*의 크기나 t^*의 값을 정확하게 알 수 없기 때문에 공해량을 통제하거나 조세를 부과하는 데 한계가 있음을 의미한다. 따라서 현실적으로는 최적 공해수준 G^*를 달성하기 어렵고, 단지 어느 정도 공해배출량을 감소시킬 수 있을 뿐이다.

ii) 민간의 대응 : 코즈 정리의 응용

최적 공해수준을 달성하는 다른 방법은 당사자들 간의 자발적인 협상을 이용하는 것이다. 이 방법이 효과를 갖기 위해서는 코즈가 제안한 바와 같이 일정한 조건이 충족되어야 한다. 이를테면 당사자들이 소수이면서 명백해야 하며, 거래비용이 거의 없고 재산권이 확립되어 있어야 한다. 이런 의미에서 불특정 다수가 관련된 대기오염과 같은 공해의 경우에는 적용되기 어렵다. 그렇지만 이해관계 당사자가 소수라면 이 방법은 의외로 효과적이다. 다시 [그림 10-1]로 돌아가 공해를 유발하는 기업과 그 피해자가 한 명씩인 경우를 생각해 보자. 이 경우 코즈 정리에 의하면 어느 쪽에 재산권을 인정하더라도 서로에게 유리한 거래의 결과 항상 G^*의 수준을 달성할 수 있다. 그렇지만 이 방안은 당사자가 불특정 다수인 경우에는 거래비용이 과다하고, 전략적 행동의 결과 무임승차하려는 경향으로 인해 성공하기 어렵다는 한계를 가지고 있다.

민간부문의 다른 대응방안으로는 합병(merger)을 들 수 있다. 이것은 공해를 유발하는 주체든, 피해를 보는 주체든 어느 한쪽이 다른 쪽을 합병해 외부효과를 내부화함으로써 더 이상 외부효과의 문제가 발생하지 않게 하는 효과가 있다. 그렇지만 이 방법을 적용할 수 있는 경우 또한 매우 제한되어 있다는 한계가 있다.

iii) 제한된 정부개입과 시장활용방안

이 방법은 현실적으로 미국에서 이미 널리 사용되고 있는 방법으로, 매우 실현성이 높다. 그렇지만 이 방법 또한 최적 공해수준을 달성한다기보다는 사회가 설정한 일정한 공해수준을 효율적으로 달성하도록 한다는 데 의의가 있다. 이 방법으로는 양도 가능한 배출권과 경매를 들 수 있다.

양도 가능한 배출권은 공해를 유발하는 기업들 간에 공해감축비용에 차이가 있다는 사실을 최대한 활용해 효율적으로 공해를 감축하는 방법이다. 일반적으로 개별 기업은 정부로부터 일정한 공해배출권을 얻는다. 그후 각자 자신의 공해감축비용을 감안해 배출권을 서로 매매할 수 있다. 그 결과 사회적으로 일정한 수준의 공해를 유지하면서 이에 수반되는 비용을 최소화할 수 있다.

경매는 정부가 책정한 일정량의 공해배출권을 입찰방식을 통해 기업들에게 판매하는 것을 말한다. 이런 의미에서 정부가 달성할 수 있는 공해수준은 앞의 경우와 동일하다. 단, 앞의 경우에는 배출권의 거래에 따른 이익을 기업들이 나누어 갖는 반면, 경매의 경우에는 이러한 이익이 정부의 수입으로 귀속된다는 차이가 있다. 경매의 진행방식은 정부가 공해배출 단위당 가격을 제시하면 개별 기업들이 자신이 원하는 배출권의 수량을 제시하고, 이를 합해 정부가 설정한 수량에 미달하면(즉, 공급 > 수요) 가격을 낮추고 그 반대의 경우에는 가격을 인상하는 방식으로 진행된다. 그 결과 정부가 제시한 가격에 공해배출권에 대한 수요와 공급이 일치할 때 경매는 종료된다.

Question
문제 02

공해로 인한 한계외부비용(*MEC*)과 한계감축비용(*MCA*)에 관한 정보가 불완전한 경우 피구세(공해부담금)와 직접규제(공해기준치) 가운데 어느 쪽이 더 효과적인지 경우를 나누어 설명하라.

Answer
해설

이 문제의 핵심은 불완전한 정보하에서 공해를 규제하는 경우 공해기준치를 설정해 주는 직접규제방식과 공해 단위당 일정한 공해부담금을 부과하는 피구세 가운데 어느 쪽이 더 효율적인지 판단할 수 있는 기준을 이해하는 데 있다.

한계외부비용(MEC)과 한계감축비용(MCA)에 대한 정보가 완전한 경우 피구세와 직접규제 가운데 어떤 방법을 사용하더라도 최적 공해수준을 달성할 수 있다는 점에서는 차이가 없다. 그렇지만 이들에 대한 정보가 불완전한 경우에는 직접규제와 피구세는 그 효과 면에서 차이를 보일 수밖에 없다. 어느 방법이 더 효율적인지 판별하는 기준을 두 비용곡선의 상대적인 기울기의 차이에서 발견할 수 있다. 편의상 다음과 같은 두 가지 경우를 비교해 보자.

1) MEC곡선의 기울기 $>$ MCA곡선의 기울기인 경우

실제로는 MEC곡선의 기울기 $>$ MCA곡선의 기울기이지만, 불완전한 정보로 인해 이러한 사실을 정확하게 모르는 상태에서 두 가지 규제방법 중 한 가지를 선택하는 경우를 생각해 보자. [그림 10-2(a)]에 나타나 있듯이 완전한 정보를 가진 경우 최적 공해수준은 G^*이고, 이를 달성하도록 해주는 피구세는 t^*임을 알 수 있다. 논의의 편의상 $G^* = 100$이고, $t^* = 10$이라고 하자.

이제 불완전한 정보로 인해 직접규제의 경우에는 G^*보다 10% 더 높은 수준(110)으로 규제의 목표를 설정하게 되고, 피구세의 경우에는 t^*보다 10% 낮은 수준(9)에서 세금을 부과하게 된다고 가정하자. 이것은 불완전한 정보로 인한 오차를 똑같이 설정함으로써 두 방법 중 어느 것이 사회적 비용을 더 적게 하는지 비교하기 위한 것이다. 이 경우 [그림 10-2(a)]에서 알 수 있듯이 적절한 수준의 피구세를 부과하지 못하는 경우의 사회적 비용은 적절한 직접규제를 실시하지 못하는 경우보다 더 크게 증가한다. 이것은 면적 $ABC >$ 면적 ADE를 통해 확인할 수 있다. 따라서 MEC가 더 가파르게 증가하는 경우에는 피구세보다는 직접규제가 상대적으로 더 바람직하다.

그림 **10-2**

(a) *MEC*곡선이 더 가파른 경우

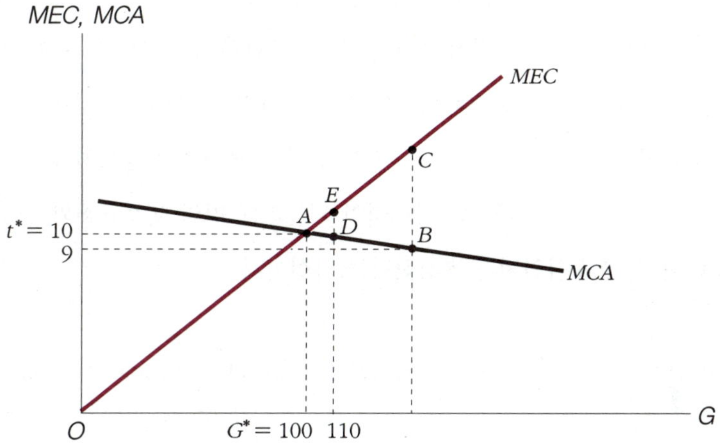

그림 **10-2**

(b) *MCA*곡선이 더 가파른 경우

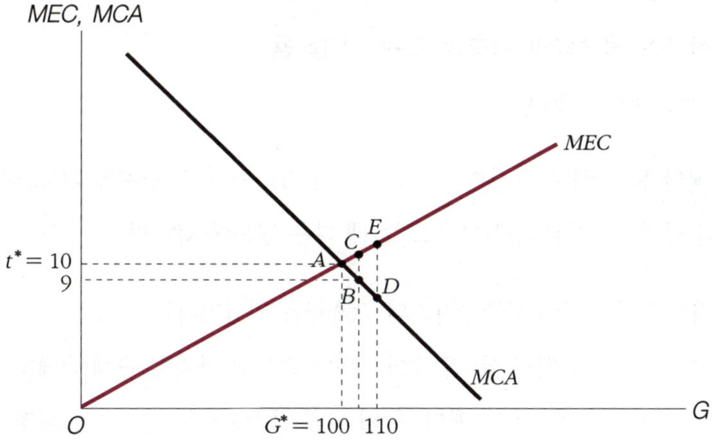

2) *MEC*곡선의 기울기 < *MCA*곡선의 기울기인 경우

실제로는 *MEC*곡선의 기울기 < *MCA*곡선의 기울기이지만, 불완전한 정보로 인해 이러한 사실을 정확하게 모르는 상태에서 두 가지 규제방법 중 한 가지를 선택

하는 경우를 생각해 보자. [그림 10-2(b)]에서 알 수 있듯이 이 경우는 앞의 경우와는 반대로 적절한 수준의 직접규제 수량을 선택하지 못하는 경우의 사회적 비용이 적절한 수준의 피구세를 부과하지 못하는 경우의 사회적 비용보다 더 크게 증가한다. 이것은 면적 $ADE >$ 면적 ABC를 통해 확인할 수 있다. 물론 이 경우도 두 가지 방법 모두 적절한 수준보다 10%씩 오차를 가지고 실시되는 경우를 가정한다.

이상의 논의로부터 우리가 얻을 수 있는 결론은 불완전한 정보하에서는 두 비용곡선인 MEC곡선과 MCA곡선의 상대적인 기울기에 따라 직접규제와 피구세 가운데 어느 쪽이 더 효율적인지가 결정된다는 사실이다.

Question 문제 03

아황산가스 발생량의 감축에 따른 혜택과 비용에 관한 연구결과가 다음과 같이 요약된다고 하자.

아황산가스 발생량의 감축에 따른 한계혜택

$MB = 400 - 10A$

아황산가스 발생량의 감축에 드는 한계비용

$MC = 100 + 20A$

A는 백만 톤 단위로 측정한 아황산가스의 감축량이며, 한계혜택(MB)과 한계비용(MC)의 단위는 1만원(톤당)이라고 할 때 다음 질문에 답하라.

1) 사회적으로 효율적인 아황산가스의 감축량은 얼마인가?
2) 효율적인 양보다 1백만 톤 더 많이 감축시킨다면 사회적 순혜택(혜택 - 비용)의 크기는 어떻게 변하는가? 1백만 톤 더 적게 감축시키는 경우에는 어떻게 변하겠는가?
3) 총혜택이 총비용과 같아질 때까지 아황산가스의 발생량을 감축시키는 것보다 한계혜택이 한계비용과 같아질 때까지 감축시키는 것이 사회적으로 더 효율적인 이유는 무엇인지 설명하라.

Answer
해설

이 문제의 핵심은 공해를 감축하는 데 따른 혜택과 비용을 파악함으로써 최적 공해수준의 의의를 이해하는 데 있다.

1) 아황산가스 감축에 따른 한계혜택과 한계비용이 일치할 때 사회적으로 효율적인 감소량이 결정된다. 이것은 [그림 10-3(a)]에서와 같이 $A = 10$백만 톤이다.

2) $A = 10$백만 톤보다 1백만 톤 더 감축시키는 경우 순혜택은 [그림 10-3(a)]에서 면적 a만큼 감소한다. 그리고 $A = 10$백만 톤보다 1백만 톤을 덜 감축시키는 경우 순혜택은 [그림 10-3(a)]에서 면적 b만큼 감소한다. 금액으로 평가하면 $a = b = 15 \times 10^{10}$원이다.

3) 총혜택과 총비용이 같아지는 감소량의 수준은 [그림 10-3(b)]에서 A_M에 해당한다. 그 이유는 면적 B와 면적 C가 같기 때문이다.

   아황산가스 감소에 따른 사회잉여를 극대화하는 수준은 (총혜택 - 총비용)을 극대화하는 수준인 $A^* = 10$백만 톤이다. 이것은 한계혜택과 한계비용이 일치하는 경우에 해당한다. 따라서 이 수준을 초과해 감소시키면 한계혜택보다 한계비

그림 **10-3**

(a) 최적 공해수준

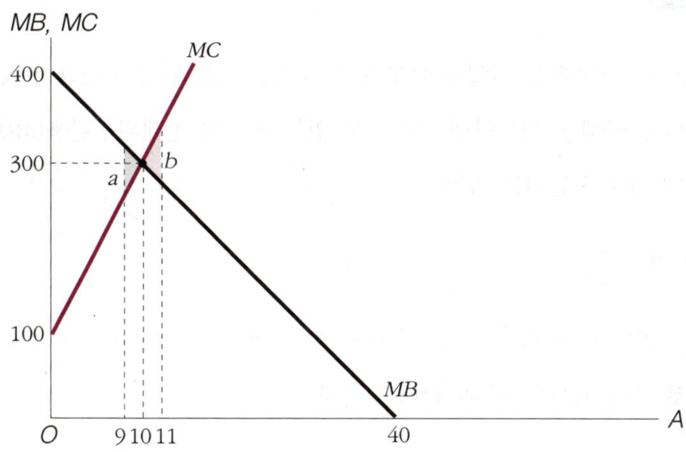

그림 10-3

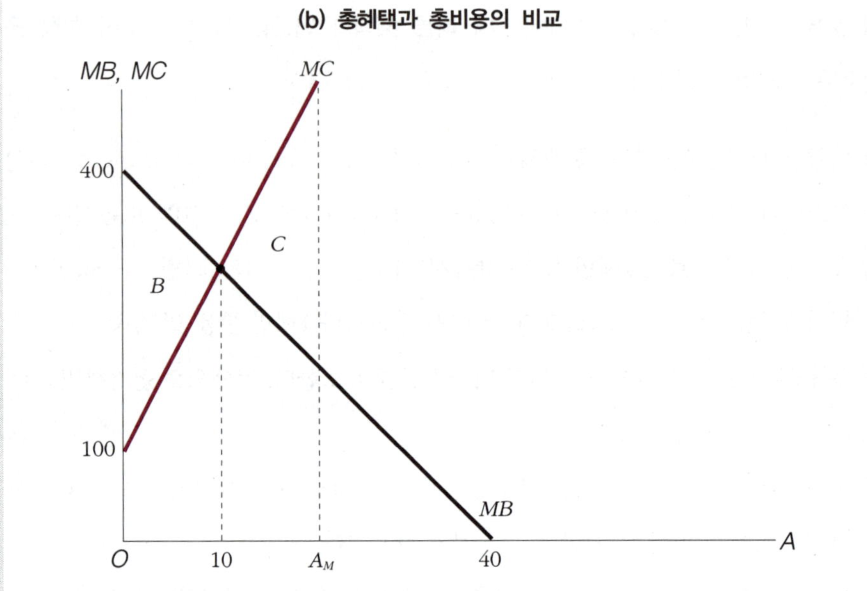

용이 더 크므로 감소에 따른 사회잉여가 줄어든다. 그러므로 A_M까지 감소시키는 경우에는 총혜택과 총비용이 일치해 아황산가스 감소에 따른 사회잉여가 0이 되므로 결코 바람직하지 않다.

Question
문제 04

공해물질을 배출하는 기업과 이로 인해 피해를 보는 인근 주민들이 있는 경우를 생각해 보자. 공해물질로 인해 주민들이 입는 피해는 한계외부비용(MEC)에 의해 측정되는데 다음과 같다고 하자.

$$MEC(G) = \frac{G}{20}$$

반면 기업이 공해 배출을 한 단위 줄이는 데 소요되는 비용은 한계감축비용(MCA)으로 측정되는데 다음과 같다고 하자.

$$MCA(G) = 100 - \frac{G}{5}$$

여기서 G는 월간 공해 배출량을 나타낸다.

1) 공해로 인한 사회적 비용을 최소화하는 공해 배출량은 얼마인가?

2) 유감스럽게도 두 곡선에 대한 정보가 불완전해 공해 배출량을 규제하는 당국이 1)에서 구한 배출량보다 10% 더 많은 공해 배출을 허용한다고 하자. 이로 인해 사회적 비용은 얼마나 증가하는가?

3) 공해를 감독하는 당국에서 배출비(emission fee)를 통해 공해를 규제하고자 한다. 그런데 정보가 불완전해 이상적인 경우에 비해 공해 배출 단위당 10% 낮은 배출비를 부과한다고 하자. 이로 인해 사회적 비용은 얼마나 증가하는가?

4) 이상의 논의에 의할 때 공해를 규제하는 두 가지 방법 가운데 현실적으로는 어느 것이 더 바람직하다고 말할 수 있는가?

Answer
해설

이 문제의 핵심은 공해의 사회적 비용을 최소화하는 현실적인 방법들의 장·단점을 비교하는 데 있다.

1) 공해로 인한 사회적 비용을 최소화하는 조건은 다음과 같다.

$$MEC(G) = MCA(G) \Rightarrow \frac{G}{20} = 100 - \frac{G}{5}$$

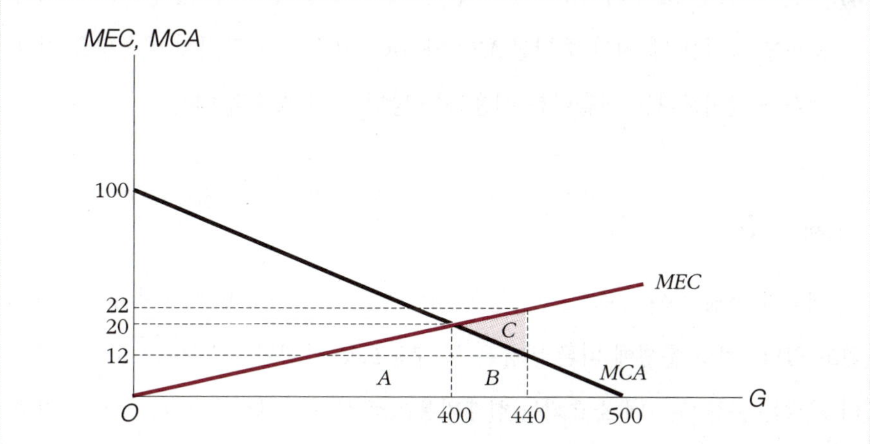

그림 10-4 불완전한 직접규제의 예

그림 10-5

불완전한 배출비 규제의 예

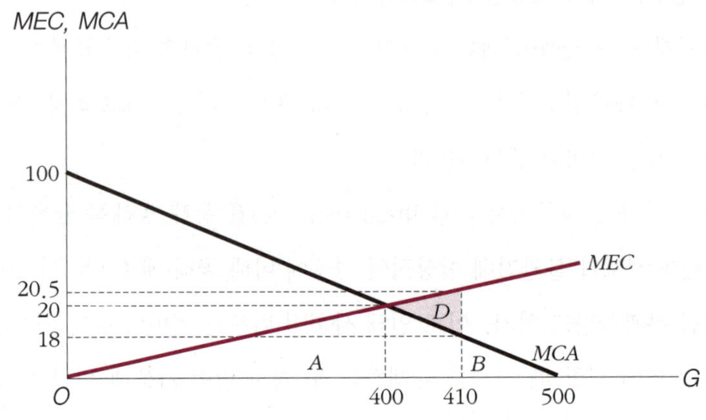

따라서 이 조건을 만족하는 공해 배출량은 $G^* = 400$이다. 그리고 피구세와 같은 배출비를 부과한다면 $t^* = 20$이다.

2) 당국이 최적 공해 배출수준보다 10% 많은 $G = 440$으로 설정하는 경우 이로 인한 추가 사회적 비용은 [그림 10-4]에서 면적 C에 해당한다.

따라서 추가 사회적 비용은 200이다.

3) 당국이 단위당 배출비를 최적 배출비보다 10% 낮은 18로 책정하는 경우 이로 인한 추가 사회적 비용은 [그림 10-5]에서 면적 D에 해당한다.

따라서 추가 사회적 비용은 12.5이다.

4) 현실적으로는 MEC와 MCA에 대해 완전한 정보를 얻을 수 없다. 따라서 일정한 오차를 감안할 때 여기 주어진 MEC와 MCA의 특징으로 인해 배출량을 직접 규제하는 방법보다는 배출비를 이용하는 방법이 더 효율적이다.

Question 문제 05

서울과 분당 간의 고속도로는 항상 차량으로 붐비는데, 현재 통행료를 징수하지 않고 있다. 차량 운행에 따른 비용은 두 부분으로 구성된다. 하나는 순수하게 자신의 차량을 운행하는 데 소요되는 한계비용으로 사적 한계비용(PMC)곡선에 의해 표현된다. 다른 하나는 교통체증(congestion)에 따른 외부비용으로 한계외부비용

(MEC)곡선에 의해 표현된다. 이 두 곡선은 다음과 같이 요약된다.

$$PMC = \frac{T}{200}$$
$$MEC = \frac{T}{1,000}$$

여기서 T는 시간당 차량대수를 나타낸다.

한편 이 고속도로를 이용하는 데 따른 편익은 러시아워와 그 외의 시간대에 따라 달리 측정되며, 다음과 같은 한계편익(MB)곡선으로 측정된다고 하자. MB_1은 러시아워에서의 한계편익을 나타내는 곡선이고, MB_2는 그 외의 시간대에서의 한계편익을 나타낸다.

$$MB_1 = 1,200 - \frac{T}{100}$$
$$MB_2 = 440 - \frac{T}{200}$$

1) 통행료가 부과되지 않는 상황에서 러시아워에 교통체증이라는 부정적인 외부효과로 인한 사회적 자중손실은 얼마인가?
2) 러시아워에는 통행료를 얼마만큼 부과하는 것이 사회적으로 가장 바람직하겠는가?
3) 러시아워와 그 외의 시간대에 통행료를 달리 부과하는 것이 단일한 통행료를 부과하는 것보다 사회적으로 바람직한지 논평하라.

Answer
해설

이 문제의 핵심은 도로와 같은 공유재산의 경우 교통체증이라는 외부효과가 미치는 사회적 비효율의 성격을 정확하게 이해하는 데 있다.

1) 먼저 비용곡선과 한계편익곡선들을 그래프로 정확하게 나타내면 [그림 10-6]과 같다.

   사회한계비용곡선 SMC는 PMC와 MEC를 수직으로 더해 구하며, 다음과 같다.

$$SMC = \frac{T}{200} + \frac{T}{1,000} = \frac{6T}{1,000} = \frac{3T}{500}$$

   통행료가 부과되지 않는 경우 러시아워에서의 교통량은 $MB_1 = PMC$를 만족하

그림 10-6

사회적 자중손실

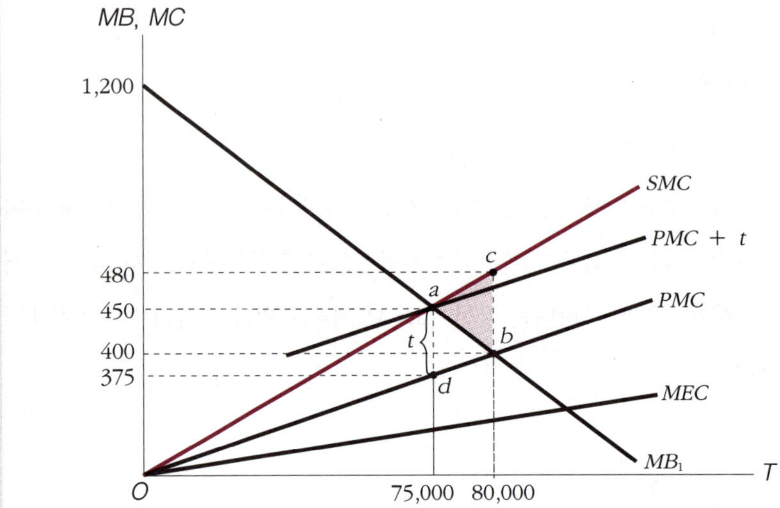

는 수준에서 결정되므로 이것을 구하면 다음과 같다.

➡ $\frac{T}{200} = 1,200 - \frac{T}{100}$

➡ $T^* = 80,000$

반면 한계외부비용을 감안하는 경우 사회적으로 바람직한 교통량은 다음과 같이 구한다.

➡ $\frac{3T}{500} = 1,200 - \frac{T}{100}$

➡ $T_p = 75,000$

따라서 자중손실은 [그림 10-6]에서 적색 부분($\triangle abc$)에 해당하며, 그 크기는 200,000이다.

2) 러시아워에 사회적으로 바람직한 교통량은 SMC와 MB_1이 일치하는 수준에서 결정된다. 여기서는 75,000대이다. 이를 실현하기 위해서는 적절한 통행료(t)를 부과해야 한다. [그림 10-6]에서 ad 간의 거리에 해당하는 통행료를 부과하면 사회적으로 바람직한 교통량을 달성할 수 있다. 따라서 적정 통행료는 75원이다. 이것은 최적 교통체증(optimal congestion)을 실현시키는 가격에 해당한다.

그림 **10-7**

차별화된 통행료의 의의

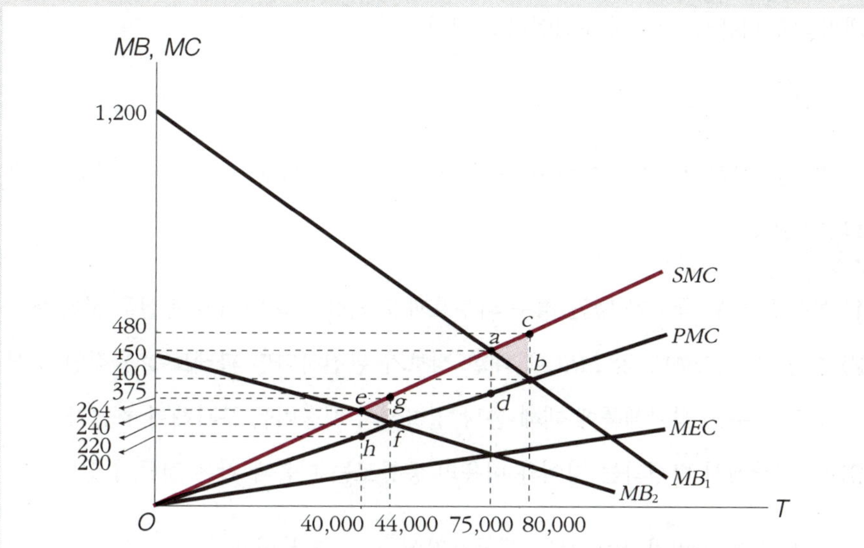

3) [그림 10-7]에 종합적으로 나타나 있듯이 러시아워에는 75원의 통행료를 부과하고, 그렇지 않은 경우에는 그림에서 구간 eh에 해당하는 40원의 통행료를 부과하는 것이 사회적으로 바람직하다. 왜냐하면 이 경우 사회잉여가 극대화되기 때문이다. 따라서 단일한 통행료를 부과하는 것은 어떤 경우에도 사회잉여를 극대화하지 못한다. 예를 들어 단일한 통행료로 75원을 채택하는 경우 러시아워에는 사회잉여를 극대화하지만, 그 외의 경우에는 사회잉여를 극대화하지 못한다. 마찬가지로 단일한 통행료로 40원을 채택하는 경우 그 외의 경우에는 사회잉여를 극대화하지만, 러시아워에는 사회잉여를 극대화하지 못한다. 이외에 다른 통행료를 채택하는 것은 어떤 경우에도 사회잉여를 극대화하지 못한다. 그러므로 차별화된 통행료를 부과하는 것이 사회적으로 바람직하다.

Question
문제 06

경쟁적인 시장에서 활동하는 화학회사의 제품에 대한 시장수요가 다음과 같다고 하자.

$$P = 54 - Q$$

여기서 Q의 단위는 '톤/월' 이고 가격은 '10만원/톤' 이다. 그리고 이 산업의 한계비용은 다음과 같이 추정되었다고 하자.

$PMC = 10 + Q$

그런데 화학제품으로 인한 한계외부비용(MEC)이 $MEC = 0.2 \times Q$와 같이 측정되었다고 하자.

1) 아무런 정부 규제가 없는 경우 외부효과로 인한 사회잉여의 손실을 구하라.
2) 시장수요와 PMC 및 MEC에 대한 정보가 완전하다면 파레토 효율적인 생산을 위해 정부는 화학제품에 대해 톤당 얼마씩의 배출비를 부과해야 하는가?
3) 이 시장에서 발생하는 잉여와 비용의 종류로는 다음과 같은 것들이 있다.

> A = 소비자잉여, B = 생산자잉여, C = 외부비용,
> D = 배출비 징수에 의한 정부수입, E = 자중손실

최적 배출비를 부과하는 경우나 배출비를 부과하지 않는 경우나 $A + B - C + D + E$의 크기가 같다는 것을 증명하라.

Answer
해설

이 문제의 핵심은 외부효과로 인한 사회잉여의 감소와 사회적 비용의 증가 간의 관계를 정확하게 이해하는 데 있다.

1) [그림 10-8]에서 알 수 있듯이 규제가 없는 경우 균형생산량은 $Q_C = 22$이고 균형가격은 $P_C = 32$(320만원)이다. 그렇지만 사회적으로 바람직한 생산량은 $Q_P = 20$이다. 2톤만큼 더 많이 생산함으로써 발생하는 사회잉여의 손실은 「$SMC - SMV$」의 누적합으로서 면적 A에 해당하는 44만원이다.
2) 사회적으로 바람직한 생산량은 $Q_P = 20$이므로 이때의 한계외부비용인 $MEC = 4$(40만원)가 단위당 배출비에 해당한다.
3) [그림 10-9]를 이용해 잉여와 비용의 합계를 구해 비교하면 다음과 같다. 여기서는 10만원 단위는 생략한다.

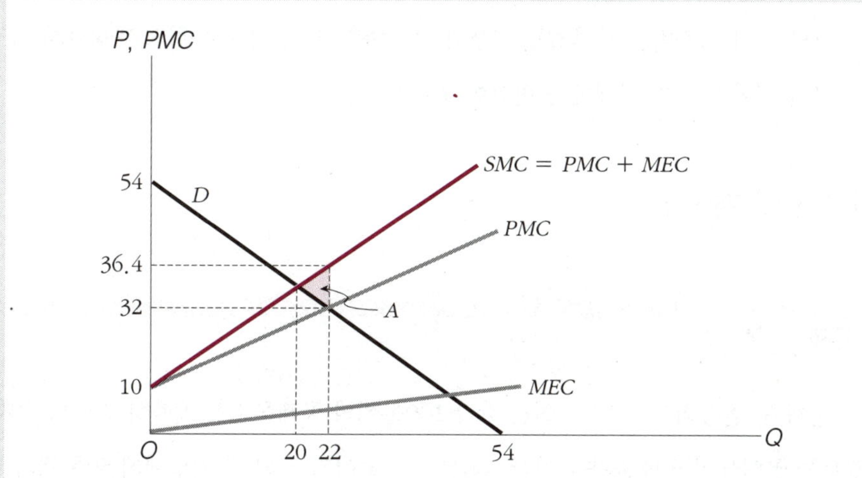

그림 10-8 외부효과로 인한 사회잉여의 손실

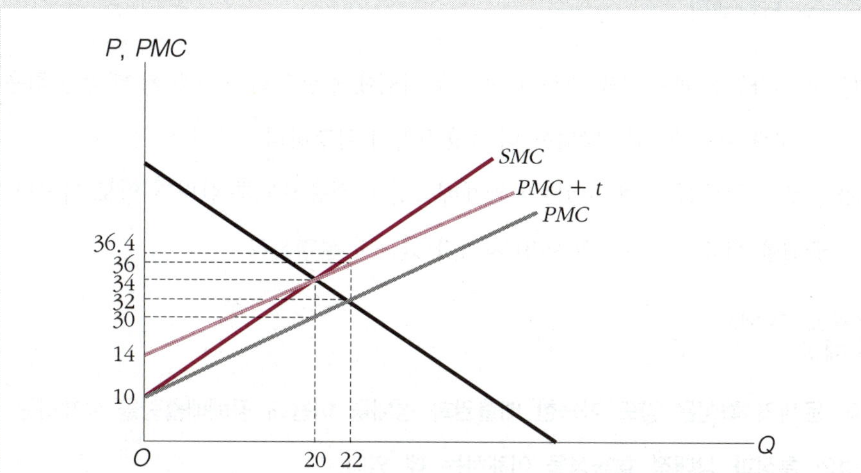

그림 10-9 사회잉여와 사회비용 합계의 불변성

배출비를 부과하지 않는 경우

$A = 242,\ B = 242,\ C = 48.4,\ D = 0,\ E = 4.4$

➡ $A + B - C + D + E = 440$

배출비를 부과하는 경우

$A = 200,\ B = 200,\ C = 40,\ D = 80,\ E = 0$

➪ $A + B - C + D + E = 440$

이와 같이 배출비를 부과하는 경우와 부과하지 않는 경우 사회적 관점에서 측정한 잉여와 비용의 합계에는 변함이 없다.

4.2 공해 배출권

Question
문제 07

현재 두 철강회사 A, B가 연간 각각 100톤씩의 공해물질을 배출하고 있다 하자. 정부는 공해물질의 배출량을 연간 100톤으로 줄이기 위해 각 기업에게 50톤씩의 공해배출만을 허용하기로 했다고 하자. 각 기업의 한계감축비용(MCA)을 각각 $MC_1(q)$, $MC_2(q)$라고 할 때 $MC_1(q) > MC_2(q)$라고 가정하자. 여기서 q는 공해감축량을 나타낸다.

1) 양도 가능한 배출권을 허용한다면 각 기업에게 균일하게 50톤씩 배출을 허용하는 것과 비교해 어느 방법이 더 효율적인지 설명하라.
2) 정부가 경매를 통해 100톤의 공해배출만을 허용하도록 한다면 양도 가능한 배출권을 허용하는 경우와 어떤 차이가 있는지 설명하라.

Answer
해설

이 문제의 핵심은 양도 가능한 배출권과 경매를 이용해 공해배출량을 통제하는 방법의 특징과 상대적 효율성을 이해하는 데 있다.

1) 이 문제에서 기업 1보다는 기업 2가 공해를 감축하는 데 따른 비용 면에서 효율적이다. 그러나 이러한 사실을 무시하고 두 기업이 균일하게 50톤씩 공해배출량을 허용한다면 이것은 효율적이 아니다. 그 이유는 두 기업의 비용의 차이를 적절하게 이용하지 않기 때문이다. 한마디로 비용 면에서 유리한 기업이 불리한 기업에게 일정한 수량의 공해배출권을 판매하는 거래를 통해 총 공해배출량을 100톤으로 유지하면서도 이에 수반되는 사회적 비용은 줄일 수 있다. [그림 10-

그림 10-10

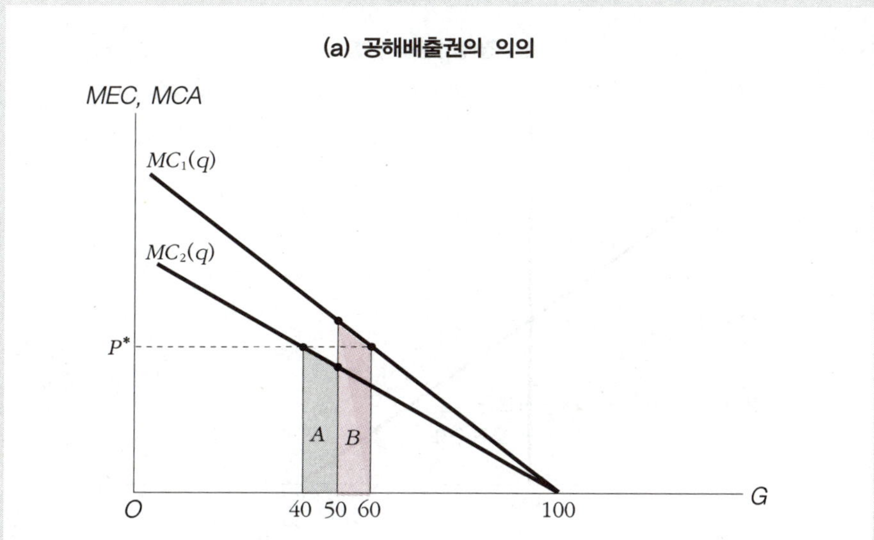

10(a)]를 통해 이 문제를 살펴보기로 하자.

[그림 10-10(a)]에서 MCA_1과 MCA_2는 각각 두 기업의 한계감축비용을 나타내는 곡선이다. 어떤 방법을 사용하든 총 공해배출량은 100톤이므로 *MEC*곡선에 의해 둘러싸인 부분의 면적은 동일하다. 따라서 공해감축에 따른 비용을 비교하면 된다. [그림 10-10(a)]에서 알 수 있듯이 두 기업이 동일하게 50톤씩 공해배출량을 줄이는 것(즉, 50톤씩의 공해배출권을 유지하는 것)보다는 비용 면에서 유리한 기업 2는 일정량의 배출권을 기업 1에 적절한 가격에 판매함으로써 두 기업 모두의 감축비용을 줄일 수 있다. 이것은 사회적으로도 총 감축비용이 줄어든다는 것을 의미한다. 따라서 동일하게 50톤씩 배출권을 허용하는 경우보다 사회적으로는 더 바람직하다. 예를 들어 [그림 10-10(a)]의 경우와 같이 기업 2는 10톤의 배출권을 기업 1에 팔면 이에 해당하는 만큼 감축비용을 추가로 부담해야 한다. 이것은 면적 *A*에 해당한다. 반면 기업 1은 10톤의 배출권을 매입하였으므로 총 60톤의 배출권을 확보하게 된다. 따라서 40톤만 감축하면 되므로 면적 *B*에 해당하는 비용을 절약할 수 있다. 따라서 기업 1이 *A*보다 크고 *B*보다 작은 수준에 해당하는 대가를 지불하면 두 기업 간에 배출권의 거래가 이루어질 것이다. 그 결과 사회가 부담하는 비용은 $(B - A)$만큼 줄어들게 된다.

그림 10-10

(b) 경매시장의 균형

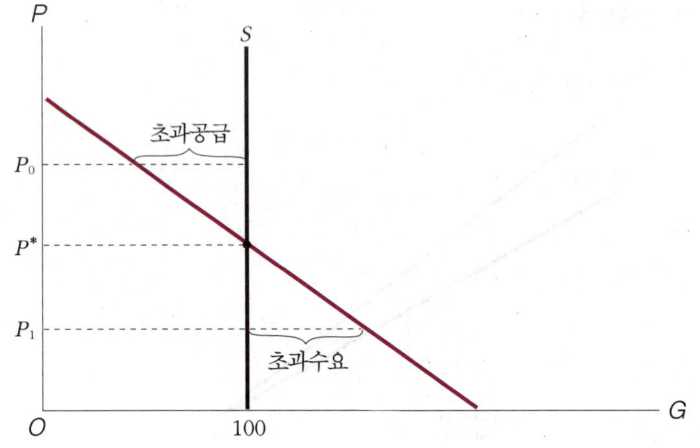

2) 경매를 이용해 공해배출권을 거래할 수도 있다. 이 경우 경매방식은 다음과 같다. 정부는 100톤의 공해배출권을 경매에 부치는데, 톤당 가격을 공시한다. 그러면 각 기업은 자신의 공해감축비용을 감안해 이 가격에 얼마의 배출권을 구입할 것인지 그 수량을 제출한다. 이렇게 더한 배출권에 대한 총수요가 100톤과 일치하면 경매는 그것으로 종료한다. 그렇지 않고 공급보다 수요가 많은 경우에는 가격을 올리고, 반대의 경우에는 가격을 낮추는 방식으로 진행해 최종적으로 균형을 달성하는 가격에서 경매를 종료한다. 따라서 개별 기업이 얼마만큼의 배출권을 구입할 것인지는 배출권의 가격과 자신의 감축비용을 비교해 결정하기 때문에 결국 거래대상이 다른 기업에서 정부로 바뀌었을 뿐 결과는 동일하다. 다만, 경매의 거래에 따른 이익이 정부에 귀속된다는 의미에서 양도 가능한 배출권의 경우와 차이가 있을 뿐이다. 이러한 내용은 [그림 10-10(b)]에 정리되어 있다.

공해배출 단위당 경매가격이 P_0로 공시되면 초과공급상태에 있기 때문에 경매가격은 하락한다. 반면 P_1으로 공시되면 초과수요상태에 있으므로 경매가격은 상승한다. 결과적으로 P^*의 가격에 경매의 균형이 성립한다.

Question
문제 08

공해를 유발하는 두 기업 1, 2가 있는 경우를 고려하자. 각 기업의 공해감축에 따른 비용은 다음과 같은 한계감축비용곡선(*MCA*)으로 요약된다고 하자. 여기서 *G*는 톤으로 측정한 월간 공해배출량을 나타내며, 톤당 감축비용의 단위는 10만원이라고 할 때 다음 질문에 답하라.

$$MCA_1 = 80 - \frac{G_1}{2}$$
$$MCA_2 = 90 - \frac{3G_2}{4}$$

1) 정부에서는 각 기업의 공해배출량을 절반으로 제한하기로 했는데, 그 방법으로는 각 기업에 공해배출권을 부여하는 방식을 사용하기로 했다. 각 기업은 얼마만큼의 배출권을 얻게 되는지 설명하라.
2) 각 기업은 할당받은 배출권을 거래할 수 있다고 하자. 만약 두 기업 간에 공해배출권의 거래가 일어난다면 배출권의 균형가격과 균형거래량은 어떻게 결정되겠는가?
3) 정부가 각 기업에게 공해배출량을 절반으로 줄이도록 직접 규제하는 방법과 공해배출권을 거래하는 방식 가운데 어떤 방법이 사회적 비용의 관점에서 더 효율적인지 설명하라.

Answer
해설

이 문제의 핵심은 공해를 효율적으로 통제하는 방법을 이해하는 데 있다.

1) 주어진 한계감축비용곡선에 의할 때 현재 이윤극대화를 추구하고 있는 각 기업의 공해배출량은 기업 1이 160톤, 기업 2가 120톤이다. 공해감축수준이 0인 상태가 바로 이윤을 극대화하는 공해배출량이기 때문이다. 따라서 각 기업은 이 수량의 절반만큼의 배출권을 얻게 되므로 기업 1의 배출권은 80톤, 기업 2의 배출권은 60톤이다.
2) 두 기업의 한계감축비용에 차이가 있으므로 서로에게 이익이 되는 배출권의 거래가 가능하다. 이것은 [그림 10-11]을 통해 확인할 수 있다.

그림 10-11

공해배출권의 거래

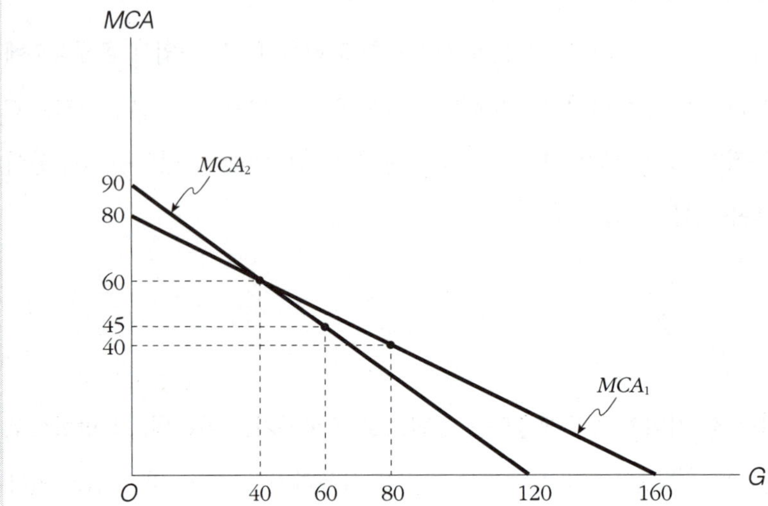

그림 10-12 공해감축의 사회적 비용

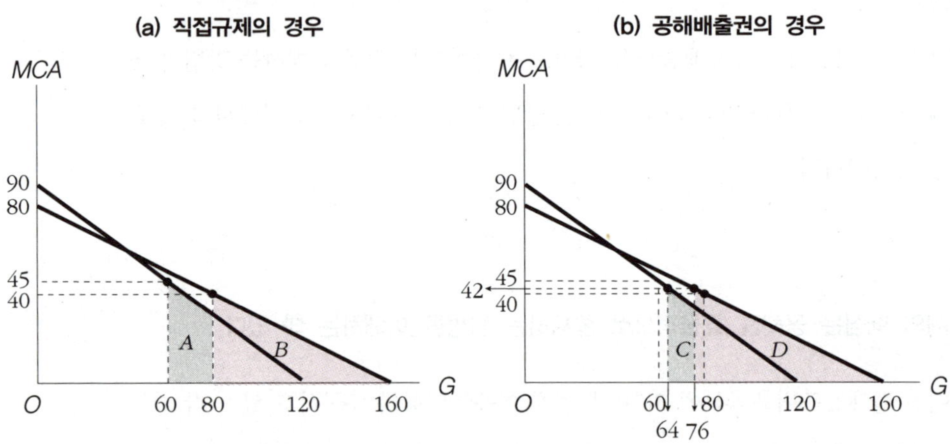

이 그림에서 알 수 있듯이 각 기업이 보유한 공해배출권의 수준에서 측정한 한계감축비용은 기업 1의 경우 40이고, 기업 2의 경우는 45이다. 따라서 기업 1은 적절한 가격에 자신의 배출권을 기업 2에 판매할 용의가 있다. 이 경우 균형거래량과 균형가격은 다음 조건을 만족해야 한다. 여기서 T = 거래량을 나타낸다.

$$90 - \frac{3(60 + T)}{4} = 80 - \frac{(80 - T)}{2} \Rightarrow T^* = 4$$

그리고 균형가격은 다음과 같이 결정된다.

$$\text{균형가격 } P^* = 90 - \frac{3(60 + 4)}{4} = 80 - \frac{(80 - 4)}{2} = 42$$

따라서 기업 1은 단위당 42의 가격에 4톤의 공해배출권을 기업 2에 판매하는 가운데 균형이 성립한다.

3) 각각의 경우 사회적 비용은 [그림 10-12]를 통해 확인할 수 있다.

직접규제의 경우 : $A + B = \frac{(45 \times 60 + 40 \times 80)}{2} = 2{,}950$

배출권의 경우 : $C + D = 42 \times \frac{140}{2} = 2{,}940$

⇨ 따라서 배출권의 경우 10만큼 사회적 비용을 절감할 수 있다.

4.3 공유의 비극

Question
문제 09

최근 핵폐기물 처리장 설치를 둘러싸고 벌어진 부안사태는 적지 않은 사회적 파장을 일으켰다. 이른바 님비(NIMBY)현상의 대표적인 예로 폄하되었다. 그런데 부안 주민의 입장에서 볼 때 만약 방사능이라도 유출되는 경우에는 치명적인 위험이 아닐 수 없기 때문에 최대한 설치 반대 운동을 전개하지 않을 수 없었을 것으로 평가되기도 한다. 이러한 갈등의 상황을 해결할 수 있는 방안과 이에 따른 한계는 무엇이 있는지 설명하라.

Answer
해설

이 문제의 핵심은 핵폐기물 처리장 설치를 강행하려는 정부와 이에 반대하는 지역 주민들 간에 자발적인 협상을 통해 문제해결의 가능성이 있는지 분석하는 데 있다.

코즈가 제시한 아이디어의 핵심은 재산권이 확립되고 일정한 조건이 충족되는 경우 이해당사자 간의 자발적인 협상을 통해 파레토 효율적인 결과를 달성할 수 있다는 것이다. 만약 핵폐기물 처리장에서 방사능이 누출될 위험이 전무하다는 것을 주민들에게 확신시킬 수 있다면 쌍방 간의 협상은 최소한의 비용으로 타결될 수 있고, 결과는 파레토 효율적이다. 왜냐하면 쌍방 중 어느 한쪽을 희생시키지 않고서는 협상의 결과를 변경시킬 수 없을 것이기 때문이다.

문제는 실질적으로 방사능의 누출 위험이 있는 경우이다. 이 경우에도 코즈가 언급한 이상적인 조건들이 충족된다면 정부가 주민들 간의 자발적인 협상에 의해 파레토 효율적인 결과를 달성할 수 있다. 그러나 협상의 당사자들이 많다는 사실 자체가 코즈의 정리가 적용되기 어렵다는 것을 의미한다. 이런 경우 거래의 상대방이 분명하지 않으며, 거래비용이 많이 발생할 뿐만 아니라, 전략적 행동의 가능성까지 등장하기 때문에 어느 쪽에 재산권이 주어지든 자발적인 협상을 통해 효율적인 결과를 달성하기 어렵다. 여기서와 같이 많은 주민들의 이해관계가 달려 있는 경우 자발적 협상을 저해하는 가장 큰 문제는 이해당사자인 주민들이 전략적으로 행동한다는 것이다. 편의상 재산권은 주민들에게 있다고 가정하자. 그러면 주민들의 입장에서는 적어도 자신들의 예상피해액만큼의 보상을 받기 원할 것이다. 그런데 협상에는 비용이 소요된다. 이 경우 대부분의 주민들의 경우 협상에 따른 비용을 지불하지 않은 상태에서 협상의 결과로 얻는 보상을 받는 것이 최선의 전략이 된다. 이른바 무임승차가 최선의 전략이다. 누구나 무임승차를 최선의 전략으로 선택한다면 협상은 타결되지 않은 채 아무런 진전도 없게 된다.

이러한 상황을 극적으로 보여주기 위해 다음과 같이 두 명의 주민, 갑과 을이 있는 경우를 가정해 보자. 각자의 전략은 협상에 참여하는 것(P)과 무임승차하는 것(F)이라고 하자. 협상에 참여하는 경우에는 일정한 비용이 소요된다. 다음의 보수행렬은 갑과 을이 직면하고 있는 전략적 상황을 묘사해 주고 있다.

		을	
		P	F
갑	P	50, 50	30, 60
	F	60, 30	40, 40

현재 갑과 을은 각각 40만큼의 자원을 가지고 있다고 하자. 그런데 모두 협상에

참여해 타결되는 경우 각자 40만큼의 보상을 받게 된다. 이 경우 각자는 30만큼의 비용을 부담해야 한다. 따라서 협상이 타결되면 각자는 10만큼의 이익을 얻게 된다. 한편 두 사람 가운데 한 명이 협상에 참여하지 않는다면 협상이 타결될 가능성은 절반으로 줄어든다고 하자. 따라서 협상타결에 따른 기대이익은 이제 40이 아니라 각자 20씩이다. 협상에 참여하면 30의 비용이 발생하므로 참여하는 경우에는 10만큼의 순손실을 보게 된다. 이러한 조건하에서 각자가 예상하는 보수가 앞의 보수행렬에 요약되어 있다. 이러한 조건하에서 갑과 을의 최선의 전략은 무임승차(F)이다. 따라서 협상은 아무런 진전이 없게 된다. 갑과 을은 용의자의 딜레마에 빠져 있는 것이다.

이상의 논의를 통해 알 수 있는 것은 공해와 같이 많은 사람들이 협상의 당사자가 되는 경우 각자의 최선의 전략은 무임승차인 경우가 일반적이라는 사실이다. 그 결과 자신들에게 유리한 협상의 결과가 가능하더라도 협상은 진행되지 않고 현재의 상태에 머무르고 마는 상황이 발생한다. 부안사태와 같은 경우 어째서 협상이 효과적으로 진행되지 않는지 이러한 모형을 통해 어느 정도 설명할 수 있다.

Question
문제 10

어느 마을에 주민들이 공동으로 관리하는 목초지가 있어 주민들이 여기에 자신들이 보유하고 있는 소들을 방목하고 있다 하자. 주민들은 이 목초지를 아무런 비용 없이 자유롭게 사용할 수 있다고 하자. 이들이 소를 키우는 목적은 우유를 생산해 판매하기 위해서이다. 편의상 소 한 마리의 시장가격은 $v = 10$만원이라고 가정하자. 그리고 모든 소들은 동일한 양의 우유를 생산하는데, 이 마을에는 현재 k마리의 소가 방목되고 있다고 하자. 그리고 생산되는 우유의 양은 생산함수 $f(k) = 1,000,000k^{0.5}$로 요약된다고 하자. 마지막으로 우유의 단위당 가격은 1원으로 정규화되어 있다고 할 때 다음 질문에 답하라. 단, 소의 가격은 우유의 수량으로 나타낸 가격이다.

1) 우유생산을 통해 마을 전체의 소득을 극대화하려면 몇 마리의 소를 사육해야 하는가?

2) 마을 주민들이 오직 개인적인 관점에서 소를 사육한다면 어떤 결과가 발생하게 되는지 설명하고, 그 결과가 비효율적이라면 이에 대한 해결책으로는 무엇이 있는지 설명하라.

Answer
해설

이 문제의 핵심은 공유의 비극의 본질을 정확하게 이해하고, 이에 대한 해결방안을 모색하는 데 있다.

1) 마을 전체의 소득을 극대화하려면 다음과 같이 이윤을 극대화하도록 사육할 소의 숫자를 결정해야 한다.

이윤극대화 : $1{,}000{,}000k^{0.5} - 100{,}000k$

➡ 이윤을 극대화하는 k를 구하면 $k^* = 25$이다. 이것은 $f'(k) = MP_k = 100{,}000 = MC$가 이윤극대화의 조건임을 의미한다. 따라서 이 마을에서는 25마리의 소를 방목하는 경우 마을 전체의 소득을 극대화할 수 있다.

2) 각자의 입장에서는 자신이 소 한 마리를 추가로 구입하는 경우 예상되는 수입과 비용을 비교해 소를 구입할지 여부를 결정하는 것이 합리적이다. 이것은 개인적인 관점에서는 다음과 같은 문제에 직면하게 된다는 것을 의미한다.

➡ 현재 k마리의 소가 방목되고 있다면 소 한 마리당 수입은 $\frac{f(k)}{k}$이다. 만약 이 상태에서 소 한 마리를 추가로 사육한다면 그 수입은 $\frac{f(k+1)}{k+1}$이다. 그는 이것과 한 마리의 가격 v를 비교해 소를 구입할지 여부를 결정할 것이다. 즉, $\frac{f(k+1)}{k+1} > v$이면 소 한 마리를 추가로 구입할 것이고, $\frac{f(k+1)}{k+1} < v$인 경우에는 구입하지 않을 것이다. 따라서 균형상태에서 사육되고 있는 소의 수량은 $\frac{f(k_A)}{k_A} = v$를 만족해야 한다.
여기서 구체적으로 수치를 대입하면 $\frac{f(k)}{k} = \frac{1{,}000{,}000k^{0.5}}{k} = 100{,}000$을 만족하는 k는 $k_A = 100$이다. 이것은 개인이 결정하는 경우의 기준은 $AP_K = v = 100{,}000$원임을 의미한다. 즉, [그림 10-13]에 나타나 있듯이 개인의 관점에서는 소의 구입에 따른 평균생산 = 단위당 비용이 일치할 때까지 구입하는 것이 최선인 반면, 마을 전체의 관점에서는 한계생산 = 단위당 비용

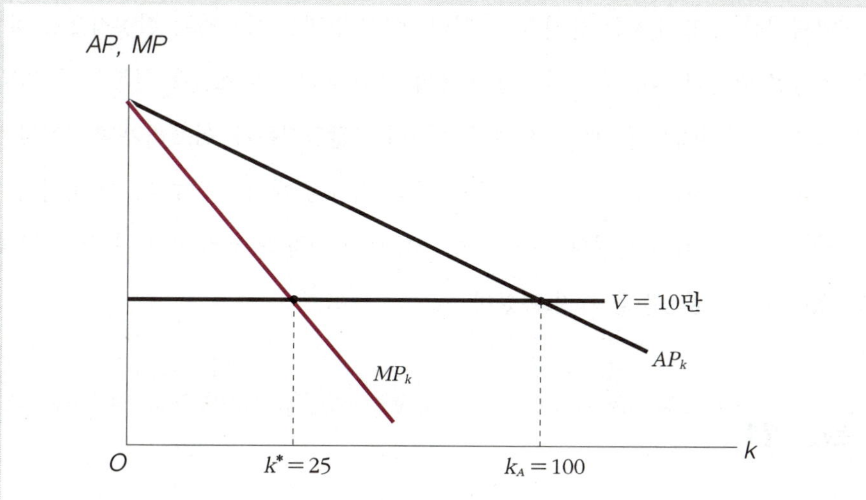

그림 10-13

공유의 비극

까지 생산하는 것이 최선임을 알 수 있다.

이와 같이 주민 각자가 자신이 추가로 소 한 마리를 더 구입하는 것이 유리한지 여부만 고려해 결정을 내리는 경우 마을 전체로는 100마리의 소를 구입하는 결과를 가져오게 되며, 이것은 마을 전체의 소득(이윤)을 극대화하는 수량인 25마리보다 월등하게 많게 된다. 이른바 자원의 남용이라는 결과를 초래하게 되고, 목초지는 머지않아 황폐하게 될 것이다. 이런 현상이 발생하는 이유는, 각 개인은 자신의 구입결정으로 인해 다른 사람이 구입하는 소의 우유 생산량에 영향을 미친다는 사실, 즉 외부효과를 고려하지 않고 의사결정을 내리기 때문이다. 그 결과 마을 전체의 이윤은 0의 수준으로 하락하게 되며, 이것은 마을 전체의 관점에서 매우 비효율적인 결과이다.

이것은 공유의 비극이라 부르는 전형적인 경우에 해당한다. 이 문제를 해결하는 가장 간단한 방법은 한 개인이 목초지를 사유재산으로 소유하는 것이다. 그러면 그 소유자는 자신의 이윤을 극대화하는 수준까지만 소를 구입할 것이고, 그것은 당연히 $k^* = 25$마리와 일치하게 된다. 또 다른 방법으로 제시할 수 있는 것은 공동 목초지에서 몇 마리의 소가 사육되어야 하는가에 대해 법적으로 제한을 두는 방법이다. 만약 우유의 생산함수를 알고 있다면 마을 전체로 바람직한 소의 수량을 계산할 수 있고, 이에 근거해 소의 숫자를 법적으로 엄격하게 강제한다면 바람직한 소의 숫자를 유지할 수 있다. 어떤 방법을 사용하든 현실적으로 실행 가능한 방법인 경우에만 사실상 공유의 비극에 따른 비효율을 극복할 수 있다. 그 외에 공해에서 남획으로 인해 수자원이 고갈된다든가, 아프리카 초원에서 야생동물들이 사라지는 것 등은 모두 공유의 비극의 예에 해당한다. 이 문제는 우리 주변에서 널리 관찰할 수 있으며, 그대로 방치하는 경우 항상 자원의 남용을 초래한다는 공통점을 가지고 있다.

Question 문제 11

우리나라의 동해안은 수자원이 풍부하며, 1평방킬로미터당 물고기의 양에 따라 1지역과 2지역으로 구분된다. 1지역에는 1평방킬로미터당 상대적으로 더 많은 물고기가 있지만, 물고기를 잡는 노력에 비해 매우 큰 수확체감현상을 보인다. 1지역에서의 하루 어획량(톤)은 다음과 같이 추정된다. X_1은 1지역에서 조업을 하는 어선의 수이다.

$$F_1 = 300X_1 - 3X_1^2$$

2지역은 1평방킬로미터당 물고기의 양은 적지만, 지역이 더 넓고 1지역에 비해 수확체감현상이 그다지 크지 않다. 2지역에서의 하루 어획량은 다음과 같이 추정된다. X_2는 2지역에서 조업을 하는 어선의 수이다.

$$F_2 = 100X_2 - X_2^2$$

이 두 지역에서 고기를 잡기 위해서는 한국 정부의 허가증이 필요하며, 이 허가증을 가진 어선의 수는 100척이라 하자. 편의상 허가증을 가진 어선이든 아니든 모든 어선은 성능이나 규모 면에서 동일하다고 가정한다. 이제 물고기는 톤당 10만원에 팔리며, 어선당 총비용(자본비용 및 운영비용)은 하루에 300만원으로 일정하다고 가정할 때 다음 질문에 답하라.

1) 만약 한국 정부의 규제가 없어 어떤 어선이라도 원하는 곳에서 마음대로 물고기

를 잡을 수 있다면, 각 지역에서는 몇 척의 어선들이 조업하겠으며, 이때 잡히는 총 어획량의 순가치는 얼마인지 설명하라.

2) 한국 정부가 조업하는 어선의 수를 허가증을 가진 100척으로 제한하고, 조업할 지역은 어선 스스로 알아서 결정하도록 한다면 각 지역에서는 몇 척의 어선들이 조업할 것이며, 이 경우 총 어획량의 순가치는 얼마인지 설명하라.

3) 한국 정부가 조업하는 어선의 수를 허가증을 가진 100척으로 제한하는 가운데 총 어획량의 순가치를 극대화하려면 각 지역에 몇 척의 보트를 배정하는 것이 가장 바람직한지 설명하라.

4) 만약 새로운 어부들이 어선을 구입해 고기잡이에 참가하기를 원한다면, 총 어획량의 순가치를 극대화하려는 한국 정부는 그들에게 허가증을 발급해 주는 것이 바람직한지에 대해 논평하라.

Answer
해설

이 문제의 핵심은 외부효과의 일종인 공유의 비극의 본질을 정확하게 이해하는 데 있다.

1) 먼저 각 지역의 생산함수로부터 평균생산(AP)과 한계생산(MP)을 구하면 다음과 같다.

$AP_1 = 300 - 3X_1$

$MP_1 = 300 - 6X_1$

$AP_2 = 100 - X_2$

$MP_2 = 100 - 2X_2$

아무 규제가 없는 경우 개별 어선의 입장에서는 자신의 어획량의 가치가 조업에 따른 총비용을 초과하는 한 조업을 하는 것이 유리하다. 그런데 개별 어선의 경우 어획량의 가치는 평균생산의 가치에 의해 결정된다. 따라서 다음 등식이 성립할 때까지 각 지역에서 어선들이 조업할 것이다.

10만원 $\times AP_1 =$ 10만원 $\times (300 - 3X_1) =$ 300만원

그림 10-14 규제가 없는 경우

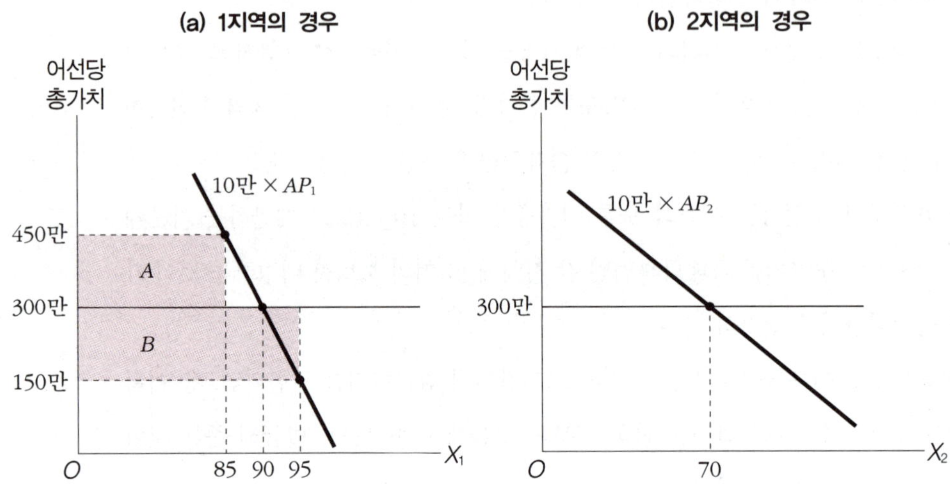

$$10\text{만원} \times AP_2 = 10\text{만원} \times (100 - X_2) = 300\text{만원}$$

$$\Rightarrow X_1^* = 90,\ X_2^* = 70$$

따라서 1지역에서는 90척의 어선이 조업을 할 것이며, 2지역에서는 70척의 어선이 조업을 할 것이다. 이때 총 어획량의 순가치는 다음과 같다.

$$\begin{aligned} \text{순가치} &= (F_1 + F_2) \times 10\text{만원} - 160 \times 300\text{만원} \\ &= 4{,}800 \times 10\text{만원} - 160 \times 300\text{만원} \\ &= 0 \end{aligned}$$

[그림 10-14]는 아무런 규제가 없는 경우 각 지역에서 조업하는 어선의 수를 보여주고 있다. 어느 지역에서든 순가치가 0이 될 수밖에 없다는 것을 확인할 수 있다. 예를 들어 1지역에서 85척의 어선이 조업한다고 가정하자. 그러면 어선당 어획량의 총가치는 450만원이므로 150만원의 순가치를 얻게 된다. 면적 A는 총 어획량의 순가치에 해당한다. 이것은 새로운 어선을 유인하게 되며, 결과적으로 순가치가 하락해 0이 될 때까지 새로운 어선들이 조업하게 된다. 만약 어선의 수가 증가해 95척이 된다면 어선당 150만원의 순손실을 입게 된다. 면적 *B*는 총 어획량의 순손실에 해당한다. 따라서 어선의 수가 줄게 될 것이며, 균형은 90척

일 때 성립한다. 이것은 2지역의 경우도 마찬가지이다. 어느 지역에서도 균형상태에서 평가한 총 어획량의 순가치는 항상 0이다. 이것은 비단 이 경우만이 아니라 공유의 비극이 발생하는 모든 경우에 성립한다.

2) 이 경우에도 허가증을 가진 100척의 어선들은 자신에게 가장 유리한 조업지역을 선택할 것이다. 따라서 개별 어선들은 $\frac{F_1}{X_1}$과 $\frac{F_2}{X_2}$를 비교해 보다 큰 지역에서 조업할 것이다. 또한 이 경우 개별 어선이 얻는 순가치는 0보다 커야 한다. 이 조건들을 만족하는 X_1^*, X_2^*는 다음과 같이 구할 수 있다.

$AP_1 = AP_2,\ X_1 + X_2 = 100$

➡ $300 - 3X_1 = 100 - X_2,\ X_2 = 100 - X_1$

➡ $X_1^* = 75,\ X_2^* = 25$

이 상태에서 개별 어선의 순가치는 다음과 같다.

1지역 : $(300 - 3X_1) \times$ 10만원 - 300만원 = 750만원 - 300만원
= 450만원

2지역 : $(100 - X_2) \times$ 10만원 - 300만원 = 750만원 - 300만원
= 450만원

개별 어선은 어느 지역에서 조업을 하든 450만원의 순가치를 얻게 된다. 따라서 총 어획량의 순가치는 4억 5천만원이다.

3) 정부가 총 어획량의 순가치를 극대화하려면 어선들을 각 지역에 적절하게 배정해야 한다. 이것은 다음의 문제를 통해 구할 수 있다.

순가치 극대화 : $(F_1 + F_2) \times$ 10만원 - $(X_1 + X_2) \times$ 300만원
제약조건 : $X_1 + X_2 = 100$

➡ 이 문제의 최적 해는 다음과 같이 라그랑지 함수를 통해 구할 수 있다.

$$\mathcal{L} = [(300X_1 - 3X_1) + (100X_2 - X_2)] \times 10\text{만원} - (X_1 + X_2) \times 300\text{만원} + \lambda(100 - X_1 - X_2)$$

이 문제의 최적 해인 X_1^*, X_2^*는 다음과 같다.

$$X_1^* = X_2^* = 50$$

따라서 정부가 각 지역에 50척씩 배정하는 경우 순가치는 다음과 같다.

순가치 $= (F_1 + F_2) \times$ 10만원 $- (X_1 + X_2) \times$ 300만원
$=$ 10억원 $-$ 3억원
$=$ 7억원

➡ 개별 어선이 조업할 지역을 선택하는 앞의 경우에 비해 순가치가 2억 5천만 원 증가한다는 사실을 확인할 수 있다.

4) 각 지역에서 50척씩 조업하는 경우 한계생산은 다음과 같다.

$$MP_1 = 300 - 6X_1 = 0$$
$$MP_2 = 100 - 2X_2 = 0$$

각 지역에서 한계생산이 0이라는 것은 50척씩 조업하는 경우 어획량의 총가치가 극대화된다는 것을 의미한다. 만약 추가로 조업을 허용한다면 어획량의 총가치는 오히려 감소하는 반면 총비용은 증가한다. 따라서 순가치를 극대화하려는 정부는 더 이상 허가증을 발급해 주지 않는 것이 바람직하다.

Question 문제 12

어느 마을에서 2명의 농부가 마을의 공동 목초지에서 염소를 방목하려 한다. 각 농부가 방목하는 염소의 수는 각각 g_1, g_2라 하자. 따라서 마을 전체로 방목하는 염소의 수는 $G = g_1 + g_2$이다. 그리고 G마리의 염소를 방목하는 경우 염소 한 마리의 가치(시장가격), $v(G)$는 다음과 같다고 하자.

$$v(G) = 100 - G$$

그리고 염소 한 마리의 구입비용은 $c = 40$이며 다른 비용은 없다고 할 때 다음 질문에 답하라.

1) 각 농부가 독자적으로 방목할 염소의 수를 결정하는 경우 각각 몇 마리의 염소

를 방목하겠는가?

2) 이제 마을의 이장이 나서서 마을 전체의 이익을 극대화하도록 방목하는 염소의 수를 규제하려 한다. 이 경우 몇 마리를 방목하는 것이 가장 유리하겠는가? 그리고 이 경우 마을 전체의 이윤은 얼마인가?

3) 독자적으로 염소를 방목하는 전략을 I, 이장의 지시대로 방목하는 전략을 C라 하자. 이들이 이 두 가지 전략 중 하나를 택하는 비협조적 게임을 하는 경우 보수행렬을 구하고 그 의의를 해석하라.

Answer
해설

이 문제의 핵심은 공유의 비극의 성격을 정확하게 이해하는 데 있다.

1) 각 농부의 이윤은 다음과 같이 나타낼 수 있다.

$$\Pi_1 = (100 - g_1 - g_2)g_1 - 40g_1$$

$$\Pi_2 = (100 - g_1 - g_2)g_2 - 40g_2$$

$$\Rightarrow \frac{d\Pi_1}{dg_1} = 60 - 2g_1 - g_2 = 0$$

$$\frac{d\Pi_2}{dg_2} = 60 - 2g_2 - g_1 = 0$$

따라서 각 농부가 방목하는 염소의 수와 이윤은 다음과 같다.

$$g_1^* = g_2^* = 20$$

$$\Pi_1^* = \Pi_2^* = 400$$

2) 이것은 결합이윤을 극대화하는 문제와 같다.

$$\Pi = (100 - G)G - 40G$$

$$\Rightarrow \frac{d\Pi}{dG} = 60 - 2G = 0$$

마을 전체의 관점에서 방목하는 염소의 수와 마을의 이윤은 다음과 같다.

$$G^* = 30,\ \Pi^* = 900$$

따라서 각자 15마리씩 방목하고 450의 이윤을 얻는다.

3) 보수행렬은 다음과 같다.

		농부 2: C	농부 2: I
농부 1	C	450, 450	375, 500
	I	500, 375	400, 400

이 보수행렬에 의할 때 두 농부의 우월전략은 I이므로 이 게임의 내쉬균형은 (I, I)이다. 이것은 두 농부가 용의자의 딜레마에 처해 있음을 의미한다. 공유의 비극은 항상 이런 딜레마를 초래한다.

[보론 1] 공유의 비극 문제의 일반화

어느 마을에 n명의 농부가 매년 봄 공동 목초지에서 염소를 방목하려고 한다. 각 농부가 방목하려는 염소의 수는 $g_i(i=1, 2, \cdots\cdots, n)$으로 나타내자. 따라서 마을 전체에서 방목하는 염소의 수는 $G(= g_1 + \cdots\cdots + g_n)$이다. 그리고 농부가 염소 한 마리를 구입하는 비용은 c이고 다른 비용은 없다고 하자. 또한 $v(G)$는 G마리의 염소를 방목하는 경우 염소 한 마리의 가치(시장가격)를 나타낸다. 그리고 공동 목초지는 한정되어 있으므로 방목할 수 있는 염소의 수는 제한되어 있다. 이것을 G_m이라고 하자. 그러면 $v(G)$는 다음과 같은 조건을 만족한다고 할 때 다음 질문에 답하라.

$v(G) > 0,\ v'(G) < 0,\ v''(G) < 0\ (G < G_m$인 경우),

$v(G) = 0\ (G \geq G_m$인 경우)

1) 각 농부는 독자적으로 방목하려는 염소의 수를 정한다고 할 때 각 농부는 몇 마리의 염소를 방목하는 것이 가장 유리하겠는가? 이것을 g_i^*라고 할 때 각 농부의 이익을 극대화하는 조건식을 구하고 그 의미를 해석하라.
2) 이제 마을의 이장이 나서서 마을 전체로 가장 이익이 많이 나도록 방목하는 염소의 수를 규제하려고 한다. 이 경우 마을 전체 이익을 극대화도록 염소를 방목하려면 어떤 조건을 만족해야 하는가? 이 조건식을 구하라.

3) 1)의 조건식을 만족하는 염소의 수를 G^*라 하고 2)의 조건식을 만족하는 염소의 수를 G^{**}라 할 때 $G^* > G^{**}$임을 증명하고 그 의의를 해석하라.

Answer
해설

1) 농부 i의 목적함수(U_i)는 다음과 같다.

$$U_i = g_i v(G) - cg_i$$

$g_{-i} = (g_1, \cdots\cdots, g_{i-1}, g_{i+1}, \cdots\cdots, g_n)$을 나타낸다면 농부 i의 1계 조건은 다음과 같다.

$$\frac{dU_i}{dg_i} = v(g_i + g_{-i}) + g_i v'(g_i + g_{-i}) - c = 0$$

각 농부는 다른 농부가 몇 마리의 염소를 방목할지 모르는 가운데 자신이 방목할 염소의 수를 결정해야 하므로 이 문제의 해는 내쉬균형에 해당한다. $g^* = (g_1^*, \cdots\cdots, g_n^*)$가 내쉬균형전략이라면 당연히 다음 조건을 만족한다.

$$v(G^*) + g_i^* v'(G^*) - c = 0 \quad \cdots\cdots\cdots (a)$$

(a)를 모든 농부 $i = 1, \cdots\cdots, n$에 대해 더한 후 n으로 나누어 주면 다음 관계식을 얻는다.

$$v(G^*) + \frac{G^* v'(G^*)}{n} - c = 0 \quad \cdots\cdots\cdots (b)$$

(b)는 내쉬균형에서 각 농부가 방목하는 염소의 수(g_i^*)가 충족해야 하는 조건식이다.

2) 마을의 이장이 방목하는 염소의 수를 규제하는 가운데 마을 전체의 이익을 극대화한다면 다음의 극대화 문제를 풀어야 한다.

공동이익 극대화 : $Gv(G) - Gc$

이 문제의 해에 해당하는 염소의 수를 G^{**}라 하면 다음 조건을 충족해야 한다.

$$v(G^{**}) + G^{**} v'(G^{**}) - c = 0 \quad \cdots\cdots\cdots (c)$$

3) $G^* \leq G^{**}$라고 가정하자. 그러면 다음과 같은 관계가 성립한다.

$$\frac{G^*}{n} < G^{**}$$

$v(G^*) \geq v(G^{**})$ ($v' < 0$이므로)

$0 \geq v'(G^*) \geq v'(G^{**})$ ($v'' < 0$이므로)

이 세 가지 관계로 인해 (b)의 좌변은 (c)의 좌변보다 크다. 그러나 이것은 (b)와 (c)의 우변이 모두 0이라는 사실과 모순이 된다. 따라서 $G^* > G^{**}$가 성립하지 않으면 안 된다. 이것은 공유자원의 경우 사회적으로 바람직한 수준 이상으로 남용된다는 것을 보여준다. 나아가 공유자원의 경우 용의자의 딜레마에 빠지게 된다는 것을 시사한다.

4.4 코즈 정리

Question
문제 13

두 명의 룸메이트 A, B가 한 방을 사용하고 있으며, 각각의 효용함수는 $U_1(x, M_A)$, $U_2(y, M_B)$와 같이 표시된다. 여기서 x는 흡연량, y는 맑은 공기의 수준을 나타내는데, $x + y = 1$의 제약을 만족하는 것으로 정규화되어 있다. 이것은 x가 증가하면 y가 감소할 수밖에 없다는 것을 의미한다. 그리고 $M_A = M_B$로서 각자 보유하고 있는 현금을 나타낸다.

1) A, B에게 주어진 상황의 특징을 설명하라.
2) A와 B가 협상을 통해 효율적인 상태를 달성할 수 있는지 논하라. 그리고 그 특징은 무엇인가? 단 x, y의 소비에 따른 소득효과는 0이 아니다.
3) 2)의 문제와 같은데, x, y의 소비에 따른 소득효과가 0인 경우에는 협상을 통한 자원배분이 어떤 특징을 보이는지 설명하라.

Answer
해설

이 문제의 핵심은 코즈 정리의 의의를 정확하게 이해하는 데 있다.

1) 주어진 효용함수에 의하면 A는 흡연자, B는 비흡연자이다. 따라서 A는 B에게 부정적인 소비의 외부효과를 발생시키고 있다. 만약 두 룸메이트 사이에 아무런 거래가 이루어질 수 없다면 결과는 비효율적일 수밖에 없다. 이 경우 비효율은 A가 두 사람으로 이루어진 사회에서 바람직한 수준 이상으로 흡연을 하게 된다는 것을 의미한다. 즉, A는 자신의 흡연으로 인한 B의 피해를 전혀 고려하지 않고 흡연량을 결정할 것이기 때문에 사회적으로 바람직한 수준 이상의 흡연을 하게 된다는 것을 의미한다. 따라서 자원배분은 비효율적이다.

2) x, y의 소비에 따른 소득효과가 0이 아닌 경우 두 사람 간의 협상결과는 누구의 권리를 인정하는가에 따라 달라진다. [그림 10-15(a)]의 에지워스 상자는 이것을 보여주고 있다.

[그림 10-15(a)]에서 a를 거래의 출발점으로 하는 경우를 살펴보자. 이것은 흡연자 A의 권리가 인정된 경우에 해당한다. 왜냐하면 이 점에서는 A가 최대한 흡연을 할 수 있음을 나타내기 때문이다. 따라서 이 경우 거래의 방향은 A가 흡연을 포기하는 대신 B로부터 단위당 일정한 대가를 받는 것이다. 이것은 두 사람의 무차별곡선이 a에서 교차하고 있다면 충분히 가능하다. 그 결과 c와 같이 두

그림 **10-15**

(a) 재산권과 거래의 이익

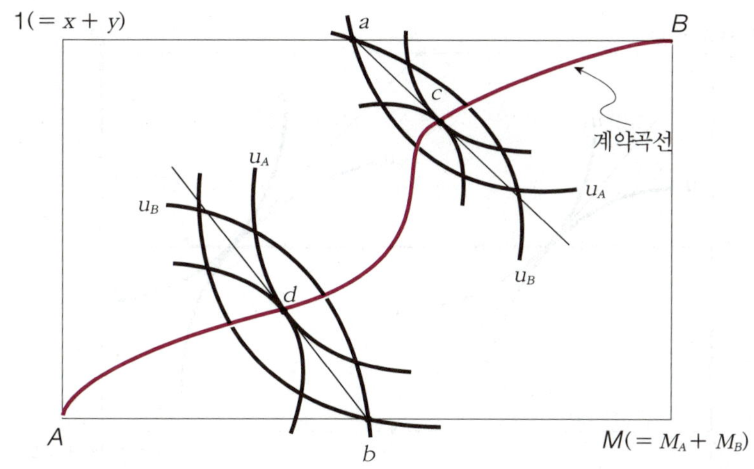

사람의 무차별곡선이 접하는 점에서 거래가 이루어질 것이다. 그리고 접선의 기울기는 바로 흡연 포기에 대한 단위당 가격을 의미한다. 그리고 c는 파레토 효율적인 자원배분에 해당한다.

반면 b를 거래의 출발점으로 하는 경우를 살펴보자. 이것은 비흡연자 B의 권리가 인정된 경우에 해당한다. 왜냐하면 이 점에서는 B가 맑은 공기에 대한 권리를 최대한 주장할 수 있음을 나타내기 때문이다. 따라서 이 경우 거래의 방향은 A가 흡연을 위해 B에게 단위당 일정한 가격을 주고 B의 권리를 사는 것이다. 이것은 두 사람의 무차별곡선이 b에서 교차하고 있다면 충분히 가능하다. 그 결과 d에서와 같이 두 사람의 무차별곡선이 접하는 점에서 거래가 이루어질 것이다. d는 파레토 효율적인 자원배분에 해당한다.

이와 같이 소득효과가 0이 아닌 경우에는 누구의 재산권을 인정하는가에 따라 파레토 효율적인 자원배분의 내용이 달라진다. 물론 어떤 경우에나 협상을 통해 파레토 효율적인 자원배분을 달성할 수 있는 것은 사실이지만, 동일한 자원배분은 아니다.

2) 그렇지만 소득효과가 0인 경우에는 앞의 내용이 달라진다. 소득효과가 0이라는

그림 10-15

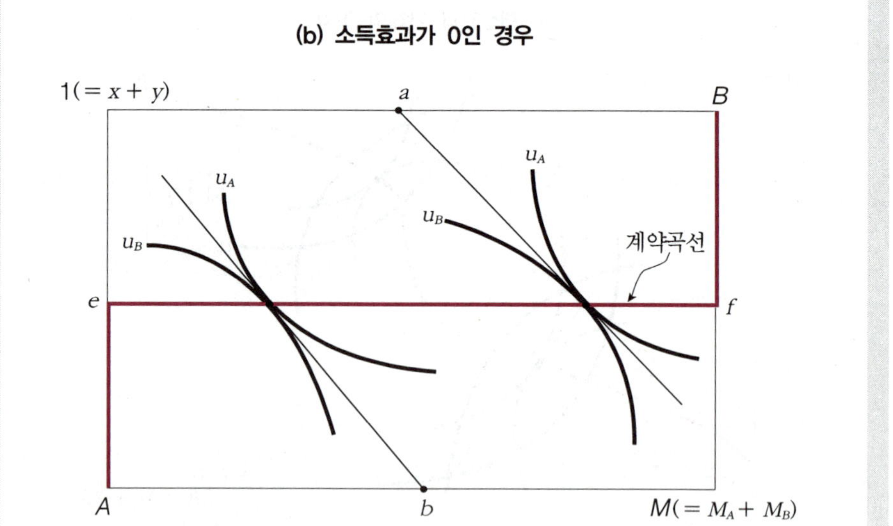

것은 소득이 아무리 증가해도 x나 y에 대한 수요에는 변화가 없다는 것을 의미한다. 이 경우 누구의 권리를 인정하든 파레토 효율적인 자원배분은 [그림 10-15(b)]에서와 같은 특징을 갖게 된다.

[그림 10-15(b)]는 누구의 권리를 인정하든 파레토 효율적인 자원배분은 반드시 계약곡선 ef선상에 위치해야 한다는 것을 보여준다. 이것은 누구에게 권리가 귀속되든 파레토 효율적인 자원배분이 되기 위해서는 외부효과를 유발하는 재화의 소비수준이 일정해야 한다는 것을 의미한다. 이런 이유로 코즈 정리는 재산권이 누구에게 귀속되든 항상 동일한 파레토 효율적인 자원배분을 달성한다고 간주되었던 것이다. 그러나 2)의 경우에서 보여주었듯이, 이것은 소득효과가 0인지의 여부와 밀접하게 관련되어 있다.

Question 문제 14

기업 A는 생산활동을 하면서 강에 폐수를 배출하는데, 그 수준을 G로 나타내기로 하자. 이때 기업의 이윤 Π는 다음과 같이 G의 함수로 나타낼 수 있다고 하자. 여기서 G의 단위는 '톤/월간', 이윤의 단위는 억원이라 하자.

$$\Pi(G) = 20G - G^2$$

이와 같이 폐수를 배출함으로써 하류에 있는 기업 B에 미치는 영향을 측정한 결과 다음과 같은 비용함수가 추정되었다고 할 때 다음 질문에 답하라.

$$C(G) = 0.5G^2 + 2G$$

1) 두 기업 간에 협상의 여지가 없는 경우 기업 A의 최적 배출수준 G^*는 얼마인가?
2) 사회적으로 바람직한 배출수준 G_P는 얼마인가?
3) 법원이 판결을 통해 기업 B의 재산권을 인정한 경우 기업 A는 기업 B와 협상할 유인을 가지고 있는지 설명하라.
4) 만약 협상에 응할 유인이 존재한다고 할 때 양자가 합의할 배출수준을 정확하게 결정할 수 있는가? 만약 그렇다면 기업 A는 B에게 얼마를 지불해야 하겠는지

설명하라.

Answer
해설

이 문제의 핵심은 두 기업 간에 외부효과가 존재하는 경우 코즈 정리를 응용해 사회적으로 바람직한 수준으로 공해를 유지할 수 있는지 살펴보는 데 있다.

1) 이 경우 기업 A는 단순히 자신의 이윤을 극대화하는 배출수준을 결정하면 된다. 따라서 이윤극대화의 조건을 구하면 $\Pi'(G) = 20 - 2G = 0$이므로 $G^* = 10$톤이다.

2) G_P는 곧 사회잉여를 극대화하는 배출수준을 말한다. 이것은 기업 A의 사적 잉여인 $\Pi(G)$에서 다른 기업이 부담하는 외부효과비용 $C(G)$를 공제한 값을 극대화하는 크기를 말한다. 따라서 $\Pi(G) - C(G)$를 극대화하는 G를 구하면 되는데, 이것은 다음 조건을 만족하는 값이다.

$$\Pi'(G) - C'(G) = 18 - 3G = 0$$

따라서 $G_P = 6$톤이다. [그림 10-16]은 이러한 내용을 보여주고 있다.

3) 기업 A가 외부효과비용을 고려하지 않고 이윤극대화를 추구한다면 $G^* = 10$톤

그림 **10-16**

최적 공해수준

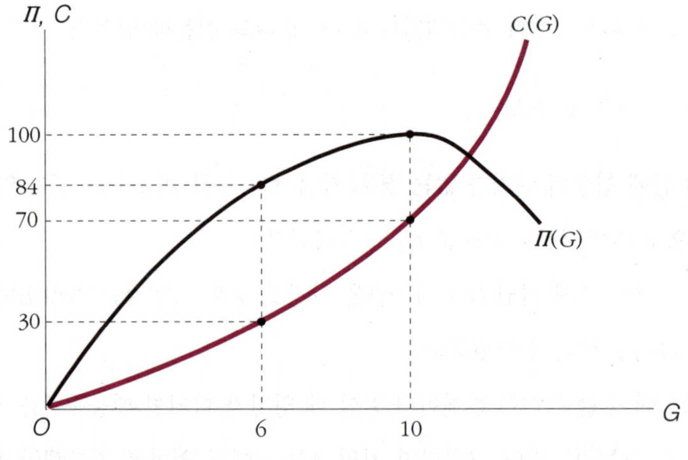

일 때 $(G^*) = 100$억원이다. 그리고 이 경우 기업 B의 피해액은 $C(G^*) = 70$억원이다. 따라서 기업 A는 기업 B의 피해액을 보상해 주고도 이윤이 남기 때문에 기업 B가 재산권을 행사해 생산이 중단되기보다는 협상에 응하는 것이 유리하다.

4) 기업 A가 생산을 계속하려면 적어도 기업 B에게 외부효과로 인한 피해액 이상을 보상해 주어야 한다. 그리고 이 보상액을 공제하고도 기업 A의 이윤을 극대화할 수 있는 배출수준을 선정할 수 있다면, 이것이 기업 A로서는 최선이다. 이것은 곧 기업 A가 단순히 사적 이윤을 극대화하는 것이 아니라 외부효과 비용을 공제한 이윤을 극대화한다는 것을 의미한다. 이것은 다름 아니라 앞에서 구한 사회적으로 효율적인 배출수준인 $G_P = 6$톤을 배출하는 것이 기업 A로서는 가장 유리하다는 것을 의미한다. 이 경우 기업 A는 최소한 기업 B의 피해액에 해당하는 30억원을 보상해 준 후 잔여이윤 (84억원 - 30억원) = 54억원을 얻을 수 있으며, 이것은 어떤 배출수준에서보다 기업 A의 이윤을 극대화한다.

Question 문제 15

강의 상류에서는 철강회사 A, 하류에서는 양식장 B가 조업하고 있다. A의 한계비용은 $MC(Q) = 80 + 20Q$이다. 그런데 A는 강을 오염시켜 B에게 부정적인 외부효과를 미치고 있으며, 이에 따른 한계외부비용(MEC)은 $MEC(Q) = 20$으로 일정하다고 하자. Q의 단위는 '톤/일' 이고, 철강가격 P와 한계비용의 단위는 '천원/톤' 이라고 하자.

1) $P = 1{,}000$인 경우 경쟁시장에서 A의 균형생산량 Q_C와 파레토 효율적인 생산량 Q_P를 구하라.
2) B의 재산권이 인정되는 경우 A와 협상을 통해 외부효과의 문제를 해결하고자 할 때 A가 제시할 수 있는 보상액 S_A의 범위는 어떻게 결정되겠는가?
3) A의 재산권이 인정되는 경우 B와의 협상을 통해 외부효과의 문제를 해결하고자 할 때 B가 제시할 수 있는 보상액 S_B의 범위는 어떻게 결정되겠는가?

Answer
해설

이 문제의 핵심은 코즈 정리의 의의를 정확하게 이해하는 데 있다.

1) 경쟁시장에서 기업 A의 균형생산의 조건은 $P = PMC$이다. 따라서 균형생산량은 $Q_c = 46$이다. 반면 파레토 효율적인 생산의 조건은 $P = SMC$이다. 따라서 파레토 효율적인 생산량은 $Q_p = 45$이다. [그림 10-17]은 이것을 보여주고 있다.

2) [그림 10-18]에서 각 부문의 면적을 금액으로 환산하면 다음과 같다.

a = 20,250,000원, b = 900,000원, c = 10,000원, d = 10,000원

양식장 B의 재산권이 인정되었으므로 철강회사 A는 조업을 중단해야 할지도 모른다. 그러나 이것은 모두에게 바람직한 결과가 아니다. 적절하게 생산량을 조절하는 것이 모두에게 유리하기 때문이다. 그 기본 방향은 A가 생산을 하는 대신 피해를 보상하는 차원에서 B에게 적절한 보상금을 지불하는 것이다. 가능한 보상금 S_A의 범위는 다음과 같다.

$b \leq S_A \leq a + b$ ⇨ 900,000원 $\leq S_A \leq$ 21,150,000원

그림 **10-17**

균형생산량과 효율적인 생산량

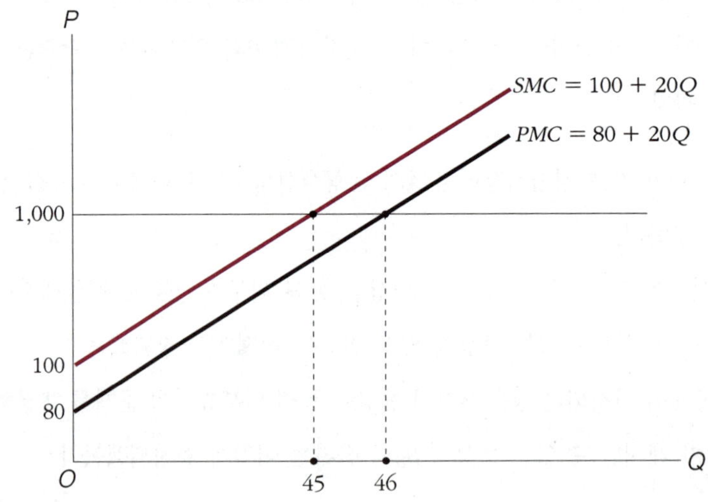

그림 10-18

보상액의 결정

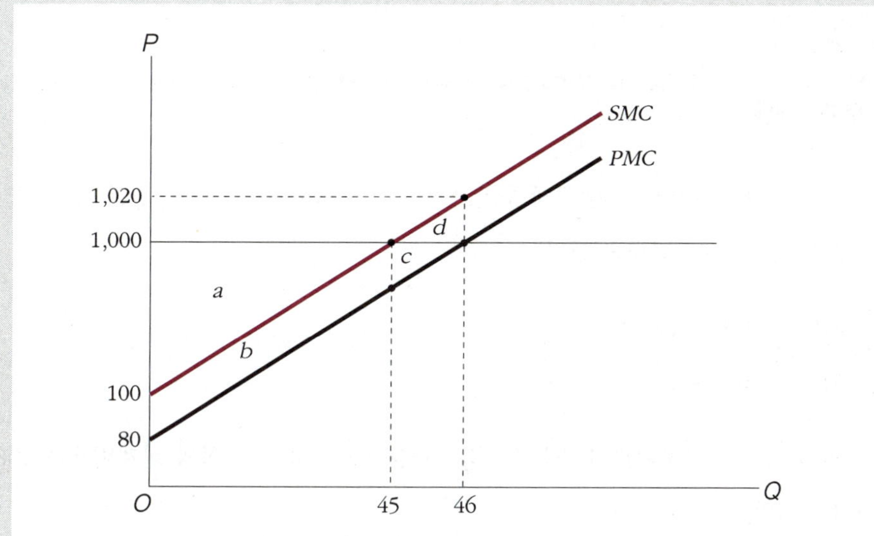

만약 A가 B에게 900,000원만 보상해 주고 협상을 끝낼 수 있으면 A는 20,250,000원의 이익을 확보하게 된다. 그리고 B는 외부효과로 인한 피해액만큼을 보상받는 셈이다. 극단적으로 만약 A가 B에게 최대한의 금액을 보상해 주면 A는 아무런 이익을 얻지 못하게 된다. 따라서 이 범위 안의 적절한 수준에서 쌍방 모두 이익을 얻고 있는 상태에서 협상이 타결될 것이고, A는 45톤을 생산하게 된다.

3) A의 권리가 인정되는 경우 B는 어쩔 수 없이 A에게 생산을 줄이는 대가로 일정액을 보상해 주고, A는 생산을 줄이는 것이 B 자신에게 유리한 상황이 발생한다. A와 B 모두에게 유리한 보상의 범위는 다음과 같다.

$c \leq S_B \leq c + d$ ➡ 10,000원 $\leq S_B \leq$ 20,000원

만약 B가 A에게 10,000원을 보상해 주면 A가 생산을 46톤에서 45톤으로 줄이더라도 A의 이익에는 차이가 없다. 따라서 그 이상 보상을 받으면 A의 이익은 오히려 증가한다. 그러므로 이 범위 안에서 보상이 결정되고, A는 45톤을 생산하게 된다.

4.5 공공재

Question
문제 16

두 소비자 1, 2로 구성된 경제에서 모기 박멸을 위한 소득수준이 Q일 때 각각의 한계가치는 다음과 같다고 하자.

$MV_1 = 180 - Q$

$MV_2 = 100 - Q$

여기서 Q는 공공재로서 소독수준을 나타낸다. 그리고 소독의 한계비용은 200이라고 하자.

1) 만약 모기 박멸을 위한 소독이 시장을 통해 이루어진다면 소독수준 Q_c는 얼마로 결정되겠는가?
2) 모기 박멸을 위해 사회적으로 효율적인 소독수준 Q_p는 얼마인가?
3) Q_p를 달성하는 데 따른 장애요인은 무엇이며, 이를 해결하는 방법으로는 무엇이 가능한지 설명하라.

Answer
해설

이 문제의 핵심은 공공재가 있는 경우 구체적으로 파레토 효율적인 자원배분을 구하는 방법을 이해하는 데 있다.

1) 경쟁시장에서 균형의 조건은 $P = MC$이다. 그리고 소비자의 경우 $P = MV$에 해당한다. 왜냐하면 자신이 부여하는 한계가치와 가격이 같을 때까지 소비할 것이기 때문이다. 여기서의 한계가치는 다른 재화의 수량으로 평가한 것으로 간주해 한계대체율(MRS)로 해석해도 무방하기 때문이다. 그런데 $MC = 200$이므로 [그림 10-19(a)]에서 알 수 있듯이 $P = MV = MC$에 해당하는 소독수준은 존재하지 않는다. 이것은 소독이 시장을 통해 이루어지는 경우 소독수준 $Q_c = 0$임을 의미한다.

그림 10-19

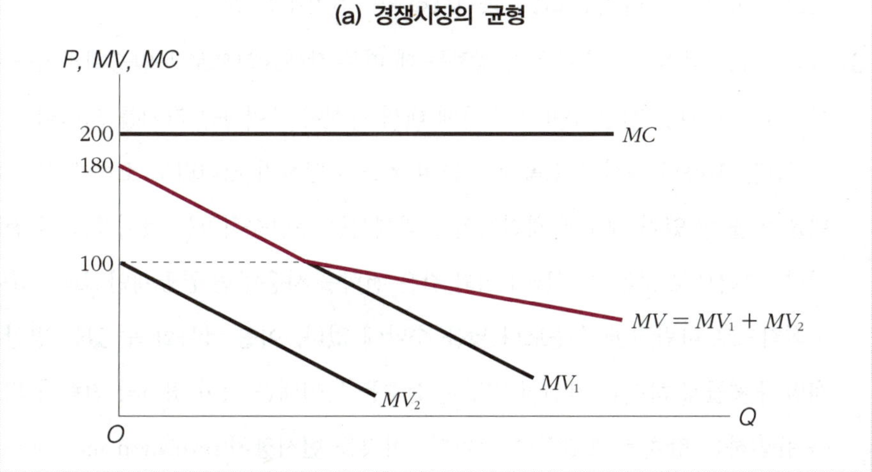

그림 10-19

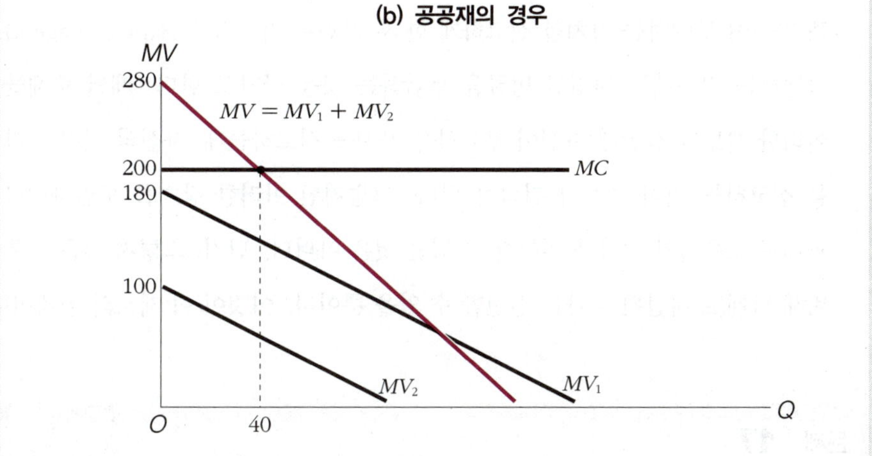

2) 공공재인 소독의 경우 효율적인 수준은 두 사람의 MV곡선을 수직으로 더해 이것과 MC가 일치하는 수준에서 결정된다. 이것은 곧 $MRS_1 + MRS_2 = MRT$가 성립하는 것을 의미하기 때문이다. 앞에서 언급했듯이 $MV_1 = MRS_1$, $MV_2 = MRS_2$, $MC = MRT$이기 때문이다. 이것은 다음과 같이 구할 수 있다.

$$MV_1 + MV_2 = 180 - Q + 100 - Q = 280 - 2Q = MC = 200$$

➡ $Q_p = 40$

그리고 이것을 그림으로 나타내면 [그림 10-19(b)]와 같다.

3) 파레토 효율적인 소독수준을 달성하는 데 따른 장애요인으로 무임승차하려는 경향을 들 수 있다. 개별 주체는 소독에 대해 자신이 부여하는 가치를 드러낼 필요가 없다. 따라서 자신이 소독에 드는 비용을 부담하지 않더라도 소독에 따른 혜택을 받을 수 있기 때문에 개인적인 관점에서는 무임승차하는 것이 최선의 전략이다. 그러므로 모든 주체들이 이와 같은 전략을 사용하면 공공재인 소독수준은 사회적으로 바람직한 수준보다 낮을 수밖에 없다. 이를 극복할 수 있는 방안은 개별 주체들로 하여금 자신의 진정한 선호를 들어내는 것이 최선의 전략이 되도록 유인하는 장치를 개발하는 것이다. 이것을 현시장치(revelation mechanism)라 부른다. 이러한 장치의 고전적인 예로는 클라크(Clarke)와 그로브즈(Groves)가 독자적으로 제안한 클라크-그로브즈 장치(Clarke-Groves mechanism)를 들 수 있다. 이 장치의 특성은 사전에 제시된 비용분담의 원칙하에서 공공재에 대해 자신이 부여하는 가치를 신고하게 한 후 자신이 기축적 인물(pivotal agent)로 판명하는 경우에는 일정한 벌금을 부담하는 것을 골자로 한다. 개별 주체들은 이러한 제도를 감안해 자신이 부여하는 가치를 신고하는데, 자신의 진정한 가치를 신고하는 것이 최선의 전략이 된다. 그렇지만 이러한 장치를 도입하더라도 파레토 효율적인 결과를 실현할 수 있는 것은 아니다. 단지, 그렇지 않은 경우에 비해 파레토 개선된 결과를 실현할 수 있을 뿐이다. 이것이 이 제도의 한계이다.

Question 문제 17

잠재적으로 하루 20,000명의 사람들이 이용하는 다리를 건설하고 유지하는 데 하루에 2,500만원의 비용이 든다고 한다. 이 사람들 중 10,000명이 다리를 건너기 위해 하루에 2,000원을 지불할 용의가 있고, 나머지 10,000명은 1,000원을 지불할 용의가 있다고 한다.

1) 혼잡은 없다고 가정할 때 이 다리를 건설하는 것이 효율적인가? 통행에 대한 효

율적인 요금을 찾아라. 이 요금이 이 다리를 만들고 유지하는 데 드는 비용을 충당할 수 있는가? 이 비용을 충분히 충당할 수 있을 만큼의 이윤을 낼 수 있는 요금을 찾을 수 있는가? 설명하라.

2) 이 다리는 공공재인가? 이것은 배제적인가? 1)에서 답은 정부개입의 필요성을 보여주는 것인가? 설명하라.

이제 하루에 10,000명 이상의 사람들이 이 다리를 이용하는 경우 이 다리가 혼잡해진다고 하자. 간단히 하기 위해 극단적인 가정을 도입하자. 하루에 10,000명 이상의 사람들이 이 다리를 이용하는 경우 다리를 건너는 사람들의 이득이 하루에 600원씩 감소한다고 한다.

3) 다리가 만들어졌다고 한다면 이 조건하에서 다리를 건너는 사람들에게 부과하는 효율적인 요금은 얼마인가?

4) 이 조건들하에서 이 다리를 만드는 것은 효율적인가? 설명하라.

Answer
해설

이 문제의 핵심은 공공재의 특성을 이해하고, 이로 인해 시장이 작동할 수 있는지 정확하게 이해하는 데 있다.

1) 하루에 20,000명의 사람들이 다리를 이용하게 되면 총가치는 3,000만원이 된다. 총가치가 총비용 2,500만원보다 크므로 이 다리를 건설하는 것이 효율적이다. 그러나 20,000명의 사람들이 모두 다리를 이용하게 하기 위해서는 가격을 1,000원 이하로 책정해야 하는데, 이 경우의 총수입은 2,000만원이므로 총비용을 충당하지 못한다. 그러나 가격을 1,000원 이상으로 책정할 경우 이 다리를 이용하려는 사람은 10,000명이 될 것이고, 이 경우에 가장 많은 요금을 받는다 해도 2,000만원 이상의 수입을 얻을 수 없다. 따라서 어느 경우에도 하루 2,500만원의 비용을 충당할 만큼의 이윤을 내는 요금을 찾을 수 없다.

2) 모든 사람들이 기꺼이 지불할 용의가 있는 금액을 합하면 3,000만원으로, 건설과 유지에 필요한 하루의 비용인 2,500만원보다 500만원이 많다. 그럼에도 불구하고 다리의 공급을 시장에 맡겼을 경우 다리의 공급은 되지 않는다. 따라서 이

재화는 공공재로 볼 수 있다. 그리고 모든 사람에게 자신의 한계가치만큼 요금을 내라고 할 경우 하루 2,000원을 기꺼이 내려 했던 사람도 구분이 되지 않으므로 1,000원만 지불할 것이다. 이 경우 이 사람들이 다리를 이용하는 것을 배제하기란 어렵다. 그러므로 배제적이라고 말하기 힘들다. 따라서 이 경우 정부가 개입해 공급하지 않으면 다리의 공급은 불가능함으로 정부의 개입 가능성을 보여준다고 할 수 있다.

3) 가격을 1,000원으로 책정하는 경우 총가치는 3,000만원이지만, 20,000명에게 600원씩의 이득감소가 있으므로 이 다리의 공급으로 생기는 총가치는 1,800만원이 된다. 그러나 2,000원의 가격을 책정하게 되면 혼잡에 의한 손실은 없으므로 다리 공급에 의한 총가치는 2,000만원이 된다. 따라서 효율적인 요금은 총가치를 가장 크게 하는 2,000원이다.

4) 이 조건들하에서는 어떠한 경우에도 총가치가 총비용을 초과하지 못하므로 다리를 만드는 것은 비효율적이다.

Question 문제 18

세 명의 주민 1, 2, 3으로 구성된 가상적인 사회를 생각해 보자. 이들은 마을 한 복판을 흐르고 있는 조그만 개천 위에 다리를 건설하는 문제를 논의하고 있다. 이제 이 마을에서는 다리건설위원회를 설립하여 각 개인에게 다리건설에 소요되는 비용을 분담케 하려고 한다. 다리건설에는 총 600만원(C)이 소요되는 것으로 추정된다고 하자. 여기서 가장 중요한 것은 각 개인이 다리에 부여하는 가치이다. 이것은 본인만이 알고 있는 사적 정보로, v_1, v_2, v_3로 나타내기로 하자. 이 모형에서 v_1 = 100만원, v_2 = 180만원, v_3 = 400만원이라고 가정한다.

1) 사회적 관점에서 볼 때 다리를 건설하는 것이 바람직한가? 그렇다면 이유는 무엇인가?

2) 위원회에서 각 개인에게 다리에 부여하는 가치를 보고하도록 한 후 그 합계가 600만원보다 큰 경우에는 보고한 가치(s_i, $i = 1, 2, 3$)에 비례해 다리건설비용을 분배하려 한다고 하자. 이 방법을 사용하면 어떤 결과가 예상되는지 간단히 논

평하라.

3) 위원회에서 방법을 바꿔 개인이 부담하는 비용이 각각 200만원으로 정해져 있다는 사실을 알린 상태에서 각 개인이 다리에 부여하는 가치를 보고하도록 한다고 하자. 이 경우 어떤 결과가 예상되는지 간단히 논평하라.

4) 각 개인이 부여하는 진정한 가치(v_i)와 각 개인이 부담하는 비용(c_i) 간의 차이 $r_i = (v_i - c_i)$를 개인의 순가치라고 정의한다. 한 개인의 순가치를 제외한 나머지 사람들의 순가치의 합이 0보다 큰데 자신의 순가치를 포함시키면 0보다 작아지거나, 나머지 사람들의 순가치는 0보다 작은데 자신의 순가치를 포함시키면 0보다 커지는 경우 그런 사람을 중추적 인물(pivotal agent)이라고 부른다. 누구나 중추적 인물이 될 수도 있고, 아무도 안 될 수도 있다. 만약 누군가가 중추적 인물로 드러나면 일정한 벌금을 부담해야 한다. 이것을 클라크 세(Clarke tax)라 하는데, 정확하게 다른 사람에게 끼친 피해액에 해당한다. 이 방법을 사용해 각자 자신이 부여하는 가치를 보고하도록 하는 경우 어떤 결과가 예상되는지 간단히 논평하라.

Answer
해설

이 문제의 핵심은 공공재에 대해 경제주체들이 부여하는 가치라는 사적 정보를 사실대로 보고하도록 유도하는 장치의 의의를 이해하는 데 있다.

1) 다리의 가치(V) $= v_1 + v_2 + v_3 = 680$만원 $>$ 다리건설비용(C) $= 600$만원이므로 다리를 건설하는 것이 사회적으로 바람직하다. 즉, 효율적이다.

2) 이 경우 사람들은 자신의 진정한 가치를 사실대로 보고할 이유가 없다. 즉, 일반적으로 $v_i \neq s_i$가 성립한다. 왜냐하면 누군가가 다리에 큰 가치를 부여해 다리가 건설된다면 자신은 무임승차하는 것이 최선이기 때문이다. 따라서 누구나 이렇게 생각한다면 비록 다리를 건설하는 것이 바람직하다 하더라도 충분한 비용을 확보할 수 없게 되어 다리건설은 무산되고 말 것이다. 다리라는 공공재에 부여하는 개인적 가치에 따라 비용을 분담시키는 방법은 사람들로 하여금 자신의 진정한 선호를 드러내지 않도록 유인하는 문제를 안고 있다.

3) 이 경우 각 개인은 자신이 부담하는 비용이 이미 정해져 있으므로 자신이 얻게 되는 순가치 $r_i = (v_i - c_i)$를 계산하게 된다. 이 모형에서 r_i는 다음과 같다.

$r_1 = -100$만원, $r_2 = -20$만원, $r_3 = 200$만원

따라서 모두 자신의 진정한 가치를 사실대로 보고한다면, 즉 $v_i = s_i (i = 1, 2, 3)$가 성립한다면 다리는 건설되어 사회적으로 바람직한 결과를 얻게 된다. 그런데 이 방법에 의하면 사람들은 자신의 진정한 가치를 과장해서 보고할 유인이 존재한다. 이 모형에서 개인 1과 2는 r_1, $r_2 < 0$이므로 자신의 가치를 더 작게 보고함으로써 다리가 건설되지 않도록 할 유인이 존재한다. 반면 개인 3의 경우는 정반대로 자신의 가치를 더욱 크게 보고할 유인이 존재한다. 따라서 이 방법에 의해서도 다리가 건설되지 않을 수도 있으므로 사회적으로 바람직하지 않다.

4) 이 방법은 자신의 가치를 사실대로 보고하는 것이 누구에게나 최선의 전략이 되도록 하는 유인을 제공한다. 그 이유는 클라크 세라고 하는 벌금 때문이다. 따라서 이 모형에서 다리가 건설되어 사회적으로 바람직하다. 이제 각 개인의 전략(즉, $s_i = v_i$ 여부에 대한 전략)을 살펴보자. 여기서는 누가 중추적 인물로서 역할을 하는지 여부가 중요하다.

개인 1 : $r_1 = -100$만원이므로 다리가 건설되지 않는 것이 바람직하다. 그런데 다른 사람들이 사실대로 보고한다는 전제하에서 개인 1은 자신이 사실대로 보고하는 전략을 고려할 것이다. 이런 의미에서 각 개인이 택하는 전략의 균형은 내쉬균형에 해당한다. 이 경우 개인 1은 중추적 인물이 아님을 알 수 있다. 왜냐하면 개인 1을 제외한 나머지 사람들의 순가치의 합은 180만원인데, 여기에 개인 1의 순가치를 더해도 순가치의 부호는 달라지지 않기 때문이다. 개인 1을 포함시키는지 여부가 다리건설에 영향을 미치지 않기 때문이다. 따라서 개인 1이 다리건설을 저지하려면 자신의 가치를 $s_1 = 20$만원 이하로 보고해야 한다. 그래야만 개인 1의 순가치가 -180만원보다 작아지므로 모든 사람들의 순가치의 합이 0보다 작아져서 다리가 건설되지 않을 것이기 때문이다. 그러면 이 경우 개인 1은 중추적 인물이 된다. 따라서 그는 다른 사람들의 순가치의 합에 해당하는 180만원을 클라크 세로 부담해야 한다. 이것은 다리건설로 인한 자신의 손실

인 100만원보다 크다. 따라서 개인 1은 자신의 가치를 사실대로 보고하는 것이 최선이다. $s_1 = v_1$이 성립한다.

개인 2 : $r_2 = -20$만원이므로 다리가 건설되지 않는 것이 바람직하다. 그런데 개인 2 또한 중추적 인물이 아니다. 개인 1과 3의 순가치의 합은 100만원이므로 개인 2의 순가치를 더하면 80만원으로 부호에는 영향을 미치지 않는다. 이 경우 개인 2도 개인 1과 마찬가지로 사실대로 자신의 가치를 보고하는 것이 최선의 전략이다. 즉, $s_2 = v_2$가 성립한다. 그 이유는 개인 1과 마찬가지이다.

개인 3 : 개인 1과 2의 순가치의 합은 −120만원으로, 여기에 개인 3의 순가치를 더하면 그 합은 80만원으로 부호가 달라진다. 이것은 개인 3이 중추적 인물임을 의미한다. 이 경우 개인 3은 다른 사람들의 손실의 합계인 −120만원을 클라크 세로 부담해야 한다. 그렇지만 그는 다리건설로 200만원의 순가치를 얻으므로 결국 80만원의 이익을 얻게 된다. 그런데 문제는 개인 3의 경우 자신의 가치를 더 크게 또는 작게 보고할 유인이 존재하는가 하는 것이다. 결론은 그렇지 않다. 자신의 가치를 더 크게 보고해도 자신이 부담하는 클라크 세를 포함해서 달라지는 것이 없다. 이런 경우 개인 3은 사실대로 보고하는 것을 최선의 전략으로 간주한다. 반면 자신의 가치를 더 작게 보고하면 다리가 건설되지 않을 가능성만 증가할 뿐, 자신이 부담해야 하는 클라크 세에는 차이가 없다. 따라서 개인 3의 경우에도 자신의 진정한 가치를 사실대로 보고하는 것이 최선의 전략이다. 즉, $s_3 = v_3$가 성립한다.

[보론 2]

이상의 논의를 통해 알 수 있는 것은 사람들이 자신의 진정한 가치(선호)를 사실대로 보고하도록 하는 유인을 제공하는 장치를 고안하는 것이 공공재의 효율적인 공급을 위해 필요하다는 사실이다. 이러한 장치를 일반적으로 진정한 선호의 현시장치(truthful revelation mechanism)라고 부른다. 여기서 사용한 방법은 가장 먼저 고안된 클라크-그로브스 장치(Clarke-Groves Mechanism)에 해당한다. 그런데 한 가지 유의할 사항은, 비록 이런 장치를 고안해 사람들이 사실대로 자신의 가치를 보고하고 그 결과에 따라 공공재의 공급이 이루어진다고 하더라도 결과가 반드시 파레토 효율적인 것은 아니라는 것이다. 예를 들어, 클라크 세가 징수된다면 이것이 어떻게 사용될 것인가에 따라 효율성에 영향을 미친다. 또한 이 예에서 보듯이 공공재의 공급으로 일부 사람의 효용이 증가하더라도 일부 사람들의 효용이 감소한다면 이런 사람들에 대한 보상이 이루어지지 않을 경우 진정 효율적인 결과라고 말할 수 없다.

찾아보기

ㄱ

ㅈ

ㅊ

ㅎ

지은이 소개

이영환

서울대학교 상과대학 경제학과 졸업(1975년), 동 대학원 졸업(1977년)
미국 University of Pennsylvania 경제학과 졸업, 경제학박사(1986년)
공군사관학교 경제학 교관 역임(1977～1981년)
행정고시, 입법고시 등 국가고시 출제위원 역임
미국 Ohio State University 교환교수(1995～1996년)
동국대학교 기획인사처장 역임(2003～2004년)
매일경제신문사 매경테스트 감수위원(2009～현재)
동국대학교 사회과학대학 경제학과 교수(1987～현재)

수상경력

제24회 정진기 언론문화상, 경제경영도서부문 대상 수상(2006년)

주요 저서

『미시경제학』, 제4판, 율곡출판사(2014년)
『Beyond the Korea Discount』, 지필미디어(2013년)
『Rising Korean Potential, Declining American Privilege』(공저), 지필미디어(2012년
『객관식 경제학 강의』(공저), 제3판, 율곡출판사(2012년)
『시장과 정보』, 동국대학교 출판부(2011년), 문광부 우수학술도서 선정
『과학에서 규범으로』(공저), 율곡출판사(2011년)
『위험과 정보』, 율곡출판사(2008년), 문광부 우수학술도서 선정
『경제학 강의』(공저), 율곡출판사(2007년)
『위험의 경제학』, 율곡출판사(2006년)
『테이크아웃 경제학』(역서), 율곡출판사(2006년)
『위험의 경제분석』, 율곡프레스(2005년), 문광부 우수학술도서 선정
『경제학의 기본원리』(공역), 시그마 프레스(2003년)
『정보경제학』, 율곡출판사(1999년)

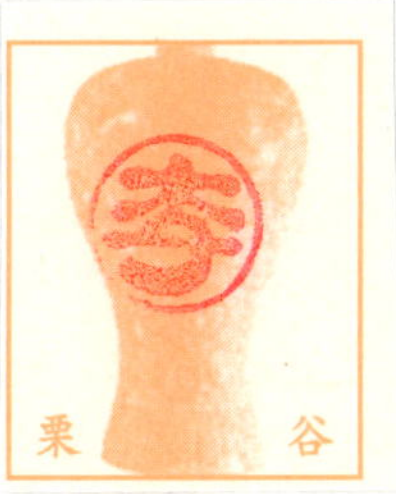

제3판 해설이 있는 **미시경제학**

초판 1쇄 발행 2004년 6월 15일
제2판 1쇄 발행 2005년 9월 30일
증보 제2판 1쇄 발행 2006년 8월 5일
제3판 1쇄 발행 2011년 4월 25일
제3판 2쇄 발행 2012년 8월 17일
제3판 3쇄 발행 2014년 11월 7일

지은이 이영환
펴낸이 박기남
펴낸곳 **율곡출판사**
153-797 서울시 금천구 가산디지털1로 84, 803호
전화 (代) 718-9872/3
팩스 718-9874
home-page www.yulgokbooks.co.kr
e-mail yulgokbook@naver.com
등록 1989.11.10. 제2014-000031호
ISBN 978-89-91830-86-8 93320

정가 30,000원